|제3판| 비교문화심리학

John W. Berry, Ype H. Poortinga, Seger M. Breugelmans
Athanasios Chasiotis, David L. Sam 지음
김영란 · 김민지 · 노혜경 옮김

Σ 시그마프레스

비교문화심리학, 제3판

발행일 2017년 9월 15일 1쇄 발행

저 자 John W. Berry, Ype H. Poortinga, Seger M. Breugelmans
　　　　Athanasios Chasiotis, David L. Sam
역 자 김영란, 김민지, 노혜경
발행인 강학경
발행처 ㈜ 시그마프레스
디자인 우주연
편 집 김경림

등록번호 제10-2642호
주소 서울특별시 영등포구 양평로 22길 21 선유도코오롱디지털타워 A401~403호
전자우편 sigma@spress.co.kr
홈페이지 http://www.sigmapress.co.kr
전화 (02)323-4845, (02)2062-5184~8
팩스 (02)323-4197

ISBN 978-89-6866-976-7

Cross-Cultural Psychology: Research and Applications, Third Edition

＊ 책값은 책 뒤표지에 있습니다.

이 도서의 국립중앙도서관 출판예정도서목록(CIP)은 서지정보유통지원시스템 홈페이지 (http://seoji.nl.go.kr)와 국가자료공동목록시스템(http://www.nl.go.kr/kolisnet)에서 이용하실 수 있습니다.(CIP제어번호 : CIP2017022224)

비교문화심리학은 캐나다 퀸스대학교의 John Berry 교수를 위시하여 네덜란드, 노르웨이의 다국적 저자들이 2011년에 저술한 *Cross-Cultural Psychology: Research and Applications* 제3판의 번역판이다. 이 저서는 인간 행동 기저의 심리적 기능과 문화적 영향의 관계에 관해 더할 나위 없이 탁월한 고전이라 할 수 있다. 최근 우리나라에서도 문화심리학의 의의와 필요성을 인식하고 활발한 연구와 함께 좋은 교재 출간에 박차를 가하고 있다. 현재 출간되어 있는 문화심리학 교재를 보충, 보완한다는 의미에서 본 교재의 번역은 의의가 있을 것이다.

Hofstede(1980)의 문화 연구 이래로 심리학 내에서는 문화에 대한 관심이 폭발적으로 증가하였다. 더불어 우리가 기정사실화하였던 많은 심리학적 발견과 규칙은 문화적 특성을 고려하지 않고서는 시공간적으로 제한적인 설명만 가능할 것이라는 깨달음을 가져다주었다. 특히 서구 중심으로 수행된 많은 연구 결과들은 다른 문화적 맥락에서는 유효하지 않다는 증거들이 누적되면서 점차 심리학적 원리에 대한 문화적 검토의 필요성이 제기되었고 따라서 비교문화 연구는 더욱 의미를 갖게 되었다.

문화심리학에서 제기되는 연구 질문들은 '다른 나라, 다른 문화권의 사람들은 우리와 다른가, 색다르고 이국적인 표면 이면에는 사고, 정서, 행위의 유사한 심층적 구조를 지니고 있을까, 그렇다면 왜 눈에 띄는 행동 차이가 드러나고, 이를 어떻게 설명해야 할까'에 관한 것이다. 이를 설명하기 위해 문화심리학은 다른 세부 심리학 영역과 달리 특정 분야에 한정하지 않고 모든 심리학 영역을 포괄하고 있다. 즉, 서구 문화에서 밝혀낸 소위 일반적으로 검증된 발달, 지각, 정서, 사고, 언어에서의 심리적 규칙들을 비판적으로 검토하고, 서구 시각에서 얻은 지식의 상대성을 발견하고 있으며, 이는 다시 기존 심리학의 기초 이론에 영향을 주고 있다.

이 책은 심리학 세부 분야의 개념에 대한 경험적 연구들을 통해 문화 상대성과 보편성을 검토하는 것에서 더 나아가 문화에 대한 이론, 방법론, 응용 분야에 이르는 광범위한 주제를 다루고 있다. 또한 비교문화심리학의 세 가지 접근인 문화적, 비교문화적, 그리고 토착적 전통을 아우르며 동시에 문화적응, 문화 간 관계, 의사소통, 일과 건강에 이르는 응용 분야도 망라하고 있다. 심리학도뿐 아니라 문화인류학, 사회학, 민속학과 같은 다른 학문 분야의 독자에게도 비교문화심리학의 주요 내용과 관점에 대한 근본적인 고찰을 가져다 줄 수 있을 것이다.

번역 작업을 하면서 가능하면 원문에 충실하면서도 정확하고 쉽게 내용 전달을 하기 위해 고심하였으나 아쉽게도 능력의 한계로 인해 여전히 부족한 부분, 개선될 부분이 곳곳에 드러나고 있음을 고백한다. 분량도 방대하거니와 부분적으로 매우 난해한 내용으로 가득하여 언어 표현의 문화적 상대성에 대해 심각하게 고민하는 기회가 되었다. 이 책은 쉽게 시작하기 어렵지만 그럼에도 심리학의 기존 이론과 개념을 염두에 두고 천천히 읽어가며 음미해 본다면 상당히 새로운 관점과 연구 결과들을 접할 수 있으며 또한 양적, 질적으로 풍부한 정보를 얻을 수 있을 것이다.

이 책의 번역은 원서 그대로 총 18장을 빠짐없이 번역하여 구성하였다. 제4장, 제10~11장, 제13~15장은 김영란, 제1장, 제3장, 제5장, 제12장, 제17~18장은 김민지, 제2장, 제6~9장, 제16장은 노혜경이 담당하였다. 내용이 매우 방대하고 난이도가 있으므로 학부 고학년과 대학원생을 위한 교재로 사용하거나 또는 문화에 관심을 가지거나 문화 관련 활동을 하는 일반인 모두에게 유용한 정보를 제공하는 자료가 되기를 바라는 바이다.

이 책이 출간되기까지 많은 분들의 도움이 있었다. 먼저 이 책을 번역할 수 있는 기회를 주시고 오랜 번역 기간을 인내로 기다려주신 (주)시그마프레스의 강학경 사장님과 부족한 원고를 교정해 주신 편집자들께 감사드린다. 그리고 많은 의견과 도움을 준 숙명여대 사회심리학과 대학원 학생들에게 이 자리를 빌려 감사의 말을 전한다.

2017년 6월
역자 일동

이 책의 이전 판들(Berry, Poortinga, Segall & Dasen, 1992, 2002)은 동일한 4명의 저자가 저술한 다른 교재인 *Human behavior in global perspective: An introduction to cross-cultural psychology*(Segall, Dasen, Berry & Poortinga, 1990, 1999)를 포함하고 있다. 이전 책들은 심리학이나 인류학에 대해 사전 지식이 거의 없는 학생들의 요구를 충족시키기 위해 마련되었다. 그러나 이번 제3판에는 더 이상 이러한 보완 자료를 제시할 상응하는 책이 존재하지 않는다. 결과적으로 다른 책의 여러 쟁점과 결과들이 이번 판에 반영되었다.

1992년에 이 책의 초판 (그리고 2002년의 제2판) 발행 이후 문화와 행동 현상 간 관계에 대한 검사에는 엄청난 성장과 다각화가 있었다. 전통적으로 비교문화심리학으로 알려져 있는 문화–행동 관계에 대한 비교 연구에서 중요한 성장이 있었다. 몇몇 다른 전개는 문화 내 관계에 집중하였으며 문화심리학 개념이 부활되고 재정의되었다. 또 다른 전개는 토착심리학에 대한 관심의 상승이었으며, 행동 연구에서 지역적·문화적으로 중요한 관점이 진척되었다. 세 번째 전개는 많은 문화적 복합 사회의 문화적 다양성 쟁점에 대한 관심이었다. 문화적, 토착적, 그리고 다양성에 대한 관심 모두는 비교 연구 및 해석으로 점차 진화해 왔으며 비교문화심리 분야 내에서 어느 정도 수렴되었다. 이 책의 한 가지 중요한 목표는 문헌에서 발견된 이러한 다양한 접근을 연결하는 것이다. 우리는 문화–행동 관계에 대한 심리학적 연구에서 발견된 광범위한 동향을 진지하게 받아들이려 노력하였다. 하지만 하나의 통합된 시각을 제공하려 시도하지 않는다.

이 책의 두 번째 중요한 목표는 세계 여러 곳에서 영어로 출판된 자료를 끌어들여 가능한 한 넓은 범위의 문화 맥락에서 수행된 연구를 포괄하는 것이다. 이러한 넓은 그물망 선정의 한 가지 결과는 독특한 문화들에서 행동의 표현과 발달에는 현저한 차이가 있다는 것이다. 그러나 이러한 글로벌한 넓이는 매우 다양한 문화권에서 공유되는 기본적 심리 과정에 범 인간적 규칙성을 발견할 수 있는 가능성을 제공한다.

다른 문화권으로부터의 다양한 시각과 결과를 제시하지만 우리는 그럼에도 방법론과 이론 주제에 대한 우리의 입장을 명백히 제시한다. 우리가 온건한 보편주의라 부르는 이 입장은 범 인간적 기초 심리 과정의 증거에 기초한 관점이며, 이는 문화에 따라 매우 다양한 방법으로 표현되고 발달된다.

제3판은 이전 판의 전반적인 구조를 유지하고 있다. 도입 장에서는 이 분야의 기본 개념과 도구 일부를 설명하고, 뒤에 오는 자료를 이해하는 데 필요한 이론과 방법을 처음 제시하는 역할을 한다. 제1부에서는 발달, 사회 행동, 성격, 인지, 정서, 언어 및 지각에 이르는 다양한 영역에서 문화에 따른 인간 행동의 비교 연구에서 얻은 경험적 증거에 대한 조사를 제시한다.

제2부는 우리 학문 분야의 기초를 더 깊이 파고들어 우리가 하고 있는 연구를 문화인류학과 생물학의 학문 분야와 연계시킨다. 이 자료는 문화심리가 문화과학과 자연과학 둘 다임을 표방하는 우리의 주장을 뒷받침한다. 이 두 전통 사이의 연결 고리와 상호작용의 제시는 문화-행동 관계에 대해 어느 한쪽 입장을 취하기보다 포괄적 접근을 하려는 우리의 주장을 확립하는 것이다. 제2부의 세 번째 장에서는 처음에 제1장에서 개략적으로 설명한 몇몇 이론 및 방법의 문제를 다시 살펴본다. 제1부의 경험적 증거 조사에 대한 지식과 제2부의 두 유사 분야의 개념과 결과를 바탕으로 우리는 이제 문화-행동 관계에 대한 연구에서 주요 쟁점과 논쟁을 좀 더 깊이 있게 검토한다.

제3부는 제1부와 제2부에서 제시된 여러 결과 및 아이디어를 바탕으로 본질적으로 적용적인 특징의 장을 포함한다. 여기에는 새로운 경험 영역과 쟁점이 소개되고, 문화적응, 문화 간 관계, 의사소통, 직무 조직, 건강과 같이 모두 실제 생활의 문제들과 관련된다. 제3부의 목적은 우리의 학문 분야가 경험적 결과, 이론 및 방법을 종합하는 것 이상임을 보여주려는 것이다. 이것은 점점 더 연결되고 복잡해지는 문화적 환경 속에서 일상생활을 수행하는 사람들의 삶을 검토하고, 가능하면 향상시킬 수 있을 것이다.

마지막 장은 어떻게 비교문화심리학이 문화를 좀 더 진지하게 작업 범위에 끌어들이도록 더 발전할 수 있을지에 대한 조사에 할애하였다. 어떻게 우리의 노력이 개인 및 국가의 발전에 대한 더 나은 이해에 기여하고, 이 학문 분야의 국제화를 통해 거의 한 문화 지역에 의해 지배되는 학문의 제약성을 벗어날지에 대한 질문을 제기한다.

제3판에서는 본문에 사용된 다양한 개념에 대한 지침으로 핵심 용어를 추려 본문에 진한 글씨로 표시하였다.

차례

1 도입

간단하게 비교문화심리학은 문화적 맥락과 인간 행동 간의 관계를 연구하는 분야로 설명할 수 있다. 인간의 행동은 외적 행동(관찰 가능한 행동과 반응)과 내적 행동(생각, 믿음, 의미) 모두를 포함한다. 추후에 좀 더 자세히 논의하겠지만, 이 광의적인 설명에도 불구하고 과학적 연구 분야에 따라 다른 해석을 제시하기도 한다. 문화 비교를 통해 행동을 연구하는 대부분의 학자들은 내적 행동과 외적 행동의 차이는 공통적인 심리적 기능과 과정들이 문화적으로 형성되어 반영되는 모습으로 봐야 한다고 주장한다. 다시 말하면, 인간이라는 종의 '심리적 통일성'을 상정하는 것이다(예 : Jahoda, 1992). 이 책의 저자들도 이 주장에 동의한다. 다른 연구자들, 즉 문화심리학 분야의 학자들의 경우 문화가 다른 지역마다 심리적 기능은 기본적으로 다르다는 것을 주장해 왔다. 예를 들면, Kitayama, Duffy & Uchida(2007, p.139)는 다양한 문화에서 다양한 '존재의 방식'이 있다는 것을 보여주었다. 이러한 두 접근방식이 때로는 서로 다른 과학 분야로 제시되기도 한다.

이 책은 '비교문화심리학'이라는, 이 분야를 모두 포함시킬 수 있는 용어를 사용하였다. 가장 구체적인 용어인 문화심리학, 문화비교심리학과 토착심리학이라는 용어는 이 방대한 분야를 구분하기 위해 필요한 경우 사용할 것이다. 그러나 공통적인 명칭은 문화가 인간 행동을 발달시키고 드러내는 데 중요한 영향을 미친다는 전제를 공유하기 때문에 가능하다. 이 분야에 관련된 학자들은 심리학 연구는 '문화적으로 이해하고 있어야' 한다고 생각한다. 즉, 인간의 행동은 문화가 없는 상태에서 존재할 수 없고 모든 심리학적 연구는 이러한 원리를 잘 이해하고 있어야 한다는 뜻이다.

다양한 해석을 이해하고 자신만의 의견을 형성하기 위해서는 비교문화심리학에서 이루어지고 있는 논쟁에 대해 이해하고 있어야 한다. 이 장에서는 중요한 이론적 관점에 대한 개요를 제시하고 중요한 방법론적 문제들에 대해 논의하고자 한다. 이는 심리학의 다양한 분야에서의 비교문화 연구와 지속적으로 발생하는 이론적이고 방법론적인 문제들을 논의한 다른 장들을 살펴보도록 독려할 것이다. 이 장의 첫 세 부분은 비교문화 연구에 연구자들이 어떻게 접근해야 하는가에 영향을 미치는 가장 중요한 이론적 논의를 간단하게 제시할 것이다. 네 번째와 다섯 번째 부분에서는 비교문화적 유사점과 차이점에 대한 논의에서 반복되어 나타나는 방법론적 문제들에 대해 간단하게 다룰 것이다.

첫 부분에서 우리는 문헌에서 중요하게 다루었던 내용을 제시하기 위해 이 분야에 대한 몇 가지의 정의를 제시하였다. 우리는 우리만의 정의를 제시하였는데 이는 좀 더 포괄적이라고 생각한다. 이는 비교문화심리학에서 다양한 범위의 주제들과 접근법을 다루기 위해 교과서를 집필하기로 했던 우리의 의도를 반영하기 때문이다.

두 번째 부분에서는 행동과 문화에 대한 최근 문헌들에서 반복적으로 나타나는 세 가지 주제들에 대한 이론적 논의를 제시할 것이다. 주제들의 첫 내용은 문화를 한 사람의 일부로 볼 것인가 아니면 인간이 발달하고 작동하는 외부적인 조건의 합으로 봐야 할 것인가 하는 문제다. 두 번째 주제는 행동을 어디까지 문화특수적(또는 문화관련적) 또는 문화일반적(또는 보편성)으로 해석할 것인가 하는 문제다. 세 번째 주제는 심리학적 용어들이 문화적 차이를 어떻게 조직화 하였는지에 대한 문제다. 이 문제는 문화적 차이가 의미 있는 패턴을 형성하여 넓은 범주화(예 : 개인주의와 집단주의적 문화)를 가능하게 한 것인지 아니면 관찰된 차이가 전혀 관련이 없는 것(예 : 길 오른쪽 또는 왼쪽으로 운전하는 것은 대인관계에서의 서열을 더 좋아하거나 덜 좋아하는 것과는 아무런 상관이 없다고 가정한다)인지에 대한 것이다. 우리는 세 가지의 주제에 대해 우리만의 관점을 설명할 것이다.

세 번째 부분은 세 주제들에 대한 '해석적 관점'을 간단하게 설명할 것인데 이는 비교문화심리학에서의 '관점'으로 다뤄질 것이다. 우리는 세 관점을 문화비교심리학, 문화심리학, 그리고 토착심리학이라고 명명하였다.

네 번째 부분에서는 다른 분야의 심리학보다 비교문화심리학에서 잘 드러나는 방법적 문제들에 대해 논의하고자 한다. 우리는 비교문화 연구에서 각각의 독립적인 문화가 무엇을 근거로 구분되는지와 어떻게 문화를 표본으로 추출할 수 있는지에 대해 논의하고자 한다. 그 후, 질적 및 양적 접근에서 중요한 설계 및 분석의 방법적 차이에 대해 설명하고자 한다.

다섯 번째 부분에서는 데이터를 해석할 때 발생할 수 있는 문제에 대해 논의할 것이다. 데이터의 동등성 부족과 편견, 결과에 대한 과일반화, 그리고 문화적 수준과 개인적 수준의 차이를 충분히 구분하지 않는 것 등 세 가지 문제점에 대해 거론한다.

보편주의는 문화의 역할은 심리적으로 사소한 것으로 줄어들게 되는데 이는 인간의 행동이 문화의 중요한 특성을 고려하지 않은 채 연구가 가능하다는 것을 말한다.

이러한 연속적 범위를 설명하기 위해서 네 가지의 입장인 극단적인 상대주의, 온건적 상대주의, 온건적 보편주의, 그리고 극단적 보편주의로 구분하고자 한다. 극단적인 상대주의의 경우 모든 심리적인 현실은 우리 자신의 이해와 해석에 달려 있다(예 : Gergen & Gergen, 2000). 이러한 관점은 소위 말하는 '사실'이라는 것을 객관적으로 인지할 수 없다고 주장하며 우리의 이해와 해석에는 항상 불가피한 왜곡이 일어난다는 것이다. 상대주의-보편주의 차원에서의 이러한 입장은 비교문화심리학에서는 미미하게만 다루어지고 이 책에서도 간간이 다루어질 것이다. 대부분의 심리학 연구자들은 인간의 행동에는 관찰되는 일관성이 있다는 점이 일반적으로 받아들여지고 있으며 인간의 해석도 모두 주관적이지만은 않다는 것이다. 이러한 주장에 대한 근거는 Jahoda(1986)와 Munroe와 Munroe(1997)에서 찾을 수 있다.

두 번째 입장인 온건적 상대주의는 다음의 인용구를 통해 설명이 가능하다. "인간은 어느 문화에서도 기능할 수 있는 능력을 갖추고 태어났지만 성숙하면서 하나의 특정한 문화에서 기능할 수 있도록 정신이 체계화된다"(Fiske, Kitayama, Markus & Nisbett, 1998, p.916). 이러한 유형의 상대주의는 사회문화적 맥락과 유기체 간의 상호작용의 결과로 심리적인 기능과 과정을 중요시한다. 문헌에 의해 중요하게 구분되는 것들 중 한 가지는 개인들이 독립적인 자기구성(construal of the self)으로 이루어진 사회와 개인들이 상호의존적인 자기구성으로 이루어진 사회를 구분한 것이다. 전자의 경우는 인간은 자신을 다른 사람들과는 구분되는 자율적인 개인으로 인식하고 후자의 경우는 인간은 자신을 자신의 사회적 네트워크에 포함된 사람으로 인식한다(Markus & Kitayama, 1991).

세 번째 입장은 온건적인 보편주의다. 이는 문화 간에 행동의 차이점과 공통점이 모두 존재하며 심리학적 연구와 실제는 이에 대해 알고 있어야 한다는 점이 중요하다. 그러나 행동의 문화적 차이가 나타나는 것은 자동적으로 심리적인 기능과 과정들이 다르다는 것을 의미하지는 않는다. Prezeworski와 Teune(1970, p.92)은 "분출은 분출일 뿐이고 족벌주의는 족벌주의일 뿐이다. 그러나 추론의 틀 안에서는 분출은 '모욕' 또는 '칭찬'이고 족벌주의는 '부패' 또는 '책임감'이다."라고 했다. 이 의견은 행동은 문화적 맥락에 종속적이라는 것을 보여주는 동시에 이러한 의미는 모욕, 칭찬, 부패, 책임감 등의 일반적인 용어로 이해할 수 있다는 것을 보여준다.

마지막으로 이 책의 이전 판에서는 **절대주의**(absolutism)라고 언급되었던 극단적 보편주의가 있다(Berry, Poortinga, Segall & Dasen, 2002). 이러한 이론적 성향은 문화적 요인에 의해 행동은 중요하게 영향을 받지 않는다는 입장이다. 이러한 경우는 존재하지만 드물고 기본적인 감각과 운동 과정에만 국한된 것이다. 색맹을 검사하기 위한 Ishihara 검사(예 : Birch, 1997) 문항의 응답을 예로 들 수 있다. 몇 개의 문항들의 경우 피검자에게 한 선을 따라서 그리라고 되어 있는데 색맹이 아닌 사람들에게는 보이지만 특정 색을 보지 못하는 색맹에게는 보이지 않는다. Ishihara 검사는 모든 문화적 맥락에서의 색맹을 측정하는 것처럼 보인다. 하지만 대부분의 심리학적 검사와 측정도구들의 점수 그대로를 비교문화적인 비교를 위해 사용하는 경우는 심각한 해석의 오류를 일으킬 수 있다.

주제 3 : 문화적 차이에 대한 심리적 구조

문화집단 간 나타나는 행동 패턴의 차이(검사나 설문문항에서의 응답을 포함하여)는 그 자체로 흥미로운 것이 아니라 더 넓은 관점에서의 행동이나 심리적인 기능을 의미하는 것으로 볼 수 있다. 해석은 넓고 포괄적이 될 수 있거나 좀 더 좁고 한계적일 수 있다. 이 책에서는 다양한 수준의 **추론**(inference) 또는 **일반화**(generalization) 수준을 구분하고자 하는데 이는 심리적인 데이터로부터 파생되었다. 문화적 관습 및 실제, 행동 범위, 태도, 특성과 능력, 스타일, 문화적 차원 또는 신드롬, 그리고 시스템으로서의 문화와 같은 개념을 논의할 것이다. 이 세 번째 주제는 보편주의-상대주의 논의에 속할 것이라고 생각하겠지만 부분적으로만 그렇다. 보편주의-상대주의는 다양한 문화에서 심리적인 과정이 비슷한가 또는 다른가에 대한 것이다. 문화적 차이의 심리적 구조는 두 문화 간의 다양한 행동적 차이들이 서로 관련이 있는가 또는 서로 독립적인가에 대한 것이다.

일반화의 가장 극단에 있는 것은 **시스템으로서의 문화**(culture as a system)일 것이다. 이러한 개념은 시스템을 설명할 수 있거나 그려질 수 있어 종합적인 그림을 그릴 수 있다면 (예 : 흐름도 또는 조직도) 무엇이 시스템에 속해 있고 속해 있지 않은지 명확하게 알 수 있어 매우 유용할 것이다. '최빈 성격'(modal personality, 특정한 문화집단에서 전형적으로 나타나는 지배적인 특성)(Bock, 1999)과 '국민성'(한 사회에서 종종 찾아볼 수 있는 성격적 특성의 집합)(Peabody, 1985)과 같이 과거에 이루어졌던 추론들은 이 범주에 속한다. 이러한 내용들은 애매모호하고 대부분은 묵살되었다. 좀 더 최근에 비슷한 영역의 개념(예 : 사고방식의 개념)(Fiske et al., 1998)과 '습관'(지속되는 지각, 생각과 행동의 습득된 스키마) (Bourdieu, 1998)이라는 개념이 있지만 비교문화심리학자들은 종합적인 문화에 대한 시스템을 설명하지 않았고 동시에 실증적인 데이터를 바탕으로 비판적으로 검토하지 않았다고 생각한다.

덜 추상적이고 종합적인 내용이라면 넓은 문화적 차원에서의 해석이 이루어진 **개인주의-집단주의**(individualism-collectivism)와 **상호의존적 자기**(interdependent self) 대 **독립적 자기**(independent self)의 개념이 가장 중요한 내용이다. 어떤 학자들은 이를 너무나 간단하게만 보려는 것이라고 주장한다(예 : Medin, Unsworth & Hirschfeld, 2007). 다른 문제는 높은 수준의 일반화에 대한 타당성으로 이는 제대로 입증하기 어렵고 제12장에서 논의될 것이지만 심리적 조직에 대한 비교문화적 차이는 사실상 거짓일 수가 없다.

　좀 더 가능한 내용은 '스타일'의 일반화로 이는 인지적인 능력의 패턴을 설명하는 데 사용되는 개념이며 특정 문화의 사람들이 어떻게 인지적 문제들에 접근하는가 하는 경향성을 의미한다(제6장 '인지유형' 참조). 스타일, 태도, 인지적 능력들과 성격적 특성들은 다양한 심리학의 영역에서 다뤄지는 개념으로 비교문화심리학에서도 비슷한 의미로 사용된다. 이러한 개념들에 대한 구성 타당도와 행동의 비교문화적 차이에 대한 해석은 앞에서 언급한 더 종합적인 문화적 차원보다 정립하기 쉽다. 이는 실제 행동과 근원적인 개념 간의 추론적인 격차가 작고 비판적인 평가에 더 열려 있기 때문이다.

　행동 영역의 개념(예 : 상황의 범주)[1]에서 일반화의 원리는 심리적인 기능 또는 과정에는 적용되지 않지만 절차에 대한 지식과 기량으로 조직된 행동 영역이다(Cole, 1996). 행동 영역은 인지적 스타일과 성격적 특성보다 좀 더 설명적이며 덜 추론적이다. 마지막으로 풍습, 실제와 관례는 특정 문화에서의 일상적 삶에서 직접적으로 관찰되는 설명적인 용어이다.

　덜 종합적인 설명은 비판적이고 실증적인 검토의 대상이 되는데 데이터에 긴밀하게 연결되어 있다. 좀 더 종합적이고 추상적인 개념들의 매력은 넓은 범위의 비교문화적 차이에 대해 설명이 가능하기 때문이다. 이는 좀 더 포괄적인 해석을 찾는 것을 의미 있는 것으로 만든다. 다른 장을 통해 알 수 있겠지만 추론의 정확성(특수성을 바탕으로)과 범위(넓은 일반화를 찾을 때) 간의 장단점을 살펴볼 수 있을 것이다.

몇 가지 논의사항

앞에서 논의된 세 가지 주제들은 뒤에 나오는 장들에서 심심치 않게 등장하는 문제들이다. 과연 이 주제들이 가장 중요한 주제들인가? 비교문화심리학에 대한 사전 지식이 있는 경우에는 타고난 것인가 후천적인 것인가에 대한 주제가 포함되지 않은 것에 대해 놀랄 수도 있다. 물론 심리적 기능이 유전적 구성에 의해 지배를 받는 것인지와 발달 과정에서 어떻게 다양성이 드러나는가에 대한 논란이 존재한다. 그러나 이러한 유전-환경 논란은 특정 모델이나 이론으로 바뀌었는데 육체-영혼, 유전-환경과 같은 오래된 이분법적 논리는 대부분 논의되지 않는다. 비교문화 연구자들은 정신과 육체를 구분하는 이원론에서 심리적 기능은 유기체의 일부분으로 그 존재를 구분하여 정의 내릴 수 없다는 일원론을 받아들

---

[1] '특성'이라는 용어를 사용하여 인간의 특성(성격적 특성)을 설명하며 '영역'은 비슷한 행동(예 : 공포반응을 일으키는 상황 또는 행동 영역에 포함되는 상황)을 일으키는 상황적 유형을 의미한다.

이고 있다.

마무리하기 전에 이 세 가지 주제에 대해 우리의 입장을 명확하게 하고자 한다. 첫 번째 주제인 문화가 내적인 것인가 외적인 것인가에 대해서는 문화는 두 가지 모두를 포함하고 있다고 생각한다. 이는 인간이 발달하고 행동하는 외적 조건을 말하며 심리적인 의미가 구성된다. 의미, 명시적인 행동과 외적 조건 간의 관계는, 만약 관계가 존재한다면, 분명하지는 않다. 그러나 심리적인 변인들과 외적 조건들은 매우 관련이 깊다고 생각하는데 이러한 관계는 역사적으로 거슬러 올라가야 하고 (경제의 기본 패턴들) 새로운 문제들에 대한 즉각적인 해결책이 된다(어린아이들을 폭력적인 TV 프로그램에 노출시키지 않는 것). 결론적으로 인간의 행동은 외적 환경에 적응할 수 있는데 역사적인 긴 시간 동안 그래 왔고 지금도 그렇다.

두 번째 주제에 대해서는 절대주의는 강력하게 거부하지만, 상대주의적인 입장보다는 보편주의적인 입장에 더 가깝다. 모든 인간에게는 공통적인 심리적 과정들이 존재하고 문화가 이러한 근본적인 특징들을 발전하여 구체화되고 표현될 수 있도록 만든다. 많은 실증적인 연구 결과들이 인간의 행동이 근본적으로 비슷하다는 것을 제시하게 되면 저자들의 입장은 좀 더 명확해질 것이다. 예를 들면, 한 언어를 이해하게 되거나 번역을 하게 되면 우리는 다른 문화에 있는 사람들과 소통할 수 있을 뿐만 아니라 그들의 가치, 감정과 이유까지도 이해할 수 있게 되고 기꺼이 그들의 관점을 이해하고 존중하려는 마음이 생긴다.

세 번째 주제(문화적 차이에 대한 심리적 구조)에 대해서는 저자마다 의견이 다르다. 문화를 심리적인 시스템으로 개념화할 수 있는 일관된 비교문화적인 차이는 없다고 생각한다. 그러나 최근 논란이 되고 있는 집단주의-개인주의와 독립적-상호의존적 자기와 같은 차원들에 대한 의견 차이는 존재한다. 그러나 몇 명은 스타일과 특성 차원을 비교문화적 차이를 설명하는 데 중요한 내용으로 생각하지만 다른 저자들은 문화적 관습과 실제를 더 중요하게 생각한다.

해석적 입장들

토론 주제들에 대한 연구자들의 주장은 일관적인 입장으로 통합되는데 이는 행동-문화 간의 관계에 대한 '해석적 입장' 또는 '관점'으로 볼 수 있다. 비교문화심리학과 같은 활발한 연구 분야는 다양한 방법으로 구분될 수 있다(예 : Bouvy, Van de Vijver, Boski, Schmitz & Krewer, 1994). 문화와 행동을 연구하는 3개의 관점인 문화비교심리학, 문화심리학과 토착심리학에 대해 논의할 것이다.

문화비교심리학

20세기 초반 심리학은 과학적인 영역으로 인식되기 시작했다. 문화적 차이를 다루었던 이전 연구들이 존재했지만(Jahoda, 1992), 비교문화심리학이라는 독립된 분야의 연구는 50년 후에나 이루어졌는데 시작은 문화비교 연구 프로젝트에 의한 것이었다. 이는 문화에 대한 문화인류학자들의 관심과 심리학적 연구방법이 결합된 것이었다. 다양한 문화적 맥락의 데이터를 포함한 이러한 연구는 비서구 사람들의 행동을 이해하고 심리학을 발전시키는 것이 목적이었다. '변이의 폭을 넓히는 것'이 영역의 중요한 특징이었다(Whiting, 1954, p.524).

문화비교(culture-comparative) 관점은 심리적 기능의 보편성에 기반을 두고 있다. 보편성은 문화인류학과 비교문화심리학에서는 광범위하게 논의되었다(예 : Brown, 1991; Lonner, 1980; Lonner & Adamopoulos, 1997; Munroe & Munroe, 1997). 광범위하게 보면 보편성은 배고픔, 목마름 또는 사회조직의 필요성과 같은 인간의 기본적인 문제를 포함한다(Malinowski, 1994). 이는 다른 종에서도 찾아볼 수 있다. 다양한 문화에서 인간의 기능에 대한 유사성은 보편성이 심리적인 개념 수준으로 정의되어 심리학적 이론으로 표현될 때 당연한 것으로 생각된다. 궁극적으로 행동에서는 큰 편차가 있음에도 불구하고 이론적으로 의미 있는 심리학적인 개념은 어느 곳에서나 이해되어야 한다는 것이다. 예를 들면, 인간의 심리적인 기능을 나타내는 정서 개념 또는 성격적 특성은 어느 문화에서도 타당성이 검증되는 경우에는 이해가 가능하다.

추후에 시각적 착시, 사회 및 성격적 차원, 정서와 언어심리학적인 연구 결과들이 어떻게 보편성을 설명해 주는지에 대해 확인할 수 있을 것이다. 또한 이러한 접근은 다른 두 관점에 의해 이의가 제기될 것이다. 아마도 가장 큰 이의 제기는 산술 능력과 관련된 개념에 대한 것이다. 교육을 받는 사회에 속한 아동들은 셈법과 산수를 배우고 이를 일상적인 다양한 활동에 사용한다. 그렇다면 산술 능력은 기술 또는 기술의 집합체인가, 아니면 글을 읽고 쓰지 못하는 아동에게서는 찾아볼 수 없는, 독립적인 인지적 기능을 요구하는가? 제6장에서 이 질문에 대한 답을 제시할 것이다.

문화비교 연구의 중요한 전략은 생태적이고 사회문화적인 요인들을 포함한 그 문화의 구성원들이 사는 맥락을 선행 조건으로 본다(예 : Segall, 1984). 가치, 태도 및 관찰 가능한 행동들과 같은 심리적인 변인들은 이러한 조건의 결과로 본다. 선행변인과 결과변인 간의 관계는 제3의 문화적 요인에 의해 매개 및 조절된다고 보는 연구들이 종종 진행된다(Lonner & Adamopoulos, 1997). 예를 들면, Van der Vliert(2009)는 환경의 온도에 대해 매개적 역할을 상정하였다. 그는 생태학적 관점에서 열악한 기후(덥거나 춥거나)와 온화한 기후를 비교하였는데 비교에 강수량과 온도를 포함시켰다. 문화를 형성하는 두 번째로 중요한 구성요소로 경제적인 풍요, 즉 빈곤층과 부유층을 말한다. 이 둘은 서로 영향을 주고받는데 생존의 문화(열악한 기후와 빈곤), 느긋한 문화(온화한 기후와 빈곤 또는 부유), 그리고 자기표현 문화(열악한 기후와 부유)라는 3개의 '문화적 복합체'를 만들어낸다.

비교실증적 연구는 행동적 결과의 차이점을 연구하거나 이러한 행동적 결과에 대한 정해진 세부적인 가설을 검증하기 위해 선행조건이 다른 문화적 집단을 선택하는 것이 일반적이다(Van de Vijver & Leung, 1997). 한 연구 전통은 자급 방법과 기후를 포함하는 **생태문화적**(ecocultural) 변인들에 집중하는데(Berry 1976, 출판 중) 이는 글상자 1.1에 제시되어 있다. 이 글상자의 내용은 문화비교적 접근의 근본적인 근거를 이해하는 데 유용할 것이다.

글상자 1.1 생태문화적인 체계

그림 1.1에 제시되어 있는 이 체계는, 세부적인 검증 가능한 가설들을 이끌어낼 수 있는 이론적인 모델이 아닌 개념적인 도식이다. 다양한 변인들에 대한 일반적인 가이드 역할을 하고 다양한 문화에서 인간 행동의 유사점과 차이점을 설명해 줄 수 있다.

생태문화적인 체계는 어떻게 행동적, 문화적, 생태적인 현상들이 관련되어 있는지에 대해 Malinowski와 Rivers의 연구를 포함하여 다양한 의견에서 영향을 받았다. Malinowski에 의하면 문화의 특성은 '시스템 안에서 서로 이것들이 어떻게 관련되고 이 시스템이 물리적인 환경에 관련되어 있는지'를 이해하는 것이라고 했다(1922, p.x). 여기에서는 생태와 문화 간의 연결 고리가 제안되었다. Rivers는 "인류의 모든 연구의 목적은 … 심리학적인 설명에 도달하는 것으로 … 개인과 집단 모두를 포함한 인간의 행동은 … 모든 사람들이 구성원이 되는 사회적 구조에 의해 결정된다"(1924, p.1)고 했다. 여기에서는 인간의 행동과 사회문화적 맥락이 제안되었다. 이 체계는 나중에 이 책에서 거론될 여러 명의 다른 연구자들이 영향을 받았다(예 : Kardiner & Linton, 1945; Whiting, 1974). 그림 1.1은 Berry(1976, 출판 중)에서 인용되었다.

이 체계의 일반적인 흐름은 왼쪽에서 오른쪽으로 진행되며 왼쪽의 인구 수준 변인들은 오른쪽의 개인적 결과에 영향을 미치는 것으로 여겨진다. 개인과 집단에서 행동의 유사점과 차이점이 인구 수준의 요인들에 의해 영향을 받는다는 점을 찾아내기 위한 문화비교 연구자들의 중요한 관심사를 반영한 것이다. 전체 모델에서는 개인에서 체계 내의 다른 변인들에게로 향하는 다양한 피드백 화살표가 제시되어야 한다. 개인에서 집단으로 향하는 화살표는 2개로 오른쪽에서 왼쪽으로 향한다. 다양한 이론들에 의하면, 인간은 그들이 살아가는 물리적·사회적 맥락과의 관계에서 활발하게 참여한다. 이러한 맥락을 여과하고 변화시키는 상호적 또는 변증적 관계(Boesch, 1991; Eckensberger, 1996)가 존재한다.

그림의 왼쪽에는 세 가지 중요한 영향을 미치는 범주가 존재한다. 첫째, 생리적·문화적 적응이 현재의 행동 패턴과 연결되고 이는 역사적 시간과 인간종의 계통발생적 역사를 넘어 발달하였다. 이 체계는 개인적인 행동은 문화적이고 생리적인 특징을 감안할 때 이해할 수 있다고 가정한다(예 : Boyd & Richerson, 1985, 2005). 다른 두 범주는 현재 존재하고 있는 생태적 · 사회정치적 맥락이다. 세 범주는 서로 영향을 미치는 것을 반영하기 위해 화살표로 서로 연결되어 있다. 그림의 오른쪽에는 관찰 가능한 행동과 동기, 능력, 특성과 태도를 포함한 추론된 특성들과 같이 심리학적 연구에서 대부분은 집중 연구하는 심리적 특징들이 제시되어 있다. 가운데 있는 변인들(절차적 또는 매개변인들)은 인구 변인에서 개인에게 영향을 미치거나 전달되는 네 종류의 변인들이 제시되어 있다.

생태적 맥락은 인간이라는 유기체가 물리적 환경과 상호작용하는 것을 말한다. 중요한 특징으로는 경제적 활동을 말한다. 비산업화 문화집단은 다섯 종류의 경제 활동에 의존할 수밖에 없는데 이는 사냥, 채집, 어업, 유목과 농업이다. 도시 · 산업화된 사회의 경우 다른 차원의 경제적 활동이 나타나는데 특히 여러 사회에서 사회경제적 수준은 문화적 또는 민족적 집단의 특징과 관련되어 있다. 사회정치적 맥락은 대부분의 비교문화 연구 문헌에 중심이 되는 변인들로 규범, 믿음, 태도, 생각과 같은 다수의 변인들을 말한다.

이 체계는 또한 왼쪽의 인구의 특성이 다양한 방법으로 오른쪽의 개인 행동 레퍼토리에 포함되는지 보여준다. 생태적, 생리적, 문화적, 문화적응 등 네 종류의 요인들이 언급되어 있다. 2개의 중요한 배경적 변인과 심리적인 결과는 문화와 생리적 전달에 의해 매개된다. 생리적 전달은 개인들은 자신이 속한 인구 전체의 유전자 풀의 일부분을 생리학적 부모로부터 물려받는다는 의미이다. 문화적 전달은 사회화와 문화화의 과정(제2장 참조)으로 개인은 사회 또는 지역사회에 존재하는 전체 문화적 정보 풀의 일부분을 습득한다는 의미다. 제2장과 제3장에서 보겠지만, 생리적, 문화적 전달의 구분은 개념적인 것이 아닌 실용적인 검토에 의한 것이다. 이는 단순히 다음 세대에 한 개인의 유전자의 전파(생리적 전달)와 부모의 믿음, 규범과 가치(문화적 전달)가 전달되는 것은 2개의 독립적인 전달 과정이라고 볼 수 없고 동시에 일어나는 절차이다(제11장에서 생리학과 문화 간의 관계에 대해 더 세부적으로 다루기로 한다).

어떠한 결과들은 생태적 영향에 의해 매개된다고 볼 수 있는데, 예를 들면 식량의 누적방식이다. 다른 결과들은 한 개인이 속한 집단의 사회정치적 맥락에서의 문화적 접촉의 영향에 의한 것이다. 이러한 결과들은 식민지의 팽창, 국제무역, 침략과 이주 같은 역사적이고 현대의 경험들로 인한 인구 접촉에 의한 것이다. 이러한 영향은 다른 절차적 변인들에 의해 확인할 수 있는데 이는 문화적응으로, 접촉이 이루어지는 집단 간의 상호적인 영향을 수반한다(제13장 참조).

중요한 점은 생리적 · 문화적 차이와 같이 2개의 중요한 근본적인 변인들과 관찰 가능한 행동과 추론적인 특성과 같은 심리적인 결과물 모두가 문화와 생리적 전달에 의해 매개되지는 않는다는 점이다. 외부적 맥락에 대한 어떤 반응들은 기근 동안의 영양적 결핍 대처하기(수행의 감소를 야기)와 같은 즉각적이거나 이주자 또는 일시 체류자로서 다른 문화에 대한 새로운 경험에 대한 반응(새로운 태도 또는 가치를 야기)으로 해석된다. 이러한 직접적인 영향은 두 종류의 인구 매개를 우회하는 상단과 하단의 화살표로 나타냈다.

마지막으로 그림 1.1에 제시된 이 체계는 엄격하게 해석하면 안 된다. 개인은 이러한 다양한 영향들을 인식하고, 심사하고, 살펴보며, 변화시킬 수 있다(직접적 또는 매개되어). 결과적으로 개인의 심리적 결과물은 다양한 차이를 보일 것이며 근본적인 맥락들과 다양한 절차적 변인들에 서로 영향을 미칠 것이다.

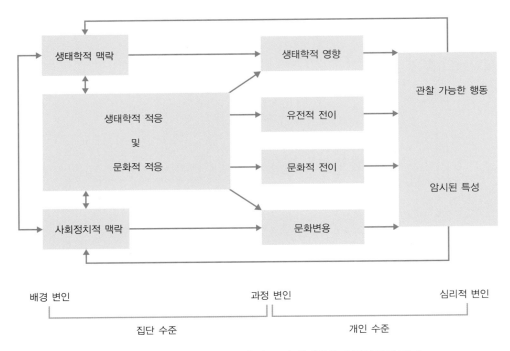

그림 1.1 비교문화심리학에서 사용되는 변인들의 범주 간 생태문화적 틀에서의 관계

지난 몇십 년 동안 사회문화적 변인들, 특히 가치(Smith, Bond & Kağitçibaşi, 2006)에 집중되었다. 국가들마다 연구의 차이(문화의 대리인으로서)는 개인주의-집단주의(Hofstede, 1980, 2001 ; Triandis, 1995)와 같은 가치 차원을 만들어냈다. 일반적으로 가치의 차이는 사회화 방식의 차이와 같이 다양한 선행조건의 결과물로 여겨진다.

앞서 논의한 세 가지 논의 주제들에 대해서는 문화비교적 연구는 상대주의보다는 보편주의에 좀 더 가깝다. 한 개인에게는 문화는 외부 조건과 심리적 특성 모두로 인식되고 있으며 종종 외적 맥락과 관찰 가능한 행동 간의 선행-결과적 관계로 추정한다. 가치의 차원에 대한 추론 또는 일반화는 폭넓은 일반화를 의미한다. 예를 들면, 개인적 또는 집단적 성향은 폭넓은 행동적 차이와 관련되어 있다(Triandis, 1989, 1995). 뒤에 나오는 장들에서 특정 문화적 측성과 특정 행동적 결과에 대한 관계를 연구하는 다양한 문화비교적 연구들을 볼 수 있을 것이다. 이제 다른 두 학문에서도 일반화의 수준의 차이를 볼 수 있을 것인데 전체적으로 높은 수준의 일반화 경향성을 볼 수 있다.

문화심리학

문화심리학(cultural psychology)은 비교문화심리학이라는 분야와 구분하기 위해 의도적으로 선택한 용어다(Shweder, 1990). 비교문화심리학의 모토는 '인류 정신의 통합'이다. Shweder(1990, 1991)는 "문화와 정신은 서로를 만들어낸다."라는 대안적 모토를 제시했다. 이는 문화와 행동은 불가분의 관계이며 다른 문화적 맥락에서는 다른 정신이 생겨날 수밖에 없다는 의미이다. 문화적 접근은 상대주의적이며 문화집단에서의 행동뿐만 아니라 근본적인 절차와 같은 독특한 특징을 중요시한다. 정서에 대한 연구가 좋은 예이다. 민족학 문헌에서 문화인류학자들은 서구 사회에서는 뚜렷한 정서를 찾을 수 없다고 했다(예 : Lutz 1988; Russell, 1991). 이러한 결과는 정서는 공통적인 인간 경험에 속하는 자연적인 범주가 아니라는 의미지만 사회문화적 구조는 문화특수적이다. 그러므로 Kitayama와 Markus(1994, p.1)는 정서는 '사회적 본성'이며 '다른 것이 아닌 본성'이라는 개념화를 수립하는 데 명확한 목적을 갖고 있는 책을 편집하였다.

　문화심리학의 부상은 앞에서 언급한 문화인류학이 문화는 외적인 맥락에서 봐야 한다는 입장에서 "문화는 인간의 내부에 있다."는 변화를 일으켰으며(Geertz, 1973) 관찰 가능한 행동에서 의미를 구성하는 데 더 집중하였다. 이는 비교 관점의 입장에서는 새로운 자극제가 되었지만, 이전의 전통은 역사적인 뿌리가 있는데, 성격과 문화 연구에 정신분석적 이론을 적용하는 문화인류학의 한 분야를 인류심리학(psychological anthropology)이라고 부른다. 이 전통에서는 한 문화의 구성원은 질적으로 다른 문화에 속한 사람의 일반적인 성격과는 다른 성격을 가지고 있다고 생각한다(검토를 위해서는 Bock, 1999 참조). 문화심리학에 중요한 영향을 미친 다른 분야는 러시아의 심리학자로 1920년에 중요한 이론을 발표했지만 10년 후에나 영어로 번역이 된 Vygotsky(1978)에서 비롯되었다. 그는 사회의 역사 속에서 '차원이 높은 정신적 과정'이 발현된다고 생각했다. 이러한 과정들(중요한 예로 삼단논법적 사고)(Luria, 1976)은 사회에 존재하며 아동들이 발달하는 과정에서 전달된다는 것이다. 자극과 반응 간 개인의 심리적인 절차에 문화가 매개적인 영향을 미친다는 것이다. 제2장에서 문화를 발달의 맥락에서 살펴보겠지만, 사회문화 학파의 Cole(1996; 연구실에서의 인간 인지의 비교, 1982)은 Vygotsky의 아이디어를 더 발전시켰지만 차이에 대한 해석은 낮은 수준에서만 일반화되었다. 예로는 컴퓨터를 들 수 있는데, 서구 도시의 젊은 이들에게 컴퓨터는 '자연적인' 것이지만 컴퓨터가 익숙하지 않은 사람들에게는 이상하고 어려운 것일 수 있다.

　오늘날 알려진 문화심리학은 최근에서야 발달하게 되었는데 중요한 이론들이 달라지고 있다는 것은 놀랄 만한 일이 아니다. 초기의 "정신과 문화는 서로를 만들어낸다."는 주장은 좀 더 보편론적인 입장을 취하고 있는데 '하나의 마음, 여러 개의 정신들'이 존재한 다는 것이다(Fiske et al., 1998). 문화심리학의 좀 더 최근의 연구는 동아시아 사회와 미국 사회를 비교하는 것으로 개인이 자신을 기본적으로 타인과 독립적인 것으로 보느냐 아니 면 타인과 통합된 것으로 보느냐이다. Markus와 Kitayama(1991)는 이러한 차이를 독립적 인 자기구성 대 종속적인 자기구성이라고 보았다. 문화심리학에서 가장 강력한 주장은 일 본인들에게는 자신의 향상이라는 개념은 전혀 존재하지 않는다고 보았다(Heine, Lehman, Markus & Kitayama, 1999; 논의를 위해 글상자 4.3 참조). 동−서 간의 대조적인 시각 차 이는 인지에 영향을 준다. 중국인들은 관련적이고 직관적인 사고를 하지만 미국인들은 더 사무적으로 사고한다고 보았다. 다양한 비교 연구는 이 가설을 지지하는 것으로 나타났다 (Nisbett, Peng, Choi & Norenzayan, 2001; Peng & Nisbett, 1999). 문화적 뿌리는 고대 그리 스와 중국의 철학(Nisbett, 2003)까지 거슬러 올라갔으며 이는 높은 수준의 일반화를 보여 주는 것이다(제12장 참조).

문화심리학에서 이루어지는 현재의 실증적인 연구들은 비교하는 방법론을 사용한다 (Kitayama & Cohen, 2007). 문화비교 연구의 전통과는 다르게 심리적인 변인들의 차이는 외적인 생태적 · 사회문화적 조건에서 발생한 것이 아닌 문화 인구의 심리적인 역사에서 비롯된 심리적인 기능의 차이라고 해석한다.

결론적으로 문화심리학에서는 외적 행동은 근본적인 심리적인 기능과 절차의 차이를 나타낸다고 해석한다. 기본적으로 문화심리학은 상대적 연구 전통으로 이해됐지만 문화 비교 성향으로 바뀌게 되었다. 문화심리학자들은 일반적인 외적 조건의 중요성을 간과하 는 것이 아니라 해석에 고려되지 않을 뿐이다. 문화는 외부의 선행조건이 아닌 사람들의 심리와 내부에 존재하는 것이다. 마지막으로 동과 서의 표본의 차이를 보여준 연구 결과 들은 자신의 기능을 하나의 중요한 구분점이 되었는데 이는 타인에게 상호의존적이냐 아 니면 좀 더 독립적이냐 하는 것이다.

토착심리학

지난 몇십 년 동안 유럽과 북미 외 지역의 심리학자들은 '서양'적 접근을 탈피해 자신의 지 역에 기반을 둔 더 적절한 연구들을 수행하기 시작했다(전체적인 검토는 Allwood & Berry, 2006; Kim & Berry, 1993; Kim, Yang & Hwang, 2006). 이러한 발전은 모두 **토착심리학** (indigenous psychology)이라고 부르며 인도(Sinha, 1997; Rao, Paranjpe & Dalal, 2008), 중부 및 서아프리카(Nsamenag, 1992), 멕시코(Diaz-Guerrero, 1993)와 필리핀(Enriquez, 1990)에 서 찾아볼 수 있다. 최근에는 특정한 국가보다는 문화적 또는 종교적으로 정의되는 지역, 즉 중동(Dwairy, 2006; Ramadan & Gielen, 1998) 또는 동아시아(Kashima, 2005)로 연구적

관심이 옮겨가고 있다.

역사적으로 과학으로서의 심리학은 서양으로부터 서양에 포함되지 않는 다른 국가로 전파되었다. 초기에는 서양 국가에서 교육받은 심리학자들이 자신이 가장 익숙한 지역에서 연구를 지속적으로 수행하거나 종종 서양에서 이루어진 연구를 재실험하는 방법을 사용하였다(D. Sinha, 1997). 그들은 기존의 도구들, 연구방법들과 이론들을 적용하는 것이 적용 가능성이 떨어지며 지역적 맥락과도 잘 맞지 않다는 점을 알게 되어 심리학은 좀 더 적합하도록 수정되었다. 더 용감한 시도는 필리핀의 Enriquez(1990)와 그의 동료들에 의해 이루어졌다. 그들은 지역 사람들을 만나 행동에 대한 의견을 묻는 것으로부터 시작하였다. 인터뷰를 진행하는 사람이 질문을 하고 답변자가 답변을 하는 전통적인 상황이 지방의 필리핀 사람들에게는 잘 적용되지 않는다는 것을 알게 되었다. 좀 더 성공적인 방법은 파그타농-타농(pagtanong-tanong)이었는데 이는 인터뷰 진행자와 답변자가 좀 더 동등하고 정보를 서로 나눌 수 있는 방법이다. 인류학의 주된 방법론인 참여 관찰의 경우 연구자보다 답변자가 상호작용의 내용이나 방향에 대해 더 통제하는 것으로 나타났다(Pe-Pua, 2006).

토착심리학의 중요한 주안점은 지역심리학적 개념은 영어 또는 유럽의 언어로 동등하게 표현될 수 없다는 것이다. 예로는 일본의 아메(amae) 또는 의존의 필요성(Doi, 1973), 인도의 양육-과업 리더십(J. Sinha, 1980), 남아시아의 코로(koro), 즉 자신의 성기가 몸속으로 들어가는 것에 대한 병리적인 두려움(Simons & Hughes, 1985)을 말한다. 정서와 성격을 다룬 뒤의 장에서 보게 될 것이지만, 서양의 표본을 사용하여 비서양적 개념을 사용한 연구들은 비서양 표본을 사용했던 기존의 연구 결과와 동일했는데 서구의 심리학에서는 차이의 심리학적 타당성은 찾아볼 수 없다는 것을 보여준다.

특히 적용심리학자들 사이에서 토착적 입장을 발전시키는 가장 중요한 이유는 서구 연구자들의 저소득층의 핵심적인 문제에 대한 연구가 비교적 이루어지지 않았기 때문이다. 이 책에서 가난과 문맹으로 살아가는 세계의 사람들을 **제3세계**(majority world)라는 용어로 사용할 것이다(Kağitçibaşi, 2007). 가난과 상관관계가 있는 심리적 변인인 폭력과 기아는 서구의 비교문화심리학 교과서에서는 거의 논의되지 않는 주제이며 PsychLit과 같은 학술지 데이터베이스에 비교적 적은 연구만이 등록되어 있다(그러나 Carr & Sloan, 2003 참조).[2]

심리학의 이론 중심적 연구와 응용 연구는 거의 관련성이 없다(Schönpflug, 1993). 토착

---

[2] 우리는 비교문화심리학이 인류의 웰빙을 위해 좀 더 세계적인 문제를 다루는 것이 도덕적으로 중요하다고 생각한다. 서문에서도 언급했지만 이것이 이 책의 제3부에서 적용의 문제들에 대해 논의한 중요한 이유이다.

심리학 문헌에서는 이러한 차이가 두드러진다. 이론은 중요한 차이에 대해 폭넓게 일반화시키려고 하는데 예를 들면, 동양의 집단주의적 성향과 그 반대인 서양의 개인주의적 성향이 있다(Kim & Park, 2006; Yang, 2003). 응용 연구에서는 성향은 더 실용적인 것이라 이러한 내용은 국제적인 저널이나 책에서 전혀 논의되지 않는다. 개입 프로그램들의 사용은, 예를 들면 건강 행동과 교육 같은 분야는 서구의 원리와 방법에 바탕을 두고 있다. 그러나 개입 프로그램의 특정한 내용(예 : 식물의 이름, 관습)은 지역 상황에 맞게 변경되었다(Leenen et al., 2008; Pick & Sirkin, 2010).

'토착심리학'이라는 용어는 두 가지 이유에서 부적절하다고 볼 수 있다. 첫째, 서구 심리학에 대해서는 독립된 지위를 부여하기 때문에 토착심리학이라는 범주에서 제외시켜 버린다. 우리가 현재 알고 있는 심리학은 서구에서 발전하였고 서양 문화의 산물이다. 우리는 이조차도 토착심리학이라고 생각한다. 둘째, 더 중요한 문제인데, 만약 지역적인 심리학이 필요하다면 더 토착적인 심리학자들이 존재해야만 하고 원리적으로는 각 문화 또는 문화지역마다 1명씩 존재해야 한다(지역 또한 정의되어야 하지만). 이는 논쟁거리가 될 수밖에 없다. 상대주의를 지지하는 저자들은 많은 심리학자들이 필요하다는 것을 인지하고 있다(예 : Shweder, 1990). D. Sinha(1997)와 Enriquez(1993)는 단호하게 토착 연구는 비서구의 목소리와 관심을 분명하게 보여주는 중간 단계로는 필요하지만 결과적으로 모든 인류에게 심리학은 통합된 과학이어야 한다고 주장하였다. Enriquez(1993)는 이러한 전략을 '비교토착적 접근'이라고 불렀으며 Yang(2000, p.257)은 이러한 다양한 심리학들이 "전체적으로 균형 잡히고 진실된 세계적인 심리학을 발전시키기 위한 더 고차원적인 목적에 이바지한다."고 주장했다.

토착심리학의의 전통에서는 문화적으로 특유한 심리적 개념을 중시하는데 이는 보편주의보다는 상대주의에 더 가깝다. 이를 바탕으로 토착심리학과 문화심리학은 비슷한 입장을 취하고 있다. 토착심리학의 다른 부분도 있는데 심리학적 연구와 적용에서 서구의 편견을 극복하는 것이다. 서구권 국가를 넘어 심리학을 적용하는 것은 보편주의적 관점과 일맥상통한다(예 : D. Sinha, 1997). 문화가 개인의 내부 혹은 외부에 존재하느냐의 문제, 그리고 일반화의 문제들에 대한 차이에 대해서는 비슷한 모호성을 가지고 있다. 이론적인 연구자들은 개인의 내부에 문화가 존재한다는 문화심리학적 입장을 취하지만 응용 연구에서는 외부 조건에 좀 더 중점을 둔다. 또한, 폭넓은 일반화는 이론적 논의에서 다루어지고 있지만, 응용 연구와 개입 프로그램의 지역 문제들은 실용적인 입장을 취하는 데 필요한 경우 지역적 내용을 취하지만(예 : 식물의 이름, 지역의 풍습) 서구에서 존재하는 프로그램을 도입하거나 연구방법을 사용한다. 의미를 구성하는 것보다는 빈곤과 문맹의 실제적 맥락을 이해하는 것이 더 중요하다. 이들의 중요한 목적은 문화에서의 차이를 측정하기보다는 실제 행동의 변화를 깨닫게 하는 것이기 때문이다.

비교문화 연구의 방법론

실증적 연구를 수행하기 원한다면 무엇을 왜 알고 싶은지에 대해 알고 있어야 한다. 비교문화심리학 연구자들의 경우 행동 패턴과 문화적 맥락에서 행동들이 어떻게 내재되어 있는지에 대해 알고 싶어 한다. 여기에서는 다음 두 가지 문제를 다루고자 한다. 첫째는 문화의 표본 추출로 데이터가 수집된 하나 또는 그 이상의 모집단을 선정하는 것이다. 둘째는 문화-행동 간의 관계를 어떻게 개념화하는 것인지에 대한 논란 문제로, 비교문화심리학에서 질적 또는 양적 접근을 따라 하는 것인가에 대한 문제이다.

표본 추출

다른 문화와 구별되는 '하나'의 문화라는 것은 이 책에서는 다음 두 가지로 해석된다. 첫째, 하나의 문화는 외부 사람들보다는 하나의 모집단이 가지고 있는 특정한 인공물(artifact)과 '지적물(metifact)'(예 : 생각, 믿음, 관례 등)들 간에 공통점이 있다는 것이다. 둘째, 한 문화는 한 모집단에서 명시적이고 은밀한 부분을 포함한 행동의 목록을 말한다. 비교문화심리학에서는 문화는 대부분은 국가 또는 사회를 말하지만 다른 인간집단 또한 문화라고 보는 사람들도 있다. 예를 들면, 문화적응과 이중문화 간의 관계 연구의 경우, 민족문화집단들은 문화적 모집단이 되는데 대부분은 조상의 문화 또는 구성원들의 출생지를 말한다. 또한 기업 조직도 때로는 뚜렷한 문화가 존재한다고 생각되는데 제16장에서 기업문화의 개념에 대해 논의할 것이다.

　문화를 구별하는 데 2개의 특징들이 관련되어 있다. 첫째는 모집단 간에 연구가 되고 있는 행동의 변량은 총 변량(예 : 모집단 내 변량과 모집단 간 변량) 중 의미 있는 부분이어야만 한다. 우리는 이것을 구별이라고 한다. 두 번째 특징은 영속성이다. Malinowski(1944)는 한 문화는 영속성에 의해 개인 구성원들의 심리적 구성을 넘어서 존재하는 것이라고 주장하였다. 한 문화는 현재의 모든 구성원들이 살아 있지 않더라도 문화는 존재한다는 뜻이다. 한편으로 '젊은이들의 문화'라는 의미는 최근 수집되거나 한시적인 집단을 말한다. 구별과 영속성이 낮은 집단은 '범주의 식별 가능성'이 낮다고 본다(Schaller, Conway & Crandall, 2004). 이 책에서 이것은 문화로 보지 않는다.

　독립적인 문화를 구별하는, 좀 더 적절한 이름인 '문화를 포함한 구성단위'[또는 문화단위(cultunits)](Naroll(1970a))는 연구하고자 하는 심리적 변인들의 차이가 예상하는 범주와 맞아야 한다. 사회적 변인을 연구하고 싶다면 국가가 적절한 선정 단위가 될 것이라는 뜻이다. 언어심리학의 비교문화 연구에서, 다른 언어를 사용하는 사람들이 문화적 모집단을 형성한다. 요오드 결핍이 인지 기능에 미치는 영향을 연구한 Bleichrodt, Drenth와 Querido(1980)는 스페인과 인도네시아 각각 2개의 마을을 연구에 포함시켰다. 이 사례에서는 지역 상수도의 높은 또는 낮은 요오드 함량이 선정 구성단위로 결정되었다. 이상적으로 연구에서 포함할 문화 모집단은 연구자가 어떠한 변인을 구별할지 결정되었을 때 알수 있다. 모집단이 선정되고 난 후, 각각의 문화의 대표적인 표본 또는 특정한 하위 집단이 선정되었는지를 생각해야 한다. 마지막으로 각 문화 또는 하위 집단의 구성원을 어떻게 선정할 것인가를 결정해야 한다(Lonner & Berry, 1986 ; Van de Vijver & Leung, 1997).

많은 문화비교 연구들은 대학생들이 대상이었는데 이들은 연구자가 쉽게 접근할 수 있고 '검사를 잘 해낼 수 있는' 능력, 즉 검사나 설문지를 잘 마칠 능력이 있기 때문이다. 대학생 표본을 바탕으로 도출된 연구 결과를 이들이 속한 문화집단(대개는 국가)에 일반화시키는 경우, 문화의 동질성이라는 강력한 암묵적 추정을 하게 된다. 이러한 추정은 정당화할 수도 있지만(예 : 프랑스인들은 프랑스어를 사용한다), 오류가 있을 수 있다. 한 국가에서 많은 심리적 변인들이 교육적으로나 지역적으로 구분되는 집단에서 체계적인 차이를 나타냈다. 그러므로 비교문화적 차이의 크기 또는 그 차이가 존재 또는 존재하지 않는 것도, 선택한 문화에서 특정 표본을 어떻게 선정하는가에 달려 있다.

다른 문화의 하위 집단과 상응하는 하나의 문화 모집단의 하위 집단을 정확하게 선정하는 것은 거의 불가능하다. 문화비교 연구에서 대응 표본을 사용하는 것에 대한 강력한 경고가 제시되었다(Draguns, 1982 ; Lonner & Berry, 1986). 이의제기의 가장 중요한 부분은 하나의 변인을 대응하는 경우 다른 변인은 거의 예외 없이 대응시키지 못한다는 점 때문이다. 예를 들어, 한 연구자가 서유럽의 표본과 나이지리아 또는 케냐의 아프리카인의 표본을 선정하여 교육을 비교한다고 해보자. 교육받은 아프리카인들은 자국민들의 평균에 비해 높은 임금을 받고 사회적 지위가 높지만 다른 국민들에 비해서 전통적 규범과 관습을 덜 중요하게 생각할 수 있다.

다음의 두 결론은 비교문화심리학의 일반적인 연구의 실제와는 명확하게 차이가 있다. 첫째, 문화 모집단 선정 또는 문화를 포함하는 구성단위는 연구자가 무엇을 구별하기 원하는지에 따라 명확하게 달라져야 한다. 둘째, 문화적 동질성을 추정할 만한 이유가 있지 않으면, 선정된 한 표본(예 : 하나 또는 여러 학과의 대학생들)에 의해 대표되는 문화는 비교문화적 차이를 왜곡할 수 있다.

질적·양적 접근

문헌에 의하면 비교문화 연구를 실시하는 데 가장 중요한 차이로 질적 접근과 양적 접근을 들 수 있다. 질적 접근은 상대주의와 관련 있고 양적 접근은 보편주의와 관련이 있다. 다른 두 용어의 쌍, 예를 들면 개별기술적 접근과 단일원칙적 접근 또는 실증적 접근과 현상적 접근의 경우도 비슷하게 구분된다. 이러한 차이는 비교문화심리학의 과거로 거슬러 올라가야 한다(예 : Johoda & Krewer, 1997). 여러 방면으로 비교문화심리학의 질적 연구 방법은 문화인류학에서의 민족지학(ethnography)에 그 근본을 두고 있다. 1960년대에 만들어져 잘 알려진 문화내부적 접근(emic)과 문화일반적 접근(etic)에 대해 글상자 1.2에서 설명한다.

글상자 1.2　문화내부적 접근과 문화보편적 접근

질적 접근과 양적 접근에 대해 논의하기 위한 초기의 노력은 **문화내부적**(emic) 접근과 **문화보편적**(etic) 접근의 차이로부터 시작되었다. 이 용어들은 음성학(phonetics)과 음소학(phonemics) 유사점에서 영감을 얻어 Pike(1967)가 만들었다. 언어학 분야에서 음성학은 음성과 음성의 생성에 대한 일반적인 부분을 연구한다. 음소학은 특정 언어에서 사용되는 소리를 연구한다. Berry(1969)는 Pike의 음성학–음소학의 차이에 대한 의견이 비교문화심리학에 적용되는지 요약하여 설명하였다. 이 요약한 내용은 표 1.1에 제시하였다.

많은 질적 연구자들은 행동의 전체적인 복잡성은 그 행동이 발생하는 문화적 맥락에서만 이해가 가능하다고 주장하였다. 문화내부적 접근의 경우 현상과 이의 상호작용(구조)은 특정 문화의 현지인의 눈으로 해석하는 것을 시도한다. 현지인은 연구하는 사람들에 대한 선험적 개념과 생각을 피하려고 노력한다. 이러한 시각은 문화인류학에 그 근원을 두고 있는데 참여관찰 방법을 통해 연구자가 특정 사회의 구성원들에 대한 규범, 가치, 동기와 관습 등을 연구하는 것이다.

문화보편적 접근의 문제점은 연구자의 개념, 관념들이 자신의 문화적 배경에 뿌리를 두고 있고 영향을 받는다는 데 있다. 연구자들은 '규제화된 문화보편적 접근'(Berry, 1969, p.124), 또는 '거짓 문화보편적 접근'(Triandis, Malpass & Davidson, 1971b. p.6)을 사용한다. 실증적 분석의 목표는 연구하는 문화에 대한 '규제화된 문화보편적 접근'을 문화내부적 접근과 대응시켜 점진적으로 수정하기 위한 것이다. 이는 궁극적으로 '파생된 문화보편적 접근'이 생성되며 이는 비교문화적으로 타당하다.

문헌들(Pelto & Pelto, 1981; Ekstrand & Ekstrand, 1986)을 통해 문화내부적 접근과 문화보편적 접근의 눈에 띄는 차이점들에 대한 광범위한 목록들은 표 1.1에 세분화되어 비교 제시되었다. 연구자가 문화내부적 접근과 문화보편적 접근을 구분시킬 수 있는 실증적 절차를 찾고자 하는 경우 문헌들은 별로 정보를 제공하지 않는다. Berry(1969, 1989; Segall et al., 1999 참조)는 반복적 접근을 제시하였다. 문화비교적 접근에서 연구자들은 규제화된 문화보편적 접근에서 대부분 시작할 것이다. 연구자들은 문화내부적 단계에 이르러 개념과 방법들의 문화적 적합성에 대해 면밀히 검토할 것이다. 최소한 원하는 문화들에 해당되는 동등한 개념과 변인들이 설정되며 파생된 문화보편적 접근은 어떠한 비교가 가능한지를 확인할 것이다. 연구의 확대는 심리적 특성이 일반적으로 존재한다는 합리적인 결론에 도달할 수 있는 많은 증거들로 이어지게 될 것이다. 동시에 문화 내에서의 문화내부적 탐색을 통해 심리적 기능에서 무엇이 문화특수적인 것인지 확인할 수 있을 것이다. 문화적 접근에서 상대적 시각에서의 문화내부적–보편적 차이는 때로는 충분하지 않다는 이유로 거부되기도 한다. 만약 심리적 개념들이 문화적으로 중요하다고 생각하면, 연구자들은 '규제화된 문화보편적 접근'에서 '파생된 문화보편적 접근'으로 이동할 수 없을 것인데 파생된 문화보편적 접근 자체가 존재하지 않기 때문이다.

표 1.1 문화내부적 접근과 문화보편적 접근

문화내부적 접근	문화보편적 접근
체계 내에서 행동을 연구	체계 외부에서 행동을 연구
하나의 문화만 연구	다양한 문화를 연구하고 서로 비교함
분석자에 의해 구조가 밝혀짐	분석자에 의해 구조가 만들어짐
기준은 내부적 특성에 의해 상대적임	기준은 일반적이거나 절대적임

출처 : From Berry(1969).

　　이 책에서는 질적 · 양적 방법 모두에 논의할 것인데, 서로 맞바꿀 수 있다는 것은 아니지만 상호보완적이기 때문이다. 한 연구의 과학적 가치를 평가하는 가장 중요한 원칙은 데이터가 한 가지의 해석을 제시함과 동시에 대안적인 해석은 배제하는 것이다. 이는 다음의 논의에 대한 길잡이 원칙이 된다.

　　질적 연구(qualitative research)는 자연적인 환경에서 이루어지는데 이는 현장 연구라고도 불린다(Singleton & Straits, 2005). 다양한 연구방법들이 적용되지만 대체로 상호적인 것을 선호한다. 상호적인 연구방법은 참여자를 설문조사와 실험 조작의 대상이기보다는 데이터 수집에 '관련'시키는 것을 말한다. 연구자는 수집된 데이터의 의미를 해석하고 연구 과정에서 연구자 자신의 역할에 대해 비판적으로 반영시킨다(Creswell, 2009). 데이터 수집의 대부분은 구조화되지 않고 사건이 발생하는 대로 얻어지며 데이터가 수집되는 동안 연구의 질문과 과정이 수정되기도 한다. 이러한 수정은 연구 과정에서 더 나은 이해를 도모했다는 것을 반영하는 것으로, 실험에서 절차를 엄격하게 따라야 하는 데 있어서 질적 연구는 좀 더 적응적이라고 할 수 있다. 질적 연구는 하나의 사례분석이 되며 특정한 개인 수준 또는 특정한 문화 수준에서 특성의 패턴이나 형태를 파악한다(Huberman & Miles, 1994).

　　많은 연구자들이 질적 연구에 대해 비판적인 경향이 있다. 첫째, 대부분의 질적 연구는 연구자의 해석에 과중하게 의존한다. 연구방법에서는 점수를 매기는 과정에 대한 규칙이 없고 응답자의 반응에 대한 심리적 의미에 대한 연구자의 통찰이 중요하다(Smith, Harré & Van Langenhove, 1995). 비교문화심리학의 역사에서 많은 해석들이 현재로는 전부 부적절한 것으로 생각되며 연구자의 통찰은 기반이 확실하지 않은 것으로 보인다. 질적 연구방법에 대해 두 번째 비판적인 시각은 결과의 타당성을 지지할 수 있는 공식적인 절차를 찾아보기 힘들다는 데 있다. 질적 분석에서 절차의 반복 가능성(실험과 같은) 또는 통계적인 절차에 대한 타당성(표준화된 검사 또는 설문지)을 위한 독립적인 검토도 가능하다. 제12장에서 상대성과 보편성에 대한 인식의 근거를 논의할 때 타당성에 대한 문제를 다시 거론할 것이다.

대부분의 문화비교 연구는 **양적 접근**(quantitative approach)을 취하고 있는데 이는 심리학의 실험 패러다임에 바탕을 두고 있다. 문화적 조건(내부 또는 외부적)은 독립변인이 되고 행동적 변인은 종속 또는 결과 변인이 된다. 양적 분석에서의 대부분의 데이터 수집 방법은 2개의 중복된 범주인 평가 도구(예: 심리측정용 검사와 설문지)와 (준)실험 연구다.

잘 설계된 실험에서 연구자는 다양한 실험 조건에 속한 참여자에게 제공되는 처치에 대한 통제를 할 수 있으며 참여자들은 이러한 조건에 무작위로 배정되어야 한다. 연구 대상 집단이 이미 존재하는 연구의 경우에는 참여자들은 그 소속이 이미 정해져 있는데 이를 '**준실험**(quasi-experiments)'이라고 부른다(Shadish, Cook & Campbell, 2002). 결과의 차이가 통제 불가능하지만 집단의 차이와 관련되어 있는 변인들에 의한 것이면 이에 대한 해석은 문제가 된다. 문화 모집단의 경우 참여자들의 차이가 나타나는 변인들은 많다. 사회화의 실제, 특정한 개념에 대한 단어의 용이성, 교육, 종교적 믿음, 대중매체의 접근 등은 몇 가지의 예에 불과하다. 또한 비교문화 연구에서 처치 조건에 대한 통제는 매우 제한적이다. 실험실에서 연구자는 참여자의 동기와 같은 배경적 변인들에 대한 통제가 완벽하지 않음에도 불구하고 실험 처치를 제시한다. 다양한 문화적 요인들은 장기적으로 영향을 미치며 참여자들에게 미치는 영향은 직접적으로 관찰할 수 없다. 이런 이유로 점수 차이의 근원이 되는 가상의 문화적 요인은 종종 사후적으로 추론된다. 결과적으로 다른 문화를 비교하는 연구들을 평가할 때 연구자가 제시한 결과에 대한 대안적인 해석이 적절하게 제외할 수 있는지를 조심스럽게 판단하는 것이 중요하다.

몇몇 연구자들은 질적 연구와 양적 연구 방법들은 상호배타적이라고 주장하였지만 서로 상호보완적이라고 볼 수도 있다(예 : Reichardt & Rallis, 1994; Shadish, 2000; Todd, Nerlich, NcKeown & Clarke, 2004). Creswell(2009)은 혼합된 방법을 제안하였다. 비교문화적 추론에 대한 타당성을 강화하기 위한 전략으로 연구방법에서의 '통섭'의 개념이 논의되기도 했다(Van de Vijver & Chasiotis, 2010; Van de Vijver & Leung, 출판 중). 이는 다양한 증거, 다양한 데이터와 다른 연구 방법들을 기초한 연구 결과는 좀 더 설득력이 있다는 의미다. 이러한 연구자들은 중요한 요건을 추가하였는데 연구가 대안적인 해석에 대해 명확히 반박할 수 있도록 설계되어야 한다는 점이다.

해석의 문제에 대처하기

비교문화 연구 초기에 Porteus(1937)에 의해 이루어진 연구에서 그는 세계의 다양한 지역에서 자신이 개발한 미로 검사인 심리측정 검사를 사용하였다. 그는 미로를 풀 수 있는 능력은 중요한 지적 기능이며 지능은 타고 나는 특성이라고 생각했다. 그의 연구 결과, 칼라하리 사막의 San족(일명 '부시맨')은 모든 인종을 통틀어 가장 낮은 지능을 가지고 있고, 그다음이 호주의 원주민들이며 서구의 집단은 가장 지능이 높은 것으로 나타났다. 이러한 해석은 근본적으로 편견적이기 때문에 간단히 무시할 수 있지만 연구방법론적으로 어떻게 이의제기를 할 것인가가 중요한 질문이 된다.

Porteus(1937)는 (1) 미로 검사는 여러 문화에 걸쳐 정확하게 동일한 방법으로 지능을 측정할 수 있고, (2) 미로 검사의 점수는 피검사자의 선천적인 지능 수준을 추론할 수 있도록 해주며, (3) 표본 간의 평균 차이는 해당되는 그 문화에 대해 무엇인가를 말해준다고 추정하였다. 이 셋 중 첫 번째 추정은 도구의 점수는 집단을 서로 비교할 수 있거나 동일(equivalence)하다는 것을 보여줄 수 있으며 문화적 편견(cultural bias)으로부터 자유롭다고 보는 것이다. 두 번째로 그는 점수가 얼마나 사람들이 특정한 문제를 잘 풀 수 있느냐뿐만 아니라 타고난 지능과 같은 광의의 개념으로까지 일반화할 수 있다고 생각했다. 세 번째 추론은 개인의 점수가 합해져 개인 수준의 차이와 더불어 문화적 수준의 차이까지도 의미 있게 다룰 수 있다고 생각했다는 점을 보여준다. 이 부분에서 각각 세 가지의 추론에 대해 논의하고자 한다. Porteus의 인종적 차이에 대한 추론은 특별히 역겹지만, 각각의 추론이 가지는 비교문화 차이에 대한 확대 해석의 위험성에 대해 확인할 수 있다.

개념과 데이터의 등가성

도구를 사용하여 얻어진 데이터를 사용하여 문화비교가 이루어지는 것은 항상 과학적이지 못하다는 주장이 제기되어 왔다(예 : Greenfield, 1997). 심리적 평가는 그 도구(검사 등)가 사용될 그 문화에서 개발되어야 한다는 것이다. 이러한 의견은 심리적인 과정과 기능은 문화마다 다르다는 상대주의적인 의견에 근거한다(글상자 1.2 참조). 물론, 관련 문화에서 측정하고자 하는 것이 동일한 의미를 지니지 않으면 데이터 비교는 의미가 없다. 그러나 보편주의적 틀에서는 도구가 문화에 상관없이 동일한 개념을 측정한다고 생각하지는 않는다. 그 대신 이는 실증적인 질문이 된다. 점수가 동등 또는 비슷하다고 하는 경우는 다른 문화에 속해 있는 두 개인의 점수가 동일하게 해석될 때 가능하다. 점수가 비교가능성이 없거나 동등하지 않은 경우 문화적 편견의 원인이 될 수 있다(Van de Vijver & Poortinga, 1997; Van de Vijver & Tanzer, 2004). 결과적으로 비등가성을 이유로 비교문화적 데이터의 해석이 적절하도록 만드는 것이 연구자의 과업이다. 다른 수준의 등가성이 구분될 수 있다면 이는 쉽게 도달할 수 있는 과업이다.

개념적 등가성은 하나의 연구에서 비교 대상이 되는 모든 문화적 모집단이 한 영역 또는 특성에 대한 의미가 동일한지를 확인하는 것이다(Fontaine, 출판 중). 이러한 수준의 동등성을 확인해 줄 만한 데이터 분석 절차는 존재하지 않는다. 만약 사전에 확인이 불가능하면, 의미 있는 문화비교는 불가능하고 만약 가능하다면 실증적 증거들이 개념적 등가성 추정에 적합해야만 한다.

Van de Vijver와 Leung(1997)은 3개의 다른 수준의 등가성을 구분하였다. 이러한 구분은 온도 측정에 비유하여 설명할 수 있다. 어떤 온도계는 온도가 섭씨로 측정되고 다른 온도계는 화씨로 측정된다면, 온도계를 직접적으로 읽고 온도를 비교하는 것은 의미가 없다. 또한 한 온도계가 섭씨를 측정하고 다른 온도계가 켈빈으로 측정한다면 이 또한 의미가 없다. 측정단위는 동일할지라도 근원이 다르다(즉, 온도가 0도라고 불리는 지점이 다르다). 이러한 내용을 생각하며 Van de Vijver와 Leung이 설명한 3개의 계층적 수준에 대해 설명한다.

- 구조적 등가성 : 동일한 특성 또는 영역에 대한 측정은 비교문화적으로 가능하지만, 동일한 양적 측정을 사용할 필요는 없다(예 : 화씨와 섭씨로 측정되는 경우).
- 계량적 등가성(측정 단위의 등가성이라고도 한다) : 두 점수의 차이는 동일한 의미를 가지고 있으며 이는 문화와는 독립적이다(예 : 섭씨로 측정된 경우와 켈빈으로 측정된 경우, 두 온도의 폭은 동일하지만 각 온도계의 0점이 서로 다르기 때문에 절대 온도는 동일하지 않다).
- 측정의 등가성(총점의 등가성이라고도 한다) : 문화를 막론하고 측정된 점수는 모두 동일한 의미를 지니며 동일하게 해석된다(예 : 특정 온도를 하나의 섭씨 온도계로 측정하고 다른 섭씨 온도계로 동일한 온도를 측정한다).

데이터의 등가성과 비등가성을 구분하기 위해 다양한 통계적 절차들이 개발되었다. 이 절차들은 각 수준마다 검증 가능한 조건을 제시하고 등가성을 갖춘 데이터라고 추정하지만 비등가성 또는 문화적으로 편향적인 데이터가 아니라고 추정한다. 이러한 절차는 폭넓게 논의되었다(예 : Matsumoto & Van de Vijver, 출판 중; Van de Vijver & Leung, 1997; Vandenberg & Lance, 2000).

등가성의 수준을 구분하는 것은 타당한 비교를 통해서 가능하다. 만약 구조적 등가성 조건이 확보되면 연구자는 도구가 분석에 포함된 문화에 속한 사람들의 동일한 심리적 영역 또는 구성 개념을 평가한다고 합리적으로 생각할 수 있다. 결국 구조적 등가성에 대한 증거는 개념적 등가성을 확보해 준다. 만약 구조적 등가성 조건을 확보하지 못하면, 어떠한 형태의 비교도 오해의 소지가 있으며 방어하기가 어렵다. 만약 계량적 등가성 조건을 만족시킬 수 있다면, 측정 시기에 따른 점수의 변화는 동일한 의미를 갖는다(예 : 종단 연구). 만약 데이터가 충분히 동등하면, 각 점수는 그 개인의 문화적 배경과는 독립적으로 동일한 의미를 갖는다. 그러나 이러한 수준의 가설적 개념 수립은 어려우며 이후의 장들에서 지속적으로 연구자들이(앞에서 예를 들었던 Porteus의 경우처럼) 측정의 등가성을 가정하지만 이에 대한 타당한 이유는 제시하지 못하는 것을 볼 수 있다.

일반화

심리적 데이터는 그 자체로 흥미롭기보다는 폭넓은 행동 영역 또는 어떠한 근본적인 특성을 나타내는 것을 의미한다. 비교문화 문헌들에서 종종 수행(performance)과 능숙함(competence)을 구분하는 것을 볼 수 있다. 수행은 검사와 설문지의 점수를 포함하는 사람들의 실제 행동을 말한다. 능숙함은 개인의 특성으로 수행을 할 수 있게 (또는 제약)한다. 능숙함과 근본적인 심리적 절차도 구분할 수 있다. 이러한 구분은 모든 문화에 속해 있는 사람들이 절차를 공유하고 있다는 지식을 기반으로 하지만 이러한 절차들의 능숙함은 다를 수 있다. 수행, 능숙함과 절차를 구분하는 것은 어떻게 결과의 해석이 다른 수준의 일반화에 도달한다고 말할 수 있는지 보여준다.

일반화 이론은 Cronbach와 동료들(Cronbach, Gleser, Nanda & Rajartnam, 1972)에 의해 개발되었다. 그들은 한 번의 측정은 가능한 모든 행동에서 하나의 표본이 된다고 주장하였다. 다시 말하면, 하나의 측정은 일반화시키고자 하는 행동들을 대표한다는 것이다.[3] 여기서 중요한 문제는 대표성이 떨어지면 과일반화의 문제가 발생한다는 점이다. Porteus의 미로 사례에서, 검사를 받은 San족 사람들은 낮은 점수를 받을 수밖에 없었다. 그러나 문제는 이러한 미로 검사에서의 수행 능력이 San족 사람들의 지능적 능력을 잘 대변할 수 있

---

[3] Cronbach와 동료들(1972)은 이를 우주라고 불렀고 이는 책에서 말하는 행동 '영역'과 '특성'이라는 용어와 비슷하다.

는가다. Reuning과 Wortley(1973)는 좀 더 문화적으로 적절한 버전의 미로 검사를 실시하였는데 San족 사람들은 이전의 Proteus(1937)의 결과보다 더욱 어려운 수준의 미로를 풀 수 있었다. 제12장에서는 심리적 조직의 비교문화적 차이에 대한 부분에서 비교문화적 데이터 해석에서 일반화의 공식적인 범주들을 구분할 것이다.

문화 수준과 개인 수준의 변량 구별하기

비교문화심리학자들은 하나 또는 그 이상의 문화에서 표본을 추출하여 데이터를 수집하고 유사점과 차이점들을 바탕으로 결과를 해석한다. 그러므로 개인 수준과 문화 수준이라는 두 수준의 분석이 가능하고 개인들은 그들의 문화에 속해 있다. 이러한 데이터의 경우 다층분석(multilevel analysis)이 이루어져야 한다. 데이터가 다른 수준으로 이동하면 데이터의 의미도 바뀔 수 있기 때문에 이는 중요하다. 상징적인 예로 교육 연구를 들 수 있는데, 여자아이들의 언어 능력 평균이 남자아이들의 능력보다 높다는 것은 알려져 있다. 만약 한 교실의 학생들이 높은 평균 점수를 받았다면, 학생들 중에는 여학생들이 상대적으로 더 많이 포함되었을 가능성이 있다. 학급 수준의 변인인 '여학생들의 비율'의 의미는 개인 수준의 변인인 '언어 능력'의 의미와는 다를 수밖에 없다. 반직관적이지만 학급 변인과 개인 수준의 변인들 간의 구조적 관계(상관관계)는 통계적으로 독립적일 수 있다(Dansereau, Alutto & Yamamarino, 1984).

큰 데이터 세트에서의 문화 간 점수들의 비교(예 : Hofstede, 1980, 2001 ; Schwartz, 1992 ; Schwartz & Boehnke, 2004)에서 각각의 문화적 모집단은 한 변인의 점수에 의해 대표되는데 모집단의 점수는 표본 분포에서의 평균이다. 그러므로 표본 내의 개인 점수들이 집계된다. 이러한 집계(aggregation)(총합)의 반대는 분리(disaggregation)다. 이는 모집단 수준의 정보를 통해 개인의 정보를 이끌어낼 때 사용된다. 이러한 경우 개인에 대한 내용들은 정부와 정규교육 같은 사회 기관에서 또는 1인당 국민총생산량(GNP)과 나이 분포 같은 사회의 특징에서 얻어지게 된다.

2개의 문화와 개인적 수준 간의 심리적 기능에는 '이형동질(isomorphism)'이 존재할 수 있다. 이는 개인 수준과 문화 수준의 데이터가 동일한 구조를 갖추고 있을 때 가능하다. 이러한 경우가 아니라면, 관계는 '비이형동질'이다(Van de Vijver, Van Hemert & Poortinga, 2008a). 이형동질은 문화와 성격 학파(예 : Bock, 1999)에서 추정하였는데 모든 문화 모집단 전체는 하나의 성격 형태를 집단 내 모든 구성원들이 공유하고 있다고 추정한다(예 : Benedict, 1934). 나중에 이러한 엄격한 동질성이 약화되었지만 이러한 의견은 '국민성'에 대한 개념(Peabody, 1985)과 '집단적' 또는 '사회적 표상'(Moscovici, 1972, 1982 ; Jahoda, 1982)에 지속적인 영향을 미쳤다. 인간의 심리적 기능은 결국 문화적이라는 생각은 최근

문화심리학자들에 의해 좀 더 발전했다. 가장 설득력 있는 표현은 Shweder(1990, 1991)의 공식으로 "문화와 정신은 서로를 만들어낸다."라고 언급한 것이다. 보편주의적 접근은 직접적으로 이형동질을 추정하지 않고 문화적 맥락에서의 개인의 심리적 기능을 구분한다. 그러나 두 수준 간의 가까운 관계는 암묵적으로 받아들여진다. 만약 문화 A에서의 외향 척도의 평균 점수가 높으면 A를 외향적이라고 판단한다. 두 수준 간의 구분에 대한 하나의 예는 Triandis, Leung, Villareal과 Clack(1985)에 의해 제기되었는데 개인주의-집단주의라는 용어를 국가 수준과 개인 수준으로 구분하여 다른 용어를 사용하였다. 국가 수준의 경우에는 용어를 그대로 사용하고 개인 수준의 경우는 '개인중심주의'와 '전체중심주의'라고 불렀지만 연구자들에 의해 폭넓게 받아들여지지는 않았다. 비이형동질이 존재하는 경우 다른 용어를 사용하는 것은 좋은 해결책이 되는데 이는 서로 다른 필수적인 양상에 대해 동일한 용어를 사용하지 않아도 되기 때문이다.

한 수준에서의 점수를 다른 수준에 적용하는 것은 이형동질이 추정될 때 가능하지만 그렇지 않은 경우 의미가 달라지면 해석의 타당성이 떨어진다(Adamopoulos, 2008). 최근에는 서로 다른 수준의 데이터를 분석할 수 있는 통계적 기술이 개발되었다(예 : Muthén, 1994; Hox, 2002). 이후에 비교문화심리학에서 시작되고 있는 이 기술의 적용에 대해 논의하도록 한다(예 : Smith & Fischer, 2008; Lucas & Diener, 2008).

다층분석은 많은 표본으로부터 얻어진 데이터가 필요한데(Selig, Card & Little, 2008), 이는 앞으로의 비교문화 연구 설계에 큰 영향을 미칠 것이다. 이 통계적 기술은 비교문화 연구자들에게는 새롭지만 이러한 분석이 익숙해질 것이며 개인의 행동과 문화적 맥락 간의 관계에 대한 이후 장들에서와 같은 비교문화심리학의 중요한 문제들을 해결할 수 있을 것으로 본다.

결론

과학 영역에서의 비교문화심리학은 지속적으로 변화하고 있다. 새로운 발전은 이전에 존재했던 불균형에 대한 반응에서 비롯된다. 문화비교심리학은 문화인류학자들에 의해 연구된 정신분석학적 전통에 대한 반응에서 시작되었다(예 : Kardiner & Linton, 1945). 이러한 변화는 관찰 가능한 행동에서의 비교문화적 차이에 숨겨져 있는 심리적 통합에 중요한 역점이 되었다. 결과적으로 문화심리학과 토착심리학의 관점은 보편주의가 인간의 심리적 기능에 너무 많은 공통성을 부여한다고 믿었던 연구자들의 반응에서 비롯되었으며 토착심리학의 경우 비서구권 사회에 만연했던 문제들에 적용되지 못하자 시작되었다.

이 장은 비교문화심리학의 정의들을 제시하였다. 하나의 정의가 어떻게 특정한 주안점

2 개인 발달 : 유아기와 초기 아동기

발달 개념은 이 책에서 세 수준으로 다룬다. 첫째, 계통발생적 발달이다. 여기에선 종의 다양성과 오랜 기간에 걸친 새로운 종의 출현을 다룬다. 이러한 발달의 형태는 제11장에서 다룰 것이다. 둘째, '발달' 용어는 사회문화적 변화와 관련될 수 있다. 이러한 의미에서 발달을 제10장(문화적 진화의 인류학적 전통에 대해 논의)과, 제18장(국가적 발달에 초점)에서 다룰 것이다. 이 장과 다음 장에서는 주로 개인의 생애에 걸친 발달 과정 또는 **개체발생적 발달**(ontogenetic development)을 고찰한다. 이 장에서는 유아기와 초기 아동기의 발달 유형에서의 문화적 유사성과 상이성에 초점을 두고 다음 장에서는 후기 아동기, 청소년기, 성인기를 다룬다.

발달 맥락으로서의 문화

개인의 발달은 생물학적 유기체와 환경 영향이 상호작용한 결과로 볼 수 있다. '유전'과 '환경'의 분리가 구시대적 구분법이라 여겨지기는 하지만(제11장과 제12장 마지막 절 참조), 행동의 생물학적, 문화적(환경적-경험적) 요소의 상대적 중요성은 심리학 문헌에서 개체발생적 발달에 대한 다양한 학파 간 차이를 만든 주요 차원이 되었다. 이를테면 생물학적 요인에 더 중점을 둔 성숙 이론이 있고(예 : Gesell, 1940), 대조적으로 전통적인 학습 이론(예 : Skinner, 1957)은 환경의 역할을 강조한다. 다른 이론들은 좀 더 유기체와 환경의 상호작용을 주목하였는데, 한 가지 예는 인지발달 단계를 구분한 Piaget(1970a)의 이론이다. 마지막으로 개체발생적 발달은 개인이 성장하는 문화 환경의 차이에 대한 결과로서 본질적으로 상이한 경로를 따른다고 보는 이론도 있다(Vygotsky, 1978).

성숙과 학습 이론은 문화 요인에 큰 의미를 두지 않는다는 것에 유의해야 한다. 성숙 이론에서 발달은 어느 정도 고정된 생물학적 프로그램의 실현으로 간주되는 경향이 있다. 학습 이론에서는 환경은 매우 중요하지만 기계적인 형태이다. 즉, 성인 유기체는 일정 부분 학습된 경험의 총합이라 할 수 있다. 학습의 기계적 개념은 환경을 개별적이고 균일한 자극의 누적이라 보는데, 이는 학습 경험의 문화적 조직화를 강조하는 문화정보적 학습의 개념과는 대조적인 관점이다. 이 절에서 우리는 명백하게 문화에 의해 전수되는 개체발생적 발달의 개념을 좀 더 상세히 검토한다.

우리는 상이한 **문화 전달**(cultural transmission) 경로를 통해 규범, 신념, 읽기와 쓰기를 학습한다(다음 절 참조). 이렇게 환경적으로 정보 계승에 기초하는 것의 유익한 측면은 문화적으로 조절된 환경 그 자체이다(물질문화)(Odling-Smee, Lalan & Feldman, 2003 참조). 이 견해에 따르면, 인간 문화의 중요한 관점은 우리를 둘러싼 물질문화유물(자동차, 주택, 컴퓨터, 책, 휴대전화, 아이팟 등)의 수집이다. 문화는 우리가 명확히 사회적으로 학습한 것뿐 아니라 종종 이전 세대에 의해 발명된 문화유물을 사용함으로써 간단히 구성되기도 한다.

몇몇 발달심리학자들은 특히 물질화된 문화 지식에 초점을 둔다(맥락주의자). 맥락주의자는 발달을 개인과 그의 일상 환경과의 역동적 상호작용으로 본다. 이 접근법은 문화 전달이 어떻게 일어나는지에 초점을 둔 Vygotsky(1978)의 사회문화 이론으로 거슬러 올라갈 수 있다. 아마도 Vygotsky 이론보다 문화의 역할을 더 명확하고 포괄적으로 다룬 발달이론은 없을 것이다(제6장의 맥락화된 인지)(Segall et al., 1999 참조). Vygotsky는 또한 계통발생적 발달이 아동의 발달에 대한 통찰력을 제공할 수 있을 것이라는 주장으로 잘 알려져 있다(Bjorklund & Pellegrini, 2002). 이것은 현대 연구자들(Schaffer & Kipp, 2007 참조)

에 의해 가장 주목받는 사회문화적(문화 속에서 발생하는 가치, 규범, 기술의 역사적 변화와 관련한) 관점이다. 그는 인간 행동의 전형적인 측면에 대해, 그리고 이것이 어떻게 나오는지에 대해 사회적 수준에서 역사의 과정과 또한 개인적 수준에서 개체발생적인 면에 큰 중점을 두었다. 그는 아동 발달을 아동이 점차 지식을 습득하고 좀 더 유능한 사회 구성원과의 협조적 상호작용을 통해 새로운 행동방식을 배우는, 사회적으로 매개된 활동으로 보았다. 이것은 당초 개인 간의 과정이었던 것을 개인 내적 과정으로 만드는, 즉 외적 조작의 내적 재구성이다.

"아동의 문화적 발달에서 모든 기능은 두 가지이다. 먼저 사회적 수준이고, 후에 개인의 수준이다. 첫째 사람 간(상호심리적) 그리고 아동의 내부(심리 내적)이다. … 모든 상위 기능은 개인 간 실제 관계에서 비롯되었다"(Vygotsky, 1978, p.57). 이 인용은 개인의 정신 기능이 사회적이라는 것을 분명히 한다. 개인은 사회문화적 맥락에 이미 있었던 상위 정신 기능을 단지 습득할 수 있는 것이다.

러시아 외에서 Vygotsky의 생각을 수용한 첫 발달 이론가는 Bronfenbrenner(1979)이다. 그의 생태체계 이론에서는 발달의 맥락을 러시아 인형처럼 각각 다음의 것을 포함하는 중첩된 구조로 정의했다. 발달 중에 있는 아동은 이러한 즉각적 환경부터 넓은 문화에 이르는 네 가지 공간에 싸여 있다. 대부분의 유아에게 가장 안쪽의 맥락은 마이크로시스템인 가족, 즉 어머니, 아버지, 형제이다. 메조시스템은 마이크로시스템인 가족과 기타 학교, 이웃, 어린이집과 같은 서로 연관된 마이크로시스템으로 구성되어 있다. 엑소시스템은 부모의 경제적 상황과 같이 메조 및 마이크로시스템에 영향을 미치는 좀 더 먼 맥락을 의미한다. 마지막으로 매크로시스템은 문화규범, 사회화 목표와 가치관으로 구성된 생태계의 가장 먼 층이다. 이들 층은 서로 상호작용하며 아동의 발달에 영향을 미친다.

Bronfennbrenner의 발달에 대한 견해는 아이들의 발달을 이해하기 위해서는 일상, 자연 상황에서의 상호작용을 관찰해야 한다는 점을 강조한다. 이 생각은 바로 맥락화된 인지학파의 중심에 자리 잡고 있다(Cole, 1996). 인지학자들은 다수의 연구에서 전문적 지식이 환경적 요구와 관련 있다는 것을 보여주었다. 이는 왜 어떤 사람들은 Piaget(1970a)가 구분한 발달의 가장 높은 단계인 형식적 조작 단계에 도달하지 못하는지를 답하는 데 도움을 준다.

따라서 인간의 행동은 '문화적으로 매개'된 것으로 규정할 수 있다. 문화의 매개는 매우 광범위한 것으로 여겨진다(예 : Luria, 1971, 1976). 그 이유는 신념, 가치, 지적 도구는 문화에 따라 실질적으로 다를 수 있기 때문이다. Vigotsky는 이 새로운 인지 기술은 종종 보편적이라기보다는 문화특수적이라 믿었다. 이후 글을 아는 사람과 문맹의 차이는 실제로는 Luria의 생각처럼(Scribner, 1979; Segall et al., 1999 참조) 크지 않다는 것이 알려졌다

(예 : Cole, 1996). 이전의 많은 저자들의 비판에도 불구하고 Cole(1992a, 1996)은 문화 매개의 입장을 유지하였다. 그의 관점에서 생물학적 유기체와 환경은 직접 상호작용하지 않지만, 세 번째 매개요인, 즉 문화를 통하여 가능하다. Cole(1992a)은 도식화한 표현에서 고전적으로 유기체와 환경을 구분할 뿐 아니라 더 나아가 똑같이 기본적인 자연환경과 문화도 구분하였다. Cole에 있어 발달은 다양한 수준 또는 시간 척도를 지닌 개념이다: 물리적 척도, 계통발생적 척도, 문화역사적 척도(사회적 전통이 발생하고 사라지는), 개체발생적 척도, 그리고 미세발생적 척도이다. 마지막 것은 인간 경험의 현시점을 수반한다. 이러한 다양한 수준 간의 상호작용은 개체발생적 발달의 이해에 필수적이다. 이 관점에서 개체발생적 발달의 단계는 개별적 아동에서가 아니라 시간에 걸친 복잡한 사회적 상호작용에서 나타난다. 이에 관한 한 가지 예는 Cole(1996)의 연구로, 읽고 말하는 풍부한 상호작용의 기회가 있는 환경에서 아동들이 어떻게 컴퓨터 기반 활동의 인지 기술을 습득하는지를 경험적으로 조사하였다(Engeström, 2005).

맥락주의적 접근방식에 따르면, 각각의 문화는 아이들에게 사고와 문제해결의 방법을 제공한다. Vygotsky(1978)가 '지적 적응의 도구'라 부른 이 방법은 아이들이 그 사회의 좀 더 유능한 사회 구성원과 상호작용하는 동안 내재화된다. 아동 혼자 해결하기 어려운 문화적으로 중요한 과업의 범위를 규정하는 소위 '인접 발달 영역'에서 유능한 전문가는 아동을 새로운 이해 수준으로 인도한다. 이러한 종류의 아동 활동의 지지적 가이드를 설명하기 위해 '발판(scaffolding)'이라는 용어가 사용된다(Wood, Bruner and Ross, 1976). 여러 문화권에서는 아동은 학교에 다니는 형식적 교육을 통해 습득하지 않고, 좀 더 숙련된 파트너와 함께 문화적으로 의미 있는 일상의 체험에 능동적으로 참여함으로써 아동의 인지가 형성되는, 안내된 참여, 즉 비공식적인 '사고의 도제방식'(Rogoff, 1990, 2003)을 취한다(Rogoff, Mistry, Göncü & Mosier, 1993). Rogoff의 연구 결과는 발달에 하나의 경로만 있는 것이 아니라, 문화가 그 구성원에게 부여하는 다양한 요구에 따라 상이한 종류의 유도된 참여가 일어난다는 것을 확인하여 준다. 학교와 같이 제도화된 교육 환경을 통해 공식적 가르침을 받는 문화의 아동은 읽기와 쓰기와 같은 주로 언어적 설명을 통해 추상적 문화 능력과 기술을 습득한다. 맥락 독립적 지식은 좀 더 유연한 기술 사용을 허락한다. 농업 또는 산업화 이전 문화권의 아동은 일상적인 활동 참여를 통해 학습한다. 그들은 성인 행동을 관찰하고 모방함으로써 특정 과업을 배운다. 아동들은 더 나은 관찰 기술을 발달시키고, 여러 모로 현대의 중산층 지역사회의 아동보다 사회적으로 더 역량이 있다(Rogoff, et al., 1993).

Vygotsky가 주장한 문화적으로 매개된 인지 능력과 직접 연결될 수 있을 만한 기억 과제에 흥미로운 문화적 차이가 있다(제6장의 맥락화된 인지 부분 참조). 구전 지식에 의존하는 아프리카의 청소년들은 구두로 전달되는 이야기를 미국의 청소년보다 더 잘 기억 한다는 것이다(Rogoff, 1990). 서구의 아동은 비산업화된 사회의 학교교육을 받지 못한 아 동에 비해 맥락 독립적 암기 기억과 목록 학습에 우월하고(Cole & Scribner, 1977), 호주의 학교교육을 받지 않는 원주민 아동은 백인 호주 아동보다 사물 위치의 기억이 우수하다 (Kearins, 1981). 물이나 사냥감을 찾거나, 사막을 거쳐 집으로 가는 길을 찾기 위해 기억하 는 것은 호주의 오지에서는 생존의 문제일 수 있다. 실생활에서 많은 양의 정보를 신속하 게 학습하는 능력은 생사의 차이를 의미할 수 있다. 당신의 생존이 환경의 주요 특성의 학 습에 달려 있다면, 당신을 그것을 신속히 배울 것이다. 서구 아동의 '게으름'은 단지 알아 야 할 모든 것이 책이나 컴퓨터에 기록될 수 있다는 사치를 반영하는 것일 뿐이다(Dunbar, 1996; Stroup, 1985).

비교문화심리학자, 특히 문화심리학 학파의 학자들은 Vygotsky의 유도된 참여 아이디어 는 아동의 학습에서 일어나는 핵심이라는 의견을 보인다. 다른 인지 접근에서 아동은 스 스로 발견의 행위를 수행하는 어느 정도 고립된 개인이라 여기는 것과 대조적으로, 아동 학습의 맥락적 관점은 사회적으로 매개된 학습의 중요성을 강조하는 좀 더 포괄적 관점이 다. 사회 학습은 아동을 더욱 동기화하므로 좀 더 효과적으로 보인다. 아동들이 함께 문제 해결을 시도할 때 자신의 아이디어를 다른 학생에게 설명함으로써 더 잘 학습하고 이따금 은 스스로 발견하지 못하는 해법을 발달시키기도 한다. 아동을 성인의 일상 활동에 통합 시키는 비공식적 견습 개념은 학습이 곧 관찰인 농업, 수렵, 채집 사회에서는 일반적이고 합리적이다. 다른 한편 현대사회의 아동은 가르치는 해법이나 전략을 맥락과는 독립적으 로 학습한다. 많은 학생들에게 이것은 학습을 위한 학습으로 보일 수 있고 동기를 감소시 킨다(Bernhard, 1988). 현대적 학교교육의 개선에 대한 직접적 함의점은 공식적 교육 맥락 에서 언어설명은 감소시키고 좀 더 또래와의 협조와 교사의 적극적 참여를 연계하는 일일 것이다(Rogoff, 2003; Schaffer & Kipp, 2007).

폭넓은 맥락의 중요성은 특히 토착심리학을 권장하는 대다수 국가의 저자들에 의해 강 조되고 있다[1](제1장 '해석적 입장들' 참조). 예를 들어 Nsamenang(1992)은 아프리카 대부 분의 사회 역사를 조형한 요인들을 기록한다. 그는 식민지 역사가 아프리카의 전통과 종 교적 관행을 추락시킨 것을 언급하지만, 또한 아동 양육, 아동의 역할 및 의무를 조형한 여 러 신념과 관습의 연속을 지적하고 있다. Nsamenang은 발달 단계의 개념은 현재의 생애 에 국한되지 않고 조상의 영적인 영역으로 확장된다고 기술하였다. 이러한 심리적 실제는

---

[1] 우리는 넓은 이분법을 사용하기 꺼리지만, 더 나은 구분법이 없으므로 Kağitçibaşi(2007)의 비서구적 세 계의 방법을 따른다.

세계의 다른 지역, 예를 들어 힌두교(Saraswathi, 1999)에서도 눈에 띈다. 대부분의 세계에서 많은 아이들이 빈곤과 전쟁 같은 사회적 혼란의 조건에서 성장한다(Aptekar & Stöcklin, 1997). Nsamenang(1992, Nsamenang & Lo-Oh, 2010), Zimba(2002)와 Sinha(1997) 등의 저자들은 발달 맥락의 일상적인 현실과 그것이 아이들에게 초래하는 결과를 중시하는 심리학을 요구한다. 이 결과는 사회적 영역에만 국한되지 않고 마찬가지로 성장 및 인지장애로 이끈다. 예를 들어 Griesel, Richter와 Belciug(1990)는 EEG 특성을 평가한 결과 남아프리카의 영양 상태가 나쁜 아동들과 정상적으로 성장한 아동들의 뇌 성숙에 차이가 있다는 것을 발견하였다. 이 격차는 6~8세에 이미 존재하며 이보다 나이가 많은 아동에게서는 더 증가한다. 이 집단의 아이들의 인지 수행 측정에서도 상응하는 차이가 발견되었다. 특히 **발달 둥지**(developmental niche) 개념(Super & Harkness, 1986)은 모든 발달은 특정 문화적 맥락에서 일어난다고 강조한다. 유사하게 널리 병행하여 사용되는 '생태학적 둥지' 개념은 특정 종에 의해 사용되는 서식지를 의미한다. 이런 점에서 그림 1.1의 생태문화적 틀과 명확히 관련된다. Super와 Harkness(1997, 출판 중)가 확장시킨 것처럼 발달 둥지는 아동 발달이 다음과 같은 세 유형의 문화적 환경과 연관된 체계이다. 물리적이고 사회적 환경(예 : 사람과 사회의 상호작용, 일상의 위험과 기회), 아동 양육의 지배적 관습(예 : 문화적 규범, 관행과 제도), 양육자의 심리학(예 : 신념, 가치, 정서적 지향과 부모의 관행)[다음 절의 **부모의 양육 이론**(parental ethnotheories)[2] 참조]이다. 이 세 시스템은 발달하는 아동을 에워싸고 발달을 촉진하고 육성하고 강제한다. 이들은 많은 특성을 가지고 있다. 즉, 더 큰 생태계에 포함되며, 일반적으로 함께 조정하여 일관된 둥지를 제공하며, 또한 그들이 서로 결합되지 않으면 아동에게 불일치를 제공할 수 있다. 더 나아가 아동과 각 하위 시스템은 서로 적응(상호작용)하여 아동이 각 하위 시스템에 영향을 주기도, 반대로 영향을 받기도 한다.

정리하자면, 인류학 및 심리학은 가족과 같은 보존 시스템에 대해 환경 조건과 자원에 의존적이라고 보는 오랜 역사를 가지고 있다(Berry, 1976; Munroe & Gauvain, 2009; Whiting, 1963; 제10장 '문화의 개념' 중 여섯 번째 문화 정의 참조, 그리고 문화적 진화는 변화하는 맥락에의 적응에 기인한다는 논의 참조). 추가적으로, 문화마다 인간 발달에 대해 맥락적 관점을 취하는 오랜 전통이 있다(Keller, 2007; Super & Harkness, 1986).

---

[2] Harkness, Super, Bermúdez, Moscardino, Rha, Mavridis, Bonichini, Huitrón, Welles-Nyström, Palacios, Hyun, Soriano와 Pylicz(2009)의 연구에서 parental ethnotheories의 개념이 처음 소개되었으며 부모들은 어떻게 아이를 양육하는 것이 올바른 것인지에 대해 직관적인 생각을 가지고 있다는 의미로 사용되었으며 연구에 의하면 이는 문화마다 차이가 있는 것으로 나타났다.(역자주)

전파 양식

인간처럼 문화집단도 스스로 재생산한다. 이들 모두 생물학적 · 문화적 전파를 요구한다. 문화 전파의 개념(그림 2.1)은 Cavalli-Sforza와 Feldman(1981)에 의해 **생물학적 전파**(biological transmission)의 의미와 비슷하게 사용되었는데, 인구의 특정 기능은 유전적 기제를 통해 세대에 걸쳐 영구화된다는 것이다(Schönpflug, 2009). 생물학적 전달은 제11장에서 논할 것이다. 여기서는 단지 전파의 주요 생물학적 기능, 즉 수태되는 순간 종 특유의 유전적 물질이 양쪽 부모로부터 개인에게 전달되는 것에 주목하고자 한다. 마찬가지로 문화집단은 다양한 형태의 문화 전파를 사용하여 교육과 학습 메커니즘을 포함시킴으로써 세대 간 행동 기능을 유지할 수 있는 것이다. Cavalli-Sforza와 Feldman은 부모에서 자손으로 이어지는 문화 전파를 수직적 전파라 칭했는데 이는 하나의 문화 특성이 한 세대에서 다음 세대로 내려가기 때문이다. 수직으로 내려가기는 오로지 생물학적 전파의 형태로만 가능하지만, 문화 전파는 다른 두 형태가 있다 : 수평적 전파(또래로부터)와 사선 전파(사회 안의 부모 세대인 타인으로부터). 이런 형태의 전파는 자신의 문화집단 내부에서, 그리고 다른 문화집단으로부터 일어날 수 있다. 이 구분은 그림 2.1에 표시하였다. 이 세 형태의 문화 전파는 두 과정을 거치는데 문화화와 사회화이다(다음 절 참조). 문화화는 일반적으로 개인이 문화적 맥락 속에 '안겨짐'으로써 이루어지며 문화에 적합한 행동들을 그의

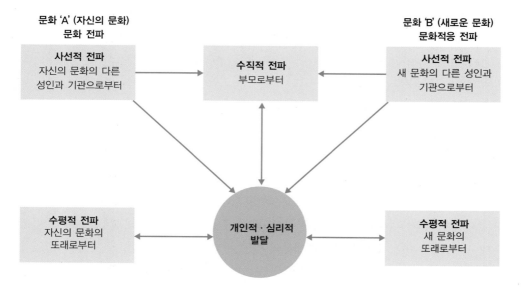

그림 2.1 수직적, 수평적, 사선 형태의 문화 전파와 문화화(Berry & Cavalli-Sforza, 1986에서 수정)

목록에 포함시키도록 이끈다. 사회화는 보다 구체적인 지시와 훈련을 통해 문화에 적합한 행동을 취득하도록 한다.

수직적 전파에서 부모들은 문화적 가치, 기술, 신념 등을 자손에게 전파한다. 이 경우 한 사람은 자신의 정체성에 상당한 책임이 있는 사람으로부터 배우기 때문에 실상 문화적 전파와 생물학적 전파를 구분하기 어렵다. 즉, 아이를 생산하는 사람들은 보통 아이를 키우는 사람이고, 따라서 생물학적 부모와 문화적 부모는 흔히 동일 인물이다. 수평적 문화 전달에서는 사람은 출생부터 성인에 이르는 동안 또래로부터 일상적 상호작용을 통해 학습한다. 이 경우 생물학적 전파와 문화적 전파 사이에 혼란이 없다. 사선적 문화 전파에서는 사람은 자신의 문화나 다른 문화의 성인이나 기관(예 : 공식적 학교교육, 소셜 클럽)에서 학습한다. 이 과정이 전적으로 한 사람의 고유 문화 또는 일차적 문화(primary culture) 내에서 일어난다면, 문화 전파는 적절한 용어이다(그림 2.1 좌측). 이 형태의 전파는 환경 문화적 틀의 과정 요인으로 보인다(그림 1.1). 이 과정이 다른 문화와의 접촉에서 유래한다면, 문화적 동화라는 용어가 사용된다(그림 2.1 우측). 후자의 용어는 한 개인에 의해 경험된 전파의 형태를 말하며, 이는 자기 고유의 것이 아닌 그 문화에 속한 사람이나 기관과의 접촉이나 영향을 통해 주어진다(그림 1.1 생태문화적 체계의 아랫줄 참조). 이는 후차적 또는 이차적 문화화와 사회화이다(제13장 문화변용 개념의 개요 참조). 그림 2.1에 화살표로 표시한 이러한 형태의 전파는 그 틀 안에서 발달 중인 개인, 타인, 집단에게 흐른다. 이들의 상호적 영향은 특히 또래 간에 중요하지만, 또한 부모-자녀의 관계에서도 중요하다(Lamb, 1986). 이처럼 상호작용과 상호 영향을 나타내는 양방향 화살표는 문화 전파와 문화적응에 무슨 일이 일어나는지를 표시하고 있다.

문화적응과 사회화

이전 절에서는 문화 전파의 두 과정인 **문화적응**(enculturation)과 **사회화**(socialization) (Berry, 2007a)를 구분하였다. 문화적응의 개념은 문화인류학 분야에서 전개된 것으로 Herskovits(1948)에 의해 처음 정의되고 사용되었다. 용어가 말해주듯 개인은 문화에 의해 포함되고 에워싸여 있다. 개인은 학습을 통해 문화가 중요하다고 판단하는 것을 습득한다. 이 과정에 필연적으로 의도하거나 교훈적인 것은 아무것도 없다. 종종 특별한 교육이 없는 학습도 있다. 문화적응의 과정은 부모, 다른 성인, 또래를 포괄하고, 영향(수직적, 사선적, 수평적)의 네트워크에서 모두 개인의 발달을 제한하거나 조형하고 지시할 수 있다. 최종 결과는 대부분 언어, 관습, 가치 등을 포함하여 그 문화에 능력 있는 사람을 만드는 것이다.

사회화의 개념은 사회학과 사회심리학의 분야에서 나온 것으로 감독하에 개인을 의도

력된 바로는 14개 채집사회 중 열한 곳(79%)은 여성이 높은 기여자이다. 반면 16개 수렵사회 중 단 두 곳(13%)만이 여성이 높은 기여를 하고 있다. 주요 활동이 채집이거나 농사인 경우(집약적인 농업 문화와 달리) 여성은 상대적으로 생존에 높은 기여를 하기 쉽고, 활동이 축산, 집약적 농업, 어업 또는 사냥인 곳에서는 기여가 적다(Schlegel & Barry, 1986, p.144).

　여성의 생계 역할의 다양성이 어떠한 결과를 초래할까? Schlegel과 Barry(1986)는 두 종류의 문화 형태(적응적 그리고 태도적 반응)가 여성의 생계 기여와 관련 있음을 발견하였다. 여성이 상대적으로 광범위한 생계 역할을 하는 곳에서는 일부다처제, 족외 결혼제도, 신부 가격 매기기, 산아제한과 여아의 노동 지향적 훈련이 만연하다. 동일 조건(여성의 생계 기여가 높은 조건)에서 여성은 상대적으로 높게 평가되고, 자유가 허용되고, 일반적으로 남성의 성적 욕구와 재생산을 위한 대상으로 여겨지는 일이 적다. Low(1989)는 상이한 짝짓기 방식과 관련한 93개 문화 자료의 메타분석에서 젠더 관련한 사회화 실천의 차이가 짝짓기 방식과 함께 변한다는 것을 보여주었다. 일부다처제 사회에서는 젠더 차이가 커서 남아에게는 좀 더 공격적이고 용감하고 독립적이고 여아에게는 좀 더 책임감 있고 복종적이고 순진할 것을 기대한다. 이 젠더 차이는 여성의 정치적, 경제적 힘의 증가와 함께 감소한다. 이러한 대부분의 일부일처 문화에서는 딸은 덜 복종적이고 더욱 공격적이며 야망을 갖도록 기대된다. Low는 이 흥미로운 젠더-문화의 상호작용 유형을 진화적 관점에서 설명한다. 생물학적으로 남성과 여성은 출산을 위해 투자해야 하는 정도에 차이가 있다(Trivers, 1972). 포유류는 여성의 **부모 투자**(parental investment)가 남성보다 큰데, 투자를 덜 하는 성인 남성은 제한된 자원인 여성을 두고 서로 경쟁을 하고 남성의 높은 성별 내 경쟁이 초래된다(제11장 참조). 일부다처의 사회에서 매력적인(사회적인 성공을 의미) 남성은 다수의 부인과 혼인할 수 있지만, 다처를 지닌 남성과 결혼한 모든 여성은 더 이상 다른 남성들에게 제공되지 않으므로 일부다처제 사회의 남성 대다수는 미혼으로 남을 위험에 직면하게 된다. 일부다처 사회 남성의 재생산성의 큰 차이는 남성 내 경쟁을 증가시키는데 이는 미혼으로 머무를 위험이 일부일처 사회보다 높기 때문이다. 이러한 남성은 좀 더 공격적이고 주장적이 됨으로써 혼인하기 위해 위험을 감수하기 쉽다. 일부일처 사회에서는 반면 남성과 여성이 유사한 재생산 전망을 가지는데 이는 Low(1989)에 의하면 그들 부모로부터 좀 더 유사한 대우를 받기 때문이다.

　이 결과가 시사하는 점은 젠더는 사회화의 결과이자 원인이라는 것이다. 젠더는 사회적 요인에 의해서만 결정될 뿐 아니라 또한 그에 영향을 준다(Snow, Jacklin & Maccoby, 1983의 1세 된 남아의 아버지들은 동일 연령인 여아의 아버지들보다 더 금지적인 행동을 보이는데 이것은 남아가 매혹적인 대상을 더 만지려 들기 때문이라는 예시 참조). 현대적 발달 개념으로서의 자기사회화 개념은 개별적으로 상이한 사회 맥락에 대한 선별적 지각과 참여를 기술하는데, 전적으로 젠더의 후생학적 관점에 합치하는 것이다(Maccoby, 1998). 사회문화적 요인이 젠더 발달에 필수적인 결정요인임을 아는 것은 중요하지만(Best & Williams, 1993), 오로지 상호작용적 관점만이 왜 동일한 부모의 대우가 이따금 남아와 여아에 상이하게 영향을 미치며, 왜 남성과 여성이 거의 모든 문화에서 유사하게 여겨지고 행동하는지 설명해 줄 수 있다(Best, 2010). 성 고정관념을 보자면 Williams와 Best(1990)는 25개 국가의 아동들이 이미 5세에 '강한', '공격적', '잔인', '모험적'과 같은 형용사는 항상 남성과 연관시키고, '약한', '고마워하는', '상냥한', '온순한'은 여성과 연관시킨다는 것을 보여준다(제4장 참조). 가장 깊숙한 행동 일관성은 양육행동과 공격행동에서 발견할 수 있다. 189개 문화에서의 양육행동의 자료(Weisner & Gallimore, 1977; Best, 2010)는 주로 어머니, 여자 친척들이나 딸들이 아동의 일차적 양육자이고, 부친 양육은 상대적으로 드물다는 것을 보여준다(제3장 '양육과 가족' 참조). 신체적 공격성에 대해 Daly와 Wilson(1988)은 범죄 기록을 살펴보고 여러 문화에서, 그리고 상이한 역사적 시기에 남성과 여성의 살인사건 비율은 약 9 : 1이라는 것을 발견하였다. 공격행동의 문화적 차이의 결정적 예시로 전쟁과 같은 집단적 공격성의 사례는 주로 젊은 남성들의 연합에 의해 저질러지고, Mesquida와 Wiener(1996, 1999)에 따르면 배우자를 매혹하거나 보유하기 위한 자원을 얻으려는 성별내 경쟁의 형태인 것으로 개념화할 수 있다. 이는 12개 부족사회의 자료에서뿐 아니라 또한 UN의 1983~1998년 183개 국가의 자료에서도 볼 수 있는데 동맹적 공격성을 설명하는 가장 신뢰로운 요인은 젊은 남성의 수가 상대적으로 많다는 것이다. 인구 중 15~29세 남성 대 30세 이상인 남성의 비율은 전쟁사상자의 수로 측정한 갈등 발생 및 심각성과 관련 있는 것으로 보인다(Mesquida & Wiener 1996, 1999).

이 논의에서 알아본 것은 여성은 실제로 남성과 다르게 행동한다는 것이다(제3장 '성인기' 참조). 이러한 발견의 가장 타당한 해석 방법은 능력과 성과를 구분하는 일이다. 능력의 차이는 작지만 성과 차이는 더 큰데, 이러한 성과 차이를 이끄는 내적 과정은 동기적이라는 결론에 이르게 한다. 전 세계의 남성과 여성은 유사하게 행동할 수 있지만 그들은 그러기를 원치 않는다. 젠더 차이는 문화 요인의 강력한 영향을 받는데 이는 확실히 사회화 실천을 통해 조정되고 생태적 요인이 반영된 것이다. 비교문화 자료의 일관성과 각 사회의 차이 두 가지가 모두 문화적 실천이 두 성을 상이하게 규정하고, 개인은 그에 부응하여 행동하게 됨을 이해하도록 해준다.

부모의 양육 이론

민족식물학, 민족지리학, 민족심리학, 민족정신의학 등 여러 민족 학문이 있다. 민족 학문의 개념은 제6장의 '토착적 인지(indigenous cognition)'와 제10장의 인지인류학에서 논의한다. 이는 특정 문화집단이 고수하는 특정 삶의 지역에 관한 신념과 지식에 관한 것이다. 마찬가지로, 집단은 양육 영역에서 그러한 지식과 신념을 보이고, 이는 부모의 신념체계 또는 부모의 양육 이론이 된다(Harkness & Super, 1995; Sigel, McGillicuddy-De Lisi & Goodnow, 1992). 그것은 부모나 다른 양육자가 아동을 키우는 적절한 방식이라 여기는 신념, 가치, 실습이며, 보살핌, 따뜻함의 제공, 먹을 것을 주고 멈추는 시간표, 발달 자체에 대한 것 등 공통적 실습을 포함한다(예 : 아이가 걷고 말하고 자전거 타고 친구를 선택하는 것). 이 신념과 실습은 문화화와 사회화 과정을 구성하고 있고 이는 이전부터 연구되어 왔다. 부모의 양육 이론이라는 새로운 개념의 장점은 아동 양육에 대한 초기 문헌을 좀 더 생태학적, 문화적 맥락에 가깝게 연관시키는 것이다.

　　Harkness, Super와 동료들(Super et al., 1996; Super & Harkness, 출판 중)은 어린 아동의 수면 형태 조절에 대한 문화 차이를 연구하였다. 부모의 양육 이론은 강한 역할을 하여, 수유시간들 사이에는 어린 아기들이 홀로 남겨지거나(네덜란드)(Rebelsky, 1967), 스트레스 신호를 보이면 요람에서 꺼내진다(미국). Harkness, Super와 동료들은 네덜란드와 미국의 준도시 환경의 유아(6개월~4세 반)와 부모들을 인터뷰와 관찰을 통해 조사하였다. 네덜란드 부모에게는 수면 패턴 규칙을 시행하는 것이 중요한 일이다. 충분히 수면을 취하지 않으면 아이들이 까다로워지며 또한 어린아이들의 성장과 발달을 위해 잠이 필요하다고 생각한다. 실제로 이러한 생각은 네덜란드 건강관리체계에서도 강조되고 있다. 미국에서는 규칙적 수면 패턴은 아이가 나이가 들어감에 따라 취득하는 것으로 간주되고 대체로 유도할 수 있는 것으로 보지 않는다. 부모들이 쓴 일기에 따르면 네덜란드의 아동은 초기에 수면을 더 취한다. 직접 관찰의 결과는 네덜란드 아동은 깨어 있는 동안에 더 빈번히 '고요한 각성' 상태이고, 미국의 아동들은 더 빈번히 '능동적 경계' 상태라고 한다. Super 등(1996; Super & Harkness, 출판 중)은 그 이유가 미국 어머니들은 아이에게 더 자주 이야기를 건네고 접촉하기 때문이라고 제안한다(비슷한 결과는 Keller, Chasiotis & Runde, 1992 참조). 네덜란드의 부모의 양육 이론은 어린아이들은 스스로에게 맡겨야 하며, 스스로의 행동을 조직화하고 나름대로 바빠야 할 필요가 있고, 이것은 아동이 '독립적'이 되도록 하는 문화적 기대의 한 유형이다. Willemsen과 Van de Vijver(1997)의 문헌 고찰에 의하면 서구 부모들은 비서구의 부모들보다 더 자녀가 어린 나이에 여러 기술을 숙달하도록 지시하는 경향이 있다고 한다. 연구자들은 네덜란드의 어머니, 네덜란드의 터키 이민자 어머니, 그리고 잠비아의 어머니들의 인터뷰를 바탕으로 이러한 발견에 대한 잠재적 설명을 분석하였다. 흥미로운 결과는 특수한 맥락 변인이 문화 차이의 약 1/3의 변량을 설명한다는 것이다. 교육 수준과 아동의 수는 가장 좋은 예측변인이다. 높은 교육 수준의 어머니는 숙달에 대해 낮은 연령대를, 다자녀의 어머니는 높은 연령대를 언급하였다.

Keller와 동료들(2007) 역시 상이한 생태문화적 맥락에서의 부모의 양육 이론의 영향을 조사하였다. 독립적 자기구성(self construals)을 좀 더 강조하는 사회의 어머니들은(제5장 '사회적 맥락에서의 자기' 참조) 아동의 독립성과 자율성에 집중하고, 의존적 자기구상을 강조하는 사회의 어머니들은 아동을 대할 때 관계적 측면에 집중한다. 이와 같은 비교문화적 발달 연구는 어머니의 선호가 어떻게 유아의 행동에 스며드는지 이해하게 해준다. Keller와 동료(2007)의 연구에 의하면 어머니의 사회화 목표는 다양한 부모 행동 유형과 관련이 있다. 독립성을 강조하는 생태사회적 맥락의 어머니[예 : 미국, 독일과 같은 현대 (후기)산업화 사회의 도시 중산층 어머니]는 아기들에 좀 더 독점적인 관계를 가지고, 면대면 상호작용 중에 많은 대상 자극(장난감 사용)과 언어적 상호작용을 더 많이 보이고, 신체 접촉이나 신체 자극은 덜 보인다. 반면 상호의존적 생태사회적 맥락(카메룬, 인도의 공식 교육이 적은 시골 농부)의 어머니들은 아동을 긴밀한 사회 네트워크에 속한 견습생으로 간주하고 면대면 상호작용이 적고 언어 표현과 대상 자극이 적은 대신 신체 접촉과 신체 자극을 많이 보인다. Keller(2007)는 유아기 동안 이러한 양육 목표와 양육행동 간의 흥미로운 관계를 기술하기 위해 '양육 전략'이라는 용어를 만들었다. 우리의 시각에서 보자면 문화 특수적 발달 경로로 이끄는 이러한 양육 전략은 성인의 문화 간 심리적 · 행동적 차이를 설명하기 위해 유망한 개념이다. 제3장에서 성인기를 위한 조형 기간으로서의 아동기에 대해 논한다. 몇 개의 연구 사례는 어떻게 발달의 다양한 측면이 부모의 양육 이론과 함께 나타나는지 보여주었다. 첫째, 부모는 자신의 아이들과 그 사회환경의 관찰자이다. 둘째, 부모는 아동을 대하는 법뿐 아니라 지각에 있어서도 그들이 생활하는 문화적 환경의 기대와 표준을 반영하기 쉽다. 셋째, 부모와 다른 양육자는 그들의 신념을 반영하는 사회화 실습을 통해 아동의 발달에 영향을 준다. 또 다른 발견은 부모는 흔히 어떻게 아이들을 특정 방향으로 조정하는지 그 방법이나 정도를 모른다는 것이다(Papoušek & Papoušek, 1987). 이 주제에 대한 좀 더 집중적인 고찰은 Segall 등(1999)과 Keller(2007)에서 볼 수 있다.

유아기와 초기 아동기

유아 발달의 문화 차이

생물학자들은 인간이 해부학적이나 생리학적으로 수백만 년 동안 추구해 온 삶의 방식인 채집, 그리고 아마도 사냥에 적응되었을 것이라 생각한다. 인간을 정착하도록 이끈 농업의 발명과 그 이후의 산업화의 변화는 인류가 주요 생물학적 적응을 할 수 없었던 아주 최근의 사건이다. 상대적으로 짧은 시간만이 문화적응에 허락되었다(예 : Konner, 1981, 2007). 출생 시의 발달 수준은 특정 생태적 틈새에 대한 특별한 적응에 따라 다르다. 인간의 신경학적 발달은 다른 어떤 종보다도 더욱 출생 이후에 지속되는데 이는 발달에 큰 환경적 영향을 허락하는 것이다. 고등 영장류와 인간은 감각 시스템이 조숙해 있지만 운동 시스템은 덜 발달했다. 상대적으로 느린 인간의 운동 발달은 비교적 최근의(아마도 100만 년 전) 적응으로 손을 자유롭게 사용하면서 아기를 운반하는 수단을 발명하게 된 데에 기인한 것이다(예 : Konner, 1981).

영장류의 젖떼기 시기는 각기 다르다(대부분의 원숭이는 1년, 개코원숭이는 2년, 침팬지는 4년). 그러나 이러한 기간은 여성의 성적 성숙까지 어느 정도 일정한 연령의 비율을 나타낸다(1/4 또는 1/3). 유목민 사냥꾼들 사이에 젖떼기는 약 3~7세에 일어나고(이후 새 아기가 없는 경우), 이는 동일 비율에 해당한다. 대부분의 정착 농업사회에서 출생 간격은 (젖떼기 연령과 관련되어) 2~3년이다. 최근 수십 년간 조기 젖떼기와 인공 수유의 경향은 세계 인구의 많은 부분, 특히 대다수 세계의 대도시에 더러운 물과 빈약한 취사와 같은 잘 알려진 위험과 함께 확산되었다(Grantham-McGregor et al., 2007; 제3장 '양육과 가족' 참조).

유아의 능력에 대한 첫 번째 비교문화 연구는 Geber와 Dean(1957)에 의해 이루어졌고 중요한 반향을 가져왔다. 연구자들은 우간다 캄팔라의 산부인과 병원에서 2.5kg 이상의 만삭으로 태어난 신생아를 조사하였다. 그들은 서구의 소아 표준에 비해 현저한 발달 조숙을 발견하였다. 이는 아프리카 유아의 조숙증으로 알려져 있다.[3] 돌이켜 보면 Geber와 Dean의 관찰, 그리고 결과를 표기한 방법은 결함이 있었다. 저자들은 아프리카인과 백인 표준의 차이를 확실히 하기 위한 통계 검사를 하지 않았다. 또한 아프리카인과 백인의 표본을 동일 실험자가 조사하는 것이 좋았을 것이다. 다른 요인들도 결과의 타당도에 영향을 줄 수 있었다(예 : 출생 시의 평균 무게의 차이)(Warren & Parkin, 1974 참조). 이후의 연구들은 엄격한 방법을 사용하였는데(예 : Brazelton, 1973) 이내 처음 발견된 신생아 조숙성은 부분적으로 과장된 것임을 발견하였다. 일부 조숙 경향이 있지만 이전에 기술한 것처럼 일반적이지 않았다.

출생 시의 차이는 유전적 요인에 의한 것일 수 있지만 확실히 태내 경험과 같은 출산 전 환경적 영향을 배제할 수 없다. 여러 서구 사회에서는 임산부가 출산 날짜 몇 주 전에 출산 휴가를 시작하지만, 대부분의 다른 사회에서는 그렇지 않다. 더욱이 출생 시점부터 명

---

[3] '아프리카 조숙'이라는 용어는 민족중심주의의 본보기로 볼 수 있다. 백인 발달지체에 합당하는 동등한 용어는 문헌 어디에서도 사용되지 않는다.

시적인 문화적 관행은 맥락 차이를 제공한다. 예를 들어 아프리카와 서부 인도의 대부분의 아기들은 집중적으로 신체 마찰이 일어나고(Hopkins, 1977), 꽤 많은 서구 국가의 아기들은 병원에서 태어나 대부분의 날들을 어머니로부터 떨어져 유아용 침대에 놓인다. 이러한 관습은 이후의 운동 발달에 영향을 초래할 수 있다(Hopkins & Westra, 1990). 문화에 따른 유아 발달 연구의 일부는 다양한 장면에서의 개인 행동을 관찰하고 기술하고 측정하고자 했다(특히 정신운동 영역). 이 분야에서 최초로 체계적 관찰을 한 소아과 의사 Gesell과 Amatruda(1947)의 연구에 이어 여러 심리학자들은 양적 측정이 가능한 유아 검사라 불리는 발달 척도들을 구성하였다(예 : Bayley, 1969; Brunet and Lézine, 1951, 1971; Griffiths, 1970). 이 척도들은 연령대별 특징적인 관찰 가능한 행동에 대한 여러 문항으로 구성되어 있고, 유아의 발달 연령을 결정하는 데 사용될 수 있다. 발달 연령을 신체 연령으로 나누면(그리고 100을 곱하면) '발달지수(developmental quotient, DQ)'가 된다. 이 척도는 일반 발달지수에 추가적으로 운동, 눈-손 협응, 언어, 사회성과 같은 특정 영역에서의 부분 발달지수도 알려준다. 이는 유아의 출생부터 3세까지 사용할 수 있다.

유아 검사의 사용은 비판을 받는데 이는 전반적 발달지수가 특정 문항들 간의 중요한 차이를 숨기기 때문이다. Super(1976)는 Bayley 척도의 매 문항을 케냐의 Kipsigi를 위해 별도로 분석하였는데, 이들은 Bayley의 미국 표준보다 약 1개월 먼저 보조 없이 똑바로 앉고 걷는 것을 습득한다는 것을 발견하였다. 운동의 발달은 Kipsigi 어머니들에게 매우 중요한 것으로 여겨지고, 명칭을 붙이고 특별히 훈련되기 때문이다. 반면 별로 훈련을 받지 않는 다른 운동 동작은 서구 표준보다 지연됨을 보인다(예 : 기어가기)(Kilbride, 1980 참조). 사정을 잘 아는 연구자들은 더 이상 일반적 조숙증에 대해 언급하지 않지만, 부모의 양육 이론과 정신운동적 발달과의 직접적인 연관성을 찾는다. 이처럼 부모의 양육 이론과 (제한된) 운동 발달의 차이 사이에는 강한 연관성의 증거가 존재한다(Bril & Sabatier, 1986; Dasen et al., 1978). 아프리카 유아의 조숙성에 대한 토론에서 우리가 배울 수 있는 점은 개인의 발달에 전적으로 유전적인 효과가 있다는 증거는 거의 없지만 — 나중에 보겠지만 — 전적으로 환경적 효과의 증거도 없다는 것이다(제3장, 제11장 참조).

초기 연구들의 감각운동 발달의 강조는 부분적으로 20세기 후반부 동안 발달심리에서 Piaget(1970a, b)의 중심적 입장으로 설명될 수 있다. 피아제는 발달을 개인적 유기체와 환경의 상호작용적 발달로 설명하였지만 그럼에도 사회적 맥락보다는 개인에 초점을 두었다. 강조점의 변화는 아동이 성장하는 사회 맥락에 대한 관심의 증가에 반영되었고 아마도 육아 연구에서 가장 잘 나타나고 있다(Bornstein, 1991, 1994; Bornstein & Lansford, 2010). 따라서 우리는 발달의 또 다른 측면, 즉 부모와 자녀 간의 상호작용 유형을 살펴보도록 한다. 신생아는 물리적, 사회적 환경과의 상호작용을 시작하도록 갖추어져 있을 뿐 아니라 부모도 아기를 다루도록 갖추어져 있다는 아이디어는 직관적 양육의 개념을 반영하고 있다(예 : Papoušek & Papoušek, 1987).

여기서 우리는 성인의 행동을 다루고 있는데, 아동 양육은 놀라운 비교문화적 불변성이 발견된 영역이다. 한 가지 예는 어머니(아버지도 마찬가지로)가 어린 아기를 부를 때 사용하는 언어의 특별한 억양 형태이다. '어머니의 말투'라 일컫는 말하기 방식의 특성 중에는 일반적으로 높은 음과 음의 심한 고저의 변화를 들 수 있다(Fernald, 1992). 상세한 분석에 의하면 소통 의도에 따라, 이를테면 주의를 끌거나 아기를 달랠 때, 음의 유형이 구분된다는 것을 보여준다(Fernald, 1989). 약간의 문화 차이가 있기는 하지만, 이러한 유사성에 비해 차이는 무시할 수 있는 정도이다(예 : Papoušek & Papoušek, 1992).

이러한 소통 형태는 Keller와 동료들의 비교문화 연구가 보여준 바와 같이 상호작용의 경향이 있다(Keller, Schölmerich & Eibl-Eibesfeldt, 1988; Keller, Chasiotis and Runde, 1992; Keller, Otto, Lamm, Yovsi and Kärtner, 2008). 그들은 미국, 서독, 그리스, 트로브리안드와 야노마미 사회의 유아(2~6개월)와 부모 간의 소통양식을 분석하였는데 거의 유사한 상호작용 구조가 발견되었다. 예를 들어 성인이 이야기할 때 유아는 거의 발성하지 않으며 역으로도 마찬가지다. 성인은 소리에 긍정적/부정적 정서의 음정으로 상이하게 반응한다. 저자들에 의하면 이러한 연구 결과는 부모-자녀 간 행동 교환을 조절하는 타고난 특성에 기초하는 직관적 양육 개념과 합치하는 것이다.

여러 (놀라운) 유사성은 초기 양육행동에 문화 차이가 없다는 것을 의미하지는 않는다. 예를 들어 Bornstein 등(1992)의 연구 결과는 일본의 어머니는 아르헨티나, 프랑스, 미국의 어머니보다 5~13개월의 아기들에게 '현저하게 정서적인' 대화를 한다. 이것은 그들이 좀 더 불완전한 표현, 노래, 의미 없는 표현을 사용한다는 것을 뜻한다. 다른 문화권의 어머니들은 상대적으로 더 '현저한 정보적인' 대화를 한다. 이것은 일본의 어머니들은 아기의 욕구를 공감하고 아기 수준의 소통을 시도하고, 서구의 어머니들은 개인적 표현을 고무한다는 이전의 연구 결과와 일치하는 것이다. 중요하지만 우리 의견으로 아직 답을 얻지 못한 질문은 어느 정도까지 이러한 초기 차이가 작고 부수적인 것인지, 어느 정도까지 사회가 젊은이들을 사회화하는 일관된 방법을 형성하는가이다. Kärtner, Keller와 Yovzi(2010)의 최근 연구 결과는 카메룬과 독일의 어머니-유아 상호작용에서 이미 생애 첫 2~3개월에 문화특수적 수반 패턴이 등장한다고 한다.

최근에 양육 유형의 비교문화 차이를 기술하고 설명하려는 접근을 발달 경로라 부른다. 이 경로는 유기체와 환경(문화적) 과정의 후생유전학적 상호작용에 의해 영향을 받는다(제3장과 제11장 참조). 몇몇 비교문화적 발달학자(Keller, 2007)와 사회심리학자(Kağitçibaşi, 2007; Markus & Kitayama, 1991)에 따르면 발달 결과의 문화 차이는 자율성과 관계성의 기본적 성격 차원에서 나타난다. 자율성보다 관계성을 강조하는 것은 개인을 사회 시스템, 주로 가족의 구성원으로 정의하는 것이다. 조화로운 관계, 위계의 수용(주로 연령과 젠더 기반의), 협조와 동조는 아동을 타인과 서로 관련된 조력자로 보는 발달 시각의 특징이다(Greenfield, Keller, Fuligni & Maynard, 2003). Keller(2007)에 의하면 상호의존적 자기는 시골의 생존 기반의 삶의 양식에 적응한 것이다. 다른 한편 자율성을 관련성보다 강조하는 것은 도시의 교육받은 사회경제적 환경에 적응한 것으로 주장하고, 자립적, 경쟁적, 분리된, 독특한, 독단적, 고유 의견의 내적 감각을 지니는 독립적 개인을 나타낸다(Kağitçibaşi, 2007 ; Keller, 2007; 제3장 '양육과 가족' 참조).

글상자 2.1 양육 구성요소 모델

Keller(2007)의 양육 구성요소 모델은 계통발생적으로 진화된 보편적 양육체계 레퍼토리를 상정하는데 이는 상호작용적인 메커니즘에 의해 조절된다. 양육 시스템은 '일차적 돌봄', '신체 접촉', '신체 자극', '대상 자극', '면대면 교환', '이야기 묘사'의 6개 개별적인 양육행동으로 정의한다. 표현된 양육행동 방식과 유형을 조성하는 네 가지 상호작용 메커니즘은 주의의 방식(독점적이거나 공유된), 즉각적 반응의 수반성, 따뜻함, 그리고 긍정적/부정적 정서의 일차적 방향이다. 양육 시스템이나 상호작용적 메커니즘은 기본적으로 서로 독립적이며, 상이한 조합을 통해 대안적 전략을 허용하는 것으로 여겨진다. 이 조합은 특정 환경의 요구에 적응적이며, 아동의 맥락 기반 심리학의 습득을 촉진시킨다고 여겨진다.

Keller와 동료들(Keller, 2007)은 상호작용적 자기(제5장 '사회적 맥락에서의 자기' 참조)는 생애 첫해 동안의 근접적 양육 스타일에 의해 지지된다고 반복적으로 주장한다. 이러한 양육 스타일은 높은 신체 접촉 및 신체 자극과 낮은 언어적 정신화를 조합한다. 신체 접촉은 가까운 신체 접근, 운반, 함께 잠자기 등으로 구성된다. 여러 전통적 환경에서 '등과 엉덩이 문화'의 유아(LeVine, 1990)는 하루의 상당 부분을 어머니나 다른 양육자의 몸으로 운반된다. 예를 들어 Aka Pygmy와 !Kung (칼라하리의 San족)의 어머니는 유아를 하루에 약 여덟 시간 업는다(Barr, Konner, Bakeman & Adamson, 1991; Hewlett, 1991), 남미 Ache의 유아는 낮 시간의 93%가량을 주로 어머니와 피부 접촉하며 보낸다. 신체 접촉의 심리적 기능은 주로 정서적 따뜻함의 경험이며 이는 사회 결속, 관계성의 감정, 소속감과 관련 있다(MacDonald, 1992). 따뜻함은 부모의 메시지와 가치를 수용하고자 하는 아동의 의욕을 일으키며(Kochanska & Thompson, 1997; Maccoby, 1984), 조화에 기반을 둔 생활을 준비시키고, 가족이나 주요 사회 집단 구성원 사이의 위계를 존중하게 한다(Keller, Lohaus, Völker, Cappenberg & Chasiotis, 1999). 동시에 신체 접촉의 양육 형태는 어머니의 다른 자원생산활동 시간과 경쟁적이기는 하지만 농사, 물 운반하기, 요리 등의 지속적 생계노동 참여는 가능하게 해준다(Hill & Hurtado, 1996).

신체 자극은 또한 신체적 의사소통에 기초하지만 독점적인 두 사람의 행위로 이루어진다. 어머니는 접촉이나 움직임을 통해 유아에게 신체적으로 도전적 경험을 하도록 자극을 준다. 이 범위는 서아프리카 양육자들이 아기를 바로 세운 상태에서 아기 전체를 위 아래로 들어올리는 것에서부터 독일 양육자들이 아기의 팔 다리를 부드럽게 운동시키는 것까지 다양하다(Keller, Yovsi & Voelker, 2002). 신체 자극은 기능적으로 운동 발달과 관련될 수 있다. 앞에서 설명한 아프리카 유아의 운동 조숙성은(Geber & Dean, 1957; Super, 1976) 이러한 초기 자극 패턴의 결과로 해석되어 왔다(Bril, 1989). 또한 인도의 아기 목욕과 마사지는 발달 과정을 가속화하는 것으로 입증되었다(Landers, 1989; Walsh Escarce, 1989). 신체 자극은 더욱이 유기체가 조기에 재생산을 준비할 수 있도록 체세포 발달을 향상시킬 수 있다. 그리고 언어 환경은 뼈대만 있고, 반복적이며, 정교화가 적다(Fivush & Fromhoff, 1988). 어머니가 명령과 지시를 통해 대화에 선도적인 역할을 수행하는 것이 특징적이다. 그리고 사회 맥락, 도덕적 정직성, 특정 행동의 결과에 더 큰 가치를 둔다(Wang, Leichtman & Davies, 2000). 정서는 방해이고 제어해야 할 것으로 기대된다(Bond, 1991; Chao, 1995). 반복 유형은 상호의존적 사회문화적 지향의 특성인 것으로 확인되었다(Keller, Kärtner, Borke, Yovzi & Kleis, 2005).

반면 독립적 자아는 원거리 양육 형태의 장기적 결과이다. 유아기의 원거리 양육은 일차적으로 면대면 접촉, 대상 자극, 그리고 고무적인 언어 환경을 포함한다. 면대면 교환은 상호 간의 눈의 접촉과 잦은 언어 사용이 특징적이다(Keller, 2007). 면대면 접촉에 대한 부모의 투자는 주로 시간 집중과 양방향 행동 교환에 대한 주의로 구성된다. 면대면 교환은 유아에게 수반성의 지각을 주는 가상의 대화 규칙을 따른다. 의사소통의 신호에 대해 즉각적으로(수반하여) 답함으로써 유아는 자신이 부모 행위의 원인이라 지각할 수 있다. 이러한 방식으로 유아는 자신의 독자성과 자기효능감을 알 수 있다. 또한 긍정 정서가 면대면 상황에서 교류된다(Keller et al., 1999).

대상 자극체계는 도시의 교육을 받은 중산층에 흔하며, 일반적으로 유아를 대상의 비사회적 세계와 물리적 환경에 연결하는 것이 목적이다. 정교하고 대화를 유도하는 상호작용 양식은 잦은 질문과 정교함, 아동의 투입을 포함하는 특징이 있으며 동등한 대화 패턴이 나타난다(Reese, Haden & Fivush, 1993). 이야기는 풍부하고, 꾸밈이 많고 세부적이다. 초점은 개인적 특성과 선호, 판단에 둔다. 정서는 자주 직접적 자기표현이자 개인적 중요성의 확인으로 여겨진다(Markus & Kitayama, 1994). 정교한 대화 형태는 독립적인 사회문화적 지향의 특성으로 알려져 있다(Fiske, Kitayama, Markus & Nisbett, 1998; Chasiotis, Bender, Kiessling & Hofer, 2010). Keller(2007)에 따르면 원거리 면대면 양육 시스템은 특히 개별적 행위자가 자립적이고 경쟁적인 관계를 요청받는 맥락에서 널리 퍼져 있다.

애착유형

발달심리의 주요 주제는 아이와 어머니와의 애착(attachment)에 관한 것이다(Ainsworth, 1967; Bowlby, 1969). Bowlby는 행동학(제11장 참조)으로부터 울거나 웃는 유아 행동은 성인의 보호 반응을 일으킨다는 아이디어를 이끌어내었다. 특히 어머니와의 상호작용의 결과로서 애착이 발달한다. 애착은 아동에게 세상을 탐구할 수 있게끔 하는 안전한 기반을 제공한다. 안전의 중요성에 대해서는 레서스 원숭이를 고립된 환경에서 키우는 실험에서

극적으로 잘 나타난다(Harlow & Harlow, 1962). 우리 안에는 2개의 장치가 있는데 하나는 철사 구조물이고 젖꼭지가 있어 어린 원숭이가 젖을 먹을 수 있다. 다른 하나는 부드러운 천으로 감겨 있었다. 원숭이는 낯설고 위협적인 물건이 우리에 들여놓아지면 철사 어머니보다는 천으로 된 어미 구조물에 더 붙어 있는 것이 관찰되었다. 분명히 식량보다는 따뜻함과 안전이 애착 행동을 결정짓는 것으로 보인다. 이 분야의 이론가들은 안전한 애착이 건강한 정서적 · 사회적 발달의 기초를 형성한다고 주장한다.

애착 연구가 원래 현장 관찰에서 나왔지만 가장 흔한 측정 방법은 낯선 상황이라 불리는 표준 절차이다(Ainsworth, Blehar, Waters & Wall, 1978). 이는 실험실에서 여러 단계의 상황들로 구성된다. 먼저 아동은 어머니와 함께 있다. 잠시 후 낯선 사람이 들어온다. 그 후에 어머니가 떠나고 그다음에는 낯선 사람이 사라지고 어머니가 돌아온다. 이 단계 동안 아동의 반응이 관찰된다. 한 살 된 아동들이 어머니가 돌아왔을 때 어머니에게 가거나, 스트레스를 느낄 때 편안히 받아들이면 안전한 애착으로 간주한다. 어머니를 피하거나 분노를 표시하는 아동은 불안전 애착(더 세부적으로 둘 혹은 세 가지 하위 범주로 나뉜다)(Main & Solomon, 1990 참조)이다.

평가 절차로서의 낯선 상황의 비교문화적 등가성은 의심스럽다. 서구식 보육방식의 임상 경험에 기초하여 Bowlby는 어머니는 유아에 있어 독점적인 양육자라고 주장한다. Bowlby(1969)의 이론 몇 년 후 어머니−아동의 독점적 2인 관계는 아버지를 추가적인 잠재적 주요 보육자로 인정함에 따라 도전을 받게 되었다(Lamb, 1986). 예를 들어 Aka Pygmmy들은 아버지가 몇 달 된 아기들과 상당한 시간을 보낸다(Hewlett, 1991).

지난 몇십 년간 영장류와 인간 행동학에 나타난 새로운 증거들은 영장류 아기의 성장과 생존에 유전적 부모가 아니라 집단 구성원의 지원이 매우 중요하다는 것을 보여주었다(Hrdy, 1999). 협력적 보육 가설에 부연하자면, 이러한 지원은 인간의 진화 과정 동안 아동의 생존에 근본적인 것이었다. 많은 사회에서 어린 아동들은 지속적으로 나이 든 형제, 친구 또는 어머니의 여자 친척들 등 타인과 함께 지낸다(Hrdy, 1999, 2005; 제3장, 제11장 참조). 아기들이 낮에 수직적 자세로 안기는 긴 신체 접촉 기간은 여러 유목과 수렵사회의 특징이지만 또한 자주 농경문화의 특징이기도 하다. 유아가 성장하면 아동이 노출되는 사회적 상호작용의 문화 차이가 커진다. 어떤 곳에서는 아동은 확장된 가족 또는 마을 공동체의 부분이 되며 여러 성인이 다른 아동들의 보육 역할을 담당한다. 다른 곳에서는 어머니의 일차 양육자로서의 역할이 좀 더 중심적이고 독점적이다. 서구 도시의 환경에서는 새로운 형태가 최근 발달하고 있다. 아동이 몇 개월일 때 탁아소에 보내는 것이다. 낯선 상황에 대한 반응은 이러한 1세 된 아기들이나 주로 어머니로부터 보육을 받는 아기들에게 동일 방식으로 해석해도 좋을까?

문화적 관습 차이의 결과는 무엇인가? 애착 이론은 Bowlby와 Ainsworth에 의해 개발되었는데 1명의 일차 양육자의 중요성을 강조한다. 그 양육자는 모든 사회에서 대개 어머니이다. 안정적 애착유형의 발달을 위해 어머니는 아기가 필요로 할 때 접근 가능해야 한다. 아동이 다른 여러 명의 성인을, 특히 상대적으로 낯선 사람을 양육자로 접하게 되면 안정적 애착의 형성에 해롭다. 이것은 아동 양육의 바람직한 형태, 이를테면 탁아소에서의 양육에 대해 진지한 함의점을 준다. 하지만 어떠한 결과가 주어질지에 대해서는 쉽게 답할 수 없다. 그 이유는 사회적 환경이 그 자체로서뿐만 아니라 사회화의 목표가 문화마다 다르기 때문이다. 이미 전에 언급하였듯이 두 지향성이 구분될 수 있다고 본다. 서구 사회에서의 사회화는 좀 더 자기규제와 자율성을 지향하고, 비서구의 국가에서는 좀 더 사회적 상호의존성에 초점을 둔다(예 : Bornstein, 1994; Bornstein & Lansford, 2010).

Keller와 동료들(Keller, 2007; Keller et al., 2004)은 초기의 아동 보육과 후기의 자기개념 간 차이의 연속성을 추론하였다(제5장에서 논의함). 이 관점이 타당한가에 대한 설득할 만한 증명을 위해서는 다양한 관습을 지닌 사회에서 유아기부터 성인기까지의 종단 연구가 필요하다. 단기적인 애착유형의 지속성 연구 또는 성인에게 초기의 애착 경험을 회상하라고 요구하는 연구들의 증거는 더욱 미약하다. 9년간의 추적조사(아동들은 14세였음)는 초기 양육과 이후 투사검사에서의 공격성 표현 간의 연관성을 발견하였다. 성인에게 자신의 과거를 묻는 방식으로 성인애착인터뷰(Adult Attachment Interview)(Main, Kaplan & Cassidy, 1985)가 있다. 인터뷰 결과와 성인의 양육 형태의 관계는 여러 연구의 메타분석을 통해 보고되었다(Van Ijzendoorn, 1995). 하지만 이 결과의 해석은 논의의 여지가 있다(Fox, 1995). 애착유형의 성인의 생애로의 확장은 이를 테면 도움이 필요한 연로한 부모의 배려의 형식으로 생각된다(예 : Ho, 1996; Marcoen, 1995; Marcoen, Grommen & Van Ranst, 2006).

임상 및 발달심리에서는 초기 경험의 장기적 효과에 대해 적어도 Freud(예 : 1938)의 생애 첫 6년의 중요성에 대한 주장 이후 광범위하게 논의되었다. 환경문화적 · 사회정치적 맥락이 개인의 전 생애에 걸쳐 지속적으로 영향을 준다고 보는 문화비교 연구도 이 논쟁에 기여할 수 있다. 생애 초기로부터 지속되는 효과와 현재 조건의 직접적 효과를 구분하기는 어렵다. 감지하기 어려운 사회문화적 변인의 장기적 효과에 대한 추측성 추론의 위험 중 하나는 현재의 환경 조건의 차이를 간과한다는 점이다. 이에 대한 예시는 Whiting (1981)의 다국적 연구로서 아기 운반 관습과 연간 평균 기온의 관계에 관한 조사이다. Whiting은 아기 운반 방식을 요람의 사용, 팔, 메기 등 세 범주로 구분하였다. 세계 지도에 10°C(가장 추운 달)의 등온선을 그리고 세 아기 운반 유형을 배치시키면 기온과의 명확한 상관이 나타난다. 250개의 사회에서 요람으로 이동하는 것은 평균 기온이 10°C보다 낮은 곳에서 두드러지고, 팔로 안거나 메는 방식은 따뜻한 곳에서 두드러진다. 중요한 예외 사항은 Inuit인데, 이들은 아기를 파카의 후드(신체에서 떨어진)로 운반한다. 기온과 아동 보육 관습의 관계에 대한 실용적 기원을 추측해 볼 수 있다. 이 경우 매우 현실적인 고찰을 하자면 옷에 소변을 보는 것이 추운 기후에서는 용납되지 않고, 더운 곳에서는 쉽게 마르기 때문일 것이다. 어린 아기에 대한 이러한 관습의 장기적 효과도 동일하게 추측할 수 있을 것이다. 이에 대해 제3장에서 조형적 시기로서의 아동기에 대해 논의해 보고, 제11장에서는 문화적 전수의 모형에서 다룬다.

초기 사회인지

다른 포유류는 유아기 이후에 더 이상 생존을 부모에게 의존하지 않는 청소년기가 즉시 따르지만 호모 사피엔스는 '사춘기 이전' 아동기라는 뚜렷한 단계가 있는 유일한 종이다. 따라서 인간은 비율적으로 가장 긴 아동기를 지닌다(Bogin, 1999). 지연된 미성숙(또한 뚜렷한 노년기 재생산 이후 단계, 제3장 참조)은 인간 발달의 특별한 점을 형성한다. 영장류의 미성숙의 기간은 뇌 크기와 관계가 있고, 이는 다시 사회적 복합성과 관계되므로(Dunbar, 1995), 이 지연된 의존성의 시기는 인간의 복합적 사회환경에 적응하는 준비 기간으로 여겨진다(제3장 '성인기 형성 시기로서의 아동기', 제11장 '적응' 참조). 인간의 유아는 보육환경에 의존적이고 사회적 상호작용의 경향성을 가지고 태어나는데, 세계를 정신화하는 데 흥미로운 편향의 예시를 보여준다(Gergely, Nadasdy, Csibra & Biro, 1995). 첫 3개월 때 유아는 행위를 목표 지향적인 것으로 해석한다. 유아는 예를 들어 다른 행위자의 우연적 행위보다는 의도적인 행위를 모방하려 하고, 특정 방식의 행위를 안 하는 행위자와 못 하는 행위자를 구분할 수 있다(Gergely, Bekkering & Kiraly, 2002). 몇몇 저자(Tomasello, 1999)에 의하면, 8개월이 되면 사회적 이해에 대한 '혁명'이 일어난다. 비언어적 수단으로 환경 자극을 표시하는 연합된 주의, 주장, 기타 의사소통의 제스처가 처음으로 나타난다. 이것은 다른 사람은 관찰이 어려운 정신적 상태를 가진다는 것을 이해하고 있다는 발달의 주요 지표이다. 연합된 주의는 유아, 양육자, 대상의 3자 관계가 형성되고 대상에 대한 공유된 사회 행동을 이끌어내는 강력한 문화적 도구이다. 이러한 행동은 본격적인 정신적 이해의 전조로 여겨진다[마음이론(theory of mind)](Premack & Woodruff, 1978).

　이러한 정신 능력을 측정하는 고전적 과제는 '거짓 위치 과제'이다(Wimmer & Perner, 1983). 이 과제는 대상을 한 장소에 숨기고, 게임의 행위자(대개 인형으로 수행함)가 없는 동안 위치를 바꾼다. 아동이 게임 행위자가 첫 번째 장소에서 대상을 찾을 것이라 기대한

다면 이 아동은 자신과 달리 주인공이 잘못된 믿음을 가졌다는 것을 이해하는 것이다. 연구에 의하면 아동이 이러한 과제를 이해하는 것은 약 3~4.5세 사이에 실질적으로 변화한다는 것을 보여주었다(Wellman, Cross & Watson, 2001). 하지만 놀랍게도 최근의 비언어적 연구의 버전은 15개월 정도의 유아는 이미 행위자가 믿고 있는 장소에서 대상을 찾을 것이라 기대한다는 것을 보여주었다(Onishi & Baillargeon, 2005; Surian, Caldi & Sperber, 2007). 이것은 언어 취득 이전에도 인지 이해의 발달이 있다는 흥미로운 증거이다.

그렇다면 얼마나 많은 유아가 정말 알 수 있을까? 유아는 사물들과 생명체로 구성된 세계에 대해 생물학적으로 준비된 것으로 보인다(Bjorklund & Pellegrini, 2002). 무생물에 대한 직관적 이해에 있어 유아가 필요로 하는 것은 사물의 일차적 표상이다. 그러나 생물에 대한 직관적 이해에 있어 유아가 필요로 하는 것은 타인의 정신적 표상의 표상이다(메타표상). 본격적인 메타표상의 발달은 모방, 의도 읽기, 목표 지향적 행동의 인지, 가상 놀이와 언어와 같은 사회활동의 방식에 따라 달라진다. 가장 잘 발달하는 것이 무엇인가 하면 자기 고유의 표상을 반영하는 능력이다. 어떤 학자들은 18개월 이전에는 이것이 불가능하다고 생각한다. 아동이 거울에서 자신을 재인할 수 있는 것은 자신에 대한 정신적 표상을 취득했다는 의미이다(Bischof-Köhler, 1991). 그러므로 1.5세와 3세의 18개월의 차이는 '회의론자'와 '열성 팬' 사이에 존재하는 것으로 보인다(Bischof-Köhler, 1998 참조). 열성 팬에 따르면 본격적인 정신적 이해는 이미 2년째에 존재하고, 회의론자에 따르면 이것은 3세 이전에는 일어나지 않는다.

이처럼 유아의 세상에 대한 이해는 다각적으로 결정된다. 그들은 타고난 또는 영역특수적 지식을 가지고 있을 수 있고(예 : 마음이론), 다른 경우는 좀 더 영역일반적 기제(예 : 기억)가 개입되었을 수 있다. 예를 들어 정신적 이해와 관련된 개체발생적인 발달 구상과 맥락적 요인을 살펴보자. 맥락적 촉진 요인을 보자면 형제나 또래와의 가상 놀이는 정신적 이해를 도모하고 대가족의 아동들은 더 빠르게 마음이론의 발달을 보인다(Ruffman, Perner, Naito, Parkin & Clements, 1998). 정신적 이해는 언어 습득과의 명확한 연관성 외에(Goswami, 2008) 억제적 제어와도 밀접하게 관계된다. 억제적 제어는 자신의 정신 상태에 대한 주의력의 증가를 나타내는 중요한 제어요소이다. 이는 지연(욕구의 만족지연)과 갈등 억제(갈등을 좀 더 현저한 반응으로 대응하는 방식)로 나눌 수 있다. 특히 갈등 억제는 개체발생적으로 마음이론과 관련되기는 하지만 억제와 정신 능력 발달 궤도에서의 인과적 관계는 아직 명확지 않다. 한편 기본적 억제 능력이 정신 이해 발달에 필수적이라는 징표가 일부 존재한다(Chasiotis, Kiessling, Winter & Hofer, 2006; Pellicano, 2007).

문화심리적 관점에서 이러한 연구는 주요 발달심리의 기초 주장을 보여준다. 즉, 인간에 대한 심리학의 일상적 지식은 어디서나 동일하다. 이러한 보편성은 정신적 이해와 발달에 매우 중요한 함의점을 지닌다. 다른 인간은 특정 마음 상태(욕구, 신념이나 정서)에 기초하여 행동하는 정신적 존재라는 신념이 사실이라면, 마음을 합리적이고, 정서, 의도, 행동을 통제하는 것으로 여기는 것은 의미가 있다. 마음을 문화특수적 개념으로 주장하는 이유도 있다. 내적 정신 상태는 덜 고려하고 좀 더 상황요인이나 신체 외적인 영혼으로 행동을 설명하는 문화가 있을 수 있다. 마음이론의 문화적 차이에 대한 리뷰에서 Lillard (1998)는 민속심리학의 백인 모델은 보편적이지 않다고 주장한다.

민속심리학 개념의 보편성에 대한 질문에 대한 답은 그것의 발달을 고려해야 한다. Chasiotis, Kiessling, Hofer & Campos(2006)는 마음이론(잘못된 믿음에 대한 이해로 측정) 과 억제적 제어(반응을 억제하고 다른 것을 활성화시키는 능력)의 관계를 조사하였는데, 후자는 전자의 중요한 전제조건이라고 보았다. 유럽(독일), 아프리카(카메룬), 라틴아메리카(코스타리카)의 학령 이전 아동의 표본이 사용되었다. 나이, 성별, 형제, 언어 이해와 어머니의 교육 정도를 제어하면 문화는 조절 효과가 없었다. 각 문화는 갈등 억제와 잘못된 신념 이해에 동일한 관계성을 보여주었다. 더 나아가 억제 지연은 어떤 문화에서도 잘못된 신념 이해의 주요 예측변인이 아니었다. 이러한 결과는 미국과 아시아 표본의 연구와도 동일한 결과로서(Carlson & Moses, 2001; Sabbagh, Xu, Carlson, Moses & Lee, 2006), 갈등 억제와 잘못된 신념 이해의 관계가 보편적임을 알려주고 있다. Chasiotis, Kiessling, Hofer와 Campos(2006)의 연구에서 카메룬 아동은 다른 두 문화에 비해 마음이론에 대한 현저히 낮은 수치를 보였고, 또한 갈등 억제의 낮은 수치와 지연 억제의 높은 수치를 보여주었다. 평균 수치의 차이는 갈등 억제와 잘못된 신념 이해의 문화 불변 관계성을 좀 더 흥미롭게 하는데, 이는 평균 차이가 이 개념들의 문화불변의 관계의 배경에서 관찰되기 때문이다. 이 발견은 복종과 추종의 상호의존적 양육 목표는 아동의 더 나은 지연 억제 수행과 더 낮은 잘못된 신념 이해와 관련 있음을 암시한다(Chasiotis, Bender, Kiessling & Hofer, 2010).

결론

우리는 이 장을 발달 맥락으로서의 문화 개념 및 발달 둥지 개념과 같은 맥락의 구상화로 시작했다(Super & Harkness, 출판 중). 그리고 문화 전수의 양식을 좀 더 세부적으로 설명하였는데, 그 이유는 이것이 이 장에, 실제로는 이 책에 매우 중심적이기 때문이다. 그다음 우리는 학령기 이전 연령의 다른 발달 주제를 살펴보았고, 아동이 지식을 습득하는 과정으로 문화화와 사회화를 설명하였다. 그 후 아동의 일차적 사회화의 중개자인 부모에 대해 살펴보았다. 양육에 대한 신념이 양육행동의 문화적 차이로 이끌고 이 행동은 다시 아동 발달에 영향을 주는 것이다. 부모의 행동은 성인기의 문화 차이가 이미 아동기에 나타남을 설명해 주기 때문에 매우 흥미롭다. 마지막 부분은 아마도 심리학 영역에서 가장 중요한 아동의 특성, 즉 아동의 사회환경에서 심리적으로 일어나는 일을 이해하는 능력을 다루었다.

주요 용어

개체발생적 발달 • 문화 전달 • 발달 둥지 • 부모의 양육 이론 • 생물학적 전파 • 문화적응 • 사회화 • 아동 훈련 • 부모 투자 • 애착 • 마음이론

추천 문헌

Bornstein, M. H. (ed.) (2010). *Handbook of cultural developmental science*. New York : Taylor & Francis.
　이 핸드북에는 아동과 부모의 신체적, 인지적, 정서적 그리고 사회적 발달에 있어 문화적 다양성을 기록하였다.

Cole, M., and Cole, S. R. (2004). *The development of children*(5th edn.). New York : Freeman.
　이 발달심리 입문서는 아동과 문화 맥락의 관계에 많은 주의를 기울이고 있다.

Keller, H. (2007). *Cultures of infancy*. Mahwah, N.J. : Erlbaum.
　영유아와 아동기의 발달 경로에서의 문화 차이의 대한 Heidi Keller의 인상적 분석에 대한 포괄적 개요.

Nsamenang, A. B. (1992). *Human development in cultural context*: A third world perspective. Newbury Park, Calif. : Sage.
　아프리카의 생태 및 문화적 관점에서 발달심리에 대한 발표와 비판.

양육 동기

비록 양육 행위에 대한 많은 맥락적 · 문화적 편차가 제기(Keller, 2007)되었지만, 이 문화적으로 차이나는 양육 행위의 동기적 뿌리는 거의 알려져 있지 않다. Chasiotis와 Hofer, Campos는 동생과의 상호적인 경험은 양육 동기의 생성에 중요한 요인으로 간주되어야 한다고 제안하였다. 비교문화적, 발달적 관점을 취하며 그들은 동생의 존재는 친사회적 동기, 양육 동기와 돌봐주는 행위의 계기가 된다고 제시하였다. 차례대로, 이 **내재된** (implicit) 친사회적 **동기**(motivation)는 인지적 수준에서의 아동에 대한 긍정적인 감정과 애정의 감정을 가져오며, 이는 부모가 되는 것으로 이끈다(다음의 '성인기' 부분 참조). 구조 방정식 모형을 이용하여 그들은 이 발달적 경로가 남성, 여성 참가자들 모두에 의해 입증될 수 있으며, 독일, 코스타리카, 카메룬 등의 모든 문화적 표본에서도 입증될 수 있음을 설명했다. 관계에 대해 더 살펴볼 연구에서는 내재된 양육 동기가 문화적 편차를 보여주고 동생의 존재와 관계되어 있음(이는 문화에 따라 다른 결과를 나타냄)을 보여주었다. 문화적 차이에 대한 아동기의 맥락적 변인에 대한 영향을 조사하기 위해 내재된 양육 동기는 우선 '동생'이라는 변인을 사용하여 회귀분석을 실시했다. 다음 단계에서 이 회귀 분석의 내재된 양육 동기의 비표준화 잔차와 문화를 예측변인으로 하는 변량분석(Analysis of Variance, ANOVA)을 실시했다. 종속변수로서의 내재된 양육 동기의 잔차와 예측요인으로서의 문화가 포함된 변량분석에서 문화의 효과 크기가 상당히 감소했는데 문화가 내재된 양육 동기에 대한 효과 크기의 62%가 형제 효과(sibling effects)를 설명한다는 것을 말한다. 이 인상적인 효과는 문화의 효과 크기가 50%까지 감소한 카메룬, 코스타리카와 독일의 3개의 추가적 표본에 의해 재확인되었고, 카메룬, 독일, 중국의 세 표본에서는 100%에 달하는 감소가 나타났다(Chasiotis, Hofer, 2003; Bender, Chasiotis, 2010).

사회적 가치

내재된 친사회적(양육) 동기에 대한 이전의 연구 결과를 기반으로, 명시적인 친사회적 가치들 또한 아동기의 맥락적 편차의 영향을 받는지에 대한 조사가 더 이루어졌다. 2개의 연구에서, 사회적 가치 지향에 대한 정보가 수집되었다(Bender & Chasiotis, 2010; Chasiotis & Hofer, 2003). Schwartz 가치조사(Schwartz Value Survey, SVS)(1994a)와의 첫 번째 연구와 카메룬, 코스타리카, 독일의 표본에 의하면 사회적 가치에 대한 문화적 차이의 36%는 보수(하위 척도로 전통, 순응과 안전으로 이루어져 있음)의 고위 값 유형으로 이루어져 있고 이는 형제 효과까지 추적할 수 있다. 형제 효과를 아동기의 사회경제적 상태(예 : 아버지의 직업)와 결합한 이후, 보존에 대한 설명력은 심지어 55%나 증가하였다. Inglehart(1997)와 Allen(2007) 등에 의해 밝혀진 경제적 결정론의 발견과 유사하게 현재의 직업은 보수 가치 성향과 관련성이 없었다. 두 번째 연구(Bender, Chasiotis, 출판 중)에서 사회적 가치 성향을 위한 형제 효과의 중요성은 독일과 카메룬의 표본에서 입증되었다. 가치묘사질문지(Portrait Values Questionnaire, PVQ)(Schwartz, Melech, Lehmann, Burgess, Harris, Owens, 2001)로 보수(conservation)를 측정하고 형제의 숫자는 보존에 대한 문화적 변량의 67%를 설명해 준다. 이러한 강력한 형제 효과는 척도에서 가까운 친척과의 친밀한 관계가 거의 명확하게 언급(예를 들면, 선행 척도의 정의 : '개인적으로 빈번하게 접촉하는 사람들의 안녕')(Schwartz, 출판 중)될 때에만 발생하지만 자기지시와 성취(자서전적 기억에 대한 비슷한 결과를 보려면 Bender & Chasiotis, 2010 참조)와 같은 좀 더 개인주의적이고 자주적인 사회적 가치를 다룰 때에는 나타나지 않는다.

　문화를 가로질러 다양한 심리적 변인에 아동기 맥락의 영향은 아동기의 가족 맥락이 발달적 결과에 대한 비교문화적 차이를 설명하는 강력한 도구임을 시사한다. 아동기의 사회경제적 상태, 출생 순서, 혹은 형제의 수와 같은 맥락적 변인들은 문화에 상관없이 신체적, 심리적, 생식 발달의 경로에 유사한 영향을 가할 것으로 기대된다. 사춘기 시기, 내재된 동기와 사회적 가치 성향과 같이 매우 다양한 분야에서 일반적으로 문화적 차이에 기여하는 많은 심리적 특성들은 다양한 문화적 맥락에서 가족의 발현에서의 시스템적 차이를 나타낼 수 있다. 예를 들어, 문화 특수적 사회화(Markus, Kitayama, 1991)로부터 기인한다고 해석될 수 있는 자기구성의 차이는 최소한 부분적으로는 형제의 존재 유무에서 기인한 시스템적 편견으로 문화적 표본인 참가자들이 공유하는 관련된 특성에 따라 달라질 수 있다.

성인기

성인기는 일반적으로 전기, 중기, 후기 성인기로 나누어진다. 이 시기는 문화를 가로질러 성숙과 책임감을 나타내는 시기이다(Levinson, 1978, 1996). Erikson의 전 생애적 발달의 심리사회학 단계 이론(1968)에 따르면, 전기 성인기는 친밀감과 독립심의 균형을 맞추는 단계이며, 이는 가까운 관계를 형성하고자 하는 필요성과 자주성을 말한다. 연구는 젊은 성인들에게는 친밀감이 중심적 관심사라는 것을 확인시켜 준다(미국의 경우)(Whitbourne, Zuschlag, Elliot & Waterman, 1992; 다음에 나오는 '짝짓기와 파트너십' 참조). Erikson에 따르면 성인기 중반에는 중심적 주제는 생식성(generativity)이며, 이는 간단하게 필요성이 생기게 된다(Berk, 2003). 좁은 관점에서는 이는 다음 세대에 대한 가르침과 지도와 같은 부양 행위를 말하고, 성인기 전반기에 이미 부모가 되어 이러한 성향을 나타낼 수 있다. 보통은 스스로를 넘어선 헌신을 말하며, 그 헌신은 가족, 친구 혹은 사회를 포함하여 더 큰 단체에 이득이 된다. 따라서 이러한 생성적 활동들의 결과물은 아이들(양육 부분 참조)이 될 수도 있지만, 아이디어나 미술작품이 될 수도 있다('성인기 후기' 참조). 생식성에 대한 비교문화적 연구는 최근까지 부족했다. Hofer, Busch, Chasiotis, Kartner와 Campos(2008)는 내재된 친사회적 동기, 생식성, 내재된 생식 목표와 삶의 만족도 사이의 관계가 카메룬, 코스타리카, 독일의 각기 다른 문화적 성인 표본에서 동일하다는 것을 구조방정식을 통해 보여준다(McAdams, 2001b). 최종적으로 성인기 후반부는 다가올 삶의 시기들에 연관되어 있다. 감정적 성숙과 합쳐진 실용적 지식을 반영하고 적용하는 능력인 지혜는 성인기 후반과 노년기의 삶의 만족도를 예측할 수 있는 강력한 예측요인이다('성인기 후기' 참조).

성인기 초기 : 짝짓기와 파트너십

일반적으로 짝짓기 시스템은 한 집단의 성적 행위가 어떻게 구성되는지를 설명한다. 인류학에서는 짝짓기 시스템이 주로 결혼의 시스템으로 서술된다. 사회적으로 불안정하고 수명이 더 짧은 난잡한 짝짓기 시스템, 혹은 둘 또는 그 이상의 파트너와 독점적 관계를 가지는 것(polygynandry) 외에도 인간 사회에 제도화된 짝짓기 시스템에는 세 가지 종류가 더 존재한다. 일부일처제, 일부다처제와 일처다부제가 그것이다. 849개 문화권의 가장 종합적인 비교문화 정보를 포함하고 있는 Murdock의 *Ethnographic altas*(1967)에서는 문화를 가로질러 가장 빈번하게 발견되는 짝짓기 시스템은 일부다처제라고 말한다. 83%의 문화권에서 남성은 2명 혹은 그 이상의 부인을 가지는 것이 허락된다. 오직 16%의 사회에서만 일부일처제이며, 더 적은 곳(오직 네 곳, 전체의 약 0.5%에 불과한 문화권)에서 일처다부제가 실시되고 있다. 하지만 이러한 제도화된 짝짓기 시스템의 분포는 인류의 성적 행위를 나타내는 것과 혼동되어서는 안 된다. 우선 합법적인 일부다처제는 사회의 높은 남성 생식 변량으로 이어진다. 만약 남성들이 평균보다 더 많은 여성들(그리고 아이들)을 가질 수 있으면, 짝짓기할 파트너가 남아 있지 않게 되기 때문에 또한 더 많은 남성들이 결혼하지 못한 상태로 남아 있을 것이다. 이는 심지어 일부다처제가 합법적인 사회 안에서도 대부분의 남성들이 일부일처를 할 것이며, 혹은 결혼하지 않은 상태로 남아 있을 것임을 의미한다(제2장 '문화에 따른 젠더의 차이' 참조). 둘째, 가장 큰 현대사회들은 제도화된 결혼 시스템으로 일부일처제를 가지고 있으며, 따라서 전 세계적으로 가장 흔하게 나타나는 결혼 시스템은 일부일처제이다. 제도화된 일부일처제가 왜 더 안정적이고 번영적인 사회를 이끌어낼 수 있는지에 대한 흥미로운 이유는 우리가 제2장의 '문화에 따른 젠더의 차이'에서 언급하였던 것처럼 많은 남성들을 부인 없이 남겨두는 것은 불공평하고, 심지어 위험할지도 모르기 때문이라는 (Mesquida & Wiener, 1996, 1999) 사실일 것이다.

산업 국가의 현대적 짝짓기와 파트너십 연구에 많은 변화가 진행 중이다. 이혼율이 점차 상승하고 있고, 각자 짧은 기간 동안에 다른 독점적인 파트너를 가지거나, 살면서 결혼을 여러 번 하는 등(일부일처제의 개념에 대한 논의를 보고 싶으면 Reichard, 2003 참조) 순차적 혹은 상습적 일부일처제의 패턴이 나타나기도 하며, 일부일처제의 우위성과 평생 동안의 관계의 하락이 나타난다. 이는 대개 안정적이고, 일생에 걸친 관계가 더 이상 가치를 지니지 않는 현대 서구적, 개인주의적 삶의 방식을 지니는 특정 문화의 표식으로서 해석된다. 비교문화적 관점에서 이는 지속되지 못하는 많은 이유들이 있다. 현대사회를 예측하고, 역사적 · 비교문화적 관점을 가지고 바라보면 이 패턴은 어떤 의미로는 훨씬 더 복잡하고, 다른 의미로는 꽤 간단하기도 하다. 간단한 패턴으로 시작해 보자면, 현대사회 가정 내에서의 정서적 친밀성은 제3세계와 비교해 보았을 때 상당히 낮은 것은 아니다. 사실 전 세계적으로 가족 내에서의 정서적 친밀성은 교육적, 경제적 혹은 문화적 배경과 상관없이 꽤 유사하다. 30개국의 연구에서 Georgas 등(2006)은 가족적 유대가 전 세계에 걸쳐 유사하게 나타난다는 것을 찾아냈다. 또 다른 보편적 특성은 이혼의 가능성이 아이가 없는 커플에게서 더 높게 나타나며 문화적 배경과는 크게 상관이 없다는 점이다. 산업화 사회뿐만 아니라 산업화 이전의 사회의 모든 이혼 커플의 40%가 아이가 없는 커플이었다(Buckle, Gallup & Rodd, 1996). 서구 사회에서의 상습적 일부일처제의 증가를 설명하기 위해 19세기 빅토리아 시대와 같은 역사적인 시대와 이혼율을 비교하는 것은 또한 큰 도움이 되지 않는다. 그 시대에는 사회적, 종교적으로 오늘날보다 더 많이 일부일처제가 시행되었기 때문이다. 하지만 주민 구성의 문제와 같은 환경문화적 요소를 고려하면 일생 동안의 배타적인 파트너십은 주로 농경사회의 특성이라는 것이 분명해진다(MacDonald, 1988). 과거의 수렵하던 조상들을 되돌아보면, 겉보기에 불안정한 파트너십을 지닌 서구의 패턴과 상습적 일부일처제는 인간에게 계통발생적으로 매우 낡고 전형적인 것일지도 모른다는 것이 분명해진다(Shostak, 1981/2000). 따라서 여기에서의 주된 결론은 전 세계의 사람들은 적어도 독점적이고, 아마도 평생 동안 지속되는 파트너십을 통해서 번영하고 있다는 것이다. 하지만 약 50%만이 그 목표를 성취하는 데 성공한다(Keller & Chasiotis, 2007 참조).

진화론적 관점에서 부모의 투자(제2장에서 논의됨)에서의 차이는 남성과 여성 사이의 각기 다른 짝짓기 선호에 대한 예측으로 이어진다. 유명한 연구(Buss, 1989; Buss et al., 1990)에서는 37개국에서의 배우자로 선호되는 특성에 있어서는 젊은 남성과 여성의 선호 사이의 차이점이 방금 서술되었던 것처럼 생식 투자 차이의 맥락과 유사하다. 연구 결과 남성과 여성 모두 상호의 매력과 사랑, 신뢰할 수 있는 성격과 이해력을 가진 똑똑한 파트너에게 더 높은 가치를 부여한다. 하지만 젊은 여성은 상대적으로 재정적 측면과 돈을 벌어들이는 능력에 더 많은 관심을 표현했다(즉, 자신과 자식을 잘 부양할 수 있는 파트너의

면을 본 것이다). 하지만 젊은 남성은 상대적으로 외적인 모습과 육체적 매력에 더 높은 점수를 부여했다(외적인 모습은 건강과 아이들을 기를 수 있는 능력을 반영한다고 추측할 수 있다). 좀 더 종합적인 연구에서 Schmitt(2003, 2005)는 52개국, 1만 6,000명이 넘는 참가자의 표본에서 남성은 여성보다 성적으로 더 매력적인 파트너를 선호한다는 것을 보여주었다. 다른 연구에서는 남성과 여성이 각각 선호하는 파트너의 나이의 변화를 일생에 걸쳐 연구했다(Kenrick & Keefe, 1992). 다양한 사회의 많은 자료(파트너에 대한 광고나 기록물 등)들은 유사한 패턴을 보여주었다. 청소년기에 남성들은 파트너십에 있어서 여성보다 살짝 어린 경향이 있었지만, 이러한 나이 차이는 곧 반전되었다. 나이가 들면서 여성들은 자신보다 더 나이가 많은 남성과 결혼하는 경향이 있다. 분명한 진화론적 설명은 여성에 비해 오랫동안 생식력을 유지하는 남성들은 계통발생적으로 아이를 가질 수 있는 파트너를 선호하는 전략을 가지게 된 것이다.

성인기 중기 : 양육과 가족

이 절에서는 사회적 발전을 포함한 가족에 대해 더 넓은 사회학적 관점에서의 설명을 하기에 앞서 우선 개인적 관점에서 시작하여 양육의 생물학적 측면을 설명한다.

양육

이미 언급된 부모의 투자에 있어서의 성별의 차이와 관련되어 있는 분명한 생물학적 차이는 어머니는 모유로 아기를 양육하기 위한 준비가 된다는 것이다. 모유는 아기의 필요에 최적으로 적응된 것이며 감염으로부터 아이를 보호한다(Liepke, Adermann, Raida et al., 2002). 모유 수유는 또한 배란을 늦춤으로써 자연적인 피임의 역할을 한다(Stern, Konner, Herman & Reichlin, 1986). 지방이 낮고 단백질도 매우 낮은(Lawrence, 1994) 인간의 모유는 아기들이 자주 수유를 받을 수밖에 없도록 하고 이 때문에 아기는 어머니와 아주 가까이 근접해 있어야 한다. 산업화 전의 사회에서는 평균적으로 2~4세에 아기들이 젖을 뗐다(Dettwyler, 1995 ; Nelson, Schiefenhövel & Haimerl, 2000). 따라서 첫 발달기에 어머니는 필연적으로 아기를 주로 돌보게 된다. 이러한 점은 모든 문화권에서, 그리고 역사적으로 여성들이 아기의 아버지나 다른 남자 친척들보다 더 많이 아이들과 상호작용하며 보살핌을 주었다는 사실을 반영한다(제2장 '문화에 따른 젠더의 차이' 참조). Whiting과 Whiting(1975)의 6개 문화권 연구에서 아이들은 아버지보다 어머니와 3~12배나 많은 시간 동안 함께했다. Aka Pygmy족과 같이 일반적이지 않은 정도의 아버지의 양육량을 가진 사회에서도 어머니는 아버지나 다른 보호자보다 더 많은 시간을 아기와 함께 보냈다(예 : Hewlett, 1991).

부모들이 특정 환경문화적 환경 내에서 아이의 가치에 따라 자식들을 대하고, 자원을 다르게 배분한다는 것 또한 일반적인 현상이다. 이 의견은 사람의 행위나 행동이 완전히 의도적이고 의식적으로 관리된다고 믿는 사람들의 반발을 여전히 불러일으킨다. 하지만 부모와 아이의 관심이 다를 수 있기 때문에 문화와 역사적 시기에 상관 없이 부모의 투자에 차이가 있다는 상당한 증거가 있다(Voland, 1998). Trivers(1974)는 진화론적 관점에서 모든 자식들은 스스로의 번식 능력을 가능한 한 극대화시키기 위해 부모의 자원을 활용한다. 하지만 어머니와 아버지는 또한 자신 스스로의 성장과 발전도 이룩해야 하며, 다른 자식과 친척들도 고려하여야 한다. 부모−자식 갈등(parent-offspring conflict)의 한 가지 중요한 문제는 특정한 자식에 대한 부모의 시간 투자이다. 젖떼기는 이 갈등에 대한 좋은 예시이다. 아기들은 대부분 젖을 떼려는 어머니의 의도에 순응하지 않기 때문이다. 예를 들어 카메룬 Nso의 어머니들은 아이들을 겁줘 더 이상 모유를 먹지 않게 하려고 젖 위에 매운 고추나 애벌레를 얹는다(Yovsi & Keller, 2003).

특히 자원의 부족과 극심한 굶주림의 상황에서 어머니들은 아기를 입양 보내거나 심지어는 죽이기로 결정할 수도 있다(Daly & Wilson, 1988; Hrdy, 1999). Schiefenhövel(1988)에 의하면 서뉴기니의 Eipo 여성들은 집 밖에서 홀로 출산을 한다. 여성은 나뭇가지와 잎으로 싼 아이를 마을 안으로 데려올지 숲 속에 두고 올지를 결정한다. 그 마을은 제한된 숫자의 아이들만을 키울 수 있으므로 이러한 결정은 분명하게 출산 제한 방법으로 작용된다. 이러한 결정은 또한 아기의 활기에 의해 결정된다. 엄마에 의해 싸여서 죽을 운명이었던 아기가 작은 발로 자신을 감싸고 있던 것들을 차버렸을 때 엄마는 그 아기를 다른 여성에게 데려갔다. 이 논쟁 및 증거와 유사한 것이 브라질 판자촌에 최근에 이주해 온 이주민들 사이에서 어머니−아기 관계를 관찰한 Scheper-Hughes(1995)에 의해 밝혀졌다. 이러한 아기들은 극심한 빈곤의 불리한 환경 속에서 계속되는 영양 부족과 질병의 출현으로 살아남기에 너무 약해 보이기 때문에 출생 후 첫해에 유난히 높은 아기 사망률을 어머니들은 받아들인다. 이러한 판단은 아기를 '보내기' 위해 어머니와 아기의 분리를 야기한다. 아기가 죽기를 '원했기' 때문에 엄마는 아기를 포기하려고 했지만 Scheper-Hughes는 극심한 영양실조 상태였던 1세 아기의 생명을 구했다. 그 아기가 살아남자 아기의 어머니는 아기를 잘 돌봐주었고 좋은 관계를 맺어나갔다. 또한 Schiefenhövel이 관찰한 Eipo의 예시에서 삶과 건강에 대한 징표는 어머니의 수용과 돌봄에 높은 영향을 미쳤다. 아기가 살아남을 가능성이 있다고 판명되는 1세 이후의 아기들에게만 이름을 붙여주는 의식을 가졌다는 사실, 역경의 상황에서 아기가 살아남을 수 있는 능력이 된다는 증거를 보여줄 때에만 어머니의 사랑과 돌봄이 시작되었다는 사실 등의 예시는 많이 존재한다(Bjorklund & Pellegrini, 2002). 이러한 생각과 유사하게 '건강한 아기 가설'(Mann, 1992)은 아기들의 건강 상태에

있다는 점을 주목해 보는 것이 흥미로울지도 모른다(Dasen & Akkari, 2008). 만약 아동기 전반부의 맥락이 개인의 발달에 중요하다면, 적어도 아동의 관점에서 바람직한 아동 발달의 결과물의 지표를 밝혀내는 것이 가능하고, 또한 중산층의 환경과 유사할지도 모른다(Kağitçhbaşi, 2007). Kağitçhbaşi(2007)는 바람직한 아동 발달의 발달적, 환경적 지표를 구분했다. 5세 아이에게는 신체적 웰빙은 적당한 영양 상태와 성장에 의해 평가될 수 있으며, 용어의 사용은 충분해야 한다. 아동들은 이해받는 태도 속에서 이야기할 수 있어야 하고, 감정적으로 사랑과 안전을 느낄 수 있어야 하고, 낮은 공격성을 보이며, 스스로 일을 할 수 있어야 하고, 다른 사람들과 연락을 취할 수 있어야 한다. 하지만 환경적 지표도 밝혀질 수 있어야 한다. 아동들이 사는 곳은 깨끗하고 안전해야 하며, 스스로의 것을 소유할 수 있어야 한다. 또한 적당한 환경적 자극이 있어야 한다(도서, 장난감, 이야기 들려주기). 그리고 부모들은 아이들에게 긍정적이어야 한다(예 : 부모의 반응성, 부모의 교육적 열망). 어머니의 높은 교육 수준은 아이의 발달환경을 개선한다고 알려져 있기 때문에 부모의 높은 수준의 교육적 능력 또한 중요하다. 마지막으로, 환경은 낮은 갈등으로 특징지어져야 하고, 가족 내에 마약의 남용이나 알코올중독이 없어야 하고, 배우자 사이의 갈등이 낮아야 하고 가정폭력이 없어야 한다. 어머니는 사회적 지지를 받을 수 있는 네트워크가 있어야 하고, 이는 본질적으로 배우자 학대의 가능성을 줄여준다(Figueredo, Corral-Vedugo, Frias-Armenta et al., 2001). Kağitçhbaşi(2007)에 따르면, 아동의 관점을 취한다면 이는 문화를 넘어 보편적인 의의를 갖는다.

더 나아가 적용된 관점으로부터, 성인기를 위한 아동기 경험의 형성적 결과는 또한 삶의 조건을 개선시키기 위한 사회정치학적 활동의 지속 가능성의 중요성을 강조한다. 만약 아동기 맥락이 성인의 행위 형성에 중요하다면, 개선 행위는 다음 세대로의 효과적인 전승을 위해 충분히 오랫동안 지속되어야 한다. 근거에 상응하는 역사적(Voland, Dunbar, Engel & Stephan, 1997), 현대적 인구학적 발견들이 존재한다(Birg, 1995). 하지만 또한 비교문화적 발달심리학 연구(Chasiotis, 1999; Greenfield, Maynard & Childs, 2003)는 맥락적 변화에 대한 행동의 적응이 일어나기 약 30년 전의 관성을 지목한다.

결론

앞의 두 장에서 우리는 인구의 배경적 생태학과 문화적 맥락이 어떻게 개인의 행위에 통합되는지에 대한 의문을 검토했다. 또한 이러한 개인적 발달의 과정이 언제 어떻게 일어나는지를 연구했다. 우리는 모두 네 가지의 점차적 변인들이 그림 1.1에서 구별되었음을 주장한다. 그림 2.1에서의 전파 경로는 맥락으로부터 사람으로의 전파에 책임이 있다. 또한 우리는 인생의 초반에 배우는 문화적 전파의 다양한 방법을 강조했고, (누군가에게는) 전 생애에 걸쳐 지속되는 문화적 적응도 강조하였다. 모든 문화에서 문화적 전승이 일어나는 다양한 방법(수직적, 수평적, 사선적)을 존중하며, 우리는 각각의 경로는 문화별로 다를 수 있다는 점을 지적했다. 유사하게 스타일(순응에서부터 주장까지의)은 문화마다 다르며, 생태학적 요소에 대한 문화적 적응으로 보일 수 있다.

이러한 주제에 대한 우리의 입장에서 많은 이론적 이슈가 밝혀졌다. 첫 번째 주요 테마는 유전적 성향과 문화적 혹은 생태학적 변수들 사이의 상호작용이다. 이는 강력한 언급을 하기에는 아직 많이 밝혀지지 않은 분야이다. 한 가지 가능한 결론은 어디에서나 유아들은 상당 부분 유사한 기구들과 함께 그들의 삶에 놓이며, 상당 부분 유사한 가능성을 갖는다는 것이다. 사회화와 유아 돌봄의 문화적 차이를 통해 그림 1.1과 같은 틀 안에서 이해될 수 있는 일부 심리학적 차이가 나타나기 시작했다. 이러한 일련의 순서는 앞서 설명한 과정–경쟁력–실행의 구분에 상응하며, 이 책에서의 온건적 보편주의를 지지할 수 있는 기초를 제시한다.

주요 용어

전 생애적 발달 • 초경 • 내재된 동기 • 생식성 • 부모–자식 갈등 • 노년기 • 할머니 가설

추천 문헌

Bjorklund, D. F., and Pellegrini, A. D. (2002). *The origins of human nature: Evolutionary developmental psychology*. Washington, DC : American Psychological Association.
이 진화발달심리학 입문 교재는 새로 발전하고 있는 분야인 문화 연구에서 명쾌한 함의와 함께 철저하고 읽기 쉬운 개요를 제공한다.

Dasen, P. R., and Akkari, A. (eds.) (2008). Educational theories and practices from the majority world. New Delhi : Sage.
교육 연구에서 서구의 민족중심주의에 대한 가치 있는 비평 제시.

Kağgitçibaşi, C. (2007). Family, self, and human development across cultures: Theory and application (2nd edn.). Mahwah, N.J : Erlbaum .
'제3세계'의 관점에서 아동 발달과 사회적 발달에 대한 생각, 연구 결과와 적용의 통합적 제시.

Voland, E., Chasiotis, A., and Schiefenhövel, W. (eds.) (2005). Grandmotherhood: The evolutionary signifi cance of the second half of female life. New Brunswick, N.J.: Rutgers University Press.
노년기 여성에 대한 인류학적 · 진화적 · 심리학적 접근의 학제적 개관 제시.

4 사회적 행동

이 장에서는 비교문화심리학에서 가장 인기 있는 연구 분야인 사회적 행동을 다룬다. 비교문화심리학 및 인접 분야에서 제시한 사회적 맥락과 사회적 행동 사이의 관계를 둘러싼 다양한 관념에 대한 논의로 시작한다. 이를 통해 이 분야의 너비를 가늠해 보고 다음 절을 전체적으로 조망해 볼 수 있다. 이어지는 가치에 대한 논의는 논쟁적이며 최근 비교문화학의 사회적 행동 연구에서 지배적인 화제가 되고 있다. 다음으로 사회적 인지 및 행동과 그것이 사회심리 현상의 보편성 또는 상대주의에 미치는 영향에서 문화적 차이에 관한 연구를 논의한다. 마지막으로 사회심리적 구성체로서 문화에 대한 다양한 개념을 다루고, 전체적인 논의로 이 장을 마무리한다.

최근의 비교문화학 출간물 가운데 무작위로 하나 뽑아보면 십중팔구 사회적 지각이나 인지 또는 행동에 관한 책이다. 늘 그랬던 것은 아니다. 초기 비교문화심리학은 지각 및 인지에 관한 연구가 훨씬 더 많았다. 1970년에서 2004년 사이 '비교문화심리학 저널'에 발표된 경험적 연구에 대한 Brouwers 등(2004)의 분석을 보면, 시간이 흐름에 따라 사회심리학적 주제 연구가 꾸준히 증가했음을 알 수 있다. 이러한 변화로 자기보고(실험 내지 관찰과 대비되는)를 사용한 연구와 상이한 사회화를 문화적 표본 선택의 주된 이유로 삼은 연구가 증가했다. 따라서 비교문화심리학이 사회심리 연구로 이동함으로써 연구 주제뿐 아니라 연구 방법과 이론적 설명에도 영향을 주었다. 제1장에서 논의한 기본 질문에 최근 연구자들이 어떻게 답하는지 이해하려면 이것을 염두에 두는 것이 중요하다.

비교문화 연구에서 사회적 행동 연구가 인기를 얻게 된 이유에 대해서는 다양한 설명이 있을 것이다. 사회심리학적 화제가 부상하는 데 공헌한 요인으로 네 가지가 있다. 첫째, 사회적 행동 분야의 연구가 기타 분야에서보다 비교문화적 차이를 더 크게 보이는 경향이 있다. 다양한 심리학 분야(예 : 정신생리학, 지각, 인지) 연구의 메타분석을 통해 사회적 행동에서 가장 큰 차이를 발견할 수 있다(Van Hemert, 2003). 더 나아가 사회적 행동 분야는 국가 수준의 심리적 변수, 가령 가치들이 경제적, 정치적 변수를 넘어 추가적 변수를 설명해 주는 유일한 분야였다. 둘째, 사회적 행동은 여러 영역의 응용 비교문화심리학과 연관이 있는데, 가령 집단 간 관계(제14장), 문화 간 소통(제15장), 작업 및 조직심리학(제16장)과 관련된다. 셋째, 최근 부상한 문화심리학 분야에서는 다른 나라들, 대부분 동아시아(예 : 중국, 일본, 한국)에서 전통적인 서구 사회심리학 결과들을 시험하는 데 큰 관심을 가지고 있다. 그 중요성은 비교문화 연구에서 사회심리학적 현상을 눈에 띄게 증가시켰고 주류 사회심리학자들을 문화비교 연구로 끌어들였다. 넷째 이유는, 아마도 이것이 가장 중요한데, 비교문화적 차이를 기술하고 설명하는 핵심 구성체로서 가치의 부상이다. 가치는 늘 비교문화 이론의 한 부분이었지만, Hofstede의 작업(1980)으로 그 인기가 확실히 높아졌다. 개인주의–집단주의처럼 대중적인 가치 차원과 관련된 문화적 차이들을 발견할 가능성이 상대적으로 높다는 사실이, 많은 연구자가 연구 방향을 사회적 분야로 잡는 이유를 설명해 준다.

이 장에서는 선별된 주제와 결과에 집중한다. 사회 분야 연구는 워낙 많아 이 장에서 다 다룰 수는 없다. 문화변용, 집단 간 관계, 문화 간 소통, 그리고 작업 및 조직심리학의 맥락에서 연구된 사회적 행동 측면에 대해서는 이 책 제3부의 해당 장에서 찾아볼 수 있다. 더 읽고 싶다면 이 장 끝에 있는 추천 문헌를 참조할 수 있다.

사회적 맥락과 사회적 행동

어떤 의미에서 인간의 행동은 모두 문화적이다. 인간이라는 종이 근본적으로 사회적 종이기 때문이다(Hoorens & Poortinga, 2000). 다른 종들, 심지어 인간과 가까운 방계 영장류와 달리, 인간은 특히 사회적 환경에서 타인의 의도와 의미를 이해하는 데 적합하도록 맞춰진 것 같다(예 : Tomasello, 1999). 친밀하고 오래 지속되는 개인관계로 공동의 의미가 발달하고 제도와 인공물이 만들어진다. 따라서 사회적 맥락에서의 조직(사람들이 살고 있는 사회적 세계)이 관찰 가능한 행동 유형에 깊은 영향을 미쳤다고 할 수 있다. 그럼에도 제1장에서 논의한, 다양하게 해석될 수 있는 입장들에서 짐작할 수 있듯이, 사회적 행동의 기저를 이루는 심리적 과정들이 비교문화적으로 어느 정도까지 유사하거나 다른지에 대한 합의는 거의 없다.

제1장에서 기술한 보편주의–상대주의의 차원은 사회적 행동 분야에서 두드러지며, 종종 이분법적으로 드러난다. 양쪽 입장을 지지하는 증거는 사회적 행동 분석에서 찾아볼 수 있으며, 대개는 행동을 기술하는 추상화의 수준에 달려 있다. 사회적 행동은 한편으로는 그것이 전개되는 특정한 사회문화적 맥락과 분명하게 연결되어 있다. 예를 들어, 인사하는 절차(절하기, 악수하기, 혹은 키스하기)는 문화마다 매우 다양하다. 이것은 문화적 전달이 사회적 행동에 영향을 미친다는 것을 명백히 보여주는 예다. 다른 한편으로 인사하기는 모든 문화에서 일어나며 이런 종류의 사회적 행동은 근본적으로 공동체적 특성이 있음을 암시한다. 제1장에서 개략적으로 살펴보았듯이, 보편주의적 접근을 주장한다. 사회심리적 과정은 모든 문화에 존재할 수 있지만, 그것이 사회적 행동으로 나타나는 데

는 문화적 맥락의 영향이 매우 크다. 그러나 심리 과정에서의 차이를 주장하는 여러 상대주의적 입장 또한 이 영역에서 잘 나타난다. 사회적 행동의 차이점에 대한 관찰은 토착사회심리학 논쟁을 일으켰다(제1장 참조, Kim & Berry, 1993; Sinha, 1997). 토착심리학에서는 특정 사회나 지방에 적합한 사회심리학을 발전시키고자 한다. 이러한 활동은 Moscovici의 제안, 즉 "우리가 만들어야 하는 사회심리학은 우리의 고유한 현실에 기원을 두어야 한다"(1972, p.23)를 따른다.

오늘날 대중적인 문화심리학파의 많은 학자가 상대주의적 입장을 취한다. 그렇다고 전통적인 서구 사회심리학 이론과 방법론을 쓰지 않는 것은 아니다. 이들은 서구 사회심리학의 방법론을 통해 사회심리 과정(예 : 긍정적인 자존감의 필요, 귀속 과정, 사회적 지각)이 서구적 맥락과 비서구적 맥락에서 다르게 기능한다는 사실을 보여준다. 사회심리 과정의 특징은 '자아'에 대한 2개의 두드러진 정의(Markus & Kitayama, 1991)에 있다. 일부 학자들은 2개의 맥락 사이에 뿌리 깊고 오래된 심리적 차이가 있다고 주장했다. 예를 들어, 문화심리학 운동의 중요 설계자인 Richard Nisbett은 "집단으로서 동아시아 사람들과 집단으로서 유럽 문화 사이에는 매우 극적인 사회심리학적 차이가 있다."고 주장했다(2003, p.76). Nisbett은 행동과 역량뿐 아니라 기저에 있는 심리 과정도 비교문화적으로 다르다고 주장하는 것처럼 보인다.

사회 영역에서 비교문화 연구의 주된 질문은 사회적 맥락이 행동에 미치는 영향을 어떻게 개념화하고 연구할 것인가 하는 것이다. 이 장 뒷부분에서 보겠지만, 현재 가장 대중적인 개념화는 문화란 심리적 내용의 차이, 가장 두드러지게는 가치들과 자기구성 개념의 차이에 관한 것이라는 것이다(Breugelmans, 출판 중 참조). 그러나 다른 많은 개념화도 사용되었다. 가치 또는 자기개념으로서의 문화 연구로 들어가기에 앞서, 여러 대안적 개념화에 대해 논의하고자 한다. 이는 사회적 행동에 대한 비교문화적 연구에 대해 보다 넓은 관점을 제공하기 위해서다.

한 가지 접근법은 어떤 문화적 맥락이든 이를 기술하는 데 사용할 수 있고 또한 두 문화를 구분하는 데 사용할 수 있는 철저한 일련의 특징을 제시하는 것이었다. 이러한 특징의 고전적인 예가 글상자 4.1에 있다.

영향력 있는 또 다른 예는 Fiske가 제안한 사회적 관계의 보편적 모델이다(1991). 이 모델에서는, 거대한 스펙트럼을 이루는 인간의 사회적 관계 형식, 사회적 동기와 감정, 직관적인 사회적 사고 및 윤리적 판단은 4개의 기본적인 관계구조로 충분히 설명된다고 주장한다. 네 가지 기본구조는 다음과 같다. (1) **공동체적 공유** : 사람들이 집단의 구성원에 관심을 기울이고 공통된 정체성, 연대성, 통일성 그리고 소속감을 갖고 어떤 중요한 측면에서는 모두가 같다고 생각한다. (2) **권위의 서열** : 불평등과 계급이 지배적이고, 서열이 높

글상자 4.1 사회적 행동의 보편적 요소

Aberle과 그의 동료들(1950)은 사회의 기능적 전제조건을 제안했다. 여기서 사회의 기능적 전제조건을 '만약 지속적인 관심으로 계속 유지되어야 하는 것이라면 어느 사회에서든 이루어져야 하는 것들'로 정의했다. 흥미롭게도 이 전제조건은 어느 문화에서든 발견할 수 있는 활동(어떤 형태로든)을 보편적인 것으로 인정한다. 아홉 가지 전제조건은 다음과 같다.

1. **환경과의 적절한 관계성 제공(물리적 및 사회적 환경) :** 사회와 문화를 '전달'하기에 충분한 인구를 유지하는 데 필요하다.
2. **역할의 차이와 할당 :** 어느 집단이든 다양한 일들이 이루어져야 하며, 사람들에게 역할이 어느 정도 할당되어야 한다(예 : 세습이나 성취를 통해 배분되어야 한다).
3. **소통 :** 모든 집단에는 정보의 흐름과 조율을 유지하기 위해 공유되고 학습된 상징적 소통유형이 있어야 한다.
4. **공유된 인지적 지향성 :** 서로 이해하고 함께 일하기 위해서는 신념, 지식 및 논리적 사유 규칙이 한 사회의 사람들 사이에 공통적으로 유지되어야 한다.
5. **공유되고 분절된 목표 :** 유사하게, 개인이 갈등을 일으키는 방향으로 끌고 가는 것을 피하려면 공통으로 추구하는 방향을 공유해야 한다.
6. **목표를 향한 수단의 규범적 규제 :** 목표를 어떻게 성취할 것인가를 지배하는 규칙이 공포되어 사람들에 의해 받아들여져야 한다. 대부분 사람들에게 물질적 획득이 일반적 목표라면, 살인과 절도가 목표를 이루는 수단으로 받아들여지지 않을 것이다. 생산하고 열심히 일하고 거래하는 것이 수단이 될 것이다.
7. **정서적 표현의 규제 :** 유사하게, 정서와 감정은 규범적 통제 아래 있어야 한다. 예를 들어, 사랑과 증오의 표현은 집단 내 심각한 지장을 초래하지 않고 완전히 자유롭게 이루어질 수 없다.
8. **사회화 :** 새로운 성원은 중요한 집단적 삶의 특성들을 배워야 한다. 집단의 삶의 방식은 소통되고 학습되어야 하며, 어느 정도는 모든 사람이 받아들여야 한다.
9. **지장을 주는 행동에 대한 통제 :** 사회화와 규범적 규제가 실패할 경우, 집단이 구성원에게 적절하고 수용 가능한 행동을 요구할 수 있도록, 일부 '지원'이 있어야 한다. 결국 행동교정 내지 심지어 영구제거(감금 또는 처형)가 요구될 수도 있다.

은 사람이 사람, 사물, 자원(지식 포함)을 통제한다. (3) **동등 매칭 :** 사람들이 각각 분리되어 있지만 서로 동등하며, 차례, 상호성 및 균형을 이룬 관계에 참여한다. (4) **시장 가격 책정 :** 개인관계가 '시장'체계로 결정되는 가치들을 매개로, 그들의 행동이 다른 상품과 교환될 수 있는 비율에 따라 평가된다. Fiske는 이 모델이 기본적인 동시에 보편적이라고 주장한다. 모든 문화에서 모든 사람이 사회적 관계를 이루는 기본 구성요소라는 의미에서 그렇다는 것이다.

또 다른 접근법은 문화적 내지 사회적 체계가 달라질 수 있는 차원들을 살펴보는 것이었다. 모든 사회체계에서 개인은 어떤 행동을 하도록 기대되는 위치에 있다. 이러한 행동을 일컬어 **역할**이라고 한다. 역할을 맡은 사람은 사회적 **규범** 또는 표준에 맞게 행동하도록, 사회적 영향, 심지어 압력이 행해지는 제재의 대상이다. 이들 용어에 익숙하지 않다면, 아무 사회학 입문 문헌이나 Segall 등(1999)의 제2장을 참조하기 바란다. 특히 네 용어는 사회체계의 몇 가지 기본요소를 구성한다. 이들 용어는 문화집단에 의해 조직되며, 이 조직에서 두 가지 주된 특성은 사회체계가 변별적이고 계층적이라는 것이다.

구별화는 사회가 역할을 구분한다는 것을 의미한다. 어떤 사회에서는 거의 구분하지 않지만 어떤 사회에서는 촘촘히 구분 짓는다. 예를 들어, 상대적으로 변별성이 없는 사회구조에서는 위치와 역할이 기본적인 가족(부모/자식), 사회 및 경제(예 : 사냥꾼/음식 제공자)에 국한된다. 이와 대조적으로 더 구별된 사회에서는 특정 영역에서 더 많은 위치와 역할을 찾아볼 수 있다(예 : 왕, 귀족, 시민, 노예). 변별화된 위치와 역할이 수직적 지위구조에 있는 것을 사회체계가 계층화되어 있다고 말한다. 찾아볼 수 있는 비교문화적 계층 분석은 많다. Murdock(1967)은 계급 구분의 존재에 관심을 가졌다(예 : 세습 귀족, 부에 따른 구분). 비계층화된 차원의 끝에는 지위 구분이 거의 나타나지 않는 사회체계가 있는 반면, 계층화된 차원의 끝에는 계급 내지 지위 구분이 많이 나타나는 사회체계가 있다(왕족, 귀족, 지주, 시민, 노예). Pelto(1968)는 이러한 구분 및 유사 구분에 대한 분석을 통해 사회를 '**견고한–느슨한**(tight-loose)'이라 불리는 차원에 두었다. 계층화된 견고한 사회에서는 한 사람이 가지는 역할 수행 압박이 높은 단계의 역할 의무를 해야 하는 반면, 덜 견고한 사회에서는 의무 압박이 덜하다.

구별화와 계층화라는 두 차원은 많은 고전적 연구에서 나타난다. Lomax와 Berkowitz (1972)는 요인 분석을 통해 많은 문화적 변수의 두 차원을 알아내고, **구별화와 통합화**라는 용어를 사용했다. McNett(1970)은 유목생활을 하는 수렵/채집사회는 역할의 다양성과 의무가 덜한 반면, 정착생활을 하는 농경사회는 전형적으로 더 많은 다양성과 의무가 있음을 발견했다. 많은 연구에서 시사하듯, 산업화된 도시사회에서는 다양성의 수준은 훨씬 높지만 역할 의무의 수준은 낮았다(Boldt, 1978). 글상자 4.2는 사회적 특징들이 친사회적 행동에 미치는 영향에 대한 Henrich 등(2004)의 연구이다.

사회적 맥락(즉, 집단)이 개인의 심리와 행동에 영향을 미치는 과정을 알아내려는 시도는 많았다. 프랑스 사회심리학에 큰 영향을 끼친 한 예로 Moscovici(1982)의 **사회적 표상** (social representations) 개념이 있다. 사회적 표상이란 가치, 관념 및 실행체계인데, 한편으로는 인간집단이 사회적으로 구축한 결과이고, 다른 한편으로는 사람들이 물질적, 사회적 세계를 이해하는 과정이다. 이런 의미에서, 사회적 표상은 개인과 문화의 중간 수준을 나타낸다. 또 다른 예가 비유전적 문화요소라는 개념으로, 문화적 관념, 상징 또는 실행의 단

글상자 4.2 사회적 행동에 대한 경제적 관점

사회적 행동에 대한 비교문화 작업은 심리학에만 국한되지 않는다. 한 가지 예로 민속학자, 경제학자, 사회학자의 공동 프로젝트가 수행되었는데, Henrich 등(2004)은 15개 소규모 사회의 경제적 협상행동을 연구했다. 15개 사회는 열대림 원예민, 대초원 약탈민, 사막 유목민, 정착 농경민처럼 다양한 생태문화적 및 경제적 맥락을 대표한다. 사회적 행동은, 최후통첩 게임, 독재자 게임, 신뢰 게임, 공공재 게임과 같은 일련의 경제 게임 가운데 참가자의 선택으로 측정되었다(Camerer, 2003 참조).

이 게임에서 전형적으로 참가자들은 상호의존적 상황에서 내릴 수 있는 결정을 제한하는 환경에 있게 된다. 게임 참가자들의 재정적 결과는 어떤 조합으로 결정하는가에 달려 있다. 한 예로, 최후통첩 게임에서 한 참가자는 제안자 역할을 하고 다른 참가자는 응답하는 역할을 맡는다. 제안자는 고정 금액을 나누는 일을 한 번만 제안할 수 있다. 예를 들어, 10달러 금액에서 제안자가 5달러를 갖고 응답자가 5달러를 갖거나, 제안자가 3달러, 응답자가 7달러를 갖거나, 제안자가 9달러를 갖고 응답자가 1달러를 가질 수 있다. 응답자는 제안자의 제안을 받아들일 수도 있고 거절할 수도 있다. 단 거절하는 경우에는 제안자와 응답자 모두 돈을 받지 못한다. 이 게임에서 참가자의 행동을 통해 개인적 선호와 사회적 규범이 전형적으로 추론된다. 즉, 제안자에게 더 많이 가는 균등하지 않은 제안(즉, 5달러/5달러와는 다른)을 많은 응답자가 거절한다면, 이는 부당한 행동을 하는 사람을 처벌하려는 경향으로 해석될 수 있다. 다양한 게임에서 상호의존성을 다양하게 함으로써, 행동경제학자들은 공정성, 처벌, 이타성, 신뢰와 같은 구성체에 관한 사람들의 선호와 사회적 규범을 추론한다. 이는 자기보고식, 주관적 측정에 의존하는 경향이 있는 구성체 같은 것에 심리학적으로 접근하는 것과는 대조된다. 행동경제적 접근법은 심리학 내 행동주의에 더 가깝다.

Henrich 등의 연구에서는 몇 가지 흥미로운 결과를 발견했다. 한 가지 결과로 행동에서의 비교문화적 차이가 산업사회의 학생 표본에서 이전 연구들이 발견한 것보다 소규모 사회에서 실질적으로 더 크다. 이는 비교문화심리학에서 표본화의 중요성을 증명한다. 또 하나의 결과로 경제 조직에서 그룹 수준의 차이와 시장 통합의 정도(사람들이 시장 교환에 참여하는 빈도, 정착 규모 및 사회정치적 복합성)가 행동에서의 비교문화적 차이 비율을 실질적으로 설명한다. 이는 또 다른 결과와 연관이 있는데, 즉 실험에서의 행동이 일반적으로 일상의 경제 유형과 일관된다. 일상생활에서 낯선 사람과의 상호작용에 의존할수록, 사람들은 더 친사회적인 행동을 보이고 다른 사람의 반사회적 행동을 더 강하게 처벌했다. 따라서 사회의 사회적, 경제적 구조는 사회적 행동에 상당한 영향을 미칠 수 있다.

위 내지 요소이다. '밈'이라는 용어는 진화 생물학자 Dawkins(1976)가 만든 것으로, 유전자 확산에 적용한 유형과 유사한 분석 유형을 사용해 문화적 관념 및 실행이 사람 사이에 확산되는 것을 설명하였다(비유전적 문화요소 연구 분야). 진화적 배경을 가진 연구자들은 문화라는 것이 왜 존재하는지를 설명할 수 있는 심리적 과정을 파고들었다(Richerson & Boyd, 2005; Tooby & Cosmides, 1992 참조). 이러한 논쟁은 제11장에서 계속된다.

사회심리학적 배경을 가진 연구자들은 문화의 부상과 전파를 기본적 심리 과정으로 풀고자 했다. 예를 들어, Baumeister(2005)는 기본적인 사회심리학적 과정에 대해 기술하였는데, 특히 행동을 문화적 맥락으로 설명하는 쪽에 맞춰진 과정들을 짚어냈다. Schaller와 Crandall(2004)이 저술한 *The psychological foundations of culture*에서는 아주 간단한 낮은 수준의 심리 과정을 통해 문화적 편차의 부상과 유지를 어떻게 설명할 수 있는가에 대해 다양한 저자들을 소개하고 있다. Arrow와 Burns(2004)는 경험적 자료들을 제시했는데, 상호작용을 하는 사람들 가운데 무작위 집단이 매우 다양한 분배-규범 세트로 어떻게 자발적으로 수렴될 수 있는가를 설명한다. 여기서 다양한 분배-규범 세트는 Fiske(1991) 모델의 네 가지 관계구조를 연상시킨다.

결론적으로 사회적 행동에 대한 비교문화적 차이의 증거들은 풍부하지만, 이 차이에 대한 합의된 설명은 거의 없다. 이들 문헌에서 중심적인 질문은 사회적 행동의 차이가 기저의 심리 과정의 차이에서 오는 결과(상대주의자)인가, 아니면 동일한 과정이 서로 다른 사회적 맥락에서 작동한 데서 나온 결과(보편주의자)인가 하는 것이다. 이 질문에 대답하기 위해 사용된 다양한 문화적 개념화를 검토했다. 개념화의 대부분은 특정한 시기나 학과(인류학, 생물학, 사회심리학)에서 인기를 누렸다. 그러나 그 어떤 것도 일련의 가치로서의 문화적 개념화가 가지는 인기에는 견줄 수 없었다. 이에 대한 기술은 다음에 이어진다.

가치

사회학과 문화인류학에서 사회적 가치(사회에서 가치를 두는 것)에 대한 연구는 오래되었다(Kluckhohn & Strodtbeck, 1961). 유사하게 심리학에서도 개인적 가치에 대한 연구는 오래전부터 이루어져 왔다(Allport, Vernon, Lindzey, 1960). 두 접근법의 조합이 비교문화심리학에서 대단한 성공을 거두었다(Feather, 1975; Hofstede, 1980; Smith & Schwartz, 1997). 가치에 대한 비교문화 연구는 지대한 영향을 미쳤다. 이 책의 제3부에서 보게 될 작업 및 조직심리학, 문화 간 소통, 문화 간 훈련과 같은 많은 응용 분야에서 이러한 접근법의 영향이 컸다. 가치는 사회마다 다를 수 있음을 비교문화 접근법이 보여주었지만, 한 사회 내 사람들이 저마다 보유한 가치의 차이가 사회 간에 발견되는 차이보다 훨씬 더 크다. 문화 간 가치의 차이를 해석할 때는 사회 내 편차를 염두에 두는 것이 좋다.

가치(values)는 사회적으로 보이건 개인적으로 보이건 추론된 구성체다. 가치는 직접 관찰되는 것이 아니라 사회조직, 실행, 상징 및 자기보고 안에 표현된 것으로부터 기술됨을 의미한다. 따라서 가치는 특히 심리적이다. Kluckhohn에 의한 초기 정의에서 '가치'란 한 개인이나 집단의 구성원이 집단적으로 보유한, 사용 가능한 대안 중에서 행동의 수단과 목적 둘 다를 선별하는 데 영향을 주는, 바람직한 것에 대한 개념과 관련이 있는 용어다 (1951, p.395). 후에 Hofstede에 의해 이 정의가 간결해졌는데, 즉 가치란 '어떤 일의 상태를 다른 것보다 선호하는 폭넓은 경향'(1980, p.19)이라는 것이다. 가치는 늘 태도에서보다는 성격에서 좀 더 일반적이지만, 이데올로기(정치체계에 반영된)에서보다는 덜 일반적인 듯하다.

심리학에서 가치 연구의 고전적 접근법은 Rokeach(1973)의 연구다. 그는 2개의 가치 세트, 즉 존재의 이상화된 최종 상태인 최종적 가치('평등', '자유', '행복')와 최종 상태에 도달하기 위해 사용되는 이상화된 행동방식인 도구적 가치('용감한', '정직한', '예의바른')를 전개했다. Rokeach는 Rokeach 가치조사(Rokeach Value Survey)를 개발했다. 여기서 응답자들은 자신에게 중요한 정도 순으로 가치순위를 매기도록 요청되었다.

비교문화심리학에서 가치의 중요성은 Hofstede(1980, 1983, 1991)의 기준적 연구에서 큰 영향을 받았다. Hofstede는 수년간 주요 국제기업에서 일하면서 11만 6,000개의 설문지를(1968년과 1972년에) 50개국에 있는 66개 국적의 직원들에게 돌렸다. 각국의 개인 점수들을 종합해 세 가지 주요 구성인자를 구분하고, 이를 통해 4개의 '국가점수'를 계산하였다. 비록 통계 분석은 세 가지 구성인자를 가리키지만, 4개 차원이 Hofstede에게는 심리학적으로 더 타당했다. 네 차원이란 (1) **권력 거리** : 하나의 조직에서 감독과 하급자 사이에 존재하는 불평등의 정도(서열), (2) **불확실성 회피** : 애매모호함이 용납되지 않는 공식 규칙의 필요성, (3) **개인주의-집단주의** : 개인이 속한 집단의 관심사와 개인의 관심사의 대조, (4) **남성성-여성성** : 작업 목표(소득, 승진) 및 자기주장의 강조와 개인 간 목표(우호적인 분위기, 상사와의 원만한 관계) 및 돌봄의 대조 등이다. 후속 작업에서 추가된 다섯 번째 차원은 장기적 및 단기적 목표 지향(Hofstede, 2001)이다. 이 차원은 중국 가치조사(Chinese Value Survey)에서 나온 것으로, 서구적 관점보다 의도적으로 중국인의 가치를 측정하기 위해 구축된 도구다(중국 문화 관련성, 1987). 장기적 목표 지향과 연계된 가치는 절약과 인내이며, 단기적 가치는 전통 준수, 사회적 의무 완수, 그리고 체면 등이다.

가치 차원을 조합하여 여러 나라의 가치 프로파일을 만들 수 있다. 그림 4.1에서 그 예를 볼 수 있다. 여기서는 권력 거리와 개인주의를 엮어 국가 점수를 나누었다. 몇 개의 '국가 클러스터'를 볼 수 있다. 아래 오른쪽 사분면은 '라틴 클러스터'(큰 권력 거리/높은 개인주의)로, Hofstede(1980, p.221)는 이를 '의존적 개인주의'라고 했다. 대부분의 제3세계 국가는 위 오른쪽 사분면에 위치한다(일종의 '의존적 집단주의'). 대부분의 서구 산업국가는 아래 왼쪽 사분면에 있다('독립적 개인주의'). 이 그림은 또한 두 가치 차원의 상관관계가 명백하게 부정적임을 나타내며($r = -.67$), 두 차원은 국민총생산(권력 거리에서는 $r = -.65$이고, 개인주의에서는 $r = +.82$)과 같은 경제발전지표와 상관관계가 있다. 여기에 언급된

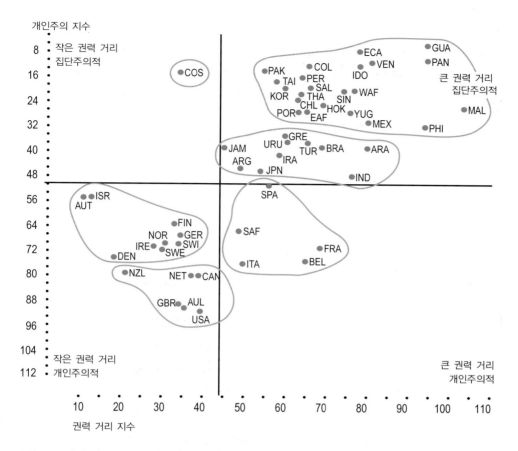

그림 4.1 권력 거리와 개인주의 등급에서 40개국의 위치(Hofstede, 1980)

모든 연구에서 첫 번째 차원(가장 큰 비교문화 편차를 설명하는 차원)은 GNP와 매우 밀접하다. 이에 대해서는 나중에 다시 다룬다.

　모든 차원 가운데 개인주의–집단주의는 압도적으로 영향을 미친 부분이었다. 이는 부분적으로, 이 차원의 심리적 근거 및 결과에 대해 연구해 온 Triandis(1995)의 작업에 기인한다. 요컨대 개인주의와 집단주의(individualism-collectivism, I–C)의 차이는 개인에 대한 주된 관심과 개인이 속한 집단(들)에 대한 관심의 대조에 있다. 이 차이를 설명하는 방법은 많다. 예를 들어 (1) 자아의 정의를 개인적으로 하느냐 집단적으로 하느냐, 독립적으로 하느냐 상호종속적으로 하느냐, (2) 집단 목표에 대해 개인 목표를 우선하느냐(혹은 그 반대로 하느냐), (3) 공동체적 관계보다 교환을 강조하느냐, (4) 개인의 행동에서 상대적으로 개인적 태도를 중시하느냐 사회적 규범을 중시하느냐로 차이가 설명된다.

　I–C 차원은 영향력이 컸는데, 문화를 통틀어 너무 많은 심리적 차이를 설명하기 위한

잡동사니 보따리가 되었을 정도로 '지나치게 확장'되었다(Kağıtçıbaşı, 1997a). 물론 이 문제는 이 차원의 속성 자체보다는 사용법과 더 관련이 있다. 종종 연구자들은 문화적 표본 가운데 I-C 차이를 주어진 것으로 간주하고, 가치 차이가 이들 표본에서 실질적으로 유효한지(즉, 가치 측정) 또는 고려해야 할 대체 설명이 있는지(예 : Matsumoto, 2006)를 실질적으로 점검하지 않는다. 게다가 I-C는 통일된 차원이라기보다는 오히려 다양한 유형의 개인주의적 가치와 집단주의적 가치의 요약이 될 수도 있다. Allik과 Realo에 따르면, "I-C는 내적으로 동질적인 단일 개념으로 정의될 수 없으며, 그보다는 I-C의 여러 상관적인, 그러나 종국적으로는 구별될 수 있는 하위 유형으로 구성된다"(1996, p.110).

Triandis(1994b)는 수평적 I-C와 수직적 I-C로 구분하고 계층 차원을 도입하였다. Triandis와 Gelfand(1998)는 I-C 등급에서 4개의 두드러진 구성인자를 발견하였는데, 수평적 개인주의("나는 다른 사람보다 나 자신에 더 의존해"), 수직적 개인주의("다른 사람보다 내가 일을 더 잘하는 것이 중요해"), 수평적 집단주의("동료가 상을 받으면, 내가 다 자랑스럽게 느껴지지"), 수직적 집단주의("나의 집단에서 내린 결정을 내가 따르는 것이 중요해")에서 각각 하나씩이다. 개인주의와 집단주의 모두에서 수평적 측면과 수직적 측면 간에는 부정적 내지 약한 긍정적인 상관관계가 있었다. Singelis, Triandis, Bhawuk과 Gelfand(1995)는 I-C의 네 유형을 다양한 가치, 정치체계 및 사회적 목표 지향과 연계시켰다. 다른 노선에 선 Kağıtçıbaşı(1994)는 I-C에 규범적 유형과 관계적 유형이 있다고 주장하였다. 규범적 I-C는 "개인적 관심이 집단의 관심에 종속되어야 한다"(Kağıtçıbaşı, 1997a, p.34)는 관점인 반면, 관계적 I-C는 좀 더 '개인 간 거리 대 내재성(embededness)'(1997a, p.36)과 관련이 있다. 이 구분은 '계층적 집단과 평등한 집단 모두 그 안에 긴밀히 맺어진 관계성 내지 단독성이 존재할 수 있기' 때문에 반드시 필요하다(1997a, p.36). 그러므로 문화적 구성체로서 I-C를 이해하는 데 계층은 중요한 추가요인이다.

문화를 통틀어 단순히 가치등급의 차이를 보여주는 것에서부터 복잡한 구성요소의 분석 연구에 이르기까지 I-C의 개념화를 지원하는 실제적 경험 증거는 다양하고 그 수도 엄청나지만(Kim et al., 1994; Triandis, 1995 참조), 구성체에 대한 비판적 시험은 상대적으로 별로 없다(Van den Heuvel & Poortinga, 1999). Fijneman 등(1996)은 기존에 집단적 혹은 개인적이라고 특징지어진 사회(홍콩, 터키, 그리스, 미국, 네덜란드)에서, 다양한 사회적 범주(아버지, 누이, 사촌, 가까운 친구, 이웃, 모르는 사람 등)에서 다른 사람에게 자원을 기부하려는 의지에 대해 연구하였다. 연구 결과, 6개 나라 모두에서 전 사회적 범주에 걸쳐 투입과 산출의 양식이 눈에 띄게 유사했다. 게다가 여섯 나라에서 투입과 산출의 비율은 전 사회적 범주에 걸쳐 유사한 방식으로 감정적 근접성의 정도에 따라 다양했는데, 이는 감정적 근접성이 I-C보다 더 나은 설명이었음을 암시한다. 여기에는 Kağıtçıbaşı(1997a)가 제안하였듯이, 계층뿐 아니라 관계적 근접성이 I-C에 중요한 영향을 미친다는 의미가 내포되어 있다.

Oyserman, Coon과 Kemmelmeier(2002)가 행한 I-C 연구의 메타분석은 I와 C를 독립된 차원으로 보는 관점을 지지했다. 또한 광범위한 문화적 구분을 하기 위해 I-C 사용에 대해 도전하는 듯한 몇 가지 결과를 발견하였다. 예를 들어 양 차원을 살펴볼 때, 유럽 출신 미국인이 전반적으로 다른 집단보다 더 개인적이고 덜 집단적이었다. 그러나 개인적 차원에서 비교하면, 아프리카계 미국인이나 라티노보다 개인적이지 않았고, 일본인이나 한국인보다 덜 집단적이지도 않았다. 오히려 서유럽인에 비해 덜 집단적이었는데, 이는 종종 사용되는 '서구적'이라는 표식이 중요한 가치 구분을 포착하지 못한다는 것을 암시한다. 유사하게 아시아 집단 중에 유일하게 중국인만이 덜 개인적이고 더 집단적이었는데, 이는 '아시아적'이라는 표식 역시 중요한 지역적 가치 구분을 포착하지 못한다는 것을 알려준다.

그러므로 I-C가 중요한 가치 차원을 나타내기는 하지만 지나치게 적용되는 경향이 있으며, 있을 수 있는 비교문화적 차이의 모든 유형을 한데 몰아넣는 잡동사니 보따리가 된다는 결론을 내리게 된다. 이 구성체를 생각하고 측정하는 데는 다양한 방법이 있으며 실질적인 지역적 차이가 있을 수 있다. 계층과 관계적 근접성은 차원에 영향을 미치는 2개의 구성인자다. 가치에 대한 Hofstede의 개념화가 가장 영향력 있는 접근법인 것은 분명하나, 가치 차원과 비교문화적 차이에 몇 가지 해결의 실마리를 던져줄 수 있는 다양한 대체적 접근법이 있다. 다음에서 이 세 가지를 논의한다.

Schwartz(1994a; Schwartz & Bilsky, 1990; Schwartz & Sagiv, 1995)는 가치 연구에서 Rokeach 전통을 확장하였다. 54개 사회에서 학생 표본과 교사 표본이 이뤄지고, 56개 항목의 규모와 범위는 −1(나의 가치에 반대)에서 7(매우 중요)까지 9점 척도로 매긴 대규모 프로젝트였다. 항목을 번역하는 데만도 상당한 노력이 들어갔다. 게다가 지역적 항목이 다른 언어로 일부 규모에 포함되었지만, 원(orignal)(서구적) 규모에는 없던 가치 분야를 발견하지는 못하였다. 이 자료에서 10개의 개인적 가치 유형이 부상하였다. 이것이 그림 4.2에 나타나 있다. Schwartz와 Sagiv(1995)에 따르면, 두 차원의 양 극단에 위치한 클러스터로 10개의 가치 유형을 만드는 두 차원이 있다. 즉, 자기고양(권력, 성취, 쾌락주의) 대 자기초월(보편주의, 자비심), 보수주의(순응, 안전, 전통) 대 변화에 대한 개방성(자기지시, 자극)이다. 특기할 것은 개인 수준에서 자료를 분석할 때 이들 차원이 부상한다는 점이다.

집단(문화든 국가든) 내 개인을 합쳐 국가 수준의 점수를 얻을 수 있다. Schwartz (1994b)에 따르면, 이렇게 할 때 보수주의, 정서적 자율성, 지적 자율성, 계층, 평등의 약속, 숙달, 조화라는 7개의 국가 수준 가치가 나타난다. 7개의 국가 수준 가치는 다시 3개의 양극 차원, 즉 보수주의 대 자율성, 계층 대 평등주의, 그리고 숙달 대 조화로 구성될 수 있다. 7개

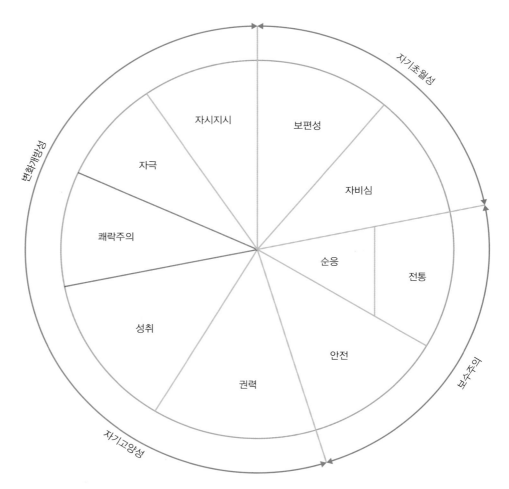

그림 4.2 10개 국가적 유형의 가치 관계구조(Schwartz & Sagiv, 1995)

의 가치 목록 가운데 두 가지 형태의 자율성이 모여 하나의 클러스터를 형성하며 현재 자율성이라고 칭해지는 것이다. Schwartz에 따르면, 이들 차원이 사회 전체에 기본적인 관심들을 다룬다. 기본적 관심으로는 (1) 개인은 집단과 어떻게 연관되는가(내재적인가 독립적인가). (2) 사람들이 타인(수직적으로 또는 수평적으로 구조화된)의 복지를 고려하도록 어떻게 동기화시킬 것인가. (3) 사람들이 자연적 및 사회적 세계와 맺는 관계성(지배하고 착취할 것인가 아니면 더불어 살 것인가) 등이 있다. Fisher 등(2010)의 최근 연구를 보면, 비교문화심리학에서 최근까지 사용하지 않았던 다수준 방법을 써서 Schwartz가 수집한 빅데이터를 재분석하고, 개인 수준의 가치구조와 문화 수준의 가치구조가 실제로는 매우 유사하다고 제안하고 있다.

세계가치조사(The World Values Survey, WVS)에서는 가치 및 가치 변화에 대한 사회학적 접근법을 보여주었다(Inglehart, 2000). 1981년 이후 네 번에 걸쳐 시행된 이 조사는 97개국의 개인으로부터 가치의 표본을 수집하였다. 이는 전 세계 인구의 88%에 해당한다. 광범위한 항목을 사용한 이 조사를 통해 발견된 기본적인 두 가지 가치 차원에 (1) 전통적 대 세속적–합리적, (2) 생존 대 자기표현으로 이름 붙여졌다. 전통적 국가에서는 부모–자식 간 유대, 권위에 대한 존중을 강조하고, 이혼, 낙태, 안락사 및 자살을 거부하며, 높은 수준의 국가적 자부심과 국수주의적 세계관을 가지고 있다. 세속적–합리적 국가에서는 이와 반대되는 가치를 강조한다. 이는 제2장에서 논의한 규정 준수 주장의 차원과 관련이 있다. 두 번째 차원의 특징은 삶의 질보다는 경제적 및 물질적 안정을 강조하는 가치에 있다. 두 차원이 국가적 수준의 구성인자 분석에서 나온 결과이긴 하나, 동일한 두 차원이 개인 수준의 분석에서도 나타난다. 두 차원에 기초해 세계문화지도가 만들어졌다(www. worldvaluessurvey.org에서 확인). 지리적으로 근접한 혹은 사회문화적 역사를 공유한 나라들(예 : 공산주의 또는 가톨릭)은 같은 집단이 되는 경향이 있었다. 예를 들어 북서부 유럽은 일반 대중적 및 자기표현적 가치가 높은 반면, 전 공산주의(동구) 유럽의 경우에는 세속적 가치는 높지만 자기표현 가치는 낮다. 남부 아시아는 세속적 가치가 낮고 자기표현 가치는 중간인 반면, 라틴아메리카는 세속적 가치가 낮고 자기표현 가치가 높다. WVS 자료에서 흥미로운 점은 반복된 평가를 통해 가치 변화를 관찰할 수 있다는 것이다. 예를 들어 Inglehart와 Baker(2000)는 거의 모든 산업화된 국가가 전통적 가치에서 세속적–합리적 가치로의 이동을 보이고 있음에 주목하였다. 사회가 완전 산업화에 이르고 지식 경제로 나아가면, 생존 가치에서 자기표현 가치로 이동하는 경향이 있다.

분명한 것은 이들 차원에서 국가의 위치가 **국민총생산**(GNP)과 밀접한 관련이 있다는 점이다. 빈곤 국가에서는 세속적 가치와 자기표현 가치가 다 낮은 반면, GNP가 높은 국가에서는 둘 다 높다. 이는 Hofstede의 작업(1980)에서 발견할 수 있는 유형의 반복으로, 한 나라의 개인주의의 점수와 GNP 간 관계가 실질적이었다(+.82). 이것의 의미가 풍요가 가치(개인주의, 세속주의, 자기표현)를 만들어내는지 아니면 한 나라의 가치가 그 나라의 경제발전을 결정하는지는 논란의 여지가 많다. WVS 자료는 전자를 주장하는 것처럼 보이지만, Inglehart(2000)는 문화 발전과 경제적 발전이 상호작용할 개연성이 있음에 주목하였다. 하나의 변수가 다른 변수에 영향을 미친다기보다, 사회의 또 다른 특징의 결과로 두 가지 모두가 초래될 수 있다. Berry(1994)는 개인주의와 집단주의는 생태계의 별개 측면들과 관련이 있다고 주장하였다. 즉, 개인주의는 단순히 사회체계의 규모 및 복합성에 관련이 있고(더 크고 복잡한 사회가 더 개인주의적) 집단주의는 사회가 개인에게 부여한 결속 및 부합성에의 압력과 관련이 있다(더 견고하고 계층화된 사회가 더 집단주의적). 이들 관계를 통해, GNP와 관련 변수(교육 수준, 사회적 이동성, 사회 규모 및 계층성)를 비교문화적 가치 차이를 설명할 가능성으로서 고려할 필요가 있음이 분명하다.

최근 가치 접근법을 대체할 가능성으로 사회적 공리(social axioms) 형태(Leung & Bond, 2004)가 제안되었다. 사회적 공리는 추상적 가치 대신 더 직접적으로 사람들의 세계관을 활용한다. 예로 "사람은 여러 경우에 상반된 행동을 하기도 한다", "열심히 하는 사람이 종국에는 더 많은 것을 이룬다", "사람의 성공과 실패는 운명이 결정한다"가 있다. 처음에 홍콩, 베네수엘라, 일본, 독일 및 미국에서 행해진 연구들과, 나중에 41개 문화집단의 표본이 포함된 연구들을 통해, 개인적 수준에서 5개 공리 차원이 나타났다(사회적 냉소주의, 사회적 복합성, 지원에 대한 보상, 종교성 및 운명 통제). 국가 수준의 분석을 통해서는 2개 차원, 즉 사회적 냉소주의(개인 차원의 같은 구성체로부터 온 항목 포함)와 역동적 외부 효과(dynamic externality)(개인 차원의 나머지 4개 차원에서 비롯된 항목 포함)(Bond, Leung et al., 2004)가 만들어졌다. 개인 차원과 국가 차원 모두에서 공리와 다른 심리적 및 GNP를 포함한 사회인구학적 변수들 사이에 의미 있는 관계가 발견되었다. 사회적 공리는 비교문화적 차이를 탐구하는 데 아직 차원만큼 폭넓게 사용되고 있지 않지만, 추상적 가치와 구체적인 사회적 행동을 연결하는 실행 가능한 구성체를 나타낼 수도 있다.

지금까지 가치가 비교문화적 차이에 관한 수많은 연구를 어떻게 촉발시켰는지를 살펴보았다. Hofstede(1980)의 가치 차원이 여전히 가장 영향력 있으며 특히 개인주의-집단주의 차원이 그렇다. 하지만 다양한 대체 개념도 볼 수 있다. 대규모 가치 연구의 주요 자산이라면 사회적 선호도와 지각의 비교문화적 차이를 전 세계적으로 지도화하고, 국가의 GDP와 같은 더 '객관적인' 문화 특성과 강력한 상관관계를 보여주었다는 것이다. 몇몇 질문은 아직 답을 구하지 못한 채인데, 가령 정확히 얼마나 많은 가치 차원을 식별해야 하며 어떻게 구상해야 하는지 같은 질문이다. 개인주의-집단주의처럼 일부 차원은 어떤 종류든 거의 모든 사회적 행동의 비교문화적 차이에 연결되었다는 의미에서 분명 과잉 사용되었다. 그러나 가치 연구가 비교문화 연구에서 주요한 진전을 이룬 것은 분명하다.

사회적 인지

현재 이용 가능한 기존 사회심리학 문헌 가운데 대다수는 문화와 연결되어 있다. 이것은 한 사회(미국)에서 대부분 발전했고, '그 사회 자체의 문제들을 연구 주제로, 그리고 이론의 내용으로' 해서 이루어졌다(Moscovici, 1972, p.19). 사회심리학이 이렇듯 문화와 연결된 특성은 1970년대와 1980년대에 널리 받아들여진 관점이었다(Berry, 1978; Bond, 1988;

Jahoda, 1979, 1986). 사회심리학의 문화적 한계는 Amir와 Sharon(1987)이 경험적으로 입증하였다. 두 사람은 이스라엘에서 미국 사회심리학 저널에 한 해 동안 실린 6편의 연구를 되풀이했다. 재시험된 가정 대부분은 반복되지 않고 '새로운' 의미 있는 결과들이 추가로 발견되었다. 서구 사회심리학의 일반화를 시험하는 여러 연구가 이루어졌지만, 대부분 비교문화심리학 영역에 국한되었다. 이러한 경향은 1990년대에 문화심리학파가 부상하면서 바뀌었다(Kitayama & Cohen, 2007 참조).

> 1991년에 Markus와 Kitayama가 영향력 있는 논문을 발표하였는데, '자아'가 아시아 문화에서는 유럽과 미국의 문화에서와는 다르게 구성된다고 주장하였다. 아시아 문화에서는 개별성이 서로에 대한 개개인의 근본적 연관성을 강조하는 대조적인 개념을 가지고 있다. 강조점은 타인에 대한 배려, 어울림, 타인과의 조화로운 상호의존성에 있다. 미국 문화에서는 개개인 사이에 이러한 공공연한 연결성을 가정하지도 않고 이에 가치를 두지도 않는다. 이와는 반대로, 개개인은 자기에 대한 배려를 통해, 그리고 자신의 고유한 내적 속성을 발견하고 이를 표현함으로써, 타인으로부터 각자의 독립성을 지키고자 한다(1991, p.224).

분명 집단주의와 개인주의에 대한 심리학적 기술을 연상시키지만(Triandis, 1995), Markus와 Kitayama에서 다른 점은 문화적 차이를 심리적 차이로 상정한다는 것이다. 따라서 보편적 가치의 지지에서도 차이가 있을 뿐만 아니라, 심리적 과정 자체도 근본적으로 다르다는 주장이다. 자아에 대한 비교문화적 차이에 대한 더 많은 정보는 제5장에서 찾아볼 수 있다.

다양한 자아개념으로 본 문화의 정의는 다른 이론적 접근법과도 조화를 이룬다. 가령 심리학과 문화는 상호적으로 구축된다는 Shweder(1990)의 주장 같은 것이다. 이러한 관점에서는 문화를 외적인 맥락으로 보아서는 안 되며 오히려 본질적으로 심리학과 함께 엮인 무언가로 보아야 한다. Nisbett(2003)의 작업에서 관련 개념을 발견할 수 있는데, 동아시아인이 유럽계 미국인보다 세계를 더 전체론적인 방식으로(세부적인 것 대신 더 큰 그림 보기, 형식 논리에 의존하는 대신 모순과 함께 살 수 있기) 지각하고 생각한다고 주장한다(제6장 '동양과 서양의 인지' 참조).

여기서는 서양적 맥락과 비서양적 맥락을 구분하는 사회심리적 행동과 인지를 선별해 논의한다. 이 장의 시작에서 언급하였듯이, 논점은 종종 행동적 차이가 존재한다는 것에 있기보다는 심리 과정에서의 차이로부터 우리가 추정할 수 있는 것이 무엇인가에 있다.

전 문화를 통틀어 가장 빈번하게 연구되어 온 기본적인 사회적 행동의 예가 순응성이다. 집단적 규범에의 순응성은 전 사회에서 발견할 수 있는데, 순응하지 않으면 사회적 응집력이 최소화되어 그 집단은 계속 집단으로 기능할 수 없을 것이기 때문이다(글상자 4.1의 기능적 전제조건 중 하나). 그러나 어느 정도까지 순응성이 전개되는가의 범위는 다를 수 있다. 순응성을 연구하는 연구자들은 자주 Asch(1956) 패러다임을 사용했다. 참가자들에게 선을 판단하는 과제가 주어지면 서로 다른 길이의 세 선 가운데 어느 선이 표준 비교선과 같은 길이인지 말하도록 한다. 이 과제에 직면한 참가자들은 자주 동료 참가자(실험자가 고의로 틀린 답을 말하도록 교육된 공모자)의 명백히 틀린 판단에 만장일치로(대략 1/3) 순응하였다. 이러한 연구는 생계형 경제를 하는 사람과 산업화된 사회의 사람 모두를 대상으로 이뤄졌다.

생계형 경제의 경우, Berry(1967, 1979)는 느슨한 사회조직에서 주장의 사회화가 이뤄지는 사냥 집단(낮은 수준의 순응성)과 견고한 사회조직에서 순응의 사회화가 이뤄지는 농업 집단(높은 수준의 순응성) 간에는 차이가 있을 것으로 예측했다. Asch 유형의 독립성 대 순응성 과제는 10개 문화에서 추출한 17개의 표본으로 만들어졌다. 지역사회 규범은 지역연구 보조자가 참가자들에게 전달하였다. 순응성 점수는 표본이 경제문화적 지수에서 점하는 위치('사냥/느슨/주장'에서 '농업/견고/순응'까지 범위)와 상관이 있으며, 상관관계는 +.70이었다. 이는 사회조직과 아동의 사회화를 통한 순응성 사이에는 분명 연관이 있음을 나타낸다.

가장 큰 집단을 대상으로 한 순응성 연구는 산업화된 사회에서 행해졌다. Bond와 Smith(1996)는, 최저생활 경제에서와 마찬가지로, 순응성의 정도가 견고함과 연관이 있음을 발견하였다. 그러나 순응성을 생태학과 사회조직에 연결시키는 대신 순응성의 차이를 국가 수준 가치에 연관시켰다. 순응성은 보수주의, 집단주의, 지위 귀속성을 선호하는 것에 가치를 두는 사회에서 더 높았고, 자율성, 개인주의, 지위 성취에 가치를 두는 사회에서는 낮았다. 특기할 흥미로운 점은 이 연구에서는 2개의 심리적 변수(순응과 가치)가 서로 관련이 있었던 반면, Berry의 연구에서는 생태문화적 변수가 순응성과 관련이 있었다는 것이다. GNP와 가치 사이에 밀접한 관계가 있음을 고려할 때, 순응성과 가치 사이에 연관이 있다고 생각한다. 가치들이 견고한 사회에서 살아가기 위해 일관되고 기능적으로 대응함으로써 가치들을 촉진시키는 더 넓은 생태문화적 맥락에 위치해 있기 때문이다(Berry, 1994).

전 문화를 통틀어 연구된 기본적인 사회적 인지의 예로 속성이 있다. 사회적 인지는 개인이 사회적 세계를 어떻게 지각하고 해석하는가와 관련이 있다. 이러한 해석이 반드시 그 사람의 문화 속에 내장되어 있다면, 사회문화적 인지라는 이름이 더 적절하다는 제안이 있었다(Semin & Zwier, 1997). 속성은 개개인이 자신이나 타인의 행동의 원인을 생각하는 방식과 관련된다. 자신의 삶에 대해 가지는 생태론적이고 사회적인 통제가 저마다 다르다는 것에 기초해 속성의 실질적 차이를 기대할 수 있다. 그러나 놀랍게도 속성에 대한 모든 비교문화적 연구에서 문화적 차이 양식이 분명하게 나타나지 않는다.

서구 표본에서는 내부 성격으로의 속성에 대한 선호가 특히 다른 사람의 행동에 관련하여 빈번하게 관찰된다. 이는 근본적인 속성 오류로 알려졌다. 이 오류는 오랫동안 모든 문화에 나타난다고 여겼고, 서구 표본에서 특히 더 강해 보인다. 예를 들어, Morris와 Peng(1994)은 중국 및 미국의 신문을 통해 범죄 기사를 연구하였다. 범죄가 성격과 관련지어 설명되는지, 상황 맥락에서 설명되는지에 관한 정보를 코드화하였다. 중국 기사보다 미국 기사에서 더 일관되게 성향 귀인이 사용되었다. Miller(1984)는 미국 아동과 인도 아동에게서 성격적 편향이 어떻게 발전하는가를 연구하였다. 미국 아동은 나이를 먹음에 따라 성격적 설명을 점점 더 선호한 반면, 인도 아동은 그렇지 않았다. Choi, Nisbett, Norenzayan(1999)은 다양한 연구 전통을 통틀어 인과적 속성의 문화적 변이를 검토하면서 다음과 같은 결론을 내렸다. '성격주의'는 비교문화적으로 널리 퍼진 사유방식이지만, 동아시아인은 상황적 속성을 더 사용하는 경향이 있는데, 성격은 잘 변하며 맥락이 중요하다고 믿기 때문이다. 이는 보편주의적 지향을 암시하는 듯 보인다. 즉, 속성의 기본적인 심리 과정은 모든 문화에 존재하지만 문화적 맥락의 몇몇 특성에 따라 다르게 발전되고 사용된다는 것이다.

서양 표본에서 종종 관찰되는 또 다른 속성 편견은 자기고양적 또는 자기중심적 편향이다. 사람들은 성공을 자기 자신의 탓으로 돌리고 실패를 상황 탓으로 돌리는 경향이 있다. 그러나 많은 비교문화 연구에서 이러한 편향에 대한 증거를 찾지 못하였다(Semin & Zwier, 1997 참조). 일본인과 인도인 같은 집단은 잘난 체하지 않거나 겸손한 편향이라는 반대 패턴을 보인다(Kashima & Triandis, 1986). 다른 사람의 성공과 실패의 속성에 대한 설명도 마찬가지다. 일본인은 종종 타인의 성공을 내적 원인으로 돌리고 타인의 실패를 상황 탓으로 여기는 반면, 서구 표본에서는 일반적으로 그 반대 패턴을 보인다.

이러한 발견의 밑바탕에 있는 중요한 질문은 왜 이러한 반대 경향이 관찰되는가 하는 것이다. 일부 문화에서는 사람들이 자아를 긍정적으로 평가하려고 하지 않는다거나 또는 겸손한 행동을 규정하는 사회적 규범에 따라 행동한다는 사실 때문이라고 주장할 수도 있다(순응성 참조). 첫 번째 설명이 (온건한) 상대주의적 입장에 가깝다면 두 번째 설명은 온건한 보편주의적 입장에 근접해 있다. Muramoto(2003)는 일본인 참여자들이 자신의 과거 성공과 실패에 대해 스스로 평가하도록 요청받으면 겸손한 편향을 보이지만, 지인들(친구와 가족)이 자신의 성공에 후한 점수를 주고 실패에 대해선 비난하지 않기를 기대한다는 것을 발견하였다. 이는 겸손이 다른 심리적 필요보다는 자기표현의 규범과 더 관련이 깊다는 것을 알려준다. 사회적 인지의 비교문화적 변이에 대한 설명의 예는 글상자 4.3에서 볼 수 있다.

미국인과 동양인 표본 간에 이와 유사한 차이를 보여주는 몇몇 다른 유형의 사회적 인지 및 행동을 찾아볼 수 있다. 예를 들어 서양의 개개인은 종종 사회적 태만을 드러내는데, 혼자 작업하기보다 집단의 일부로서 작업할 때 노력을 덜 하는 경향이 있다. 이와 반대로 중국인과 일본인은 이따금 사회적 노력이라 부르는 양식을 보인다(Gabrenya et al., 1985). 또 다른 예는 Kim과 Markus(1999)의 연구가 있다. 이들은 공항에서 여행자들에게 간단한 설문지 작성을 요청하면서, 답례로 펜을 선택하게 하였다. 5개의 펜은 색깔을 빼고는 동일하였다. 동양인들은 서양인보다 주류의 펜(majority pen)을 더 선택하는 경향이 있었다. 이는 문화적으로 차이가 있는 자기구성으로 인해 표본들이 자신들의 독특성의 욕구에서 차이를 보이는 것으로 해석되었다.

Yamagishi, Hashimoto, Schug(2008)은 이러한 해석에 반박하면서, 차이는 아시아인들이 미국인들과는 다른 기본 선택(default choice) 전략을 사용한다는 사실에서 비롯된다고 주장하였다. 이러한 관점에서 아시아인들이 주류의 펜을 선택하는 이유는 (집단주의적) 사회적 맥락에서 가장 합리적인 행동이기 때문이지, 다른 선호도가 있어서는 아니라는 것이다. Yamagishi 등은 조건을 약간 바꾸어 Kim과 Markus(1999)의 연구를 반복함으로써 이를 보여주었다. 이들은 일본인과 미국인에게, 자신이 펜을 선택하는 다섯 사람 가운데 첫 번째라면, 펜을 선택하는 마지막 사람이라면, 그리고 펜을 매장에서 산다면, 어떤 펜을 고르겠는가라고 물었다. 첫 번째 경우에, 미국인 또한 주류의 펜을 고르는 경향이 있었고, 반면에 나머지 두 경우에 양 집단은 고유한 펜을 고르는 경향이 있었다. 따라서 문화적 차이는 다른 심리적 과정에 뿌리를 두고 있다기보다는 다른 상황적 기본전략에 근간을 둔다고 할 수 있다.

여기서 보여주듯 문화 간에는 동양(동아시아인) 대 서양(미국인 또는 유럽인)의 비교로 종종 연구된 사회적 지각 및 행동에는 눈에 띄는 차이가 많다. 선별한 화제에서 발견된 사실들의 일반적인 양식은 보편적이라고 여겨온 사회심리적 현상이 다른 문화집단에서 늘 발견되는 것은 아니라는 것이다. 이러한 발견들을 어떻게 해석해야 하는가가 중요하다. 상대주의적 학자들은 행동의 차이를 기저에 있는 심리적 과정의 차이로 돌리는 경향이 있는데, 예를 들어 개인주의적 가치와 집단주의적 가치 또는 상호의존적 자아구성과 독립적 자아 구성이다. 따라서 행동(수행)이 다른 이유는 과정이 다르기 때문이다. 보편주의적 학자들은 행동의 차이를 같은 심리적 과정이 다른 생태적(예 : 생계형 유형) 맥락이나 사회적(예 : 겸손함의 규범) 맥락에서 작용하기 때문이라고 보는 경향이 있다. 이미 지적하였듯이, 이 책에서는 후자의 해석을 선호하지만 문화심리학파의 많은 연구자들(제1장 참조)은

글상자 4.3   자기고양은 보편적 현상인가?

사회적 행동의 비교문화적 차이에 대한 보편주의적 해석과 상대주의적 해석의 차이는 자기고양에 대한 논쟁에서 그 실례를 찾아볼 수 있다. 논쟁의 기원은 Markus와 Kitayama의 독창적인 논문(1991)으로까지 거슬러 올라갈 수 있다. 하지만 논쟁은 긍정적 자존심에 대한 필요의 보편성에 대한 Heine, Lehman, Markus, Kitayama(1999)의 논문에서 비롯되었다. 다양한 분야에 걸쳐 비교문화적 자료를 검토한 후에, 두 사람은 일본인이 미국인과 달리 자아에 대해 긍정적으로 느낄 필요를 가지고 있지 않다고 결론을 내렸다. 이를 미국인과 일본인의 심리적 기질의 근본적 차이를 보여주는 증거로 해석하였다(제5장 '사회적 맥락에서의 자기' 참조).

이에 대한 반발로, Sedikides, Gaertner, Togushi(2003)는 자기고양의 동기화는 보편적으로 나타나지만, 동기화에 이어지는 실제 행동은 문화마다 다를 수 있다고 주장하였다. 사람들이 자기고양을 하는 것은 문화적으로 허가된 특성이나 행동에 대해서라고 상정한 것이다. 즉, 개인주의적 국가에서 사람들은 개인주의적 특성과 행동에서 자기고양을 하는 반면, 집단주의적 국가에서는 집단주의적 특성과 행동을 통해 자기고양을 한다. 이들은 미국 학생들과 일본 학생들에게서 자신들의 주장에 대한 증거를 발견하였다. 학생들에게 젠더, 사회경제적 배경 및 교육에서 자신과 동일한 사람들로 이루어진 16명의 업무 팀원 속에서 일하는 상상을 하도록 하였다. 그런 다음에 개인주의적 항목(예 : 독립성, 자신의 필요와 맞지 않으면 집단을 떠남)과 집단주의적 항목(예 : 순응성, 어떤 것이든 집단을 지지함)이 들어 있는 특성과 행동들에 대해 자신들과 동료 구성원들을 비교해 보도록 하였다. 집단 구성원에 대한 기술에서 어떠한 차이든 이를 암시할 어떤 이유도 없었으므로, '평균 이상'이라는 비율은 어떤 것이든 자기고양을 나타냈다. 이들의 가정에 따라 미국인들은 개인주의적 속성에서 자기고양을 한 반면 일본인들은 집단주의적 속성에서 더 자기고양을 하는 것으로 나타났다.

Heine(2005)는 자신과 Sedikides 등 사이의 차이를 강조하면서, 긍정적 감정의 필요가 보편적이라는 데는 동의하지만 자기고양의 동기가 보편적이라는 데는 동의하지 않는다고 했다. 그는 Sedikides 등에서는 차이가 없고 다른 측정을 사용한 연구들에서는 차이가 있는 것으로 나타난 이유를 설명하면서, 평균 이상이라는 결과가 실제로 자기고양에 대한 좋은 측정은 아니라고 주장하였다. Sedikides, Gaertner, Vevea(2005)는 다른 방법을 사용한 연구들을 포함하여, 자기고양 연구에 대해 메타분석을 함으로써 응답하였다. Heine, Kitayama, Hamamura(2007)는 이러한 결론에 반박하면서, Sedikides 등에서는 연구 선별이 편향적이라고 주장하였다. 이들은 광범위한 연구들을 가지고 메타분석을 하여 일본인에게는 자기고양이 없음을 보여주었다.

최종 반박에서, Sedikides, Gaertner, Vevea(2007)는 새로운 메타분석에 더 많은 연구를 포함시켰고, 자신들의 보편성 가설의 증거를 다시금 주장하였다. 양쪽이 자신들의 메타분석의 포함 기준이 정확하다고 주장함으로써 논쟁은 교착 상태로 종료되었다. 하지만 큰 이론적 이슈들에 대한 논쟁이 특정한 자료의 의미에 대한 해석의 불일치로 압축되는 과정을 보여준 것은 유익하다. 최근 연구에서는 호의적인 자기평가를 만드는 동기를 보편적으로 찾아내고 자기평가를 표현하는 데서 비교문화적 차이는 동양 문화에 있는 겸손의 규율에 기인한다고 주장하는 것 같다(Kim, Chiu, Peng, Cai, Tov, 2010).

첫 번째 해석을 선호한다.

사회심리적 구성체로서의 문화

몇몇 문제는 사회심리학 영역의 연구가 종종 문화 자체를 심리적 구성체로 생각한다는 사실과 관련이 있다(Breugelmans, 출판 중). 문화를 하나의 가치 또는 특정 유형의 자기구성으로 여긴다는 것을 살펴보았다. 가치와 자기구성은 그 자체가 심리적 구성체다. 개인은 특정한 가치와 특정한 자기구성을 가지고 있다. 그러나 이러한 구성체가 다른 현상들에서 비교문화적 차이를 설명하는 데 종종 사용되었다. 문화심리학 운동을 실질적으로 출발시킨 논문에서, Markus와 Kitayama(1991, p.224)는 "서로 다른 문화의 사람들은 자아, 타인, 그리고 둘 사이의 상호의존성에 대한 구성이 눈에 띄게 다르다. 구성은 인지, 감정 및 동기화를 포함하여 개인의 경험 그 자체에 영향을 미칠 수 있고, 많은 경우 그 경험을 결정할 수 있다."고 하였다.

중심 이슈는 가치와 자기구성 같은 심리적 구성체의 차이가 사회적 지각 및 행동의 차이에 따라오는 것이 아니라 실제로는 그것을 야기하는 원인이라는 것을 어떻게 규명해야 하는가이다. 이 질문에 대해 Matsumoto와 Yoo(2006)가 비교문화 연구 발달의 네 단계를 기술해 해답을 주었다. 첫 단계에서 연구 목표는 행동의 차이를 (앞서 그랬듯이) '문화'의 탓으로 돌린, 주로 서양(미국) 심리학의 결과물을 다른 문화에 그대로 되풀이하는 것이었다. 두 번째 단계의 연구는 비교문화적 차이의 기저에 있는 차원들, 가령 가치 차원 같은 것을 발견하고자 노력하였다. 세 번째 단계에는 자기개념처럼 비교문화적 차이를 초래하는 실제적 심리 과정의 조작이 포함된다. Matsumoto와 Yoo는 네 번째 단계가 필요하다고 제안한다. 네 번째 연구는 문화를 특징짓는다고 가정한 현상(예 : 가치나 자기구성)이 (1) 사실 개인적 수준에서 전 문화에 걸쳐 다양하게 나타나고, (2) 관찰된 행동의 차이를 설명할 수 있음을 확인하는 것을 목표로 삼아야 한다. 이를테면 집단주의적 국가의 국민들은 더 독립적인 자기개념을 가지고 있는 것으로 보여야 하며, 사회적 태만 같은 가정된 사회적 행동의 차이를 개인적 수준에서 설명해야 한다.

두 번째 문제는 개인적 수준과 문화적 수준에서 가치 차원이 다르다는 것과 관련이 있다. 최근 다면(multilevel) 모델링 개발을 통해 연구자들은 개인적 수준과 문화적 수준 둘 다에서 개념 간 관계를 경험적으로 평가하고 있다(Van de Vijver, Van Hemert, Poortinga, 2008a). 이 같은 모델로 문화 수준의 점수와 개인 수준의 점수를 직접 등가로 삼는 것이 오류일 수 있음이 분명해졌다. 즉, 구성체의 특성이 전 수준을 통틀어 다른 것으로 발견될 때(구성체들이 동일 구조가 아닐 때)(제1장 참조), 서로 다른 수준의 점수 간 관계는 복잡해진다. 가치에 관한 절에서 보았듯이, 발견된 차원의 수는 개인 차원에서 보느냐 국가 차원에서 보느냐에 따라 다르다. 이는 가치가 국가적 차원에서 다른 의미를 가진다는 것을 암시한다. 물론 문제는 이것이 무엇을 의미하는가이다. 이번 장의 앞부분에서 Hofstede(1980), Schwartz(1994a), Triandis(1995) 같은 기존 연구자들의 초기 견해와 달리 Fischer 등(2010)은 차원들이 모든 수준에서 유사함을 발견했다고 언급했다. Fischer 등의 이 연구는 기존 연구자들이 자료를 개인적 수준과 문화 수준으로 분리하여 분석했다는 점을 지적했다. 다면 분석에서만 모든 수준에서 차원들을 직접 비교할 수 있다.

세 번째 문제는 가치와 같은 변수들에서 비교문화적 차이의 유효성이다. 가치 자료는 거의 전적으로 자기보고를 통해 수집되며, 참가자들 자신이 중요하다고 생각하는 것을 나타낸다. 이러한 유형의 자료는 응답 스타일에서 국가적 차이에 민감하며, 가치의 차이와 상관관계가 있다(Van Herk, Poortinga, Verhallen, 2004). 따라서 가치 점수의 차이는 가치 선호도보다는 동의나 척도 사용에서의 차이를 반영할 수 있다. 또한 비교문화적 가치 차이가 국가의 GNP나 풍요와 매우 밀접한 관련이 있었다. 문제는 상관관계가 무엇을 의미하는가다. Inglehart(2000) 같은 연구자들은 가치가 경제발전에 따라 변한다고 주장한다. 이는 가치가 사회적 지각 및 행동에 대한 비교문화 연구에서 설명적 변수로서 어느 정도까지 사용될 수 있는지 그 범위를 문제시한다.

네 번째 문제는 설명 변수로서 가치의 안정성 및 자기구성과 관계가 있다. 상대주의자는 비교문화적 차이의 안정성을 강조하는 경향이 있다. 예를 들어 Nisbett(2003, p.xx)은 다음과 같이 주장하였다. "나의 연구를 통해 나는 세계를 보는 2개의 명확히 다른 접근법이 수천 년 동안 유지되어 왔음을 확신하게 되었다. … 각각의 지향성 — 서양과 동양 — 은 자기강화적이고 항상적인 체계이다." 그러나 제13장에서 보게 되겠지만, 문화는 대개 잘 변하며 전 세계에서 많은 사람이 오늘날 민족적으로나 문화적으로 다양한 맥락에서 살아야 한다. 게다가 점화(priming) 연구에서 개인은 문화적 요구들을 다루는 데 유연한 것으로 나타났다.

비교문화적 맥락에서 점화는 종종 개인이 일시적으로 개인주의적 혹은 집단주의적 사고방식을 활성화하는 과제를 행한다는 뜻이 포함되어 있다. 이것은 사회심리적 후속 조치의 수행에 영향을 주는 것으로 기대된다. 예를 들어 참가자들에게 가족 및 친구와 다른 점이 무엇인지를 생각하도록 하거나 나는, 나를, 내 것 같은 대명사에 동그라미를 치는 과제를 준다. 이러한 조작으로 개인주의적 사고방식을 활성화시켜야 한다. 가족 및 친구와 유사한 점이 무엇인지를 생각하도록 하거나 우리가, 우리를, 우리의 같은 대명사에 동그라미를 쳐야 하는 참가자들은 집단주의적 사고방식에 점화된다. Oyserman과 Lee(2008)는 개인주의와 집단주의 둘 다 점화시킨 연구 67편과 구성체들 가운데 하나를 점화시키고 그 점화효과를 가치, 관계성, 자기개념, 복지, 사회적 인지 같은 사회심리적 변수에서 측정한 32편의 연구에 대해 메타분석을 하였다.

점화 연구는 심리적 구성체를 활성화함으로써 문화적 인구 간의 차이와 유사한 차이가 발견되었음을 보여준다. 이는 구성체들이 설명적 변수로서 유효성을 보이는 것으로 해석될 수 있지만(Matsumoto & Yoo, 2006), 동시에 이들 구성체에 추정된 안정성에 대해 일부 심각한 문제를 제기한다. 개인주의와 집단주의가 단순 과제를 통해 그렇게 쉽게 영향을 받을 수 있다면, 행동에서의 비교문화적 차이에 대해 어느 정도까지 안정적인 설명으로 보일 수 있는가? 일부 연구자에 따르면, 점화 연구는 문화의 결과들을 모방할 수는 있으나 그렇다고 이것이 비교문화적 차이가 같은 방식으로 형성됨을 증명하지는 않는다(Fischer, 출판 중). Fiske는 "모든 인간이 모든 문화의 모든 의미 있는 측면을 인지적으로 재현한다고 가정하지 않는 한, 단순 접근 가능성이 정신에 미치는 문화의 구성요소의 결과를 매개하는 중요한 구성인자가 될 가능성은 거의 없다."고 했다(2002, pp.80-81).

> 최근 연구들은 가치와 자기구성 연구에 기반하여 비교문화적 차이가 생각보다 훨씬 덜 고정적일 수 있다고 암시하는 것 같다. Oyserman, Sorenson, Reber, Chen에 따르면, "사회적인 세계를 고정화된, 대개 불변하는 양식화된 사유방식과 조직방식을 만들어내는 것으로서 문화를 개념화하기보다, 상황 내 모델을 통해 문화적으로 조율된 사고방식이 광범위하게 변할 수 있고 즉각적인 맥락적 단서에 민감해질 수 있다"(2009, p.230).

사회적 행동에서 비교문화적 차이에 대한 다른 특정 상황 설명이 점점 더 많이 발견된다. 이 장의 앞에서 논의한 예들은 Muramoto(2003)의 겸손의 규범과 Yamagishi 등(2008)이 기술한 상황의존적 기본전략이다. 또 다른 예로 Zou 등은 "사회적 인지에서의 주된 문화적 차이는 신념에 대한 개인의 개인적 성실성의 차이의 영향 이상으로, 개인이 자신의 문화의 합의적 신념을 지각하는 차이를 통해 전달된다."고 주장하였다(2009, p.580). Zou 등은 다양한 연구를 통해 사람들의 문화적 합의 혹은 '상식'에 대한 지각이 내부화된 문화적 콘텐츠보다 더 예견적 행동임을 보여주었다(예 : 집단주의의 가치). 이러한 개념은 상황 내 규범으로서 문화의 관점을 강조하는 최근 출간물과 잘 맞는다(Fischer, Ferreira, Assmar et al., 2009; Gelfand, Nishii, Raver, 2006). 규범으로서의 문화 개념은 비교문화적 차이의 일반화 문제와 관련이 있고, 이에 대해서는 제1장에서 언급한 바 있으며 제12장에서 다시 논의할 것이다.

결론

이 장에서 사회적 행동 영역이 대단히 많은 비교문화적 연구를 양산해 냈음을 보았다. 일부 중요한 연구 노선들에 대해 기술하고 중요한 문제들을 강조하고자 하였다. 여기서 전반적으로 반복된 주제는 사회적 행동에서 관찰된 비교문화적 차이를 어떻게 해석할 것인가였다. 정도의 문제인 상대주의와 보편주의 간 구분(제1장 참조)이 여전히 이분법적으로 나타나는 경향이 있음을 살폈다. 상대주의자는 행동의 차이를 이끄는 심리 과정의 차이를 추구하는 경향이 있고 보편주의자들은 동일한 과정이 다른 행동을 만들어내기에 이르는 그 맥락적 구성인자를 찾는 경향이 있다.

논쟁은 주로 이론적이다. 모든 연구자가 사회적 행동에 실질적으로 비교문화적 차이가 존재한다는 데는 동의하기 때문이다. 그러나 이는 문화를 어떻게 다룰 것인가에 중요한 결과를 가져온다. 예를 들어, 문화변용, 집단 간 관계, 문화 간 소통 훈련 및 문화적으로 다양한 노동력의 관리 문제는 문화적 차이를 심리적 기질 속에 본래 융합되어 있는 것으로 여길 때 혹은 그것을 다른 생태적 혹은 사회적 맥락에 대해 반응하는 심리적 과정으로 볼 때 접근이 달라질 것이다.

이 장에서 인구밀도와 계층화 같은 단순한 사회적 특성이 체계적으로 행동적 차이와 관련이 있음을 보았다. 종종 다른 사회화를 통해 사회문화적 발달의 차이가 발생하므로 제2장과 제3장의 관계에 주목해 주길 바란다. 또한 가치들이 어떻게 전 세계적인 비교문화적 차이를 기술하는 도구로 쓰일 수 있는지를 살폈다. 가치들은 보편주의적 입장과 상대주의적 입장 사이에 일종의 중간적 구성체를 나타내는 것으로 보일 수 있다. 가치구조는 보편적이나 가치의 보증은 특정 문화인 것으로 간주되는 탓이다. 가치 접근법에서 가장 큰 위협요소는 연구자들이 이로부터 너무 많은 것을 기대하게 된다는 점이다. 개인주의-집단주의 같은 차원이 많은 차이를 기술할 수 있지만 이를 통해 문화적 차이를 완전히 포착할 수 있다고 기대하는 것은 순진한 생각이다. 게다가 가치 평가와 개인 수준의 변수와 집단 수준의 변수 간의 문제적 관계도 해결해야 한다.

세 번째 부문에서는 사회적 인지 및 행동에서의 차이에 대한 몇 가지 구체적인 사례들을 보았다. 비록 이 분야는 현재, 전통적으로 문화 상대주의에 연계되어 있는 문화심리학이 지배하고 있지만, 우리는 자료를 통해 보편주의적 입장에 대한 풍부한 증거들을 보았다. 끝으로 사회심리적 구성체로서 문화의 개념화에 있는 일부 까다로운 문제에 주목하였다. 그러나 일부 문제가 미해결 상태로 남아 있어도 분명한 것은 사회적 행동 분야가 비교문화 연구에서 활발하고 생산적인 영역이라는 점이다.

모든 비교문화 연구자들이 공통적으로 동의하는 점을 언급하면서 마치고자 한다. 이 장에서 증거는 주류 심리학에서 사회적 행동에 대한 현재 지식이 여전히 서구 문화 쪽으로 광범위하게 편향되어 있음을 보여준다. 더 풍부하고 실제로 더욱 보편적인 심리학이 되기 위해서는 행동에 대한 사회문화적 맥락의 영향에 대해 알 필요가 있다. 단순히 서구(학생) 표본 결과가 대다수 세계에 일반화되었다고 추정하는 것은 십중팔구 실수다.

주요 용어

견고한–느슨한 • 사회적 표상 • 가치 • 국민총생산 • 사회적 공리 • 점화

추천 문헌

Hofstede, G. (2001). *Culture's consequences* (2nd edn.). Thousand Oaks, Calif.: Sage.
　　가치와 관련하여 비교문화적 차이에 대해 많은 연구를 시작하게 한 고전적 연구의 최신 기술.

Kitayama, S., and Cohen, D. (eds.) (2007). *Handbook of cultural psychology*. New York: Guilford Press.
　　이 책의 여러 장에서 사회적 지각, 인지 및 행동에서의 비교 문화적 차이를 다루고 있다. 이 책은 또한 문화심리학 분야에 대한 개요를 잘 보여주고 있다.

Smith, P. B., Bond, M. H., and Kağitçibaşi, C. (2006). *Understanding social psychology across cultures: Living and working in a changing world*. London: Sage.
　　사회적 인지 및 행동에 대한 비교문화심리학의 좋은 입문서다.

Triandis, H. C. (1995). *Individualism and collectivism*. Boulder, Colo.: Westview.
　　개인주의와 집단주의의 구성체를 고전적이고 이해하기 쉽게 다루었다.

5 성격

성격 연구는 개인을 대표하고 다른 사람과 구별해 주는 감정, 사고, 행동에 관심이 있다. 이런 의미에서 성격은 유기체와 생태문화적·사회문화적 환경의 전 생애적 상호작용 과정의 결과이다. 이러한 외부적 요소들의 영향 때문에 다른 문화권에서 자란 사람들의 대표적인 행동에 구조적 차이가 있다고 여길 확률이 크다. 따라서 많은 고전적인 성격 연구들이 비교문화적으로 확장되어 왔다는 것은 놀랄 일이 아니다.

성격 연구의 지배적인 주제는 개인을 특징짓는 행동이 어떻게 영구적인 심리학적 성향으로 설명될 수 있는지, 그리고 그러한 성향들의 본질은 어떤 것인지에 대한 것이다. 전 세계적으로 정신역학 이론과 특질 이론, 사회인지 이론 사이에 차이가 존재할 수 있다. 정신역학적 전통은 가장 오래되고 넓은 뿌리를 가진 것으로, 이러한 전통에 따른 대부분의 연구는 정신분석학적 지향을 가진 사회인류학자에 의해 심리인류학(이전에는 '문화와 성격'이라고 불렸다)이라는 이름으로 진행되었다.

이 장에서 우리는 먼저 '성격 특질'이라고 표현되는 비교적 안정적인 성격에 대한 연구를 논의할 것이다. 특질 이론은 시간과 상황에 관계없이 일관적인 개인의 성향을 강조한다. 비교문화에서 가장 중요한 전통 연구, 말하자면 5요인 차원과 관련된 5개의 요인 모델이 논의될 것이다. 또한 다른 전통적 특질들과 민족적 성격에 대한 연구가 간단히 언급될 것이다. 두 번째 절에서는 개인이 살고 있는 맥락 속에서 개인의 사회화 과정에서의 학습의 중요성을 강조하는 접근을 통해 다루어질 것이다. 자기에 대한 개념은 개인이 스스로를 인지하고 경험하는 방법을 포함한다. 자기를 구성하는 두 가지 형태로서 독립적 자아와 상호의존적 자아가 구분된다. 이러한 자기 개념은 앞의 장에서 다루어졌던 개인주의적 사회와 집단주의적 사회에서 다르게 나타난다. 세 번째 절은 성격에 대한 비서구적 접근과 관련이 있다. 아프리카와 인도, 일본의 예가 제시될 것이다.

계속하기 전에, Ashanti 부족에서 남성의 이름과 그의 범죄 행동의 경향성 간의 가능한 관계에 대한 내용인 글상자 5.1에 주목하길 바란다.

글상자 5.1 Ashanti 성격

Jahoda(1954)에 따르면 Ashanti족은 아이들이 태어난 요일에 따라 이름을 짓는다. 이 이름은 Kra라는 그날의 영혼과 관련이 있고, Kra는 소년들의 특정한 행동에 대한 성향을 반영한다(이러한 사고는 여자아이들에 대해서는 존재하지 않는다). 월요일에 태어난 아이들은 조용하고 평화로울 것으로 여겨지고, '수요일'이라고 불리는 소년들은 쉽게 흥분하고 공격적인 것으로 여겨진다. 소년 법원의 범행 기록에 대한 Jahoda의 분석은 '월요일'이라는 이름을 가진 청소년들의 유죄 선고가 기대했던 것보다 현저하게 낮다는 것을 보여주었다. 또한 '수요일'이라고 불리는 사람들이 다른 사람에 대한 범죄(예 : 싸움, 폭행)를 저지를 가능성이 더 높다는 몇 가지 증거가 있다. 이러한 상관관계가 약하고, 연구 결과의 타당성을 확보하기 위해 유사한(반복) 연구를 해야 할 필요성이 있지만 Jahoda의 결론은 "너무 현저해 보이는 유사함은 쉽게 무시할 수 없다"(1954, p.195)는 입장에 있다. 그러면, 더 나아가 이러한 발견들이 어떻게 해석되어야 하는지에 대한 질문을 할 수 있다. 그러한 점이 사회의 고정관념과 편견을 반영하여 특정한 청소년들에게 (기대되는) 비행에 대하여 주의를 기울이는 것인가? 아니면 청소년들이 어떤 방식으로든 이러한 사회적 기대를 내면화하여, 그들의 성격을 형성하는 것인가?

이러한 것들은 기대되지 않지만 종종 발견되는 성격과 사회문화적 환경 사이의 무수히 많은 상호 관계 중 하나의 예시이다. 글상자의 내용은 여러 가지의 이론이 존재한다고 할지라도, 개인의 행동과 문화적 환경의 관계에 대한 우리의 이해는 제한적이고 잠정적이라는 것에 대한 경고가 될 수 있다.

특질 차원

이 절에서는 성격 특질(personality traits)을 강조하여 설명할 것이다. Fiske(1971, p.299)는 특질을 '힘의 양에 차이를 갖고 개인에게 영향을 주는 지속적인 성격'이라고 정의했다. 많은 수의 특질 이름은 문학에서 찾을 수 있다. 예를 들어, 지배성(dominance), 사교성(sociability), 집요함(persistence) 등이 그것이다. 이론적으로 이것은 개인의 성격적 행동의 주요한 측면들을 포괄할 수 있는 특질의 종합적인 세트가 되어야 한다. 성격 특질은 주로 (특정한 특질에 대해) 개인 또는 타인이 보고하는 성격 설문지의 방법 또는 성격 목록(다양한 특질을 포괄하는 옴니버스식 도구)을 통해 측정된다. 다양한 특질 또는 특질 차원을 구분하기 위한 가장 중요한 실증적인 분석은 자기보고 데이터의 다변량 해석(종종 요인 분석)이다.

5요인 차원

5개의 요인 모델(FFM)은 특질 차원에서 가장 유명한 모델이 되었다. 이 모델의 핵심 가정은 5개의 차원이 성격의 영역을 적절하게 나누어야 한다는 것이다. [5요인(Big Five)이라고 불리기도 하는] 5개의 차원은 생물학적으로 기준이 되는 것처럼(예 : Costa & McCrae, 1994; McCrae & Costa, 1996, 2008) 오래 지속되는 습성으로 보이는 경향이 있고, 인간 종에 있어 시간이 흐르면서 발달한 것처럼 보이는 경향이 있다(MacDonald, 1998; McCrae, 2009). 생물학적 기반에 대한 증거는 주로 쌍둥이 연구에 기초한다. 동일한 유전적 물질을 공유하는 쌍둥이들은 따로 분리되어 자랐다고 하더라도 성격 변인에서 꽤 비슷한 점수를 받는다. 그러나 특정한 (형질의) 유전자와 성격 차원이 직접적으로 연관되었다는 증거는 여전히 매우 부족하다. 다시 말하면, 생물학적 연구는 어떤 성격 이론이 다른 이론보다 유효한지 (아직) 말해주지 못한다는 것이다.

FFM의 다섯 가지 요인은 미국의 모든 성격 조사에서 얻어진 수많은 데이터 세트를 재분석하여 다시 발견된 것이기 때문에(Norman, 1963), 가정된 것이라고 할 수 있다. 각각의 요인들은 서로 다른 하위 요소 또는 다른 양상으로 구분되지만, 여기에서는 다루지 않을 것이다. 5요인 차원을 평가하기 위해 가장 많이 사용되는 질문 목록은 NEO-PI-R(Costa & McCrae, 1992)이라고 불린다. 이는 미국에서 개발되었고 40개 이상의 언어로 번역되었다. 5요인은 다음과 같이 분류된다.

- **신경증적 성질**(neuroticism) : 정서적으로 불안정하고, 불안이 많으며 적대적이다. 정서적으로 안정된 사람은 안정감이 있고 여유 있는 반면, 신경증적인 사람은 신경이 날카롭다.
- **외향성**(extraversion) : 긍정 정서가 핵심적이며, 사교적이고, 자극이 되는 사회적 환경을 추구하며, 다른 중요한 성격들 중 일부로서 외향적이다.
- 경험(예전에는 '문화'라고 불렸다)에의 **개방성** : 호기심과 상상력이 풍부하고 세련된다.
- **친화성** : 동정심이 많고, 감수성이 풍부하며, 상냥하고 따뜻하다. 친화적인 사람은 주변에 두기에 좋다.
- **성실성** : 꾸준하고, 목표 지향적인 행동을 하며, 종속적이고, 자기훈련적이다.

비교문화 연구는 두 가지 질문을 주요하게 다루어왔다. 첫 번째 질문은 FFM의 전 세계적 타당성이 성립될 것인지에 대한 것이다. 만약 다섯 가지 차원이 개인의 기능에서의 기본적인 차이를 드러낸다면, 그것은 어느 장소에서나 반복적으로 이루어져야 한다. 반면, 만약 그 성격들이 미국인만의 것이라면, 이질적 문화와 언어들은 다른 형태의 특질을 보여줄 것이다(McCrae, Costa, Del Pilar, Roll& & Parker, 1998). 두 번째 질문은 문화권에 따라 다양한 차원에서 점수 차이가 나타나는지, 만약 나타난다면 이 차이가 무엇을 의미하는지에 대한 것이다.

많은 수의 표본으로부터 얻어진 분석을 포함하여, NEO-PI-R에 근거한 수많은 비교문화적 연구가 있다(McCrae, 2002; McCrae & Allik, 2002; McCrae, Terracciano et al., 2005a, b). 일반적으로, 미국에서 최초로 구분된 FFM의 다섯 가지 차원은 비서구 사회를 포함한 다른 곳에서도 또한 발견된다. 국가의 데이터 세트를 요인 분석한 것은 전국적으로 유사한 요인을 보여준다. 이러한 유사성은 구조적인 등가성(제1장의 '개념과 데이터의 등가성' 참조)을 측정하기 위한 Tucker's phi를 통해 요인들 사이의 전국적인 일치도를 계산함으로써 성립된다. 비록 서구 국가에서보다 비서구 국가에서 예외가 많이 발견되기는 하지만, 이 계수는 φ=.90(phi) 또는 그 이상의 값을 보여주는 경향이 있다. 이러한 발견은 응답자들이 NEO-PI-R을 자기보고식으로 응답하는 것이 아니라, 그들이 아는 타인에 대해 응답한 대규모 연구를 통해 증가하였다. 자기보고 연구에서 국가 수준으로 개인의 데이터를 국가 점수로 합산한 이후에 나타난 5개의 요인 구조가 이 타인보고 연구에서의 개인 수준에서 동일하게 나타났다(McCrae, Terracciano et al., 2005a, b). 비록 정확한 구조의 복제가 항상 완벽하지는 않더라도, 5요인 차원의 구조적인 등가성에 대한 연구는 대체로 문화적 맥락과 성격 형성 간의 연관성에 대한 중요한 제한점을 제공한다.

구조적 등가성에 대한 증거는 연구자들이 두 번째 질문을 의미 있게 다룰 수 있도록, 즉 5요인 차원 점수의 양적인 차이에 대한 연구를 할 수 있게 해준다. 문화권 간의 평균 점수 차이는 문화권 내에서의 개인 간 차이보다 더 적다. 5요인에 대한 국가 간 평균 점수의 분산은 국가 내에서의 개인의 점수 분산의 1/9 정도이다(Allik, 2005; McCrae & Terracciano, 2008). 여전히 성격 차원의 국가 간의 분산과 다른 문화적 특질들을 연관시키기 위한 몇몇 시도들이 있다.

비교문화 연구는 평가된 점수 수준을 비교하는 데 있어 다른 분야에서보다 심리측정적 어려움이 존재할 수 있다. McCrae와 동료들은 문화적 편견을 위해 점검할 것들, 예를 들어 번역이나, 문항 편파성, 반응 양식이 미칠 수 있는 효과 등에 대해 기술했다. 특히 절반의 문항에서 지지하는 답변을 하면 점수가 낮아지기 때문에 GNP(또는 교육 수준, 또는 개인주의-집단주의)(Smith, 2004; Van Herk et al., 2004)에 따라 달라지는 반응 양식으로 알려진 묵인(acquiescence)은 NEO-PI-R 점수에 영향을 미치지 않는다. 번역 편파는 이중언어 사용자와 함께 한 연구를 통해 검증되었다(McCrae & Terracciano et al., 2005b 참조). 한 가지 남은 것은 사회적 바람직성의 영향에 대해 고려하는 것이다(예 : Harzing, 2006). 사회적 바람직성은 분산의 실질적이고 유효한 원천으로 보일 수도 있지만, 동시에 평가하고자 하는 구조의 의미 자체를 왜곡할 수 있다.

다양한 방면의 증거들이 탐구되었다. McCrae와 Terracciano(2008)는 다양한 방법(자기보고와 타인보고)이 5요인 차원의 차이에 대해 유사한 패턴을 보여준다고 주장하였고, 나라마다 점수에 스칼라 등가성(scalar equivalence)이 없는 이상 이것이 잘 발견되기 어렵다고 하였다. Allik과 McCrae(2004)는 나라마다 다른 패턴의 차이를 연구하였고, 인접한 국가들 사이의 유사성을 발견하였다. Hofstede와 McCrae(2004)는 다양한 차원에 의미를 부여한 해석이 타당하다는 점에 있어 가치 차원과 5요인 차원의 상관관계를 보고하였다.

점수 차이에 있어 문화적인 영향을 분석하기 위하여 UN이나 세계은행과 같은 국제기관으로부터 얻은 국가에 대한 모든 종류의 데이터 세트가 사용되었다. 이는 5요인에서의 국가의 점수와 관련이 있을 수 있다(또는 심지어 각각의 차원의 양상까지도). McCrae와 Terracciano(2008)는 다양한 종류의 암의 위험성, 기대 수명, 약물남용과 정신건강의 지표들의 상관관계에 대하여 언급했다. 이런 발견이 통제 불가능한 제3의 변인 때문에 비록 잠정적이라고 할지라도, 그들은 성격에서의 비교문화 연구에 대한 중요한 논리적 근거를 제공하였다. 몇 가지 불확실한 점은 5요인과 미국의 여러 주의 다양한 평가지표에 대한 주 수준(state-level) 통계의 가능한 상관관계에 대한 예측을 측정한 Rentfrow, Gosling과 Potter(2008)의 연구에 반영되었다. 신경증 차원은 16개 중 단지 7개의 예측만이 지지를 받은 반면에, 친화성 차원의 상관관계에 대한 예측은 13개 중 12개가 예상된 방향으로 나타났다. 물론, 미국의 주 간의 차이는 전 세계의 국가 간 차이보다 적겠지만, 이는 문화적 편파와 번역 편파가 국제적인 데이터 세트에서보다 덜 작동했기 때문일 수 있다.

문화 수준 점수 차이의 해석은 두 가지 가정을 암시한다. 즉, 그 점수들이 완전하게 등가성의 조건을 형성하고, 집단의 사람들이 실제로 외향성, 친화성 등에서 차이가 있다는 것이다. 언급한 것과 같이, McCrae와 동료들은 완전한 등가성이 없기 때문에 발생하는 영향을 배제하기 위해 노력했다. 이들은 구조적 유효성 같은 이러한 형태의 등가성이 다중적 원천의 증거들을 통해서만 형성될 수 있다고 하였다. 앞서 언급했듯이, 그들의 의견에서 증거는 대체로 긍정적이다(McCrae, Terracciano et al., 2005a, b; McCrae & Terracciano, 2008). 두 번째 가정이 고려되는 한, McCrae(2009; Hofstede & McCrae, 2004 참조)에 의하면 성격 차원은 문화적 맥락의 영향에서 자유롭지 않다. 이전에 거론했던 5요인 차원이 생물학적 기원을 가진다는 가정은 외관상으로는 구조적 관계의 비교문화적 불변성을 암시하는 것으로 보이나, 점수의 패턴이나 수준의 불변성을 암시하지는 않는다. 그러나 보편성을 가정하는 것은 또한 기본 성격 차원의 양적인 측면과 관련이 있다(Poortinga, Van de Vijver & Van Hemert, 2002). 외향성이나 신경증과 같은 특질 차원이 맥락의 영향에서 자유롭지 않다는 사실 자체는, 문화적 맥락이 실제로 어떤 차원의 발달에 영향을 주는지까지는 설명해 주지 않는다.

50개 국가의 타인보고식 데이터 세트에서 McCrae와 Terracciano 등(2005b)은 성별, 나이, 문화와 이러한 요인들의 상호작용이 5요인 차원의 총 변량에 얼마나 기여하는지 분석했다. 이러한 효과들은 견고하지만 매우 적었다. 평균적으로 나이와 문화의 주효과가 가장 중요했고, 나이는 변인의 3.1%, 문화는 변인의 4.0%를 설명해 주었다. 변인의 대부분(>90%)이 (측정의 오류를 포함하여) 개인의 차이에서 기인한다. 아마도 문화는 자기보고 방식에서 변인을 더 잘 설명한다. 그러나 문화적 변인의 견고함은 결과의 크기보다 결과의 일관성과 관련이 있다(국가 점수는 표본의 응답들의 총합이다). Poortinga와 Van Hemert(2001)는 Eysenck 성격검사(Eysenck Personality Questionnaire, EPQ)에서 14~17%의 비율을 발견하였다. 이러한 발견은 성격 척도에만 제한되지 않는다. Schwartz(1992, 1994a; 제4장 '가치' 참조)가 구분한 가치 유형을 위해, Fischer와 Schwartz(출판 중)는 다수의 성격과 가치 측정에서 10% 이하의 평균을 발견한 반면 Poortinga와 Van Hemert는 6~11%의 비율을 계산하였다. 이러한 비율은 변인의 무시할 수 없는 부분을 나타내지만, 이는 문화 내에서의 개인들의 변화가 문화 자체의 변화보다 더 크다는 것 또한 나타낸다.

다른 전통적 특질

다른 인격 구조 모델들 역시 존재한다. Eysenck 성격검사는 오래된 주요 도구이다(예 : Eysenck & Eysenck, 1975). 전통적으로 인격 차원은 정신증(psychoticism), 외향성(extraversion), 신경증(neuroticism) 등 3개로 구분된다. 후에, 사회적으로 용인 가능하고 기대 가능한 반응 경향을 의미하는 사회적 바람직성이 추가되었다. Barrett, Petrides, Eysenck 그리고 Eysenck(1998)의 비교문화 연구에서는 34개국에서 수집된 데이터가 포함되었다. Barret 등은 대체로 이 데이터에서의 33개국의 요소 유사성이 특히 외향성과 신경증에 있어 영국의 구조와 굉장히 비슷하다는 것을 증명했다. 그리하여 EPQ를 통한 비교문화 연구는 어디에나 존재하는 성격 차원은 5요인 모델에서 제시하는 것처럼 다섯 가지가 아니라 주요한 세 가지의 차원으로 이루어져 있다고 제안했다. 그러나 성격에 대한 이 두 가지 모델은 같은 계층 구조에서 서로 다른 개념을 형성하려는 주장을 하고 있다(Markon, Kruger & Watson, 2005).

5요인 차원과 EPQ 차원은 서양의 도구이기 때문에 이를 그 외 지역에 적용한다면 '강요된 문화보편주의'(글상자 1.2 참조)를 만들게 된다. 이 주장에 대한 타당성은 비서구 국가들의 지역적 성격(local personality) 목록 구성을 통해 조사되었다. 예를 들어, 필리핀의 Guanzon-Lapeña, Church, Carlota와 Kagitbak에 의해 수행된 많은 성격 연구에서는 지역에서 만들어진 도구를 사용했다. 구성된 도구를 FFM 이론과 비교했을 때, 이 저자들은 다음과 같이 발견하였다(1998, p.265).

> 5요인 차원에 대한 우리의 배분은 두 가지를 암시한다. (a) 5요인의 각각의 영역은 각각의 지역 도구에서의 하나 또는 그 이상의 차원으로 나타낼 수 있다. 그리고 (b) 토속적 차원은 비필리핀인이 알아보지 못할 만큼 문화적으로 독특하지 않았고, 또한 최소한 개념적으로도 5요인 차원 아래에 포함되지 않았다.

그들은 다음과 같이 설명했다.

> 그러나 필리핀의 맥락에서 평가하는 데 가장 중요하게 고려되는 차원의 측면이나 초점에서 문화적 차이가 없다고 말하려는 것은 아니다.

문항을 만들기 위해 중국의 자료를 급조하여 개발된 포괄적인 도구인 중국성격평가질문지(Chinese Personality Assessment Inventory, CPAI)에서도 비슷한 점이 발견되었다. FFM과 비교하였을 때, 대인 관련성(Interpersonal Relatedness, IR)이라고 이름 붙여진 요소가 추가되었다. IR은 조화, '얼굴' 그리고 관계 지향성의 측면과 관련된 요소이다. 이와 같이, 성격 구조의 문화특수성을 주장하면서 5요인 차원을 넘는 요소가 발견되었다. 그러나 그 뒤에, 이 IR 요소는 하와이의 다민족 표본, 그리고 싱가포르의 다양한 민족집단에서도 반복되었고, 이는 대인 관련성이 NEO-PI-R에서 누락된 성격 측면이고, 종합성격검사에 포함되어야 한다는 것을 암시한다(Cheung & Leung, 1998; Cheung et al., 2001; Lin & Church, 2004). Cheung(2004)이 주장하듯이, IR 요소가 중국 척도에는 존재하지만 서양 척도에는 존재하지 않는 것은 서양 이론과 평가 도구의 맹점을 의미한다.

한편, 개방성 차원은 CPAI 척도에서 나타나지 않았다. 개정된 검사(CPAI-2)에서 이 차원을 포함시키기 위한 시도가 있었다. IR 차원이 유럽계 미국인보다 아시아계 미국인들의 사회적 행동에서의 행동 상관의 변화를 더 잘 예측한다는 증거가 제시되었다. 반면, NEO-PI-R의 척도는 유럽계 미국인을 더 잘 예측하였다(Cheung et al., 2008). 이는 지역의 척도가 그 문화권에서 중요한 것을 더 잘 잡아낸다는 것을 시사한다.

상호보완적인 증거의 핵심은 개인을 묘사하는 용어에 대한 연구에서 유래한다. '심리

어휘적' 접근에서 이러한 용어는 (대개 형용사) 다양한 언어의 어휘에서 선택된다(예 : Saucier & Goldberg, 2001). 이러한 용어들에 대한 평가가 분석된다. 결과는 FFM 차원이 모든 문화권에서 반복되지 않는다는 점을 나타냈다. 유럽의 6개 언어에서 데이터 세트를 재분석한 연구에서 De Raad와 Peabody(2005)는 3개의 공유되는 차원이 있다고 주장했다. 필리핀과 한국의 데이터를 포함한 12개 언어, 14개 분류체계에 대한 대규모 분석에서, De Raad 등(2010)은 외향성, 친화성, 성실성 요소들이 (일관된 지표로서) 다른 5요인보다 더 잘 반복된다는 것을 발견했다. 그들은 분명하게 전 세계에 공유되는, 동시에 포괄적인 구조를 달성할 수 있는지에 대한 중요한 질문을 제기했다.

국민성

지금까지 논의되었던 접근들은 특질이 개인 수준에서 먼저 특징지어진다는 공통점을 갖는다. 또한 누군가는 문화적 집단에 초점을 맞추어, 특질들이 국민성(national character)을 형성한다고 할 수 있다. 이러한 발상은 널리 알려진 것이며, 우리는 모두 미국인들이 어떤지, 또는 중국인, 일본인들이 어떤지에 대한 몇 가지 개념을 갖고 있다. 이러한 구조적 기술에 대한 초기의 시도는 '문화와 성격 학교라고 불렸던 문화인류학', 또는 '심리학적 인류학'(Bock, 1999; Hsu, 1972)에 의해 추구되어 왔다.

좀 더 최근의 예시는 Peabody(1967, 1985)의 연구이다. 그는 (종종 비이성적이고 부정확한 것으로 여겨지는) 국가적 고정관념과 (인구 구성에 대한 유효한 기술로 여겨지는) 국민성 사이의 뚜렷한 차이를 설명했다. 후자는 '국적(민족) 구성원들의 일반적인 심리학적 특성'으로 정의했다(Peabody, 1985, p.8). 국민성을 정의하기 위해 Peabody는 판단자들(대개 학생들)에게 그들 스스로를 포함한 다양한 국가의 사람들의 특질을 묘사한 형용사들을 평가하도록 했다.

국민성과 이에 대한 판단자들의 의견의 타당성에 대한 의문이 제기되었다. 다른 국가에 대해 간접적으로 전해 들은 학생들의 인상이 과연 타당한 것인가, 또는 그것이 단지 고정관념이 아니라고 할 수 있을까? 그러한 평가가 단지 자민족중심적인 태도를 반영하는 것은 아닌지, 국가가 과연 변하는 것인지, 그리고 판단자들이 다른 국가에 대해 광범위하고 직접적인 경험을 거의 하지 못했다는 점에 있어 논쟁이 제기되어 왔다. Peabody(1985)는 이러한 질문들에 대해 논의하였고, 대체로 이러한 이의제기가 뒷받침 증거의 부족으로 거절되어 왔다고 결론지었다.

Terracciano 등(2005, McCrae & Terracciano, 2006)은 49개의 국가에 국가의 특정한 구성원들에 대한 성격을 기술한 응답자(주로 학생들)의 표본을 요청하였다. 그들은 2개 또는 3개의 형용사나 어구로 각각의 극을 표시하는 30개의 양극성 문항을 포함한 국민성 조사

(NCS) 척도를 사용했다. 문항들은 NEO-PI-R 설문지에서 구체화되었기 때문에 FFM 차원을 포함한다. 같은 국가의 NCS 통합 평균 점수와 FFM 차원의 평균 점수를 비교해 보았을 때, 대부분의 경우 두 가지 프로필의 상관관계가 없었다. 다시 말하면, 만약 FFM 프로필이 성격 프로필의 타당한 표준이라면, Terracciano 등의 발견은 국민성이 단지 발견되지 않은 고정관념에 지나지 않는다는 것을 암시한다.

이 발견의 타당성에 대한 가장 분명한 논거는, FFM 점수가 국민성을 측정하기 위한 타당한 표준이 아니라는 것이다(예 : McGrath & Goldberg, 2006). 특히 준거집단 효과는 누군가 스스로의 집단에 대해 점수를 매기는 것에 영향을 미친다. 즉, 당신이 판단할 때 당신의 문화적인 환경을 내면의 규범처럼 사용한다는 것이다(Heine, Lehmann, Peng & Greenholtz, 2002; 이 책의 제12장). Terracciano 등의 연구는 국민성이라는 개념의 타당성에 대한 믿음을 흔들었지만, 이는 또한 후속 연구들을 촉발하는 계기가 되었다. 예를 들어, Heine, Buchtel과 Norenzayan(2008)은 NEO-PI-R과 국민성 점수의 자기보고 점수와 다른 보고 점수, 그리고 시간 엄수 점수 간의 상관관계를 검증하였다. 전국적 시간 엄수의 정확성에 대한 측정 집계는 Levine과 Norenzayan(1999)의 초기 연구에서 다루어졌고, 최근의 연구에서 FFM의 성실성 차원을 측정하기 위해 이용되었다. Heine 등은 국민성 점수의 정적 상관관계를 발견하였지만, FFM의 성실성 점수에서는 발견하지 못했다.

Oishi와 Roth(2009)는 높은 자기보고 성실성을 가진 국가가 더 적었다기보다는 오류가 많았다는 것을 증명함으로써 모순되는 발견들의 목록을 확장하였다. 더 객관적인 관찰 기준으로는 태만하고, 생산성 낮으며 뇌물을 잘 주는 경향이 있는 주민들이 스스로를 목적적이고 강한 동기가 있으며 단호하다고 서술한 것은 논리적으로 보이지 않는다. 그러나 Oishi와 Roth는 다른 5요인 차원에서 외적인 기준 변인과의 예상된 연관성을 증명했기 때문에 자기보고를 포기하기에는 너무 이르다고 경고했다.

Terracciano 등(2005)의 발견을 논박하는 더 직접적인 증거의 발견은 Realo 등의 동유럽의 6개 국가(벨라루스, 에스토니아, 핀란드, 라트비아, 폴란드)에서의 연구로부터 비롯되었다(2009; Allik, Móttus & Realo, 2010 참조). 이 집필진들은 Terracciano 등과 같은 도구(NCS)를 사용하였고, '전형적인' 자국 사람과 '전형적인' 러시아 사람에 대한 자기보고식 점수를 요청하였다. 국민성에 대한 고정관념은 널리 공유되어 있고, (합산된) 자기보고식 성격 특성과 온건한 관계를 나타낸다. 6개의 표본은 러시아인의 국민성에 대하여 상대적으로 비슷한 시각을 갖고 있었다. 이 프로필은 러시아인들의 자기보고식 성격 특성과 관련은 없었지만, 러시아인들이 스스로 갖고 있는 자기 고정관념과 상관관계가 있었다. 이 연구에서의 문제점은 대부분의 나라들이 꽤 최근의 역사에서 러시아인과 직접적인 경험이 있었다는 것이다.

대체로, 특질 차원에 있어서의 인상적인 발견은 비교문화적 차이에 대해 연구자들이 동의하는 일관성 있는 차원을 형성하지 않는다. 동시에, 한 문화권 안에서 개인을 확실하게 구별 짓는 척도가 다른 곳에서는 그렇게 하지 못할 확률이 높다. 이것은 비교문화적인 성격의 구조에서 상당한 또는 더 강한 정도의 공동체적인 일치가 있다는 것을 암시한다. 그러나 연구자들은 최적의 구조, 또는 그 구조가 사회마다 다를 수 있다는 것을 모른다. 이후의 발전은 점수 수준의 차이가 얼마나 잘 설명될 수 있는지에 달려 있다. 이 설명은 특질 차원에 대한 성공의 열쇠를 쥐고 있다.

맥락 속의 개인

성격에 대한 연구는 특질 개념화에만 제한되지 않는다. 학습 이론의 전통에 따르면, 상황에 대한 개인의 반응은 그들 개인이 어떻게 강화되어 왔는지에 근거한다. 엄격한 학습 이론은 성격 연구에서 성공하지 못했다. 곧 전이와 일반화의 원칙이 형성되었고, 단순 강화 메커니즘의 측면을 넘어 잘 이루어졌다. Bandura(1969, 1997)는 모델 학습과 모방을 강조했으며, 이후에는 자기 효능감을 강조했다. Rotter(1954)는 개인의 매우 일반적인 경향으로서의 내·외적인 통제를 그의 사회학습 이론으로 발전시켰다. Mischel(1990) 등은 인지와 정서적인 과정에 기반을 둔 행동 패턴에서의 일관성을 찾기 시작했다(if-then 관계).

비교문화 연구에서 통제의 소재(locus of control)에 대한 광범위한 원형은 Rotter(1954, 1966)에 의해 발전되었다. 그는 개인의 학습의 역사가 일반화된 기대로 이어진다고 믿었다. 개인은 그 스스로의 행동에 의존하는 것 또는 개인의 통제를 넘는 힘에 따르는 것에 대한 (긍정 또는 부정의) 보상을 본다. 다시 말하면, 통제의 소재는 개인 스스로에게 내적인 것 또는 외적인 것으로 인식될 수 있다. 삶에서의 성공은 '기술' 또는 '기회'에 달려 있고 실패 또한 그렇다. 개인의 생활에서 일어나는 많은 사건들은 그들 스스로의 책임 때문에 또는 그들의 통제를 넘어서 일어난다.

가장 중요한 도구는 Rotter의 I-E 척도이다(1966). 이것은 내적·외적인 옵션 중에서 선택해야 하는 23개의 문항을 포함한다. Rotter는 요인 분석에 근거해 이 척도들은 하나의 단일 차원을 나타낸다고 결론지었다. 그러므로 통제의 소재를 개인의 외부적 성질과 내적 성질 사이에서의 상태를 나타내는 단일 점수로 표현할 수 있어야 한다.

가장 많은 비교문화 연구가 수행된 미국에서 아프리카계 미국인들이 유럽계 미국인보다 더 외향적이라는 것이 반복적으로 발견되었다(Dyal, 1984). 낮은 사회경제적 지위는 외적인 통제와 관련이 있지만, 흑-백의 차이는 사회경제적 차이가 통제되었을 때도 존재했다. 일반적으로, 통제 소재는 특정한 집단에 속한 개인에 대한 합리적인 기대에 들어맞는 행동 경향성을 반영하고, 실제 그들의 삶에 기준이 된다. 통제 소재는 다른 변인들의 집합체와 관련이 있어 왔다. 가장 일관적인 발견 중 하나는 내적 통제와 (학습적) 성취 간의 정적 상관관계이다.

Rotter가 상정한 단일 차원은 다른 문화권에서는 잘 반복되지 않았으며, I-E 척도 같은 다른 도구로도 그러했다. Hui(1982)에 의한 90개의 연구 분석은 통제 소재에 있어 비교문화적 차이에 대한 명확한 증거를 보여주지 않았다. 비서구 지역의 집단이 더 흐릿한 해법을 가지고 있다는 것이 보고되었지만(Dyal, 1984; Smith, Trompenarrs & Dugan, 1995; Van Haaften & Van de Vijver, 1996, 1999), 더 일반적인 것은 개인적인 통제와 사회정치적인 통제라는 구분된 측면에서의 두 가지 요인이 있다는 발견이었다. 통제 소재는 일관적, 세계적인 환경보다 지역적 상황에 의해 결정되는 것으로 보인다. 성격을 만드는 문화적 맥락에 있어 통제 소재 개념은 이 장의 앞부분에서 논의되었던 특질 이론보다 더 많은 외현적 역할을 한다. 이는 또한 개인을 유기체와 사회환경의 상호작용의 결과로 보는 다른 사회인지적 관점의 선구자로도 볼 수 있다.

Mischel(1968)은 상황을 초월하는 일관성이 부재하다고 주장하면서 특질 개념에 이의를 제기하였다. 성격 차원은 미래의 행동에 대해서 잘 예측하지 못한다. 대신, 성격 연구는 상황적 가변성을 더 많이 받아들여야 한다. 이러한 대안은 CAPS(Cognitive-Affective Personality System)로서, 이는 행동이 (기대, 목표, 역량 등을 포함하는) 일련의 인지적·감정적 구성 단위에 의해 조정되는 것으로 가정하는 것이다(Mendoza-Denton & Mischel, 2007; Mischel & Shoda, 1995). 행동 패턴의 안정성은 '만약 ~라면, ~이다' 라는 프로필에서 얻어진다(만약 A 상황이라면, 이 사람은 X를 할 것이다. 그러나 B 상황에서 그/그녀는 Y를 할 것이다). 프로필에 대한 몇 가지 비교문화 분석이 있었지만(그러나 Mendoza-Denton, Ayduk, Shoda & Mischel, 1997 참조), 성격에 대한 문화주의자의 접근과 CAPS의 접근의 양립 가능성이 높다는 것이 입증되었다. Mendoza-Denton과 Mischel은 C-CAPS(Cultural Cognitive-Affective Personality System) 모델을 제안하였고, 우리가 앞으로 이야기할 문화심리학 연구에서의 발견들 중 그들의 접근에 들어맞는 예시들을 제시하였다.

사회적 맥락에서의 자기

성격을 서양 개인주의의 표현으로 보는 특질 이론가들은 특질 차원이 비교문화적으로 불변하다는 증거를 받아들이지 않았다(Hsu, 1972). Ho, Peng, Lai와 Chen은 개인 사이의 관계가 유교의 중요한 관심사이고, 그 대인 간의 관계가 상황적 요구보다 우선한다는 것을 주장했다. 그들은 성격을 '대인관계나 상황 전반에 걸쳐 지속적으로 직접적 또는 간접적으로 관찰되는 개인의 행동에서, 명백히 드러나고 여기에서 추출된 공통적 속성의 총합'이라고 정의하기를 제안한다(2001, p.940).

중심 논쟁은 개인이 문화적 맥락에서 분리될 수 없다는 것이다(Shweder, 1990; Shweder & Bourne, 1984). 자아와 자아의 일련의 개념으로서의 성격은 문화적 구조이기 때문에, 비교문화적으로 다양할 확률이 높다. Shweder와 Bourne의 실증적인 증거가 제한적이라고 할지라도(Church, 2000), 기저에 깔린 발상은 널리 지지되어 왔다. 제7장에서 우리는 민족지학적 분석을 통해 확인된 문화적 특수성에 대한 가장 중요한 발견인 감정에 대한 연구를 볼 것이고, 이 문화적 특수성은 성격 연구에서도 예시가 된다. Church(2000)는 중국에서 '사람'을 의미하고 '그의 이웃과의 개인의 거래'를 암시하는 단어 'jen'에 대한 Hsu(1985, p.33)의 해석과, 일본어에서 '자기의 부분'을 뜻하고 자기(self)가 사회적 영역과 분리되지 않음을 암시하는 'jibun'이라는 단어에 대한 Rosenberger(1994)의 해석과 같은 예시들을 목록화하였다.

자기에 대한 하나의 이론은 Kağitçibaşi(1990, 1996, 2007)에 의해 형성되었다. 그녀는 관계적 자아와 분리된 자아를 구별했다. 관계적 자아는 '정서적·물질적으로 상호의존하는 가족 모델'의 사회에서 발전한다. 이러한 사회는 일반적으로 집단주의적인 생활방식과 함께 전통적인 농업 생업 경제를 갖고 있다. 가족 구성원들은 질병이나 노년의 안전 등의 상황에서 서로 의존한다. 분리된 자아는 '독립적인 가족 모델'을 갖는 개인주의적인 서양 도시 환경에서 발견된다. 가족 구성원들은 그들의 행복(well-being)에 대한 심각한 결과 없이 서로에게서 분리될 수 있다. Kağitçibaşi의 이론에서 중요한 특징은 '정서적으로 상호의존하는 가족 모델'에서 발전하는 자아를 제3의 범주로 구분한 것이다. 이러한 종류의 자아는 '자율적 관련 자아'라고 불린다. 이는 집단주의 국가의 도시 지역에서 특정하게 발견된다. 물질적 독립성이 증가하고, 사회화가 자율성을 향해 이루어지더라도, 가족 간의 정서적 상호의존성은 지속된다. Kağitçibaşi는 세계 발전의 주요한 방향이 이 세 번째 모델로 향한다고 믿는다. 이 모델은 거대한 사회 속의 개인 간의 상호작용에서 자율성뿐만 아니라 관련성도 허락한다.

Kağitçibaşi가 관련적 자아와 자율적 자아를 구별한 것은 Markus와 Kitayama(1991, 1998)가 독립적 자기구성과 상호의존적 자기구성을 이분화한 것과 비슷하다(제4장 참조). 성격 개념의 주요한 구분은 사회행동, 인지, 정서, 동기에 있어 동-서양 차이의 넓은 집합체를 요약한 것처럼 보인다. 서양에서의 성격은 사람을 다른 사람들과의 분리와 독립성을 추구하는 분리된 유기체로서, 분리되어 있고 자율적이고 원자화된 존재로 보는 모델에 기반을 둔다(별개의 특질, 능력, 가치, 동기의 세트로 이루어진). 동양에서는 자아가 구별된 독립체가 아니라 선천적으로 타인과 연결되어 있다는 개념에 기반하여 사람에 대한 기본 모델은 의존성과 관련성을 암시한다. 개인은 사회적 단위에서 그 또는 그녀의 자리를 위치시켰을 때 완전해진다. "문화적 관점은 성격의 본성과 기능에 대해 심리학적 과정을 가정하는데, 이 심리학적 과정은 단지 문화에 의해 영향을 받는 것이 아니라 완전히 문화적으로 구성된다"(Markus & Kitayama, 1998, p.66). 유럽계 미국인의 맥락에서 개인은 내적 귀인에 따르고, 그에 따라 행동하는 구성으로 여겨진다. 동아시아 사회에서는 성격을 타인과의 관계에서 개인의 특성이 나타나는 행동으로 여기고 이해한다. 성격에 초점을 맞춘 한 연구에서 Kitayama, Markus, Matsumoto와 Norasakkunit(1997, p.1247)은 자기에 대한 집단주의 구성 이론을 제시했다. 이는 '개별 문화적 맥락에서 사회적 행동과 상황이 정의되고 경험되는 다양한 방법으로 자아가 새겨지고 담겨 있다는 시각에서 많은 심리학적 경향성과 절차는 집단적인 과정의 결과가 되기도 하고 동시에 집단적 과정을 지지하기도 한다.'

'집단적 표상'이라는 이름 아래에서 심리학적 과정을 결합시키려는 개념은 비교적 오래되었지만(예 : Jahoda, 1982), 적합한 심리학적 메커니즘이 특정되지 않았기 때문에 많은 기반을 얻지 못했다. 다른 개념은 사회적 표상(social representations)이다. 이는 Moscovici의 학파에서 더 널리 연구되었다(예 : 1982; Wagner et al., 1999; 제4장 참조). 이 학파는 문화 집단 사이에서 인식과 의미의 차이를 공유하는 것을 강조했다. 그러나 Kitayama 등은 사회적 인식에 있어서의 차이보다 심리학적 과정의 차이를 구체화하는 데까지 더 나아갔다.

Kitayama 등(1997)은 일본인과 미국의 학생들에게 그들의 자존감(일본어로 *jison-shin*)에 영향을 준 많은 사건들을 평가하도록 하였다. 상황에 대한 목록은 자존감을 강화시키고 낮아지게 하는 것이 무엇인지에 대해 비슷한 학생 표본을 대상으로 이루어진 별개의 연구에서 생성되었다. 미국인 응답자들은 그들이 부정적인 상황에서의 자존감 하락보다 긍정적인 상황에서의 자존감 상승을 더 많이 경험했다고 상상하였다. 이 효과는 일본의 상황 목록에 비해 미국에서 생성된 상황 목록에 더 큰 영향을 미쳤다. 이와 반대로, 일본인 응답자들은 그들이 긍정적인 상황을 경험한다면 자존감이 증가하는 것보다 부정적인 상황에서 자존감이 더 많이 하락할 것으로 보고하였다. 이러한 차이는 꽤 상당했고, 두 사회에서 자기비판과 자기강화의 견고한 차이를 암시한다.

Kitayama 등은 이러한 차이가 자아의 형태의 차이보다 표현의 문제라는 것을 인지하였다. 그들은 일본인과 미국 학생들의 다른 표본을 대상으로 동일한 평가를 하도록 요청하는 두 번째 연구를 진행하였다. 그러나 이번에는 그들 자신의 자존감에 영향을 미친 측면에 대해서가 아니라 일반적인 학생의 자존감에 영향을 미친 측면에 대하여 평가하도록 했다. "우리는 응답자들에게 일반적인 학생의 실제 느낌(예 : 자존감의 변화)에 대해 평가하도록 요청하였기 때문에, 존재할 수 있는 공개 석상에서의 어떠한 문화적 규칙으로 인해 응답을 걸러내지 않을 것이다"(1997, p.1256). 이러한 도구를 통해 이전의 연구와 유사한 결과가 도출되었다. 이는 저자들이 이러한 응답 패턴이 표현 규칙에 대한 문제가 아니라, 자기에 대한 실제 경험과 관련이 있다고 주장하는 근거가 되었다.

그러나 여기에도 한 가지 곤혹스러운 발견이 남아 있다. 첫 번째 연구에서, 미국의 대학에서 일시적으로 공부하고 있는 일본인들로 이루어진 세 번째 표본이 포함되었다. 그들은 미국에서 생성된 상황 목록들에 대하여 부정적인 상황에서의 자존감 하락보다 긍정적인 상황에서의 자존감 상승을 더 많이 경험하였음을 나타내었다. 일본에서 생성된 상황 목록에서는 반대의 경향성이 발견되었는데, 이는 일본에 사는 일본인 표본들의 결과와 일치한다. 이러한 급속한 문화변용 효과는 자아에 대한 기본적 차이를 조화시키기에는 어려워 보인다.

문화와 자아의 상호 구조는 성격에 접근하는 문화심리학의 주요한 주제로 남아 있다. 계속해서 Kitayama, Duffy, Uchida(2007)는 '존재의 문화적 양식으로서의 자아'라는 장에서 두 가지 유형의 존재 양식을 제시한다. 그들은 자신들의 입장을 확인하기 위해 다양한 영역의 수많은 연구들을 인용한다. 이 연구들 중 일부는 제4장에 소개되어 있다. 다른 연구들은 제6장(인지)과 제7장(정서)에 언급되어 있다.

Markus와 Kitayama(1991)의 논문은 여러 번 인용되었다. 이는 비교문화심리학에 큰 영향을 미쳤고, 후속 연구들의 중심 근간이 되었다. 문화 간의 차이를 없앨 수 있는 강력한 증거가 있었는가? 글상자 5.2는 자기구성에 있어 동-서양의 차이를 뒷받침하기 위해 자주 언급되는 투사법으로서의 20개의 문항에서 얻어진 증거들을 논의한다. 제4장에서 자기강화와 자존감에 대해 언급하였고 초기에는 일본과 미국 또는 캐나다(Heine et al., 1999) 사이에서 관찰되는 큰 차이에 대한 것이었으나, 후속 연구들은 중간 정도의 차이를 보여주었다. 우리는 또한 일본과 미국의 개인주의-집단주의의 차이를 검증하기 위한 18개의 연구 중 단 하나에서만 일본인들에게서 더 높은 집단주의가 나타난다는 것을 지지하였다는 Matsumoto(1999)의 연구를 언급할 수 있다(Takano & Osaka, 1999).

이제는 자아의 기능에 있어 기본적인 차이를 최초로 보여준 동-서양의 구체적인 차이에 대한 실증적인 분석과 해석을 제시한 검토가 있다(예 : Chiu & Kim, 출판 중). 예로는 규범적 처방의 Yamagishi 등(2008; 제4장 참조)과 Chen, Bond, Chan, Tang과 Buchtel(2009)의 자기제시 책략으로서의 겸손을 포함한다.

이러한 연구는 Markus와 Kitayama(1991), Kitayama 등(1997)에 의해 이루어진 광범위한 해석이 수정될 수 있음을 암시한다. 동시에, 전통적인 문화심리학에 있어 문화비교와 특질 전통에 무엇인가 있다는 것을 받아들이도록 하는 새로운 시작이 있는 것처럼 보인다(예 : Heine & Buchtel, 2009). 특질 관점과 사회인지적 시각을 결합시키려는 몇 가지 시도가 있었다(그러나 통합된 '문화적 특질 심리학'을 제안한 Church, 2000, 2009 참조). 이러

글상자 5.2 20개 진술문 검사

Markus와 Kitayama(1991)의 연구의 한 부분은 사후 확증적 이익이 설득력을 떨어뜨릴 수 있는 실증적인 증거에 의존한다. 독립적, 그리고 상호의존적 자기구성을 측정하는 것으로 유명한 도구인 20개 진술문 검사, 또는 TST(Twenty-Statement Test) 점수에서 국가별 평균 간에 상당한 차이가 보고되었다(Kuhn & McPartland, 1954; Triandis, McCusker & Hui, 1990). TST는 '나는…'으로 시작하는 20개의 진술문을 완성하는 투사적 검사이다. Cousins(1989)는 미국인 학생보다 일본인 학생들에서 '순수 속성'의 비율이 높다는 것을 발견하였다. 순수 속성은 "나는 정직하다."처럼 타인이나 상황, 시간을 언급하는 수식어구가 없는 자기에 대한 기술이다. TST를 '집에서', '학교에서', 그리고 '친한 친구들과' 같은 상황과 관련된 형식으로 완성시키도록 요청하여 두 번 실시되었다. 이 조건에서 점수의 패턴은 반대로 나타났다. 이때는 미국의 학생들이 일본 학생들보다 더 적은 순수 특질 응답을 하였다. Cousins(1989, p.129)는 '개인주의적인 관점에서의 해석으로서 맥락적 단서가 없는 TST 형식은 자유 상황을 암시하고, 자아에 자율성을 준다. 그러나 사회성 측정 관점에서는 '나는 누구인가?'라는 질문 자체는 사회망에서 개인이 동떨어진 부자연스러운 상황을 나타내고, 그러므로 맥락이 보충되어야 하는 것이다.'

그러므로 Cousins는 여러 문항에서 응답자들에게 다양한 방식으로 해석될 수 있는 지시의 미묘한 차이에서 얻게 되는 효과를 무시하고, I-C 용어에서 특질-묘사의 빈도 차이를 자유롭게 해석하였다. 그동안 유럽계 미국인들을 포함한 비교(Oyserman et al., 2002)나, 다른 문화적 대조와 관련된 비교에서 TST 또는 그와 비슷한 방법이 사용된 연구의 결과가 불일치하였다(Van den Heuvel & Poortinga, 1999; Watkins et al., 1998).

투사 기법은 타당도와 관련한 문제로 악명 높다. Levine과 그의 동료들(2003; Bresnahan, Levine, Shearman, Lee, Park & Kiyomiya, 2005)은 TST뿐만 아니라 다른 두 가지 도구인 Singelis 자기구성 척도와 Cross, Bacon, Morris의 RISC의 수렴 타당도와 변별 타당도에 이의를 제기했다. Levine과 그의 동료들에 의한 이러한 비판은 다른 동료들에 의해 공유되지는 않는 것으로 알려졌다. 일반적으로 널리 퍼진 '통설'을 지지하는 발견과 주장을 했던 Gudykunst와 Lee(2003), 그리고 Kim과 Raja(2003)에 의해 이의가 제기되었지만 Levine 등의 심리측정적 증거에 대해서는 이의를 제기하지 못했다.

한 시도는 다양한 개념화 사이의 장벽을 낮추는 데 도움이 될 것이고, 성격과 문화에 대한 연구를 발전시키는 데 도움이 될 것이다.

몇 가지 비서구적 개념

성격과 인격[1]에 대한 개념은 모든 곳에서는 아니겠지만 많은 문화권에 존재한다. 비서구

---

[1] '인격(personhood)'이라는 용어는 '성격'이라는 용어가 특질적 접근과 너무 가깝게 연관되어 있는 경우

사회에서 제안된 것은 종종 **토착 성격 개념**(indigenous personality concepts)으로 표현된다. 우리는 '토착'이라는 용어가 문헌에서의 지배적(서구적) 관점 또한 특정한 문화적 맥락의 배경을 갖는다는 점에서 부적절한 명칭임을 주장했다(제1장 참조). 주류 심리학 문헌에서 발견되는 개념은 종종 연구와 측정 도구를 통해 정의되고 타당성을 갖는다. 그것이 어디에서 비롯된 것이든, 인상에 근거한 개념보다 이러한 개념들이 더 받아들이기 쉽다고 주장할 수 있다. 많은 비교문화심리학자들은 이러한 의견을 받아들이는 데 주저할 것이다. 그들은 인간 존재의 반영으로서 비서구적 전통에 근거한 성격의 개념에 동등한 가치를 부여하는 경향이 있다. 우리는 저자들이 그들이 자란 문화에 대해 서술한 것 중 일부를 다룰 것이다. 명백한 서구의 영향이 있지만, 정확한 통찰력은 외부인으로부터 쉽게 얻어지지 않는다(Sinha, 1997).

아프리카의 우분투

아프리카에서 빠르게 적용된 개념은 '**우분투**(ubuntu)'라는 개념이다. 이는 아프리카의 특성으로 여겨지는 기능 양식이고, 영어권에서의 "인간은 다른 사람을 통해야 인간이 된다."와 거의 비슷한 의미의 격언에서 비롯한다. 우분투는 연대와 동정심 같은 가치를 나타낸다(Mbigi, 1997). 이는 아프리카 역사와 전통에 깊이 뿌리내린 것으로 여겨지고, 빈곤한 공동체와의 대인관계를 계속적으로 유도한다(Broodryk, 2002).

Broodryk과 Mgibi 같은 저자들은 서양에서 개인과 사회의 기능 양식이라고 여겨지는 것과 우분투를 대조하였다. 거시적으로 우분투는 집단주의의 개념과 유사한 것으로, 자율성 및 독립적인 자기구성과는 일정 부분 반대되는 것처럼 보인다. 그러나 지역의 저자는 이를 집단주의와는 다른 어떤 것으로서 아프리카의 특수한 것으로 묘사하는 경향이 있다.[2] 아프리카인의 인격에 있어 이것은 넓은 사회적 맥락 속에서 중요성을 갖는다. 이는 현재 존재하는 것들에만 한정되지 않고, 영혼이나 신 같은 죽은 자들의 세계도 포함한다. Sow(1977, 1978)와 같은 저자, 그리고 후에는 Nsamenang(1992, 2001), Mkhize(2004)는 현실에서 직접적으로 관찰되지 않는 측면들이 아프리카에서는 심리학적 기능을 하는 부분이라는 점을 강조했다.

식민지배 시대에, 서양의 정신과 의사에 의해 묘사된 아프리카인들의 성격은 편견과 고정관념으로 나타난다. 모든 토착 신앙의 믿음은 그것이 대부분의 기독교인들이 받아들이는 초자연적인 사건들보다 덜 기적적인 것임에도 불구하고 '미신'으로서 평가절하되는 경

에 우선적으로 사용한다.

[2] 아프리카 심리학자들의 몇 번의 논의에도 불구하고, 우리는 우분투가 집단주의와 어떻게 다른지에 합의하는 데 성공하지 못했다.

향이 있었다. 1960년대와 1970년대에 급증한 아프리카 작가들은 식민지배 시대에 널리 퍼져 있었던 일반적인 부정적 이미지에 대응하여 아프리카인에 대한 분리된 정체성을 요구하였다.

세네갈의 정신과 의사였던 Sow(1977, 1978)는 아프리카인의 성격과 정신병리에 대한 폭넓은 이론을 제공하였다. 그는 몸, 즉 개인의 신체적 봉투인 외층을 구별했다. 다음은 인간과 동물에서 발견되는 생명의 원리이다. 이는 거의 생리적인 기능과 동일시될 수 있다. 세 번째 층은 다른 생명 원리를 나타내지만, 이는 오직 인간에게서만 나타난다. 이는 다른 종과 공유되지 않고 인간의 생리학적 존재를 위한 것이다. 안쪽의 층은 절대 죽지 않는 정신적인 원리이다. 이는 잠을 잘 때나 트랜스 상태(trance state)일 때 몸을 떠날 수 있고, 죽었을 때는 분명하게 신체를 떠난다. 정신적인 원리는 신체에 생명을 주지 않는다. 이는 그 스스로 존재를 가지고, 선조의 영역에 속하며, 각 개인의 차원을 표현한다.

성격의 중앙 층은 개인의 환경에서 지속적인 관계에 있다. Sow는 바깥 세상에 대한 개인의 관계에 관한 세 가지 기준을 서술했다. 첫 번째 축은 다른 3개의 층을 통과하여 선조의 세계를 정신적 원리에 연결해 준다. 두 번째 축은 개인이 속한 혈통으로 이해되는 대가족에게 생리학적 생명 원리를 연결해 준다. 세 번째 축은 신체의 겉면에서부터 생리적인 생명 원리를 통과하여 개인과 더 넓은 공동체를 연결해 준다. 이 축들은 보통 평형 상태에 있는 관계들을 표현한다.

Sow에 따르면 질병과 정신 장애, 그 처치에 대한 전통적인 아프리카인들의 해석은 이 토착 성격 이론의 측면에서 이해될 수 있다. 장애는 한 가지 축 또는 다른 축의 균형이 깨졌을 때 발생한다. 진단에는 어떤 축이 무너졌는지 밝혀내는 것이 포함되고, 치료는 다시 균형을 이루려는 시도를 통해 이루어질 것이다. 아프리카의 전통적인 질병은 항상 외적 요인이 있다는 것에 주목하자. 이는 개인의 역사에 있는 정신 내부 현상에 기인하는 것이 아니라 외부의 공격적인 개입 때문에 발생한다.

Jahoda(1982; Cissé, 1973)는 아프리카에 대해 글을 쓰고, 말리의 Bambara족의 매우 복잡한 성격 개념을 언급하면서 상징주의의 중요성을 강조했다. 그들은 사람에게서 짝을 이루는 60개의 요소를 구별하였는데, 각각은 하나의 남성적 요소와 하나의 여성적 요소를 갖는다. 예시들은 생각과 묘사, 연설과 권위, 미래와 운명, 이름과 성 같은 것이다. Jahoda는 서양에서 알려진 심리학과의 유사성을 찾아냈지만, 중요한 차이점들도 발견했다. Bambara 심리학은 분석적 절차보다 상징주의를 통해 확립된 다양한 요소의 관계로서 세계관의 부분을 형성한다.

Nsamenang(2001) 또한 현대 심리학적 관점에서의 자율성의 의미가 개인이 공동체, 영혼의 세계와 생태학적 환경에서 공존하는 아프리카의 개념과는 다르다고 지적했다. 죽음 이후에도 영혼의 세계에서 계속되는, 파괴할 수 없는 생명력의 존재가 강조되었다 (Nsamenang, 1992). 인격은 신체를 통해 이 생명력이 나타나는 것이다. 예를 들어, 개인에 대한 존경은 인사에 부여된 중요성에서 분명해진다. 소요되는 시간의 양은 단순히 시간이나 노력의 낭비가 아니며, 인사에 부여된 사회적 가치를 반영한다. 인사에 높은 가치를 부여하는 것은 개인에게 높은 가치를 부여하는 것을 암시한다. 이후에 Nsamenang(1992, p.75)은 아프리카에 대해 '사람은 그 스스로는 사람이 아니고', 그가 존재하는 공동체에 기반을 둔다고 묘사했다. 공동체의 중요성은 다음과 같은 말에 나타난다. "공동체의 이익을 꾀하라. 그러면 너도 잘될 것이다. 너 자신만의 이익을 꾀하면 너는 파멸할 것이다." Nsamenang의 관점에서, 친족관계를 우선시하는 것은 사회 안전을 위한 새로운 대안적인 시스템이 대가족 네트워크를 대신할 수 있을 때까지 다른 무엇보다 중요한 것으로 남아 있을 것이다.

Mkhize(2004)에 따르면, 시간적 감각에 있어 사실에 대한 아프리카의 개념은 서양의 개념과 다르다. 서구 사회는 미래를 강조한다. 전통적인 공동체는 과거(과거에 살았던 존재들과의 관계)와 현재의 사회관계에 집중한다. 아프리카에는 외적인 힘(신, 운명과 선조)과 사람과 자연의 조화로운 공존에 대한 지향이 있다. 사람과 신 사이에 위치한 통합적인 조상들은 공동체 내에서 위계가 있다. 인간의 활동은 개인의 성취보다는 다른 존재들과의 조화에 대한 것이다. 전통적인 문화에서 관계적인 지향은 경계가 있는 자율적인 독립체로서의 자기보다 가족과 공동체, 그리고 집단 내에서의 위치에 대한 것이다.

맥락 속의 자기에 대해 논의하는 서양과 아시아의 많은 연구자들 사이에서 공유되고 있는 저자의 언급은 사회적 환경에서의 개성의 배태성을 강조한다. 아프리카의 저자들은 사회적 환경은 지금 살아 있는 인간에게만 제한된 것이 아니며, 선조의 영혼이나 신 같은 초월적인 것들을 포함한다는 차원을 추가했다.

인도의 개념들

Paranjpe(1984, pp.235)에 따르면, *jiva*의 개념은 성격과 비슷하다. "*jiva*는 모든 경험과 그의 생활사에 있어서의 모든 행동들을 포함한, 개인과 관련한 모든 것을 나타낸다." 5개의 중심 층이 구별된다. 가장 바깥쪽에 있는 것이 신체이다. 다음의 것은 '삶의 숨'이라고 불리는데 이는 호흡과 같은 생리학적 과정을 의미한다. 세 번째 층은 감각과 감각 기능을 조정하는 '마음'과 관련 있다. 여기에는 '나'와 '내 것'과 관련이 있는 이기적인 감정이 위치한다. 네 번째 층은 자아상과 자기 표상을 포함하는 지적 능력과 인지적인 측면을 나타낸다. jiva의 가장 안쪽의 다섯 번째 층은 행복의 경험이 이루어지는 곳이다. Paranjpe(1984, 1998)는 James나 Erikson 같은 학자들의 서구적 개념들과의 유사성을 보았지만, 중요한 차이에 주목했다. *jiva*와는 별개로, 삶의 영구적이고 변하지 않는 기초인 '진짜 자기' 또는 *Atman*이 있다. Paranjpe(1984, p.268)는 이 부분에 있어 고대 인도의 철학자인 Sankara를 인용해 "우리 안에는 의식적으로 '나'를 느낄 때 항상 기저가 되는 어떤 것이 있다. 이 내부의 자기(antar-Atman)는 하나이고, 완전한 행복의 경험과 관련된 영원한 원리이다. Atman은 통제된 마음을 통해 실현될 수 있다."라고 한다. 행복의 상태에 다다르기 위해서, 개인은 특정한 의식적인 상태에 도달해야 한다.

우리는 Paranjpe의 설명은 하나의 생각의 학교(Vedanta)라고 요약했었다. 그러나 오늘날 인도 바깥에도 많은 지지자가 있는 명상의 체계인 요가(yoga)에 대해 서술한 Patanjahli를 포함한 다른 고대 인도의 학자들은 의식에는 다른 상태가 있다는 데 동의하였다. 가장 우수한 상태의 의식에 다다르는 것은 매우 바람직한 것으로 보인다. 즐거움을 주는 사물로부터 감각을 철회하고 하나의 사물에 대해 마음을 안정되게 절제하고 통제하며 어려움을 참는 것은 이 바람직한 상태로 가는 방법이다.

궁극적인 의식의 원리, 궁극적인 현실, 초월적인 공간과 시간에 도달하는 것은 길고 어려운 과정이다. 완전한 객관성과 내면의 고요한 상태에 도달하면, 누군가의 신체는 단지 부수적인 것(셔츠 같은 것)이며, 두려움이 없는 상태, 다른 존재들에 대한 관심, 침착·평정의 상태가 될 것이다. 보통의 사람들은 충동 조절 능력이 낮다. 이는 그들이 현재의 자극들과 삶의 우여곡절로부터 스스로를 분리시킬 수 없음을 나타낸다. 객관성에 훈련된 사람들은 스트레스와 삶의 압박을 덜 느낄 것이라는 점은 명확하다.

이러한 점에 기반을 두어 Naidu(1983; Pande & Naidu, 1992)는 *anasakti* 또는 '비객관성'을 스트레스에 대한 프로그램 연구의 기초로 삼았다. 누군가의 행동에 대한 결과를 통제하는 것을 바람직하게 보는 서구 심리학과는 반대로, 고대 힌두 경전은 누군가의 행동에 대한 결과로부터 객관화되는 것을 가치 있게 여긴다. 서양의 연구는 원치 않는 통제의 상실에 대한 것으로 이것이 어떻게 무력함과 우울로 이어지는지 다룬다. 객관성은 자발적으로 통제를 포기하는 것으로 이는 정신건강에 긍정적인 영향을 주는 것으로 추정된다. *anasakti*라는 개념을 평가하고 유효화하는 데 사용되는 방법은 서양의 심리측정에서 사용되는 것과 매우 비슷하다. 이는 철학적이고 종교적 본성을 가진 토속적 개념들을 실증적으로 연구될 수 있는 성격지표로서 직접적으로 번역하려는 하나의 시도가 된다.

일본의 아마에

'아마에(amae)'는 Doi(1973)라는 정신과 의사가 일본을 이해하는 핵심 개념으로 저술한 데서 유명해졌다. 아마에는 어머니에 대한 유아의 관계에서 그 기원을 찾을 수 있는 소극적인 사랑 또는 의존성의 형태를 묘사한다. 어머니와의 접촉에 대한 갈망은 어린아이들에게 보편적인 것이며, 이는 어른들 사이에서도 새로운 관계를 형성할 때 어떤 역할을 한다. 아마에는 다른 문화권의 사람들 사이에서보다 일본인에게서 더 두드러진다. Doi는 일본어에 아마에라는 말이 있다는 것과, 아마에와 관련된 상당수의 용어가 있다는 점을 의미 있게 보았다. Doi의 견해에 따르면 문화와 언어는 밀접하게 상호 관련되어 있다.

그는 일본의 여러 가지 광범위한 영향들을 아마에 정신에 의한 것으로 본다. 소극적인 사랑 및 의존성과 합쳐져 타인의 관용을 구하는 것은 서양에서 발견되는 사람(자기개념에 대한 표현으로서의)과 사회집단 사이에서의 뚜렷한 구별을 흐릿하게 한다. 이는 일본 사회에서 일반적인 집단주의적 태도와 관련되어 있다. 정신적인 문제는 심리적인 증상으로 나타나고, 두려움과 불안의 감정은 숨겨진 아마에에 기원을 둘 수도 있다. 환자는 그가 타인에게 기댈 수 없는 상태에 놓이게 된다. 피해망상과 과대망상에 시달리고 있는 사람에게 "아마에는 다른 사람들과의 공감을 경험할 수 있는 중재자로서 거의 작동하지 않는다. 그의 아마에에 대한 추구는 자기중심적인 경향이 있고, 그가 추구하는 성취는 스스로 선택할 수 있는 사물이나 타인과 하나가 됨으로써 도달할 수 있다"(Doi, 1973, p.132). 일본의 사회적 대변동, 특히 1960년대 후반과 1970년대 초반의 학생 운동에 대한 분석에서, Doi는 현대에서 아마에가 더 넘치고, 모든 사람이 더 유아적으로 되었다고 지적했다. 세대 간 경계가 없어지고 아마에는 성인 같은 어린이와 어린이 같은 성인의 행동의 공통적인 요소가 되었다.

아마에는 성격의 문화특수적 본성의 증거로 널리 지지되었다. 개념에 있어서는 문화적 기원과 문화적 독특성의 측면 모두에서 이의가 제기되었다. Burman(2007)은 Doi와의 개인적인 소통에 부분적으로 근거하여, 아마에라는 개념은 어느 정도 제2차 세계대전 이후에 일본인의 성격에 대해 멸시하는 서술에 대한 반발이라고 지적했다. 그녀는 또한 굉장히 일본적 개념인 아마에가 서양의 이론적인 틀에서 형성되었다는 역설적인 우연을 언급했다. Doi는 서양에서 수련을 받았던 정신분석가였다.

Yamaguchi와 Ariizumi는 아마에를 '누군가의 부적절한 행동이나 요구에 대해 당연한 것으로 받아들여지는 것'(2006, pp.164)이라고 정의하였고, 부적절함(요구하는 어떤 것에 대한)에 대한 요소와 긍정적인 요소(이것은 사랑의 표현이다)가 있다고 주장했다. 그들은 심리학적 의미에 대한 이후의 서술에서 아마에와 애착 및 의존을 구별했고, 거기에 정서적인 측면과 조작적(동기적) 측면이 있음을 강조했다. 그들은 대만 및 미국의 학생들과 일본인 학생들을 비교한 분석을 통해서 다음과 같이 결론지었다. "초기 증거에 의하면 다른 문화권의 사람들 역시 일본에서 아마에라고 묘사되는 것과 비슷한 부적절한 행동을 한다는 것을 보여주었다"(2006, pp.172). 또 다른 몇 가지 실제적인 연구에서는 일본과 비일본 사이에서의 다수의, 미묘한 차이뿐만 아니라 유사성 또한 발견하였다(Kumagai & Kumagai,

1986; Lewis & Ozaki, 2009; Niiya, Ellsworth & Yamaguchi, 2006; Rothbaum, Kakinuma, Nagaoka & Azuma, 2007). 문화 특수성으로서 마지막에 어떤 것이 등장할지 요약하는 것은 어렵다. 차이가 보고된 것은 사용된 방법 때문인 것으로 보인다.

결론

비교문화심리학에는 성격의 차이를 넓은 범위의 상황에서 일관되어야 하는 것으로 강조하는 여러 가지 전통이 있다. 이 장의 첫 번째 절에서, 우리는 관련된 증거들을 검토하였다. 그러나 기본적인 특질 차원의 유사함이 정의되었고, 명시적으로 문화특수적인 개인의 행동 유형 차이의 기저에 있는 일반적인 심리학적 기초를 제시하였다. 그러나 구조는 정확하지 않고, 그렇기 때문에 성격 차원의 점수 수준에 있어 비교문화적인 차이를 만드는 것이 무엇인지는 불분명하게 남아 있다. 두 번째 절에서는 문화마다 성격에 주요한 차이가 있다는 주장, 심지어 서양 심리학에서 성격이라고 불리는 것은 본질적으로 문화적 특징이라는 주장을 하는 저자들의 작업을 제시하였다.

1990년대 초반부터 비교문화 연구가 증가하였고, 성격에 대한 연구 또한 증가하였다. 특질 전통과 나중에 사회인지 이론이 되는 학습 이론에 기반을 둔 전통은 모두 주류 심리학에 속하기 때문에 유명했다. 비교문화 연구에서는 인간의 반영으로서 비서구적 전통에 기원을 두는 개념적 분석과 접근 등 연구의 추가적인 줄기가 있었다.

지식의 다양한 내용을 통합하는 것에는 미흡한 점이 많고, 불행하게도 성격에 대한 연구도 예외는 아니다.

주요 용어

성격 특질 • 5요인 차원 • 신경증적 성질 • 외향성 • 국민성 • 통제의 소재 • 토착 성격 개념 • 우분투 • 아마에

추천 문헌

Church, A. T. (2009). Prospects for an integrated trait and cultural psychology. European Journal of Personality, 23, 153-182.
　특성 전통, 문화심리학 지향적인 전통, 성격에 관한 토착(비서구권) 개념의 전통을 통합하려고 시도하였음

Heine, S. J., and Buchtel, E. E. (2009). Personality: The universal and the culturally specific. *Annual Review of Psychology*, 60, 369-394.

성격특성 또한 반영하는 문화심리학 전통에 기초를 둔 개요.

Kitayama, S., Duffy, S., and Uchida, U. (2007). Self as cultural mode of being. In S. Kitayama and D. Cohen (eds.), Handbook of cultural psychology(pp. 136–174). New York : Guilford Press.

이 장에서는 문화심리학에 기초를 둔 성격에 대한 사회심리학적 관점을 제공.

McCrae R. R., and Allik, J. (eds.) (2002). The five-factor model of personality across cultures. New York : Kluwer.

이 책은 5요인 차원의 비교문화연구에 대한 전반적 개요를 제공하며, 36개 문화로부터 수집된 데이터를 기반으로 McCare가 작성한 장을 포함하고 있다.

6 인지

이 장에서 초점을 사회적 행동에서 인지적 행동으로 이동한다. 사회인지는 제4장에서 논의되었는데 귀인, 동조, 자기개념의 현상은 문화 환경의 사회심리적 발현인 것으로 제시되었다. 제8장에서는 인지의 문화적 측면을 고려하여 언어와 문화의 관련성을 탐색할 것이다. 이 장에서는 지능, 능력, 유형 등의 개념을 사용하여, 세계를 알고 해석하는 전통적 의미의 인지현상에 주목한다. 인류의 인지적 삶이 얼마나 유사하거나 다른가에 대한 사고의 역사적 유산에 대한 간략한 개요로 시작한다. 이후 각 절에서는 일반 지능의 개념에서 주장하는 인지의 단일성 구상을 비롯하여 인지와 문화의 관계에 대한 네 가지 관점을 제시한다. 그 후 특정 방식으로 세계를 대하는 일반적 선호 인지유형을 제시한다. 세 번째 관점은 동양과 서양의 인지 차이를 조명하여 서양과 동아시아 사람들의 인지적 삶의 차이를 최근의 여러 연구들을 통해 알아본다. 마지막 네 번째 맥락화된 인지 관점에서는 인지가 과제특수적이고 사회문화적 맥락 속에 포함된 것임을 살펴본다.

    인지는 심한 논쟁의 역사가 있었던 비교문화 연구의 영역이다. 논쟁의 대부분은 과정 – 역량 – 성과 구분의 관점에서 볼 수 있다(제1장 참조). 문화에 따라 인지 수행에는 현저한 차이가 있다. 그러나 인지 검사의 평균적 수행에서의 문화집단 간 차이는 생물학적이거나 문화적 요인에 뿌리를 둔 2개의 극명하게 상이한 관점에서 해석되고 있다. 첫 번째 관점에서 수행의 차이는 어느 정도 타고난 능력의 차이를 직접 반영하는 것으로 여긴다. 집단 수준에서 그러한 해석은 '인종'의 개념을 일깨우는 경향이 있다. 지능검사 배터리로 측정한 수행의 차이(예 : 지능의 차이)는 일반적으로 인지 능력이 인종 차이에 기인한다고 본다.[1] 두 번째(문화적) 관점에서 인지 수행과 능력(일부 저자들에게는 과정)은 문화에 속한 것으로 간주된다. 문화집단은 상이한 성과와 역량을 가지고 있는 것으로 여기고 이는 생태학적 요구나 사회문화적 유형에 기인한다고 본다. 따라서 문화 차이는 역량과 성과뿐 아니라 인지활동의 조직화에서도 나타날 것이 예측된다.

두 번째 입장은 온건한 보편주의와 일치한다(제1장 '주제 2 : 상대주의 대 보편주의' 참조). 이 입장에서 우리는 특정 문화 관습과 관련한 수행에 있어서의 인지적 차이를 발견하고자 하며 또한 전 인류적 인지 과정의 근본적인 유사성을 찾아보고자 한다. 온건한 보편주의는 우리로 하여금 인지 과정과 능력은 근본적으로 문화의 영향을 받지 않는다는 강한 보편주의적 입장부터 강한 상대주의적 입장까지 넓은 분야의 연구를 고려하도록 요구한다. 후자의 입장은 인지적 삶은 지역적으로 정의되고 구상된다고 보며, 특정 문화에 고유한 인지활동의 존재를 가정한다. 온건한 보편주의는 기본 인지 과정은 모든 곳, 모든 사람의 종 전체에 공유된다고 본다. 문화는 이 과정의 발달, 내용, 이 프로세스의 사용(역량 및 수행)에 영향을 주지만 이 과정을 근본적으로 변화시키지는 않는다.

역사적 유산

문화와 인지의 관계는 오랜 역사를 가지고 있다(특히 Segall et al., 1999, 제5장 참조). 초기에는 '문명화된 사람'과 '원시 사람들' 사이의 인지 기능의 '위대한 분리'의 주장이 보편적으로 행해졌다. 예를 들어 Levy-Bruhl(1910)은 비서구인의 사고 과정은 '전 논리적(pre-logical)'이라 여겼다. 그는 "원시인은 아무것도 우리와 같은 방법으로 지각하지 않는다."고 주장하였다(1910, p.10). 하지만 이 차이는 생물학적인 것이 아니라 환경 때문이라 보았다. 그는 "그들을 에워싼 사회환경은 우리와 다르고, 명확히 다르기 때문에 그들이 지각하는 외부 세계는 우리가 파악하는 것과 다르다."고 하였다(1910, p.10).

다른 사람들은 이 차이를 생물학적 요인, 특히 '인종'에 기인하는 것이라 생각한다(예 : Shuey, 1958). 이러한 유전적 해석은 몇몇 현대의 저자들에게서 반향을 찾았는데, 예를 들어 Rushton(2000)은 유전적 요인이 (인종에 따라 달리 분포된) 인지적 삶 특히 지능과 강한 관련성이 있다고 보았다. 이러한 관점에서 높은 수준의 지능은 "유라시아에서 진화하고 추운 북부 위도에서 생존 문제를 해결하기 위해 향상된 지능을 갖추도록 압력이 가해졌던 백인(caucasoid)과 몽골인(mongoloid)을 위해 선택된 것이다"(2000, p.228).

기본적 인지 형태의 분할에 깊이 관련하지 않은 사람들 중에는 Boas(1911)와 Wundt(1913)가 있다. '원시적', '문명화된' 사람을 여전히 구분하면서도, 둘은 발달해 온 역량 차이 및 기본적 인지 과정은 모든 인구에 공유된다고 여겼다. 이 점에서 두 사람은 온건

---

[1] '인종' 및 '인종적'이라는 용어는 첫 사용 시 인용부호로 표시하였다. 그 이유는 이러한 용어로 인류를 구분하는 것은 매우 문제 있기 때문이다.

한 보편주의의 초창기 지지자였다. Boas는 문명화된 사람과 원시 사람의 사고 과정의 정체성을 강조하고, 이 차이를 사회정서적 사고 내용에서 좀 더 인지적 내용으로의 변화에 두었다. "동일한 개념이 원시 사람의 마음에 등장한다면, 그것은 자체적으로 정서 상태와 관련한 개념으로 연상된다. 이러한 연상 과정은 원시, 그리고 문명화된 사람과 동일하며 차이점은 주로 새로운 지각이 전통적 물질과 융합되어 변형되는 데 있다"(1911, p.239).

Wundt(1913)는 또한 인류집단 사이의 유사한 인지 과정의 존재를 주장하고 집단 간 차이는 상이한 집단이 살았던 '일반적 문화 조건' 때문이라 하였다. 그는 "열대의 원시 사람은 숲에서 수많은 사냥감과 식량뿐 아니라 의류나 장식품을 위한 물건들도 발견하였다. 따라서 자신의 욕망을 만족시키기 위해 이러한 단순한 방법을 초과하는 어떤 노력을 해야 할 인센티브가 주어지지 않았다"(1913, p.110). 그의 주요 결론은 "원시인의 지적 자질은 거의 문명화된 사람과 동일하다. 원시 사람은 단지 자신의 능력을 좀 더 제한된 현장에서 실습하고, 이러한 제한하에 만족해야 하므로 그의 시야는 근본적으로 더 좁다"(1913, p.113)는 것이다. 이러한 관점은 또한 최근의 기록(예 : Lynn, 2006)에서도 반향을 찾을 수 있다.

일반적 보편주의 시각에 부합하여 Boas와 Wundt는 '환경 결정주의'의 초기 형태에 동의하였다. 제1장에서 논의한 바와 같이 이러한 단순한 환경-행동 관계는 많이 사그라들고, 인간과 생태 시스템 간의 관계에 대한 좀 더 상호작용적이고 확률적 개념으로 대체되었다. 생태문화적 관점에서 환경은 인간의 발달에 제약과 지원을 모두 제공하지만 그를 결정하지는 않는다. 이러한 역사적 쟁점은 최근의 연구 단계를 설정했을 뿐 아니라, 문화와 인지의 관계에 대한 현대의 연구와 함께 남아 있다. 그들은 이 장에 나오는 자료에서도 자주 등장한다.

일반 지능

이 절에서 우리는 인지 기능의 단일 시각을 취하는 여러 접근을 살펴본다. 이들은 일반 지능을 개인의 일관적 특성으로 본다. 먼저 'g'로 상징되는 일반 지능이라 불리는 하나의 근본적인 지능이 존재한다는 생각을 검토한다. 다음 일반 지능에 대한 몇 가지 문화 간 연구를 검토하고 마지막으로 토착 개념과 지능 측정을 생각해 본다.

'g'의 개념

일반 지능(general intelligence)의 개념은 광범위한 심리 측정의 증거에 기초하고 있다. 특히 다양한 인지 능력에 대한 검사 결과와 일관되게 정적 상관을 보인다. Spearman(1927)은 이 현상에 대해 일반 지능 요인인 'g'를 상정하였는데 이는 모든 타당한 인지검사가 일반적으로 측정하는 것을 대변하는 것이다. Spearman은 g를 타고난 능력으로 보았다. 그러나 Thurstone(1938)을 위시한 다른 연구자들은 특수한, 상관을 보이지 않는 요인들을 발견하였고 이는 하나의 유일한 일반 지능요인 개념과는 일치하지 않는다고 보았다. 이에 대한 방대한 양의 사용 가능한 정보를 조직화하는 방법이 Carroll(1993)에 의해 제시되었다. 그는 1927년부터 1987년 사이에 얻어진 460개의 데이터 세트에 기초하여 3개의 계층을 지닌 위계적 모형을 제안하였다. 첫 번째는 좁고, 특수한 능력을 포괄한다. 둘째는 검사의 하위 세트에 공통되는 요인 그룹을 포함한다. 세 번째는 하나의 단일 일반 지능요인으로 구성된다. g에 대한 집단 간 차이의 해석에 대한 논쟁을 조사하기 위해 우리는 먼저 문화별로 지능검사가 실제로 무엇을 측정하는지를 찾아보았다. Vernon(1969)은 증가된 특수성의 다양한 수준에서 g와 다른 이름의 요인들을 통합하는 위계적 모형을 제안하였다. 그는 경험적 조사에서 이 모형이 지지됨을 주장하였다. Irvine(1979)은 초기의 비교문화 연구들을 포괄적으로 검토한 후 g뿐 아니라 특수 요인들이 추론, 언어적, 형태적, 수학과 개념 추론에 관련한다는 증거를 발견하였다. 이 분석은 Carroll(1993)의 위계적 구분과 일치한다. 이 증거는 지능검사 배터리가 서구와 비서구 국가들에서 유사한 구조를 가지고 있다는 것을 보여준다. 이 장의 후기에는 초기 해석과 일치하는 다른 증거를 제시할 것이다.

다음 문제는 점수(수행)의 차이가 실제로 타고난 능력(과정)의 차이를 반영하는가에 관한 것이다. g로 반영되는 공통성의 원인이 되는 개인의 인지적 삶의 기본 기능을 이해하기 위해 Vernon(1979)은 Hebb(1949)의 '지능 A'와 '지능 B'의 구분을 빌려왔다. 전자는 개인의 유전적 장치이며 잠재성(과정)인 반면 후자는 개인의 문화환경과의 상호작용을 통한 발달의 결과이다(개인의 역량).

하지만 Vernon은 더 나아가 지능검사에서의 개인의 실제 성과를 설명하는 '지능 C' 개념을 도입하였다. 발달된 지능(B)은 테스트에 의해 제대로 수집되거나 그렇지 않을 수 있기 때문에 지능 B와 C의 구분은 문화의 다른 역할을 허용한다. 즉, 검사 수행(C)은 기본 능력(B)을 적절히 나타내지 못할 수 있다. 다양한 문화요인(언어, 항목의 내용, 동기, 속도 등)이 이 차이에 기여할 수 있다. 따라서 테스트 시행자는 단지 지능 C를 말해주는 자료만 얻을 수 있다. 연구자는 이 수행 자료로부터의 추론을 통해서만 지능 B에 대해 말할 수 있다. 테스트의 등가성 결여나 왜곡이 능력에 대한 잘못된 해석으로 이어지는 것은 명확하다. 이는 추론이 지능 A의 먼 개념으로 확장되는 경우에는 더욱 그러하다.

비교연구

일반 지능검사의 점수 수준에서의 집단 간 차이에 대한 설명은 매우 논란이 많다. 논쟁 중 한 가지는 일반 g 요인이 다양한 검사에 포함되는 정도의 차이이다. 이 차이는 검사의 복잡성에 따라 증가한다는 것이 발견되었고 추상적 사고 검사에서 g 요인의 부하량이 가장 높다. Spearman(1927)은 g 요인이 높은 검사는 집단 간 큰 수행 차이를 보이는 경향을 관찰하였다. 이를 고찰하면서 Jensen(1985)은 'Spearman 가설'을 설정하였는데, 이는 g 요인의 부하량이 높은 검사(아마도 지적 능력을 보다 확실하게 측정할 수 있는 검사)에서 미국의 '인종집단' 간 큰 수행의 차이를 예측하고 있다.

이 가설에 대한 대개의 경험 연구들은 미국에서 단순히 '흑인' 또는 '백인'을 대상으로 행해졌다. Jensen(1985, 1998)은 검사의 g 부하량과 두 집단 간 평균 점수 차 간에 상당한 관계가 있음을 발견하였다. 추상적 사고 검사에서 평균 점수 차는 1 표준편차 정도였다. Jensen은 이를 두 집단 간 명백한 지적 능력의 차이에 대한 증거라고 해석하였다. Herrnstein과 Murray(1994)는 이러한 생각을 그들의 문헌에서 확장하여, 지능 점수 차이의 사회적 변인은 인과관계의 증거라고 주장하고, 즉 집단의 낮은 지능은 낮은 사회계층, 교육 및 수입의 원인으로 보았다. 이러한 차이를 흔히 '인종적'이라 해석하였기 때문에 인지 능력에 대한 계량심리적 접근은 논쟁이 되었다(예 : Neisser et al., 1996; Sternberg & Grigorenko, 1997a). 인종 개념의 인지적 차이의 해석에 반대하는 수많은 논지가 등장했다. 이 관계에 대한 네 가지 방면의 증거들을 요약해 본다.

첫째, Jensen(1985, 1998)의 해석에 도전하는 다른 검사 기반의 경험적 증거가 미국 자료에도 있다. 예를 들어, Humphreys(1985)는 Talent Data Bank 프로젝트에서 대규모 인지검사를 수행하였던 10만 명 이상의 자료를 분석하였다. g 요인의 부하량과 인종은 .17의 상관을, 사회경제적 지위 차이와는 .86의 상관을 보였다. 사회경제적 지위가 높거나 낮은 참여자, 그리고 흑인과 백인 참여자의 점수를 따로 분석하였다. 수행의 차이는 인종과 상관없이 동일한 수준으로 부정적 환경요인에 기초한다(낮은 사회경제적 지위, SES).

둘째, 높은 인지 복합성은 좀 더 문화특수적 요소를 포함하기 쉽다. Spearman의 가설은 Helms-Lorenz, Van de Vijver와 Poortinga(2003)에 의해 검토되었다. 이들은 이민 2세대 및 네덜란드 학생(6~12세 연령)에게 인지검사를 시행하였다. 세 가지 유형의 검사를 하였는데 검사의 인지 복합성은 이전 연구에서 유도하였고, 검사의 문화적 부하는 심리학과 학생들에 의해 평정되었으며(검사가 문화적 요소를 포함하는 정도를 평정), 언어적 부하는 하위 검사의 단어 수로 조작하였다. 하위 검사의 첫 번째 주성분 요인의 부하량, 이론적 복합성 측정, 그리고 문화적 부하량의 평정에 대한 요인분석은 서로 원천적으로 관련이 없는 인지 복합성(g)과 문화적 복합성(c) 두 가지 요인을 드러냈다. 연구자들은 "우리의 결과는 문헌에 나타나는 Spearman 가설에 대한 공통적 발견과 일치하지 않는다. 가장 불일치하는 것은 인지 복합성이 문화 간 수행 차이의 예측에 기여하는 바가 없다는 것이다"(2003, p.26)라고 하였다. 달리 말하자면 이 결과는 이민자와 네덜란드 학생 간 수행의 차이가 g보다는 c에 의해 더 잘 예측될 수 있다는 것을 의미한다.

  세 번째 주장은 인지적으로 단순한 과제의 연구에서 유도되었다. 단순한 반응시간 과제에서 교육받지 못한 사람과 학식이 있는 사람의 반응시간(response times, RT)이 동일하였다(Jensen, 1982, 1985; Van de Vijver, 2008). 이것은 기본 수준의 정보처리는 문화 간 차이가 없음을 의미한다. 하지만 약간 더 복잡한 선택 반응시간 과제에서 참가자는 어떤 일련의 자극이 있었는지 가리켜야 했는데 집단 간 차이가 남아프리카의 예에서 보고되었다(Verster, 1991). 복합성의 증가와 함께 이 차이도 증가한다(예 : Sonke et al., 2008; Verster, 1991). 훈련은 반응시간을 감소시키는 데 (특히 과제가 어려울수록) 효과가 있다(Sonke, Poortinga & De Kuijer, 1999; Sonke et al., 2008; Van de Vijver, 2008). 이는 반응속도 과제에서의 문화 차이는 이전 경험의 노출에 의해 설명될 수 있음을 의미한다(Poortinga, 1985; Posner, 1978).

  검사를 통해 'g'를 추론하는 것에 반대하는 네 번째 주장은 심리 측정자들이 이따금 불일치와 문화적 편향의 좁은 시각을 지닌다는 점이다(제1장의 '해석의 문제에 대처하기', 제12장의 여러 곳 참조). 문화적 편향의 분석은 주로 문항의 편향을 향하고 있다(Poortinga & Van de Vijver, 2004). 제1장에서 본 바와 같이 이 절차를 통해 각 개별 검사 문항들은 모든 문화의 동일 검사 점수를 획득한 피검사자들이 그 문항을 해결하는 확률이 동등한가를 알기 위해 검사를 거친다. 한 집단에서 다른 집단보다 상대적으로 좀 더 어려운 문항은 구별해 낸다. 이러한 방식으로 편향의 중요한 측면을 찾아낼 수 있다. 하지만 이러한 분석은 한 검사의 모든 문항에 유사하게 영향을 주는 비등가성의 쟁점에 대해서는 정보를 주지 못한다. 이를테면 검사 문항의 기초를 이루는 과제유형을 사전에 경험하는 것이 가능할 것이다. 따라서 문항 편향으로부터 (거의) 자유로운 검사나 검사 배터리는 명확히 결과를 '지능 A'로 일반화할 수 없다.

  문화 간 지능 비교를 시도하면 심리측정과 문화적 본성의 여러 문제를 접하게 된다. 편향과 공정성의 기본적 쟁점은 얻은 수치의 타당도와 관련된다. 이 수치가 진정으로 한 문화 구성원의 지능을 반영하는 것인가? 편향과 공정성의 쟁점은 최근 연구를 통해 제기되었다(Georgas, Weiss, Van de Vijver & Saklofske, 2003; Lynn, 2006; Lynn & Vanhanen, 2002).

  Lynn(2006)은 500개의 연구를 검토하고 여러 나라의 평균 지능지수를 보고하였다. 이 수치는 문화적 타당도나 등가성을 검사하지 않았다. 주요 결과로는 전 세계의 평균 IQ는 약 90이며 국가별로 평균 수치가 북쪽에서 남쪽으로 갈수록 감소하는 기울기를 보인다는 것이다. 이 차이는 진화적 개념으로 설명되는데, 지능은 추운 기후에서의 생존욕구와 관련되는 것이다. 이 주장은 인간이 아프리카에서 이주하였고, 인지적 요청이 많은 환경을 접하게 되어 따뜻한 고향에서보다 생존에(온기 보존, 채집보다 수렵) 더욱 높은 지능이 요구되었다는 것이다. 이전 언급과 같이 이러한 단순한 환경 결정주의의 사용은 지난 세기 동안 상당히 잊어졌지만 여기에서는 지능지수의 집단 간 차이의 '설명'으로 볼 수 있다.

Lynn과 Vanhanen은 '모집단의 지능은 부자 나라와 가난한 나라 간 경제성장의 차이와 국민소득의 차이가 주요 원인'이라는 것을 보여주고자 하였다(2002, p.xv). 저자들은 자신들의 관찰에서 두 가지 함의점을 이끌어내었다. 첫째, "인간의 지적 능력에 있어서의 중대한 국가적 차이와 그 결과로서 경제적 불평등에 대한 인식을 기반으로, 세계는 새로운 국제적 도덕률을 필요로 한다." 둘째, "부자 나라의 빈곤국에 대한 경제원조 프로그램은 지속되어야 하고, 이 중 일부는 영양분 등의 개선을 통해 빈곤국 국민의 지적 수준 향상을 지향해야 한다"(2002, p.196).

Georgas 등(2003)의 연구는 확률 표집을 사용하여 11개 문화집단의 아동 지능을 조사하였다. 미국에서 개발한 유명한 지능검사 배터리인 아동용 WISC-III을 사용하였다(Wechsler, 1997). 이 모집단은 주로 서구 사회(캐나다, 독일, 스웨덴, 미국)의 표본이지만 일부는 동유럽(리투아니아, 슬로베니아)와 동아시아(일본, 한국)의 표본이다. 프로젝트의 첫 목표는 문화에 따른 상이한 검사의 구조적 유사성을 조사하는 것이다. 두 번째 목표는 수집한 지능 수치 수준에 대한 문화적 유사성과 차이점을 검토하는 것이다. 이 두 번째 목표는 환경문화적 틀을 사용하여 추진하였다.

연구 결과, 검사 수치 구조에서 실제적인 유사성이 드러났고, 저자들은 'WISC-III이 보편적인 국가 간 요인 등가성'을 보여준다고 주장한다(Georgas et al., 2003, p.299). 이들의 보편성 주장은 조사한 국가들에 한정된다는 점을 유의하자. 결과는 또한 국가 간 평균 수치의 차이가 상대적으로 작다는 것을 보여주었는데, 그러나 저자들은 이 작은 차이의 원인을 생태문화적 틀로부터 유추한 국가 수준 요인인 풍요함과 교육의 두 요인에서 찾고자 하였다. 저자들은 사회의 두 형태가 국가 수준의 수치 차이의 대부분을 설명하는 것을 발견하였다. 풍요함은 WISC의 총점과 +.49의 상관을 보이고(언어와 동작성 하위 척도와는 +.43), 교육은 총점과 +.68(언어와 +.55, 동작성과 +.63)의 상관을 보였다.

편향과 타당도의 고찰에 관해 Lynn과 Georgas의 연구 사이에는 명확하고 상당한 차이가 있다. 전자는 발표된 지능지수가 문화집단들의 지능을 타당하게 대표한다고 단순히 주장하지만, 후자는 문화 간 데이터에 공통성이 있다는 것을 확인하기 위해 심리측정 분석을 사용하였다. 이 두 유형의 연구 간에는 과정-역량-성과의 구분에 있어 명확한 차이가 있다. 전자에서는 성과 차이가 역량과 과정의 차이를 의미하는 것으로 손쉽게 추론할 수 있으며, 후자에서는 성과 차이가 생태적 맥락과 문화적 실습과 관련된다고 해석한다.

일반 지능 수치의 이해에 대한 다른 중요한 쟁점은 지능 수치가 시간에 따라 변화하는 것으로 보인다는 것이다. 이 현상에 주의를 기울였던 학자의 이름을 딴 'Flynn 효과'는 지난 수 세기 동안 많은 국가에서 보인, 세대 간에 걸친 지능의 엄청난 향상을 일컫는다(Flynn, 1999, 2007). Flynn은 처음에 14개국(주로 서구권)의 지능검사 수치에 대한 보관기록 자료를 수집하였다. 어떤 자료는 동일 검사를 접한 병역 등록자들의 자료로 여러 해 동안 관리한 것이다. 다른 자료는 검사의 규격화를 위해 대표성 있는 표준화된 표본으로부터 얻은 것이다. 군대 자료는 한 국가의 모든 젊은 남성들을 포괄하고, 전체 연령 동년배들의 의무 복무의 적합성을 조사한 것이다. 시간에 걸친 지능의 증가는 연구에 포함된 모든 국가에서 발견되었다. 1950년 이래 한 세대에서 지능 15점의 중앙값(또는 1.0 표준편차)의 차이를 보였다. Flynn(1987)은 지능검사가 일반 능력으로서의 지능을 측정하는 것이 아니며 이와는 약한 관련성만을 보인다고 주장하였다. 대부분의 경우 교육과 관련된 식별되지 않은 요인이 역할을 한다. Flynn의 결과는 문화 간 연구에 유용한 정보를 주는데, 이는 지능검사의 평균적 성과는 안정적이지 않고 상대적으로 짧은 시간에 엄청나게 극적으로 변화할 수 있다는 것을 보여주기 때문이다.

Flynn 효과는 Brouwers, Van de Vijver와 Van Hemert(2009)에 의해 Raven의 누진행렬검사(Progressive Matrices Test) 결과의 메타분석을 통해 검토되었다. 문화비교 및 역사적 연구 설계를 사용하여 1944년부터 2003년 사이에 출간된 45개 국가의 798개 표본의 자료를 사용하였다. 국가 간 수준의 국민총생산(GNP)을 제공하기 위해 교육과 경제지표를 연계하였다. 이들의 발견은 "Flynn 효과는 GNP가 높거나 낮은 나라에서 모두 발견되었는데, 비록 그 크기는 교육과 관련한 표본 및 국가의 특성에 의해 중재되긴 하지만 선진국에서는 신흥국보다 더 작은 것으로 보인다."는 것이다. 이러한 패턴은 Flynn 효과가 둔화된다는 것을 의미한다.

이러한 결과의 중대한 역설은 많은 쌍생아 연구에서 지능지수에는 강력한 유전적 요소가 있다는 것이 잘 검증되었다는 것이다(예 : Bouchard, Lykken, McGue, Segal & Tellegen, 1990). 만일 지능이 상당한 정도로 유전자에 뿌리를 두고 있다면, 어떻게 Flynn의 발견처럼 짧은 기간에 큰 증가가 가능할 것인가? 달리 말하자면 만일 환경요인이 "지능의 쌍생아 연구에서처럼 미미하다면, 어떻게 시간에 걸쳐 지능이 강력하게 향상될 수 있는가?"(Flynn, 2007, p.83). Flynn(Flynn, 2007, p.11; Richerson & Boyd, 2005)은 "개인 간(연령 동년배 내에서) 유전적 차이가 지배적인 이유는 유전자가 뛰어난 사람에게 강력한 환경요인을 매어두기 때문이다. 시간에 따른 경향은 (연령 동년배 간) 환경요인을 유전자로부터 독립시키고, 한 번 독립된 요인은 강력한 누적효과를 지닌다.”고 제안한다. 이와 같이 환경과 유전의 요인은 이따금 서로 연결되어 있고, 따라서 이들의 상대적 영향은 문화 차이를 설명할 때 구분하기 어렵다.

　　선천적 역량의 집단 차이는 오로지 환경의 질이 유사할 때 추론할 수 있다. 제11장에서 보게 되듯이 일반 지능과 인지 역량의 개인 차이는 유전적 요인과 관련된다는 것이 널리 인정되고 있다(Ceci & Williams, 1999; Sternberg & Grigorenko, 1997a). 그러나 이것은 집단 차이가 (적어도 부분적으로) ‘인종’에 기인한다는 주장과는 매우 상이하다. Plomin과 De Fries(1998, p.69)와 같은 선도적인 행동 유전학자는 “우리는 유전적 효과가 유전적 결정주의를 시사하지 않으며 그것이 환경 개입을 제한하지 않는다고 너무 강조할 수 없다.”고 하였다. 인지발달의 과정은 유기체와 환경의 상호작용을 반영할 가능성이 있고, 그들 중 한 요인의 원상태에 대해 추론하는 것은 사변적이다(제2장과 제11장 참조).

토착적 접근

앞에서 우리는 검사 점수(성과)의 문화 간 차이에 대한 해석에 있어 학자들 간에 폭넓은 의견 차가 있음을 보았다. 다른 연구자들(역시 지능이 개인의 인지 성과 수준에 대한 유익한 요약표라는 것을 받아들이는 연구자들)은 한 걸음 더 나아가서, 서구형 검사로 측정된 지능은 다른 사회에서, 특히 지능에 대한 문화적 구상이 다른 사회에서 지능의 의미에 대해 상당히 편향된 설명을 제공한다고 주장한다. 그러한 논지는 흔히 대다수 세계의 학교교육을 받지 않은 모집단에 대한 연구를 언급한다. 지능의 토착적 구상화(indigenous conceptualizations)에 대한 개관은 Segall 등(1999, 제6장), Sternberg(2007)와 Ruzgis(1994)에서 볼 수 있다.

　　중요한 쟁점은 토착적 지능의 측정과 서구 측정 간의 관계이다. 이는 사용한 검사에 따라 상이하다는 것이 발견되었다. Sternberg와 동료들(Sternberg, 2002; Sternberg, Nokes, Geissler, Prince, Okatcha, Bundy & Grigorenko, 2001)은 케냐의 Dholuo족 아동에게 사용하기 위한 실용적 지능검사(자연 약초 의학에 대한 비공식적인 묵시적 지식)를 개발하였다. 이 검사는 지역의 의술을 식별하고, 어디에서 유래됐는지, 무엇을 위해 사용하는 것인지에 대해 말할 수 있는 능력을 측정한다. 아동의 지능을 평가하기 위해 2개의 서구 검사가 사용되었다. Raven 색채누진행렬검사와 Mill Hill 어휘지식검사지이다. 연구자들은 토착적 검사 점수와 Raven 검사 점수와의 상관을 발견하지 못했고, Mill Hill의 점수와는 유의한 상관을 발견하였지만 정적이 아닌 부적인 관계였다.

　　Sternberg 등(2001)은 이 부적 상관의 놀라운 결과에 대해 잠재적 해석을 내놓았다.

Dholuo 부모들은 서구 교육에 가치를 두지 않고, 많은 아동들은 졸업하기 이전에 농사일을 위해 학교를 중단하므로 원주민적 지식이 더욱 유용하다는 것이다. 이러한 상황에서 어떤 아동은 실질적 지식의 습득보다 좀 더 공식 교육에 투자하고, 또 다른 아동들은 그 반대이다. 이렇게 다양한 방식으로 능숙해지는 것에 대한 상이한 분포는 토착적 검사 점수와 서구 검사의 적어도 한 단면 점수 간에 관찰되는 부적 상관으로 이끌 수 있다.

표준지능검사는 잠비아(Serpell, 1993)와 대다수 세계의 많은 사회에서 학교 및 직업 성취를 예측한다(Irvine & Berry, 1988). 이와 같이 우리는 지능의 광범위한 구상에 대해 이해할 필요가 있으며, 또한 문화에 따라 다양하게 개발되고 표현되는 인지 능력의 포괄적인 그림을 얻기 위한 다양한 평가도구의 개발과 사용이 필요하다.

두 연구를 통해 이 문제에 어떻게 접근하는지 살펴볼 것이다. 이 연구들은 토착적 인지 영역에 뿌리를 두고 있다(Berry, Irvine & Hunt, 1988). 이 영역은 인지 기능의 보편적 과정의 존재를 주장하지만 문화집단의 고유 상황, 고유 시각에서의 인지생활(역량과 성취)을 이해하고자 한다. 이러한 접근은 민속학의 다양한 전통에 신세를 지고 있다(제10장 '인지인류학' 참조). 이들 연구들은 인간 능력에 대한 대안적 시각은 협의의 인지적 관점에 사회적, 도덕적 측면을 통합하는 것이라는 결론을 내렸다.

특정 문화집단이 지능을 어떻게 정의하는지에 대한 연구가 글상자 6.1에 기술되었다.

글상자 6.1 지능의 토착적 구상

이 연구는 '지능'이 무엇을 의미하는지에 대한 Cree족의 구상을 찾고자 하였다. Cree의 용어를 추출한 후 20개 단어를 카드에 Cree 음절문자로 적었으며 글자를 읽을 줄 아는 60명의 참가자들에게 카드가 제시되었다. 그리고 카드를 의미의 유사성에 따라 쌓아놓으라고 요청하였다. 다차원 척도법은 2개의 차원을 나타냈다(그림 6.1 참조). 좌에서 우로 (가로축에서) 읽으면 도덕 차원을 포함하여 부정적인 평가에서 긍정적 평가로 움직인다. 수직 차원은 개방성 혹은 민감성과 관련된 것이다.

그림 6.1의 우측 및 중앙의 약간 위의 단어 무리는(즉, 모두 민감하고 도덕적으로 좋은) 영어로 표기된 '현명한', '존경심', '공손한', '경청', '주의를 기울이다', '고찰하다', '신중하다' 등의 단어를 포함한다. 이 단어무리는 Cree 사이에는 역량의 핵심적 의미로 구성되어 있다. 존중의 핵심 아이디어는 사람, 동물, 대상(인위적이거나 자연적), 창조주와 토지에 대한 지식과 개인적 참여에 중심을 둔다. 이러한 하나의 환경 내에서의 타인 존중은 많은 수렵과 채집 민족에게는 핵심적인 가치이다.

'주의를 기울이다'로 표기된 두번째 핵심 용어는 흔히 '규율' 또는 '자기관리'로 번역된다. Cree족은 타인의 말을 경청할 의무가 있다거나 말한 것을 행해야 할 의무가 있다고 하지 않는다. 그들은 타인의 말을 경청하는 것은 좋은 일이라고 말한다. 핵심 단어 무리의 가장 반대되는 용어들,

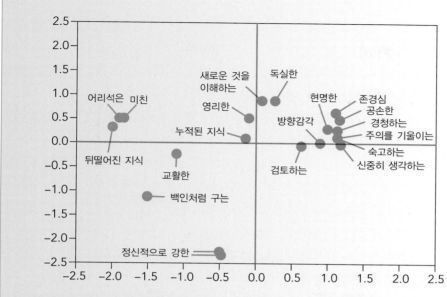

그림 6.1 Cree족 인지 능력의 두 차원

즉 두 차원에서 가장 거리가 먼 단어들(민감치 못하고 도덕적으로 좋지 않은)은 '백인처럼 구는'으로 표현되는데, 비Cree인처럼 행동, 사고, 처신하는 것을 의미한다.

이것은 Berry와 Bennett(1992)이 북캐나다의 Cree족에 대해 조사한 것이다. 지역사회 교육협의회는 "어떤 목표로 우리 아동을 교육해야 할 것인가?"에 대한 답을 구하였다. 그들은 유럽계 캐나다인의 교육체계가 그들에게는 잘 작동하지 않는다는 것을 알고 Cree족을 위한 대안을 원하였다. 연구의 심리측정 부분은 글상자 6.1에 기술하였다.

이 연구에서 명확한 것은 지능에 대한 Cree인의 구상을 표준화된 지능검사를 통해 측정하기란 매우 어렵다는 것이다. 마찬가지로 만일 지능이 Cree인에 의해 개발된 검사로 측정된다면, Cree 검사 점수와 서구 집단의 Cree 검사 점수를 비교하는 것도 어려운 것이다. 이러한 연구는 우리에게 질문을 남긴다. 유능한 사람에 대한 시각이 이렇게 상이하다면 Cree가 다른 문화집단(특히 도시, 서구 사회)보다 더 또는 덜 똑똑한지를 어떻게 결정할 수 있는가?

이러한 문제에도 불구하고 한 연구는 토착적 지능 개념의 비교를 시도하였다(Fournier, Schurmans & Dasen, 1999). 이들은 Dasen(1984)의 코트디부아르 Baoule족의 지능(*n'glouele*) 개념을 조사한 선행 연구로부터 유추하여 스위스 알프스의 프랑스어를 사용하는 작은 공동체의 거주자들에게 비슷한 측정을 하였다. Baoule족에서는 부모 인터뷰를 통해 지능의 개념을 탐색하였다. 연구자들이 발견한 것은 지능에는 다양한 사회적, 기술적 의미가 있지만 특히 사회적 면을 기술적 면보다 더 강조한다는 것이다. 사회적 면은 도움의 의지(책임감, 복종, 정직, 겸손, 반성)를 포함하고, 기술적 면은 주의, 관찰, 기억, 손재주를 포함하는데, 후자는 "손은 총명하다."는 문구에서도 드러난다.

비교를 위해 스위스 알프스의 참가자들에게 아동이 총명한지 어떻게 알 수 있는지 질문하였다. Baoule 연구에서 발견된 응답유형 외에도 몇 가지 새로운 면이 발견되었다(예 : 겸손함). Fournier 등은 아프리카인의 연구에서 발견된 사회적/기술적 분류가 스위스의 응답에도 사용될 수 있고 비교될 수 있는지 고찰하였다. Baoule에게 사회적 의미는 63%이고 기술적 의미는 37%였다. 반면 스위스의 응답은 두드러지게 기술적이며 이는 지능에 대한 지배적인 서구 시각과 합치하는 것이다. 그럼에도 사회적, 기술적 의미의 비율은 스위스 응답자의 언어와 연령에 따라 차이가 있었다. 방언(지역 방언)으로 응답하는 많은 노인 농업 참가자들은 주로 사회적 의미를 보였다(65% 대 35%). 저자들은 지능의 의미 차원에 대한 비교에도 불구하고 공통 검사를 통해 두 문화집단의 지능을 측정하는 것은 불가능하고 외국의 검사로 아무 집단이나 검사하는 것은 타당하지 못하다고 주장하였다.

인지유형

인지유형(cognitive styles)의 개념은 모든 인지 수행의 문화 차이를 하나의 기본 특성('일반 지능'과 같은)과 관련시키거나, 또는 다른 과제에는 일반화되지 않는 수많은 과제특수적 기술을 구분하는 (뒤에 나오는 '맥락화된 인지' 참조) 방법 사이에서 중간 입장을 차지하고 있다. 인지유형은 '개인이 선호하는 정보처리 및 과제처리의 방식'이다(Zhang & Sternberg, 2006, p.3). 그것은 인지정보를 사용하고 조직화하는 방법으로서 문화집단과 그 구성원이 일상에서 접하는 문제를 효과적으로 처리하도록 한다. 인지유형은 문화집단 간 인지 역량이나 성과 비교에 사용하는 절대 기준(g)이 없다는 점에서 일반 지능 접근과는 다르다. 또한 인지 과제의 수행들 간에 어떤 관계 패턴을 식별할 수 있다는 점에서 맥락화된 인지 접근과 다르다. 생태문화적 관점(글상자 1.1)에서 인지유형은 특수한 생태 및 사회정치적 서식지에서의 적응적 삶의 욕구와 관련한 역량과 수행발달의 결과이다.

초기의 영향력 있던 인지유형에 대한 개념화는 장(field) 의존적/장 독립적(FDI)인 차원을 개발한 Witkin(Witkin, Dyk, Paterson, Goodenough & Karp, 1962)에 의해 이루어졌다. 비행기 조종사 훈련에서 지각 및 방향 능력 연구는 여러 능력들이 '패턴'을 입증하는 방식으로 서로 연관된다는, 즉 공간 안에서 스스로 방향을 잡을 때 내부의 참조 틀에 의존하는 경향성에 주목하였다. 장 의존적 인지유형은 Witkin, Goodenough와 Oltman(1979, p.1138)에 따르면 '자율적 기능의 정도'와 관련 있다. 이 구상은 개인이 전형적으로 주어진 물리적 또는 사회적 환경에 의존 또는 수용하는가 또는 예를 들어 분석이나 재구성의 작업을 하는가의 정도를 말한다. 외적 환경에 의존하거나 수용 경향성이 있는 사람은 상대적으로 더욱 장 의존적이고, 그러한 환경을 작업하는 사람들은 좀 더 장 독립적이다. 이 구상은 하나의 차원이다. 개인은 이 차원 위에 특징적인 '장소'를 지니는데 대부분 넓은 중간 범위에 위치한다.

Witkin 등에 따르면 장 의존성의 근원은 초기 사회화 경험이다. 독립적이고 자율적인 사회화 경험은 상대적으로 장 독립적이 되고 사회화 과정에서 집중적인 제어를 하는 가정에서는 상대적으로 장 의존적이 된다. 이 사회화 차원과 관련한 인지유형은 제2장 '문화적 응과 사회화' 절(응종과 주장)에서 논의한 사회화 과정, 그리고 제5장, '사회적 맥락에서의의 자기' 절에서 논의한 독립적/상호의존적 자기개념의 차이와 유사하다.

장 독립성 측정에는 2개의 도구가 중요하다. 숨은 그림 검사(Embedded Figure Test, EFT)는 복잡한 배경에 숨은 간단한 모형을 찾아야 한다. 배경에서 작은 모형을 발견하는 속도는 장 독립성의 지표이다. 두 번째 검사는 막대와 틀 검사(Portable Rod and Frame Test, PRFT)로 기울어진 사각형 내에 움직이는 선분의 방향을 판단하는 과제이다. 선분이 수직인지를 판단하기 위해, 그리고 기운 사각 틀의 영향을 무시하기 위해 내적 단서에 의존하는 정도가 장 독립성의 지표이다.

장 독립성 차원의 문화비교 연구는 두 대비되는 문화집단을 대상으로 한 Berry(1966)의 연구에서 비롯되었다. 첫째, 유목민 사냥꾼과 채집인들은 식물과 동물을 구하기 위해 널리 배회하였고, 해체하는 기술(disembedding skill)을 사용하여 먹이를 추적하고, 공간정보를 조직화하여 그들의 숙소로 돌아왔다. 그들은 상대적으로 느슨한 사회구조를 가지고 사회화의 논지를 강조한다. 이들은 상대적으로 장 독립적이다. 반면 정착 농경문화인들은 일반적으로 자신의 지역에서 멀리 배회하지 않으며, 경작한 농산물을 찾기 위해 파내거나 연관된 기술을 필요로 하지 않는다. 이들은 엄격한 사회구조를 가지며 사회화로의 응종을 강조한다. 이들은 상대적으로 장 의존적이다. 그렇지만 문화적응을 경험하고, 특히 서구식 교육을 좀 더 받은 사람들은 교육을 적게 받은 사람들보다 좀 더 장 독립적이다. 이와 같이 사냥에 의존하고 좀 더 교육에 노출되는 것은 높은 장 독립성을 예측할 수 있다(개괄을 위해 Witkin & Berry, 1975 참조).

생태와 문화적응 조건의 효과를 해결하기 위해 Berry 등(1986)은 아프리카 Pygmy족 수렵채집인(Biaka)을 동일 지역에 사는 농경 마을 사람들(Bagandu)과 비교하였다. 그들은 두 집단의 인지유형의 차이가 생태적 참여에 기초하여 예측한 것보다 더 적다는 것을 발견하였다. 이는 아마도 Biaka가 매년 몇 달 동안 Bagandu의 농경지 노동자로 일하고, 농경 민가에서는 Biaka와 함께 덫을 놓고 사냥하기 때문이다. 몇 가지 결과로서, 두 번째 예측변인인 문화적응을 함께 고려했을 때 두 문화집단은 아프리카식 숨은 그림 검사에서 차이가 있다는 것이 발견되었다. Bagandu인이 서구 영향(특히 교육)을 많이 경험한 것은 높은 장 독립성을 예측하였다.

몇 가지 후기 연구들은 덜 모호한 결과를 보여준다. Mishra, Sinha와 Berry(1996)는 인도 Bihar주의 세 원주민 집단을 살펴보았다('부족민' 또는 Adivasi). 유목 수렵채집집단과 정착 농경집단을 대조해 보기 위해 두 집단이 선택되었고, 세 번째 집단은 현재 농업민으로 정착한 이전 사냥인들로 구성되었다. 다양한 검사(숨겨진 그림과 같은 인지유형, 그리고 그림 표현과 같은 인지 능력)는 수렵인이 농경인보다 상대적으로 더욱 장 독립적이며, 높은 수준의 문화 간 접촉(문화화 경험의 지표로서) 또한 장 독립적이라는 것을 보여주었다. 이 연구에서 문화적응의 영향은 생태적 환경 차이의 영향보다 더 크다.

Mishra와 Berry(2008)에 의해 이루어진 인도의 최근 연구는 9~14세인 Advasi의 네 집단의 400명 아동의(Bihor와 Oaron의 부족민 집단) 표본을 조사하였다 표본(각 100명)은 수렵채집, 건조 농경, 관개식 농경, 도시 임금노동 공동체에서 추출하였다. 인지유형에 대한 가장 중요한 결과는 숨겨진 그림 검사에서 수렵채집인과 임금노동자 표본이 가장 높은 점수를 보였고, 두 농경문화 표본에서 가장 낮은 점수를 보인 것이다.

비교문화 연구에서 장 독립성에 대한 관심을 거의 기울이지 않은 지 몇 년 후 인지유형에 대한 관심이 최근 다시 증가하였는데 이는 인지활동에서의 개인과 집단의 차이에 대해 다른 대안적 관점을 제시하기 때문이다(Kozhevnikov, 2007; Sternberg & Grigorenko, 1997b). 대부분의 장 독립성에 대한 증거는 최저임금 집단의 연구에서 발견되었다. 하지만 산업화, 그리고 후기 산업화 표본이 확대되었고, 도시 참가자들이 농경민보다 좀 더 장 독립적이지만 수렵인보다 더 독립적이지는 않다는 것을 보여주었다(Berry, 1966, 1976; Berry, Bennett, Denny, Mishra, 2000; Mishra & Berry, 2008). 더욱 글로벌화되는 세계에서 장 독립성의 중요성을 검사하기 위해서는 좀 더 도시 및 농경 표본을 대상으로 한 연구가 이루어져야 할 필요가 있다.

동양과 서양의 인지

최근 Nisbett과 동료들(Ji, Peng & Nisbett, 2000; Nisbett, 2003, 2006; Peng & Nisbett, 1999)

의 연구 계획은 사고의 총체적, 분석적 방식을 구분하는 것이다. 전자는 동아시아 사람들의 특성, 후자는 서구인, 특히 백인의 특성으로 여겨진다. 그들의 기본 명제는 "아시아와 유럽인의 사고 과정은 실제로 극적인 차이가 있다."는 것이다. Nisbett은 "누구나 동일한 기초 인지 과정이 있다거나 … 또는 모두가 지각, 기억, 인과 분석, 범주화, 추론에 있어 동일한 수단에 의존한다."는 것을 부정한다(Nisbett, 2003, p.xviii). 이는 강력한 주장으로서 제1장에서 설명한 상대주의의 이론적 위치와 유사하다. Nisbett과 동료들은 일련의 역사적 관찰과 경험적 연구에서 이러한 주장의 기초를 마련하였다.

역사 분석에서 Nisbett은 고대 그리스와 중국의 관찰로부터 "서로 다른 경제, 정치, 사회제도로 이끌게 된 방식에 있어 큰 차이가 있다."고 논하고 있다(Nisbett, 2003, p.32). 중국에서는 '농경인들은 함께 잘 지낼 필요'가 있고, 그리스에서는 "사냥, 목축, 낚시와 교역은 동일한 안정적 공동체에서 지내는 것을 필요로 하지 않았다."고 한다(Nisbett, 2003, p.34). 그는 더 나아가 "농경 공동체에서 인과성은 장 내에서 혹은 대상과 장의 관계 속에 있는 것처럼 보일 것이다."라고 하였다(Nisbett, 2003, p.36). 이러한 관찰은 장 의존적인 인지유형(Nisbett, 2003, p.42), 그리고 또한 인지의 생태문화적 원천으로 연결된다(Uskul, Kitayama & Nisbett, 2009).

Nisbett과 동료들에 의해 수행된 연구의 예는 Nisbett(2003, 2006)에 제시되었고, Nisbett, Peng, Choi, Norenzayan(2001)에 의해 개괄되었다. 2개의 경험적 논문을 소개한다. 한 연구에서 Ji, Peng과 Nisbett(2000)은 분할된 화면에 표시된 두 개체 간의 공변을 인식하는지 조사하였다. 참가자들은 두 상이한 개체 간의 관계 강도를 평가하도록 요구되었다. 중국 참가자들은 미국 참가자보다 더 공변을 보았고 그들의 판단을 좀 더 확신하였다. 저자들은 이 차이가 환경에 대한 총체적인 지각 반응이라 결론 내렸다. 동일 연구에서 그들은 참가자들의 인지유형(장 독립성)을 측정하였는데 중국인들은 상대적으로 장 의존적으로 나타났고 이는 앞부분에서 보고한 인지유형의 문화비교 연구에서 농경인들의 결과를 확인하는 것이었다.

다른 연구에서 Peng과 Nisbett(1999)은 사고의 분화(예 : 반대자 비교와 올바른 입장 선택하기), 변증법적 사고(예 : 반대자 간 화해하기)의 차이를 구분하였다. 수 차례의 실험에서 중국 학생들은 사회적 갈등 상황이나 논리적으로 상반되는 정보를 접했을 때 상대적으로 좀 더 변증법적 해결을 선호하는 것이 발견되었다. 미국 학생들은 상충하는 시각을 좀 더 극화하고 하나의 대안을 옳다고 선택하는 경향이 있다. 예를 들어, 미국인은 이디시어의 변증법적 속담을 덜 선호하고, 모순된 연구 결과의 보고에 대해 그들이 선호하는 대안이 더 타당하다고 평가하였다. 후자의 경우 중국 학생들은 두 보고를 모두 신뢰하는 경향을 보였다.

Peng과 Nisbett은 이 결과를 동과 서의 두 상이한 인지적 전통의 반영이라 보았다. 그들은 "우리는 변증법적이나 비변증법적인 추론은 아시아인과 서구인 간의 인지적 차이의 단 한 가지 세트일 것이라 믿는다."고 결론을 내렸다(1999, p. 750).

2개의 경험적 연구가 Nisbett과 동료들이 도출한 일반 결론에 도전하였다. 첫째는 Rayner, Castelhano와 Yang(2009)의 연구로, 중국인 시청자는 미국인보다 장면의 초점이 되는 대상을 보는 데 시간을 적게 쓰고, 배경을 보는 데 좀 더 시간을 많이 쓴다. Chua 등은 이것은 정보 선호에서의 문화 차이 때문이라 추론하였다(배경 또는 전경). Rayner 등(2009)은 중국과 미국 시청자를 대상으로 특이한 장면에서의 안구 운동의 속도에 문화적 차이가 있는지 조사하였다. 참가자들에게는 평범하거나 특이한 장면이 제시되었다. 평범하거나 괴상한 장면에 대한 반응에는 차이가 있었지만 두 집단의 문화 차이는 발견되지 않았다. 그들은 "본 연구와 다른 최근의 보고들은 문화 차이가 장면 지각에서의 안구 제어에 영향을 줄 수 있다는 주장에 의구심을 일으킨다."고 하였다(2009, p.254).

두 번째 중요한 연구에서 Lee와 Johnson-Laird(2006)는 동아시아인은 총체적이고 변증법적으로 사고한다고 여겨진 이래로(Nisbett, 2003) 그들은 서구인에 비해 더 큰 정도로 모순을 허용해야 할 것이라고 주장하였다. 하지만 그들의 실험에서 결코 동아시아인과 서구인의 추론에 유의한 차이를 발견하지 못했다. 대신 그들은 동아시아인이 서구인보다 논리적 일관성의 착각에 더 굴복하지 않으며, 서구인보다 더 경험으로부터만 추론하지도 않는다는 것을 발견하였다. 전체적으로 그들은 '연역 능력은 문화적 보편성'이라는 견해를 주장하였다(Lee & Johnson-Laird, 2006, p.463). 이들은 이러한 견해를 오로지 연역법에만 의존하는 스도쿠 퍼즐의 세계적인 인기를 근거로 삼았다. 더 나아가 그들은 '문화가 추론에 어떤 효과를 보이는가'를 질문하였다. 한 가지 효과는 추론의 내용과 관련이 있다. 상이한 문화는 상이한 신념을 가지며, 명시적으로 또는 잠재적으로 그들만의 추론의 전제가 다를 수 있다. 하지만 추론의 인지 과정에 대한 문화 차이의 견고한 증거는 없다(Lee & Johnson-Laird, 2006, p.463). 우리는 이 결론이 우리의 온건한 보편주의적 입장과 일치한다고 생각한다.

두 문화(동－서의 연구와 같은) 비교의 제한점 중 하나는 이러한 차이의 해석이 불가능하다는 점이다(Campbell, 1970; 제12장 참조). 따라서 Uskul 등(2009)이 이러한 두 문화를 넘어서 연구를 확장한 것은 매우 중요한 발걸음이라 할 수 있다. 그들은 터키 동쪽 흑해 지역의 농부, 어부, 목축업자의 표본을 모집하였다. 이것은 하나의 생태 지역 내의 집단이지만, 인지유형 절에서 지적했던 상이한 문화방식에 참여하고 있는 집단을 비교하는 전략을 재연하는 것이다. 생태문화적 틀과 이전 결과에 기초하여, 농부와 어부는 유목민에 비해 좀 더 총체적이라는 것을 예측할 수 있다. 연구자들은 중앙에 세로 선분이 있는 정사각형

을 제시하는 틀이 있는 선분검사(framed line test, PRFT)를 사용하였다. 참가자들에게 동일
하거나 다른 크기의 상이한 정사각형을 제시하고 원래 보았던 것과 동일한 선을 그리라고
요청하였다. 여기에 두 조건이 있는데 하나는 선을 '절대' 길이로 그리라고 하거나(절대 과
제) 또는 새 정사각형의 높이에 해당하는 비율로 그리라고 하였다(상대 과제). 그들은 "절
대 과제는 탈맥락화 또는 정사각형의 틀을 무시하는 능력에 따라 촉진되며, 이는 총체적
주의로 해석할 수 있다. 상대 과제는 정사각형 틀을 무시하지 못함에 의해 촉진된다."고
주장한다(Uskul et al., 2009, p.8554). 수행 오류는 전체 수행이 상대 과제에서 절대 과제
에서보다 더 나은지로 계산하였다. 예측과 일치하게, 농부와 어부는 목축업보다 상대 과
제에서 더욱 정확하였고, 목축업자는 절대 과제에서 더욱 정확하였다. 그들은 생태문화적
가설에 맞게, 농부와 어부는 목축업자보다 좀 더 총체적이라 결론을 내렸다.

　동과 서의 인지 연구자들의 주장에서 중요한 질문은 인지 수행 차이의 '깊이'에 관한
것이다. Nisbett과 동료들이 자신의 연구를 정리하여 내린 결론은 "실상 동양인과 서양인
은 대부분 **질적으로** 구분되는 방식으로 행동한다는 것이 발견되었다."는 것이다(Nisbett,
2003, p.191). 근본 과정에 질적인 차이가 있다는 이 결론은 그러나 자신들의 증거에 대한
검토에서 지지되지 않았다.

> 미국인은 장면의 배경에 변화를 찾아내기 어려워하고, 일본인은 전경에 있는 객체의 변
> 화를 찾기 어려워한다. … 한국인의 대다수는 하나의 대상을 가까운 가족과 닮은 집단에
> 더 유사하다고 판단하였고, 미국인 대다수는 대상을 결정 규칙에 의해 지정되는 집단과
> 더 유사하다고 판단하였다. 명확이 모순되는 두 명제에 대해 미국인은 신념을 극화하는
> 경향이 있고 중국인은 두 전제의 동등한 수용을 지향한다. 물건을 표시하는 경우 일본인
> 은 객체보다는 본질을 고려할 가능성이 두 배가 더 있고, 미국인은 본질보다는 객체를 고
> 려할 가능성이 두 배가 더 있다(Nisbett, 2003 , p.191 – 193).

　이 인용문의 고딕체 단어는 '동'과 '서'를 대변하는 참가자들의 인지적 수행의 질적 차이
보다는 양적 차이를 말하는 것이다. 여기서는 두 가지 쟁점이 중요하다. 첫째, 성과의 질적
차이는 증거가 없다는 것이다: 모든 참가자들이 이 과제들을 수행했지만 다양한 정도로
수행하였다. 따라서 인지 과정이 한 집단에는 제시되고 다른 집단에는 제시되지 않았다는
주장을 할 수 없다. 두 번째, 설사 수행에 질적 차이가 있다 하더라도 이것이 기초적 인지
과정의 차이라고 손쉽게 주장할 수 없다는 것이다. 제1장에서 논의한 바와 같이 수행에서
인지 과정으로 회귀하는 데 필요한 추론은 복잡한데 이 연구자들은 검토하지 않은 것으로
보인다.

우리는 문화와 인지 연구의 동-서 프로그램을 조사하는 작업에서 2개의 결론을 이끌어 냈다. 첫째, 드러난 성과 차이는 동-서의 모집단의 인지적 삶에서의 질적인 차이라기보다 주로 스타일의 문제이다. 둘째, 우리는 인간의 인지적 상이성의 기초를 이해하기 위해 이 연구와 생태문화적 접근 간의 중요한 연결점을 관찰하지만, 그러나 지금은 오히려 새로운 준실험적 인지 과제를 사용하고 있다. 둘을 종합하면, 이 지적은 문화와 개인은 그들의 환경을 지각하고 인지하는 방법을 발달시키고, 이는 그들이 일상생활에서 접하는 요구에 최적으로 적응하게 해준다는 우리의 관점을 지지하는 것이다.

맥락화된 인지

지금까지 설명한 접근방법과 대조적으로, 맥락화된 인지 접근은 모든 인지 수행을 일반 인지 프로세서와 연결하려는 거대 이론을 비판하는 접근 중 하나이다. 이는 특히 Michael Cole 등과 같은 문화심리학자들에 의해 지속되고 있다. 일련의 논문(Cole, 1975, 1996; Cole, Gay, Glick & Sharp, 1971; LCHC, 1982; Scribner & Cole, 1981)에서 그들은 특정 인지 수행을 특정 문화 상황의 형태로 설명하기 위해 이론과 방법의 윤곽을 설정하였으며 특정 인지적 조작을 사용하였고 이를 **맥락화된 인지**(contextualized cognition)라 명명하였다. 이 접근에 대한 개괄은 Cole(2006)에, 인간 발달에 대한 적용은 Cole과 Engeström(2007) 에 제시되었다. 이 논문의 상당수는 사회문화적 혹은 사회역사적 전통에 영향을 받았으며 (Cole, 1988; Luria, 1976; Vygotsky, 1978; Valsiner & Rosa, 2007 참조), '일상의 인지(everyday cognition)'에 대한 연구와 관련된다(Schliemann et al., 1997).

1971년의 논문에서 Cole과 동료들은 "사람들은 자신에게 중요한 일, 자주 할 기회가 있는 일을 잘하려고 한다"(Cole et al., 1971, p.xi)고 제안하고 그들의 저서를 "인지의 문화 차이는, 인지 과정이 한 문화집단에는 존재하고 다른 집단에는 결여되기 때문이라기보다는 특정 인지 과정이 적용되는 상황에 있다."는 결론으로 맺고 있다(Cole et al., 1971, p.233). 그들의 맥락특수적 접근은 다음과 같은 특징이 있다.

기본적인 생태문화의 틀을 유지하지만, 문화가 인지에 미치는 영향을 조절하는 중앙처리 프로세서의 가정은 거부한다(LCHC, 1982, p.674).

발달을 '위로부터' 조절하는 보편적 마음의 규칙 대신, 맥락특수적 접근은 어떻게 처음 엔 맥락특수적이었던 인지적 성취가 나이 들어감에 따라 좀 더 일반적으로 행동을 제어하게 되는지를 이해하고자 한다. 문화와 인지발달에 대한 맥락특수적 접근은 '활동영역 내에서의 발달'을 시작점으로 본다. 그것은 점점 더 일반 인지 역량의 근본적인 원인으로서 특정 환경 내의 사람들 간 상호작용에서 작동하는 과정을 찾는다(LCHC, 1983, p.299).

Cole과 동료들은 이러한 접근을 실체화하기 위해 많은 양의 경험적 연구와 문헌을 개괄하였다(Cole, 1992a, b, 1996). 그들의 초기 연구(예 : Cole et al., 1971)에서 리베리아의 Kpelle 학교 아동과 성인, 그리고 미국의 참여자를 대상으로 일련의 수학 학습, 양적인 행동, 그리고 좀 더 복잡한 인지 활동(범주화, 기억, 논리적 사고 등)을 조사하였다. 이 연구와 기타 다른 유사한 연구에서 도출한 일반적인 결론은 많은 Kpelle의 인지 행동은 '맥락에 묶여 있고', 이는 한 맥락에서의 인지 성과를 다른 맥락으로 일반화할 수 없다는 것이다. 후기 논문(LCHC, 1982, 1983)에서 그들은 아동 발달, 지각 기술, 의사소통, 범주화와 기억과 같은 분야의 다른 연구자의 논문을 비판적으로 검토하여 자신들의 입장을 지지하는 주장을 하였다. Cole(1992a, b, 1996)은 인간의 계통발생적 역사의 과정에서 발달한 심리 과정의 영역특수적 본질에 관해 '모듈화(modularity)' 개념을 강조하였다. Cole의 문화역사적 심리학의 이론에서는 "모듈화와 문화 맥락은 연합하여 마음의 발달에 기여한다"(1996, p.198)고 언급한다. 문화의 개념화에 대하여 Cole의 연구는 개체발생적 발달을 문화적으로 매개된 것으로 보는 Vygotsky와 그의 학파의 영향을 받았다(제2장 '발달 맥락으로서의 문화' 참조).

아마도 Cole 학파의 비교문화심리학에의 주요 기여는 Luria 등의 관점(예 : Goody & Watt, 1968)에 도전하는 연구인데, Luria 등은 읽기 쓰기 능력(literacy)이 인류 역사의 과정에서 '분수령'이 되어, 읽기 쓰기 이전에는 추상적인 인지 조작을 할 수 없고, 읽기 쓰기를 하는 사람만 할 수 있다고 보았다(Scribner & Cole, 1981). Scribner와 Cole은 리베리아의 Vai족 중에서 다양한 문서를 판독할 수 있거나 그렇지 못한 사람들, 즉 (1) Vai 지역언어의 문서를 배우거나 (2) 코란학교에 참석하여 아랍어로 배우거나 (3) 서구식 학교에서 영어로 배운 사람들의 표본을 모았다. 이것은 인지검사 수행에 교육과 읽기 쓰기가 끼치는 영향이 혼입되는 것을 제거하기 위함이다.

Scribner와 Cole은 인지 활동의 넓은 범위(예 : 기억, 논리적 추론)를 포괄하는 인지 과제 배터리를 사용하여 일반적으로 읽기 쓰기가 지능으로 변환된다는 아이디어에 도전하고자 하였다. 그들은 서구식 교육이 일반적 성취 효과가 있음을 발견하였으나, 다른 형태의 읽기 쓰기는 그렇지 못했다. 어쨌든 Vai 언어나 아랍어 교육의 특정 유형과 관련하여 어느 정도 특별한 검사 성과가 나타났다. 연구자들은 Vai 문서에 관하여 다음과 같이 결론을 내렸다.

인지 능력의 일반화된 변화 대신 우리는 상대적으로 난해한 실험 환경에서 드러난 인지 기술의 지역적 변화를 발견하였다. 개인의 언어 지향에서의 질적 변화 대신 우리는 발언과 의사소통의 선택된 유형에서 차이를 발견하였다. … Vai에 대한 우리의 연구는 읽기와 쓰기가 어떤 맥락에서는 어떤 기술에 어느 정도 차이를 불러온다는 사실에 관해 최초의 직접적인 증거를 제공하였다(Scribner & Cole, 1981, p.234).

결과를 해석함에 있어 그들은 Vai 지역언어로 읽고 쓰는 것은 많은 사람이 알거나 사용하지 않기 때문에, 그리고 이를 사용하는 사람들도 단지 한정된 목적으로 사용하기 때문에 Vai 언어 읽기 쓰기는 '제한적'이라 주장하였다. "Vai 문서의 읽기 쓰기는 삶의 통상적인 방식을 유지하거나 정교화하는 데 본질적이지 못하다. … 기껏해야 Vai 문서 읽기 쓰기는 새로운 경험을 열어주기보다는 개인을 친근한 주제에 참여하도록 할 수는 있다"(Scribner & Cole, 1981, p.238).

지적인 삶의 일반적 변화가 결여되는 한 가지 잠재적 이유는 Vai 사회에서의 읽기 쓰기의 제한적 역할이다. 북부 온타리오의 Cree족의 연구(Berry & Bennett, 1989)는 이 문제와 관련된다. Vai족에서처럼 Cree족의 읽기 쓰기는 공식적 교육과 연관되지 않는 형태(음절문자)로 제공된다. 하지만 대부분의 Cree족은 기능적으로 이 문서를 읽고 쓸 수 있다. 이는 많은 사람들에 의해 많은 목적으로(예 : 전화번호부, 항공안전기록, 공적인 메모) 널리 사용되므로 Vai 언어보다 덜 제한적이다. 이 연구의 결과에서도 일반 인지 향상의 증거는 없지만(Raven 누진행렬검사의 정교화된 버전으로 측정), 특정 스크립트 사용에 중요한 동일 정신적 조작과 관련된 능력의 증가는 어느 정도 찾아내었다(회전과 공간 과제). 이와 같이 읽기 쓰기의 효과에 대한 연구에서도 사고방식에서의 주요 변화가 일어난다는 증거는 없었다. 인간 역사의 과정에서 읽기 쓰기의 '분수령'과 같은 역할에 대한 시각은 최소한 개인의 사고에 미치는 효과를 고려한다면 거부되어야 한다. 읽기 쓰기의 잠재적인 사회적 · 문화적 결과는 이 연구에서는 해결되지 않고 있다.

Cole과 동료들은 자료에서 검사들 간의 관계, 예를 들어 Ferguson(1956)이 제안한 능력의 유형을 찾는 일에 대해서 의문을 제기하지 않았다. 그 대신 주로 단일 문화 경험이 인지 수행에 주는 영향을 고려하였다. 문화를 일련의 개별적 상황과 관련한 경험이라 여기는 것의 문제는 Jahoda(1980)에 의해 제기되었다. 그러나 Cole(예 : 1992a, b)은 문화적 경험이 개별적 상황의 종합이라기보다는 서로 얽혀 있는 것이라는 시각에 동의하고 있다. "문화의 실제 본질은 요소들 간의 상호작용에 있다는 것을 믿는다. 독립변인은 독립적이지 않다"(LCHC, 1982, p.645).

그렇다면 결국에는 Cole과 문화인지 연구로부터 어느 정도 일반화하려는 사람들 사이에 좀 더 진화된 관계회복이 있을 것이다. Cole은 그의 초기 주장에 대한 확신을 유지하고 있다. 즉, 특정 인지 과제에서의 비수행을 가지고 다른 과제에서의 비수행을 기대한다거나 또는 필요한 인지 역량이나 과정의 결핍으로 일반화해서는 안 된다.

Cole과 동료들(예 : Cole & Engeström, 2007)은 인간 발달의 향상을 위해 사회문화적 전통의 연구를 학교체계뿐 아니라 좀 더 광범위한 사회에서의 적용을 추진하였다. 실천의 강조는 Vygotsky(1997, p.205)의 시각에 따라 "실천은 과제를 정하고 진실의 기준으로 최고 재판관의 기능을 한다." 즉, 연구에서 발견한 것을 실천할 필요가 있다. 만일 잘 기능한다면 타당한 것이다. Cole과 Engeström(2007, p.495)은 '다섯 번째 차원'이라 부른 체계에서 대학, 공동체, 그리고 개인의 일상 활동 사이의 기본적 상호작용을 제안하였다. 이러한 개입은 문화적 맥락과 상황, 그리고 특수한 인지 역량의 발달 간의 밀접한 관계의 타당화에 기여한다.

맥락화된 인지에 대한 다른 영역의 문헌은 일상적 인지의 이름으로 이루어졌다(예 : Schliemann, Carraher & Ceci, 1997). 이 접근은 특정 집단에서 발견되는 인지적 요청과 문제해결 전략의 기술적 계산에 근거한다. 문화인류학자들은 종종 훌륭한 기술을 묘사하였는데, 예를 들어 Pulawat은 나침반 없이 태평양에서 먼 거리로 배를 항해하며(Gladwin, 1990), Oksapmin은 몸의 일부를 기반으로 하는 숫자체계를 가지고 있고(Saxe, 1981), 여러 사회에서의 천을 짜는 기술에 관한 서술이 있다(예 : Childs & Greenfield, 1980; Rogoff & Gauvain, 1984; Tanon, 1994). 인지와 학습의 사회적 관점은 강조되는 경향이 있다(Lave & Wenger, 1991).

일상의 인지에 대한 연구는 일반적으로 한 영역으로부터의 학습이, 이를테면 학교 또는 비학교 상황이, 다른 영역으로 전이 또는 일반화되는 데 제한적임을 보여주었다(Segall et al., 1999). 그러나 저자들은 또한 문화특수적 지식과 기술을 전형적인 서구 학교의 환경과는 다른 일반적인 교습과 학습형태의 결과인 것으로 여기는 것을 볼 수 있다. 예를 들어 '발판대'(Greenfield & Lave, 1982) 또는 '견습기간'(Rogoff, 2003)이 있는데, 여기에는 (어린) 학습자가 과제를 시작하고 숙련되도록 연습하는 매일의 상황에서 지원을 받는 것을 포함하고 있다. 이러한 예는 구체적 상황에서의 학습을 일반화하는 유형이다. 서구의 학교 장면에서의 학습이 구체적 상황과 거리가 먼 것과는 반대로, 앞의 구체적 상황에서의 학습유형의 예시는 이 책과 같은 교과서가 반영하려는 것보다 연구 전통의 범주들이 좀 더 중복되고 있음을 보여준다.

이 전통의 확장에서 Wang, Ceci, Williams와 Kopko(2004)는 인지 역량의 이해에 관한 오랜 접근방식을 "연구 대상자를 고정된 컴퓨터 프로세서를 지닌 고독한 배우로 간주하고, 지속적으로 수정 처리되고 문화적으로 갱신되는 역할은 간과하였다."라고 비판하였다.

대신 "역량을 조성하는 네 가지 요인의 역동적 상호작용을 상정한다. 그것은 문화적 인공물, 인지영역, 대인관계 맥락, 그리고 개인적 스키마이다"(Wang, Ceci, Williams & Kopko, 2004, p.225). 이러한 접근에서 일상의 경험은 아동의 발달 과정 중 인지 역량을 시험하는 시작점으로 간주된다. 그들은 특히 "문화적 기능성과 인지 역량의 적응력을 강조하고, 인지 역량의 발달은 모든 인간 사회의 역량 있는 구성원을 만드는 데 있어 문화 영향의 네 관점 간의 역동적 작용의 결과라고 논하였다"(Wang, Ceci, Williams & Kopko, 2004, p.227). 이러한 시각에서 우리는 이 장에서 맥락과 역량의 관계를 이해하기 위해 개관한 여러 접근 간의 유사성을 관찰하였다. 역량은 개인의 일상적 삶을 영위하는 맥락(생태적, 문화적, 환경적)에의 적응으로 발달하게 된다. 역량은 문화적으로 다양한 방식으로 표현된다. 그리고 역량은 개체발생적 발달 과정 동안 시간에 따라 새로운 맥락과 접하면서 변화한다.

결론

이 장의 자료에서 생태적, 사회문화적 요인이 인간의 인지에 큰 영향을 미친다는 것이 자명해졌다. 또한 그러한 상호작용은 어느 집단이 더 똑똑한가의 순진한 질문에 관해 생산적으로 탐구될 수 없음도 자명하다. 그보다는 인지 과정, 역량, 수행 간의 중요한 차이가 관계의 복합성을 보여준다. 이 장은 저자가 자신의 데이터에서 일반화하는 범위에 따라 구성되었으며, 이들은 성과로부터 능력에 이르기까지, 더 나아가 기저의 과정이나 역량을 추론하고자 한다. 물론, 인종 개념과 관련한 선천적 집단의 차이를 해석하는 데 가장 광범위한 주장을 한다. 단일의 또는 통합된 인지 프로세서('g'와 같은), 혹은 이 프로세서의 발달에서의 집단 간 큰 차이의 가정은 이 장에서 개괄한 자료를 통해서는 지지를 거의 받지 못하고 있다. 이러한 매우 일반적인 접근은 일찍이 '원시적인' 사람들과 '문명화된' 사람들을 비교하는 민속중심적 전통 위에서 이루어졌는데, 이는 타당한 접근을 하는 최근의 연구에서는 점차 줄어들고 있다. 개괄하였던 세 가지 대안은 모두 지역적 문화 맥락을 이해하는 것이 인지 수행 차이의 측정과 해석에 매우 중요한 기초라는 데 동의한다. 이들의 차이는 주로 맥락이 복합적인 경험 패턴을 제공한다고 보는지(예 : 인지유형과 동서의 접근), 또는 개인이 특정 역량을 배우고 실천하고 문화적으로 적절한 수행을 드러낼 기회가 있는, 좀더 구체적인 환경 혹은 활동영역으로 여기는지에 관해서이다. 이러한 모든 시각을 어떻게 조화시키고 통합하는가는 난제로 남아 있다.

다양한 접근에서 제기되는 중요한 하나의 쟁점은 이 장에서 조사된 것과 같이 문화와 인지 간의 관계를 검토하는 것이다. 일반 지능과 인지유형 접근을 하는 연구자들, '동-서'와 맥락화된 인지 연구자들 간에는 측정 절차가 매우 대조적이다. 앞의 두 접근은 다중 항목을 사용하고 문항 간 상관관계를 검토하고 그 신뢰도와 타당도를 확립한다. 후자는 일반적으로 예측한 인지 활동을 단일 측정하는 상황과 과제를 개발하고 사용한다. 연구자들이 측정한다고 주장하는 것을 이 과제들이 실제로 측정하는지를 확립하지 않는 한(즉, 타당도 추정치가 없음), 과제의 의미에 대한 그들의 해석을 수용하기 어렵다. 더 나아가 그들은 동일 개념을 평가한다고 의도한 다양한 과제에서의 성과에 대한 잠재적 연관성을 대부분 검토하지 않는다(즉, 신뢰도 추정이 없다). 우리에게는 문화 간 성과 차이에 대한 많은 증거들이 능력 또는 과정의 차이를 나타낸다는 그들의 해석을 수용하거나, 또는 과제나 문화 간 비교의 의미에 대한 일상적 안전장치의 부족으로 그것을 거부하는 것 사이의 선택이 남겨져 있다.

이러한 상이성에 직면하여 간단한 요약이나 결론은 가능하지 않다. 다양한 아이디어와 자료들을 열람한 결과, 인지 기능과 과정의 주 특징은 보편적으로 공유된 지적 삶의 특성으로서 모든 인간에게 공통인 것으로 보인다. 인지 능력은 문화적으로 공유된 규칙에 부합하여 발달한다. 하지만 사회화 과정 동안 그리고 검사 시기에 직면하는 생태적 맥락, 문화규범, 사회 상황에 반응하여 높은 수준으로 변동적인 성과를 초래할 수 있다.

주요 용어

일반 지능 • g • Flynn 효과 • 토착적 구상화 • 인지유형 • 맥락화된 인지 • 일상의 인지 • 읽기 쓰기 능력

추천 문헌

Mishra, R. C. (1997). Cognition and cognitive development . In J. W. Berry, P. R. Dasen and T. S. Saraswathi (eds.), *Handbook of cross-cultural psychology, Vol. II, Basic processes and human development* (pp.143-176). Boston : Allyn & Bacon.
인지 발달과 수행을 그들이 수행되는 문화적 맥락과 관련하여 모두 검토하는 리뷰.

Sternberg, R., and Grigorenko, E. (eds.) (2004). *Culture and competence: Contexts of life success.* Washington, DC : APA Press.
문화적 맥락이 인지 능력의 발달에 미치는 영향에 대한 여러 가지 관점을 서술하는 장들의 편집본.

Van de Vijver, F. J. R. (1997). Meta-analysis of cross-cultural comparisons of cognitive test performance. *Journal of Cross-Cultural Psychology*, 28, 678-709.
문화 전반에 걸친 인지 능력에 대한 여러 연구들의 포괄적 검토.

7 정서

이 장에서는 전체 문화에 걸쳐서 정서가 어느 정도 유사하거나 다른가에 대한 질문에 답하기 위해 개발된 다양한 연구 분야에 주목한다. 첫째, 우리는 차원적 접근에 집중한다. 성격(제5장)과 인지(제6장)에 대한 비교문화 연구에서와 유사하게, 일부 정서 연구자들은 우리가 일상생활에서 경험하는 많은 정서들의 근간을 이루는 공통된 차원(특성)을 드러내고 전체 문화에 걸쳐 그러한 차원(특성)들이 같은지 알아보기 위해 노력해 왔다. 두 번째 절에서는 정서 언어의 연구를 다룬다. 정서 용어에 대한 정확한 정의의 부재로, 사람들이 일상언어로 사용하는 단어들이 비교문화 연구자들을 위한 중요한 도구가 되었다. 여기에서 핵심 질문은 언어적 차이(단어의 차이)가 심리적 차이(경험의 차이)(제8장 참조)를 추측하기 위해 사용될 수 있는가 하는 것이다. 세 번째 절은 정서의 특정 측면에 대한 연구에 집중한다. 현대의 수많은 연구들이 더 이상 단일 기준의 측면에서 정서를 정의하려고 하지 않는다. 오히려 그들은 **요인적 접근**(componential approach) 방식을 사용하는데 그것은 정서는 수많은 다양한 정서요소(예 : 생각, 정서, 행동 성향, 정신생리학적 경험 등)에서 정의될 수 있다고 가정한다. 이러한 접근법의 중요한 특징은 문화 간 차이가 각각의 구성요소에 대해 독립적인 것으로 간주된다는 점이다(Mesquita, Frijda, Scherer, 1997). 특별히 정서의 얼굴 표현에 주의를 기울였는데 이는 정서에 대한 첫 번째 비교문화 연구들의 핵심이 되어왔다. 우리는 몇 가지 결론과 이용 가능한 증거의 온건한 보편주의적 통합으로 이 장을 끝맺는다.

최초로 문서화되었던 비교문화 연구 중 하나가 정서에 관한 것이었으나(Darwin, 1872/1998), 이 분야에 대한 체계적인 연구는 1970년대까지 시작되지 않았다. 이제 정서는 비교문화 연구의 인기 있는 분야가 되었다. 그러나 연구 수의 증가만으로는 어느 정서가 보편적이거나 문화특수적 현상인지를 밝히는 수준에서 더 많은 합의를 이끌어내지 못했다. 의견 불일치에 대한 한 가지 이유는 정서는 정의하기 곤란한 개념이라는 점 때문이다(Scherer, 2005). 우리가 매일 경험하고 있기 때문에 모든 사람들은 정서가 무엇인지 잘 알고 있지만, 심리학자들은 정서를 과학적인 방법으로 정의 내리기 위해 고군분투해 오고 있다. 많은 사람들이 자신들이 생각하는 정서의 '본질'이 무엇인지 찾아내기를 시도하였다. 심리학의 초기에, Wundt(1893)는 정서 경험의 핵심에는 유쾌함−불쾌함, 긴장−이완, 활동성−수동성의 차원이 존재한다고 단정지었다(이 장의 차원적 접근 참조). 이후 심리학자들은 이러한 정의에 불만을 가지고 다른 정서의 관점을 찾아보았다. 아마도 지금까지 가장 잘 알려진 예가 James(1884)와 Lange(1885)일 것이며, 그들은 서로 독립적으로 신체 변화에 대한 지각은 정서 경험의 본질을 형성한다고 상정하였다. 이러한 심리생리학적 정의는 나중에 다양한 방식으로 정서의 본질을 정의하고자 했던 다른 연구자들의 도전을 받았는데 예를 들어 인지(Schachter & Singer, 1962; Valins, 1972), 행위 준비(Arnold, 1960), 표정(Ekman, 1992), 사회적 상징(Averill, 1974) 등이 있다. 이러한 정의 각각에 대한 상대적 장점에 관한 논의는 이 책의 범위를 벗어난다. 이 장에서 중요한 점은 정서의 문화 간 유사성과 차이성에 대해 동의하지 않는 연구자들이 종종 다른 방식으로 정서를 정의한다는 사실이다. 연구자들은 두뇌 상태, 행위, 현상학적 경험처럼 매우 다양한 유형의 현상들을 나타내기 위해 '행복', '분노', '수치심'과 같은 정서 단어들을 사용한다(Kagan, 2007). 그러므로 때로는 문화 간 차이에 대한 표면적인 불일치는 실제로 정서의 정의에 대한 불일치에 바탕을 둔 것이다.

연구자들 간의 불일치에 대한 또 다른 이유는 정서가 보편적인 것인지 아니면 문화특수적인지를 결정하기 위해 사용되어야 하는 기준에 대해서도 합의가 없다는 사실이다. 문화 간의 정서가 유사하거나 다르다고 하는 결과에 대한 주장들은 좀처럼 명확하게 진술되지는 않는다. 우리가 제1장에서 설명한 바와 같이, 심리학적인 과정들(정서들)은 문화 전반에 걸쳐서 유사하지만 그의 행동 표현(정서에 기반한 행위)은 실질적으로 문화에 따라 다양할 수 있다는 입장을 취하고 있다. 그러나 많은 연구자들은 또한 정서 과정 자체가 문화에 따라 다르다고 주장한다. 그래서 문제는 성과에서의 문화 차이가 어느 정도 역량과 과정에서의 차이로 일반화될 수 있는가 하는 것이다(제1장 일반화 참조). 경험적 증거의 해석과 관련해 일치하는 부분이 거의 없기 때문에 불일치의 문제를 해결하기란 쉬운 일이 아니다. 예를 들어, 한 문화에 다른 문화에서는 명확하게 구별되는 정서에 대한 언어가 부족하다면, 이것은 그들의 정서적인 삶이 또한 다르다는 것을 의미할까? 이 문제에 대해 대답하는 것은 어려운데 그것은 특히−앞에서 우리가 언급했듯이−문화 전반에 걸쳐 정서에 대한 연구를 하기 위해 다양한 연구자들이 다양한 지표를 활용하기 때문이다.

글상자 7.1 같은 자료, 다른 해석

제1장에서 살펴본 바와 같이, 비교문화 자료의 해석의 차이는 연구자들이 취하는 서로 다른 해석적인 입장뿐 아니라 비교문화 자료가 해석되는 방식에 따라 다르다. 때로는 같은 자료가 다르게 설명되기도 한다. 한 가지 유익한 사례는 정서에 수반하는 표정의 재인에 관련한 비교문화 자료의 설명에 대한 Russell(1994)과 Ekman(1994)의 토론이다.

1980년대에는 사람들의 표정을 기반으로 구별되는 여섯 가지 혹은 일곱 가지 기본 정서의 개념이 심리학적 '사실'로 폭넓게 받아들여졌다. 그러나 일부 정서들은 기본적인 반면 다른 정서들은 혼합되거나 섞인 것이라는 생각뿐 아니라 정서가 보편적인 현상이라는 생각이 모든 연구자들에게 수용된 것은 아니었다. 기본 정서에 대한 비교문화 증거와 관련된 한 가지 매우 정교한 비평은 Russell이 쓴 것으로, 그는 자기 논문의 개요를 "정서는 얼굴 표정에서 보편적으로 인지되며, 그렇게 주장되어 왔다."는 문장으로 시작했다(1994, p.102). Russell은 보편성을 지지하는 관점을 비평했으며, 그들 중에는 보편성 자체에 대한 개념도 포함되어 있었는데 그는 그것이 다소 명확하지 않다고 주장했다.

특히 Russell은 보편성에 대한 증거가 수집되는 방법의 타당성에 대해 의문을 제기했다. 일반적으로, 실험 참가자들에게 일련의 정서 언어들('기쁨', '분노', '두려움', '슬픔', '혐오', '놀람')이 동반되는 얼굴 표정을 보여준다. 참가자들은 표정에서 어떠한 정서가 나타나는지를 가리킨다. 만일 표정과 정서 사이에 전혀 아무런 관련성이 없다면, 각각의 단어들은 비슷하게 자주 선택될 것이고 참가자들은 단어를 무작위로 선택할 것이다. 만일 한 단어가 우연(예 : 여섯 가지 선택사항 중 1/6이나 16.67%)에 기초한 기대보다 훨씬 더 자주 선택된다면, 이것은 체계적 관계에 대한 증거로서 받아들여진다. 이전 연구는 서양, 비서양, 심지어 일부 비산업화된 사회를 포함하는 많은 국가들에서 그러한 유의미한 결과를 보여주었다. 그러나 절대적 재인 수준은 유럽인과 미국인 샘플에서보다 아시아인과 아프리카인의 샘플에서 더 낮으며, 때로는 훨씬 더 낮은 모습을 보여주었다. Russell은 재인 수준의 차이는 정서와 표정 간의 연결관계가 추측했던 것만큼 보편적인 것은 아닐 수 있다는 것을 나타낸다고 주장했다. 만일 그것들이 서로 연결되어 있다면, 그는 모든 국가에 대해 아주 높은 재인 수준을 예측했을 것이다.

이에 대한 날카로운 반박으로, Ekman(1994)은 Russell이 제기한 문제 중 어떤 것도 기본 정서가 보편적이라는 데 대한 그의 관점을 훼손하지 않았다고 주장했다. 그는 또한 Russell이 사람들 사이의 완벽한 일치를 기대할 수 없다는 점에서 보편주의자의 설명에 대한 보잘것없는 의견을 내세웠다고 주장했다. 그는 얼굴 표정의 두 가지 결정요인들을 강조하는 '신경문화적' 관점을 지지하는데, 그것은 보편적인 측면에 대한 신경진화적 견해와 가변적인 측면에 대한 문화적인 관점(표현 규칙의 형태)이다. 이 두 가지 결정요인 모두 표정 재인에 영향을 주기 때문에, 표정에 대한 정서 단어들의 부합성은 본질적으로 불완전하다. 따라서 Ekman에 따르면, 절대 재인점수(recognition scores)의 차이는 보편성에 대해 어떠한 것도 말해주지 못한다. 유일하게 중요한 것은 각 문화에서의 재인이 우연적 기대보다 통계적으로 더 높은지 여부이다. Ekman은 연구에 대한 한계가 있다는 점을 인정했지만, 이것은 왜 재인이 모든 사회에서의 우연보다 유의미하게 높았는지를 설명할 수 없다. 무엇보다 재인점수를 낮추고 보편적 재인의 발견을 강하게 하는 측정오류를 받아들였을 것이다. 최종 응답에서 Russell(1995)은 몇 가지 사소한 점에 대해 인정했지만, 당연히 주요 의견 차이는 대체로 변하지 않고 남아 있다.

정서가 보편적으로 얼굴 표정에서 재인되는지 여부를 묻는 질문과 관련해 아주 다른 결론에 도달하기 위해 Russell과 Ekman이 동일한 비교문화 자료를 사용했다는 것을 아는 것은 유익하다. 이것은 문헌에서의 논쟁을 이해함에 있어 연구자들의 이론적인 위치를 아는 것이 중요하다는 것을 부각한다. 그것은 또한 비교문화 자료가 반드시 가장 중요한 것은 아니라는 것과, 그리고 정서에 대한 비교문화심리학의 대부분 토론들이 자료의 해석에 관한 것이라는 사실을 설명해 준다(제12장 참조).

Van Hemert, Poortinga, Van de Vijver(2007)는 정서 측정의 비교문화 차이가 어느 정도 상이한 요소에 의해 설명될 수 있는지 살펴보기 위해 190개의 비교문화 정서 연구에 대한 메타분석을 실시하였다. 그들은 27.9%의 변량이 정치체제, 가치, 종교성과 같은 문화 수준 요인에 의해 설명된다는 사실을 알아냈다. 그러나 또한 그들은 13.8%의 변량이 표집오류, 표본 변동과 같은 방법론적 요인에 의해 설명될 수 있다는 사실도 알아냈다. 이는 문화 차이의 상당 부분이 문화의 결과일 필요는 없지만, 연구 방법론적 요인의 결과라는 것을 의미한다. 마지막으로, 그들은 또한 거의 60%의 변량이 여전히 설명되지 않은 채로 남아 있다는 사실도 알아냈다. 이러한 결과들은 이 장의 경험적 증거를 읽을 때 명심하면 도움이 된다.

차원적 접근

사람들에게 지금까지 자신들이 경험해 온 정서에 대해 말해보라고 요청하면, 일반적으로 아주 길고 다양한 목록을 얻을 수 있다. 연구자들 간에 한 가지 공통된 전략은 이러한 복잡성이 제한된 숫자의 차원으로 줄어들 수 있는지 살펴보는 것이다. 차원은 정서 분석을 단순화시킬 뿐 아니라 또한 개인의 정서보다 문화적 편견에 덜 민감한 경향을 나타내기도 한다. 정서 차원에 관한 연구의 중요한 선구자는 Osgood(1977; Osgood, May & Miron, 1975)이 실시한 획기적인 연구 프로젝트로, 다양한 집단 구성원들의 **주관적인 문화**(subjective culture)를 획득하기 위한 노력에서 비롯되었다. 이 연구는 오로지 정서 단어 그 자체의 의미에만 초점을 맞춘 것이 아니라, 오히려 일반적으로 단어의 정서적인 의미에 초점을 맞추었다는 사실에 주목할 필요가 있다.

일부 단어들은 하나의 언어에서 다른 언어로 번역하기 어렵다. 예를 들어, 그리스 사람들은 자신을 philotimous라고 설명하는 경향이 있다는 사실을 알아냈다. philotimo와 직접적으로 같은 개념을 가진 영어 단어는 존재하지 않는다. 그 단어의 의미를 전달하려는 시도에서, Triandis와 Vassiliou는 "이러한 특성을 가진 사람은 예의 바르고, 도덕적이며, 신뢰할 수 있고, 당당하며, 선하며, 올바로 행동하며, 자신의 책임과 의무를 다하고, 정직하고, 관대하며, 희생적이고, 재치 있으며, 공손하며, 감사할 줄 안다."고 썼다(1972, pp.308-309). 이러한 설명은 상당히 상세한 방식으로 philotimous라는 단어의 객관적이고 명시적인 의미를 포착하지만, 비그리스인들은 정말로 이 설명을 기반으로 하여 그리스인의 정서와 은유를 포함한 단어의 의미를 이해할 것인가? 이 질문은 주관적이거나 함축적인 의미에 관한 문제이다.

Osgood, Suci와 Tannenbaum(1957)은 단어의 함축적인 의미를 획득하기 위해 의미분화 척도기법(Semantic Differential Technique, SDT)을 개발했다(글상자 7.2 참조). 사람들에게 하나의 단어(예 : philotimous)를 주고, 7점 규모의 척도로 그것을 평가하도록 하는데 이것은 평가(좋음-나쁨), 능력(강함-약함), 활동성(능동적-수동적)의 세 가지 요인을 나타낸다. 이러한 세 가지 요소 모두 **정서적 의미**(affective meaning)의 3차원적 공간을 정의하고 그 속에는 언어의 어떤 단어라도 넣을 수 있다.

Osgood 등(1975)은 620개의 개념을 평가하기 위해 30개의 문화에서 SDT를 적용했고, 그 결과 **정서적 의미 도감**(Atlas of affective meaning)을 만들었다. 일부 개념들은 모든 국가에서 유사한 정서적인 의미를 가지고 있는 것으로 판명되었다. 그리고 그것들은 보편적인 것으로 불렀다. 예를 들어, '밝음'이 평가에서 보편적으로 '어두움'보다 더 높은 점수를 얻었고(즉, 보다 더 긍정적이었다), '어둠'은 능력 면에서 더 높은 점수를 얻었으며, '빨강'은

글상자 7.2 의미분화척도기법

의미분화척도기법(SDT)은 어떤 언어로든 특정 단어의 정서적 의미를 평가하는 방법이다. 이것은 단어에 대해 일련의 양극적인 형용사들로 평가하는 것이다(예시 참조). 이와 더불어, 그러한 형용사들에 대한 평정은 정서적 의미의 세 가지 차원, 즉, 평가(단어의 의미가 얼마나 긍정적 혹은 부정적인가), 능력(단어의 의미가 얼마나 강하거나 약한가), 활동성(단어의 의미가 얼마나 능동적이거나 수동적인가)이다. 단어를 양극 형용사로 평정하는 것은 정서적 의미의 3차원 공간에서의 위치를 제시하며, 이러한 공간은 많은 언어들에 있어서 보편적인 것으로 비쳐 왔다. 이러한 방식으로, 다양한 언어에서의 단어의 정서적 의미는 해당 단어들의 명시적인 의미가 같은지 여부와는 상관없이 서로 비교될 수 있다.

SDT의 개발과 그것의 비교문화적 적용에는 15년 이상의 시간이 소요되었다(Osgood et al., 1975). 첫 번째 단계에서, 100개의 명사들(예 : '집', '과일', '구름', '배고픔', '자유', '돈', '경찰관')은 30개 지역사회에서 각 100명의 10대 소년들에 의해 50개의 양극단 형용사 쌍에 대해 평정되었다. 이러한 형용사들은 그들의 명시적 의미가 아무런 역할도 하지 않는 계산 과정을 통해 선택되었으며, 심지어 영어로 번역되지도 않았다. 이에 대한 가정은 모든 지역의 형용사 쌍들이 모두 같은 근본적인 의미 차원을 나타낸다는 것이었다. 모든 30개 문화에서의 평정은 소위, '범문화적' 요인 분석의 방식으로 분석하였으며, 매우 명확한 3개 차원의 구조를 보여주었다. 각 문화마다 이들 차원에서 높은 부하량을 보이는 형용사들을 영어로 번역하였을 때, 3차원적 구조의 의미가 매우 유사하다는 점이 명확해졌다. 이것은 평가, 능력, 활동성의 3차원이 전체 언어와 문화에 걸쳐 단어의 정서적 의미를 비교하기 위해 사용될 수 있었다는 사실을 의미했다.

실제로 프로젝트의 두 번째 단계는 각 문화에 대한 짧은 버전의 SDT를 개발하였고 이는 각 세 요인에 대해 가장 높은 부하량을 보여주는 4개의 지역 척도로 구성되었다. 그러한 축약 버전은 유명한 '정서적 의미 도감(Osgood et al., 1975)'의 기초를 제공한 30개 문화 자료의 바탕이 되었다.

평가에서 '파랑'보다 낮은 점수를 얻었지만, 활동성에서는 점수가 더 높았다. 하위-보편적이라고 불렸던 일부 개념들은 단지 사회의 특정 클러스터(집단)에서만 유사한 의미를 가진 반면, '유일성'이라고 불렸던 다른 개념들은 한 특정 사회 내에서 다른 의미를 보였다. 문화적으로 독특한 의미에 대한 예시는 미국에서의 '공격성'에 대한 비교적 긍정적인 평가이다. Osgood은 그 이유에 대해 이 나라에서의 공격성은 스포츠와 학교에서 경쟁적인 것을 의미하며, 다른 나라에서 일반적인 의미인 '타인에 대한 고의적 상해'를 더 의미하지는 않는다고 하였다. 또 한 가지 예는 인도 델리의 대학생들 사이에서 검정색은 낮은 능력과 높은 활동성을 보인다는 점이다. 현지의 피조사자들은 '검정'을 높은 활동성으로 평가하였고 이것은 검정색의 크리슈나 신과 머리털의 연상에 기인하며, 낮은 능력은 어두운 피부색과 연상되는 낮은 지위로부터 기인했다.

Osgood이 실시한 연구는 어떤 단어의 정서적 의미도 3차원의 측면에서 설명될 수 있다는 사실을 보여주었다. 추후 연구는 그러한 3차원이 우리 언어에서 가지고 있는 많은 정서 단어들의 의미를 찾는 데 사용될 수 있는지 여부를 조사하였다. 예를 들어, Russell(1980)은 실험 참가자들에게 28개의 정서 단어 목록을 주고 그들에게 그 단어들이 가진 유사성과 차이성의 정도를 기반으로 단어를 분류하게 했다. 유사성 평정은 다차원 척도 분석법을 활용하여 분석되었다. 그는 정서 단어의 차이성을 적절하게 설명하기 위해서는 단지 평가와 활동성이라는 두 차원이 필요할 뿐이라는 사실을 알아냈다. 모든 정서들이 이러한 2차원적 공간에 구성되었을 때, '정서 원형 모형'이라고 불리는 원의 형태를 가진 구조가 나타났다. 정서는 긍정적이고 적극적(능동적)(예 : 아주 기뻐하는)이거나, 긍정적이고 수동적(예 : 차분한), 또는 부정적이고 적극적이며(예 : 두려운), 부정적이고 수동적(예 : 슬픈)이다. 비교문화의 확장에서, Russell(1983; Russell, Lewicka & Niit, 1989)은 다양한 언어(중국어, 크로아티아어, 구자라트어, 일본어)에서 2차원적 해법을 찾아냈다. 그럼에도, 정서 차원의 보편성은 정동(affect)이 일상의 경험들을 설명하기 위해 문화 전반에 걸쳐 동등하게 중요하다는 것을 의미하지는 않는다는 사실이 주목되어 왔다(Barrett, Mesquita, Ochsner, Gross, 2007 참조). 예를 들어, 일본인 응답자들은 자신들의 경험에 대한 보고서에서 정서적 상태에 대해 강조하는 빈도가 (미국인 응답자들에 비해) 적은 경향을 보인다(Mesquita & Karasawa, 2002).

　　Fontaine, Scherer, Roesch, Ellsworth(2007)는 언어 전반에 걸쳐 정서 단어의 의미를 보다 자세하게 탐구하였다. 그들은 벨기에(네덜란드어 사용), 스위스(프랑스어 사용), 영국의 참가자들에게 유사성 분류를 요청하는 대신 144개의 정서 구성요소의 28개 정서 용어들을 평정하도록 요청했다. 그들은 Russell(1980, 1983)이 했던 것처럼 2차원적 구조를 발견한 것이 아니라, 오히려 4차원적인 구조를 발견했다. 처음의 3개의 차원들은 근본적으로 Osgood의 SDT 차원 모델을 재연하였지만, 여기에 네 번째 차원, 즉, 예측 불가능성 요인이 추가되었다. 이러한 구조들은 전체 문화 전반에 걸쳐 매우 유사했으며 이것은 해당 연구자들이 서로 다른 언어에서 어떠한 정서 단어가 유사하거나 다소 다른 의미를 나타내는지에 대한 정도를 비교할 수 있게 해주었다.

　　요약하면, 정서 단어의 의미는 정서 차원의 제한된 설정 내에서 포착될 수 있으며, 이것은 문화 전반에 걸쳐 유사성을 보인다. 이러한 보편적 차원들은 미국에서의 '공격적인(being aggressive)'이라는 단어와 같은 정서 의미에 대한 문화 차이를 설명하기 위한 출발점이 될 수 있다. Osgood의 연구에 등장했던 어떠한 차원도 발견되지 않는 문화가 존재할 가능성은 거의 없다. 일부 연구들에서는 오로지 이러한 차원의 선택만을 찾으려 하겠지만(Russell, 1983), 그에 반해 또 다른 연구들은 추가적인 차원을 발견할 것이다(Fontaine et al., 2007).

정서와 언어

차원적 접근은 비교문화 연구자들이 정서 개념의 정서적 의미의 비교를 가능하게 하지만, 한 문화에서의 실제적 정서 경험에 관해서는 정보적이지 못하다. 정서는 평가, 활성화, 능력의 조합으로서가 아니라 오히려 평가, 신체 변화, 행동 성향 및 행동을 포함하는 여러 다른 특징들의 상대적으로 일관된 조합으로 경험되는 것이다. 예를 들어, 분노와 두려움의 경험을 분명하게 만드는 것이 무엇인지 이해하기 위해, 그 두 가지 모두 평가에서는 부정적이고 활동성은 높지만, 분노는 강력한(높은 능력) 반면 두려움은 약하다고 지적하는 것은 충분하지 않은 것으로 보인다. 많은 연구자들은 정서에 대해 차원이라기보다는 뚜렷한 상태나 과정으로서 연구한다. 그러나 이것은 뚜렷한 상태나 과정들이 무엇인지 정의해야 하는 문제를 야기한다.

우리가 이 장의 서두에서 살펴본 바와 같이, 정서는 아주 오랫동안 모호한 정의에 도전해 왔으며, 하나의 정서를 다른 정서와 구별하는 단일 기준은 존재하지 않는다. 그 대신, 많은 연구자들은 서로 다른 정서에 대해 설명할 때 자연어로 회귀한다. 대부분의 언어들은 다양한 정서 경험들을 설명하는 적어도 몇 가지에서 많게는 아주 많은 단어를 보유하고 있다(Russell, 1991 참조). 사람들이 자신이 행복하다거나, 슬프거나, 실망스럽다거나, 부러워하거나, 놀라거나, 자랑스럽다고 말할 때, 심리학자들은 각각의 단어가 독특한 정서 경험을 나타낸다고 생각하는 경향이 있는 것 같다(Sabini & Silver, 2005). 이것은 문화 간 정서를 연구할 때 문제가 될 수 있는데 그것은 언어들이 사용하는 정서 용어가 서로 다르기 때문이다.

민속학자(Ethnographers)들은 다른 언어에서는 명확한 동질성이 발견될 수 없다는 점에서 정서는 문화특수적이라고 설명해 왔다. 이것은 '**문화특수적 정서 개념**(culture-specific emotion concept)'이라고 불렸다. 그러한 기술은 종종 매우 상세하며, 정서 단어의 차이를 문화특수적 의미에 연결시켜 준다. 다른 경우, 타히티에서는 슬픔에 대한 단어가 존재하지 않는 것처럼, 특정 문화에서는 매우 기본적이라고 여겨지는 정서들이 발견되지 않는다(Levy, 1984). Russell(1991)은 기본 정서에 대한 단어가 일부 언어에서 누락된 것에 대해 약 스무 가지의 사례를 담고 있는 요약표를 작성했다.

Lutz(1988)는 미크로네시아의 산호초(환초)인 'Ifaluk'에서의 정서적인 삶에 대해 묘사했다. 그녀는 영어에는 동일한 단어가 없는 2개의 정서에 대해 분석하였다. *fago*(영어에서 연민, 사랑, 슬픔으로 표현되는 단어의 혼합형태)와 *song*('타당한 노여움'이라고 번역되는)이다. 분노(anger)와 마찬가지로, "*song*은 자신이나 타인에게 상처로 인식되는 상황에서 경험하게 되는 불쾌한 정서로 간주된다"(1988, p.156). 하지만 분노와 달리, *song*은 개인적으로 싫어하는 것이라기보다는 사회적으로 비난받는 것을 의미한다. 분노의 형태를 의미하는 다른 단어들도 존재하지만, 그것들은 "정당한 분노나 타당한 노여움(*song*)을 의미하는 분노(anger)와는 명확히 구별되며, 이것은 오로지 도덕적으로 용인되는 분노이다"(1988, p.157). 또 다른 예는 Wierzbicka(예 : 1998)의 정교한 설명으로, 두려워할 대상 없이 두려워하는 것을 의미하는 독일어 *Angst*(불안)와 구체적인 대상을 가지고 있는(무언가를 두려워하는) *Furcht*(두려움) 간의 차이에 관한 것이다. *Angst*는 독일어의 핵심적 용어로서, 삶의 불확실성과 죽음 이후의 삶에 대해 고심하고 있었던, 16세기 신학자 루터의 저술에 뿌리를 둔 기본적인 정서를 나타낸다. 세 번째 사례는 인도에서 사용되는 언어인 오리야어에서 *lajja*라는 단어의 의미에 관한 Menon과 Shweder(1994)의 설명이다. 이 정서를 번역해서 표현할 만한 단일 단어가 영어에는 없는 듯한데, '공손한 규제'로 설명될 수 있다.

문화특수적 정서 개념에 관한 다른 사례들로서, *amae*(제5장 참조)라고 하는 일본어 개념은 자신의 욕구를 탐닉하기 위해 타인의 자비심에 의지하거나 그것을 악용하는 정서를 말하며(Doi, 1973); 일롱고트어(필리핀)의 *liget*이라는 개념은 에너지, 분노, 열정의 정서를 나타내지만, 또한 슬픔의 정서도 나타내며, '사람 사냥(headhunting)' 풍습과도 관련되어 있으며(Rosaldo, 1980); 자바어 *wedi*, *isin*, *sunkan*은 영어의 '수치심(shame)'으로 번역될 수 있고(Geertz, 1959); 말레이어의 *amuk*은 제어할 수 없는 분노의 정서를 나타낸다. 때때로 언어의 특수한 개념들이 다른 언어에서 채택되기도 한다. 예를 들면, amok(미친 듯이 날뛰는)은 현재 영어에서 정식 단어가 되어 있다. 또 다른 사례는 독일어의 *Schadenfreude*(남의 불행에 대한 기쁨)인데, 이것은 100년보다 더 이전에 영어에서 채택되었다.

이러한 관찰에 의해 제기된 핵심 질문은 '정서 경험에 대해 언어적 차이가 의미하는 바가 무엇인가' 하는 것이다. 이 질문은 제8장에서의 Sapir-Whorf 가설(사용하는 언어가 사용자의 사고에 영향을 미친다는 가설)의 특성과 명확하게 관련되어 있다. 상대론자적인 학자들은 보편주의자적인 학자들보다 언어 차이가 더 중요하다고 생각하는 경향이 있다. 예를 들어, Lutz는 특정 문화체제와 특정 사회적·물질적 환경에 의해 정서적 의미는 근본적으로 구조화된다고 주장했다. 이러한 주장은 또한 정서적 경험이 문화 이전에 주어진 것이 아니라 현저하게 문화적인 것이라는 점을 강조한다(1988, p.5). Barrett(2006)은 정서 범주화 견해를 제안하고, "정서 경험에는 문화적 차이가 존재하는데 이는 본질적으로 정서의 범주와 개념의 문화 차이에 기인한다."고 주장했다(2006, p.39). 유사한 맥락에서, Wierzbicka(1999, p.26)는 "2개의 정서가 본질적으로 '같은 정서'에 대한 2개의 다른 사례로 해석되든 아니면 '2개의 별개 정서'에 대한 사례로 해석되든 그것은 그러한 정서들이 해석되는 프리즘을 통해 해당 언어에 매우 크게 의존하고 있으며, 그러한 프리즘은 문화에 의존적이다."라고 주장했다. 언어가 정서 지각과 경험에 관련되어 있다고 제시하는 연구들의 개괄이 Barrett, Lindquist, Gendron(2007)에 의해 제시되었다. 이들은 '맥락으로서의 언어'라고 하는 하나의 가설로서 자신들의 연구 결과들을 요약했다. 이 가설은 "정서 단어(암묵적으로 또는 명시적으로)들은 정서를 지각할 때 얼굴이 나타내는 의미를 제약하는 내적 맥락으로서 역할을 수행한다."고 한다(2007, p.327).

보편주의자적인 학자들은 정서 단어 의미 차이를 인정하는 경향이 있지만, 그러한 차이에 대해 그만큼의 심리적인 의미를 부여하지는 않는다. Frijda, Markam, Sato, Wiers(1995, p.121)는 다음과 같이 주요 핵심 문제를 요약했다. "사물들이 보이는 방식을 구술하는 단어들('정서 단어들')이 존재한다고 가정할 수 있고, 또는 이름이 주어지고 단어가 부여되는 것들('정서들')이 존재한다고 가정할 수도 있다." 많은 보편주의자적 학자들과 마찬가지로, 그들은 두 번째 선택사항에 더욱 찬성하는 경향이 있으며, 비록 어휘가 다르다 할지라도 정서 과정들은 문화 간에 유사할 수도 있다고 생각한다(예 : Ekman, 1994 ; Scherer & Wallbott, 1994). 이러한 논의에서의 입증 책임은 상대론자적인 것보다는 보편주의자적인 태도를 가진 사람에게 더 있는 것처럼 보이는데, 그것은 지금껏 우리가 정서 개념의 의미와 관련된 문화 차이에 대한 많은 사례들을 봐왔기 때문이다. 보편주의자적인 태도에 대한 시험들은 여러 분야의 연구와 더불어 시행되어 왔다.

정서 경험의 보편성에 대한 증거를 찾기 위한 한 가지 방법은 다양한 언어에서 정서가 설명된 방식을 비교하는 것이다. Kövecses(2000)는 다양한 언어의 정서적 비유들을 분석하고 비록 비유의 특정 내용이 달랐다 하더라도 비유 유형에 있어 주목할 만한 유사성이 있다는 결론에 도달했다. 예를 들어, 중국어, 영어, 헝가리어, 일본어에서는 분노가 '그릇 은유'로 설명된다. 사람의 신체는 '그릇'이고 분노는 그릇 속에 들어 있는 뜨거운 물질이다. 이에 대한 예시들은 "그는 분노로 폭발했다(영어)", "분노가 그의 몸속에서 끓고 있다(헝가리어)", "분노가 뱃속 제일 밑바닥에서 끓고 있다(일본어)", "사람의 기가 산처럼 솟아올랐다(중국어)" 등이다. 때때로 이러한 비유들이 한 가지 언어나 문화에 상당히 특정적이라는 사실은 명백하다. 예를 들어, 중국에서의 분노(화)는 과도한 '기'와 연관되어 있으며, 이것은 사람 몸을 따라 흐르는 에너지를 의미한다. 그러나 그와 동시에, 비유들이 중요한 특징들을 공유한다는 사실은 명백하며, 이것은 분노가 매우 유사한 방식으로 경험된다는 사실을 나타낸다.

Fontaine, Poortinga, Setiadi, Markam(2002)은 경험 방법으로 인도네시아(Bahasa 인도네시아어), 네덜란드(네덜란드어) 간의 정서 단어의 의미를 비교했다. 그들 연구의 첫 번째 단계에서, 두 국가 모두에서 광범위한 전형적인 정서 단어들을 수집했다. 그때 120개의 대부분 전형적 용어들은 양국의 학생들이 유사성에 따라 분류했고, 3차원 Osgood 구조를 구성하였다. 이렇게 그들은 지역의 정서 용어들의 작업을 수행하였다. 두 번째 단계에서 그들은 일부 용어들이 두 가지 언어 사이에서 동질적인 언어로 간주될 수 있는지 여부를 확인하기 위해 몇 가지 독립적인 출처(예 : 사전, 2개국어 사용자)를 사용하였다. 42개의 쌍들이 인지적으로 동일한 것으로 판명되었다(즉, 3차원 솔루션에서 같은 공간을 차지했다). 모든 정서 용어들이 분석에 사용되었고, 분석에서 42개의 동일한 용어들이 2개의 집단에서 같은 위치를 나타내며, 다른 용어에 아무런 제약이 가해지지 않았다. 이러한 공통적 해법은 인도네시아와 네덜란드 샘플의 불일치에 대해 87%의 변량을 차지했다. 따라서 동일 구조를 부과하는 것은 두 샘플 모두에게 정서 경험의 '인지적 표상'에는 거의 영향을 주지 못했다.

　보편성을 찾기 위한 또 다른 방법은 문화특수적 정서 단어들이 다른 문화의 구성원들에 의해 이해될 수 있는지 여부를 확인하는 것이다. Frank, Harvey, Verdun(2000)에 의해 그에 대한 연구가 실시되었다. Bedford(1994)가 실시한 중국에서의 수치심에 대한 다섯 가지 유형들에 대한 설명에 따라, 그들은 그러한 독특한 형태를 포착하는 다양한 시나리오를 작성하고(예 : 무력한 느낌, 스스로 망신당한 기분, 숨어버리고 싶은 마음), 그러한 시나리오를 평정할 척도를 준비했다. 이러한 시나리오에 대한 미국 학생들의 응답에 대한 분석은 중국인의 수치심의 다섯 가지 유형의 차이가 크게 복구될 수 있음을 보여주었고 이것은 미국인들도 중국인이 구별한 다양한 수치심을 재인할 수 있다는 것을 알려주었다.

　마지막 접근은 정서 단어의 의미가 아니라 전체 문화에 걸친 정서 경험이나 표현에 대해 살펴보는 것이다. 정서 영역에 있어 언어 차이는 하나의 사실로서 받아들여지고, 경험은 문화 및 언어적 사회 공동체 전체에 걸쳐 비교된다. 정서의 경험적 요소에 있어 유사성이 발견될 때, 이것은 언어 차이가 정서 경험에 대해서는 크게 중요한 것이 아니라는 사실을 의미하는 것으로 해석된다. 정서 경험에 대한 정서 단어의 효과를 직접적으로 시험하기 위해 이러한 접근방식을 활용한 하나의 연구가 Breugelmans와 Poortinga(2006; 글상자 7.3)에 의해 실시되었다. 그들은 멕시코의 Rarámuri 인디언들이 비록 그들의 언어가 그런 정서에 대해 독특한 어휘적 범주를 가지고 있지 않다 할지라도, 수치심과 죄의식이라는 정서에 대해 독특한 경험을 가지고 있다는 사실을 보여주었다. 또 다른 연구는 Van de Ven, Zeelenberg, Pieters(2009)에 의해 행해졌으며, 그들은 영어와 스페인어 모두를 구사하는 참가자들이 비록 그들이 두 가지 경험에 대해 어휘적으로 구분하지 않았다 할지라도 질투에 대한 두 가지 독특한 유형을(부드러운 질투와 악의적 질투로 명명된) 경험한다는 사실을 알아냈다. 네덜란드어, 폴란드어, 태국어와 같은 다른 언어에서는 그러한 정서에 대한 2개의 서로 다른 어휘 범주가 존재한다. Lewis와 Ozaki(2009)는 일본의 정서어 *amae*와 영국의 북부 지역에 알려져 있는 정서어 *mardy*에 대한 경험 사이의 질적 비교를 실시했다. 그들은 경험들이 매우 유사하지만, 정서 평가는 두 가지 문화 사이에 아주 다르다는 사실을 보

글상자 7.3 정서 경험과 정서 단어

사람들은 그들의 언어에 특정 정서를 표현하기 위한 아무런 단어를 가지고 있지 않아도 그 정서를 경험할 수 있을까? Breugelmans와 Poortinga(1996)는, 북부 멕시코의 Rarámuri 인디언들이 비록 그들이 수치심과 죄의식의 두 가지 정서에 대해 단지 하나의 용어(*riwérama*)만 가지고 있다 할지라도 별개의 정서로서 경험하는지 확인하기 위해 세 단계의 연구를 고안했다. 또한 인도네시아의 시골 자바인 집단에 대한 연구를 진행했는데, Rarámuri처럼 그들도 낮은 수준의 정규 교육을 받은 비서양 집단이었지만, 수치심(*isin*)과 죄의식(*salah*)에 대해서는 두 가지 별개의 단어를 가지고 있었다.

첫 단계에서, 저자는 사람들이 Rarámuri에서 *riwérama*를 경험하고, 자바에서 *isin*이나 *salah*를 경험하게 되는 정서 유발 상황을 수집했다. 이 설명들은 번역되었고 네덜란드와 인도네시아 학생들이 다양한 정서가 유발되었는지의 정도를 평가했는데, 그 정서들에는 수치심과 죄의식도 포함되어 있었다. 양쪽 집단 학생들 모두의 평가에는 강력한 유사성이 존재했으며, 이것은 여섯 가지 가장 강력한 수치심 유발 상황 및 여섯 가지 가장 강력한 죄의식 유발 상황, 그리고 여섯 가지 가장 강력한 수치심과 죄의식 동시 유발 상황을 고려하여 진행한 것이었다. 각 설정에 대한 세 가지 상황은 Rarámuri에서 비롯된 것이고 나머지 세 가지는 자바 지역에서 비롯된 것이었다. 이러한 상황들은 다시 지역 언어로 번역되어 세 번째 단계에서 자극으로 사용되었다.

두 번째 단계에서, 그들은 벨기에, 인도네시아, 멕시코, 네덜란드 출신의 유학생 표본에서 죄의식과 수치심을 구별하는 체험적 특성을 확립했다. 학생들에게는 일련의 정서 유발 상황이 제시되었고 그들이 어느 정도의 수치심의 특성과 죄의식의 특성을 경험하게 될 것인지에 대한 질문을 하였다. 다차원적 척도 분석은 죄의식 특성들(예 : 타인에게 해를 끼쳤다고 생각하는 것, 규범을 어겼다고 생각하는 것, 스스로 사과하기를 원하는 것, 스스로 보상하고 싶어 하는 마음)은 명확하게 모여 있었으며, 수치심 특성들(예 : 당신이 관심의 중심에 있다고 생각하는 것, 얼굴을 붉히는 행동, 타인의 시선을 피하고 싶은 마음, 숨고 싶은 마음)과는 완전히 별개의 것이었다. 이러한 '뭉침현상(clustering)'은 문화 표본 전체에서 동일했으며, 이것은 특정한 정서 단어를 사용하지 않고도 Rarámuri인들과 자바인들에 대해 그러한 경험들을 평가하기 위해 사용될 수 있는 죄의식과 수치심 경험의 국제적 기준을 제공했다.

세 번째 단계에서, Rarámuri인들과 자바인들은 2단계에서 사용된 체험적 특성들과 함께 1단계에서 선택된 지역적으로 도출된 상황에 반응했다. 이 집단에서도 유학생 표본과 유사한 방식으로 클러스터가 형성될 것이 기대되었다. 자바인들과 유학생 표본과의 비교는 76%의 특성들에 대해 유사한 구조가 도출되었다. 이것은 수치심과 죄의식의 경험에 있어 상당한 유사성을 나타내는 것이지만 또한, 정규 교육을 받지 못한 비서구 표본에 대한 시험은 서로 다른 방식(즉, 비동일성)으로 기능하는 상당한 개수의 항목(즉, 정서적 특성들)으로 나타난다는 사실을 보여주었다. 유학생들과 Rarámuri인들과의 비교 또한 특성의 64%에 대해 비슷한 결과가 산출되었다. 비록 약간 많은 개수의 항목들이 자바인들과의 비교에서보다 Rarámuri인들과의 비교에서 비동질성을 보였다 하더라도, 2개의 명확한 클러스터가 여전히 자료에서 나타났으며, 이것은 죄의식과 수치심에 대한 경험을 의미했다. 저자들은 "이러한 연구 결과는 정서 어휘에서의 차이가 정서적 특성과 관련한 용어에서 확인된 것과 같은 정서 과정의 증거로 인정될 수 없음을 의미한다."고 결론지었다(Breugelmans & Poortinga, 1996, p.1117).

여주었으며, 그에 반해, *amae*는 사회적으로 수용 가능한 정서로 여겨지지만 *mardiness*(응석부리는 것)은 사회적으로 수용이 불가능한 것으로 받아들여지고 이 말이 표현되었을 때 눈살을 찌푸리게 된다는 사실을 보여주었다.

요약하면, 정서는 전체 문화에 걸쳐 매우 다양한 방식으로 분류되고 많은 문화들이 독특한 의미를 지닌 정서 용어들을 구분한다는 것은 명확한 사실이며, 이것은 아마도 중요하다고 간주되는 특정 문화적 관심사를 반영한 것일 것이다. 그러나 어느 정도의 정서 범주의 언어적 차이가 정서 경험의 차이를 나타내는 것으로 해석될 수 있는지에 대해서는 명확하지 않다(즉, 수행 차이가 능력이나 과정의 차이로 일반화될 수 있는지 여부). 이 절에서 제시된 증거는 어휘 범주의 부재가 경험의 부재를 의미하지는 않는다는 점에서 정서 경험에 대한 강력한 언어적 효과를 거의 지지해 주지 못한다. 그러나 우리가 제시하는 연구를 기반으로, 정서 단어 의미의 미묘한 차이가 사람들이 정서를 경험하는 방식에 영향을 준다는 점은 배제될 수 없다.

정서 요소

서문에서 주장한 대로, 많은 연구자들은 더 이상 하나의 단일 기준에 의해 정서를 정의하려 하지 않는다. 오히려, 그들은 정서 경험에 있어 문화 간 유사점과 차이점을 조사하기 위해 다양한 **정서 요소**(emotion components)들을 활용한다. 이러한 정서 요소들은 정서 이론가들이 정서 과정에 있어 가장 중요한 측면으로 고려하는 것이 무엇인지 나타낸다. 일반적으로 구분되는 구성요소들은 정서를 유발하는 **선행 사건**(예 : 총을 발견함), 상황의 인지적 평가를 나타내는 **판단**(예 : 위험한), 정서를 자극하는 **행동 성향**(예 : 도피), **핵심 정서**(예 : 불쾌), **신체 감각**(예 : 심장이 더 빨리 뛴다), **표정**(예 : 커진 눈, 벌어진 입), 정서에 따른 **행동**(예 : 도망), 정서의 **조절**(예 : 상황의 재평가, 대처) 등이다. 지금까지 다양한 연구들은 정서가 그들의 구성요소 형태를 기반으로 상당히 명확히 구분될 수 있었다는 사실을 보여주었다(예 : Frijda, Kuipers, Ter Schure, 1986; Roseman, Wiest, Swartz, 1989; Scherer, Wallbott, 1994).

Brandt와 Boucher(1985)는 한국, 사모아, 미국의 응답자들과 함께 **정서의 선행조건**(antecedents of emotions)에 관한 연구를 진행했다. 각 국가에서, 피조사자들은 6개의 정서(분노, 혐오, 두려움, 행복, 슬픔, 놀람) 중 하나를 유발하는 사건에 대한 이야기를 기술하도록 요구받았다. 144개의 이야기를 선별하여 번역하고 특정 문화적 참조점과 모든 정서 용어들을 배제했다. 그런 다음, 다른 응답자들에게 일련의 몇 가지 이야기를 제시하고 그들에게 이야기 속 등장인물이 어떤 정서를 경험했는지 지적하도록 요구했다. 문화 간, 그리고 문화 내부 모두에서 이야기에 대한 정서의 할당에 있어 실질적인 합의가 존재했다. 예상과는 달리, 응답자들은 자신의 문화에서 나온 이야기에 대해서 더 잘하지 못했다. 이것은 선행 사건들이 다른 문화 사람들에게도 유사한 정서를 유발한다는 사실을 나타낸다.

평가를 위해, Scherer와 Wallbott(1994)에 의해 37개 국가에서 가장 광범위한 연구가 진행되었다. 평가 자료에 대한 개별 분석에서, Scherer(1997)는 다양한 정서들은 평가유형에서 강력한 차이를 보인다는 사실을 발견했다. 그는 또한 특정한 평가차원(특징)들이 특정한 국가들에서 더 현저하다는 사실을 발견했다. 가장 큰 차이가 발견된 곳은 그 사건이, 만일 한 사람에 의해 야기되었다면, 부적절하거나 부도덕한지 여부를 묻는 항목과 사건의 부당함이나 불공평함에 대해 묻는 항목이었다. 아프리카의 응답자들은 부도덕함과 불공정함에 대해 정서를 더 높게 평가하는 경향을 보인 반면, 라틴아메리카의 응답자들은 부도덕함에 대한 평정이 더 낮았다. Mauro, Sato, Tucker(1992)의 또 다른 연구에서는 중국, 홍콩, 일본, 미국의 응답자들과 유사한 설계를 사용했다. 그들은 표본 간 평가차원이 다르지 않다는 것을 발견하였는데 특히 그들이 보다 근본적 차원이라 칭하는 유쾌함, 주의활동, 확실성, 대처 능력, 목표/필요 기여도 등에서 그러하였다. 가장 큰 차이는 5개의 보다 복잡한 차원 중 3개에서 발견되었다(통제, 책임, 예상되는 노력).

특정 평가에 있어 문화적 차이는 정서의 강도, 정서 평가, 정서 관련 행동에서 현저한 차이를 야기할 수 있다. 가장 좋은 예시 중 하나는 Nisbett과 Cohen(1996)이 실시한 일련의 연구들이다. 그들은 미국 남부 지역에서 소위 '명예 문화(체면 문화)'라고 불리는 것에 대한 상세한 설명(예 : 역사적인 평가, 범죄 기록, 조사 결과)을 제공했다. 그런 다음 남부 지역 출신과 북부 지역 출신 학생들이 모두 모여 있는 미시간대학에서 모욕적인 행동에 대한 반응을 조사하는 몇 가지 연구에서 명예 문화의 일원(미국 남부 지역)이나 비명예 문화의 일원(미국 북부 지역)이 되는 것에 대한 심리적 결과에 대한 실험을 실시했다. 또 다른 연구의 커버 스토리에서, 남학생들은 다른 사람(연구자의 공모자)과 부딪히는 좁은 복도를 걸어가도록 요청받았는데, 그때 그 공모자는 남학생들에게 '멍청한 녀석(asshole)'이라고 욕을 했다. 이벤트가 종료된 후, 종속변수가 측정되었다. 남부 학생들은 분노에 대해 북부 학생들보다 더 높은 주관적인 평가, 코티솔(스트레스 호르몬)과 테스토스테론(공격성과 관련된 다른 호르몬)의 더 많은 증가, 더 강력한 행동반응(예 : 좁은 복도에서 키 191cm에 체중이 114kg인 미식축구 선수에게 길을 비켜주기를 거부함)을 보였다. 따라서 이러한 명예 관련 사례에서 단일 평가의 중요성에 있어서의 차이는 심지어 같은 국가 내에서도 행동에 있어서의 상당한 차이를 야기할 수 있다.

정서에 대한 신체 구성요소는 가장 오래되고 아마도 가장 많이 논의된 정서 경험의 측면 중 하나이며, 이에 대한 초기 연구들은 James(1884)와 Lange(1885)로까지 거슬러 올라간다. 정서에 대한 문헌에서, 생리적 활성화와 경험된 신체 지각은 종종 단일한 구성요소로 받아들여지지만(Mesquita와 Frijda, 1992 참조), 둘 사이의 관계는 전혀 명확하지 않다. Averill(1974)은 정서의 신체적 측면은 실제 생리적 변화보다 문화적 구조와 보다 더 많은 관련성을 가지고 있다고 주장했다. Levenson, Ekman, Heider, Friesen(1992)은 수마트라의 Minangkabau족 사람들에게 고의로 얼굴 근육을 수축해 볼 것을 요청했다(예 : 아랫입술을 아래로 당기기, 코에 주름 만들기). 이런 식으로, 원형적인 얼굴 형태들이 만들어졌는데, 그것들은 행복, 슬픔, 혐오, 두려움, 분노에 상응하는 것이었다. 심장박동 수, 피부전도도, 호흡과 같은 심리생리학적인 변수들이 기록되었다. 비록 형태들이 매우 상세하지는 않지만, 미국에서 발견한 결과와 유사한 정서 특화적 생리반응의 유형들이 관찰되었다.

　Rimé과 Giovanni(1986)는 9개 유럽 국가 참가자들의 네 가지 정서(기쁨, 분노, 슬픔, 두려움)와 함께 보고된 신체 감각들을 분석했다(Scherer, Wallbott, Summerfield, 1986 참조). 각 국가에 대해 유사한 패턴이 발견되었지만, 또한 몇 가지 차이점도 존재했다. 북유럽 출신의 참가자들은 기쁨과 두려움에 더욱 위장의 감각을, 분노에 대해서는 보다 많은 근육 증상을 보고하는 경향을 보인 반면, 남부 유럽 참가자들은 분노와 기쁨, 슬픔에 대해 보다 많은 혈압의 변화를 보고하는 경향을 나타냈다. Hupka, Zaleski, Otto, Reidl, Tarabrina(1996)는 유사한 결과를 보이는 정서가 느껴지는 신체 부위에 대해 5개 국가에서 광범위한 연구를 진행했고 몇 가지 차이점이 발견되었으나, 대체로 국가들 전체에 걸쳐서 패턴은 유사했다. 당황과 관련된 생리적 경험에 대한 비교문화 연구 또한 대부분 유사성을 보고했다(Edelman & Iwawaki, 1987). 신체 감각에 대한 대부분의 연구들은 대학생들과 함께 진행되었다. 서구 문화에 영향을 적게 받은 표본에도 많은 차이점들이 발견되는지 여부를 시험하기 위해, Breugelmans 등(2005)은 벨기에, 인도네시아, 멕시코의 학생들 표본에 더하여, 시골 자바인들(인도네시아)과 Rarámuri 인디언들(멕시코) 사이에서 일곱 가지 정서를 경험한 신체 감각을 연구하였다. 그들이 문화 내부의 정서들 사이의 신체 감각에 대한 현저한 차이를 발견하긴 했다. 비록 더 많은 차이점들이 시골 표본에서 발견되었다고는 하더라도 전체 문화에 걸쳐 강력한 유사성 또한 발견되었다. 차이점들은 주로 개인적인 항목에서 발견되었는데, 예를 들어, 다른 표본들과는 달리, 자바인들은 놀람의 정서로 소름이 돋는 것을 경험했고, Rarámuri 사람들은 거의 대부분의 정서에서 무릎의 취약성을 경험했다고 보고했다.

　주관적인 경험이나 핵심 정서에 대한 문화 간 차이점들은 해석하기 상당히 어려운데 일반적으로 전체 언어에 걸쳐 현저하게 다른 의미를 가질 수 있는 정서 단어들을 이용하여 측정하였기 때문이다. 동아시아 문화에서보다는 서구 문화에서 긍정 정서들이 보다 자주 혹은 더 강하게 경험된다는 증거가 있다. 예를 들어, Kitayama, Markus, Kurokawa(2000)는 미국 학생들이 부정 정서보다 긍정 정서에 대해 더 자주 보고하며, 일본의 학생들은 자유로운 정서(예 : 자부심)보다 대인관계와 관련 있는 정서들(예 : 친근한 느낌)에 대해 더 자주 보고한다는 사실을 발견했다. 동아시아인들은 또한 정서적 스트레스의 측정에 미국인들보다 더 높은 점수를 보이는 경향이 있다(Norasakkunkit & Kalick, 2002). 긍정 및 부정 정서의 경험과 매우 관련성이 높은 주관적 행복에 있어서의 차이는 정서의 문화적 평가의 규범에 의해 가장 잘 설명되며, 그다음이 국내총생산(부자 국가들이 더 높은 행복지수를 보고한다)(Tov & Diener, 2007 참조)이다. 그러므로 비록 응답유형, 그리고 사회적으로 바람직한 응답 또는 정서 단어의 차별적 의미와 같은 혼란스러운 가변성들이 대안적 설명으로 대체하기 어렵다 할지라도, 정서 상태에 대한 문화적 평가는 핵심 정서의 경험에 대해 어느 정도 영향을 미치는 듯하다.

아마도, 놀랍게도, 정서와 관련된 행동 성향이나 행동에 대해서는 비교문화 연구 중 어떤 것도 거의 행해진 바 없을 것이다. Scherer과 Wallbott(1994)의 연구는 언어적 표현, 비언어적 표현, 운동적(행동적) 표현에 대한 일부 항목을 포함하고 있으며, 행동 성향은 Breugelmans와 Poortinga(2006; 글상자 7.3)의 연구와 같은 다른 연구들에 포함되어 있다. Fontaine 등(2006)은 벨기에, 헝가리, 페루에서 수치심 및 죄의식과 관련된 정서 요소를 비교했는데 그러한 요소 중에는 다섯 가지 행동 성향이 존재했다. 참가자들은 일련의 (지역적으로 유도된) 수치심을 느끼는 상황과 죄의식을 느끼는 상황에 대한 반응으로 각각의 요소에 대해 자신들이 경험하는 정도를 평가했다. 전체 상황에 대한 다차원 척도 분석법은 3개국에서 동일하게 나타나는 명확한 수치심-죄의식 구조를 밝혀냈다. 모든 지역에서, 수치심은 시야에서 사라지고 싶은 바람과 더 많이 관련되어 있고 죄의식은 되새기고, 자책하고, 스스로 개선하고, 보상하는 것과 관련되어 있었다.

정서의 음성 표현에 대해서 몇 가지 비교문화 연구가 있었다. Albas, McCluskey, Albas(1976)는 영어와 Cree어를 구사할 수 있는 캐나다의 인디언 응답자들로부터 행복, 슬픔, 사랑, 분노를 표현하기 위해 음성 표본을 수집했다. 이 표현들은 전자 필터링 과정을 통해 정서적 억양은 고스란히 남겨두어 의미상으로 이해할 수 없도록 만들어졌다. 두 언어 집단의 응답자들은 화자들이 의도하는 우연 수준을 훨씬 뛰어넘어 정서를 인지했으나, 수행 결과는 다른 언어에서보다 자신의 모국어에 대해 더 좋게 나타났다. 또 다른 연구에서 McCluskey, Albas, Niemi, Cuevas, Ferrer(1975)는 멕시코인과 캐나다인 아이들(6~11세)을 비교했다. 유사한 절차를 활용해 그들은 멕시코 아이들이 캐나다 아이들보다 더 잘 인지하며, 또한 그들이 캐나다인의 영어 표현에 대해서도 더 뛰어난 식별 능력을 보인다는 사실을 알아냈는데, 이것은 잠정적으로 멕시코인의 언어에서 억양이 더 크고 중요하게 작용하기 때문이다. Van Bezooijen, Otto, Heenan(1983)은 네덜란드, 대만, 일본의 응답자들을 비교했는데, 여기에는 아홉 가지 다양한 정서의 어조로 서로 다른 화자들에 의해 표현된, 네덜란드어로 된 간단한 단일 문구가 사용되었다(즉, 중립적 어조뿐 아니라 혐오, 놀람, 수치심, 기쁨, 두려움, 경멸, 슬픔, 분노를 나타내는 어조). 모든 정서들은 한 가지 예외를 빼고는 3개 집단 모두에서 우연 수준보다 더 높은 수준으로 인지되었지만, 여기에서 네덜란드 응답자들의 점수가 훨씬 더 높았는데, 이것은 세 가지 표본들 간의 문화 및 언어적 차이로 인한 상당한 정보 손실을 의미했다.

정서 조절에 대한 문화 간 비교는 대부분 정서 표현의 제어, 특히 얼굴 표정에 대해 행해졌다. 정서가 표현되는 빈도와 강도에 있어서 문화 간 차이를 설명하기 위해(다음 절 참조), Ekman(1973, p.176)은 **표현 규칙**(display rules)이라는 개념을 도입했다. 이것은 '기대되는 얼굴 표정 관리에 대한 규범'이다. 각각의 문화는 얼마나 강하게 특정 정서를 표현할 수 있는가와 더불어 특정한 상황에서 어떠한 정서가 표현되어야 하는가에 대한 규칙을 가지고 있다. 이 분야의 고전적인 연구가 Ekman과 Friesen(Ekman, 1973)에 의해 실시되었다. 일본과 미국의 학생들에게 각각 개별적으로, 그리고 실험자가 참관하는 상태에서 스트레스를 주는 영화를 보여주었다. 참여자가 의식하지 못하는 가운데 그들의 정서 표현이 기록되었다. 응답자가 혼자 있을 경우에는 동일 영화에 대해 매우 유사한 정서 표현이 발견되었다. 그러나 다른 사람이 함께 참관하고 있을 경우, 일본인 응답자의 경우 미국인들보다 훨씬 적은 양의 부정적인 표정들을 보여주었는데, 이것은 그들이 적극적으로 자신들의 정서 표현을 관리하고 있었다는 사실을 나타낸다.

Matsumoto, Yoo, Fontaine 등(2008)이 실시했던 32개 국가의 5,000명 이상의 응답자들을 대상으로 한 표현 규칙에 대한 비교문화 조사에서, 공적 또는 사적 상황에서 21명의 상호 대응자를 향한 일곱 가지 정서를 느끼도록 했을 때, 응답자들은 자신들이 무엇을 해야 할지 표시하였다. 응답 선택사항들은 다음과 같다. (1) 자신의 느낌보다 더 많이 보여주기, (2) 자신이 느낀 대로 보여주기, (3) 웃으면서 정서 보여주기, (4) 자신의 느낌보다 더 적게 보여주기, (5) 웃음으로써 자신의 정서를 숨기기, (6) 아무것도 보여주지 않기 등이며, 이것들은 확대, 표현, 완화, 축소, 가장, 중립에 각각 해당한다. 그들은 국가 차이로 인한 자료의 변량은 대략 5% 정도에 불과하다는 사실을 발견했는데, 이것은 정서 표현 규칙의 기준이 전체 문화에 걸쳐 상당히 유사하다는 사실을 나타냈다. 차이점들은 전반적인 표현성에 대한 지지(개인주의 국가들은 보다 풍부한 표현을 지지했으며, 특히 긍정 정서에 대해서는 더욱 그러했다)와 내집단과 외집단 환경에서의 특정 정서에 관한 규범에서 발견되었다.

일부 연구들은 하나의 단일 정서 요소만을 평가한 것이 아니라, 동시에 다양한 요소들을 비교하였다. 정서 측정에 여러 정서 요소들을 활용하는 데 있어 한 가지 중요한 이점은 편향에 덜 민감하게 된다는 점이다(제12장 참조). 만일 한 가지 요소에 문화 간 편향이 나타나더라도 다른 측정들이 그렇지 않다면, 이것은 여전히 정서 비교를 허용하는 것이다. 반대로, 오로지 하나의 지표에만 의지하고 있을 때(예 : 정서 단어)에는 어떠한 편향의 존재도 비교의 유효성에 대해 심각하게 위협적인 것이 될 것이다.

이 분야에서 가장 중요한 연구 중 하나에서는 5개 대륙의 37개국에서 응답자들이 일곱 가지 정서(기쁨, 두려움, 분노, 슬픔, 혐오, 수치심, 죄의식)에 대한 다양한 정서 요소, 즉 주관적인 느낌, 생리적인 증상, 표현 행동과 같은 개인적 경험들을 평가했다(Scherer & Wallbott, 1994). 각 정서는 정서 요소들에 대해 독특한 프로필을 보여주었는데, 이러한 프로필들은 전체 문화에서 놀라운 유사성을 보여주었다. 효과의 크기를 보자면 정서의 주요 효과(즉, 정서 요소에 대한 정서 간의 차이)는 국가 간의 차이보다도 그리고 정서와 국가 간의 상호작용보다도 확실히 훨씬 더 컸다. 여기에서 상호작용은 매우 중요한데, 효과의 크기가 크다는 것은 정서에 대한 구성요소 프로필이 문화에 따라 매우 다양하다는 점을 나타내기 때문이다. Scherer와 Wallbott(1994, p.310)는 그들의 연구 결과를 '상이한 정서유형에 대한 높은 수준의 보편성과 정서 유발, 조절, 상징적 표현, 사회적인 공유에 있어서의 중요한 문화적 차이 모두를 가정하는 지지적 이론으로' 해석했다. Matsumoto, Nezlek, Koopmann은 다수준 기법을 활용하여 자료를 재분석하였다. 그리고 그들은 문화 차이의 양에 대해 더 작은 추정치에 도달하게 되었다(<5%). 그들은 "국가나 문화에 의해 설명되는 차이는 매우 큰 것이 아니며, 발견되는 대부분의 변산성은 문화 차이보다 개인에 기인한 것으로 보는 것이 적절하다."라고 결론지었다(2007, p.64).

정서에 대한 비교문화 문헌의 검토는 유사점과 차이점 모두 각 정서 요소에 대해 보고되었다는 점을 보여준다(Mesquita & Frijda, 1992; Mesquita, Frijda, Scherer, 1997). 따라서 극단적 상대주의자적 관념이나 극단적 보편주의자적 관념 모두 지지받지 못한다고 할 수 있다. 개인적 요소에 관한 연구에서 가장 가능성 있는 유형은 정서 요소 프로필에서 상당한 전반적 유사성이 존재한다는 점과 특정 요소나 특정 정서에 대해 차이가 발견된다는 사실이다. Mesquita 등은 정서 요소 차원에서의 유사성은 높은 수준의 일반성에서 발견되는데, 이것은 보다 구체적인 수준에서 차이점을 모호하게 만들 수 있다고 적절하게 지적했다.

표정

어떤 정서 요소도 얼굴만큼 주의를 끌지 못한다. 사실, 정서에 대한 현대의 비교문화 연구는 표정에 대한 Ekman과 Friesen(1969)의 중요한 연구로부터 본격적으로 시작되었다고 할 수 있다. 표현에 대한 현대의 연구들은 모두 Darwin(1872/1998)까지 거슬러 올라간다. 그의 책 인간과 동물의 감정 표현은 다양한 국가에 거주하는 영국인들이 그에게 보내준, 정서가 지역적으로 어떻게 표현되는지에 대한 비교문화적 조사를 기술하고 있다. 그는 그러한 기술들을 비교하며, 정서는 타고나는 것이며 진화의 산물이라는 증거라고 해석했던 놀라운 유사성에 주목했다. 비록 그 책이 당시에 좋은 평가를 받긴 했지만, 종의 기원보다는 훨씬 더 적은 관심을 받아왔다.

정서에 대한 Darwin의 저서에 대해 관심이 줄어든 한 가지 이유는 사회과학 분야에서의 문화 상대주의의 상승이었다. 20세기 전반에 행동에 대한 생물학적 기초가 사회과학자들에게서 도전을 받았을 때, 정서 표현에도 주요한 문화적인 차이가 존재한다는 견해가 크게 인기를 끌게 되었다. Klineberg(1940)와 Birdwhistell(1970)과 같은 저자들에 따르면, 인간 정서의 표현은 사회화 과정에서 획득된다. 인상적인 사례를 인용하면, 전장에서 죽은 사무라이 무사의 아내는 아마도, 슬퍼하기보다는 그것을 자랑스러워하고 미소를 지을 것이다. 그러나 Darwin의 것과 같은 이러한 결론들은 주로 우연한 관찰을 기반으로 하고 있다. 정서 표정들의 보편성에 관한 문제를 시험하기 위해 가장 잘 알려진 연구들은 파푸아 뉴기니의 Fore족에 대해 Ekman이 수행한 것들이다.

Ekman(1980)은 산업화된 국가에서 발견된 것과 유사한 정서 표현 범위를 보여주는 일련의 사진들을 출간했다. 그 사진들은 Tomkins(1962, 1963)의 이론을 바탕으로 선별되었는데, 그 이론은 중추신경계 활동과 얼굴 근육 수축 사이의 관계를 제안했다. Ekman과 Friesen(1969)은 대부분의 표정들이 하나 이상의 정서들의 혼합형태를 반영한다는 사실에 의문을 가졌다. 그러나 소위 **기본 정서**(basic emotions)라고 불리는 일부 정서들에 대해 얼굴 근육의 특징적인 패턴이 존재해야 했다. 그들은 행복, 슬픔, 분노, 두려움, 놀라움, 혐오라고 하는 섞이지 않은 정서를 보여주는 사진들을 선별했다. 나중에 하나의 뚜렷한 근육 패턴은 '경멸'이라고 하는 일곱 번째 표정으로 구분되었다(Ekman & Friesen, 1986).

최초의 비교문화에 관한 실질적 증거는 5개 사회(미국, 브라질, 칠레, 아르헨티나, 일본)의 응답자들에게 6개의 정서를 표현하는 사진을 보여주고 얻어낸 것이다. 참가자들은 각 사진에 표현되는 여섯 가지 정서 중 하나의 정서 용어를 선택해야 했다. 정확한 식별에 대한 전반적인 비율은 매우 높았으며, 여섯 가지 정서에 대한 결과를 통합하였을 때 문화 간 의미 있는 차이는 발견되지 않았다(Ekman & Friesen, 1969). 비록 이것이 문화특수성에 강하게 반대된다 하더라도, 미국 영화나 다른 문화 상품에 이미 사전 노출이 이루어졌기 때문에 미국 사진의 정서 내용이 다른 국가에서도 인식될 가능성은 여전히 존재했다(즉, 문화적 확산).

대안적인 설명을 배제하기 위해, 연구는 서양의 시각 자료와 서양 사람으로부터 격리된 집단으로 확대되었다. 한 유명한 연구가 파푸아뉴기니에 있는 부족 집단인 Fore에서 실시되었다. 두려움과 놀람 사이의 혼돈을 떠나, (서양) 얼굴 표정의 의미에 대해 Fore 사람들과 서양 응답자들 사이의 합치율은 성인 표본에서는 80% 정도로 높은 편이었고 아이들에게서는 90%나 되었다(Ekman & Friesen, 1971). 반대 경우에 Fore에서 얼굴 표정을 촬영해 나중에 미국의 학생들에게 보여주었을 때 유사한 결과가 나타났는데, 높은 비율의 합치율을 보였지만, 또다시 두려움과 놀람 사이에는 혼동이 있었다. 이 연구는 나중에 서부 Irian 지역(서부 뉴기니)에 살고 있는 Dani족에 대해서도 반복되어 실시되었다. 또다시 결과는 산업화된 도시세계에서와 마찬가지로 정서의 기본 얼굴 표정들이 그와 유사한 방식으로 해석되었다. 그러나 비교문화 자료를 바탕으로 한 보편성에 대한 해석은 확실한 것이 아니었다.

　전반적인 재인률은 사전에 서양 문화를 덜 접해 본 응답자에게서 더 낮은 경향이 있다는 사실에 대해 대부분의 토론이 이루어졌다(글상자 7.1 참조). Fore 부족에 대한 연구에서, 합치율은 학생 표본을 이용한 Ekman과 Friesen(1969)의 이전 연구와 대부분 유사했다. 그러나 과제는 여섯 가지 정서 단어 중 선택한 것에서 세 가지 정서 시나리오(정서가 유도되는 상황에 대한 짧은 설명) 중 하나를 선택하는 것으로 단순화되었다. 분명한 문제는 어느 정도 낮은 재인율이 검사 방법의 인공물(예 : 자극에 대한 문화적 특이성)을 반영하는가, 또는 정서에 있어서 실제적인 문화적 차이 요인을 반영하는 것은 어느 정도인가에 관한 것이다. 이 문제를 조사하기 위해 고안된 연구들은 명확한 결과를 산출해 내지 못했다(예 : Boucher & Carlson, 1980; Ducci, Arcuri, Georgis & Sineshaw, 1982). 특정 정서에 대한 재인의 용이성에서는 적어도 몇 가지 문화적인 차이가 드러난다. 또 다른 방법론적 요인은 아마도 얼굴의 유래일 것이다. 문화 내부와 문화 간의 정서 인식에 대한 메타분석에서, Elfenbein과 Ambady(2002)는 정서 인식 연구에서 내집단의 유리함에 대한 증거를 찾아냈다. 정서는 보편적으로 우연 수준보다 더 높은 수준으로 인식되지만, 정서가 같은 국가나 민족, 지역집단의 구성원에 의해 표현되고 인식될 때, 정확도는 더 높아진다.

　Haidt와 Keltner(1999)는 미국과 인도의 응답자들에게 14개의 표정에 대해 설정된 사진들을 보여주었다. 거기에는 기본 정서 외에 수치심, 당황, 연민과 같은 다른 정서들도 포함되어 있었다. 응답자들은 자유 반응을 하도록 요청받았고(어떤 정서가 표현되고 있나요?), 또한 '위에 없음(none of the above)' 대안을 포함하여 강제선택 형식('목록에서 정서를 선택하시오')으로 사진을 제시받았다. 비록 방법적 차이가 중요하다 할지라도, 연구 결과는 이전 결과들이 완전히 방법적 임의에 의한 것은 아니라는 사실을 보여주었다. 일곱 가지 기본 정서 중 여섯 가지는 일곱 장의 최고로 인식이 잘되는 사진에 포함되어 있었다. 표정에 관한 연구는 기본 정서에만 국한된 것은 아니었다. 10개국(에스토니아, 터키, 일본만큼 멀리 떨어진 국가들)에 관한 연구에서 Ekman, Friesen, O'Sullivan 등(1987)은 또한 혼합된(또는 뒤섞인) 정서 표현들이 전체 문화에 걸쳐서 인식된다는 사실을 증명했다. 또한 자부심에 대한 자세의 표현도 전체 문화에서 인식되는 것처럼 보인다(Tracy & Robins, 2008).

어떤 정서 표현이 정보로 사용되는가는 문화마차 차이가 있을 수 있다. Masuda 등(2008)은 일본 사람들은 특정 개인이 경험하는 정서를 평가할 때 주변 사람의 정서 표현을 고려한다는 것을 보여주었다. 반면에, 미국인 참가자들은 단지 개인에 의해 표현되는 정서를 살펴보는 경향이 있다. 그들은 참여자들에게 일련의 만화그림을 제시하여 이를 실험하였는데 중앙의 한 인물이 주변에 같은 정서를 표현하고 있는 사람들에게 둘러싸여 행복하거나 슬프거나 중립적인 상태에 있는 것을 묘사하였다. 일본인 학생들의 평가에서는 구경꾼들(주변인들)에 의해 표현된 정서가 목표 인물이 경험하는 정서의 평가에 영향을 미쳤지만 미국인 학생들은 그렇지 않았다. 두 번째 연구에서, 그들은 그림을 평가할 때 어디를 응시하는지 살펴보기 위해 '시선 추적(eye-tracking)'을 사용했다. 그들은 일본인들이 실제로 주변 사람들의 얼굴을 더 많이, 더 오래 살펴보고 그다음에 목표 인물의 얼굴을 본다는 사실을 발견했다.

요약하면, 정서 요소에 대한 비교문화 연구는 현저하게 일관된 패턴의 결과를 보여준다. 거의 예외 없이, 각 구성 요소들은 정서 경험의 보편적이고 문화특수적 측면에 대한 증거를 보여준다. 그러나 비교문화의 차이 정도는 제한적이다. 일반적으로 자료의 약 5%의 변량이 문화에 의해 설명되며, 정서 간 차이와 개인 간의 차이가 그보다 훨씬 더 중요하다. 이 말은 정서 요소 프로필의 패턴은 전체 문화에서 유사하며, 그러한 문화적인 차이들은 주로 특정 항목이나 정서에서 발견된다는 것을 의미한다. 그러나 이것이 문화의 차이가 무의미하다는 것을 뜻하지는 않는다. 특정 정서의 평가나 특정 평가의 중요성(예 : 명예)에 대한 차이가 사람들의 행동방식에 중요한 차이를 만들 수 있다. 이와 마찬가지로, 표정과 특정 정서의 범주 사이에 일관되고 보편적인 관계에 대한 강력한 증거가 존재하지만, 문화특수적 표현 규칙은 사람들이 누군가의 정서 상태에 대한 정보로 얼굴 표정을 다루는 방식뿐 아니라 특정 상황에서 정서가 표현되는 방식에도 영향을 미친다.

결론

이 장에서 우리는 정서가 전 문화에 걸쳐 어느 정도 유사하거나 다르다고 보아야 하는가라는 질문에 답하는 것을 목표로 하는 다양한 연구를 검토해 보았다. 우리는 정서의 기초 차원들, 정서와 언어, 다양한 정서 요소 및 표정에 대해 살펴보았다. 이 장의 간단한 결론은 정서의 모든 측면들은 보편적이고 문화특수적 측면을 모두 가지고 있다는 사실이다. 비록 이러한 결론이 명백한 사실이라 할지라도, 그것은 또한 매우 불만족스러운데 그 이유는 그것이 우리에게 문화의 유사점과 차이점의 본질이나 상대적인 수준에 대해서는 거의 말해주는 바가 없기 때문이다. 글로벌적인 관점에서, 이 장에서 나타나는 증거는 보편적인 관점을 더 지지하는 것처럼 보인다. 정서의 기초를 이루는 차원, 정서 요소의 프로필, 정서와 관련된 얼굴 표정 모두 문화 간의 차이를 거의 보여주지 못한다. 문화 간의 차이들은 대개 표현에 대한 개인적인 항목, 요소 및 규칙에서 발견된다. 그러나 면밀히 조사해 보면, 문화적 차이는 점차 더 중요해지고 있다. 우리는 지금까지 문화가 사람들이 사용하는 정서 범주에서 실질적으로 어떻게 다를 수 있고, 명예의 평가에서의 특정한 차이들이 어떻게 후속적인 행동에 중요한 영향을 미칠 수 있는지, 어떻게 문화가 특정 형태의 정서 경험과 표현을 강조할 수 있는지(예 : 긍정적인 정서)에 대해 살펴보았다. 이러한 차이들은 확실하게 사람들의 일상적인 경험과 정서에 영향을 미친다.

주요 용어

주관적인 문화 • 정서적 의미 • 문화특수적 정서 개념 • 정서 요소 • 정서의 선행조건 • 표현 규칙 • 기본 정서

추천 문헌

Darwin, C. (1872/1998). *The expression of the emotions in man and animals*(3rd edn.). London : HarperCollins.
　Darwin의 정서 표현의 보편성에 대한 고전적 연구(Paul Ekman의 논평 있음).

Ekman, P. (ed.) (1982). *Emotion in the human face* (2nd edn.). Cambridge : Cambridge University Press.
　포괄적 검토 및 비교문화 연구의 구성적 정서 이론에 대한 고전적 소개.

Mesquita, B., Frijda, N. H., and Scherer, K. R.(1997). Culture and emotion. In J. W. Berry, P. R. Dasen and T. S. Saraswathi (eds.), *Handbook of cross-cultural psychology, Vol. II, Basic processes and human development*(pp. 255-297). Boston : Allyn & Bacon.
　비교문화 연구의 구성요인. 정서 이론의 포괄적 검토 및 고전적 소개.

Russell, J. A.(1991). *Culture and the categorisation of emotions. Psychological Bulletin*, 110, 426-450.
　다양한 문화권에서 정서 언어 분류에 대한 개요.

8 | 언어

동물의 다른 종과 비교하여, 인간의 언어는 매우 독특한 기능을 지니며, 매우 효율적인 방법으로 복잡한 정보 교환을 가능하게 해준다. 언어와 관련된 심리 연구에 대해 여러 관점들이 존재하며, 여기에는 언어의 생산과 이해(청취, 발화, 기억), 그리고 작문과 독서를 통한 의사소통의 직접적인 수단의 사용이 포함된다. 이러한 모든 관점들에 있어, 문화 간의 차이가 관찰될 수 있다. 이 장에서 우리는 문화 간의 심리언어학적인 연구, 즉 다양한 단어와 문법규칙하에서의 언어 간의 공통성이라는 주요 주제를 다룬다.

첫 번째 절에서, 언어 상대성을 제시하고 발화가 인간의 사고에 어느 정도 영향을 미치는가 하는 문제를 다룬다. 우리는 지금까지 집중적으로 언어 상대성에 관한 많은 논의가 진행되었던 두 가지 주제, 즉 색깔의 인식과 분류, 공간의 지향에 대해 살펴본다. 우리는 경험적 비교문화 연구에 바탕을 둔 상대주의와 반론의 사례를 제시한다. 두 번째 절은 보편주의적 접근, 특히 보편 문법의 개념에 관한 것이다. 또다시, 찬성하는 증거와 도전들이 제시된다.

언어 상대성

사고와 언어는 긴밀하게 연결되어 경험된다. 우리에게 생각할 언어가 없다면, 도대체 어떻게 사고할 수 있는지 상상하기조차 힘들다(Hunt & Agnoli, 1991). 그러므로 서로 다른 언어를 말하는 사람들은 다른 방식으로 생각하는지의 의문이 제기되어 왔다는 사실은 그리 놀라운 일이 아니다. 상대론적인 관점에서, 가정하고 있는 '문화특수적인 세계의 구상'은 언어로 부호화되어 있다. 심리적 과정은 언어를 통해 해석되고 다른 사람에게 전달되고 또한 창조된다(Fontaine, 출판 중). 따라서 언어 상대성(linguistic relativity)의 개념은 언어의 특성과 그 언어를 사용하는 사람들 사이에서 발견되는 사고와 밀접한 관계가 있다는 사실을 의미한다. 이러한 생각은 오랜 역사를 가지고 있지만, 오늘날은 대개 언어학자인 Whorf 이후 Whorf의 가설(Whorf 's hypothesis)로 설명하거나, 또는 Whorf와 더 일찍 유사한 생각을 시작했던 문화언어학자인 Sapir 이후로 'Sapir-Whorf의 가설'로 다루어진다. Whorf(1956, p.212)는 "각 언어의 배경 언어체계(즉, 문법)는 단순히 생각을 발성하기 위한 재생 도구가 아니라, 오히려 그 자체로 하나의 생각 형성 도구이며, 개인의 정신적 활동을 위한, 개인의 느낌에 대한 분석을 위한, 개인의 정신적 거래물의 통합을 위한 프로그램이며 안내자(가이드)이다."라고 언급하고 있다. 이 인용 글에서, 언어는 생각과 사고를 소통하기 위한 하나의 수단일 뿐 아니라 본질적으로 그것의 형성에도 관여하는 것이 분명히 드러난다.

　Whorf는 자신의 언어 상대성 이론을 표준적 평균 유럽(SAE) 언어와 아메리카 원주민 언어의 비교에 근간을 두고 있었다. 영어, 프랑스어, 이탈리아어와 같은 유럽 언어 사이에서 Whorf는 매우 많은 공통점을 발견했으며, 그에 따라 SAE라는 용어가 만들어졌다. 다른 종류의 언어와 유럽의 언어들을 비교해 보면 주요한 차이들이 나타난다. 한 가지 예가 Hopi 인디언들 사이의 시간관념이다. Whorf(1956, p.57)는 Hopi어를 사용하는 사람은 시간에 대해 '우주의 모든 사물이 미래, 현재, 과거와 같은 속도로 부드럽게 흐르는 연속체'로서의 일반적 의미를 가지고 있지 않다. Hopi어는 주로 과거, 현재, 미래 사이를 구별짓는 것이 아니라, 명백히 보이는 것, 또는 객관적인 것, 그리고 명백하지 않은 것, 또는 주관적인 것을 구별한다. 명백한 것은 감각으로 접할 수 있는 모든 것, 즉 과거와 현재의 물질적인 세상을 의미한다. 명백하지 않은 것은 미래를 포함하고, 뿐만 아니라 마음 속에 존재하는 모든 것[Hopi족은 이것을 '마음(heart)'이라고 표현한다]과 종교와 마술의 영역을 포함한다. Hopi어의 동사에는, '자러 가다'와 같은 징후의 출현에 대한 형태가 있다. 그러나 영어에서 현재 시간을 나타내는 대부분 표현들은 '명백한' 영역에 속하며, Hopi어에서는 그것이 과거와 구별되지 않는다.

　시간에 대한 SAE 개념은 또한 복수 형태와 숫자 사용에서 나타난다. 영어를 사용하는 사람은 10명의 사람에 대해 말하는 것만큼 쉽게 10일에 대해서도 말할 수 있다. Whorf는 10명이 하나의 집단으로 인식될 수 있다는 점을 지적했다. 10일은 객관적으로 경험될 수 없는데, 그 이유는 우리는 단지 오늘만 경험할 수 있기 때문이다. '10일'과 같은 표현은 Hopi어에서는 발견되지 않는다. 10일이 지난 후 그날에 대해서 언급이 이루어진다. 10일 동안 머무는 것은 열한 번째 날이 될 때까지 지내는 것으로 표현된다. Hopi어에서 시간의 길이는 "차후에 두 사건 사이의 관계로 여겨진다. 우리가 '시간'이라고 부르는 의식의 자료에 대해 언어적으로 추진하는 객관화 대신, Hopi어는 시간의 본질인, 주관적인 '나중이 되는 것'을 숨기는 어떠한 패턴도 규정하지 않았다"(Whorf, 1956, pp.139-140). 이 예시는 Whorf가 언어 상대성의 원리를 문법적 특징의 수준까지 확장해서 그것들을 언어의 화자들에 의해 공유되는 문화적인 주제로 간주했다는 사실을 보여준다.

　일부 Whorf의 글들은 상당히 상세하게 제시되었는데, 그것은 그의 글이 많은 사회과학자들과 언어학자들에게 호소하는 바가 있었기 때문이다. 우리가 보는 바와 같이, Whorf의 가설은 많은 연구들을 주도해 왔다. 하지만 동시에, 그의 해석이 기초하고 있는 증거는 일화적이라는 사실을 주목해야 한다. Hopi족 사람들이 SAE의 화자들이 하는 것과 대체로 똑같이 과거, 현재, 미래를 구별할 수 있는지에 대해서는 Whorf에 의해 확실히 증명되지 않았다. 다른 연구자들 중에서, Lenneberg(1953)는 사고에 있어서 문화 차이에 대한 강한 추론에 이르게 하는 Whorf의 해석방법에 대해 비평했다. 차후에 언어 상대성의 본질을 더 구체화하기 위한 시도들이 이루어졌다. 중요한 차이가 사전적 또는 의미론적인 수준과 문법이나 구문론적인 수준 간에 존재한다(예 : Fishman, 1960). 언어가 지각과 인식에 미치는 영향과 언어적 의사소통에 미치는 영향 간에 또 다른 차이가 있었다.

　문법의 언어 상대성에 대한 몇 가지 초기 실험적 연구 중 하나가 Carroll과 Casagrande (1958)에 의해 실시되었다. 그들은 사물의 형태나 다른 특징의 참조여부에 따라 동사의 활용이 달라지는 (아메리카 원주민의) Navajo어의 특성을 사용하였다. 그들은 Navajo어를 사용하는 어린이들에게 일찍이 형태에 대한 개념이 나타날 것이라는 가설을 세웠다. Carroll과 Casagrande는 Navajo어를 사용하는 아이들이 영어를 사용하는 Navajo 태생의 아이들보다 사물을 구분하는 기준으로 색깔보다는 형태를 사용한다는 사실을 알아냈다. 그러나 영국계 미국인 아이들의 통제집단이 Navajo어를 사용하는 응답자들에게 적용한 가설의 방식으로 사물을 분류하는 데 있어 더욱 강한 경향을 보였기 때문에 이러한 Whorf의 가설에 대한 지지는 많은 의미를 상실했다. 글상자 8.1에 몇 가지 다른 연구의 사례를 나타내었다.

　문법적 수준에서 Sapir-Whorf의 가설에 대한 증거는 매우 부정적이었다. 물론 그것은 의

글상자 8.1 동사에 있어서의 반사실성과 그 결과

한 연구(Bloom, 1981)에서는 영어와 중국어 사이의 특정 차이에 대해 집중했다. 영어는 진술이 반사실적이라는 것을 나타내는 조건적 구성을 가지고 있다. "만일 내가 프랑스어를 알고 있다면, Voltaire의 작품을 읽을 수 있을 텐데."라는 문장은 화자가 프랑스어에 대해서 알지 못한다는 것을 의미한다. 청자는 그러한 명제가 거짓이고 문장의 의미는 반사실적이라고 추론한다. 중국어는 그러한 표현에 대한 조건부적 모드를 가지고 있지 않다. 만일 청자가 사전 지식을 가지고 있지 않다면, 문장은 명백한 부정이 선행되어야 한다. 예를 들어, "나는 프랑스어를 모른다. 만일 내가 프랑스어를 안다면, 나는 Voltaire를 읽을 수 있을 것이다."라고 해야 한다. Bloom에 따르면, 반사실적 표지의 부재는 중국어 화자의 반사실적 사고 능력에 부정적인 영향을 미친다.

그는 중국어와 영어를 사용하는 응답자에게 잘못된 명제를 따라 반사실적인 의미가 함의된 이야기를 제시했다. 반사실적인 것들은 영어 버전의 조건문 형식에는 제시되었지만, 중국어 버전에는 제시되지 않았다. Bloom은 반사실적인 사건들이 실제로 발생했는지에 대해 물었을 때, 상당한 차이를 발견했다. Bloom(1981, p.29)의 의견에 따르면, "언어 형식의 차이가 영어 화자가 중국어 화자와는 반대되게 세계를 분류하고 인지적으로 조절하는, 방식의 차이를 일으키는 원인이다."

유사한 실험을 실시한 Au(1983, 1984)의 결과는 Bloom이 획득한 결과에 대한 직접적인 모순을 나타냈다. 그녀는 영어와 중국어의 화자 간에 거의 차이점을 발견하지 못했다. 영어에 최소한으로 노출된 중국어 화자들과 실험한 Liu(1985)는 더 많은 증거를 보고하였다. 그는 다양한 학년의 학생들과 다양한 표시를 활용하여 교육 수준, 발표와 이야기 내용은 수행 수준에 대한 결정적인 변수라고 결론지었다. 그러나 반사실 언어 표시에 대한 어떠한 비교문화적 효과도 발견하지 못했다.

단일 언어 내에서 반사실성의 두 가지 수준이 조작될 수 있는 또 다른 연구가 Vorster와 Schuring(1989)에 의해 보고되었다. 그들은 세 가지 언어, 즉 영어, Afrikaans어, 북부 Sotho어인 Sepedi어를 사용하는 남아프리카 공화국의 응답자들에 대해 반사실적인 진술이 담긴 이야기를 제시했다. 표본은 3학년, 5학년, 7학년 학생들의 것으로 구성되었다. Vorster와 Schuring은 Sepedi어를 사용하였는데, 이 언어에는 반사실성을 표현하는 두 가지 모드가 존재하며 그중 하나는 나머지 하나보다 더 강하다. 또한 2명의 저자들이 자극으로 사용한 이야기에서 반사실적인 진술뿐 아니라 사실적 진술에 대해서도 질문을 했다는 사실은 주목할 만하다. 그들은 만일 사실적 진술에 대한 반응의 집단 간 유사한 차이가 나타나지 않았다면, 이 차이가 반사실성의 효과라고 할 수 없다고 주장했다.

실험 결과에서는 사실적 진술에 대한 올바른 반응 비율이 매우 높았는데, 심지어 가장 어린 아이들의 경우에서도 그렇게 나타났다. 반사실적 진술은 높은 비율의 오답을 유발했고, 특히 어린 아이들의 경우 높게 나타났다. 중요한 발견은 보다 덜 강력한 반사실적 단서를 제공하면 Sepedi어를 사용하는 아이들은 Afrikaans어와 영어를 사용하는 배경의 아이들과 유사한 패턴의 결과를 보여주었지만, 반면에 좀 더 강력한 단서를 제공할 경우, 정확한 응답의 비율은 Sepedi어에서 훨씬 더 높게 나타났다는 것이다. 두 가지 같은 이야기 버전에 대한 Sotho어 사용자의 반응 차이가 의미하는 바는 특정 사례에서 반사실성이 진술되는 방식은 사고의 일반적 모드라기보다 결정적 요인으로서 보아야 한다는 것이다. 이것은 명확하게 Whorf의 가설에 모순되는 것이었다.

미적 수준에 대해 많은 것을 말해주지는 않았다. 표시 형식으로 된 언어는 기억 속 표현의 조직화와 회상에 영향을 미친다(예 : Santa & Baker, 1975). 여러 언어에 걸쳐 단어 의미의 차이에 대해 수많은 예들이 존재한다. Inuit어는 SAE 언어에서 'snow'란 단일어로 나타내어지는 의미론적 범주에 대해 2개의 단어를 가지는 것으로 나타났다.[1] 반면에, Aztec 사람들은 SAE 언어에서 차가운(cold), 눈(snow), 얼음(ice)이라는 의미로 사용되는 단 하나의 단어를 가지고 있다. 이것은 두 가지 예상을 이끌어낸다. 첫째, 아마도 특정 범주에 대한 단어의 가용성은 외부 세계에서 특정 뉘앙스를 구별하는 것을 더 쉽게 해줄 것이다. 둘째, 특정 범주에 보다 많은 단어들이 이용 가능하다는 것(가용성)은 보다 큰 의사소통의 용이함으로 이끌어주어야 한다. 만일 단어들이 부호로서 받아들여진다면, 주어진 범위의 현상에 대해 많은 수의 단어들이 보다 정확한 '부호화 가능성(codability)'을 시사한다.

다음 두 가지 세부 항목에서는 Whorf 가설에 대한 시험의 근거로서 사용되었던 '색깔 범주의 이름에 대한 문화 간 차이와 공간적 참조 틀에 대한 문화 간 차이'라고 하는 두 가지 영역에 대한 비교문화적 연구를 보다 자세히 조사해 본다.

색깔의 부호화 및 분류

색깔은 인간 관찰자의 인상이나 감각뿐 아니라 사물의 물리적 품질이기도 하다. 한편, 각각의 색깔은 뚜렷하게 지배적인 파장의 길이(색조)인 물리적 품질의 측면에서 명확히 정의될 수 있다. 다른 한편, 응답자에게 색깔의 이름을 대거나, 색깔을 기억하거나, 색깔의 분류(color categorizations) 등을 하도록 요청할 수 있다. 그때 물리적인 측정은 심리적 보고와 관련시킬 수 있다. 이것은 Whorf의 가설을 시험하기에 매우 적합한 색깔의 영역을 만들어낸다. 이번 절에서 보게 될 것처럼, 그러한 관련성은 문제가 없지 않다. 초기 연구에서, 색깔 용어는 특정 문화의 사람들이 무엇을 지각했다고 생각하는지에 대한 지표로 여겨졌다. 이후에는 가시적 색의 전체 범위를 나타내는 여러 칩 세트들이 사용되었다. 그중 가장 친숙한 것이 'Munsell 시스템'이며, 거기에서는 세 가지 변수, 즉 색상, 채도, 밝기(또는 명암값)에 따라 색깔이 구분된다.

색깔 이름에 있어 언어의 매개를 주장한 저자 중 한 사람이 Ray(1952)였으며, 그는 아메리카 원주민과 함께 진행한 그의 연구에서 각각의 문화는 가시 스펙트럼을 물리적으로 매우 임의적인 단위로 나눈다고 결론지었다. 그는 심지어 유명한 파란색과 초록색 사이의 혼동조차 거부했으며, 그것을 분류에서의 낮은 민감성보다는 높은 민감성으로 인

---

[1] Inuit가 눈에 대해 '몇 가지'단어를 가지고 있다는 사실은 도시 전설(근거가 없음에도 사람들 사이에 널리 퍼진 이야기)로 나타난다(Pullum, 1989).

한 것이라고 생각했다. 서구 문화가 오로지 파란색과 초록색만을 사용한다면, 다른 곳에서는 세 가지 방식의 분할을 발견했다. 이때 중간 영역은 청록색으로 인지하는 것이 아니라, 별도의 색깔로 인식된다. 그러나 지금까지 Ray의 관찰에 대한 더 이상의 경험적인 검증은 없었다.

Brown과 Lenneberg(1954)가 '부호화 가능성'이라는 용어를 도입함으로써 새로운 분야에 대한 연구가 시작되었다. 이것은 (1) 색깔 칩의 이름 지정, (2) 이름의 길이, (3) 이름 지명에 있어 반응 잠재시간에 대해 부합하는지 여부에 관한 복합적인 측정이었다. 부호화 가능성이 큰 색깔들이 더 잘 기억되고 인식과업에서 보다 쉽게 인지될 것으로 예상되었다. 미국에서는 일부 긍정적인 결과도 발견되었지만, 연구가 타 지역에서 반복해서 실시되지는 않았다. Lantz와 Stefflre(1964)는 일명, '소통 정확도(communication accuracy)'라고 하는 또 다른 측정을 제안했다. 그들은 청자들에게 그들에게 제시된 색상 용어를 기준으로 하여 색깔의 배열에서 특정 칩을 식별하도록 요구했다. 일부 용어들은 다른 용어들보다 더 정확하게 식별된다는 사실이 밝혀졌다. 재인 실험에서 사용되었을 때, 보다 더 정확하게 소통할 수 있는 용어들이 더 잘 인식되었다. 따라서 이 실험은 소통과 기억에 대한 언어의 영향을 보여주었다.

언어 상대성 가설은 Berlin과 Kay(1969)의 근본적인 도전을 받았다. 이들은 샌프란시스코 지역에 거주하는 이중언어를 사용하는 응답자들에게 자신들의 모국어로 **기본 색깔 용어**(basic color terms)를 만들어볼 것을 요구했다. 기본 용어는 (1) 모노렉시믹(monoleximic), 즉 '레몬색'처럼 그 의미가 단어 일부가 가진 의미에서 파생되지 않을 것, (2) 그것이 나타내는 색깔이 또 다른 색깔 용어에 포함되지 않을 것(예 : 진홍색은 붉은색의 일종이다), (3) 색의 사용이 사물의 특정 부류에 한정되지 않을 것, (4) 심리적으로 두드러져 보일 것 등 네 가지 주요한 특징을 가지고 있었다. 이들은 여러 지표, 즉 정보 제공자들의 참조 안정성 및 사용 사례로 평가되었다.

기본 색깔 용어들의 목록을 제시받은 후, 각 참가자들에게 329개의 다양한 색깔이 칠해진 Munsell 시스템의 칩과 함께 판넬이 주어지고, 이전에 이미 만들어졌던 각각의 용어에 'X'를 표시하게 했는데, 그것들은 (1) 모두 다 'X'라고 불릴 수 있는 칩이며, (2) Munsell의 표시에서 최고의 그리고 가장 전형적인 'X'의 예시였다. 응답자들은 자신이 스스로 창조해 낸 용어들로 작업했다는 사실에 주목할 필요가 있다. 실험자는 특정 용어에 의해 어떤 색상이 나타났는지 알지 못했다.

20개 언어를 사용하는 응답자들의 결과는 그림 8.1에 요약되어 있다. 도표는 기본 색깔에 대해 가장 전형적인, 또는 초점이 맞추어진 칩들이 깔끔하게 무리를 이루고 있음을 보여준다.

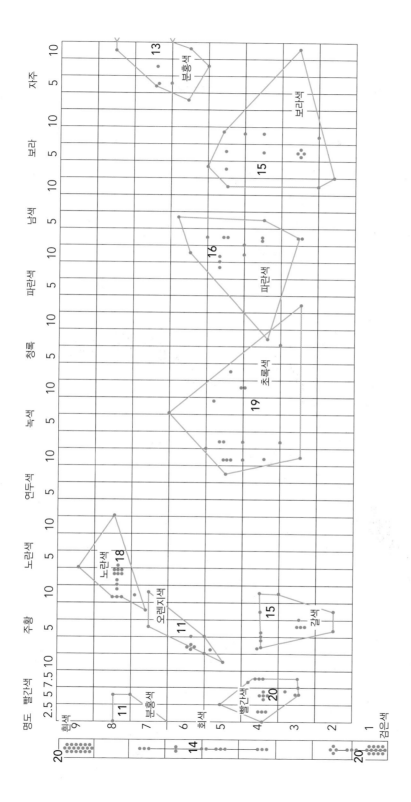

그림 8.1 각 20개 언어의 중심을 나타내는(첨가지들의 평균) 점의 무리. 각 무리의 숫자들은 관련 색깔에 대한 기본 용어를 가지고 있는 언어의 개수를 나타낸다(가장자리의 숫자들은 Munsell의 색 시스템을 나타낸다). (Berlin & Kay, 1969)

그림 8.2 언어의 역사에서 중심 색에 대한 용어가 등장하는 순서(Berlin & Kay, 1969 이후)

　모든 20개의 언어에서 검은색과 흰색의 용어에 대한 무리 이외에도 모든 언어들은 영어에서 '빨간색'이라고 칭하는 영역에 대한 단어를 가지고 있다. 다음으로 초록색은 19개 언어로 줄어들고, 노란색은 18개, 파란색은 16개, 갈색과 보라색은 15개, 회색은 14개, 분홍색은 13개, 오렌지색은 11개 언어로 줄어들었다. 도표에서 기본 색이 차지하는 영역의 바깥쪽에는 여전히 커다란 부분이 남아 있다. 따라서 중심 색깔이 있다는 것을 나타낸다. Berlin과 Kay(1969, p.10)는 "색깔 분류는 임의적인 것이 아니며, 기본 색깔의 중심 용어는 모든 언어에서 유사하다."고 결론지었다.

　많은 문화에서는 영어에서 사용되는 11개의 기본 색에 대한 이름을 모두 가지고 있지는 않다. Berlin과 Kay에 의한 두 번째로 중요한 발견은 언어에 있어 기본 색에 대한 용어의 개수와 기본 용어가 존재하는 중심 색의 하위 집단 간의 강한 연관성에 관한 것이었다. 그들은 중심 색깔들이 (대체로) 역사에서 고정된 순서로 부호화되었다고 주장했다. 그 단계별 순서가 그림 8.2에 요약되어 있다. 가장 기초적인 단계에서는 두 가지 색깔이 존재하는데, 하나는 밝고 따뜻한 색깔(예 : 노란색)로 부호화되는 흰색이며, 다른 하나는 어두움과 차가움을 포함하고 있는(예 : 파란색) 검은색이다. 두 번째 단계에서 빨간색과 따뜻한 색깔들에 대한 개별적인 용어가 등장한다. 세 번째 단계부터는 진행되는 순서가 정확하게 고정되어 있지는 않다. 초록색이나 파란색이[둘을 합해 '그루(grue)'라고 칭함] 다음 용어가 될 가능성이 있지만, 누군가 '그루'가 아니라 노란색에 대한 용어가 하나의 언어에서 발견된다는 사실을 알아낸다. 최종 단계에서 분홍색, 오렌지, 회색, 보라색이 추가된다는 사실을 그림에서 확인할 수 있다. Berlin과 Kay에게 있어서 다양한 단계들은 언어의 진화단계이다. 진화론적 체계를 뒷받침하기 위해, 그들은 (주로 민족지학적인) 문헌과 관련된 많은 수의 보고서를 인용했다. 그에 쉽게 부합하지 않는 몇 가지 색깔 용어들이 존재했지만, 그들의 관점에서 이용 가능한 정보는 그들이 제안한 순서와 현저하게 부합하는 모습을 보여주었다.

　Berlin과 Kay의 연구는 많은 부분에 있어 비판을 받았다. 기본 색깔에 대한 그들의 정의는 다소 명확하지 않았으며, 샌프란시스코의 응답자들은 더 오랜 혹은 짧은 기간 동안 미국에 거주하였으며, Berlin과 Kay에 의해 집단에서 특정 용어를 위해 유도된 여러 범주에 대해 문화인류학자들이 의문을 제기했으며, 그들은 또한 이러한 연구가 색깔에 대한 기능적이고 사회적인 의미 —예를 들어, 의식행사와 관련된 색깔—에 대해서는 무시하고 있다고 주장했다(예 : Sahlins, 1976).

　한 실험적 연구에서, Heider(또한 Rosch라는 이름으로 출판되는, 1972, 1977)는 22개의 언어를 사용하는 응답자들에 의해 중심 색깔들이 비중심적인 색깔들보다 빠르게 그리고 보다 짧은 단어로 이름이 붙여진다는 점에서 중심 색깔들이 보다 높은 부호화 가능성을 가지고 있다는 사실을 발견했다. 그런 다음 그녀는 이름이 붙여지지 않은 중심 색깔로 방향을 돌렸다. 그녀는 중심 색깔들이 비중심 색깔들보다 더 높은 부호화 가능성을 가지고 있을 것이라는 가설을 시험했는데, 심지어 응답자들의 언어에서 기본 용어가 없는 중심 색깔에 대해서도 시험했다. 그녀는 오직 2개의 기본적인 색상 용어를 가진(즉, Berlin과 Kay의 순서단계에서 첫 번째 단계에 속한 언어) 파푸아뉴기니의 Dani족에 대해 연구했다. Dani족 사람들에게 색깔 칩을 보여주었을 때, 30초의 간격이 지난 후 정말로 그들은 비중심적 색깔보다 중심 색깔에 대해 더 잘 인식했다(미국 학생들이 했던 것과 마찬가지로). Dani족과의 두 번째 연구에서 8개의 중심 색깔과 8개의 비중심 색깔들을 모두 각각의 개별적인 반응단어들과 짝을 이루었다. 응답자들이 각각의 자극에 대해 정확한 반응을 하기 위해 시도한 횟수는 종속변수가 되었다. 비중심 색깔에서보다 중심 색깔에 대해 상당히 적은 시도 횟수가 요구된다는 사실이 발견되었다. Rosch의 관점에서 보면, 실험 결과들은 언어적인 요인보다는 색각에 바탕을 둔 생리적인 요소들과 관련되어 설명되어야 한다.

　색상의 언어적 분류에서 가능한 생리적 요인들의 역할에 대한 직접적인 증거는 Bornstein(1973)에 의해 보고되었다. 그는 Berlin과 Kay(그림 8.2 참조)가 발견한 중심 색깔의 파장을 짧은꼬리원숭이의 뇌에서 발견된 네 가지 유형의 세포에 대한 분광감도(spectral sensitivity)와 관련지어 설명했다. 그러한 세포들은 각각 빨간색, 노란색, 초록색, 파란색에 해당하는 파장에 민감하다는 사실이 밝혀졌다. 보다 상세한 연구에서(Bornstein, Kessen & Weiskopf, 1976), 자극 습관화(stimulus habituation)의 기술이 생후 4개월된 아기에게 적용되었고, 이때 빨간색, 노란색, 초록색, 파란색의 자극이 활용되었다. 저자들은 똑같은 자극이 반복적으로 제시되면, 바라보는 시간이 감소할 것이라는 가설을 세웠다. 상이한 자극에는, 새로운 자극이 기존의 자극과 유사하지 않을수록 탈습관화 효과(dishabituation effect)가 더 강해질 것이다. 이 실험에서 모든 자극에 대한 변화들은 오직 한 가지 측면에 있어서는 동일했는데, 그것은 파장에서 측정된 변화의 크기가 항상 동일하다는 것이었다. 그러나 몇 가지 변화에서는 새로운 자극은 원래의 자극과 같은 색의 범주에 남아 있었지만(예 : 두 가지 모두 성인 관찰자에 의해 빨간색으로 지정될 것), 반면 다른 변화에서는 새로운 자극이 다른 색의 범주로 분류되었다(예 : 빨간색에서 노란색으로의 변경). 후자의 변화가 발생한 경우, 실제로 유아들은 새로운 자극에 보다 더 반응한다는 사실을 발견했다. 이것은 말을 배우기 훨씬 전의 아기에 있어서도 범주들을 포함해 그 범주 간의 경계는 성인과 거의 같다는 사실을 나타낸다. 색깔 식별에 있어서 언어 대 인식의 중요성에 대한 논쟁에서, 이것은 인식의 중요성을 매우 설득력 있게 제안했다.

Heider[Rosch(Heider), 1972]의 연구 결과, 즉 영어에 존재하는 중심 색깔이 해당 색깔에 대한 단어가 없는 Dani족 사람들에 의해 확인될 수 있을 것이라는 결과는 파푸아뉴기니의 Berinmo어 사용자와 영국인 참가자를 비교하는 몇 차례의 연구에서는 대부분 반복되지 않았다. Roberson, Davies, Davidoff(2000)는 Heider가 했던 방식으로 Munsell 컬러 칩을 이용해서 실험을 진행했다. 그들은 Berinmo어에서 5개의 모노렉시믹 색깔 용어를 찾아냈는데, 거기에는 거의 초록색, 파란색, 보라색에 가까운 색깔을 나타내는 *nol*이라는 단어도 포함되어 있었다. 기억 과제(memory task)에 있어서는, 색깔의 이름을 명명하는 Berinmo어의 패턴과 기억 사이에서, Berinmo어와 영어 기억 패턴 사이에서보다 더 많은 유사성이 존재했다. Roberson 등은 또한 단어와 색깔 칩을 짝지어 연관한 학습은 비중심 칩과 반대로 (영어) 중심 칩에서 더 빠르지 않다는 사실을 발견했다. 여기에서도 또다시 Dani족에 대한 Heider의 연구 결과가 재현되지 않았다. Berinmo어의 연구는 유사성 판단과 범주학습으로 확장되었는데, 영어의 파란색-초록색 그리고 Berinmo어의 *nol-wor*(*wor*는 노란색, 오렌지색, 갈색과 일치하는 색)의 구별을 조사하였다. 응답자의 모국어로 구별한 성과는 Berlin과 Kay가 제안한 범주 구별보다 더 좋은 것으로 밝혀졌다.

Roberson 등의 연구 결과는 여기에서 보고된 내용보다는 다소 복잡하다는 사실에 주목할 필요가 있다. 예를 들어, 하나의 기억 과제에서 Berinmo어의 샘플은 비중심 칩에 대해서보다 (영어의) 중심 칩에 대해 더 나은 수행 성과를 보여주었다. 또한 Berinmo어도 중심 칩에 대해 더 부정확한 해답을 주었기 때문에, Roberson 등은 이것을 반응편향(response bias)에 대한 하나의 인공물로서 설명한다. 그러나 중심 색깔이 더 중요한 이유는 아마도 보다 더 나은 식별 가능성일 것이다. 중심 색상은 비중심 칩들에 비해 더 두드러져 보이고 이것이 바로 정확하게 Heider와 같은 연구자들이 중심 칩에 대해 더 나은 기억을 예상하는 이유이다.[2] 그럼에도 불구하고 누군가는 Roberson 등(2000, p.394)이 색깔 분류에 대한 언어의 폭넓은 효과를 상당히 정확하게 입증했다는 사실에 동의할 수 있다. "그들의 연구 결과는 언어 범주 구조가 범주 경계의 지각의 간격을 늘림으로써 지각을 왜곡한다는 견해를

---

[2] Munsell 시스템에서 색깔 칩은 물리적인 특성에 대한 칩들 간의 동일한 간격을 만들기 위해 마련된 것이었다. 일부 저자들은 칩이 동일한 선택 가능성을 위해 선택되어야 한다고 제안했는데, 그것이 중심 칩을 인식하는 것을 더욱 어렵게 하였다. 이것은 중심 칩에 대한 비정상적인 편견의 도입과 다름없다고 주장할 수 있다(Lucy & Schweder, 1979; Poortinga & Van de Vijver, 1997; Roberson et al., 2000).

지지한다. "

　이러한 결과들을 확장하고 아이들의 색깔 용어 습득이 불변의 순서를 따르는 것은 아니라고 하는 사실을 보여주는 증거가 영국의 아동과 북부 나미비아 지역의 Himba족에 대한 발달 연구에서 나타났다(Roberson, Davidoff, Davies & Shapiro, 2004). 주목할 만한 유사성이 색깔 명명의 발달 궤적에서 발견되었지만, 그러한 발달은 색깔 용어에 대해 문화적으로 구분되는 설정을 지향하는 것이었다. Roberson 등은 그들의 연구 결과가 영어에서의 열한 가지 기본 색깔 용어들이 보편적이라는 이론을 뒷받침하지 않는다고 결론짓는다. 대신, 그들은 언어마다 상이한, 범주에 대한 조직화된 구성이 나타난다고 주장한다.

　그 사이, 대부분의 연구들은 색깔 용어의 분석을 기반으로 지속되었다. 하나의 언어에서 전체 범위(스펙트럼)에 걸친 용어의 분포와 그들의 등장 순서에 대한 데이터베이스는 Berlin과 Kay의 최초의 연구 발표(1969) 이후 엄청난 확장을 거듭해 왔다. 보편적인 관점을 지지하는 사람들은 언어 전반에 대한 변치 않는 규칙성에 초점을 맞추고, 색깔 명명이 어떻게 색각과 그것의 생리학에 근간을 두고 있는지에 대한 이론들을 제시해 왔다(예 : Hardin & Maffi, 1997; Kay, Maffi & Merrifield, 2003). 다른 한편 그러한 이론적 관점들이 지속적으로 비판받아 왔을 뿐 아니라 주요한 경험적 증거로 추정되는 규칙성에 대한 (주장된) 반대 예시들이 있어왔다(Levinson, 2000; Paramei, 2005; Saunders & Van Brakel, 1997, 2002).

　색상 분류에 있어서 사회문화적인 힘으로서의 언어 역할에 초점을 맞추는 것은 자연환경 속의 잠재적 요소로부터 사람들의 주목을 다른 곳으로 전환시켜 왔을 것이다. 특정 기본 색깔 범주의 보편성이 관련되는 한, 일부 실험적 증거들은 여전히, 특히 유아들이 이미 주요 색깔 범주에 대해 감지하고 있다는 입장을 유지하고 있다(Bornstein, 1997; Bornstein et al., 1976). 더욱이 더 많은 태양광이 비추는 기후 속에서 생활하는 사람들의 경우 단파 색깔(스펙트럼의 파란색 끝)에 대해서는 더 낮은 민감도가 존재한다는 연구 결과도 오랫동안 지속되고 있다. 이것은 이미 Rivers(1901)가 살던 시대에 제안되었다. Bornstein(1973)은 150개의 언어에서 색깔 용어들을 분석하고 그러한 용어의 분포에 있어 지역적 차이를 발견하고 어두운 피부 색깔과 관련하여 망막의 밀도높은 색소 침착은 파란색에 대해서는 필터와 같은 역할을 하고 스펙트럼의 단파 끝에 있는 색깔에 대한 인식을 제한할 수 있다고 제안하였다. Lindsey와 Brown(2002, 2004)은 유사한 연구 결과를 발표했다. 그들은 자외선에 많이 노출되면 낮은 자외선 환경에 있는 사람들보다 젊은 나이 때 사람의 수정체가 노란색이나 갈색(brunescence)으로 더 많이 물들게 된다고 주장했다. 이것은 '파란색'을 보다 전달성이 떨어지는 색깔로 만들고, 스펙트럼의 초록-파랑의 범위를 하나의 색깔로 나타내게 한다. 색깔의 인식에 대한 빛의 '갈색' 효과는 실제로 응답자의 스펙트럼 감도(spectral sensitivity)가 측정되는 연구에서는 지지받지 못했다(Hardy, Frederick, Kay & Werner, 2005). 이 저자들은 영어를 기준으로 살펴보았을 때, 다른 기본 색깔들 또한 열대지역에서 융합되는 경향을 보인다는 사실에 주목한다. 그들은 일부 생태적인 요소보다 언어적 용어 (아마도 기술에 종속적인 사회에서 더 많은 구분의 욕구와 관련된)(Kay & Maffi, 1999 참조)가 중요한 변수로 나타난다고 주장한다.

애초에 Berlin과 Kay(1969)가 만든 보편성에 대한 강력한 주장들은 지속적으로 유지되지 못하는 반면, 어떤 이는 (1) 가시 스펙트럼에 대한 색깔 용어의 여러 언어 영역에 걸친 비우연적 분포, (2) 하나의 용어로 나타내는 색깔 영역에 대한 모든 언어의 연속성(즉, 같은 색깔 용어는 또 다른 색깔 용어에 의해 나누어지는 색깔 스펙트럼 내 두 가지 주파수 범위에 대해서는 절대로 발견되지 않는다), (3) 여러 언어에 걸친 같은 색상에 대한 현저성(특히, 빨간색), (4) 어떠한 언어에서도 11개나 12개의 기본 색깔 용어의 최대 개수와 같이 지속적으로 문서화되는 규칙성을 설명하기 위해 더 약한 설명들에 대해 생각해 볼 수 있다. 만일 Roberson 등 (2000, 2004)이 11개의 색깔 범주에 대한 뒷받침을 발견했다면, Berlin와 Kay(1969)에 의해 발전한 대로 이것은 확실히 문화 간의 불변성과 보편성에 대한 주장을 강화했을 것이다. 그러나 보편주의의 다양성이 존재하며, Roberson 등이 주장한 반대 입장은 더 강력한 비전을 대표한다. 그들의 (문화비교) 연구 설계뿐 아니라 그들의 연구 결과는 강한 상대론적 관점과 강한 비상대론적 관점 모두와 조화를 이루지 못한다.

공간적 지향

상당히 광범위하게 연구되어 온 또 다른 행동영역은 공간 언어와 공간 인식 간의 관계이다. 다른 동물 종과 마찬가지로, 인간 또한 공간을 이동하기 위해 시각, 양이청취(binaural hearing), 전정계(vestibular system)를 포함한 정교한 생물학적 장치를 가지고 있다. 질문은 이것이 어느 정도 보편적으로 자연적 공간과 **공간적 지향**(spatial orientation)에 대해 동일한 개념으로 이어지는가 하는 부분이다. Levinson(1998, 2003)에 의하면, 비서구 사회에서의 광범위한 연구는 그러한 개념들이 서구 사회의 개념들과는 근본적으로 다를 수 있고 이 차이는 언어의 공간 용어에서 발생한다는 사실을 보여주었다. 영어와 같은 인도-유럽어족에서 대상의 위치는 **자기참조 지향**(ego-referenced orientation)으로부터 주어진다. 예를 들어, 영어 사용자들은 "의자가 테이블의 오른쪽에 놓여 있다."라고 말하는데, 만일 그때 그들이 동일한 진열 상황에서 반대편으로 옮겨간다면, 그들은 "의자는 테이블의 왼쪽에 놓여 있다."라고 말할 것이다. 참조를 위한 이러한 공간 구조는 관찰자 의존적이며, 따라서 '상대적' 또는 '자기중심적'이라고 분류된다. 일부 다른 언어에서는, 관찰자의 위치와 관계없이 동일하게 독립적으로 유지되는 지구중심적 공간 좌표를 가진 **절대 방향**(absolute orientation)을 사용하는 것을 더 선호한다. 그들은 "의자가 테이블의 서쪽에 위치하고 있다."라고 말할 것이다. 오르막/내리막, 해가 뜨고 지는 방향 및 기본 방향은 관찰자의 위치에서 독립적인 좌표를 제공한다(Levinson, 2003; Taylor & Tversky, 1996).[3] 이러한 지구중심적 참조들은 보다 넓은 공간 지향방향뿐 아니라 가까이 있는 사물의 위치, 즉 소위 말하는 탁자, 공간, 주거 공간의 내부, 심지어 참조용 지표(landmark)가 눈에 직접적으로 보이지 않을 때조차 사물의 위치를 묘사하기 위해 사용된다.

Majid, Bowerman, Kita, Haun, Levinson(2004, p.113)은 참조 공간 구조에 대한 연구를 재검토하던 중 '인식에 대한 심오한 언어효과'와 '인간 인식의 재구성에 있어 언어가 중심적 역할을 할 수 있다고 하는 새롭게 떠오르는 관점'에 대한 글을 썼다. 이러한 관점들은 여러 저자들로부터 지지를 받아왔다(Gentner & Goldin-Meadow, 2003 참조). 해답을 구해야 할 질문은 그러한 강력한 상대주의적 주장들이 정당화될 수 있는가이다.

Levinson과 동료들은 부호화의 상대적이거나 절대적인 시스템이 언어뿐 아니라, 예를 들어, 정보제공자들이 그들이 기억하도록 요구받는 공간전시(spatial display)에 직면할 때와 같은, 비언어적 인식 과제에서 사용되는지 여부를 조사하기 위한 많은 수의 과제들을 고안했다. 그러한 과제 중 하나는 각각 커다란 빨간색 원과 작은 파란색 사각형이 하나씩 그려져 있는 동일한 카드를 사용한다. 네 장의 카드가 테이블 위에 네 가지의 다른 방향으로 놓여 있다(파란색 정사각형이 왼쪽, 오른쪽, 위, 아래로). 응답자는 카드 중 하나를 기억하고, 오른쪽/동쪽을 향해 놓여 있는 파란색 사각형이라고 말해야 한다. 그런 다음 응답자는 카드로 유사하게 설정되어 있는 다음 테이블로 이동하여[절대 관점(absolute perspective)에서 180도 회전한 카드의 배열을 가진], 이전에 선택한 카드를 가리키도록 요청받는다. 오른쪽에 파란색 사각형을 가진 카드를 선택한다면 그것은 상대적 선택을 가리키고, 왼쪽('동쪽')에 파란 사각형을 가진 카드는 절대적 선택을 나타내며, 2개의 다른 카드들은 과제에 대한 이해 여부를 확인하기 위해 사용된다.

Levinson(2003)과 그의 동료들(예 : Majid et al., 2004)은 비록 주로 성인들(각 집단마다 11~37세)에 대한 아주 작은 샘플을 이용했지만, 각각의 집단에 대한 2~5개의 회전 패러다임 과제를 사용하여 15개 이상의 언어집단에 대한 연구 결과를 보고했다. 예상했던 대로 영어, 네덜란드어, 일본어를 사용하는 집단은 대부분 상대적인 응답을 제시하는 경향을 보였고, 지구중심적인 프레임이 사용되는 언어(예 : 호주 원주민 언어중 하나인 Arrernte

---

[3] 세 번째 가능성은 또 다른 사물과 관련된 사물의 위치를 묘사하는 것인데, 예를 들어 "그 남자는 집 앞에 있다."라는 말 또한 관찰자 독립적이다. 모든 언어에서 발견되는 이러한 참조에 대한 본질적인 구조는 이 논의에서 역할을 하지 않는다.

어, 멕시코의 Tzeltal Maya어, 칼라하리의 Hai//om Khoisan어[4])를 사용하는 집단은 대체로 절대적 반응을 보였다. Levinson(2003, p.185)은 "이러한 연구 결과들은 언어가 그러한 비언어적 과제에 대한 비언어적 성과의 훌륭한 예측변인이라는 사실을 확인시켜 준다."고 결론지었다.

Dasen과 동료들(Dasen & Mishra, 2010; Dasen, Mishra & Niraula, 2003; Wassmann & Dasen, 1998)은 참조에 대해 자기중심적 프레임과 지구중심적 프레임 간의 차이를 반복적으로 보여주는 광범위한 연구 프로그램을 실시했는데, 그것은 Levinson(2003)과 Majid 등(2004)이 제시한 언어의 독점적 역할에 대한 도전이었다. 그들은 언어를 공간 참조의 하나 또는 다른 틀을 선호하게 하는 생태적, 사회적, 문화적 요인의 좀 더 일반적 연결망 중 하나일뿐이라고 본다.

Wassmann과 Dasen(1998)은 발리 섬에서 왼쪽–오른쪽의 구별이 Bali어에 존재한다는 사실을 발견했지만, 그것은 오로지 신체에 접촉하여 대상을 지정하는 용도로만 사용되었다. 그렇지 않으면, 대상물은 상–하 주축(산에서 바다까지)과 그 축에 대략 직각인 2개의 사분면(발리의 남부에서는 이것이 정확히 일출–일몰과 일치하지만, 좌표 시스템은 사람이 섬 주변을 도는 것처럼 회전한다)을 기반으로 하는 지구중심 시스템을 사용하여 위치된다. 발리 섬 주민들의 삶은 이러한 방향 시스템에 따라 구성되는데, 상징적인 측면(각 방향이 특정한 신과 관련되어 있다)과 매우 실용적인 것들(예 : '내리막 모퉁이에 있는 오르막 공간에 가서 신발 주워오기')뿐 아니라, 마을과 사원이 계획된 방식, 화합물의 구성, 잠잘 때의 관습적인 방향 등이 이에 해당된다. 공간 언어가 성인들에게서 유도되었을 때, 절대적인 참조 체계가 명확하게 우세하였고, 오직 3%만이 자기중심적 기술어(왼쪽/오른쪽, 앞/뒤)가 주어졌다.

Levinson과 동료들이 고안한 두 가지 과제를 이용하여(앞서 기술한 한 가지와 유사함), 언어로 부호화하기에 쉬운 한 과제에 대해 어린아이들(4~9세)은, 80%의 더 나이 많은 아이들(11~15세)과 성인들이 하는 것처럼, 절대(지구중심적) 부호화를 사용했다. 또 다른 더 시각적인 과제에서는, 심지어 절대적 부호화와 상대적 부호화 사이에 분할이 존재했다. 그러한 결과에서 얻은 인상은 아이든 어른이든 발리 사람들이 그들의 언어와 문화 속에 녹아 있는 뛰어난 방향 시스템에 따라 우선적으로 절대적 부호화를 사용한다는 것이었다. 그러나 과제의 요구에 따라, 상대적인 부호화 또한 가능했다.

인도와 네팔에서, Mishra, Dasen, Niraula(2003)는 다양한 생태조건(갠지스 평야에 있는 마을과 도시, 네팔의 산속에 있는 마을)하에서 공부하는 아이들에 대해 연구했다. 그들은

---

[4] // 표시는 이 집단의 언어에서 발견되는 '딸깍' 소리를 나타낸다.

참조의 상대적 틀이 같은 언어가 사용되는 근처 마을에서보다 도시에서 더 많이 사용된다는 사실을 발견했다. 부호화 또한 과제 의존적인 것으로 나타났으며, 설명해 달라는 요청을 받으면 응답자들은 상대적인 부호화와 그 반대적인 것을 설명하기 위해 절대 언어를 사용할 수 있었다. Dasen 등은 참조의 틀을 위한 전체적인 언어적 결정요소는 없으며, 같은 사람에게서 절대적이고 상대적인 틀은 공존할 수 있다고 결론지었다. 그러한 유연성은 인식에 있어 깊이 뿌리박고 있는 차이들과 조화를 이루는 것이 어려운 것으로 나타난다. 어떠한 틀이 뒤따르게 될지는 능력이 아니라 '스타일'과 관련된 문제이다(제6장에서 논의되었던 '인식 스타일'의 개념 참조).

언급된 연구에 대한 상세한 설명(인도, 인도네시아, 네팔의 아이들과 관련된 많은 샘플에 대한 추가적인 증거)에서, Dasen과 Mishra(2010)는 행동의 결과는 개별적인 아동과 환경문화적 맥락과의 상호작용의 결과라는 점에서 상대주의의 적당한 형태에 대해 관심을 기울인다. 언어와 인식 측면 모두에서 참조에 대한 지구중심적 틀의 사용은 실질적인 언어 사용에 의해서뿐 아니라(예를 들어, 발리에서는 Bahasa 인도네시아어보다는 Bali어를 사용함), 전통적인 문화와 힌두교의 종교적인 풍습(여덟 가지의 방향 이름을 가진 기본적인 방향 시스템을 사용하는 산스크리트어인 공간적 방향을 강조함)에 더 크게 집중함으로써 촉진되는 것으로 나타났다. Mishra, Singh, Dasen(2009)은 일부 아이들, 특히 인도의 베나레스 지방에서 산스크리트 학교에 다니는 아이들은 심지어 외부 단서가 극심하게 제한될 때조차도(어두운 방 안에서 눈가리개를 하고, 회전시키거나 보이지 않는 상태에서 또 다른 방으로 인도될 때) 지구중심적인 추측 항법을 유지할 수 있는 것으로 나타났다고 보고했다. Dasen과 Mishra(2010)는 다음과 같은 결론을 내렸다.

> 비교문화심리학에서 기본 인지 과정들이 보편적인 것으로 나타났던 것과 같은 방식으로 개인들은 양쪽 틀 모두에 필요한 기본 과정들을 보유하고 있다. … 다른 과정이 아닌 하나의 과정을 활성화시키는 것은 인지 스타일과 유사하다. 그리고 어느 쪽이 더 자주, 또는 심지어 대부분, 사용되는가의 문제는 개인의 차이(개인의 성격과 유사한) 또는 과제의 요구사항이나 생태적인 요소 및 사회문화적인 요소 두 가지 모두에 기인한 것이다.

공간적 지향의 또 다른 측면은 다양한 언어에서 대상들 간의 관계에 대한 묘사와 관련된다. Bowerman(1996)은 '위에(on)', '안에(in)', '위로(up)', '아래로(down)'와 같은 서로에게 관계된 대상의 위치를 나타내는 의미론적 범주를 집중적으로 다루었다. 예를 들어, 영어에서는 쿠키가 그릇 속(in)에 있지만, 탁자 위(on)에 있다. 이에 대한 질문은 어느 정도의 그러한 위치 범주가 지각 메커니즘의 문제가 아니라 언어적 문제가 될 수 있는가이다. 아이들은 심지어 위치 관련한 전치사를 완전히 마스터하기 전에도 공간에 대해 알고 있다는 사실에는 의심할 여지가 없다. 그러나 Bowerman은 다양한 언어의 예시를 활용하여 전치사는 종종 번역 등가 구문(translation equivalent)이 아니며, 때로는 이해할 수 없는 의미가 된다는 사실을 보여준다. 따라서 핀란드어를 사용하는 사람은 영어와 유사한 것에 대해 다음과 같이 말한다. "손잡이가 팬에(in the pan) 달려 있고[팬 위에(on the pan)라기보다는], 반창고는 다리에(in the leg) 붙어 있다[다리 위(on the leg)라기보다는]." 영어에서 한발 더 나아간 것이 멕시코의 마야 언어인 Tzeltal이며, 여기에는 'on'과 'in' 전치사의 동등한 의미가('x'가 'on' the table이나 'in' the bowl이 되는 것처럼) 표현되지 않지만, 대상의 모양에 따라 구별되는 동사를 활용하여 위치가 표시된다. 그러므로 테이블 위의 그릇(for a bowl on the table)이라는 말에 대해 동사 'pachal'이 사용되고, 작은 공(a small ball)이라는 말에 대해서는 동사 'wolol'이 사용된다. 한국어에서도 신체의 각기 다른 부위에 입는 옷에 대해 다른 동사들이 사용된다(예 : '입다'는 몸통 부분에 사용되고 '신다'는 발의 경우에 해당된다).[5]

만일 폭넓은 언어 간의 관점이 받아들여진다면, 범주에 있어 상당한 유사성이 나타날지도 모른다. Majid, Boster, Bowerman(2008)은 28개의 지리적으로 널리 분포된 언어에 대해 연구하고, 그 언어의 사용자들에게 비디오 테이프에 녹화된 사건에 대해 설명해 줄 것을 요청했다. 거기에는 자르고 부수는 사건에 대한 핵심적인 설정이 들어 있었으며(옷을 두 조각으로 찢고 당근을 써는 것과 같은 '복귀할 수 없는 분할'과 관련된), 차 주전자를 여는 것과 같은 '복귀 가능한 분할'의 더 작은 설정도 포함되어 있었다. 언어내부적 그리고 여러 언어에 걸쳐 언어 사용자 모두는 같은 동사로 설명된 사건에 대해 의미론적으로 유사한 것으로 받아들였다. 다변량분석(대응분석)을 통해, 변량의 62%를 설명하는 일곱 가지 차원이 추출되었다. 저자들은 그중에서 네 가지를 해석했다. 예를 들어, 첫 번째 차원은 '복귀 가능한' 사건 대 '복귀 불가능한' 사건의 구분이 영향받는 물건에 대한 분리 장소의 예측 가능성으로 설명되었다. 이러한 차원에 대한 부하량은 28개 언어 전체에서 .60~.93까지 다양하고 평균 .83이다. Majid 등은 "비록 우리의 표본에서 언어들에 의해 인식된 정확한 범주가 다르다 할지라도, 그것들은 우리가 설명했던 네 가지 차원에 의해 고도로 한정된다. 그러한 차원들은 개인적 언어에 의해 인식되는 범주들이 그 자신들만큼 가변적인 모양으로 인접한 클립들을 포함하고 있는 의미 공간을 설명한다."고 주장했다(2008, p. 243).

---

[5] 아마도 Bowerman은 영어와 매우 유사한 언어, 가령 네덜란드어에서도 유사한 효과를 발견할 수 있었는데, 거기에서는 'zet op'(모자를 쓰다), 'doet om'(숄을 두르다), 'trekt aan'(바지와 신발을 신다)가 사용된다.

언어 구분의 인지 기능과 관련된 의미에 대한 논쟁에 있어 더욱 크게 기여한 것은 사물들이 서로 단단하게 알맞게 맞춰진 것을 나타내는(펜의 뚜껑을 끼우다) 한국어의 동사 '끼다(kkita)'와 관계를 느슨하게 맞추는(가방에 책을 집어넣는) '넣다(nehta)'에서 나온 것이었다. 영어에서는 이러한 구별과 직접적으로 일치하는 것이 존재하지 않는다 (Bowerman & Choi, 2001; Choi & Bowerman, 2007). 습관화 실험에서, McDonough, Choi, Mandler(2003)는 생후 9개월 된, 한국어와 영어를 사용하는 아이들은 이러한 구별을 한다는 증거를 보여주었다. Hespos와 Spelke(2004)는 한국어와 영어를 사용하는 환경에서, 아이들이 말을 하기 시작하기 전인 5개월 된 유아를 대상으로 실시한 실험에서 유사한 결과를 얻었다. 외관상으로는 어떤 언어든 관계없이 이 범주들은 유아에게 사용 가능하다는 것이다. 영어를 사용하는 성인은 Hespos와 Spelke에 따르면 구분을 잘 못한다는 사실은 유아가 할 수 있는 개념적 구분의 민감성이 모국어로 표기되지 않으면 감소한다는 것이다. 다시 말해, 유아들은 그들의 언어에서는 부호화되지 않는, 그리고 발달단계에서 사회적 환경과의 상호작용을 통해 더 강화되거나 약해지는 개념 구분의 능력을 갖고 있는 것으로 보인다. 여러 측면에서 환경은 몇 가지를 제약하는 것으로서 작용하는 것처럼 보이는데, 여기에 대한 관점은 제12장에서 다시 다루게 된다.

일단 언어 범주가 적절하다면, 그것은 놀라운 의미들을 가질 수 있다는 사실을 깨달아야 한다. Boroditsky, Schmidt, Phillips(2003)는 독일어와 스페인어를 모국어로 사용하는 사람들에게 영어로 구성된 자유연상 과제를 언급하고, 그들에게 각각의 개체의 이름과 함께 마음에 떠오르는 세 가지 형용사를 말해줄 것을 요청했다. 그러한 사물들은 두 가지 언어에서 반대되는 성별에 대해 선정되었다. 원어에서 사물 이름의 성별은 영어의 함축적인 의미에 영향을 주는 것으로 나타났다. 따라서 독일어에서 남성을 의미하지만 스페인어에서는 여성을 나타내는 사물의 이름에 대해 독일어 사용자는 보다 더 남성적이라고 여겨지는 형용사를 제공했다. 스페인어에서 남성적이지만 독일어에서는 여성적인 사물의 이름에 대해서 그 반대의 경향이 나타났다.

동시에 문법 차이는 예상하는 대로 인지적 결과를 가질 필요가 없다. 그 점에 있어서 한 가지 사례가 독일어와 Yukatec 마야 언어 사용자에 대해 실시한 Bohnemeyer(1998a, 1998b)의 연구에 있다. 후자의 언어에는 일시적인 것, 즉 사건의 순서와 같은 것들이 문법적으로 설명될 수 있는 방식이 거의 없다(예: 동사의 완료나 미래 시제는 존재하지 않는다). 의사소통에 대한 가능한 결과를 조사하기 위해, Bohnemeyer는 장면들에 대한 비디오 기록물을 준비하고 사건의 순서를 정렬하기 위해 다양한 방식으로 그것들을 결합했다. 연구 참가자 쌍 중 한 쌍에 대해 특정 순서로 된 비디오만을 보여주었다. 다른 참가자들 쌍에 대해서는 두 가지 사건의 순서가 다른 두 가지 비디오를 보여주었고 그들에게는 첫 번째 참가자에게

예/아니오 응답 질문을 하나씩 하는 것이 허락되었다. 대답을 듣고 두 번째 참가자는 2개의 비디오 중 어떠한 것을 첫 번째 참가자가 보았는지 추측해야 했다. 독일어 응답자들은 그들의 언어에서 사건 순서 표현을 충분하게 사용하여 나타냈다(관련된 표현의 92%에서). Yukatec 사용자들은 거의 그렇게 하지 못했지만(관련 표현의 오직 1%만), '시작하다', '지속하다', '끝내다'와 같은 단계적인 연산자(phasal operators)를 더 자주 사용하였다. 명백한 문법적인 차이가 있음에도 불구하고, 독일어 참가자와 Yukatec 참가자들은 거의 같은 비율로 과제에 대한 실패율을 보였다(사례에 대해 각각 13%와 15%). 따라서 비록 Yukatec 마야어 사용자들이 표현의 문법적인 의미에 있어서 독일어 사용자들과 명백하게 다르다 할지라도, 문법에 있어서 사건 순서 표현의 부재는 그들에게 사건의 일시성을 구별함에 있어 상당히 큰 영향을 미치는 것은 아니었다.

대체로, 과거 수십 년 동안, 언어와 문화에 대한 연구는 보다 좁게 정의된 질문들에 대해 보다 정확한 분석으로 변화해 왔다. 대체로 단어의 표시적 의미로 언어의 효과를 제한하는 보편주의자적인 태도는 최근 몇 가지 연구 결과와는 잘 맞지 않는 것처럼 보인다. 하지만 언어의 차이들이 주요한 심리적인 차이로까지 확대된다고 하는 그 효과에 대한 주장은 또한 지지될 수 없었다. Majid 등(2004)이 제시한 바와 같이 문화 간의 차이가 '심오'하거나 '체계적'이라고 여겨지는 폭넓은 일반화는 지지되지 않는다. 최초의 성과가 경험적 데이터의 무게를 견디지 못하고 무릎을 꿇은 후 Grand는 보편주의−상대주의의 이분법적인 측면 모두에 대해 살펴보았으며, 통제된 경험적 연구에서 나온 정보는 보다 더 미묘하고 더 큰 복잡성을 가져왔다. 최근에 보다 더 차별화된 접근이 개발되고 있으며, 그에 대한 한 가지 사례가 글상자 8.2에 제시되어 있다.

언어의 보편성

Whorf의 가설은 언어가 인지를 결정한다는 입장을 반영한다. 그리고 그 외 다른 입장도 있다. Piaget(1975)는 언어의 발달을 감각운동 지능(sensorimotor intelligence)의 인지적 구조의 부수물로 본다. 이런 견지에서, 인지발달은 언어에 대한 필요조건인 것으로 간주된다. 그러나 인지발달은 적어도 어느 정도는 (말해진) 언어 가능성에 독립적으로 일어날 수 있다. 청각장애 아이들과의 연구는 이것이 상당히 확실하다는 점을 보여주었다(예 : Eibl-Eibesfeldt, 1979; Lenneberg, 1967). 그러므로 인간의 언어에 대한 유전적인 기초에 대해 추정되어 왔으며, 그것은 **언어의 보편성**(universals in language)으로 나타나야 했다. 언어의 생물학적 근거에 대한 고전 연구에서, Lenneberg(1967)는 언어(언어의 구조적인 특성을 포함한)가 익혀지는 과정들은 타고나는 것이라고 주장했다. 아마도 그것에 대한 가장 강력한 증거는 청각장애 아이들이 언어와 같은 구조를 자신들의 몸동작으로 가져오는 것일 것이다. Goldin-Meadow와 Mylander(1998)는 미국과 중국의 청각장애 아이들이 메시지를 주고받기 위해 여러 동작으로 구성된 문자열들을 사용하지만 그에 반해 듣고 있는 아이들과 성인들은 하나로 된 동작들만을 사용한다는 사실을 발견했다. 그 저자들은 환경 조건에서 커다란 변화에도 불구하고 아이들의 동작에 있어 구조적인 유사성이 두드러졌으며, 따라서 그러한 유사성들은 선천적인 것 같다고 결론지었다.

Lenneberg의 개념과 더불어, Chomsky(예 : 1965, 1980)는 인간의 언어가 합치하는 '보편적 문법'이 존재한다고 주장했다. 이러한 문법은 자연과 인간의 인지 기능에 부합한다. Chomsky에 따르면, 언어에 대한 잠재력을 결정하는 '언어 습득 장치'인 선천적인 체제가 존재한다. 출생 시 마음에는 보편적인 문법의 심적 표상(mental representation)을 갖추고 있다. Chomsky의 저서에서 필수적인 것은 문장의 표층구조(surface structure)와 심층구조(deep structure) 사이의 구별이다. 표층구조(즉, 나타나는 문장)는 심층구조(즉, 문장의 의미)에 대한 일련의 변형을 통해 바뀔 수 있다. Chomsky(2000)는 언어 능력은 시각체계나 면역체계와 같은 맥락에서 '언어기관'으로 간주될 수 있다는 그의 태도를 확인했다. 이러한 능력은 유전적인 것을 기반으로 하고 있으며, 초기 상태는 모든 종족에 있어 공통적이다. 이러한 언어 습득 장치는 '입력'으로서 경험을 받아들이고 '출력'으로서 언어를 제공한다(Chomsky, 2000, p.4). 입력과 출력 모두 검사에 개방되어 있고, 언어기관의 질을 추론하기 위한 관찰 기준을 형성한다. 따라서 Chomsky의 접근방식은 주로 결국 언어의 문법적 특성에 대한 분석으로 이르게 된다.

언어 습득 장치의 속성은 모든 인간의 언어에서 반영되어야 한다. 그러나 지금까지 문장의 문법적인 분석은 보편적인 특성에 대한 광범위한 검증을 가져오지 못했다. 이러한 이론을 검사할 목적으로 심리학을 기반으로 실시된 비교문화 연구는 거의 없는 실정이다. 오히려 사용할 수 있는 증거는 대개 하나의 언어에 대한 추상구조(심층적인 구문론적 구조와 같은)의 상세한 합리적인 분석을 기반으로 하고 있다. Chomsky의 전통에서 요구되는 언어의 보편적 속성은 주로 언어의 문법과 다른 특성들에 대한 기술조사(descriptive surveys)에서 파생되었다. 비록 연구가 주로 변형 규칙에 대한 언어 분석의 형태를 취하며 문화 간의 심리언어학적 연구가 거의 이루어지지 않았다 하더라도, Chomsky의 개념은 폭넓은 지지를 받아왔다. 보다 최근에 Chomsky(Hauser, Chomsky & Fitch, 2002 참조)는 언어 능력에 대한 진화적 근거로 눈을 돌렸다. 그러나 어떠한 기능이나 속성이 인간에 대해 독특한 언어를 만들어내는지에 대해서는 여전히 미해결의 문제로 남아 있으며, 이러한 진화 과정을 형성해 온 다양한 제한에 대한 우리의 이해 또한 단편적일 뿐이다.

보편 문법에 대한 개념은 Evans와 Levinson(2009)의 도전을 받았다. 모든 언어에 공유된다고 주장하는 특성의 목록에 대해 다룸으로써(Pinker & Bloom, 1990), 그들은 그러한 모든 주장에 대한 예외적 증거를 제공한다. 소리에서 의미에 이르기까지 모든 수준에서 인간의 언어들에 대한 다양성은 문화 및 기술적 적응의 중요성에 대한 증거로 여겨지는데, 언어는 "아마도 과거 20만 년 또는 40만 년 동안 지속되어 온 집중적 유전자 문화 공진화(intensive gene-culture coevolution)의 산물인, 생명-문화 혼합물(bio-cultural hybrid)로서 받아들여진다(Evans & Levinson, 2009, p.431). Boyd와 Richerson(1985, 2005)에 의해 그것들은 '이중 대물림'으로 불렸는데, 여기에 대해서는 제11장에서 논의할 예정이다. Evans와 Levinson은 문법과 구문을 구성하는 방법에 있어서는 제한이 없지만, 모든 언어의 발달에서 그 뒤에 이어지는 보편 문법의 개념에서 요구되는 유형에 대해서는 하나의 해결책도 나타나지 않은 듯 보인다.

보편 문법 구조에 대한 비판은 그것이 보편 문법과 관련된 인지 과정을 가정하는 이론에 영향을 미치는 한 중요하다(Hauser et al., 2002 참조). 그러나 언어 구조의 추정된 보편성에 대한 Evans와 Levinson의 비판으로부터 크게 영향을 받지 않은 것으로 보이는 언어 관련 심리적 특성에 규칙성이 존재한다. 여기에서 우리는 변화의 식별 가능한 범위를 기반으로 한 심리적 기능에 대한 유사성을 보여주었던 이전 절에서 언급했던 연구들에 대해 참조해 볼 수 있다[예 : 참조의 공간 구성과 관련된 Dasen과 동료들의 연구 및 Dasen과 Mishra(2010)의 연구, 자르고 부수는 사건에 대한 Majid 등의 연구(2008)]. 우리는 또한 정서에 대해 논의했던 이전 장에 대해서도 언급하기를 원하는데, 거기에서 여러 사례들은 다양한 감정 요소에 있어 그에 상응하는 차이에 의해 부합되지 않는 감정에 대한 언어 분류와 관련된 문화 간 차이를 보여주었다(예 : Breugelmans & Poortinga, 2006 ; Van de Ven et al., 2009).

이전 장에서 우리는 또한 많은 문화에서 확인해 볼 수 있는 정의적 의미의 세 가지 차원에 관한 Osgood(Osgood, May & Miron, 1975)의 연구에 대해 알아보았다. 추측해 보건대, 모든 언어에 의해 공유된 특징들 가운데, Osgood(1980)은 '정서적 양극성' 원칙에 대해 가정했다. 그가 발견한 정의적 의미의 세 가지 요소, 즉 평가, 능력, 활성화는 각각 양극과 음극을 가지고 있다. 감정적으로 부정적인 단어들은 보다 자주 표시될 것이고, 긍정적인 단어들은 보다 자주 표시되지 않을 것이다. 단어의 표시는 접사를 통한 확장을 의미한다. 영어에 있어서 명확한 예시는 'unhappy(불행한)'나 'unfair(공정하지 않은)'의 접두사 'un'이다. Osgood 등(1975)이 연구했던 30개의 언어 공동체 모두에서, 긍정적인 의미를 가진, 특히 진화적 차원에 대한, 형용사들은 또한 부정적인 의미를 가진 형용사보다 더 자주 그리고 더 넓은 상황적 범위에 대해 사용되었다.

Osgood(1979)에 의한 또 다른 연구는 다양한 언어에 있어 'and(그리고)', 'but(그러나)'의 사용과 관계되어 있다. 그는 양극과 음극의 극성은 인간의 인지에 있어 기본적인 특징이며, 이것은 이미 고대 중국의 원리인 양과 음에서 잘 표현되어 있다고 주장했다. Osgood은 2개의 형용사를 '그리고'나 '그러나'와 연결하도록 요청했을 때, 응답자들은 감정적으로 알맞은 의미를 가진 형용사에 대해서는 '그리고'를 사용할 것이라고 예상했다. 2개의 형용사들의 의미가 감정적으로 적합하지 않을 때, 그들은 '그러나'를 사용해야 했다. 예를 들어, 우리는 고상하고 성실한, 아름답지만 불쾌한, 행복하지만 슬픈 등과 같이 말하는 경향을 보인다. 앞에서 언급한 감정적인 의미에 대한 그의 계획 안에서, Osgood은 다양한 언어에 대해 형용사의 짝을 이룬 형태들 간에 유사지수를 산출할 수 있었다. 그 후, 이러한 유사지수와 두 가지 형용사 간의 연결사로서 '그리고'의 사용 빈도 사이에 상관관계가 산출되었다. 다른 언어들 중 미국 영어, 핀란드어, 터키어, 일본어를 포함한 열두 가지 언어에 대한 이러한 상관관계의 평균은 $r=.67$이었고, 이것은 인지적 특성의 공유된 존재를 가리켰다.

언어심리학에 있어 비교문화 연구에 대한 보편주의적인 접근이 그 유사성을 찾는 것에 국한되지 않는다는 것은 명확하다. 또한 언어의 사용자들이 노출되어 있는 동일하지 않은 사전 조건에 대한 기능으로서 누군가는 차이점들에 대해 연구할 수 있다. 여기에서 주어진 사례들 외에도 언어를 습득할 경우에 아이들이 처리해야 하는 몇 가지 과제들이 있다. 예를 들어, 일본어를 사용하는 사람들이 영어 발음 'lead'와 'read'를 구별하는 데 어려움을 겪을 때, 이것은 선행 경험에 있어 그 차이의 반영으로서 이해될 수 있다.

결론

인간이 말하는 언어들보다 인간의 집단들이 더 다르다고 하는 외현적 행동의 측면은 존재하지 않는다. 단어의 음소적 특성과 그들의 의미 사이에 연결점이 거의 없기 때문에 그 자체로 어떠한 광범위한 함의점은 없다. 이 장에서 우리는 언어 차이의 일부인 어휘 및 문법 차이에 대한 지각과 인지적 결과 중 몇 가지를 살펴보았는데, 여기에서는 객관적인 현실이 주관적 경험과 표현에 부합될 수 있는 두 가지 영역, 즉 색깔 이름 대기와 참조를 위한 공간 구조의 사용에 대해 중점을 두었다. 언어 상대성의 증거에 대한 문헌 탐구는 인간 언어의 보편적 특성으로서 자격을 부여할 수 있는 유사성의 증거에 대한 그와 비슷한 조사로 이어졌다. 2개의 절에서 우리는 다양한 태도를 지지하는 연구를 제시했다.

이 장의 시작 부분에서 우리는 Whorf의 가설에 대해 제시했다. 원래의 형태에서는 가설은 거부되어야 한다. Whorf가 우리에게 믿도록 유도한 것처럼 한 사람의 사고는 그의 언어에 의해 결정되지 않는다. 그 사이, 가설에 대한 연구는 변화해서 더 정교해졌다. 그러나 이러한 더 높은 수준의 정교함이 더 큰 합의로 이끌어주지는 못한다. 상대론자적 지향을 가진 연구자들은 연구 결과가 그들의 관점을 지지하고 또한 보편주의적인 지향을 가진 연구자들에게도 마찬가지로 적용된다는 의견을 유지하는 경향을 보인다.

주요 용어

언어 상대성 • Whorf의 가설 • 색깔의 분류 • 기본 색깔 용어 • 공간적 지향 • 자기참조 지향 • 절대 방향 • 언어의 보편성

추천 문헌

Dasen, P. R., and Mishra, R. C. (2010). *Development of geocentric spatial language and cognition*. Cambridge : Cambridge University Press.

이 책은 공간 위치에서 참조 틀의 상대론적 및 보편적 특징을 균형 있게 제시하는 빈틈없는 연구 프로젝트를 보고한다.

Evans, N., and Levinson, S. C. (2009). The myth of language universals: Language diversity and its importance for cognitive science. *Behavioral and Brain Sciences*, 32, 429-492.

이 문헌은 상대주의 관점에서 작성되었으며 일반적으로 인정되는 언어의 보편성에 반대되는 정교한 언어적 증거를 제공한다.

Hardin, C. L., and Maffi, L. (eds.) (1997). *Colour categories in thought and language*. Cambridge : Cambridge University Press.

이 책의 장에서 보편주의자와 때로는 상대주의자의 관점으로 색상 명칭의 보편성에 대한 증거를 검토한다.

Hauser, M. D., Chomsky, N. A., and Fitch, W. T. (2002). The faculty of language: What is it, who has it, and how did it evolve? Science 298 (5,598), 1569-1579.

이 문헌은 뚜렷이 언어의 보편주의 접근을 제시하는데 이것은 앞서 언급한 Evans와 Levinson의 문헌과는 대조적이다.

9 지각

사회 통념은 지각의 문화 간 차이는 중요하지 않다고 여기는 경향이 있었다. 감각기관과 신경계의 해부학과 생리학에서의 보편적인 유사점을 보면 감각기관을 통한 감각적 인상과 그 전달은 문화 전반에 걸쳐 불변하는 듯하다. 이 장에서 우리는 감각과 지각에 있어 공통된 과정이 존재하는 한편, 그러한 과정의 결과에 있어서는 상당한 차이가 존재한다는 사실과 심지어 매우 단순한 모양이 인식되는 방식에 있어서도 문화 간 차이가 존재할 수 있다는 점을 보여주고자 한다. 이 장은 주로 비교문화심리학이 사회문화적 변수에 초점을 두기 이전 시기의 연구들을 검토한다. 제1장에서 논의한 바와 같이, 우리는 생태환경을 환경에 대한 인간의 중요한 기능적인 측면으로 인식하며, 이 장에서 논의되는 주제들은 인간 행동과 그의 환경문화적이고 사회문화적인 차이의 이해에 중요하다고 본다.

첫 번째 절에서는 현대 비교문화인지심리학의 역사적 근원에 대해 간단하게 검토해 본다. 그 뒤로 감각 기능의 연구에 관한 절이 이어진다. 그런 다음 우리는 보다 엄밀한 의미에서 지각으로 전환한다. 감각과 비교한다면, 지각은 자극의 선택과 유기체의 적극적인 참여에 대한 다른 형태를 의미한다. 주로 1960년대와 1970년대에 행해진 광범위한 연구는 형태와 그림에 대한 지각과 관련되어 있다. 우리는 착시를 포함하여 간단한 모양의 지각과 3차원 사물과 경치에 대한 2차원적 묘사를 가진 깊이 지각과 관련된 비교문화 연구를 조사해 볼 것이다. 범주화에 관한 네 번째 절은 짧은데 그것은 여기에서 논의되는 연구의 많은 부분이 감정과 (특히) 언어에 대한 장에서 제시되었기 때문이다. 다섯 번째 절에서는 다른 집단의 구성원들에 대한 얼굴 인식은 자신이 속한 집단 구성원들에 대한 인식보다 더 어렵다고 하는 잘 확립된 연구 결과에 대해 다룬다.

역사적인 근원

W. H. R. Rivers(1864~1922)는 비교문화심리학의 개척자 중 한 명으로서 폭넓게 인정을 받고 있다. 그의 주요 연구(Rivers, 1901)는 뉴기니와 호주 사이에 위치한 머레이 섬에서 토레스 해협의 섬 사람들과 함께 지낸 4개월 동안 그 자신과 몇 명의 학생들이 수집한 자료에 기반을 두고 있었다. 시력, 색각, 시각 잔상, 착시, 청력, 리듬, 후각과 미각, 무게의 구별, 반응시간, 기억력, 근육의 힘과 같은 넓은 범위의 주제와 관련한 측정이 진행되었다. 자료는 시각, 지각, 시/공간적 지각이라는 세 가지 주요 주제 위주로 구성되었다.

여러 측면에서, Rivers의 연구는 심지어 오늘날까지도 비교문화 연구의 모범적인 전형으로 불릴 수 있을 정도였다. 그는 방법의 문제에 큰 관심을 보였다. 예를 들어, 과제가 적절하게 이해되었는지 여부에 대해 염려했으며, 어떤 사람이 가장 만족스럽게 과제를 수행했는지를 알아내기 위해 다양한 방법들을 시도했다. 또한 그는 다양한 종류의 상황별 증거에 의한 양적 자료를 백업해두었다. 예를 들어, 시각에 대한 분석에서 Rivers는 색깔의 이름과 다양한 색깔에 대한 민감도에 대해 연구했을 뿐 아니라 사람들의 선호에 대해 질문하고 심지어 일요일 교회에서 사람들이 착용하는 스카프의 색깔에 대해서도 주목했다. 또한, Rivers는 가능한 대안적 설명에 대해 열린 눈을 가지고 있었다. 비유럽인들의 비상한 시력과 관련한 유명한 개념에 대해 논의할 때, 그는 관찰력을 의미하는 생리학적인 도구로서 눈의 해상도와 주변 환경과의 친숙도 사이를 구별했다. 예를 들어, 그는 결함과 질병에 대해 응답자들의 눈을 조사했으며, 부족한 시력에 대해 교정 렌즈를 착용하거나 착용하지 않고 시력을 측정했다.

Rivers는 토레스 해협의 섬 사람들의 시력에 대해 아무런 특이점도 발견하지 못했다. 이러한 연구 결과는 그 당시 만연했던 비유럽 사람들이 더 좋은 시각적인 능력을 가지고 있다고(그리고 인지 능력은 보다 덜 발달했다고) 하는 개념과 대조를 이루는 것이었다. 그 자신의 연구를 기초로, Rivers는 "비록 그것이 정상적인 유럽인들의 시력보다 뛰어나다 할지라도, 미개인과 덜 문명화된 사람들의 시력은 그렇게 표시가 날 정도는 아니다."라고 결론지었다(1901, p.42). 그러나 그는 또한 '미개인들(savages)'에 대한 정확한 관찰과 세부사항에 이르는 그들의 관심에 대해 길게 논의하고 "감각 대상에 대한 지배적인 관심은 고등 정신 발달에 명백히 방해가 된다. 만일 감각 기초에 지나치게 많은 에너지가 사용된다면, 지적인 상부구조가 고통을 받는 것은 당연한 것이다."라고 결론을 내렸다(1901, pp.44-45). 감각과 지적 영역 사이의 이러한 상보적 관계는 반복적으로 언급된다. 이것은 비록 Rivers가 열린 마음을 가지고 있다 할지라도, 그 또한 그 시대에 널리 만연되어 있던 자민족중심주의에 깊이 영향을 받았다.

　　1910년과 1950년 사이 출간되었던 지각에 대한 다양한 연구에서, '인종' 개념은 차이에 대한 지배적인 설명으로서 여전히 존재하고 있었지만, 종종 열등성에 대한 총체적인 의미는 내포하고 있지 않았다. 이에 대한 한 가지 사례가 불변성 즉, '현상적 회귀(phenomenal regression)'와 관련된 Thouless(1933)와 Beveridge(1935, 1940)의 연구이다. 시각의 모든 각도에서 관찰자의 망막에 대한 원판의 투영은 타원을 형성한다. '눈에 보이는 것이 무엇인가'라는 질문을 받았을 때, 응답자들은 실제 망막에 투영된 형태와 완전한 원 사이에 존재하는 타원(현상)을 그리는 경향이 있다. 현상에 대한 이러한 회귀는 형태에서뿐 아니라 크기, 밝기 등에서도 관찰될 수 있다. 예를 들어, 회색 종이에 더 강렬한 빛을 비추어 흰색 종이보다 더 많은 빛을 반사하도록 하면 그것이 회색이라고 '알고 있는' 응답자에게는 그것은 더 밝게 나타나지 않는다.

　　Thouless(1933)는 스코틀랜드 학생들에 비해 인도 학생들의 작은 표본이 두 가지 과제[2개 원판(disc)의 상대적인 크기, 원형 또는 타원형 원판]에 대한 현상적 회귀 경향이 더 큰 것을 발견했다. 그는 자신이 발견한 것을 인도 예술과 관련지어 설명했는데, 거기에는 유럽 예술보다 더욱, 지각의 부재 속에서 대상이 스스로 관찰자에게 보여지는 형태보다는 대상의 있는 그대로의 본래 모습으로 그려져 있었다. Beveridge(1935)는 모양과 크기에 있어서는 영국 대학생들에서보다 서아프리카의 대학생들 사이에서 현상적 회귀 경향이 더 크다는 사실을 알아냈다. 이후의 연구에서(Beveridge, 1940), 그는 과제의 범위를 확장하고 아마도 아프리카 사람들은 유럽 사람들보다 우리가 지금 다루고자 하는 개념인, 시각적 단서에 의한 영향을 적게 받는 것일지도 모른다고 결론지었다.

　　이와는 다소 별개로 Oliver(1932, 1933)의 연구도 있는데, 그는 검사 항목에 있어서 토착 요소의 결합과 언어와 설명의 난이도 인식에 관해 주장했다. 음악적 재능에 대한 Seashore 테스트를 활용한 연구에서, 그는 똑같은 수준의 학교교육을 받고 있는 미국 학생들에 비해 서아프리카의 학생들이 소리 크기 구별, 음색 지속 구별, 리듬의 식별에 대해 더 높은 점수를 얻었지만, 음률의 고저 구별, 음색과 음조 기억에 대한 구별에 있어서는 더 낮은 점수를 얻었다. 음색과 음조 기억 테스트는 지능과 상관된 두 가지뿐이었으며, 아마도 그것은 시험에 대한 지시 사항이 이해하기 어려웠기 때문으로 추측된다.

　　중요한 질문은 감각에 있어서 관찰된 차이점들이 스스로 형성된 것인지 서로 다른 다양한 양식에 대해 일반화되는 것인지의 여부이다. 예를 들어, 지난 세기 중반에 아프리카 사람들은 음악과 운동감각적인 자극에 더 조화가 잘 되어 있으며 유럽 사람들은 시각적인 자극에 더 적합하게 맞추어져 있다는 통념이 만연되어 있었다. 아프리카계 미국인을 포함해 아프리카 사람들 간에는 리듬과 음악에 대한 감각 및 언어에 대한 감각이 뛰어나다는 사실이 널리 알려져 있었다(예 : Nursey-Bray, 1970). 1960년대에 McLuhan(1971)은 서구 사람들의 시각적 양식의 우월함을 강조했고, Wober(1966)는 한 가지 감각 양상의 상대적인 중요성에 있어 문화적 집단 간의 차이를 나타내기 위해 '감각유형(sensotypes)'이라는 용어를 만들어냈다. 그러나 체계적인 준실험적 연구에서의 보상 가설에 대해 아무런 증거도 발견되지 않았다(예 : Deregowski, 1980a; Poortinga, 1971, 1972). 1970년대 이후 그러한 개념은 비교문화 문헌에서 많이 사라졌다.

감각 기능

간단한 감각 자극(sensory stimuli)에 대한 반응에 있어 문화 간의 차이에 대한 설명은 크게 네 가지로 분류될 수 있는데, (1) 감각기관에 직접적으로 영향을 주는 물리적 환경의 조건, (2) 감각기관에 간접적으로 영향을 주는 환경적 조건, (3) 유전적인 요인, (4) 인식의 차이이다.

물리적 조건의 직접적인 영향에 대한 예시는 일련의 칼라하리 사막에 대한 탐험을 다룬 Reuning과 Wortley(1973)의 연구 보고에서 발견할 수 있다.[1] 그들은 덴마크인이나 미국인에 대해 주어진 기준 값보다 칼라하리 사막의 San족(그 당시 일반적으로 '부시맨'이라고 불렸던)에게서 더 높은 주파수 범위(8,000Hz까지)의 우수한 청력에 대해 보고했다. 그러한 차이는 나이 많은 응답자들에게서 더 현저하게 나타났으며, 이것은 칼라하리 사막에서는 나이가 들수록 청력 감소가 더 적게 나타난다는 것을 의미했다. Reuning과 Wortley는 비록 그들이 음식과 같은 다른 요인들이 대안적인 설명을 해줄 수 있다는 점을 강조하긴 했지만, 이러한 차이를 설명함에 있어 중요한 요인으로 환경적으로 낮은 주변 소음 수준을 제시했다.

남아프리카의 광산 업계의 흑인 신참자들은 남아프리카 공화국의 백인들보다 느린 암순응(dark adaptation)을 가지고 있다는 사실이 발견되었을 때, 부족한 영양과 같은 환경적 조건의 간접적인 영향에 관한 예시는 의심을 받았다(Wyndham, 1975). 음식의 부족은 비타민 A의 수준을 낮추고 결국 낮은 조명의 환경에서 시각을 위해 사용되는 망막의 간상체의 기능이 충분하지 못하게 되었다고 생각되었다. 그러나 음식의 변화는 예상했던 향상을 보여주지 못했다. 그때 광부들 중 많은 이들이 무증상적인 형태의 간질환(간경변)을 앓고

---

[1] San족(부시맨)들의 생존방식(사냥과 채집)은 심각하게 위협을 받고 있었다. 프로젝트의 이론적 근거는 경제적인 존재의 다른 방식들 중 어떠한 것이 실현 가능성이 있는지 조사하기 위한 목적으로 능력과 재능을 상세히 나타내는 것이었다. 비록 그것이 그 당시에는 이러한 방식으로 인식되지 않았다 할지라도, 그러한 접근은 상당히 인상적인 것이었다.

있었을 것이며, 그것은 유아기 시절의 영양성 질병의 높은 발병률과 관련이 있다는 것을 의미했다. 영양실조의 영향에 대한 보다 최근의 증거는 광범위한 부정적인 신체적·정신적 결과를 보여주었다(제17장 '빈곤, 기아와 영양실조' 참조).

문헌에서 제3의 요인으로 언급된 유전적 요인의 영향은 적록색맹에 대해 확인된 바 있다. 이미 Rivers(1901)가 살던 시기에 적록색맹의 출현 빈도가 일부 유럽인 집단에서보다 특정 비유럽인 집단에서 훨씬 더 낮다는 사실이 알려져 있었다. 진화론의 기반 내에서, 사냥을 하거나 채집을 하는 것이 생계수단일 경우, 이것이 색맹인 사람들에게는 불리함으로 작용한 데서 기인한 것이었다(Post, 1962, 1971 참조). 또 다른 예는 페닐티오카바마이드(phenylthiocarbamide)나 티오카바마이드(thiocarbamide) 유형을 포함하는 물질에 대해 맛을 느끼지 못하는 경우이다. 대략적으로 유럽인 중 30% 정도가 그러한 쓴맛이 나는 물질에 대해 '미맹(taste-blind)'이다. 아프리카인들과 아메리카 원주민들의 경우 미맹(non-taster)은 단지 몇 퍼센트에 불과하다(Doty, 1986; Kalmus, 1969). 특정 화학 합성물의 영향과 관련된 차이 감도에 대한 보다 자세한 실례는 단지 소량의 알코올을 섭취한 후에도 얼굴이 붉어지는 '알코올성 홍조'인데, 동아시아 사람들 사이에서는 흔하게 나타나지만(Wolff, 1972a, b) 유럽인의 혈통을 가진 사람들 사이에서는 거의 발견되지 않는다.

감각에 대해 보고된 차이들의 대부분은 자극이 감지되는 방식과 관련되어 있다. 여기에서는 구별이나 허용 한계에 대한 수용 능력이 아니라 자극에 대해 문화적으로 습관화된 선호나 혐오가 작용한다. 예를 들어, Kuwano, Namba, Schick(1986)은 일본, 영국, 독일 사이에 이웃 소음 평가에 있어서의 작은 차이들은 감각적인 영향이나 또 다른 지각변수가 아니라 사회문화적인 요소와 관련하여 해석되어야 한다고(당신이 얼마나 용인하는가에 따라) 주장했다.

맛과 관련하여, 설탕과 관련된 단맛과 독소와 관련된 쓴맛에 대한 혐오에 있어서는 타고난 선호가 있다고 주장되어 왔다(Rozin, 2007). 선호나 쾌락주의적인 가치에 있어서 몇 가지 차이들 또한 맛에 대한 연구에서 발견되었다. 예를 들어, 중국인 응답자들은 자당(sucrose)을 미국에 거주하는 백인 응답자들이 한 것보다 더 낮은 농도에서 즐거운 것으로서 평가했다(Bertino, Beauchamp & Jen, 1983). 단 음식에 대한 흑인들의 더 강한 선호 또한 보고되었다. 여기에서는 경험에 의한 것임이 매우 명백한데, 그것은 자당에 대한 선호는 식사에 의한 노출로 조작될 수 있기 때문이다. 또한 거의 중립적인 맛도 그것이 매우 좋아하는 맛과 결합되었을 때에는 더 잘 음미할 수 있다는 사실이 조건 실험에서 입증되었다(Doty, 1986, 2001 참조).

형태와 그림 인식

이 장의 나머지 부분에서, 우리는 지각변수에 대해 관심을 집중할 것이다. 비교문화 연구에서, 구별이 종종 분명하지 않지만, 전통적으로 감각은 자극 수용체로서 유기체에 보다 더 수동적인 역할을 나타내는 반면, 지각은 자극의 선택과 구성에 있어 유기체의 일부에 대한 적극적인 관여로서 간주된다.

그림 9.1은 에티오피아의 외딴곳에 있는 Mekan 또는 Me'en이라고 불리는 집단으로 그 당시 그림 설명에 대해 거의 노출된 적이 없는 사람들의 그림 인식과 관련된 연구에서 발췌한 것이다(Deregowski, Muldrow & Muldrow, 1972). 예를 들어, 거의 예외 없이 그들은 표범이라는 것을 알아보았지만, 얼마간의 시간이 지나고 그림에 대해 유심히 살펴본 후, 일부의 경우는 처음에 표범의 꼬리를 가리키며 뱀이라고 했다. 시험 과정에서 일부 응답자들은 시각적인 검사를 넘어서서 그림이 그려져 있는 천을 만져보고 때로는 심지어 냄새를 맡기도 했다.

십중팔구 이것은 넓은 의미에서 (부족한) 사물 재인에 대한 문제가 아니다. Biederman, Yue, Davidoff(2009)는 정식 학교교육을 받은 적이 없는 나미비아의 Himba족 사람들과 미국 로스엔젤레스의 학생들에게 피라미드나 실린더와 같은 기하학적 개체의 그림을 제시했다. 그들은 비돌발 속성(예 : 직선 윤곽선 대 곡선 윤곽선)과 계량적 특성(예 : 굴곡도)을 구별했다. 여러 차례의 시도에서 응답자들은 표준에 가장 알맞은 그림 2개를 선별해야 했다. 다소 예상과 달리, 오류 발생률은 2개의 표본 모두에서 거의 동일했으며, 각각의 표본에 있어서 오류 발생률은 비돌발 속성에서의 차이보다 계량 차이에 대해 더 높았다. Biederman 등은 규칙적인 인공물에 대한 Himba족의 제한된 노출과 그러한 형태에 대한 그들 언어에서 단어의 부재가 물리적인 변화에 대한 민감도의 차이를 가져오는 것은 아니라

그림 9.1 Deregowski 등(1972)이 사용하였던 재인 과제. 원래의 그림은 더 크며(50×100cm) 거친 천 위에 그려져 있다.

고 결론내렸다.

그림 9.1의 표범과 같은 그림들은 모양이 매우 복잡하고 문화적으로 근간을 둔 예술적인 스타일을 포함한다. 일반적으로 전체 문화에 걸친 인식의 원리를 분석하기 위해 보다 단순한 그림들이 사용되었다. 예를 들어, Reuning과 Wortley(1973)는 대칭의 인식과 관련해 San족에 대한 시험을 실시했다. 2개의 항목이 그림 9.2에 제시되어 있다. 각각의 항목은 3개의 좁은 사각형으로 구성되어 있는데, 2개는 검은색이고 하나는 회색이다. 응답자에게는 다른 직사각형들과 같은 크기의 네 번째 (회색의) 직사각형이 주어진다. 이것은 이미 그곳에 놓여져 있는 3개의 직사각형과 함께 (양쪽) 대칭의 형태를 만들기 위해 종이 위에 특정한 형태로 배치되어야 한다. 상부의 항목은 완성된 형태이며, 아래 항목은 응답자에게 제시된 형태 그대로 미완성된 형태를 보여준다. 많은 San족 사람들은 양쪽 대칭의 개념을 쉽게 파악하는 것으로 밝혀졌다.

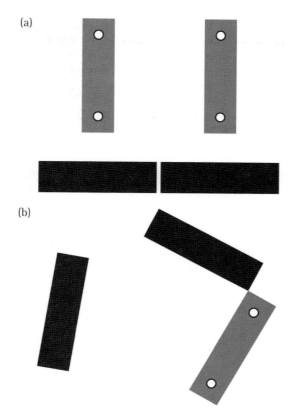

그림 9.2 양쪽 대칭 시험에서 2개의 항목, 즉 하나는 완성된 형태이고 나머지 하나는 응답자에게 주어진 형태 그대로를 보여준다(응답자는 답변을 직사각형 모양에 있는 작은 2개의 구멍에 연필로 표시한다). 요하네스버그에서 실시된 대칭완성검사인 NIPR에 따름.

착시

초기의 가장 값진 연구 전통 중 하나는 기하학적 착시에 대한 민감성에 있어서 문화 간 차이에 관한 것이었다(Deregowski, 1989; Segall et al., 1999 참조). Segall, Campbell, Herskovits(1966)의 획기적인 연구에 의해 하나의 광범위한 연구가 촉발되었다. 이 연구는 Segall의 두 스승이었던 인류학자인 Melville Herskovits와 심리학자인 Donald Campbell 간의 의견 차이에서 시작되었다. 문화상대주의로서 인간 심리에 대한 거의 무한한 유연성을 시사했던 Herskovits는 심지어 선분 길이 지각과 같은 기본적인 경험조차 문화적 요인에 의해 영향을 받을 것이라고 믿었다. Campbell은 거기에 대해 의심을 품고 정확한 실증적인 조사가 필요하다고 생각했다.

Segall 등(1966)은 Brunswik(1956)의 연구를 근간으로 하는 착시(visual illusions)에 대한 광범위한 연구를 진행했다. 그는 특정 지각 단서의 반복된 경험은 그러한 단서들이 인식되는 방법에 영향을 미칠 것이라고 믿었다. 이것은 '생태학적 단서 타당성'이라는 개념으로 표현되었다. 자극의 특이하고 오해하기 쉬운 특성 때문에 사전에 학습된 단서 해석이 잘못 적용될 때(즉, 통상적으로 타당한 단서가 타당하지 않게 될 때), 착시는 발생한다. Segall 등(1966)은 다음과 같은 세 가지 가설을 설정한다.

1. 다듬어진 세계 가설(carpentered world hypothesis) : 이것은 직사각형이 아닌 형태를 원근법에 따라 직사각형 형태의 표현으로 해석하기 위해 목수에 의해 조성된 환경(직사각형의 가구, 집, 거리 형태)에서 일어나는 학습된 경향을 가정한다. 만일 이 이론이 정확하다면, 산업도시 환경에서 생활하는 사람들은 Müller-Lyer 착시, Sander의 평행사변형과 같은 착시에 대해 보다 더 민감해야 한다(그림 9.3 참조).

2. 원근법 가설(foreshortening hypothesis) : 관찰자로부터 멀리 떨어진 공간으로 이어지는 선에 적용된다. 그림의 표현에서, 이것들은 수직선으로 나타난다. 넓은 전망이 보이는 환경에서 생활하는 사람들은 망막에 맺힌 수직선들이 원거리를 나타낸다는 사실을 익혀왔다. 그들은 열대우림과 같이 둘러싸인 환경에서 생활하는 사람들보다 수평-수직 착시에 대해 보다 더 민감해야 한다.

3. 정교화 가설(sophistication hypothesis) : 형태와 그림들을 해석하는 법을 학습하는 것은 2차원적으로 제시되는 기하학적 착시를 강화해야 한다. 그림 자료에 대한 노출은 착시에 대해 사람들이 더 예민해지도록 만든다.

Segall 등(1966)에 의한 연구 설계는 잠재적 대체설명을 방지하기 위해 여러 가지 특성을

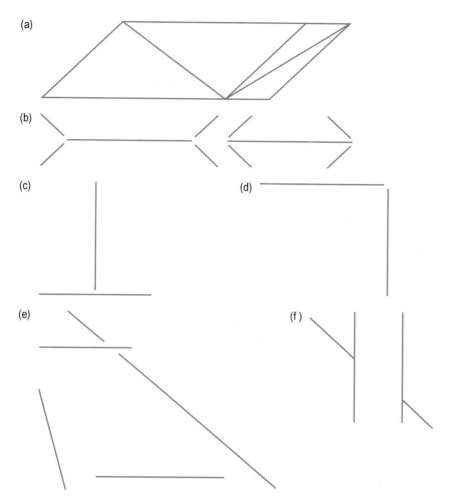

그림 9.3 Segall, Campbell과 Herskovits(1966)에 의해 사용된 착시. 각 유형은 (a) Sander 의 평행사변형, (b) Müller-Lyer 착시, (c)와 (d)는 수평−수직 착시의 두 가지 유형, (e) Ponzo 착 시의 수정된 형태, (f) Poggendorff 착시이다.

포함한 점이 인상적이었다. 예를 들어, 자료가 수집되는 각각의 장소에서, 다듬는 일과 넓은 열린 공간의 가용성 관점에서 지배적 환경으로 설명이 구성되어 있다. 이러한 독립변수에 대한 그러한 정교한 점검은 오늘날의 비교문화 연구에서는 여전히 드물다. 검사 항목의 지침에 대한 이해와 응답자의 응답유형의 일관성에 대한 점검 또한 실시되었다.

Segall 등(1966)은 그림 9.3에서 제시된 여섯 가지 착시에 대해 일련의 자극을 사용하여 14개의 비서양 표본과 3개의 서양 표본을 시험했다. Müller-Lyer 착시와 Sander 평행사변형에 대해, 서양의 표본은 어떠한 비서양 표본보다도 착시를 경험하기 쉬운 것으로 나타났다. 열린 풍경을 가진 지역에서 그려진 표본은 그러한 환경이 드문 곳에서 그려진 표본보다 수직-수평 착시의 두 가지 형태에 대해 더 민감했다. 또한, 대체로 비서양 응답자들은 서양 응답자들보다 수평-수직 착시를 경험하기 쉽다는 연구 결과는 두 번째 가설에 부합했다. 비서양 응답자들이 다른 착시에 대해서는 덜 민감하지만 그 착시에 대해서는 더 민감하다는 연구 결과를 정형화하는 것은 시험의 정교화와 같은 전반적인 요인과 관련된 설명을 배제한다. 대체로, 결과는 명백하게 가설을 뒷받침했다.

환경의 강화(Brislin, 1974; Brislin & Keating, 1976; Leibowitz, Brislin, Perlmutrer & Hennessey, 1969), 주의효과(Davis & Carlson, 1970), 그리기 훈련(Jahoda & Stacey, 1970), 피부색과 같은 수많은 다른 요인들은 추가적인 연구에서 검토되었다. 마지막 변수는 망막의 색소지수로서 역할을 했고, 어느 정도의 기간 동안 Segall 등(1966)에 의해 주어진 자료의 환경적 해설에 대한 도전을 제시했다.

망막의 색소와 관련된 이유는 일련의 연구 결과에 기초한 것이다. Pollack(1963)은 나이를 먹을수록 윤곽 탐지 능력이 저하된다는 사실을 입증했다. Pollack과 Silvar(1967)는 윤곽 탐지와 Müller-Lyer 착시의 민감도 간에 (부정적) 상관관계를 발견했다. 그들은 피부색과 망막의 색소와 윤곽 탐지 두 가지 모두와의 상관관계를 발견했다(Silvar & Pollack, 1967). Segall 등의 연구에서 대부분의 비서양 표본은 아프리카에서 온 것이기 때문에, 생리적 조건이나 유전적 조건은 배제될 수 없었다. 망막의 색소 가설(Berry, 1971; Jahoda, 1971)에 대한 최초의 실증적인 지지에도 불구하고, 차후 대부분 연구들은 생리학적인 설명보다는 환경적인 설명에서 더 명확했다(Armstrong, Rubin, Stewart & Kuntner, 1970; Jahoda, 1975; Stewart, 1973).

모든 자료들이 다듬어진 세계 가설이나 원근법 가설에 부합하는 것은 아니다. 가장 중요한 모순점은 거의 모든 착시에 대한 민감도가 나이가 들어감에 따라 줄어든 반면, 환경에 대한 노출이 증가하게 되면 적어도 Müller-Lyer 착시와 관련된 착시들에 대해서는 그 반대적인 결과도 기대해 볼 수 있다는 Segall 등(1966)의 연구 결과였다. 그럼에도 불구하고, 앞에서 지적한 대로, 세 가지 가설들은 유효한 증거에 의해 존재하고 크게 지지를 받아왔다(Deregowski, 1989).

깊이 지각

남아프리카의 문맹인들 사이에 해석 오류가 드러난 후, Hudson(1960, 1967)에 의해 그림의 깊이 단서(depth cues in pictures)에 대한 체계적인 연구가 남아프리카공화국에서 이루어졌다. 그가 사용했던 두 가지 자극 설정은 그림 9.4에서 제시된다.

Hudson은 사진에 사물의 크기, 사물의 중첩, 원근법을 포함시키고 싶었다. 그러한 그림

쾌함과 식용 적합성으로서 자극의 판단 사이에는 정적 상관관계가 있었으며, 이것은 문화 특유의 경험들－특히 음식에 대한－이 냄새 지각(odor perception)에 큰 영향을 줄 수 있다는 것을 의미했다. 다소 예기치 못하게, 특정 방향제에 대한 강도 평가에서 두 집단 간의 상당한 차이가 발견되었다. 그러한 차이점들은 단순히 시험 상황에서 발생하는 인공물인 것 같지는 않았다. 저자들은 경험이 자극 강도와 같은 냄새 지각의 기본적인 측면에도 영향을 미칠 가능성을 언급했다. 평가에 있어 차이에 대한 한 가지 두드러진 예는 말린 생선의 냄새는 많은 일본인들에게는 분명히 먹을 수 있는 음식과 관련되어 있었지만, 반면에 독일인의 대다수는 그것이 말린 생선이라기보다는 썩은 생선을 연상하게 했다는 점이었다. Distel 등(1999)은 독일과 일본 여성에 추가하여 멕시코 여성에서 나온 자료에 대한 연구에서도 유사한 결과를 얻었는데, 그것은 경험이 평가에 있어 중요한 역할을 한다는 결과를 명백하게 뒷받침했다.

냄새에 대한 언어의 영향에 관해 더 자세히 접근한 연구는 Chrea, Valentin, Sulmont-Rossé, Nguyen, Abdi(2005)가 진행한 연구였는데, 그들은 미국인, 프랑스인, 베트남인 응답자들에게 냄새의 유사성을 기반으로 하여 마흔 가지 방향제를 분류하게 했다. 응답자들은 또한 냄새의 이름과 상상되는 유사성, 특유성을 기반으로 하여 분류하도록 요청받았다 (일부 냄새들은 다른 것들에 비해 보다 더 전형적인 것으로 평가되었다). Chrea와 Valentin 등은 다차원 척도법으로 자료를 분석하고, 냄새 범주는 의미론적인 범주보다 지각적인 유사성을 기반으로 하고 있다는 사실을 발견했다. 그들은 전체 문화에 걸쳐 다른 경계를 가지는 공통된 범주의 구조가 존재한다고 주장했다. 추가적인 연구에서, Chrea, Ferdenzi, Valentin, Abdi(2007)은 방향제의 부호화 가능성(제8장 참조)과 또다시 프랑스인, 미국인, 베트남인의 표본을 이용하여 재인기억에 대한 효과를 분석했다. 그들은 냄새의 부호화 가능성이 전체 3개의 표본에 부분적으로 불변의 성질을 가지고 있으며, 이것은 부호화 가능성이 어느 정도는 냄새의 지각적인 특성에 의존적임을 나타낸다고 결론지었다. 또한 냄새의 환경과 언어의 기능으로서 문화들 간에는 차이가 존재했다. 비록 그 차이의 정도가 여전히 더 상세한 분석을 필요로 한다 할지라도, 연구 결과의 요점은 제8장에서 다루었던 색깔 범주의 경우와 유사하다.

모든 문화에 걸친 범주에 있어 유사성의 존재에 대한 주장은 민속생물학에서 발견되는 분류 연구에 의해 강화되어 왔다(Atran, 1998). 식물과 동물의 범주화에 대한 문화 간 합의는 전체 변량의 약 절반 정도를 설명하는 것으로 나타난다(Medin, Unsworth & Hirschfeld, 2007). 일상의 범주에서, 참조점은 대개 중간 정도의 추상화 수준에서 기본 수준이 만들어지는데, 이것은 '기본 수준(basic level)'이라고도 불린다(Rosch, 1978; Rosch & Mervis, 1975). 따라서 일반적으로 우리는 '푸들'(하위 범주)이나 '개 속(canine)'(상위 범주)보다는

'개'에 대해 조회한다. 보다 더 전문적 지식을 활용하여 하위 범주로 이동하는데, 다시 말해 개 조련사는 푸들이나 독일산 셰퍼드(Alsatian)에 대해 더 자주 조회하는 경향을 보이게 된다. 전 문화에 걸쳐서 그러한 전문지식이 식물이나 동물의 특정한 '과(family)'에 따라 다른 경향을 보인다는 사실은 명백하다. 더 세밀한 분류도 전 문화에 걸쳐 다양하며, 그것은 종종 특정한 품종의 식용 가능성과 식품군에서 그들의 위치와 같은 생태학적 고려에 따라 이루어진다.

대중 생물학에서 어느 정도의 유사성이 특정 영역의 인식에 대한 기본적인 본질적 원리의 결과인지에 대한 논란이 있다(예 : 순수 물리학과 순수 생물학). 매우 어린 아동에 대한 분류는 이미 생물학과 물리학의 기본원리를 반영하며, 더 나아가 인지발달을 안내하는 것으로 나타났다(예 : Gelman, 2003; Hirschfeld & Gelman, 1994). 그와 동시에, 상당한 차이가 존재하며, 그것들은 두 종류로서 실질적인 범주화(분류)와 특정 범주에 부여된 문화적인 의미이다. 일부 종에 대해 상징적이고 종교적인 의미를 할당하는 것은(예 : 고대 이집트의 고양이나 인도의 소) 그러한 문화적인 의미의 중요성을 입증한다(Medin & Atran, 2004 ; Medin et al., 2007).

민족집단의 얼굴 재인

자신의 집단 사람들과 다른 얼굴 특징을 가진 사람들은 모두 같아 보이는 특성이 있으며, 우리는 또한 자신의 민족집단에 속하는 개인의 얼굴을 더 잘 기억한다(Malpass, 1996). 미국에서는 수많은 연구들이 백인에 의한 흑인 재인에 초점을 맞추고 있고 그 반대의 경우도 마찬가지인데, 이러한 민족 비교 효과(cross-ethnicity effect)는 '인종 비교 효과(cross-race effect)' 또는 '자기 인종 편향(own-race bias)'으로 알려져 있다. 비록 연구가 오직 제한된 일부 국가에서만 진행되었다 하더라도, 그러한 현상이 조사될 때마다 그러한 효과는 어김없이 발견되어 왔다(Meissner & Brigham, 2001).

차이 인식은 일반적으로 응답자들에게 한 번에 한 명씩 자신의 집단 구성원들의 사진과 타 민족집단에 속한 사람들의 사진을 보여주는 실험에서 입증된다. 어느 정도 시간이 지난 후, 그러한 사진들(또는 그것 중 일부)은 예전에 보여주지 않았던 사진들(distractors, 주의를 흩뜨리는 자극)과 함께 다시 제시된다. 참가자들은 각 사진에 대해 그들이 사진 속의 사람을 그전에 본 적이 있는지 여부를 말해야 한다. Malpass와 Kravitz (1969)가 실시했던 초기 실험에서는 '예/아니요(yes/no)' 인식 과제가 사용되었고, 차이 인식 효과가 매우 분명하게 입증되었다. 이러한 기본적인 연구에 대해 지금까지 많은 변화들이 있었다. 결과에 영향을 주는 요인들은 자극 제시와 인지 간의 지연시간과 자극을 주는 얼굴을 제시하는 시간이다. 다른 변수로는 응답자들이 처음 사진을 보았을 때 자신들이 재인 실험에 참여하고 있다는 사실에 대해 의식하고 있는지 여부, 인지 과제에서 대상자에 대한 같은 혹은 다른 사진을 제시하였는지의 여부가 포함된다. 체계적으로 얼굴을 다양하게 만들기 위해, 때때로 사람들의 초상은 목격자의 진술을 바탕으로 용의자에 대한 인상착의를 그리기 위해 경찰이 자주 사용하는 종류의 장치인, 얼굴 합성 구성장치(facial composite construction kits)로 재구성되었다.

민감도와 반응기준이라는 2변수 간에 구별이 이루어지는 신호탐지 모델의 결과를 분석하는 것은 매우 일반적인 것이 되었다(Swets, 1964). 응답에 4개의 범주가 구별되는데, 그것은 (1) 예전에 봤던 얼굴에 대한 정확한 식별(yes-yes), (2) 예전에 보지 못한 얼굴에 대한 정확한 식별(no-no), (3) 예전에 봤던 얼굴에 대한 틀린 식별(no-yes), (4) 예전에 보지 못한 얼굴에 대한 틀린 식별(yes-no)이다. 민감도는 정확하고 틀린 대답에 대한 비율을 나타낸다. 반응기준은 예전에 보여주었던 얼굴을 식별하지 않는 응답자의 경향[허위부정(false negatives)을 가져옴] 또는 예전에 보여주지 않았던 얼굴을 '알아보는' 경향[허위긍정(false positives)]을 의미할 수 있다. 후자의 경우가 더 자주 발생한다.

대부분 흑인과 백인의 인종적 대비에서 비롯된 연구의 메타분석에서, Meissner와 Brigham(2001)은 응답자들이 외집단의 얼굴보다 내집단의 얼굴에 대해 이전에 보았던 얼굴을 1.4배 더 정확하게 식별하는 경향이 있다는 사실을 발견했다. 게다가 응답자들은 이전에 보여주지 않은 외집단 얼굴의 오인이 이전에 보여준 내집단 얼굴의 오인보다 1.6배 더 높았다(허위긍정 판단). 반응기준에 관한 한 효과는 더 적지만, 내집단 얼굴보다 외집단 얼굴에 덜 엄격한 기준을 적용하는 경향도 보였다.

타 민족집단에 대한 낮은 재인은 해당 집단에 대한 고정관념이나 부정적 태도를 반영한다는 말은 직관적으로 그럴듯한 설명인 것처럼 보인다. 그러나 그러한 사회심리학적인 설명은 실험 결과에 대해 거의 지지하는 바가 없으며, 오히려 지각 메커니즘들이 관련된 것으로 나타난다. 그러한 메커니즘들은 '접촉 가설'에서 상정한다(제14장 참조). 가장 간단한 형태도, 가설은 정확한 재인은 접촉 빈도의 기능이라고 주장한다. 이러한 자체적인 변수가 내집단과 외집단 간의 재인률의 차이를 줄이는 데 중요한 역할을 하는 것으로 보이지는 않는다. 오로지 접촉의 질과 결합되었을 때, 그러한 효과는 증명될 수 있다(Sporer, 2001 참조). 따라서 Li, Dunning, Malpass(1998)는 열렬한 농구 팬인 백인들이 팬이 아닌 사람들에 비해 흑인에 대해 더 좋은 인식을 가지고 있다는 사실을 발견했다. 미국의 농구팀들은 많은 수의 흑인 선수들을 가지고 있으며, 그들의 팬들은 개별 선수들을 식별함에 있어 상당한 경험을 가지고 있기 때문에, 저자들은 이러한 효과를 기대했다. Sporer, Trinkl,

Guberova(2007)는 터키계 오스트리아 아이들이 터키인의 얼굴을 맞추는 실험에서 독일인 전통을 물려받은 오스트리아의 아이들보다 더 빠르다는 사실을 알아냈는데, 그것은 독일계 사람들의 얼굴에는 그러한 차이가 없기 때문이다. 분명한 것은, 터키계 이주민 아이들은 두 가지 종류의 얼굴에 대해 동일하게 친숙했지만, 그에 반해 오스트리아의 아이들은 상대적으로 터키 사람들의 얼굴에 대한 노출이 적었다는 점이다.

접촉 가설은 재인에 있어 내집단과 외집단 차이에 대한 이론들을 가장 폭넓게 받아들인 재인 지각 학습 모델의 한가지 사례로 볼 수 있다. Gibson(1966)에 따르면, 지각에 대한 기술은 과제 관련 단서와 과제와 관련되지 않은 단서들 간의 차이를 구별하는 방법을 배우는 것과 관계된다. 상당한 시간 동안, 우리는 얼굴을 구별하기 위해 가장 많이 사용되는 지각적인 차원들에 대해 배운다. 우리는 자신의 집단 사람들의 얼굴과 상대적으로 덜 두드러진 타 집단 사람들의 얼굴을 구별하는 더 뚜렷한 차원들을 경험할 수 있다. 자신이 속한 집단 사람들의 얼굴과 타 인종집단 사람들의 얼굴에 대한 설명이 사용하고 있는 범주에서 다소 다르다는 증거가 존재한다(Ellis, Deregowski & Shephard, 1975).

지각 학습 이론(perceptual learning theory)의 다양한 형태는 관련된 특징들(또는 특징들의 합성물)이 차원을 형성하는 가상 공간에 얼굴이 저장된다는 사실을 가정한다(예 : Valentine, 1991; Valentine & Endo, 1992). 그러면 외집단의 얼굴들은 경험의 증가와 함께 그러한 공간에서 더 잘 구별되며, 아마도 보다 더 유사하게 보이는 외집단의 얼굴들이 상이한 내집단 얼굴보다 지각의 공간에서 더 가까이 함께 위치되어야 할 것이다. 상당한 지지에도 불구하고(예 : Sporer, 2001), 이 이론은 MacLin, Malpass와 Honaker(2001)의 도전을 받았다. 저자들은 얼굴 구성도구를 사용하여 인종적으로 모호한 얼굴을 준비했다. 그것은 각각의 2개의 민족집단(이 경우 히스패닉계 미국인과 흑인)에 대한 전형적인 특징들의 평균을 적용하여 만들어졌다. 모호한 얼굴에는 히스패닉계 미국인의 머리모양이나 흑인의 머리모양과 같은 '민족적인 표시(ethnic marker)'가 적용되었다. 이러한 방식으로 저자들은 동일한 인상 특징을 가진 얼굴을 만들어냈는데(머리모양은 제외), 이것들 또한 동일하게 구별될 수 있어야 했다. 그러나 이 얼굴을 활용한 재인 과제에서, 히스패닉계 미국인 학생들은 히스패닉계 미국인의 머리모양을 가진 얼굴을 더 잘 구별했다. MacLin 등은 인종적 표시가 인종에 따라 일어나는 범주화를 추진하고, 외집단 얼굴의 적은 경험으로 인한 높은 유사성 지각이라기보다는 이러한 지각 범주에 의해 재인이 영향받는다고 주장했다.

물론, 이 절에서의 연구 결과들을 실제 생활의 목격자 진술로 일반화하기란 어려운 일이다. 그러나 재인 차이가 너무나 커서 다른 집단을 포함하는 특정 민족집단 구성원들에 의해 법정에서 목격자 증언이 (의도치 않은) (민족)차별을 유발하는 것은 당연한 일이다. 미국에서, DNA 검사가 (부분적으로) 많은 사건들에서 그러한 증거 기반의 유죄판결을 정정하게 된 이후, 목격자 증언의 타당성이 흔들리고 있다. 이것은 구성절차와 목격자 증거의 해석에 있어 개혁을 주도해 왔다(Wells, Memon & Penrod, 2006).

결론

모든 지각적 변수들이 똑같이 문화 간의 차이를 보여주는 것이 아니라는 사실은 이 개요를 통해 명백해졌다. 지각의 불변성, 정신물리학적 척도에 대한 자극의 구별과 같은 기본적인 지각 기능에 대한 과제에서, 만일 예를 들어 영양실조와 높은 수준의 소음 노출과 같은 널리 만연된 물리적 제약이 존재하지 않는다면, 대략적으로 거의 같은 수준의 성과가 모든 문화적 집단에 대해 예상된다.

　지각자(perceiver)가 그림 자료에 대한 최소한의 노출만 경험했다면, 명확한 구상적 그림에서의 사물 인식은 이 세상 어디에서도 많은 문제를 야기하지는 않는다. 깊이는 깊이 단서를 풍부하게 가진 사진과 그림 표현에서 쉽게 인식된다. 문화 특유의 관례들은 Hudson의 시험과 같은 간단한 도식적인 그림에서 깊이 인식에 있어 지배적인 역할을 할 수 있다. 현실 공간에서 형태 인식으로 옮겨진 지각 습관들은 특정한 착시에 대한 민감성에 있어 문화 간 차이에 선행하는 사건으로서 인용되어 왔다. 이러한 착시의 일부는 그림적으로는 매우 간단하며, 몇 가지 선들로만 구성되어 있다. 다른 한편으로, 좌우대칭과 같이 어려워 보이는 지각 개념들은 그림적인 표현이 거의 존재하지 않는 San족 사람들에게는 매우 쉽게 파악되는 것으로 나타났다.

　현실 공간과 그림상의 표현 간 불일치가 더 커질수록, 문화 간의 차이 또한 증가한다. 자극 범주화(분류)와 관련하여, 문화적 코드(단어)들이 주요한 역할을 하지만, 냄새 영역에서 시험된 범주는 차이를 제한하는 특성을 보여준다. 이러한 일반적인 메커니즘에 대해 더 강조할수록, 지각의 문화 간 차이에 대한 설명은 특정 독단성을 가진 문화적 협의라는 의미에서 '관습'으로 이동해 간다. 대부분의 관습들은 매우 특정한 자극 종류에 제한되어 있다. 그것들은 보상 가설 수립과 같은 과거에 만들어진 폭넓은 일반화와 조화를 이루지 못한다. 그러나 관습에 대한 강조가 문화 간의 차이가 사소한 것이라는 것을 나타내는 것이라고 생각하는 것은 실수이다. 만일 그 수가 충분하다면, 그것들 모두는 행동 방식(repertoire)에 있어 심오한 영향을 미칠 것이다. 어쩌면 이것이 비교문화심리학자들이 예술적 스타일의 변화에서 배울 수 있는 가장 중요한 교훈일지도 모른다. 그러한 스타일들은 기본 인식의 관점에서 다소 임의적인 것으로 보이지만, 때로는 그것들은 수세기 동안 독특한 스타일적 특성을 유지해 왔다. 대체로, 이 장의 내용들은 몇 번이고 반복되는 전체 문화에 걸친 행동에 대한 연구가 어떻게 중요한 문화 간 차이를 밝혀내는지에 대해 명확하게 보여주고 있지만, 아마도 이전 장들에 있어 그 이상의 것이 공통적이고 근본적인 심리적 기능 및 과정의 측면에서 해석될 수 있을 것이다.

주요 용어

감각 자극 • 착시 • 그림의 깊이 단서 • 관례 • 민족 비교 효과

추천 문헌

Deregowski, J. B. (1989). Real space and represented space: Cross-cultural perspectives. *Behavioral and Brain Sciences*, 12, 51–74.

착시와 그림의 깊이 지각에 관한 주요 고전적 연구를 요약한 문헌이며, 동료 토론이 뒤따른다.

Medin, D. L., Unsworth, S. J., and Hirschfeld, L. (2007). Culture, categorization, and reasoning. In S. Kitayama and D. Cohen (eds.), *Handbook of cultural psychology* (pp. 615–644). New York : Guilford Press.

범주화 및 관련 주제에 대한 문화심리 관점의 개요.

Meissner, C. A., and Brigham, J. C. (2001). Thirty years of investigating the own-race bias in memory for faces: A meta-analytic review. *Psychology, Public Policy and Law*, 7, 3–35.

인종집단에서의 얼굴 재인 연구의 개요.

Russell, P. A., Deregowski, J. B., and Kinnear, P. R. (1997). Perception and aesthetics. In J. W. Berry, P. R. Dasen and T. S. Saraswathi (eds.), *Handbook of cross-cultural psychology, Vol. II, Basic processes and human development* (pp. 107–142). Boston : Allyn & Bacon.

저자는 얼굴 재인을 제외한 비교문화적 지각 연구의 대부분 주제에 대한 증거를 검토한다.

제2부

행동, 문화, 생물학의 관계

상이한 사람들을 관통하는 인간 행동을 이해하고 설명하고자 할 때, 비교문화심리학의 발달에 영향을 미쳤던, 심리학 외의 두 분야의 개념과 연구 결과를 알 필요가 있다. 첫째, 문화인류학은 문화현상을 연구하는 데 사용된 문화의 개념과 민족지학상의 방법론에 공헌해 왔다. 또한 심리인류학과 인지인류학이라는 문화인류학의 하위 분야를 발달시키면서 문화와 행동 간의 관계를 탐구해 왔다. 둘째, 인간생물학도 다양한 맥락에서의 행동의 발달과 표현을 연구하는 데 중요한 개념과 방법을 제공해 왔다. 이러한 공헌은 최근 진화생물학 분야를 부흥시키는 데 특히 중요했다. 이들 두 학문 분야가 합쳐져 문화학과 자연학의 토대를 제공한다는 주장이다. 이들 유사한 두 분야의 개념적, 방법론적 공헌에 더해, 비교문화심리학이 맥락과 행동의 관계를 탐구하는 데 이론적, 실제적 방법의 길을 확장해 왔다. 이 책의 첫 장에 제시된 세 가지 관점(문화비교적, 문화적, 토착적 관점)은 더 탐색적이고 정교하다. 상이한 문화를 가진 사람들로부터 얻은 생생한 자료를 비교하는 데 몇 가지 기본 방법학적 요구사항들도 설명된다. 이러한 이론적, 방법론적 원리들은 개인과 집단의 차이를 설명하는 데 필요하며, 심리학 세계에 대한 비교연구에 토대를 제공하는 데도 필요하다.

10 문화인류학의 공헌

인류학 분야는 문화인류학과 사회인류학에서부터 생물인류학과 물리인류학 및 언어인류학과 **심리인류학**(psychological anthropology)에 이르기까지 굉장히 다양하다. 이 장에서는 비교문화심리학의 실질적인 기초를 제공해 왔기 때문에 문화인류학과 사회인류학을 강조한다. 하지만 이 분야의 몇 가지 다른 부문은 제8장과 제11장에서 다룬다.

문화의 핵심 개념은 한 세기 넘게 심리학의 일부였다. 뉴기니에서의 지각에 관한 Rivers의 작업(1901)과 *Völerpshychologie*에 대한 Wundt의 작업(1913)은 문화와 행동이 어떻게 관련되는지에 대한 중요한 탐구였다. 더 최근에는 문화 개념이 국제 심리학 역사에서 핵심 아이디어의 하나로 인정받았고(Pawlik & d'Ydewalle, 2006), Berry와 Triandis(2006)에 의해 국제 심리학 역사에 기술되었다.

'문화'라는 용어는 앞 장들에서 빈번히 나왔는데, 제1장에서는 일반적 의미, 즉 '인간집단의 공유된 삶의 방식'이었다. 또 제1장에서 문화 개념에 깊이 뿌리를 내린 세 가지 주제의 개요를 설명했는데, 이를테면 인간의 내면 혹은 외면으로서의 문화(발견되고 연구될 수 있는 문화), 상대주의—보편주의(서로 다른 문화의 사람들이 생생하게 비교될 수 있을지의 여부), 문화적 차이의 심리학적 조직(행동이 일반적 패턴으로 모이는 방식으로 문화가 제공될 수 있을지의 여부)이 그것이다. 이 모든 것은, 애초에 문화를 통해 우리가 말하고자 하는 것이 무엇인지를 이해하도록 요구했다. 제1장에서는 또한 세 가지 해석적 입장, 즉 문화비교심리학, 문화심리학, 토착심리학의 개요를 서술했다. 이들 세 분야는 유사하게 우리가 문화에 부여한 의미에 뿌리를 내리고 있다. 이런 이유로 우리가 말하고자 하는 것은 문화에 대한 더욱 섬세한 정의가 이 분야에 대한 우리의 이해에 필수적이라는 것이다.

이 장에서는 먼저 문화의 다양한 개념을 더욱 세밀히 파헤친다. 그런 다음 민족지학 현장연구와 민족지학 아카이브의 이용을 포함하여 민족지학의 몇 가지 양상을 숙고한다. 마지막으로 비교문화심리학과 관련된 인류학적 연구의 두 영역, 즉 인지인류학과 종교학을 깊이 관찰한다.

인류학과 심리학의 관계는 Jahoda(1982)와 Wyer, Chiu, Hong(2009)에 의해 탐구되었다. 이들의 책은 인류학과 심리학의 관계에 대한 깊이 있는 논의를 원하는 사람들이 읽어야 한다. 이 장에서는 주로 문화의 다양한 개념과 민족지학의 관행을 포함해 비교문화심리학의 발전 및 수행과 직접적 관계가 있어 온, 인류학적 전통의 특징에 주목한다. 하지만 **인류학**(anthropology) 분야 전체를 설명하려고 시도하지는 않는다. 이 분야를 개괄하고자 하는 사람은 최근 교재(Ember & Ember, 2007; Robbins, 2006) 혹은 Munroe와 Munroe(1997)의 관련된 장을 참조해야 한다.

문화의 개념

인류학 저술에서 '문화'라는 용어를 처음 사용한 사람은 Tylor(1871)인데, 그는 문화를 '지식, 믿음, 예술, 도덕, 법, 관습 및 사회 구성원으로서 획득한 능력과 습관을 포괄하는 집합된 전체'라고 정의했다. 좀 더 짧지만 오늘날 광범위하게 사용되는 두 가지 정의는 훗날 제안되었다. Linton(1936, p.78)은 문화란 '인류의 총체적인 사회 유산'을 의미한다고 했고, Herskovits(1948, p.17)는 "문화는 인간 환경에서 인간이 만든 부분이다."라고 말했다. 이러한 짧막한 개념과는 대조적으로 문화에 포함되는 것을 길게 나열한 목록들이 있는데, 그 가운데 Wissler(1923)는 말, 물질적 특성, 예술, 지식, 종교, 사회, 재산, 정부와 전쟁을 포함시켰다. 이 목록은 인간관계지역 파일(Human Relations Area Files, HRAF)에서 사용되는 문화의 일반적인 범주와 유사하다. 이 목록은 이 장 후반부에 나온다(글상자 10.1 참조).

많은 정의에 대한 고전적 개관을 살펴보고 Kroeber와 Kluckhohn(1952)은 인류학 문헌에서 발견되는 문화 정의는 6개 등급이 있다고 말했다.

1. **묘사적** 정의는, 저술가가 '문화'라고 의미하는 것의 예들이 되는, 인간 삶의 모든 양상과 행동 사고를 열거하려고 시도한다.
2. **역사적** 정의는 문화적 현상의 범주를 나열하기보다는 시간의 흐름에 따라 축적된 전통을 강조하는 경향이 있다.
3. **규범적** 정의는 인간집단의 행동을 지배하는 공유된 규칙을 강조한다.
4. **심리적** 정의는 문제해결, 학습, 습관 같은 개념을 포함해 다양한 심리적 특성을 강조한다. 이를테면 문화는 학습이고 학습의 결과는 습관이 되어 특정 집단의 집단적 관

문화의 보편성

비교문화심리학의 더 미묘한 특징 가운데 하나는 현지 현상을 이해하고 동시에 전 인류의 일반화를 개진하고자 노력하는 과정에서 추구되는 균형이다. 이는 제1장에서 제안한 현장의 두 가지 목적이기도 했다. 문화 상대주의의 입장은 첫 번째 노력(문화내부적 목표)을 돕게 되는데, **문화보편성**(cultural universals)(파생된 문화보편적 목표)의 가설은 두 번째 노력의 토대가 된다. 모든 문화에는 특정한 공통된 특징이 존재한다는 입장은 한 사회를 위해 특정한 기능적 전제조건들(글상자 4.1 참조)이 존재한다는 Aberle 등(1950)의 주장과 유사하다. 이는 문화의 기본적인 특질이며, 어떠한 문화에서든 그리고 모든 문화에서 발견되기를 기대할 수 있는 현상들이다. 유사하게 모든 개인이 관여된 행동은 (분명히 아주 다른 방식으로 행했다 해도) 심리적 기능에서 일관성에 관해 주장하는 토대다. 즉, 문화보편성과 심리적 보편성 둘 모두가 존재한다.

심리학 연구자들에게 유용했던, 몇몇 확고한 문화보편성은 수많은 문화에서 광범위한 작업의 기초 목록에 열거되어 있다. 그 같은 정교한 목록은 '편리한 체크리스트' 이상의 훨씬 많은 것을 제공한다. 즉, 비교 작업의 토대가 되는, 포괄적인 설명 카테고리를 제공해 준다. 비교 도구로 사용되는 한 가지 후보로 Murdock(1949)이 발전시켜 HRAF에서 사용된 카테고리가 있는데, 이에 대해서는 이 장 말미(글상자 10.1)에서 논의될 것이다.

민족지학

인류학자들은 **민족지학**(ethnography)이라 불리는 방법을 사용하여 사실상 세계 문화의 모든 것을 장기적으로 작업한 경험이 있다. 이러한 전통의 유물이 특별한 문화에서 이뤄진 '현장조사'에 관한 수천 권의 출판물에 살아 있다. 민족지적 보고서들은 풍부한 정보의 자원이며, 비교문화심리학의 중요한 밑거름이다. 그 같은 구체적인 문화 보고서는 심리학자들에게 다양한 문화 수준의 맥락과 관련된 자료들을 제공한다. 작업 대상인 문화집단을 선택할 때 그리고 문화적으로 타당한 연구 도구의 내용을 확실히 하는 데 이 보고서들을 사용한다.

민족지학 분야에서, 연구자들은 문화의 패턴, 제도, 역동성, 변화를 이해하려고 노력한다. 이처럼 더 큰 그림을 찾는 데는 수많은 문화가 담긴 민족지학 보고서를 사용하여 유사점과 차이점을 비교하고 추려낼 필요가 있다. 그렇게 함으로써 민족지학자들은 민족지학적 원자료를 가지고 작업하며 (때로는 그들 자신의 자료로, 더 빈번하게 다른 분야의 자료로) 민족지학의 변화 뒤에 놓인 것, 혹은 민족지학의 변화를 설명하는 요인을 찾는다. 어떤 의미에서는 민족지학이 명확한 문화를 묘사하는 반면, 민속학(ethnology)은 암묵적인 문화를 이해하는 데 과학적 추론을 사용하여 해석한다. 하지만 실제로 대부분 인류학자들은 민족지학과 민속학 간의 엄격한 구별을 주장하지 않는다. 아카이브의 경우, 엄청난 민족지학 보고서 배치를 이용하여 연구가 이뤄지며, 때로 연구는 비교와 통계 이용(HRAF처럼)에 맞게 수정되어 체계적인 준거 틀로 조직된다.

민족지학적 현장조사

비교문화심리학자들은 불가피하게 현장에서 민족지학적 작업을 행하는 방법을 파악할 필요가 있을 것이다. 오래된 문제들, 즉 현장에 들어서는 방법과 민족지학적 연구를 수행하는 방법이 인류학의 주된 이슈였고, 현장조사자를 돕기 위해 많은 글이 쓰였다. (이를테면 왕립 인류학 연구소의 고전인 *Notes and Queries*(1951) 다른 문제로는, 인터뷰와 테스팅 같은 문제들이 심리학 전통에 살아 있으며, 반면 아직도 샘플링과 관찰 기술 사용 같은 문제들은 두 분야 모두에 속해 있다. 이러한 이슈에 관한 논의들이 비교문화심리학자들을 위해 분명히 쓰였는데, Goodenough(1980), Munroe와 Munroe(1986b)에서 찾아볼 수 있다.

　문화집단 혹은 공동체에 대한 최초의 접근과 접촉은 연구 프로그램에서 유일한 가장 중요한 행동이다. 섬세하고 중대한 실수 없이 어떻게 접근 및 접촉할 수 있을까? 이 문제에 대한 논의(Cohen, 1970)에서 경험이 많은 현장 조사자들은 현장에 접근하는 가장 좋은 유일한 방법은 존재하지 않는다고 결론지었다. 각각의 상황이 현지의 수준에 주목할 것을 요구하며, 어느 정도 연구자의 역할에 대한 자각이 있어야 한다. 사실 일시 체류자로서 현장 조사자는 문화변용을 경험하고 또한 문화변용적인 스트레스(제13장 참조)를 경험하며, 작업을 방해할 만큼 커다란, 자기회의와 동기 상실, 압박감과 그밖의 문제에 빠질 것이다.

　아마도 현장에 들어서는 데 가장 효율적이고 윤리적인 길은 다른 문화를 가진 동료와 협력적인 관계를 이룩하는 것이다. 하지만 훨씬 이전의 인류학 연구는 협력적이기보다는 '추출적'(Gasché, 1992)이었다. 다시 말해 인류학자는 지리학자가 광석 표본을 가지고 돌아오듯 정보와 인공물을 가지고 집으로 돌아왔고, 따라서 식민사업의 일부로 동일시되었다. 오늘날에는 많은 연구자들이 동료들과 힘을 합해 그 의혹을 함께 살펴보고, 자신들의 작업의 윤리적 토대를 높이고 있다(Drenth, 2004). 이런 식으로 현지의 지식과 수용이 일찌감치 그리고 신속하게 받아들여졌다.

　완벽한 민족지학 연구는 아마도 불가능하며(심리학자의 자질을 넘어서는 것으로 보인다), 그럼에도 연구에 관련된 민족의 이전 민족지에 담긴 정보를 입증할 필요가 있다. 이렇게 하려면 민족지적 방법에 다소 친숙해져야 한다. 이 주제에 관한 충분한 대처는 Alasuutari(1995), Bernard(1998), Naroll과 Cohen(1970)에서 발견할 수 있다. 우리는 좀 광거나 왜곡되었는가? 각 범주 내의 자료들은 진실로 비교 가능한가(제1장 '개념과 데이터의 등가성' 참조)? Naroll 등(1980)이 제시한 해결책은, 민족지학 보고서에서 자료를 취합해 HRAF로 들여보낼 때 사용되는 모든 코딩 규칙을 아주 분명히 하는 것이다. 그 같은 규칙으로 코딩 실수와 어쩔 수 없는 범주화를 피하게 될 것이다. 하지만 범주화할 수 없는 수많은 자료는 현재의 범주체계의 확장 혹은 재조직이 요구된다.

비교문화심리학자들이 HRAF를 이용해서 인구(popuation-level) 변수들 간의 체계적인 공변량을 찾기를 원하는 동안, 여기서 다른 두 가지 이용법을 제시하고 있다. 하나는 심리학 이론이나 가설의 '초기 독해(initial reading)'는 (현장으로 나가는 노력과 비용에 앞서) 이미 그 파일에 있는 변수와 자료를 이용해서 가능할지 모른다는 점이다. 이런 식으로 결과적으로 현장에 갈 때 더 효율적으로 유익한 질문들에 대한 활동방향을 잡을 수 있을 것이다. 두 번째는 (처음에 지적했듯이) 그 파일의 도움으로, 특정 문화들이 특별한 비교심리학 연구에서 요구되는 특별한 문화 맥락과 경험을 제공하는 것으로 밝혀질 수 있다는 것이다. 이를테면 사회화 관행에서 변수들의 영향에 관심을 갖고 있다면, 극단적인 주장에서 극단적인 옹호라는, 그 차원에서의 두 극단 사이의 다양한 사회군을 선택하고, 그러고 나서 현장에 가서 이러한 관행을 평가하고 (즉, 민족지학적 설명을 입증하기 위해) 기대한 행동의 결과가 진짜 나타나는지 알아보기 위해 개인 샘플을 가지고 심리적 평가 절차를 이용할 수 있다.

인지인류학

심리학과 가까이 연계된 인류학의 또 다른 가지는 인지인류학(cognitive anthropology)이다. 가장 광범위하게 언급되는 말은 이렇다. "인지인류학은 인간 사회와 인간 사고의 관계학이다"(D'Adrade, 1995, p.1). 더 자세하게는, 인지인류학의 목표는 다양한 문화 속의 인간들이 자연계(와 초자연)에 관한 지식을 어떻게 묘사하고, 범주화하고, 조직화하는지를 이해하는 것이다. 인지인류학은 심리 과정이나 개인의 차이보다는 규범지식 — 일반적으로 인간은 무엇을 알고 어떻게 아는가 — 에 대한 관심을 심리인류학과 공유하며, 이들 같은 차원들에 관한(제6장에 있는) 비교문화심리학적 인지 연구와는 다르다.

이러한 일반 분야의 다른 이름은 민족과학(ethnoscience)(예 : Sturtevant, 1964)이다. 이는 다른 문화에 존재하는 과학적 지식을 이해하고자 하는 인류학의 한 갈래로 정의된다. 원칙적으로 민족식물학과 심지어 민족심리학 같은 (제2장 부모의 양육 이론에서 이미 살펴보았듯이) 꽤 많은 가지들이 존재할 수 있다. 초기 방향은 심리학에서 고유한 지식체계로 관심을 이끌었다. 고유한 지식체계에는 관행적인 노하우('브리콜라주')(Levi-Strauss, 1962; Berry and Irvine, 1986), '일상의 인지'(Schliemann, Carraher and Ceci, 1997; Segall et al., 1999, 제6장), 더 큰 규모의 인지체계('고유한 인지')(Berry, Irvine & Hunt, 1988)를 포함한다. 이러한 일반적인 민족지학 접근의 예로 Maya와 Menominee 원주민에 의한 자연현상의 지식에 관한 일련의 확고한 연구들이 있다(Atran & Medin, 2008). 이 분야에서 가장 훌륭한 개관은 D'Andrade(1995)에 의해 만들어졌다.

인지인류학에서 인지를 이해하는 열쇠는 문화현상으로서 언어에 주어진 커다란 중요성을 깨닫는 것이다(Semin, 2009). 이 장 앞에서 보았듯이, 언어는 문화구성의 한 요소이며, 도구 만들기와 더불어 몇 안 되는 아주 뚜렷한 인간 문화의 특질(무엇보다 많은 인간 외의 종이 사회조직, 영토, 심지어 게임을 가지고 있다) 가운데 하나일 것이다.

언어는 또한 학습, 기억, 생각과 분명히 연루되기 때문에 인간종의 인지적 삶과 쉽게 동일시된다. 인간의 인지에 관심을 가진 인류학자들은 따라서 이 특별한 문화현상 ─ 언어 ─을 통해 인지현상으로 들어가는 특별한 입구를 찾고자 애쓴다. 역사적으로 언어─인지에 끼친 두 가지 주된 영향력이 인지인류학의 중심을 결합한다. 첫 번째는 제8장에서 지적했듯이 Whorf(1956)는 언어 범주(낱말과 낱말들 간의 관계 둘 다)는 한편으로는 세계를 코드화하고 조직화하며, 다른 한편으로는 기본적인 방식으로 개인의 인지적 삶을 만드는 데 제공된다고 주장했다. 이러한 견해의 경험적 증거는 약하다. 그럼에도 그 연결 고리는 직관적으로 강력하며, 이러한 방향으로 심리학자들을 움직이기에 충분했다. 두 번째는 형태적 언어 분석(예 : Greenberg, 1957)은 범주와 범주의 구조를 찾는 데 모델법(model method)을 제공했는데, 이는 인지인류학자들에 의해 쉽게 채택되었던 것이다. 사람들이 어떤 영역(domain)(예 : 친족, 동물들)에 관해 말하는 방식에 대한 언어적 분석은 따라서 세계에 대한 그들의 인지적 조직화 분석의 토대를 형성했다(예 : 그들이 그 영역에 관해 **생각하는** 방식). 이러한 접근은 집합적 인지(사람들이 일반적으로 자신의 세계를 어떻게 이해하는가)와 관련되며, 개인적 인지(개개인은 어떻게 서로 유사하거나 다른가, 혹은 중요한 인지적 과정의 본질)에 관련되는 건 아니다.

'사회적 표상(social representation)'이라는 개념은 세계에 대한 인간의 공유된 신념을 설명하기 위해 발전되었다. Moscovici에게 사회적 표상은 "가치, 아이디어, 관행의 체계로… 개개인이 물질적 · 사회적 세계에 적응하여 숙달시킬 수 있게 해주고… 공동체의 구성원들 사이에 일어나는 대화를 가능하게 해준다"(1982, p.3). 이러한 생각들은 Jodelet(2002)과 Duveen(2007)에 의해 훨씬 발전되었다. 하지만 Jahoda(1982, pp.214-225)는 비교문화심리학자들 사이에서 공통적으로 지닌 견해를 표현하고 있는데, 그 같은 집합적 혹은 사회적 표현은 사실 어떠한 개인의 심리 과정으로의 접근을 제공할 수 없다는 것이다. 그 표현들이 인지적이고 동기적이고 사고적이라 해도 말이다. 결론적으로 인류학적이고 심리학적 자료 간의 핵심 차이를 발견하는데, 개인 차이와 개인 과정(심리학 조사의 핵심인)은 인구 자료만 있을 때는 간단히 파악하기 어렵다는 것이다. 그러나 이는 인지인류학자들이 작업에서 물러나게 하는 토대가 되지 않아야 한다. 사실 심리인류학에서 작업하는 사람들처럼 그들은 비교문화심리학자들에 의해 조사의 새로운 영역을 통째로 활짝 열어놓고, 개인 행동을 연구하는 데 언어기초 방법을 제공해 왔다. 이 장 말미에서 우리는 문화 수준과 개인 수준의 관찰과 자료를 이용하여 두 가지 연구를 검토하고, 이 분리를 없앤다.

어느 집단의 언어가 사람의 인지적 삶을 이해하는 중요한 방법이라는 견해는 초기에 '성분 분석(componential analysis)'(Goodenough, 1956)이라는 표현을 발견했는데, 특히 친족용어에 관한 연구에서 그랬다(예 : Romney & D'Andrade, 1964). 또한 '특징 분석(feature analysis)'이라 불린 과정은 가족관계 같은 문화영역의 선택과 다양한 구성원을 언급하는 데 어떤 용어를 사용하는지 답변 유도로 시작한다. 예를 들면 영어에서는 젠더와 세대 구별(할머니, 할아버지, 엄마, 아버지, 딸, 아들)이 수평적 구별(자매, 형제)과 함께 이뤄진다. 하지만 어떤 말에 대해서는 젠더가 구분되지 않고(사촌), 그 관계가 공통된 후손에 의한 것('혈연')인지 결혼에 의한 것(uncle, aunt)인지 구별되지 않는다. 반대로 다른 언어들은 더 구별을 짓고 있으며(cousin이 남자인지 여자인지, aunt가 혈연에 의한 것인지 결혼에 의한 것인지), 더 포괄적이다(uncle은 부모와 가까운 모든 성인 남성을 포함한다). 성분 분석은 많은 다른 영역에도 적용되었는데, '먹을거리'와 '동물', 심지어 '인물 특성'과 '지성' 같은 추상적인 영역(제1장, 글상자 1.2 참조)에도 적용되었다. D'Andrade(1995, p.3)의 견해에 따르면, 성분 분석은 '의미의 문화체계를 조사하는 방법'을 보여주고, '범주를 바깥세상에서 부여하기보다는 그들의 세계에서 사물을 구별하는 문화내부적(제1장, 글상자 1.2) 분석에서 파생된 토착적 범주'를 밝힘으로써 중요했다.

몇 가지 접근은 언어 초점에서 멀어져 실제 행동에 대한 관심으로 전환했다(Gatewood, 1985). Dougherty와 Keller(1982)의 말에 의하면, '분류학(taxonomy)'에는 관심이 줄었고 '과제학(taskonomy)'에 더 많은 관심을 기울였다. 다시 말해서 사람들이 실제로 문화 지식을 어떻게 이용하는가에 대한 개인차가 연구의 대상이 되었다.

일상 인지라는 이름으로 통하는 전통은 인지인류학과 상당히 관련이 깊다(Schliemann, Carraher & Ceci, 1997). 이러한 접근은 특별한 집단에 발견되는 인지적 요구와 문제해결 전략을 묘사하는 기술에 토대가 된다. 나침반 없이 태평양의 방대한 거리를 건너는 Pulawat족의 항해술(Gladwin, 1970), 신체 부위를 이용한 숫자체계를 가지고 있는 Oksapmin족의 셈하기(Saxe, 1981), 다양한 사회에서의 베짜기(Childs & Greenfield, 1980; Greenfield, 2004; Rogoff & Gauvain, 1984; Tanon, 1994)를 포함하여 멋진 기술들이 묘사

되었다. 일상 인지 연구는 일반적으로 학교에서 비학교 상황으로의 전환을 포함하여 하나
의 상황(영역)에서 다른 상황으로 제한된 전이와 배움의 일반화를 보여주었다(Segall et al.,
1999). 그러나 대부분 작가들은 문화특수적 지식과 기술을 가르침과 배움의 더 일반적인
양식의 결과로 생각하는데, 이러한 양식은 서구의 학교에서 두드러진 양식과는 차이가 있
다. 제2장에서 설명했듯이, 그 예로 발판(예 : Greenfield & Lave, 1982)과 도제제도(Rogoff,
1990)가 있다.

　지식의 견고한 기술과 항목들은 응용 분야에 직접적인 관심을 둔 것들이다. 이를테면
문화 상호 간 소통 과정은 참여자들에게 구체적인 관습(예 : 신발을 신은 채 집 안에 들어
가지 않는 것), 개인주의와 집단주의 같은 더 넓은 차원에 버금가는 관습을 가르쳐준다
(제15장 '문화 간 훈련'). 비교문화 건강개입 연구에서 구체적인 상황(담배 피우기, 안전
한 섹스, 영양)에 속하는 기술과 지식은 현지와 관련한 개입 프로그램을 만드는 데 필요
하다(Pick, Poortinga & Givaudan, 2003; 제17장 성적 접촉으로 인한 질병과 HIV/AIDS 참
조). 인지인류학 접근을 따르는 연구의 사례들은 말라리아 예방 같은 육체적 질병의 병
인학과 더 많이는 치료에 대한 현지의 믿음과 관계 있다(Klein, Weller, Zeissig, Richards &
Ruebush, 1995).

　두 가지 조사연구가 인류학 접근과 심리학 접근을 어떻게 수렴할 것인지 좋은 예가 될
것이다. 첫째는 Wassmann과 Dasen(1994a, b)의 작업인데, 이들은 뉴기니 Yupno족의 수 체
계와 분류법을 연구했다. 학문 간 공동작업은 물건을 셈하고 분류하는 일반적인(문화 수
준) 방법과 사람들이 실제로 이러한 인지적 활동을 어떻게 하는가에서 몇 가지 개인차(심
리 수준)에 대한 근거를 마련했다.

　그들의 접근은 다중방법을 사용하여 현상을 보는 데 유리하다는 점이다(Wassmann &
Dasen, 1994b). 첫째, 문화 (혹은 규범적) 수준에서 이해를 구하기 위해 중요 정보 제공자
와 인터뷰를 한다. 둘째, 관심 있는 행동 영역(이를테면 셈하기 혹은 분류하기)에 속한 일
상적인 행동을 관찰한다. 셋째, 임무를 발전시켜 참여자에게 임무를 수행하도록 요구하
고, 그렇게 해서 개인차와 중요한 과정을 찾아내게 될지 모른다. 첫 번째는 민족지학적 연
구이고 세 번째는 심리적 연구이며 두 번째는 두 분야에 의해 공유된 기술을 나타낸다.

　첫 번째 연구에서 Wassmann과 Dasen(1994a)은 다음과 같은 사실을 주목했다. Yupn족은
왼손의 새끼손가락부터 엄지손가락으로 차례로 손가락을 구부리며 셈한다. 1, 2, 3에 해당
하는 고유한 수 낱말이 존재하며, 4는 2 더하기 2이고, 5는 '대나무 줄기를 벗기는 손가락'
이라고 부르는데 이는 엄지를 이른다. 쥔 주먹을 보여주고 '손 하나'라고 말해서 합계를 나
타낸다. 숫자 6에서 10까지는 오른손으로 똑같은 방식으로 셈하고, 11에서 20까지는 발로
한다. 21에서 33까지는 대칭되는 신체 부위들을 둘씩 짝짓고, 몸의 중심선에 있는 세 신체

부위와 다섯 짝을 교차해서 표시한다. 마지막 신체 부위('미친 물건'이라고 부르는 페니스)에 이르면 그 합계는 "한 사람이 죽었다."로 표현된다. 33 이상을 셈해야 할 필요가 생기면 두 번째 사람이 그 과정을 반복한다.

이러한 일반적인 (민족지학적) 묘사를 넘어, 작가들은 젠더와 나이차 같은 다양한 심리적 이슈에 관심을 기울였다. 하지만 여성을 연구하는 것은 불가능하다는 게 드러났는데, Yupno족 여성은 수체계를 모르고 따라서 어떤 질문에도 대답하기를 거절했기 때문이다. 어린아이와 젊은 남자들을 연구하는 것도 실행 가능하지 않았다. 어린아이는 학교에서 가르치는 십진법을 이용하고 젊은 남자들은 20까지만 전통적인 수체계를 이용했기 때문이다. 뉴기니 해안에서 그랬듯이 이곳은 많은 사람들이 작업해 온 곳이었다.

가장 흥미로운 점은 노인 몇 사람에게 그러한 수체계로 셈해 달라고 하면서 발견되었다. 노인 중 네 사람은 앞에서 설명한 것처럼 수체계를 사용했음에도 33으로 끝냈는데, 그 가운데 한 사람은 30으로 끝냈고, 두 사람은 32로, 한 사람은 37로 마쳤다. 한 사람 예외가 있었는데, (밑부터 시작한 사람이었다) 셈하기는 항상 페니스에서 끝냈으나 매개로 사용되는 신체 부위의 수는 다양했다. 이는 이러한 셈체계의 특성을 드러내주는데, 즉 얼굴을 맞댄 상황에서 수 세기의 변화가 일어난다는 것이다.

인류학과 심리학의 개념과 방법을 결합시키는 두 번째 사례는 생물학과 식물학의 이해에 대한 Atran과 Medin(2008)의 조사다. 그들은 과테말라의 Maya족, 미국의 Menominee족, 미국의 '대다수' 공동체에 대한 작업이다. 그들은 민족지학적 방법을 이용해서 주변의 자연물들에 대한 지식과 범주화 방법을 탐구했다. 그들은 또한 지식 검증과 범주화 과제를 이용해서 이들 공동체 출신 개인들의 샘플로 작업했다. 그들의 조사는 인지적 보편성의 존재를 확언하고, 다음과 같은 결론을 내렸다.

1. 모든 문화의 사람들은 식물과 동물을 종과 유사한 집단으로 분류하는데, 생물학자들은 일반적으로 생태 틈새에 적응된 이종교배 개체군으로 인식하며 … 그 같은 집단을… 유전적 종이라 부른다.

2. 유전적 종마다 밑바탕을 이루는 본질을 지니고 있다는 상식적인 가정이 존재하며, 그러한 종류의 전형적인 외양, 행동, 환경 선호를 갖게 된 독특한 원인이 있다.

3. 이들 계층적으로 포함된 집단구조는… 민속생물학적 분류학으로 불린다. … 깊이 있게 연구된 모든 사회에서 민속생물학적 집단은 계층에 따라 이뤄진 위계로 조직된다.

4. 생물학적 분류학은 생물학적 정보를 조직하고 간추릴 뿐 아니라 생물들의 유기적이고 환경적인 특질의 분배 가능성을 체계적으로 추론하는 데 강력한 귀납적 준거 틀을 제공한다(Atran & Medin, 2008, pp.110–111).

그들은 더 나아가 다음과 같이 적고 있다.

> 우리는 인간 인지에서 민속생물학의 구조적·기능적 자율성에 근거를 제공했다. … 첫째, 민속생물학적 분류학은 보편적으로 유전적 종 레벨에 닻을 내리고 있다. … 둘째, 다양한 문화 출신의 사람들은 위상적으로 유사한 생물학적 분류학을 세우며, 이는 생물학적·환경적 특질의 분배에 대한 추론을 이끈다. 이러한 분류학이 이용되는 방법은 집단 전체에 걸쳐 다양할 것이다. … 이러한 보편적 경향은 개인화된 사회의 중심 바깥에서 가장 두드러지지만 그럼에도 어디에서나 알아볼 수 있다(Atran & Medin, 2008, pp.113-114).

결론에서 우리는 인류학자들과 인지심리학자들의 조사 전통 간의 수렴을 찾아냈다. 또한 더 나아가 이 텍스트에서 채택된 보편주의 관점의 근거를 발견했는데, 즉 중요한 인지과정이 문화 전체에 관통해서 공유되며, 이들 과정의 내용과 산물은 문화적으로 매우 다양하다는 점이다.

종교

종교 연구에서 나타나는 가장 매력적인 것은 종교를 지지하는 온갖 신념과 온갖 관행과 관습일 것이다. 종교적 신념에서의 다양성 연구는 우선 문화인류학의 초점이었다(Durkheim, 1915; Frazer, 1890/1995; Lévi-Strauss, 1966). 많은 사회에서 종교 기능에 대한 설명과 마찬가지로 많은 민족지학에서 종교적 신념의 묘사가 발견된다. HRAF에서 종교는 문화의 보편적인 범주의 하나로 밝히고 있다. Tarakeshwar, Stanton과 Pargament(2003)는 비교문화심리학에서 간과된 차원으로서 종교를 강조하고, 이전의 구별을 혼합한 개념적 준거 틀을 제공했다. Holden과 Vittrup(2009)은 문화와 종교의 발전적 관점에 대해 유사한 진술을 했는데, 이는 그들이 여전히 발생단계에 존재한다는 것을 발견한 주제였다.

이 부분에서 우리는 비교문화심리학을 포함해 종교가 과학과 연관된 것으로 보일 수 있는 세 가지 방법을 구별한다.

1. 초월적인 것(보통 종교적 혹은 미신적 신념으로 불리는 것)에 대한 지식은 과학적 지식보다 우위에 있다.
2. 과학과 종교는 분리된 영역으로 간주된다.

3. 과학은 종교의 우위에 있는데, 특히 과학 이론은 인간의 종교적 신념을 설명해야만 한다는 의미에서 그렇다.

종교적 지식이 우선한다

주로 초월적인 것으로서 종교는 관찰할 수 있는 실체 너머에 있는 실체나 본질이다. 신자들은 특정 종교를 고수하려는 경향이 있다. 여기서 특정 종교는, 정확하게는 일신교에 대해, 다소 추상적이고 의심될 수 없는 계시된 진리를 함축한다. 그들의 종교적 신념은 과학과 갈등을 일으킬 때 과학적 증거에 우선한다. 이를테면 창조론 지지단체는 일반적으로 세계는 6,000년을 넘지 않는다고 믿는다. 즉, 과학은 세계의 나이에 대해 잘못 알고 있으며, 반대의 증언이 수집되어 왔다는 것이다(Numbers, 2006). 몇몇 사례에서 종교는 심리학 교과과정에 포함되어 왔다. 예를 들면 인도네시아에서 Setiono와 Sudradjat(2008)은 심리학 교수법의 기초는 학생들의 종교적 믿음과 헌신을 높이는 데 두어야만 한다고 제안했다.

　과학적 개념에 미친 종교적 영향력 때문에 종교가 역사적으로도 우위에 있다. 현재의 행동과학과 사회과학의 많은 부분이 최초에 형식화되었던, 기독교 전통에서 나온 요인들이 종종 철학을 통해 심리학으로 들어갔다. '심리학'이라는 이름으로 이어졌던 '마음(psyche)' 혹은 '영혼(soul)' 같은 개념조차도 인간 존재의 비육체적 형태를 이르는 그리스인-기독교적 개념어이다. 다른 세계관에서 발생되는 개념들을 고려한다면(제5장, '사회적 맥락에서의 자기' 참조) 종교적·철학적 영향은 쉽게 관찰된다. 더 중요한 점은, 규범과 가치, 그리고 이들과 관련된 사회적 관행은 종교적 도덕률에 관해서 정당화하는 경향이 있다는 것이다. 현재 몇몇 무슬림 국가에서는 샤리아법(이슬람 율법)은 코란에 의해 규정되고 있음을 보여준다. 중도의 보편주의 시각에서 보면, 샤리아법은 보복에 대한 강력한 강조를 표현하는 것으로 보일 수 있다. 여기서 보복은 범인들을 징벌하는 다른 모든 사법제도에서 덜 두드러지기는 하지만 마찬가지로 명확한 원리다.

종교와 과학은 분리된 영역이다

종교적 견해와 과학적 견해 간의 갈등은 과학 영역과 종교 영역 사이에 어떤 종류의 분리가 받아들여질 때 피해 갈 수 있다. 기독교의 한 가지 공식은, 진리를 드러내는 성경은 신과 인간의 관계에 관한 것이며 과학책으로 읽혀서는 안 된다는 것이었다. 그 같은 분리는 과학 영역이 확장되고 종교적 신념의 영역으로 침입할 때 압력을 받을 수 있다. 진화론에 대한 과학적 지지가 증가함에 따라 몇몇 나라에서는 학교 교과과정에 '지적 설계' 개념을 포함시켜야 한다는 요구에 부딪쳤다(Forrest & Gross, 2004).

　심리학과 종교에 관한 연구 대부분은 이러한 두 번째 범주에 들어 있다. Allport(1961) 같은 분석들은 종 전체적 심리현상으로서 종교성(혹은 영성, 종교보다 폭넓은 의미 추구)에 접근한다. 대부분 작가들이, 심리학자들은 개인적인 확신과는 별개로 종교 혹은 반종교적 확신의 진리 주장을 판단하는 능력을 가지고 있지 않다는 데 동의한다 할지라도, 그 같은 연구들은 빈번히 종교에 대한 긍정적인 태도를 반영한다.

이런 전통 속에서 많은 경험적 연구들이 Allport와 Ross의 종교적 지향 척도(1967) 같은 정신측정 척도(psychometric scales)를 사용했다. 그 같은 연구는 의미 있는 차원의 개인차를 찾고 혹은 종교성과 종교단체 참여의 상관관계를 찾는다. 결과가 섞여 있긴 하지만 대개 는 종교적 집착과 영성 간의 관계를 보여준다(Dezutter, Soenens & Hutsebaut, 2006; Miller & Thoresen, 2003; Powell, Shahabi & Thoresen, 2003). 이들 연구의 대부분은 틀림없이 미국이나 서구 여러 나라에서 이뤄졌다. 이러한 이유로 Gorsuch(1988)는 '종교'라는 용어는 '기독교'로 대치될 것이라고 주장했다.

서구에서 발견된 관계는 사회 전체에 일관되거나 일관되지 않을 것이다. 예를 들면 빈번히 보고된, 근본주의자의 종교적 확신과 미국의 권위주의 간의 연합은 한국 기독교인들 사이에서는 복제되지 않았다(Ji & Suh, 2008). 반면에 힌두교, 기독교, 회교도의 인도인 표본에서 (미국인의) '영적 초월성 척도'에 대한 구조적 타당성이 발견되었다(Piedmont and Leach, 2002). 지금까지 아무런 일관적인 그림을 얻을 수 없었는데, 이는 비교문화 연구가 턱없이 부족한 탓에 놀랍지 않다.

과학이 종교보다 우위에 있다

종교가 종교적 신념과 관행에 대한 과학적 설명을 따라잡으려 할 때 과학적 설명이 종교 보다 우위에 있다(Frazer, 1890/1995; Lévi-Strauss, 1966). 이를테면 Durkheim(1915)은 종교적 신념과 의례는 사회적 기능을 하기 때문에 존재한다고 주장했다. 그에 따르면 종교적 의례는 사회적 삶의 본질에 대한 주해(commentaries)다. 즉, 신에 대한 두려움을 표현하는 의례는 사회 안에서 정치적으로 강력한 자에 대한 두려움을 간접적으로 표현하고 있다. Frazer와 후기 Lévi-Strauss는 종교를 세상을 이해하고 통제하기 위한 시도로 간주한다 [(일종의 전(前)과학으로서)(Dunbar, 1996; Horton, 1993 참조). 현대 심리학 역사 초기에, Frazer의 영향을 받은 Freud는 종교적 신념을 어린애 같은 유치한 것으로 해석했다. 신은 권위의 인물로서 아버지의 승화된 형태라는 것이다. 그 유명한 *Totem and Taboo*에 Freud는 이러한 관점을 주장하기 위해 비서구 나라에서의 종교를 참고했다. 최근에 종교는 진화론적 조사의 초점이 되었다. 보편적 존재는 종교적인 것이 인간 본질의 일부라는 것을 암시한다. 의문은 이것이다. 인간의 생물학적 구성에서 무엇이 인간에게 종교 발달의 운명을 지웠는가?

종교는 심리적 투자(예배 때의 감정과 인지적 노력)와 마찬가지로, 시간과 물질의 과도한 투자(예배장소 설립, 의례의 희생물, 종교 지도자들의 운영비용 등)를 요구하는 경향이 있다. 제11장('자연선택')에서 우리는 Darwin의 자연선택 이론에 따르면 종교를 갖는 것이 재생산의 적합성에 유리해야 한다는 것을 알게 될 것이다. 안 그랬다면 인간에게 그렇게 광범위하게 존재할 수 없었을 것이다. 하지만 종교를 적응(혹은 일련의 적응)으로만 보는 것은, 높은 투자의 관점에서 이해하기 힘들어 보인다. 그 문헌에서는 종교 기능에 관해 세 가지 가능한 가설이 다음처럼 논의되었다.

1. 한 가지 가능성은 종교는 (아마도 상당히 불운한) 어떤 중요한 적응의 진화론적 부산물로 나타났다는 것이다(Atran, 2007; Atran & Norenzayan, 2004).

2. 또 다른 가능성은 긍정적 측면으로 평가되는 것으로, 종교는 분명히 수렵채집집단에서 집단 결속력, 사회적 통제 혹은 치유의식 같은 유익함을 가져왔다(Reynolds & Tanner, 1995; Wilson, 2002). 집단을 결속하는 기능으로 종교를 바라보는 관점의 문제는, 그 기능을 묘사할 뿐, 그것을 설명할 수는 없다는 것이다. 종교가 주로 집단 수준에서 유익해 보인다면 어떻게 종교 혹은 종교성이 개인 수준에서 진화되어 왔는가? 개인의 유전적 이기심이라는 조작적 견해에서, Alexander(1987), Cronk(1994)와 그밖의 학자들은 이렇게 주장했다. 다른 집단 구성원들이 종교적 규범과 가치에 의해 자신보다 더 이타적으로 행동하도록 키워진다면 종교는 개인적으로 유리할 수 있다는 것이다. 이러한 생각들을 토대로 한 모델들(Maynard Smith, 1982)은, 집단에 종교적 구성원이 많을수록 속이는 일이 더 유리하다는 것을 보여준다(예 : 가짜 헌신과 대중의 자선에서 얻는 이익). 그렇다면 이런 의문이 생긴다. 종교적 집단은 어떻게 사기꾼을 피하거나 적어도 알아낼 수 있을까? 이 의문이 직접 세 번째 가설을 이끌어 낸다.

3. 대가가 큰 신호 가설에 따르면(Zahavi, 1975; 제11장), 대가를 치른다는 바로 그 이유로 종교적 헌신을 선택한다. 할례, 거액의 헌금, 옷이나 일상행동에 대한 엄격한 규율 등을 통해 자신들이 진실하고 열성적인 신자라는 것을 종교적 공동체에 알린다. 따라서 개인들은 이러한 특별하고 독특한 집단에 속함으로써 이익을 얻는 한편 집단의 단결을 높임으로써 이익을 얻는다(Sosis, 2003; Wilson, 2002). Sosis와 Bressler(2003)는 미국의 19세기 공동체 83개를 대상으로 그들 공동체의 제약과 의례적 요구에 대한 역사적 자료를 조사했다. 그 결과 대가가 더 큰 요구를 받은 공동체들이 요구가 느슨한 (종종 비종교적인) 공동체보다 더 오래 생존했다는 것을 보여주었다.

지금까지 종교에 관한 진화론적 시각들은 조작적 특성이나 대가를 치르는 특성을 강조함으로써 말초적 견해를 취했다. 즉, 이들 시각은 종교적인 것에 있을 수 있는 심리적 이익은 고려하지 않았다. 결론적으로 비교문화적 · 진화적 시각으로 종교를 분석하는 일은 이제 막 시작되었다. 이는 비교문화심리학이 의미심장하게 공헌할 수 있는 매력적인 주제다.

결론

심리학 외에 비교문화심리학의 모체가 되는 가장 중요한 분야는 문화인류학이다. 문화의 중요한 개념, 그리고 문화의 위치와 상대주의 및 보편주의의 핵심 주제는 인류학의 공헌이었다. 현지에서 사용된 방법 역시 그렇다.

이들 개념과 관행들이 집단의 언어에서 개인의 언어로 번역되어야 했고, 비교문화심리학의 과제는 인류학의 개척 작업에 의한 수많은 수단을 통해 알려졌다. 우리는 인류학적 사업에서 문화 개념에 의해 현재 의미가 있는 것은 무엇인가, 인류학적 연구들은 (현장과 아카이브 둘 다 사용하여) 어떻게 수행될 수 있는가, 이러한 활동에서 (비교심리학 작업의 토대로서 문화적 보편성의 존재를 포함해) 어떤 중요한 결과물들을 포함한 핵심 이슈에 초점을 맞추었다.

집단과 개인 수준 간의 중간지점을 차지하는 것은 전혀 비교문화심리학에 쉬운 것이 아니었다. 맥락에서의 개인 연구는 (특히 개인차에 대한 관심) 인류학 선배들과 다소 거리를 둔, 심지어 어느 정도 갈등을 의미했다. 유사하게 행동의 문화적 맥락에 대한 우리의 관심은 실험적으로 지향된 심리학으로부터 우리를 떼어놓았다.

비교문화심리학은 인류학 전통에 의해 중요한 방식으로 알려졌다는 것이 분명하다. 이 장에서 우리가 드러낼 수 있었던 것은 일부일 뿐이다. 그러나 우리는 문화 전체의 조사에 착수할 때 비교문화심리학에 유용해야 할 문화인류학의 핵심 특징 대부분을 나타내도록 했다. 특히 인류학에서의 논의들에 대한 지식을 통해 비교심리학에 스며들어온 파생된 견해들의 근원에 대한 이해가 깊어졌다. 특히 이들은 토착적, 문화적, 문화비교적 전통의 시각들에 관련되어 있다. 아마도 인류학자들과 심리학자들 간의 성공적인 협력은 아주 타당하다. 그들이 모든 복잡성 속에서 문화와 행동 간의 긴밀한 연계를 이해하려고 노력하듯 말이다.

주요 용어

심리인류학 • 인류학 • 문화적 진화 • 문화 상대주의 • 문화보편성 • 민족지학 • 민속학 • 민족지학 아카이브 • 인간관계지역 파일 • 전 문화적 • 인지인류학 • 민족과학

추천 문헌

D'Andrade, R. G. (1995). *The development of cognitive anthropology*. Cambridge : Cambridge University Press.
　인지의 기원에 대한 종합적이고 비평적인 검토 및 인류학적 연구.

Ember, M., Ember, C., and Peregrine, P.(2007). *Cultural anthropology*(12th edn.). New York : Prentice-Hall .
　문화인류학 분야의 입문서로 널리 읽히는 일반 인류학의 포괄적인 교재임. 비교문화심리학자에게 유용한 모든 주요 쟁점들을 탁월하게 다루고 있다.

Moore, C., and Mathews, H. (eds.) (2001). *The psychology of cultural experience*. Cambridge : Cambridge University Press.
　심리인류학 분야의 에세이 모음집으로, 이 분야를 새로운 방향으로 발전시키기 위해 고안된 다양한 연구방법에 중점을 두고 있다.

Munroe, R. L., and Munroe, R. M. (1997). A comparative anthropological perspective . In J. W. Berry, Y. H. Poortinga and J. Pandey (eds.), *Handbook of cross-cultural psychology, Vol. I, Theory and method* (pp.171–213). Boston : Allyn & Bacon.
　인류학의 비교연구가 비교문화심리학에 기여할 수 있는 것에 대한 깊이 있는 개요.

Robbins, R. (2006). *Cultural anthropology : A problem-based approach*. Belmont, Calif. : Thomson.
　인류학의 동시대 쟁점들에 관한 일련의 사례연구를 제시하는 교재. 그 가운데 많은 쟁점들이 비교문화심리학에서 논의되는 문제들과 관련된다.

Ross, N. (2004). *Culture and cognition : Implications for theory and method*. Thousand Oaks, Calif.: Sage .
　인지인류학의 발전을 위한 이론과 방법에 대한 혁신적인 보고.

Valsiner, J., and Rosa , A. (eds.) (2007). *The Cambridge handbook of sociocultural psychology*. Cambridge : Cambridge University Press.
　Vygotsy의 아이디어 전통에서 사회역사적 심리학 주제에 대한 포괄적인 조사.

Wyer, R., Chiu, C., and Hong, Y. (eds.) (2009). *Understanding culture : Theory, research and application*. Hove : Psychology Press.
　주로 심리학자들에 의한, 문화적 심리적 현상들 간의 관계에 관한 폭넓은 진단. 이론적 입장은 문화의 구성주의적이고 상호 주관적 개념이다.

진화생물학의 공헌

비교문화심리학에서는 행동의 문화적 토대와 마찬가지로 행동의 생물학적 토대를 이해하는 것이 중요하다. 보통 사회문화적 환경과 그것이 어떻게 행동과 상호작용하는가에 초점이 맞춰진다. 이것은 불안정한 견해로 이어질 것이다. 공동의 중요성에도 불구하고, 생물학적 양상은 여전히 거의 강조되지 않는다. 종종 생물학과 문화는 정반대인 것으로 간주되어, 문화적인 것으로 분류되는 것은 생물학적이지 않으며, 생물학적인 것으로 분류되는 것은 문화적이지 않다고 본다. 제1장에서도 언급했고 여기서 더 상세히 설명하겠지만, 그 둘은 비이분법적으로 복잡하게 관련되어 있다. 그림 1.1에 제시된 환경문화적 틀에서 비교문화심리학에서 고려되어야 할 개념 가운데 생물학적 적응과 유전적 전파를 포함시켰다. 행동, 행동의 문화변수와 마찬가지로 행동의 유사성을 이해하기 위해 생물학적 토대에 관한 연구는 사회문화적 맥락의 분석만큼이나 중요하다.

이번 장의 첫 번째와 두 번째 부분에서 Darwin의 자연선택과 성선택 이론의 핵심 개념들을 간단히 검토한다. 세 번째 부분은 동물과 인간의 행동을 연구하는 데 진화를 토대로 한 이론과 방법을 다룬다. 이번 장의 네 번째와 마지막 부분은 유전적 전파 모델과 유사한 생물학적 시각에서 발전되어 온 문화 전파 모델에 할애되었다(제2장 '전파 양식').

자연선택과 성선택

자연선택

19세기(1859) Charles Darwin에 의해 처음 만들어져 150년이 넘는 동안 발전된 자연선택 (natural selection) 이론은 행동에 관한 시각을 포함하여 생물학에 중요하다. 이 이론의 핵심 개념 가운데 현재의 맥락에서 특별히 두 가지에 관심을 기울이게 되는데, 즉 종들은 시간 이 흐름에 따라 변한다는 것과 자연선택이 그러한 변화의 열쇠라는 점이다.

자연선택 이론에서 단일 종 내의 개별적인 유기체 사이의 다양성은 필수적이다. 대부분 의 종에서 부모는 수많은 자손을 생산한다. 이들 가운데 수많은 자손들이 성숙해서 후손 을 낳는다. 몇 가지 이유에서 특정한 유전적 특징들이 생존과 재생산의 가능성을 높인다 면, 개체 수에서 이러한 특징의 빈도가 연속되는 세대들에 걸쳐 증가한다. 이러한 특징을 지닌 개별적인 유기체들은 그 특징이 없는 개체들보다 재생산에서 더 높은 적합성을 지닌 다고 말할 수 있다. 수많은 세대에 걸쳐 그 같은 차별적인 재생산 비율이 개체의 유전자형 에 미묘하지만 체계적인 변화를 이끈다. 이것이 자연선택인데, Darwin은 환경요인의 영향 아래 우연한 과정으로 보았다. 간단히 말해서 자연선택의 진화 과정은 세 가지 단계, 즉 재 생산, 변화, 선택(Dennett, 1995)으로 설명될 수 있다. 진화의 궁극 목표는 유전자의 전파 이며, 이는 1) 재생산을 통해 2) 자손의 임의적인 유전변화를 낳는다. 이러한 새로운 변형 들은 3) 선택된 환경요인들에 지배된다.

Darwin 시대에는 가축 사육과 식물 재배를 통해 형태적 특징이나 행동적 특징에서의 체 계적인 변화가 일어날 수 있다는 것을 알고는 있었지만, 이러한 개별적 변화의 이유가 잘 이해되지 않았다. 만족스런 특징들을 지닌 개체들의 짝짓기를 통해 사육자는 이러한 특징 들이 다음 세대에서 발견될 가능성을 높일 수 있었다. 훨씬 더 훗날 DNA 발견 이후 이러 한 관찰들은 유전법칙의 용어로 설명될 수 있었다. 오늘날 대부분의 생물학자들은, 종의 변화는 유기체와 환경 간의 상호작용의 결과로 간주될 수 있다는 Darwin의 견해를 공유한 다. 우리는 이러한 변화기제가 어떻게 작동하는가를 간략히 설명해야 할 것이다. 유전적 특징에 대한 지식에 대해 적절한 이해가 필요하다. 글상자 11.1에 몇 가지 기본원리를 간 추려놓았다.

그럼 종의 변화는 어떻게 일어날까? 무엇보다 새로운 유전적 변형은 한 유전자의 작은 변화에 의해 시간의 흐름 속에서 나타난다. 이것은 유전물질에 영향을 미치는 외적 요인 의 영향으로 일어날 수 있다. 이를테면 핵 방사와 특정 화학물들이 우연한 동인으로 알려 져 있다. 현존하는 외적 결정요인으로 알려진 어떤 것도 개입되지 않고 새로운 변형이 만

글상자 11.1 유전적 특징

여기서는 인간 종을 토대로 설명하고 있지만, 어떤 변화를 지니고 성적 재생산을 통해 번식하는 모든 종에 대한 설명에도 유효하다(Mange & Mange, 1999; Snustad & Simmons, 1997). 유전물질은 한 쌍의 핵산으로 이뤄진 긴 이중 나선형으로 형성된 DNA 분자로 구성된다. 핵산마다 염기를 가지고 있는데 이 염기는 네 가지 형태로 발생하며, A, T, C, G라는 문자로 나타낸다. ACTG 그룹들이 만들어내는 다양한 배열들이 아미노산 구조와 세 쌍으로 조화를 이룬다. 일종의 복사 과정을 통해 아미노산은 그 DNA에서 나온다. 아미노산의 긴 줄기가 폴리펩티드를 형성하는데, 이는 효소로서 특별한 생화학적 반응을 일으킨다.

하나의 유전자는 특별한 기능으로 인지되는 하나의 DNA 파편이다. 다시 말해서 그 유전자는 유전물질의 기능 단위다. 각 유전자는 염색체 안에 특정한 위치를 가지고 있다. (위치와 기능이 밝혀진) 단일한 유전자 가운데 종종 하나 이상의 변형이 발견된다. 변형들은 **대립유전자**(allele)라고 부르며, 한 종 안에서 개별적인 변형의 가장 중요한 토대를 형성한다.

한 쌍의 염색체는 서로 아주 닮아 있으며 하나의 예외가 있다. 남성은 X와 Y 염색체를 가지고 있고 여성은 2개의 X 염색체를 가지고 있다. 이것이 생물학적 성의 차이를 결정한다. 다른 염색체들은 일반적인 경우에 작은 차이를 보인다. 차이는 유전자형(genotype)(유기체의 유전적 구조)과 표현형(phenotype)(관찰되는 유기체의 특징) 간의 차이에서 종종 만들어진다. 염색체는 엄청난 정보의 양을 간직하는데, 대략 60억 개의 염기 단위가 존재한다. 염색체는 다양한 길이의 유전자를 형성하는데, 보통 수천 개가 넘는 염기쌍으로 확장한다. 수많은 유전적 위치에 대해 하나 이상의 대립유전자가 존재한다. 이것이 인간 종에 존재하는 유전적 다양성의 표시다. 성적 재생산을 통해 유기체마다 그 종에 유용한 유전물질의 전체 풀(pool)에서 특별한 조합을 얻는다. 일란성 쌍둥이만 유전적으로 똑같다.

어머니만이 미토콘드리아에 어떤 다른 유전물질을 제공한다. 미토콘드리아는 세포에 에너지를 제공하는 신진대사 과정에 필요한 난자와 다른 세포들 속의 세포기관이다. 미토콘드리아 DNA 집단의 차이를 분석함으로써 세계의 다양한 곳에서 인간집단 간의 관계를 추적해 왔다. 대부분의 결과가 10만 년에서 4만 년 전에 아프리카에서 살았던 공동의 '어머니'(종종 'mother Eve'라고 불리는)를 가리킨다(Cann, Stoneking & Wilson, 1987; Ingman, Kaessmann, Pääbo & Gullensten, 2000).

들어질 수도 있다. 성적 재생산이 이뤄지는 동안 DNA 합성의 복잡한 과정에서 가끔 복제 실수가 발생한다. 유전물질의 변화는 이른바 돌연변이를 낳는다. 이런 일은 비교적 드물고 대부분의 돌연변이가 생존하지 못한다. 급속히 번식하는 미생물 속에서 돌연변이는 변화에 대해 현실적인 예측을 한다(인플루엔자 바이러스의 다양한 변형). 더 긴 생명주기를 가진 고도의 유기체에서는 다른 요인들이 변화 비율에 더 괄목할 만한 영향을 미치기 쉽다. 이들 요인에는 자연선택, 이동, 동류 짝짓기, 유전적 부동(浮動, drift)이 있다. 짝짓기 인구는 아주 적을 수 있는데, 예를 들면 지리적으로 고립된 경우가 그렇다. 유전적 부동은 변형의 분포에서 모든 번식집단에서 일어나는 임의적인 변동을 말한다. 이러한 유전적 부동은 규모가 큰 인구에서는 무시할 만하지만, 작은 규모의 인구에서는 그럴 수 없다. 새로운 정주집단의 시조(founding parents)들 가운데 어느 한 개체가 때때로 이후 수많은 세대에 걸친 후손의 특정 성격의 빈도수에 상당한 영향을 미친다. 이는 또한 번식집단에서 다른 변형의 필연적인 유입과 더불어 이동이 아주 놀라운 결과를 가져오는 이유를 분명히 설명해 준다.

비임의적 짝짓기 유형은 인간 사이에서 훨씬 뚜렷한데, 여기서는 결혼 상대자의 선택이 종종 사회적 룰에 의해 지배된다. 몇몇 사회에서는 혈연 간의 결혼이 조장되고 심지어 관습화되어 있다. 이는 근친 번식을 낳을 수 있다. 흥미로운 사실은, 마치 근친 번식의 왜곡된 결과에 대해 알기라도 하듯 대부분 사회에서 근친결혼을 불쾌하게 여기고 심지어 금지하고 있다는 점이다. 문화적 관습이 사실 생물학적 합리성을 따르는 듯 보인다. Westermarck 효과에 따르면(Westermarck, 1921) 생의 초반에 가까운 가족끼리 근접해서 사는 개인들은 성인이 되어 서로에게 성적으로 끌리지 않는다. 이러한 효과는 이스라엘의 키부츠 집단(Shepher, 1983)과 대만의 심푸아 결혼을 포함해 많은 문화에서 발견된다. 심푸아 결혼에서는 가난한 가족이 어린 딸을 비슷한 나이의 아들이 있는 부유한 집안으로 팔고 두 어린 신랑신부가 함께 자란다(Wolf & Huang, 1979; Thornhill, 1991).

환경의 특정 변화들이 주어진 유전자형의 특이한 재생산을 낳을 수 있다. 이미 언급했듯 이는 자연선택의 원리다. 선택효과는 실제로 실험과 현장연구에서 입증되었다. 나방의 특정 종에서 산업공해의 영향으로 가장 빈번히 발견된 색이 밝은색에서 어두운색으로 변할 수 있다는 것을 보여준 연구가 잘 알려져 있다(Kettlewell, 1959). 인간에게서도 이형접합의 혜택으로 불리는 선택기제가 어떤 사람들에게서는 높은 겸상혈구성 빈혈 발생을 야기하는 것으로 알려져 있다. 이것에 대해서는 글상자 11.2에 설명되어 있다.

Darwin은 새로운 종이 어떻게 생기는지 알고 싶어 했다. 그의 견해는 자연선택이 점차 불리한 개체의 특징들을 솎아냄으로써 개체에 영향을 준다는 것이었다(Dennett, 1995; Mayr, 1984). 그러나 그의 이론은 생식을 통해 종을 보존하려고 애쓰는 것처럼 해석되었다. 현대 진화 이론화의 가장 중요한 획기적 사건은 개체 재생산[혹은 Darwin의 **적응**(fitness)]을 통한 종의 보존이라는 생각을 **포괄 적응도**(inclusive fitness)의 개념으로 전환한 것이다(Hamilton, 1964). 포괄 적응도는 생식(Darwin의 적응)으로 인한 개체 적응 결과와 유전자를 공유한 친척의 생식을 총합한 것이다. 포괄 적응도 개념의 초점은 직접 선택적 힘에 노출되는 유전자 자체가 아니라 살거나 죽거나, 친척을 양육하거나 돕는 개별 유기체라 해도(Daly & Wilson, 1983; Matrm 1984), 자연선택 단위가 유전자임을 함축한다(Dawkins, 1976). 종에서 개체 수준으로의 변동은 인간 본질의 개념에 대한 유력한 의미를

글상자 11.2 겸상혈구성 빈혈

겸상혈구성 빈혈은 유전적으로 전달되는 결함으로, 적혈구들이 둥근 모양에서 낫 모양으로 쉽게 변형되는 것을 이른다. 이것은 심각한 빈혈을 가져오며 환자들은 보통 아이를 가질 때까지 계속 살지 못한다. 이러한 상태는 'S'와 's'로 불리는 두 형태에서 생기는, DNA의 유일한 핵산에 의해 발생한다. (대립유전자라고 불리는) 이들 두 형태가 개인의 유전물질로 결합되는 데는 세 가지 방법이 있다. 연관된 쌍의 두 염색체가 'S'가 되는 경우, 둘 다 's'가 되는 경우, 하나가 'S'일 때 다른 것은 's'가 되는 경우다. s-s(동형접합)의 보인자는 겸상혈구성 빈혈로 고통받는다. S-S 동형접합은 정상이고 S-s 이형접합 보인자는 약한 빈혈성이다(예 : Mange & Mange, 1999).

이러한 불평등한 분포에 대한 이유는 무엇일까? Vogel과 Motulsky(1979)는 세 가지 가능한 설명을 열거했다.

1. 돌연변이 비율은 어떤 외부적 이유(예 : 기후) 혹은 어떤 다른 내부적 유전요인으로 달라질 것이다.
2. 우연한 변화가 [유전적 부동(genetic drift)] 역할을 했다.
3. 자주 발견되는 곳에서 겸상혈구성 빈혈에 선택적 이점이 존재한다.

인구 크기가 임의적 실수로 인한 발생률을 크게 높이는 것 같지는 않으며, 이 같은 이유로 두 번째 가능성은 부인되어야 한다. 첫 번째 대안이 조사되었다. 예를 들면 이론적 연구에서 특정 지역에서 실제로 발견된 높은 빈도를 유지한 돌연변이 발생률이 계산되었다. 또한 아이와 엄마를 비교함으로써 유전 비율이 경험적으로 연구되었다. 두 연구로 돌연변이가 적당한 설명력을 갖추었다는 것을 배제할 수 있었다. 겸상혈구성 빈혈의 존재와 악성 말라리아 사이에 우연의 일치가 있었다는 사실이 지적된 이후 S-s 이형접합체에 대한 선택적 이점이 발견되었다. 여기서 검토하지 않은 많은 연구에서, 평범한 관계의 지지가 발견되었다. 가장 중요한 증거는, 말라리아 전염 발생이 이형접합보다 S-S 동형접합인 어린아이들에서 높다는 사실이었다. 두 범주 사이에 2:17의 비율이 보고되었다(Allison, 1964; Vogel & Motulsky, 1979에서 인용). 말라리아로 인한 아동의 전체 사망이 많다면, 이는 s-s 동형접합의 사망에도 불구하고 's' 대립유전자의 높은 빈도를 유지하는 데 충분한 선택적 이점을 제공한다. 따라서 적도 부근의 아프리카와 이와 유사한 세상의 다른 지역에서 발생하는 겸상혈구성 빈혈이 높은 것은 긴 기간의 환경조건에 유전적 적응이 있었음을 반영한다.

지닌다. 이는 이타주의, 다시 말해서 친사회적인 지향과 행동은 무조건적 인간 특질이 아니라는 의미다. 그러나 잠재적이고 무의식적이기는 하지만 그것은 비용편익을 고려한 결과다. 자연선택을 통한 이기적인 유기체의 우호적인 사회행동의 진화를 설명하는 데는 두 가지 중요한 개념이 있는데, 즉 **친족 선택**(kin selection)(Hamilton, 1964)과 **호혜적 이타주의**(reciprocal altruism)(Trivers, 1971)가 그것이다.

친족 선택

이 개념에 따르면 개체의 사회행동은 집단 구성원들 사이에서 유전적 관련 정도에 따라 다양할 것이다. 개체는 더 관계가 멀거나 관련 없는 타자들과 비교해서 가까운 관계의 타자와 더 우호적일 것이다. 기본 가설은 유전적 밀접은 우호와 투자의 호혜를 증진한다. 호혜 인식을 토대로 한 우호와 이타심은 Hamilton의 규칙으로 알려진 것에 해당한다(Hamilton, 1964). 사려 깊은 경험적 증거가 이 가설을 지지하는 것으로 나타났다. Dunbar와 Spoors(1995)는 영국에서 성인들은 도움과 지원을 위해 지명할 때 비친족보다 친족을 더 높은 비율로 지명한다는 것을 발견했다. 똑같은 맥락에서 Fijneman과 그의 동료들(1996)은, 가족은 개인들의 삶에서 가장 두드러진 폐쇄집단으로 밝혀졌다고 보고했다. 비교문화 연구 프로그램을 바탕으로 Georgas, Berry, Van de Vijver, Kağitçibaşi와 Poortinga(2006)는, 가족 구성원 간의 관계는 문자 그대로 세상의 모든 부분에서 가장 중요한 관계라고 결론 내렸다(Lay, Fairlie, Jackson, Ricci, Eisenberg, Sato et al., 1998; Neyer & Lang, 2003; Rhee, Uleman & Lee, 1996; 제3장 '성인기 중기'와 '성인기 후기' 참조).

과거 진화의 시간 동안 인간의 사회집단은 짐작컨대 비교적 높은 비율의 친족으로 구성되었다(Hinde, 1980). 그러나 집단 구성원들은 다양한 정도로 유전자를 공유할 뿐 아니라 과거 경험과 미래와 관련된 계획까지도 공유했다(Bjorklund & Pellegrini, 2002). 그들은 친밀하고 따라서 서로 예측할 수 있다. 따라서 친밀성은 일반적으로 신뢰할 수 있는 개인에게 보편화하면서 개인이 친족을 인식할 수 있도록 하는 중요한 기제(Cheney & Seyfarth, 1999)로 간주될 수 있다(친밀성 형성은 양육자에 대한 유아의 애착 발전의 첫 번째 단계임을 강조한 제2장 참조).

호혜적 이타주의

호혜적 이타주의 개념은 유전적으로 관련 없는 개체들 간의 사회적 관계를 포착하기 위해서 Trivers(1971)에 의해 제안되었다. 이는 개체들이 미래의 사회적 교환이 가능한 사람들과 협조할 것이며, 개인이 투자하는 우호적이고 이타적인 행동의 비용이 미래에는 호혜적일 것이라고 암시적 또는 명시적 기대가 있는 곳에서 예측된다. 이러한 기대는 우호적 상호작용의 이전 경험을 토대로 이뤄질 것이 추측된다. 비교적 작은 돌봄 행위는 본래의 이타적 행위가 행해지는 사람한테서 훨씬 큰 보상을 가져올 수 있다는 것이 경험적으로 입증되었다(Dickinson, 2000). 비교문화 현장연구들(Kaniasty & Norris, 1995)은 배려하는 비친족이 무관심한 비친족보다 누군가의 이타심의 도움을 받을 가능성이 더 크다는 사실을 발견했다.

성선택

자연선택 이론(1859)이 출판되고 10여 년 후에 Darwin은 두 번째 선택 과정, 즉 성선택을 주장했다(Darwin, 1871). 자연선택이 생존과 유지(예 : 음식 획득과 위생) 투쟁과 관련된 특질과 관련된 반면, 성선택은 짝짓기와 성적 재생산과 관련된 모든 특성에 영향을 준다. 성선택은 두 가지 과정, 즉 동성의 성내(intrasexual) 경쟁과 양성의 짝짓기 선택에 토대를 두고 있다(Voland & Grammer, 2003; 제2장 '문화에 따른 젠더의 차이'; 제3장 '성인기 초기'와 '성인기 중기' 참조). Trivers(1972)가 동물과 인간의 행동을 설명한 Darwin 이론의 의미를 깨닫기까지는 한 세기가 걸렸다. Trivers(1972, p.140)는 이렇게 주장했다. 인간처럼 성적으로 재생산하는 종에서 "전형적인 부모의 투자가 반대 성보다 더 큰 성은 그 성을 위해 제한하는 자원이 될 것이다. 덜 투자하는 성을 가진 개체는 더 많이 투자하는 성의 구성원과 더불어 양육하기 위해 자신들 사이에서 경쟁할 것이다." 포유류에서 제한하는 성은 여성의 성으로, 남성의 성에서 더 높은 동성의 경쟁을 이끈다(Daly Wilson, 1983, 1988). 부모의 투자에서의 이러한 성차 개념은 동기의 차이를 설명하고 남성과 여성이 원칙에서 비슷한 방식으로 할 수 있어도 자주 그렇게 행동하지 않는 이유에 대한 질문에 답하는 데 도움을 준다.

불이익 원칙 또는 값비싼 신호 이론

값비싼 신호 이론(costly signaling theory)의 시각에서 보면 공작 꼬리처럼 무용하거나 해로운 수많은 특징은 대가를 보여주고 따라서 이러한 특징을 가진 개체의 높은 적응력을 보이며 진화했다(Zahavi, 1975). 수십 년 동안 불이익 원칙(the handicap principle)은 믿기 힘든 것으로 비판받았으나 많은 경험적 확증(Zahavi & Zahavi, 1997)이 나타나면서 최근에 (Miller, 2000; Voland & Grammer, 2003) 재발견되었다. 또한 음악, 미술, 언어, 종교(제10장 '종교' 참조), 도덕 같은 복잡한 심리학 영역에서 진화론적 가설의 토대가 되었다. 우리는 마지막 영역, 더 자세히는 이타심에 대해 상세히 설명할 것이다.

Trivers(1972)가 분석한 것처럼 호혜적 이타주의는 두 사람 상호작용에 제한되므로 수렵 채집 사회의 특징을 지닌, 작고 안정된 집단에 가장 잘 적용된다(Kaplan, Hill, Lancaster & Hurtado, 2000). 오늘날 같은 거대 규모의 사회는 다면적이고 종종 익명성의 상호작용이라는 특징이 있으며, 이런 사회에서는 상호작용은 낯설고 결과적으로 예측 불가능하다. 미래의 혜택이나 호혜성이 불확실하다면, 왜 먼저 이타적으로 행동해야 할 것인가? 지난 10년 동안 두 이론적 개념이 인간의 협동에 대한 이해를 높이는 데 도입되었는데, 즉 이타적 보상과 이타적 처벌이 그것이다(Fehr & Fischbacher, 2003).

이타적 보상은 비교문화적으로 관찰된 신뢰할 만한 교환으로, 게임 이론적 가정에 토대를 둔 경제실험에서 광범위하게 입증되었다(Buchan, Croson & Dawes, 2002; 글상자 4.2 참조). 또 다른 비교문화적인 탄탄한 결과는 불공정한 공유 같은, 사회적 불균형의 대가가 큰 거부로서 이타적 처벌이다(예 : Henrich, 2001). 하지만 이타적 보상과 처벌의 이러한 조합은 잠재적으로 익명성의 상호작용을 하는 더 큰 집단과 관련해서 공공의 혹은 공동의 소유물 상태에의 사회적 개입을 설명하는 데는 종종 충분하지 않다. 인간의 조건적 협동은 모든 혹은 대부분의 구성원들이 협동하는지의 여부를 고려한 묵시적 가정에 토대를 두고 있다. 이러한 가정은 주로 제3자에 의한 처벌의 가능성으로 결정된다(Fischbacher, Gächter & Fehr, 2001). 그래서 공동의 선을 위해 우호적인 행동을 북돋는 두 무리 간의 상호작용에서 이타적 처벌보다 훨씬 중요한 것은, 아웃사이더이고 경제적으로 직접 관련되지 않은 제3의 무리에 의해 처벌받을 가능성이다(Fehr & Fischbacher, 2004). 이는 인간 사회에서 사회규범을 강제하는 핵심요소로 간주된다(Hill, 2002).

　　인간이 비친족과 협동을 유지하는 또 다른 중요한 이유는, 명성 형성의 기제 때문일 수 있다. 간접적인 호혜를 통한 명성은[예 : '이미지 스코어링(image scoring)' (Nowak & Sigmund, 1998); 또는 사회적 명성(Milinski, Semmann & Krambeck, 2002; Milinski, Semmann, Bakker & Krambeck, 2001)] 협동의 실행을 위한 또 다른 강력한 기제이다. 명성을 얻는 행동은, 이를테면 사기꾼을 벌주기 위해 대가를 치르는 준비성과 결합된 공정한 교환에 대한 강경한 협상과 주장으로 이뤄진다(Fehr & Fischbacher, 2003). 진화론 시각에서 이 같은 종류의 협동은 '값비싼 신호' 혹은 '불이익 원칙' 아래서 쉽게 적용될 수 있다(Zahavi, 1975). 왜냐하면 이러한 기제는 왜 우리가 값비싼 신호를 보여주는지, 즉 아무것도 얻을 수 없어도 심지어 우회적으로 이타적 행동을 왜 하는지를 설명하기 때문이다. 기본 가정은, 개인들이 결과적으로 더 높은 명성을 얻고 따라서 더 높은 유전적 적응력을 갖기 때문에 과시할 여력이 있다는 것이다. 더 높은 명성과 더 높은 유전적 적응력은 특별한 행동이나 특성을 보여주는 대가를 낮춘다.

적응

생명 진화를 이끄는 선택적 힘에 대한 앞 문단의 결론은, 인간을 포함한 살아 있는 유기체는 생존하기 위해 진화하는 것이 아니라 재생산하기 위해 진화했다는 것이다. 진화론 시각에서 우리의 심리적 행동적 구성은 단지 생존하기 혹은 복지를 목적으로 하는 것이 아니라 재생산적 성공을 목표로 한다. 이러한 시각은, 왜 자식(손자)들 같은 어떤 것들이 우리를 행복하게 해주는지와 마찬가지로 어떻게 행복한 삶을 추구하려고 애쓰는지를 설명하는

서 아주 효과적이다. 분명히 단서는 종의 자연스런 생명주기와 매치될 때 가장 효과적이다(예 : Gould & Marler, 1987). 일부 비교행동학자들은, 동물의 학습 능력은 맥락에 따라 크게 좌우된다는 사실을 훨씬 전에 이미 주장했다. 특정한 자극-반응 연상에 대한 성질이 존재하며 특정한 반응을 강화하는 보상이 다른 반응에서는 잘 작동하지 않는다. 이것이 결국 Breland와 Breland(1961, p.683) 같은 학습 이론가들을 다음과 같은 절망적인 결론에 이르게 했다. "가장 통제된 환경에서 동물들은 몹시 만족스러운 듯 행동한다."

학습과 본능의 구별은 또한 더욱 모호해졌다. 비교행동학자들이 '중대한' 시기에 좌우되는 특별한 종류의 학습으로서 각인에 대해 Lorenz의 초기 위치에서 상당히 후퇴했기 때문이었다. 그들은 오늘날 중대한 시기 대신 민감한 시기(sensitive period)에 대해 말하는 경향이 있다(제3장). 유전적 요인들은 절대적인 감각에서라기보다는 연관 속에서 특정한 연상 학습을 촉진하거나 자제할 것이다. 이러한 요인들은 필연적으로 지속적인데, 개체의 다양한 발달 시기 동안 서로 다른 효과를 야기할 수 있다(Archer, 1992; Hinde, 1982). 동물은 특정한 생태적 적소에서 필요로 하는 것을 학습하도록 타고나는 것처럼 보인다. 동시에 '본능적인' 반응은, 행동에 대한 생태적 접근이 필요해지게 만들기 때문에 환경의 영향 없이 발달할 수 없다. 인간 종에서 학습은, 진화 역사를 가지고 있고 특별한 적소에 적응되어, 같은 고려 대상이다. 더군다나 비교행동학자들은, 보통 생각하는 것처럼 문화가 독보적인 인간의 것인지 의문을 품어왔다(글상자 11.3 참조).

역사적 시각에서 보면 심리학에 대해 Lorenz(1965)와 Tinbergen(1963) 같은 고전적 비교행동학 접근의 이점은 개념적이기보다는 방법론적인 데 있다. 비교행동학 접근은 부모와 자식 간의 관계 형성이 학습에 바탕을 두지 않고 양쪽 행동의 선행조건에 근거한다는 견해를 이끈다. 실제 행동에 초점을 맞춤으로써 유아에 대한 에소그램(ethogram, 유기체의 가능한 행동 목록)(Keller, 1980 참조)의 사용 같은 방법론적 혁신과 장기적인 관찰연구로 이어진다. 주요 단점은 개념의 이론적 정교화, 특히 현재 기준에 부합하지 않는 비교문화적 차이(Eibl-Eibesfeldt, 1989)를 설명하기 위한 집단 선택 버전의 승인에서 발견된다. 친족 선택에 대한 Hamilton(1964)의 고전적 작업이 전환점이 되어, 현대 진화생물학의 역사를 Hamilton 이전의 비교행동학과 Hamilton 이후의 비교행동학으로 나누고, Hamilton 이후의 비교행동학은 '사회생물학(sociobiology)'으로 알려지게 되었다(Wilson, 1975).

진화심리학

인간의 사회행동은 Wilson(1975)에 의해 생물학적 사고에 노골적으로 받아들여졌다. Wilson은 인간 행동에 대한 부문을 포함해서 '사회생물학'에 관한 책을 저술했다. 당시 이는 사회과학자들로부터 심각한 이의를 불러일으켰다. 예를 들면 인류학자 Sahlins(1977,

글상자 11.3　침팬지에게서의 문화 출현

비교행동학자들은 큰 유인원, 특히 침팬지 집단에 대해 어떤 때는 여러 해 동안 그들을 쫓아다니면서 독보적인 관찰연구를 해왔다. 가장 널리 알려진 것은 Goodall(1986)의 작업이며, 수많은 유사한 현장 사이트가 존재한다. Whiten 등(1999)은 침팬지에 대해 문헌에 보고된 행동에 관한 최초의 목록(N=65)을 작성했다. 이들 행동 모두는 현지의 침팬지 집단 속에서 관찰되었는지 아닌지에 따라 몇몇 현장 사이트의 감독관들에 의해 평가되었다. 일련의 목록, 다시 말해 관습적 행동, 습관적 행동, 현재의 행동, 부재의 행동, 생태적 설명이 붙은 부재의 행동, 부적절한 관찰, 애매한 답변으로 인한 부재의 목록이 사용되었다. 서른아홉 가지 행동이 발견되었는데, 일부 사이트에선 부재했지만 둘 혹은 둘 이상의 공동체 사이에 공유된 것을 포함해 어느 곳에서나 관습적이거나 습관적인 행동이었다. 이러한 패턴은 특히 성적 유혹, 몸단장, 도구 사용과 관련된다. 이들 패턴은 인간 사회의 패턴을 닮았으며, 문화의 차이가 기술과 사회관습 변화의 다양성으로 이뤄진다는 면에서 그렇다. 조사자들 가운데 한 명이 보고한 현장 관찰을 예로 언급할 수 있다. Boesch(1991, 1993, 1995)는 어미 침팬지들은 자극, 시범, 적극적 가르침을 통해 새끼의 견과류 까기 발달에 영향을 미친다고 제안했다. 견과류를 깔 때 도구 사용과 관련해서 어떤 맥락은 가르치는 데 좋을 것이다. 이는 미숙한 개체에게 행동을 가속화하게 만든다. 두 종류의 식물 이파리를 먹는 것이 처음으로 집단 안에서 관찰되었고 그런 후에 공동체 안에 빠르게 퍼졌다. Boesch는 거기에는 문화적 전파가 존재한다고 주장했다. Russon(2002)의 관찰은 다음과 같은 사실을 보여주었다. 어려서 사로잡혀 성장해서 놓여난 오랑우탄들은 처음에는 다루기 어려운(예 : 가시 때문에) 음식을 구하는 법을 모르지만, 나중에는 관련 기술을 소유한 다른 개체들과 접촉해서 이를 배웠다는 것이다. '문화'라는 용어는 그 같은 행동 패턴의 견해에 타당한가? 인간을 제외한 모든 종들을 배제한 기준 목록을 만들 수 있다(McGrew, 1992; Segall et al., 1999). 그러나 Whiten과 동료들은, 장기간 직접 현장 경험을 하고, 적어도 침팬지에게 문화의 초보적 형태를 부여하는 쪽으로 분명 기울어 있다(Whiten, Horner & Marshall-Pescini, 2003).

p.ix)는 이렇게 말했다. "생물학에 의해 남겨진 공백 안에 인류학 전체가 놓여 있다." 이런 종류의 진화적 사고는 30여 년이 흘러서 심리학에서는 평범해졌고 비교문화심리학도 잠식하기 시작하고 있다(Keller, Poortinga & Schölmerich, 2002; Van de Vijver, Chasiotis & Breugelmans, 출판 중).

　비교행동학과 사회생물학(Wilson, 1975)의 진화론적 사고는 **진화심리학**(evolutionary psychology)에 토대를 두고 있다. 진화심리학의 기본 가정은 자민족중심주의(ethnocentrism)(예 : Reynolds, Falger & Vine, 1987)에서부터 미학(aesthetics)(Dissanayake, 1992)에 이르는, 인간의 모든 심리적 기능은 재생산 적합성에 비추어 고려되어야 한다는 것이다. Tooby와 Cosmides(1992)에 따르면, 그 같은 심리기능은 진화 과정에서 형성된 인간 마음의 디자인 특질을 반영한다. 선택 과정에서 그러한 특질들은 역기능과는 정반대로 기능적으로 간직된다(즉, 낮은 재생산 성공률). 따라서 분리된 성공적인 특질들은 재생산 과정에서 연결되고 이런 식으로 일관적인 전체 디자인이 나타났다. 영역 특유의 복잡한 진화심리적 기제가 다수 존재할 가능성이 있다. 앞서 언급된 Garcia와 Koelling(1966)의 결과처럼, 그 같은 특이성의 증거로 보이는 결과가 나타나는데, 이를테면 어떤 사람이 뱀, 높이, 혹은 열린 장소처럼 늘 환경의 일부로 있어왔던 것에는 공포를 느끼지만, 불과 몇 세대 동안 존재한 전기 소켓에 대해서는 공포를 느끼지 않는다는 사실이 그 증거로 여겨진다.

　Tinbergen(1963) 같은 비교행동학자들은 불충분한 증거에 토대를 둔 추론의 위험성을 이해했다. 그는 종의 적응기술의 일부로 간주되는 행동 패턴의 네 가지 기준, 즉 (1) 기제 혹은 명분, (2) 진화 역사, (3) 개체발생적 발달, (4) 기능을 제안했다. 따라서 진화 연구의 탐색에서 중요한 질문은, 기능적 설명의 유효성을 위해 과학적 증거가 존재하는지의 여부다. 다음과 같은 성차에 대한 Buss의 발견(제2장 '문화에 따른 젠더의 차이', 제3장 '성인기' 참조)처럼, 그 결과들은 여성과 남성 간에 차이를 만들었던 전통적인 문화 패턴의 관점에서 설명될 수 있는가(Eagly and Wood, 1999) 하는 이의가 제기되었다. 이들 차이들이 어떻게 다양한 사회에서 패턴이 되었는지의 질문은 심리학적 · 인류학적 설명을 요구한다. 동시에 Eagly와 Wood가 한 것 같은 이의제기가 현재의 관행을 다루기 때문에 얼마나 핵심에서 동떨어졌는지를 결정하는 것도 어렵다. 반면 진화심리학자들은 그 같은 관행의 가능한 심리생물학적 뿌리를 다루려고 모색한다.

　이른바 모듈(moduel)이라고 부르는, 기능적 실체의 생물학적 부여의 개념은 유기체와 환경의 상호관계를 강조하는 진화론에서 문제가 된다. 그 같은 상호영향 이론에 따르면 재생산 전략은 유기체의 환경적 요인들에 의해 변형될 수 있다. 제3장에서 Belsky 등(1991)의 주장, 즉 유아기의 불안정한 애착 패턴은 사춘기와 성적 파트너십의 초기에 이어진다는 언급이 있었다. 초기 아동기 경험과 사춘기 초기 간의 유사한 관계는 다른 연구에서도 보고되었다(Chasiotis, 출판 중). 상호 영향주의적 접근에서는 유전적 기제들이 특정한 환경조건에 의해 불러일으켜져 만들어지는 능력이다(제3장).

문화 전파 모델

이 장 첫 부분에서 유전정보는 세대에서 세대로 전달된다고 설명했다. 이어서 인간의 심리적 기능의 유전적 기초에 초점을 맞춘 분석으로 이뤄진 다양한 분야의 조사에 대해 논의했다. 이 책의 앞부분, 제2장 '전파 양식'에서는 개체발생적 발달 과정에서 문화집단 구성원들 사이에 정보의 심리적 전파를 논의했는데, 이 과정에서는 반드시 유전적 관계를 요구하지 않는다. 생물학자들은 유전정보와 문화정보의 전파가 처리되는 형식적 모델을 발전시켰다. 제2장 '전파 양식'에서 언급된, 수직적 전파, 사선적 전파, 수평적 전파 간의 차이(Cavalli-Sforza & Felman, 1981)는 한 예다. Cavalli-Sforza와 Feldman은 문화양상의 비유전적 전파의 수학적 모델을 설명했다. 그들이 논의한 분야 가운데 하나가 혁신의 융합이다. 수학적 모델들은 유리한 생물학적 돌연변이의 인구를 통한 전파 모델들과 유사하게 들어맞을 수 있기 때문이다. 대부분의 모델 영역은 단순한 묘사를 넘어선다. 거기에는 하나의 설명 틀 안에서 생물학적·문화적 현상을 장소에 부여하려는 의도가 담겨 있다.

이러한 요구에 맞는 문화 전파 모델을 구축하려는 초기 시도가 Lumsden과 Wilson (1981)에 의해 이뤄졌다. 그들은 문화의 기본단위를 형성하는, 문화유전자(culturegen)라는 개념을 가정했다. 문화유전자란 관련된 인공물, 행동 혹은 '정신적 사실(mentifacts)', (Lumsden와 Wilson의 용어)의 동질적 세트(homogeneous set)를 이른다. 전파는 후성적 (epigenetic) 규칙을 통해 이뤄진다. 후성이란 유전자(genes)와 환경의 상호작용 과정이다. 행동에 방향을 부여하는 발달의 규칙성이 후성적 규칙을 형성한다. Lumsden와 Wilson의 책에 나온 예로 지각정보 전파의 원리와 곤충 터부가 있다. 하지만 그들은 다음과 같이 더 나아가고 있다.

> 인간 존재는 소수의 단순한 구조적 생물학적 필요를 토대로 수많은, 모호한, 종종 정교한, 문화적으로 습득한 행동을 수단 삼아 자신과 사회의 이해관계를 추구하는 것으로 (문화인류학자들에 의해) 생각된다. 이러한 관습적인 견해와는 대조적으로, 인지심리학과 발달심리학에서 나온 증거에 대한 우리의 해석은 후성적 규칙이 존재한다는 것인데, 여기서 후성적 규칙은 상당한 정도로 추론과 결정의 규칙 습득을 전달하는 터널로서 충분히 중대한 특이성을 지닌다. 정신의 수로화(canalization) 과정은 다음엔 문화 진화의 궤도를 형성한다(Lumsden & Wilson, 1981, p.56).

이 문장들은, Lumsden와 Wilson이 표현한 사려 깊은 논쟁을 올바로 평가한 것은 절대 아니다. 하지만 문화 전파가 무엇인가 하는 것을 설명하는 관점에서 유전학에서 발견되는 개념과 유사한 종류의 개념을 나타내기에는 충분하다.

하나의 틀 안에 문화적·생물학적 전파를 결합하려는 시도와는 동떨어져, 생물학적·문화적 전파 기제들을 구별하는 이론을 발견하는 사람이 있다. 어떤 작가도 문화 변동과 문화 변화의 진화론적 토대에 의구심을 가지지 않는다. 하지만 정통 사회생물학자들과 진화심리학자들과는 반대로, 일부 학자들은 유전적 구성에서 대안적 대립유전자의 자연선택에 더해 다른 기제들이 가정되어야 한다는 사실을 수용하고 있다.

잘 알려진 예가 Boyd와 Richerson(1985, 2005)의 이중 상속 모델(dual inheritance model)

이다. 이번 장의 첫 부분에서 묘사되었던 유전적 상속체계에 덧붙여, 그들은 사회 학습에 토대를 둔 문화적 상속체계를 가정한다. 개인이 생애에서 배운 것은 유전적으로 전달되지 않는다. 즉, 유전자형의 일부인 학습 능력만 자손에게 전해져 그 종족에 남아 있게 된다. 하지만 문화정보는 일생 동안 집단의 다른 구성원들에게 전달한다. 문화정보는 세대에서 세대로 집단의 소유가 된다. 문화정보 전파는, Boyd와 Richerson(1985, p.4)에 따르면, '인구 수준의 연속성'이 있다.

　문화적 · 유전적 상속체계는 부모의 본질에 있는 다른 것들과는 다르다. 문화특징은, 사선적 전파(제2장)에서처럼, 생물학적 부모와 다를지도 모르는 '문화 부모'에 의해 전달될 수 있다. 또한 문화적 상속체계에서 개인의 일생에서 습득한 특정한 경험은 그의 문화적 자식에게 전달될 수 있고 그 집단의 상속의 일부가 될 수 있다. 이는 유전적 전파와 비교되는데, 유전적 전파는 단지 차별적 재생산 비율을 통해 영향을 미칠 수 있다.

　Boyd와 Richerson의 이론에서, 생물학적 · 문화적 전파 간의 밀접한 일치는 문화 변화를 설명하기 위해 그들이 가정한 기제에서 특히 분명하다. '돌연변이'(즉, 불완전한 기억으로 인한 실수율)와 특정 집단에서 정보의 선택적 보존에 따른 우연변수와는 별도로, 중요한 장소는 정보 전파에서 사회 학습과 체계적 편견에 기인한다. 사회 학습은 개인 학습과는 다르다. 개인 학습은 시행착오와 조건반사적 원리에 기반을 두고 있다. Boyd와 Richerson은, 거대한 문화적 레퍼토리는 젊은 세대의 사회적으로 통제된 조건화로만 획득될 수 없다고 믿는다. 이 과정은 지나치게 비경제적일 것이다(Henrich & McElreath, 2007). 그들은 Bandura(1977)의 사회 학습론에 중요성을 부여하는데, 그 이론에서는 관찰된 행동의 모방이 학습의 충분조건으로 간주된다. 관찰과 모방을 통한 사회 학습은 행동 패턴의 문화적 안정성으로 이어진다. 특정한 환경조건으로 만들어진 개인 학습은 변화로 이끈다.

　Boyd와 Richerson(1985, 2005; McElreath & Henrich, 2007)은 유전적 전파 모델과 유사한 문화 전파 모델을 구축했다. 개인 학습과 사회 학습의 상대적 발생은 이들 모델의 매개변수 가운데 하나다. 이 매개변수, 이를테면 환경 변화에 반응한 비율로 인한 변화의 결과는 계산될 수 있다. 이 모델들은 전파 바이어스 개념에 포섭되어 더 정교해진다. 문화 내의 개인은 유용한 문화 레퍼토리의 서로 다른 변수들에 노출된다. Boyd와 Richerson은 유용한 선택이 고려되고 가장 적응적인 변수가 선택된다고 추정한다. 이는 탁구를 배우는 아이로 설명된다. 아이는 배트를 잡는 두 가지 방법—'라켓' 잡기와 '연필' 잡기—이 있다는 것을 관찰한다. 아이가 롤 모델로 한 선수를 임의적으로 고를 때 아무런 편견도 생기지 않는다. 하지만 다른 가능성이 존재한다. 몇 차례의 연습 후에 아이는 가장 좋은 결과를 얻은 배트 잡기를 선택할 수 있다. 이를 찾아내기 위해 지나치게 연습을 해야 한다면 또 다른 선택은 모델로서 가장 성공적인 선수를 이용하는 것이다. 하지만 또 다른 선택은 단순히 다수를 따르는 것이다.

마지막 전략인 순응전략은 Boyd와 Richerson에 의해 이타주의 혹은 협동과 자민족중심주의에 연결된다. 집단에서 가장 인기 있는 변수를 따르게 만드는 순응전략은 집단 간 변수와 비교하면 집단 내 문화변수를 감소시킨다. 이기심을 추구하기보다는 집단 구성원들과의 협동이 개인에게는 불리할 수 있다 해도 (따라서 전통적인 진화론에 따르면 진화 과정에서 사라져야만 했을 테지만) 집단 내 협동의 더 낮은 적합성은 협동의 높은 빈도수로 집단의 더 높은 생존율에 의해 벌충될 수 있다. 이것이 그 사례이고 Boyd와 Richerson이 자신들의 모델 안에서 관련 조건들을 구체화해도, 협동의 높은 빈도는 얼마간 애매하게 주장된다. 동시에 협동적 행동이 제한된 집단에 한정되면 순응 편향이 이러한 효과를 낳을 수 있다. 이 모델의 요구에 부합하는 듯 보이는 한 종류의 집단은, 내집단 구성원에 대한 협조적 행동과 외집단에 대한 비협조적 행동을 포함해 자민족중심주의의 연상된 특징들을 지닌 문화집단이다.

더 많은 전차 수준이나 유형의 다양성이 도입되면 복잡성이 더해진다(예 : Durham, 1982; McElreath and Henrich, 2007; Plotkin & Odling-Smee, 1981). 환경적 맥락으로서 문화의 역할은 Laland, Odling-Smee와 Feldman(2000)에 의해 훨씬 더 정교해졌다. 전통적인 진화론 편에서 그들은 환경과의 상호작용을 통해 종이 환경을 변경시키는, 즉 이른바 적소 구축(niche construction) 과정을 깨닫는다. 하지만 Laland 등은 더 나아간다. 인구(populations)에서 적소 구축은 단지 종의 유전자형 특징만이 아니다. 두 가지 다른 종류의 과정이 연관되는데, 다시 말해서 정보 획득의 개체발생적 과정(예 : 읽고 쓰기 학습)과 문화 과정이 그것이다. 글상자 11.4에서 보듯, 이러한 시각에서 우유를 얻기 위한 목축(적소 구축)은 락토스 과민증에 대한 유전적 변화의 기초가 될 수 있다.

마지막으로, 문화 진화를 설명하려고 모색하는, 값비싼 신호 이론의 새로운 갈래에 토대를 둔 접근들이 있다. 값비싼 신호로 협동 혹은 이타적 행위를 해석하는 것은 공공선에 이바지하는 이유를 설명할 수 있지만, 이를 테면 왜 특별히 용감하고 강하고 건강한 인상을 타인에게 줌으로써 유전적으로 적합해지려고 애쓰지 않고 사회적 맥락에서 이타적인 것을 통해 '과시'해야 하는지는 설명할 수 없다(Gintis, Smith & Bowles, 2001; Smith, Bliege Bird & Bird, 2003).

이 장의 앞부분에서 우리는 공정성과 불공정 혐오감(inequity aversion)(불공정한 상황에 부정적으로 대응하는 선천적 기질 – 역자주), 즉 불평등한 거래 불만에 대한 인간의 주관적 평가의 증거에 대해 언급했다. 그 같은 행동은 경제적 합리성의 원리에 반대되는데, 공정성을 생각지 않고 이기적인 무임승차가 여기에 포함된다(Fehr & Fischbacher, 2003). 하지만 협조적 행동은 모든 사람이 협동할 때 모방되는 듯하다. 따라서 특별한 맥락의 환경

로 이어진다는 점에 주목해야 한다. 이 장의 후반부에서 이 문제에 대해 다룰 것이다.

주목해야 할 두 번째 문제는 많은 비교문화 연구에서 이미 규명된 비교문화적 차이에 대한 특질이나 차원에 대해 검증한다는 것이다. 이러한 연구는 **수렴 타당도**(convergent validity)를 찾기 위한 것이라고 할 수 있다. 이들이 원래의 연구와 같은 오류를 다룬다는 점에 있어서 유효하지 않은 증거가 축적될 수 있다. 이러한 점을 해결하기 위해서는 **변별 타당도**(discriminant validity)를 구해야 한다. Campbell과 Fiske(1959)는 '다특성 다방법 행렬(multitrait-multimethod matrix)'을 제안했다. 이는 수렴 타당도를 확립하고 서로 다른 특질들을 측정하기 위해서 목표로 하는 특성을 측정하기 위한 다양한 방법을 포함하고, 변별 타당도를 확립하기 위해서 대안적인 설명을 나타내는 행렬 설계다.

이 설계의 복합적인 방법은 무관한 방법론적 변량을 반영하는 발견을 배제하기 위해 사용되었다. 불행하게도, 이러한 접근방식은 비교문화 연구에서 잘 발견되지 않는다.

내적 맥락 분석

내적 맥락으로서의 문화가 강조될 때, 분석의 주된 목적은 '의미'와 심리적 기능의 문화특수적 양식을 찾는 것이다. 우리는 연구를 양적인 방법론과 질적인 방법론 두 가지로 구분할 것이다.

제1장에서 질적 연구는 하나의 문화에서의 현상을 이해하는 데 맞추어진 경향이 있다는 것을 살펴보았다. 질적 연구에서 데이터 수집은 사건이 발생하는 장소에서 수집되는 경향이 있고, 데이터가 수집되는 과정에서 연구 문제와 절차가 변화하는 경향이 있다. 이는 엄격한 규칙이 있는 실험 연구 또는 도구와 결합되어 있는 방식에서 나아가 더 융통성 있는 연구를 할 수 있게 해준다. 연구 참가자를 관찰하고, 정보원을 선택하는 담화 분석(discourse analysis), 비구조화 면담, 초점 집단, 그리고 민족지학이 선택의 방법론이다(예 : Creswell, 2009; Willis, 2007). 이전의 장들에서 문화적 의미의 예시들을 살펴보았다. 예를 들어, 제7장('정서와 언어')에서는 문화특수적인 정서를 다루었고, 비서구적 성격 개념(제5장)과 민족지학(제10장 참조) 등도 다루었다.

심리학적 도구로서 얻어진 행동을 포함하여 행동의 의미는 문화적으로 특수한 맥락이 있기 때문에 데이터를 비교함에 있어 그 범위는 제한된다. 이 때문에 어떤 연구자들은 서구에 기원을 두는 방법론과 도구를 다른 사회에 적용하는 것은 거부되어야 한다고 주장하였다)(예 : Greenfield, 1997; Ratner, 2002).

앞에서 과학적 조사의 기준으로서의 타당성에 대해 다루었다. 심리측정 방법과 관련되었을 때 타당성은 많은 방법론에서 문제가 된다. 예를 들어, Jahoda(1990)는 민족지학자들이 어떻게 특정한 분야에서의 관찰을 근거로 가설을 상정하고 그 관찰이 들어맞는지 확인하는 방식으로 검증하는 과정을 거치는지를 보여주는 예시를 제시하였다. 이러한 확인 절차가 사후적으로 이루어지는 것이라고 할지라도, 이는 타당성에 대해 고려한다는 점을 반영한다. 이는 또한 '명료성'과 신뢰성'의 개념에서도 찾을 수 있다. 연구자들은 어떻게 그러한 해석에 이르게 되었는지를 보고해야 한다(Guba & Lincoln, 1994).

Greenfield(1997)는 특히 질적 연구와 관련된 세 가지 형태의 타당성에 대해 강조했다. 첫 번째는 연구자와 대상 집단 간의 의사소통과 관련된 해석적 타당성(Maxwell, 1992)이다. 해석적 타당성은 (1) 집단에 대한 의사소통적 그리고 인식론적 가정에 대한 이해, (2) 모든 데이터 수집 과정이 이 가정에 일치하는지 확실하게 하기(Greenfield, 1997, p.316)를 암시한다.

질적인 심리측정 전통에서 이는 타당성의 형태라기보다는 타당성의 조건으로 여겨지지만, 이는 매우 사소한 것이다. 관련성은 *pagtanong-tanong*이라는 개념으로 설명할 수 있다. 이는 필리핀에서 연구자가 주도하는 조사보다는 상호작용적 의사소통의 필요성을 의미한다(Pe-Pua, 2006)(제1장의 토착심리학에서 해석적 입장에 대한 예시로 언급되었다). 두 번째 형태는 생태적 타당성으로, 연구 절차로부터 얻어진 정보가 연구 맥락을 벗어나 어느 정도까지 관련성을 갖는지에 대한 것이다. 생태적 타당성과 질적 심리측정적 전통에서의 내용 타당도 개념 사이에 유사점이 존재할 수 있다. Greenfeild는 실험 상황에서의 행동보다는 자연발생적인 행동을 연구할 때 생태적 타당도가 확보될 수 있다고 주장하였다. 실험적인 설정은 실제로 인공적일 수 있고 관련성을 놓칠 수 있지만, 우리의 관점에서 현장 연구 그 자체로 타당성이 보장되는 것은 아니다. 이런 이유로 데이터의 해석에 대한 타당성이 어떻게 입증될 수 있는지(또는 왜곡될 수 있는지)에 대해서는 명확하지 않다. Greenfield가 구분한 타당성의 세 번째 형태는 이론적인 타당성으로, 질적 연구 전통에서 이는 구성 타당도로서 다루어진다. 질적 연구 전통에서 해석적 타당성은 구조적 등가성이다(Van de Vijer & Leung, 1997). 대체로, Greenfield에 의해 만들어진 타당성 관련 개념들과 심리측정에서 유래하는 전통적인 구분 사이에는 분명한 공통점이 있다(Van de Vijver & Poortinga, 2002).

제1장에서 우리는 연구 과정을 통해 가시적인 방법으로서 양적 방법론과 질적 방법론을 결합한 **통합된 방법**(mixed methods)(Bond & Van de Vijver, 출판 중)과 통섭(Leung & Van de Vijver, 2008)에 대해 인정했다. 양적 연구와 질적 연구가 서로 대조되기보다는 상호보완적이라는 주장이 점점 더 동의를 얻고 있다(Karasz & Singelis, 2009). 이 책이 작성된 관점에서 보면, 뚜렷하게 비교를 하는 것은 역효과를 나타낸다고 보았다(예 : Berry, 2009; Poortinga, 1997).

모든 연구에서 확인되어야 할 중요한 질문은 연구 결과에 대한 해석이 얼마나 그럴듯한지(타당성)와 다른 대안적인 해석으로부터 자유로울 수 있느냐에 대한 것이다. 질적 연구는 연구 문제와 높은 관련성을 가지고 응용된 주제들을 다루는 경향이 있다(예 : Karasz & Singelis, 2009). 동시에, 타당성에 대한 분석은 양적 연구에서 더 강한 경향이 있다. 실험 설계와 표준화된 도구는 연구자들의 사견을 뛰어넘어 데이터를 분석하고, 연구 절차에서 연구자들의 사견이 줄 수 있는 영향을 줄이기 위해 고안된 것이다. 질적 연구에서의 도구의 역할과 양적 연구에서의 절차는 연구자 개인이 책임져야 하는 경향이 있다. 불가피한 것이지만, 몇 개의 질적 연구를 제외하고는, 우리는 이를 약점으로 본다(예 : Creswell, 2009). 데이터 수집에 있어 비표준화된 방법은 영구적인 기록이 남지 않고서는(예 : 비디오), 재연구가 불가능하고 대안적인 해석에 대응할 수 없다.

　　문화심리학이 최초에 질적인 전통에 기원을 둔다고 하더라도, 문화특수적 기능이 있는지를 검증하기 위해 양적인 방법론이 많이 사용되어 왔다(Kitayama & Cohen, 2007). 탈비교(non-comparative) 실험 방법론의 특징은 문화적인 면들에 대한 점화이다(Oyserman & Lee, 2008). 제4장에서 언급한 것처럼, 점화 연구에서 연구자들은 문화와 관련된 자극들을 제시함으로써 문화적 성향의 특징을 조작하였다. 점화 연구는 진실험이 갖춰야 하는 중요한 조건을 충족한다. 연구자들은 피험자들을 다양한 점화에 노출시킴으로서 처치 조건을 분명하게 조작한다. 더 나아가, 다양한 문화에서 피험자들에게 다양한 점화 제시가 가능하다. 몇 가지 점화는 특정한 사전 지식에 의존하지만(국기와 같은 뚜렷한 문화적 상징), 다른 점화(예 : 피험자들에게 가족과 친구들과 어떤 공통점을 갖는지 또는 그들이 어떻게 다른지를 물어보는 것; Trafimow, Triandis & Goto, 1991)는 교육 수준에 관계없이 인지적인 접근이 가능하다.

　　방법론적인 장점에도 불구하고, 점화의 사용은 한계점이 존재한다. 먼저, 점화 효과는 문화적 맥락에서의 사회적 관계, 상징물과 실제에 대한 객관적 사실을 변화시키지 않는다(Fischer, 출판 중; Fiske, 2002). 이는 문화에는 실제로 조작될 수 없는 것이 더 많다는 의미이다. 이와 관련된 문제로는 개인주의나 집단주의와 같은 더 넓은 문화적 차원 또는 신드롬이 이러한 방식으로 입증할 수 있는가에 대한 것이다. Nisbett(2007)가 지적한 것처럼, 점화는 실험에서의 변인으로는 가능하지만 문화적 복합성에는 사용될 수 없다. 또한 점화는 문화와 행동 연구에서 약점으로 지적했던 것들에 대해 실제로 설명해 주지 않는데 주요한 문화적 차원을 가정함에 있어 변별 타당도를 위한 연구가 많이 존재하지 않는다. 점화가 문화적 목록에서 관찰된 차이를 기반으로 선택되었기 때문에 점화 연구는 이러한 차이를 부정하는 데 있어 낮은 사전 확률을 갖는다. 게다가 우연치 않게 점화가 기대하지 않은 결과를 보여준다면 이는 그 점화와의 관련성이 없다는 것으로는 해석하지 추정되는 근본적인 차원이 아니라는 것으로 해석하지 않는다(Medin, Unsworth & Hirschfeld, 2007).

점화 연구는 문화적으로 다양한 점화의 상대적인 영향을 검증하기 위해 하나의 문화권 이상의 표본에서 수행될 수 있다(Oyserman & Lee, 2008). 이러한 종류의 양적 설계와 비교 설계는 문화심리학과 비교문화심리학의 비교문화적 연구의 초기의 방법론적인 차이가 어떻게 가까워졌는지를 설명해 준다. 문화심리학 전통에서의 또 다른 실험적 · 비교적 방법론은 특히 fMRI(기능적 자기공명 영상)와 같은 뇌 영상 기술을 활용하는 것이다. 비교문화적 차이는 주로 유럽계 미국인과 동아시아인들의 차이를 보고하였고, 지금까지 연구가 수행된 거의 유일한 집단이다(Chiao & Ambady, 2007). 이러한 연구 중 하나는 Hedden 등 (2009)이 틀에 끼워진 선분의 길이에 대한 신경 반응의 차이를 분석한 것으로, 다양한 지시가 있을 때 상호의존적 자기구성 집단과 독립적 자기구성 집단에서 반응 양식에 차이가 있는지에 대한 연구다(Kitayama, Duffy, Kawamura & Larsen, 2003). Hedden 등이 수집한 fMRI 기록에서 나타난 차이는 뇌의 다양한 영역에 흩어져 있었다. 그들은 과제에 의해 동일한 인지 과정이 유발되었지만, 문화적 선호와 관련하여 의존적 과제를 요구했는지 독립적 과제를 요구했는지에 따라 반응 규모에 차이가 발생했다. 흩어져 있는 fMRI의 차이에 대한 해석은 명백히 오류이며(Vul, Harris, Winkielman & Pashler, 2009), 이러한 발견은 예비 단계로 보아야 할 것이다. 게다가 혈액의 산소 농도(fMRI 촬영에서 측정하는 것)와 뇌의 과정의 정확한 관계가 다소 불분명하게 남아 있다. 그럼에도 불구하고, 우리는 이후에 fMRI와 이와 유사한 기술들(PET 스캔, EEG에서의 유발 반응)이 개선되어 비교문화심리학에서 중요해질 것으로 기대한다.

문화적 불변성과 문화적 특수성

이 절에서는 제1장에서 개요를 서술했던 상대주의의 강한 형태에서 보편주의의 강한 형태까지를 묘사하는 차원에 대한 두 번째 주제에 대해 다룰 것이다. 우리는 이분법적 분류보다는 다양한 입장에 대해 인식하는 '차원'이 양립 가능하고 심지어는 상호보완적이라는 점을 가정하였다. 특정한 입장에 대한 선택이 연구에서 다루어지는 연구 문제에 의존한다는 의견이 제시되어 왔다(Fontaine, 출판 중). 여기에서 우리는 비교문화심리학의 전통적인 논의에 적용되는 차원에 대하여 자세히 설명할 것이다(예 : 글상자 1.2 참조). 이 논쟁은 1990년대에 특히 심했으며, 어느 정도 진정된 것으로 보이지만, 몇몇 학자들은 여전히 하나의 입장을 계속해서 주장하고 있다. 왜냐하면 그들에게는 상대주의와 보편주의의 두 관점이 양립할 수 없는 세계관 또는 패러다임을 의미하기 때문이다. 한 가지 패러다임에 근거하는 이론과 방법론은 일반적으로 또 다른 패러다임의 이론 및 방법론과 양립할 수 없거나 비교할 수 없는 것으로 보인다. 이 절에서 우리는 세계관으로서 상대주의와 보편주의를 채택한다. 상대주의는 질적 방법론과, 보편주의는 양적 방법론과 좀 더 관련이 있다고 할지라도, 현재의 절에서 서술된 전형적인 관점에서 벗어나, 이전 절에서 다룬 방법론에 대한 문제의식을 계속해서 유지할 것이다.

상대주의

문화 상대주의와 관련된 관점은 심리학에서 오랜 역사를 갖고 있다. 종종 현대 심리학의 요람으로 평가되는 독일에서, 현상학에 기원을 두는 방법론은 1950년대까지 중요하게 다루어졌다. 초기에는 미국에서, 후기에는 유럽에서 나타난 행동주의는 이 '주관적인' 접근법에 대한 반응이었다.

　　연구자들은 주관적인 해석이 추측에 근거한다는 점에 의문을 갖고, 더 '객관적인' 실험에 대한 지향을 찾고자 했다. 무의식에서 발생하는 일에 대한 정신분석의 정교한 분석은 이에 관한 좋은 예다. 그러나 많은 심리학자들은 행동주의가 자극과 반응(S-R 패러다임)을 강조하지만, 개인 내에서 일어나는 과정(S-O-R 패러다임)을 나타내는 이론적 개념은 검증할 수 없고 과학적인 분석을 할 수 없다고 여겨진다는 점에 대해 우려하기 시작했다. 이러한 초기의 논란들 중 많은 것들이 계속되고 있다. 이들은 표의문자 대 법칙 정립, 주관 대 객관, 질적 대 양적과 같은 많은 용어들을 나타낸다. 비교문화심리학에서는 양적인 방법론뿐만 아니라 질적인 접근방식의 연구 전통이 만연하기 때문에, 이 논쟁은 비교문화심리학에서 특히 중요하다.

　　제10장에서 언급했던 것처럼 문화에 대한 상대주의적 입장은 인류학에서 Boas(1911)에 의해 발전된 초기 아이디어에 기초한 Herskovits(1948)에 의해 정의되었다. 이 일반적인 지향은 어떠한 종류의 가치 판단이나 선행적 판단을 내리지 않고, 사람들을 '그 자신들의 용어'로 이해하고자 함으로써 자민족중심주의와 문화적 부과의 영향을 피하고자 하였다. 이는 다른 사람들을 폄하(평가 행동)하지 않는 것에 그치는 것이 아니라, 외적 문화의 관점에서 묘사, 분류, 이해하는 것(인지 행동) 역시도 지양하고자 했다. 그러므로 '그 자신들의 용어'는 '그 자신들의 범주'와 '그 자신들의 가치'를 모두 의미한다. 전 세계의 사람들 간 심리학적인 차이가 나타나는 것을 설명하기 위하여 다른 요인(예 : 기후나 부와 같은 외적 변인)의 영향은 줄이고, 사회문화적 차이의 측면에서 찾고자 하였다.

　　논의 범위의 윤곽을 잡기 위한 방법 중 한 가지는 다양한 패러다임을 제시하는 것이다(글상자 12.1). 강한 상대주의의 개념은 Denzin과 Lincoln(2000, 2005b)에 의해 기술되었다. 이들은 심리학적, 사회적 현실이 과학적 연구의 대상이 된다는 Popper(1959, 1963)의 주장에 반대한 저자들로, "질적 연구는 본질적 속성에 대한 연구 분야이다"(2005a, p.2), "질적

글상자 12.1 네 가지 패러다임

Lincoln과 Guba(2000)는 존재론(존재의 본질), 인식론(인식의 본질) 그리고 방법론적 측면에서 구별 가능한 철학적 입장을 반영하는 네 가지 패러다임을 기술했다. 이 네 가지 패러다임은 실증주의, 포스트 실증주의, 비판론 및 구성주의라고 불린다. 구성주의 패러다임은 상대론적이다. 현실은 사회적으로 구성되며, 연구 결과는 연구 과정에서 해석학적이고 변증법적 방법을 통해 만들어진다. 비판적 이론에서 현실은 역사적으로 만들어진 관점으로 여겨지지만, 모든 실제적인 목적을 위한 사회 구조와 심리적 특성은 '그 바깥에' 있다. 즉, 우리의 견해에서 독립적인 현실이 있다. 이 비판적 이론의 맥락은 인식론적 입장의 방법론과 지식이 주관적이며 가치중심적이라는 것을 강조한다. 첫 번째 패러다임, 실증주의는 실재가 있다는 믿음과 실험적 검증 과정을 통해 현실의 진정한 상태를 발견할 수 있다는 믿음을 반영한다.

두 번째 패러다임, 포스트 실증주의는 오늘날 심리학에서 가장 중요한 패러다임으로 남아 있다. 이는 지식이 항상 불완전하다는 현실을 가정한다. 그러나 우리는 체계적인 탐구를 통해 더 부정확한 관점과 덜 부정확한 관점을 구분할 수 있다. 이러한 탐구는 Popper(1959, 1963)에 의해 개발된 '논박' 또는 '반증'의 인식론적 원리에 기초해야 한다. 그의 견해에 따르면 보편적으로 유효한 경험적 진리를 성립하는 것은 과학적 연구를 넘어선 것이다. "모든 까마귀는 까맣다."라는 말은 우리가 미래의 까마귀를 포함해 절대로 모든 까마귀를 관찰할 수 없기 때문에, 관찰의 결과라고 할 수 없다. 따라서 명제들을 완전히 검증하거나 타당성을 확인할 수는 없다. 그러나 이 진술은 반증될 수 있다. 이 진술은 우리가 까맣지 않은 까마귀를 관찰하는 순간 틀린 것이 된다. Popper에 따르면, 과학 연구는 비판적 실험을 통해 잘못된 이론을 배제해 나가는 과정에 의해 진행된다.

Lakatos(1974)는 Popper의 입장에 대한 실용적인 어려움을 정의했다. 그는 과학적 논쟁은 종종 방법과 절차의 장점에 의해 이루어진다고 지적했다. 예를 들어, Galileo의 관점은 로마 가톨릭 성직자가 그것을 받아들이기를 거부했기 때문에 도전을 받았다. 그의 관점은 렌즈에 의해 만들어졌는데, 그에게 반대하는 자들은 이것이 유리에 불과하기 때문에 신이 창조한 인간의 눈보다 우수한 관찰을 내놓을 수 없다고 주장했다. 비교문화 연구에서도 서구적 개념과 방법을 다른 문화권에 사용하는 것에 대해 이와 비슷한 유형의 논의가 제기되었다.

Popper에 대한 보다 원칙적인 비판은, 과학적 세계관의 변화에 대해 역사적으로 묘사했던 Kuhn(1962)에 의해 이루어졌다. 그는 가설을 반증하는 증거가 종종 무시된다는 것을 보여주었다. 패러다임 관점과 주요 이론은 새로운 증거를 수용하기 위해 적응하는 경향이 있지만, 과학자들은 부정적인 결과로 인해 그들의 이론(신념)을 폐기하는 데 저항하는 경향이 있다.

그러나 이러한 비판은 과학자들이 틀린 자신들의 이론을 고수하는 역사적 현실과 마찬가지로, 왜곡 가능성에 대한 인식론적 원리에 대해 많이 다루지 않는다. 의심할 여지 없이, 주관적 선호는 경험적 증거의 선택과 해석에 영향을 미친다. 문제는, 이러한 한계로 인해 상대주의적 인식론적 입장을 받아들여야 할 필요성이 있는지 없는지에 대한 것이다. 이 책에서 취한 관점은, 경험적 근거에 근거하여 과학적 이론이 잘못되었음을 증명할 수 있고, 좋은 연구들은 자신의 주장을 반증하는 이론을 스스로 밝힌다는 것이다. 비판은 반증의 인식론적 원칙이 잘못되었다고 주장하는 것이 아니라, 왜 과학적 연구가 어려운지에 대해 분명하게 밝힌다. 즉, Kuhn이 맞다고 해서 Popper가 틀렸다는 것을 의미하지는 않는다.

연구자들은 사회적으로 구축된 현실의 본질, 연구자와 연구 대상 사이의 밀접한 관계, 그리고 연구를 형성하는 상황적 제약을 강조한다. 이러한 연구자들은 연구의 가치 판단적인 본질을 강조한다. 이들은 사회적 경험이 어떻게 만들어지고 의미를 갖는지를 강조하는 질문에 대한 답을 찾는다"(2000, p.8)라고 하였다. 이런 의미에서 질적 연구는 정치·사회적 어젠다의 수사법에 의해 이루어진다(Hammersley, 2008). Denjin과 Giardina(2006, p.xvi)는 '사랑, 돌봄, 희망과 용서에 기반한 진실의 윤리를 포용하는 마음의 예언적, 후기 실용주의 페미니스트의 방법론'을 찾고자 했다. Gergen과 Gergen(2000, p.1026)은 "일반 법률을 추구하는 것, 주관적 문제에 대해 정확히 묘사하는 과학의 능력, 객관적인 진실을 향한 과학적 진보의 가능성, 과학적 전문 지식에 대해 주장할 권리는 모두 약화된다."고 주장했다.

　우리는 경험과학에서 이러한 극단적인 상대주의는 비생산적이라는 것을 보았다. 이는 '과학과 이성으로부터의 도피'(Gross, Levitt & Lewis, 1996)이며 거짓 주장을 드러내지 못하는 것으로 나타났다(Sokal, 1996a, 1996b 비교). 오히려 우리는 두 가지 전통 모두에서 유래된 개념과 방법론을 사용하도록 옹호한 Dornald Campbell의 뒤를 따르는 이중 입장을 지지한다. Overman(1988, pp.xviii-xix; Berry, 2009)은 Campbell이 다음의 내용을 추구했다는 것에 주목하였다.

> Campbell은 양적인 전통과 그것이 지지하는 것, 그리고 질적인 전통과 그것이 지지하는 것 사이의 차이를 조화시키고자 하였다. 이 에세이의 가장 큰 특징은 질적인 지식과 양적인 지식 사이의 방향뿐만 아니라, 객관주의의 목표와 존재론적 허무주의 사이의 방향, 경험적 행동주의자들의 기대와 경이적인 절대주의의 유아론 사이의 방향을 엮는 Campbell의 능력이다. 그의 성공은 두 가지 신념 사이에서 선택하는 것이 아니라 중간의 입장을 인지하고 조작할 수 있는 우리의 의지에 달려 있다. Donald Campbell은 그의 오랜 경력 안에서 서로 대립되는 관점들을 통합하고자 한 가장 주목할 만한 사회과학 연구자이자 이론가다.

문화심리학

동일한 과정('정신적 통합')에 대한 보편주의의 주장을 거부한 상대주의의 입장은 1990년대에 두드러졌다. 이는 Shweder(1990, 1991)의 "문화와 정신은 서로를 만든다."는 격언과 함께 문화심리학의 기초가 되었지만, 곧 서로 다른 '사고방식', 그러나 일반적인 마음을 가정한 덜 광범위한 개념으로 대체되었다(Fiske et al., 1998).

　이 책의 제1부(제5장과 제6장)에서 우리는 동아시아인과 유럽계 미국인의 심리학적 기능에 차이가 있다고 주장하는 연구들을 언급하였다. 문화심리학은 거의 글상자 12.1에 기술한 후기 실증주의 패러다임을 따랐다. 이들이 검증하고자 한 심리학적 과정과 특질의 현실과, 이에 대한 방법론은 문제가 되지 않았다. 오히려 초점은 심리학적 기능과 특질이 어떻게 문화적으로 다르게 나타나는지 밝히려고 하는 점에 있었다. 동시에, 온건한 상대 주의일지라도 도덕적인 평등주의(예 : "모든 인간은 평등하다.")의 입장을 가정하거나 차 이가 있는 기능과 과정을 지적하여 이를 설명하고자 할 때를 제외하고는 문화적 유사성의 존재에는 관심을 갖지 않았다. 따라서 차이에 대해서는 질적인 용어로 해석되기 쉬웠다. 예를 들어, 동아시아인들은 자존감이 (단지 더 낮은 것이 아니라) 부재한다는 주장이 있었 고(Heine et al., 1999; 글상자 4.3 참조), 사람들의 지적 역량에 차이가 있다기보다는 지능 의 형태가 다르다는 주장이 있었다(Nisbett, 2003; 제6장 참조). 정서는 문화마다 다르게 강 조되는 불변하는 심리학적 상태라기보다 문화특수적으로 구성되는 사회요소라는 주장이 있었다(Markus & Kitayama, 1994; 제7장 참조).

　문화심리학의 연구자들은 행동-문화 관계에 대한 그들의 관점을 과학의 새로운 줄기 로 묘사하는 경향이 있었다(Markus & Hamedani, 2007; Shweder, 2007). 우리는 초기 비교 문화 전통이 같은 분야에 포함되는 것으로 여겨지든 아니든 간에 이것이 정의의 문제라는 점에 감사한다. 그러나 시간을 거슬러 갔을 때 상대주의 전통의 다른 접근들이 배제되거 나, 또는 최소한 무시된다면 우리는 이것을 역사의 잘못된 설명이라고 본다. 먼저, 몇 세기 를 되돌아가야 하는 역사가 있다. Jahoda(1992; Jahoda & Krewer, 1997)는 오늘날 문화심리 학이라는 이름으로 통하는 계몽기의 유사한 아이디어들을 추적했다. 두 번째로, 문화심리 학의 시초를 나타내는 핵심 출판물에 반영되어 있는 것과 같이 행동과 문화 사이의 관계에 대해 유사한 관점을 가진 최근의 전통이 있다(Markus & Kitayama, 1991; Shweder, 1990).

　다양한 최근의 전통은 토착심리학에서 찾을 수 있고, 이는 몇몇 비서구 국가에서 발전 되었다. 더 서구적인 전통의 예시는 Eckensberger(1979, 2002; Boesch, 1991, 2002)가 주장 한 행동 이론의 관점에서 문화에 접근하는 방식이다. 그는 행동을 잠재적으로 자기를 반 영하는 단체의 미래 지향적이고, 목표 지향적인 활동으로 보았다. Eckensberger(1979)는 비 교문화심리학의 심리학적 이론화에 대해 조기에 광범위한 평가를 제시했다. 그는 위계가 있는 5개의 패러다임을 구분하였다. 가장 포괄적인 것은 반사적 인간 존재의 패러다임이 다. 이름에서 나타나듯이, 인간 자신과 그들의 행동, 목표와 의도에 대한 반영이 이 패러다 임 이론의 특징이다.

　행동은 규정하기 어렵다는 분명한 인식이 있다. "[행동의] 내용은 행동의 흐름에서 직접 적으로 파생되지 않는다. 왜냐하면 각각의 행동은 몇 개의 의도에 기반할 수 있고, 각각의 의도는 여러 가지 행동 양식으로 실현될 수 있다(행동은 결정되지 않았고, 여러 해석에 개 방되어 있다)"(Eckensberger & Plath, 2002, p.433).

상대주의가 기반을 두고 있는 접근방식의 또 다른 예는 Vygotsky(1978)와 Luria(1971)가 주장한 사회문화적 학파다. 제2장에서 살펴본 것처럼, Vygotsky는 인간 행동의 역사적, 맥락적 본성에 대하여 주장했다. 그는 이러한 아이디어를 러시아의 마르크스 혁명 직후에 만들어냈지만, 그의 작업이 서양에 알려지기까지는 몇십 년이 걸렸다. Vygotsky는 발달을 그의 표현대로 '더 높은 지적 기능'이라고 보았고, 사회 단계에 따른 역사적 과정이라고 보았다. 이러한 기능들은 사회 구성원에 의해 공유되는 개인 간 심리적 범주로서 사회 수준에서 처음 나타나고, 이러한 기능들 중 추상적 사고가 가장 많은 관심을 받았다.

제2장과 제6장에서 언급했듯이, Vygotsky의 행동－문화 관계 개념에 대한 중요한 변화가 Cole에 의해 이루어졌다(1992a, 1992b, 1996). Cole의 관점에서 문화적 중재는 폭넓은 범위의 행동으로 드러나는 넓은 정신적 기능 수준에서 나타나지 않는다. 문화적 중재는 특정한 기술과 메타인지가 발전하는 활동 영역의 수준에서 나타난다는 증거들이 존재한다. 이는 풍부하고 다양한 종류의 상호작용을 통해 활동 체계를 형성하는 학교 환경이나 작업 환경과 같은 특정한 활동 상황에서만 얻어진다.

대부분의 비교문화심리학자와 달리 Cole은 문화를 인간 행동에서의 차이를 설명하기 위해 주어진 것으로 취급하지 않고, 설명할 필요가 있는 상태 자체로 보았다. 그는 서로 다른 시간 척도에서 정의될 수 있는 수준들 사이에서 발생할 수 있는 상호작용뿐만 아니라, 계통발생적 발달과 문화 역사적 시간을 포함하여 인간 발달에서의 서로 다른 시간 척도를 가정하고, 문화의 기원을 고려했다. 예를 들어, 인간의 행동은 역사적인 시간 안에서 사회 변화에 영향을 미치고(그 반대로도 그렇다), 궁극적으로 계통발생적 변화에 영향을 미친다. 사회문화적 심리학에 대한 최근의 정보들은 Valsiner와 Rosa(2007)에서 찾을 수 있다.

토착심리학

토착적 접근을 추구하는 저자들의 핵심 주장은 주류(서구) 심리학이 모든 문화에서 적용되는 것으로 가정하고 다른 지역의 사람들을 서구의 분류법에 끼워 맞추려고 했다는 것이다. 두 가지 측면에서 이러한 시도의 기저에 깔린 세계관을 비판할 수 있다. 첫 번째 비판은 이것이 문화적 식민지화에 해당한다는 것이다. 서양에서 세계의 다른 지역으로 개념, 아이디어 및 방법이 상명하달식, 한 방향으로 이동했다. 이것은 글상자 1.2에 언급된 비교문화심리학의 '이동 및 검증'(강요된 문화보편적)의 특징에 해당한다. 두 번째 비판은 주류 심리학이 지역 사람들의 언어나 세계관을 고려하지 못한다는 점이다. 이는 '다른 문화에 대한 탐색'(문화내부적)의 특징을 나타낸다.

이 책의 범위를 다소 벗어나지만, 세 번째 비판점도 존재한다. '서양인' 심리학자들은 윤리 규범과 인간 복지에 대한 고려를 표명하였다고 할지라도, 종종 억압적인 이데올로기나 관행으로부터 거리를 두지 못했다. 그에 따라, 남아프리카의 흑인 심리학자들은 그들 나라의 백인 심리학자들, 특히 평등주의적 관점을 표현하는 사람들이 인종차별 정책으로부터 자유롭지 못하다는 점을 비판했다(Nicholas & Cooper, 2001). 또 다른 예는 관타나모 만에 있는 강제 수용소의 심리학자들과 관련된 것으로, 미군 육군 수감자들이 실제 고문은 아니라도 비인간적인 처우를 받았다고 주장했다. 미국심리학회(APA, 2008)는 증거가 나온 지 몇 년 후에야 이에 대해 입장을 표명했다. 서구 민주주의 국가에 살고 있는 저자로서 우리는 그러한 비판이 합당하다는 점을 인정한다.

우리는 또한 다른 두 가지 비판에 대해서도 동의한다. 많은 비교문화 연구가 문화적 차이에 대해 사후 가정적으로 해석하기 때문에, 비교문화 연구는 현존하는 경험적 연구 전통이 다른 나라로 확대되는 것에 지나지 않는다. 이러한 연구는 어떤 의미에서도 문화를 알려준다고 할 수 없다. 제18장에서 우리는 대다수의 세계에서 연구자, 심리학과, 연구 실험실과 같은 과학으로서 잘 균형 잡힌 심리학 기관이 필요하다는 것을 주장할 것이다(Adair, 2006; Adair, Coelho & Luna, 2002).

두 번째 비판은 이 장의 중심이 되는 이론적 주제를 다룬다. 토착심리학에서 행동은 자연에 의해 만들어진 문화로 보고, 각각의 문화는 그들 스스로의 연구와 적용을 개발할 필요성이 있다. 이러한 이유로 종종 '토착심리학들'이라는 복수형을 찾을 수 있다(Allwood & Berry, 2006; Kim & Park, 2000). 이러한 지향은 보편주의 학자들보다는 상대주의 학자들에게서 더 쉽게 찾을 수 있다(Hwang & Yang, 2000).

같은 맥락에서, 인문과학 및 자연과학의 접근법 간 차이가 Kim과 Park에 의해 강조되었다(2006). 그들은 인간이 자신의 행동을 결정하는 대리인(agents)으로 간주되고, 개인보다는 거래(개인 간의 관계에서 이루어지는)가 '활동'의 중요한 단위로 이해되어야 한다는 점에서 심리학 연구에서 '거래적 접근(transactional approach)'이 필요하다고 주장한다. 더 일반적으로, Kim, Yang, 그리고 Hwang(2006)은 토착심리학적 접근과 문화심리학적 접근 사이의 경계를 흐리게 하고자 했다. 이들은 이 두 접근법이 자연과학적 접근법과 독점적으로 결합되어 있는 비교문화심리학과는 대조적이라고 주장한다.

그러나 문화심리학 문헌에서보다 더 많이, 토착심리학 이론가들 사이에서 어떻게 심리학적 기능의 문화특수적 측면과 문화보편적 측면의 균형을 잡을 것인지에 대한 논쟁이 있어왔다(Enriquez, 1993; Sinha, 1997; Tri&is, 2000b; Yang, 2003).

특히, Sinha는 두 가지가 대립관계라기보다는 상호보완적으로 보아야 한다는 점을 분명하게 주장했다. 비슷한 맥락에서, 세계의 여러 지역에서 온 아이디어들이 서로 혼합되어야 하는 '비교토착적' 접근이 옹호되었다.

최근의 발표에서는 '서구' 심리학으로부터 분리된 토착심리학을 강조하기보다는, 비서구적 관점이 과학으로서의 심리학에 기여할 수 있는 것이 무엇인지에 대해서 더 많이 다루는 경향이 나타났다(Kashima, 2005). 이들은 여전히 현상론적 접근, 지역 철학과 종교(Kim, 2001)에 대한 이해를 강조하지만, Kim 등(2006)은 토착심리학이 다중 심리학을 추구하지 않는 과학적 전통의 일부임에 단호한 입장이다. 그 대신, 심리학 내에서 다중적인 관점이 있으며 어떤 도구를 사용하는지에 초점을 맞추는 것이 심리학적 현상을 포괄적으로 이해하는 데 도움이 된다. 지역 철학에서 파생된 개념은 공식적인 이론의 기초가 될 수는 있지만, 경험적으로 검증되고 유효성을 확보해야 한다. Boski(2006)에 따르면, 비교문화심리학 연구가 점차 다국적으로 진행됨에 따라, 토착심리학은 현지화를 통해 세계화를 보완하려는 포부를 갖고 있다. Hwang(2005, 2006)은 역사적으로 '서구'에서 개발된 인식론과 방법론이 문화 분석의 기초가 되어야 한다는 점을 인정했다. 다른 연구 전통들과 달리 스스로를 토착심리학자라고 정의하는 사람들은 동일한 관점을 갖고 있지 않다는 것을 분명히 해야 한다. 더 비판적인 입장의 예시로는 Mkhize를 들 수 있다(2004, 제5장에서 논의됨).

요약하자면, 비록 넓은 범위의 견해들이 있을지라도 공통된 산업(enterprise)을 지지하는 경향이 증가함에 따라 행동과 심리학적 기능에 대한 지역적 사고를 통해 전 세계적인 과학으로서의 심리학을 풍부하게 만들고자 하는 것으로 보인다.

보편주의

인간 행동과 그 기저의 심리적 과정 및 기능에 보편적인 것이 존재하지 않는다고 주장할 현대의 비교문화심리학자는 거의 없다. 이 일반적인 원칙을 넘어, 문화적 불변성과 문화적 특수성에 대한 의견의 불일치가 시작된다. 이 절에서 우리는 불변성과 보편성이라는 측면에서 인간 행동을 설명하는 이론적인 입장뿐만 아니라, 보편성이라는 개념을 어떻게 검증할 수 있을지에 대해서도 다룰 것이다.

이론적으로, 심리학적 개념, 또는 개념 간의 관계는 그것이 모든 문화권의 사람을 묘사하는 데 타당하게 쓰일 수 있다면 보편적인 것이라는 자격을 얻는다. 경험적으로, 비교문화심리학은 문화적으로 구별 가능한 모든 집단을 검증하는 것에는 별로 관심이 없었다. 강한 문화적 대조를 나타내는 최소한의 요구를 충족하는 표본들이 연구되어 왔다.

보통 높거나 낮은 비율의 식자율을 가진 사회가 포함되었으며, 부나 경제생활의 양식, 종교에 따라 다양한 차원으로 구분되는 사회들이 포함되었다. 제1부에서 논의한 것처럼 모든 연구 흐름과 프로젝트들 중에서, 이 요구사항을 충족시키거나 그렇게 한 것과 마찬가지로 여겨지는 것은 소수에 불과하다. 긍정적인 예외 가운데에서, 우리는 자연환경의 범위를 다룬 착시에 대한 Segall 등(1966)의 연구(제8장 참조)와 최후통첩 및 독재자 게임을 다양한 소규모 사회에까지 확대시킨 Henrich 등(2004, 2005)을 고려할 수 있다(글상자 4.2 참조). 대부분의 연구는 응답자들의 읽기 능력을 요구하는 설문지에 의존하며, 그렇기 때문에 문맹 사회에서는 수행될 수 없다. 우리의 입장에서 이는 비교문화심리학에서 발견된 보편성에 대한 제한점을 의미한다.

대안적으로, 보편성에 반대하는 사람들은 특정한 심리적 과정이 다른 문화권에는 부재하고, 일부 문화집단에 존재한다는 증거를 제시할 필요가 있다. Cole 등(1971, p.233)에 의해 이미 언급되었듯이, "인식의 문화적 차이는, 어떤 문화집단에는 특정한 인지 과정이 존재하고 다른 집단에서는 그것이 부재하는 것이라기보다는, 특정한 인지적 과정이 적용되는 상황에서 발생하는 것이다." 이러한 관점을 인식을 넘어 모든 심리적 기능의 영역으로까지 확장한다면, 우리는 수행(또는 역량)에서의 차이를 서로 다른 심리학적 과정의 증거로 해석하는 것을 조심해야 한다.

보편주의의 주요 관심사는 모든 문화권에서 심리적 과정 또는 관계가 발생한다는 것을 결정하는 데 필요한 증거가 아니라, 문화가 어떻게 행동과 관련되어 있는지에 대한 이론가들의 전반적인 지향에 대한 것이다. 상대주의적 입장뿐만 아니라 보편주의적 차원에서도 극단적인 입장이 있다. 이전에 절대주의라고 불렸던 극단적인 보편주의의 메타이론적 입장은 비교문화 연구에서 나타나는 인종차별이나, 사람들을 '그들 자신의 용어'로 보는 것에 대해 거의 고려하지 않았다. 오히려 심리적 현상은 기본적으로 문화 전반에 걸쳐 동일하게 여겨진다. '지능', '정직', 또는 '우울' 등이 모든 곳에서 동일하고 유사한 행동으로 나타난다고 간주된다.

방법론적으로, 검사와 설문지에 대한 점수를 비교하는 것은 극단적인 형태의 보편주의에서는 본질적인 문제를 일으키지 않는 것으로 여겨진다. 동일한 도구를 사용한 연구가 쉽고 빈번하게 수행된다. 이러한 도구는 표준 방식으로 사용된다. 언어학적 등가성이 확인될 수 있지만, 이는 개념이나 도구가 동등하지 않을 수 있다는 점에 대해 유일하게 긍정적으로 바라본 것이다. 보다 온건한 관점에서 보면, 이러한 접근은 심하게 잘못된 설명과 글상자 1.2에서 나온 '강요된 문화보편적 접근'을 야기할 수 있다. 점수 수준에서 차이가 발생한다면, 이는 근본적인 구조에서의 양적인 차이로 다루어진다. 도구들은 완전한 평등 조건을 충족한다고 여겨진다. 점수에서의 차이는 서로 다른 사람들이 단지 '더 지능이 낮고', '덜 정직하고', 또는 '더 우울한' 것을 보여준다고 여겨진다.

온건한 보편주의의 입장은 기본적인 심리적 과정이 모든 곳에서 인간 삶의 공통적 특징이 되지만, 그 징후들은 문화에 의해 영향을 받을 수 있다는 가정을 채택한다. 즉, 차이는 문화가 '공통된 주제에 대해 다양한 변화를 일으키기 때문'이다. 기본적인 과정은 본질적으로 동일하지만, 이들은 서로 다른 방식으로 표현된다. 방법론적으로, 비교는 함축적인 것이지만 조심스럽게 등가성을 보호하기 위한 필요성에 주의를 기울인다. 비교를 완전히 회피해서도 안 되고, 변덕스럽게 수행해서도 안 된다. 평가 절차는 보통 조정을 요구한다 (글상자 12.2 참조). 연구는 현존하는 이론 또는 도구에서 시작할 수 있지만, 그 사용에 대한 접근은 현지의 문화적 지식을 바탕으로 해야 한다.

이론적으로, 온건한 보편주의에서 문화적 불변성과 특수성에 대한 해석은, 기본적인 심

글상자 12.2　비교문화적 전이와 방법론의 적용

보편주의적 관점에서는, 어떤 개념과 이론이 하나의 문화에서 다른 문화권으로 의미 있게 전이될 수 있는 범위에 대한 질문은 타당하다. 이 질문은 개념의 방향성을 형성하기 위한 심리적 도구를 요구할 수도 있다. 우리는 여러 문화에서의 방법론과 개념의 등가성에 대해 계속해서 이의를 제기해 왔으며(제1, 5, 6장), 우리의 관점에서 이러한 전이가 매우 문제시된다는 것은 분명하다. 그러나 우리는 질적 연구 또는 양적 연구인지 여부에 관계없이, 데이터 수집 방법론에서 항상 어느 정도의 전이를 수반하는 비교문화 연구를 배제하지 않는다.

　여기에서 말하는 전이(transfer)는 한 집단(원천 문화, 또는 기원 문화)에서 개발된 방법과 도구(검사, 설문지, 개입 프로그램을 포함한)가 다른 집단(목표 문화)에서 사용되는 것을 의미한다. 이러한 전이는 목표 문화에 더 적합한 관리 방법을 만들기 위한 변화(적응)를 의미할 수도 있지만, 반드시 그런 것은 아니다. 전이에 대한 대안은 각 목표 문화에 맞는 새로운 도구를 개발하는 것이다. 일반적으로 집단을 위해 개발된 도구는 전이된 도구보다 더 나은 문화적 적합성을 보여줄 것이다. 그러나 여전히 전이에 대해 고려해야 할 이유가 있다. 첫째로, 검사 또는 개입 프로그램의 개발 및 표준화를 하기 위해서는 비용과 시간이 많이 소요된다. 자원은 항상 제한적이고, 특히 대다수의 세계에서는 더 그렇다. 따라서 만약 그것이 충분히 적합하다면, 이용 가능한 방법을 사용하는 것이 경제적으로 합리적이다. 둘째로, 방법의 전이는 이전에 이미 수행된 연구와 함께 이루어진다. 전이된 후의 방법이 목표 집단에서 효과적이라면, 그것은 이론적 토대와 상호 관계가 그 집단에서도 적용된다는 근거가 된다. 최소한 이것은 분석을 위한 좋은 출발 과제다(Poortinga, 1995). 셋째로, 방법의 전이는 서로 관련 없는 일련의 분리된 방법들보다 축적된 지식에 더 많은 것을 추가한다. 물론, 이러한 점들은 지역에서 새로운 방법을 구축하는 것에 대해 반대하는 것은 아니지만, 새로운 방법이 기존의 방법보다 더 나은 결과를 가져올 것이라는 합리적인 기대가 있어야 한다.

　방법의 전이는 다양한 형태를 취할 수 있다. 적응과 적응 및 조립은 구별될 수 있다(Van de Vijver & Poortinga, 2005). '적응'을 통해 프로그램은 원본에서 벗어나지 않으면서 목표 그룹에 맞게 조정된다. 프로그램의 내용과 자료는 변경되지 않고, 가능한 한 정확하게 번역된다. '적응'은 부분들(문항, 하위 검사, 프로그램 요소)의 직접적인 전이를 의미하지만, 잘 전이되지 않는 부분은 변경되거나 대체된다. '조립'은 목표 문화를 위해 도구나 프로그램의 주요 부분을 새로 개발하는 것에 해당한다. 프로그램의 원본 버전과 새로운 버전에는 공통 주제와 목표가 있을 수 있지만, 내용 또는 실현 방법은 크게 다르다. 이 세 가지 접근 법 중 어떤 것을 사용할지에 대해서는 연구자나 지역의 이해관계자가 변화의 필요성에 대해 어떻게 생각하고 있는지에 따른다.

리적 과정이 전 인류적이며, 문화적 맥락이 그 발달(방향과 범위)과 전개(어떤 목적에서, 어떻게, 그들이 사용되는지)에 영향을 미친다는 믿음에서 출발한다. 따라서 중요한 질문은 문화적 변인이 행동과 어느 정도로, 어떻게 상호작용하는지에 관한 것이다. 하나의 연구에서 연구하려는 문화현상이 문화마다 비슷한 경우 타당한 양적 해석이 가능하다. 예를 들어, 같은 개념을 공유하는, 그리고 우울증의 표현을 장려하는 문화에서는 우울증 검사에서의 차이가 양적으로 해석될 수 있다. 동시에, 우울증의 개념과 표현이 다른 문화권에서는 동등한 측정을 얻는 것이 불가능할 수 있다(제17장 '우울증' 참조). 질적 특성의 차이를 비교하기 위해서는 양적 차이로 다루어질 수 있는 공통된 차원을 정의하기 위한 이론적인 분석이 필요하다.

온건한 보편주의에서 비교문화적 데이터가 동등하지 않다는 점을 인정하는 것이 보편성이 환상에 불과하다는 것을 암시하는 것으로 여겨져서는 안된다. 보편성을 암시하는 논쟁과 발견은 Munroe와 Munroe(1997), 그리고 Brown(1991)에 의한 비교인류학적 관점에서 제시되었다. 제1부의 여러 장에서 우리는 제7장의 기본 정서, 제5장의 특질 차원, 그리고 제6장의 기본 인지 과정과 같은 몇 가지 예시들을 다루었다.

지금까지 우리는 보편성의 존재론적인 측면을 중심으로 다루었다(즉, 이들은 그곳에 있는 현실과 관련되어 있는가?). 여기에는 또한 인식론적 측면도 존재한다(즉, 우리는 어떻게 그것을 알 수 있는가?). Lonner(1980, 출판 중)에 따르면, 기본적인 비교를 위해 패턴과 규칙을 연구하는 것은 피할 수 없는 것이다. 문화인류학자나 생물학자를 비롯하여 문화와 행동을 연구하는 학생들은 질서를 찾기 위하여 보편적인 조건을 고려하고 보편적인 차원을 추구하는 경향이 있다. Lonner는 보편성을 '단순한 보편성'에서부터 '혼합된 보편성'까지의 일곱 가지 수준으로 구분하였다.

앞의 카테고리는 인간의 성, 공격성 그리고 의사소통과 같은 극히 일반적인 현상을 나타낸다. 후자는 공식적으로 포착하기 어려운 사건들을 포함하지만, 그것들의 의미를 이해할 수 있다.

다른 분류체계는 Van de Vijver와 Poortinga(1982)에 의해 제안되었다. 그들은 비교문화적 차이를 표현하는 척도의 불변하는 특징에 관해 정의를 내렸다. 이들은 개념의 **보편성**(universality)에서 심리측정적 정확도에 따라 네 가지 수준을 구분했다. 행동에서의 비교문화적인 유사성이 더 나타날수록 정의가 더 정확해진다는 것을 암시한다.

1. **개념적인 보편성**은 어떠한 측정 척도를 참조하지 않는 매우 추상적인 개념이다(예 : 최빈 성격(제10장 참조).
2. **약한 보편성**은 측정 절차가 명시되어 있고, 조사된 각각의 문화권, 특히 구조적인 동

등성에 대한 증거를 통해 타당성이 입증된 개념이다(성격 차원)(제5장 '특질 차원' 참조). 이 수준의 보편성에 대한 주장은, 비록 이들이 점수 수준을 비교하는 것에서 벗어나더라도, 전 문화권에서 동일한 방법론과 도구를 사용하는 심리학자들에 의해서 적어도 암묵적으로라도 유지된다.

3. **강한 보편성**은 전 문화권에서 동일하게 측정되었지만, 서로 다른 기원을 가진 척도를 통해 형성될 수 있는 개념이다(즉, 계량적 등가성의 조건을 만족시키기)(제1장 참조). 발견의 일반적인 패턴은 관련된 증거를 제시한다. Müller-Lyer가 제시한 착시에 대한 민감성, Segall, Campbell, Herskovits(1966; 제9장 참조)가 보고한 수평–수직 착시에 대한 세부적인 예시는, 계량적 등가성의 기준을 지지한다. 더할 필요도 없이 더 많은 점수 수준의 비교에 있어, 증거는 설득력이 부족하다.

4. **엄격한 보편성**은 모든 문화권의 점수에 대한 동일한 분배를 보여준다. 완전한 점수 등가성을 위한 요구사항을 충족시키기 위해서는 이러한 보편적인 도구가 필요하다. 문화적 맥락과 인간 행동의 상호작용이 빈번하게 일어난다는 것을 감안할 때, 어떠한 심리학적 변인도 이 조건을 충족시키지 못할 것이다.

이러한 구분의 중요한 점은 보편적 현상과 문화특수적 현상 간의 이분법을 없애버린다는 것이다. Van de Vijver와 Poortinga(1982, p.393)는 '문화적 양식이나 배경 변수 간의 유사성의 함수에 따라 문화집단에 걸친 데이터의 불변성의 정도를 고려하는 것'은 의미가 있다고 주장했다. 네 가지 보편성 수준에 대한 설명에서, 제1장에서 기술한 것과 같은 등가성의 수준에 상응한다는 것이 분명해야 한다(Fontaine, 출판 중; Van de Vijver & Leung, 1997, 2000). 넓은 범위의 문화에서 등가성에 대한 증거는 보편성을 가정하기 위한 경험적 근거를 형성한다. 데이터의 등가성의 수준이 결국 보편성의 수준을 결정한다.

제1장에서 등가성의 조건은 데이터 세트가 일반적으로 동등한 데이터에 의해 충족되지만 비등가 데이터에 의해서는 충족되지 않는 통계 조건을 충족시키는지 여부를 검토하여 여러 문화에서 검증될 수 있다는 것을 살펴보았다. 두 가지 종류의 분석이 널리 사용된다. 첫 번째는 문항 편파성 분석이다. 다른 사회에서의 분포를 예상하였을 때(예 : Sireci, 출판 중), 어떤 도구에서의 문항이 한 가지 사회의 문항 분포를 보여주는지 또는 보여주지 않는지를 평가하는 몇 가지 통계 방법이 있다. 두 번째 유형의 분석은 구조적 등가성을 검증하는 방법이다. 한 가지 조건은 항목의 요인 적재가 문화에 걸쳐 유사해야 한다는 것이다. 'Tucker의 φ(파이)'는 넓게 보고되는 통계 방법이다. φ의 값이 >.90, 또는 φ>.85일때 이는 구조적 등가성에 대한 긍정적인 증거로 평가된다(Van de Vijver & Leung, 1997). 최근에는 등가성의 수준은 구조방정식모형이나 공분산구조분석과 같은 다른 다중변인 분석 기

술을 통해 검증되는 경향이 있다. 이러한 모델은 문화적 데이터의 등가성에 점점 더 엄격한 조건을 부과하고 있는 계층적으로 정렬된 일련의 조건들을 검증할 수 있게 해준다. 이러한 분석을 어떻게 수행하는지에 대한 정보는 문헌을 참고하라(예 : Cheung & Rensvold, 2002; Van de Vijver & Leung, 1997; Vandenberg & Lance, 2000).

우리는 여기에서 역설에 주목해야 한다. 성격 차원이나 지능 척도에서의 등가성 검증에 대해 이의가 제기되어 왔다고 하더라도, 사회적 행동을 평가하는 척도에서는 똑같이 비판적인 태도를 거의 찾아볼 수 없다(Van de Vijver, 출판 중). 예를 들어, 개인주의와 집단주의에 관한 문헌들에서 그러한 가능성은 충분히 언급되지 않았다. 개인주의와 집단주의에 대한 Oyserman 등(2002)에 의한 인상적인 개요에서도 문화적 편향이나 비등가성에 대한 개념은 심지어 언급되지도 않았다. 역설적인 것은 중요한 비교문화적 차이를 인정하는 많은 연구자들이 비교문화적 불변성의 표준으로서 극단적인 보편주의에서 이루어지고 있는 것과 거의 같은 방식을 사용하는 경향이 있다는 것이다. 즉, 비등가성에 대한 고려를 하지 않는 것이다.

방법론적으로 등가성의 부재는 비교문화적 차이에 대한 그릇된 해석으로 이어진다. 때때로, 도구가 지역의 지식 또는 아이디어에 들어맞지 않기 때문에 차이가 더 과장되기도 한다(Poortinga, 1989; Van de Vijver & Leung, 1997). Heine, Lehmann, Peng, Greenholtz(2002)는 문화적 집단의 응답자들이 항목에 응답할 때 자신의 맥락을 참조 대상 또는 표준으로 사용하기 때문에 사회심리적 변인을 평가할 때 비교문화적 차이가 과소평가될 수 있다고 주장했다. 다시 말하면, 중국인은 다른 중국인과 관련하여 자신을 평가할 것이고, 캐나다인들은 다른 캐나다인과 관련하여 자신을 평가할 것이다. 이러한 '참조 집단 효과'를 검증하기 위해 Heine 등은 일본과 캐나다의 두 문화적 배경을 가지고 있는 응답자들에게 개인주의와 응답주의에 대한 설문 항목이 다른 문화권에 비해서 더 특징적인지를 물었다. 이후의 연구에서 그들은 두 문화적 배경을 가진 응답자들에게 일본인 및 캐나다인과 자신을 비교하여 평가하도록 하였다. 이러한 평가에서의 차이는 개인주의와 집단주의의 자기평가에서 발견된 것보다 더 높게 나타났다. 주목할 점은 이 연구에서 Heine 등은 비교의 기준으로서 평가를 내리는 사람에 대한 측정을 했다는 것이다. 그러나 이러한 측정은 다른 국민성에 대한 평가와 마찬가지로 고정관념이 될 여지가 있다(제5장 참조). 따라서 개인주의의 차이에 대한 발견의 보강 증거는 제한적이다. Heine 등은 이것을 깨달았다. 저서 말미에 그들은 행동과 정신생리학의 기록에 대한 실제 양식을 포함하여, 비교 기준으로서 더 객관적인 도구가 있어야 함을 권고하였다.

이러한 기술이 문화와 행동 간의 관계에 대한 분석을 풍부하게 할지라도, 이들은 문화적 불변성과 문화적 특수성에 대한 논쟁을 다시 불러일으킬 것으로 보인다. 이전 절에서

Chiao와 Ambady(2007) 같은 저자들이 fMRI 연구에서 보고된 비교문화적 차이를 강조하고, 이를 심리적 기능의 차이로 보았다는 것을 언급했다. 구체적인 예는 Hedden 등(2009) 그리고 Ambady와 Bharucha(2009)의 연구 결과의 해석이다. 차이를 보고하기 이전에, 과제에 의해 같은 인지적 과정이 유발된다고 언급하였는데, Ambady와 Bharucha는 한 가지 과제에서는 서양인들의 주의력 조절과 관련된 뇌의 영역이 더 많이 활성화되었고, 다른 과제 조건에서는 동아시아인들이 더 큰 활성화를 보여주었다고 강조했다. 신경학적 영역과 행동 영역이 명확하게 연관되어 있지 않음을 의미하는 분산되어 있는 차이들은, 우리에게 전반적인 유사성보다 덜 중요하다. Ambady와 Bharucha와 같은 대부분의 비교문화심리학자들에게는 그 반대다.

문화 수준과 개인 수준의 구별

제1장에서 언급했듯이, 비교문화심리학자들은 개인적 수준과 집단적 수준의 데이터를 모두 다루는 경향이 있다. 어떤 종류의 현상들은 문화적 수준에서 '본질적이다'. 예시는 학교나 정부 기관과 같은 사회적 기관을 포함한다. 다른 종류의 현상들은 개인적 수준에서 '본질적'인데, 여기에는 성격 특질이나 인지적 능력 같은 개인적 특징이 해당한다. 비교문화 연구에서 우리는 문화적 수준의 점수를 얻기 위해 개인적 데이터를 집합한다. 그에 대한 예시로 개인주의나 독립적인 자기구성과 같은 가치 차원에 대한 국가의 점수를 들 수 있다. 이러한 예시에서, 국가 수준의 점수는 개인 수준의 데이터에 기반을 둔다. 국가적 표본의 개인들이 그들 나라의 점수에 할당될 때 해체가 이루어진다. 즉, 개인적인 데이터가 국가적 수준에 기반을 둔다. 예를 들어, 이러한 일은 스페인이 가톨릭 국가이기 때문에 모든 스페인 사람이 로마 가톨릭 종교에 속하는 것으로 계산될 때 발생한다.

개인적 또는 문화적 변인의 본질적 사용(즉, 그것이 수집된 수준)은 대개 수준에 대해 관심을 갖지 않는다. 다양한 해석의 여지가 있는 '유도된 점수'의 사용에는 주의를 기울여야 한다. 먼저, 문화 내의 차이가 매우 제한적인 변인과 국가 내의 개인이 실질적으로 다른 점수를 갖는 변인들 사이에 구별이 이루어져야 한다. 만약 문화 내의 차이가 거의 없으면, 문화 수준 점수와 개인 점수는 교환 가능하다. 예를 들어, 지금까지 대부분의 스페인 사람들은 스페인어를 이해한다. 개인이 서로 다르면 유도된 점수는 문제가 될 수 있다. 중국이 집단주의 사회라고 하더라도 중국의 개인이 집단주의자라고 할 수는 없다(Triandis & Suh, 2002 참조).

두 번째로, 한 가지 수준에서 다른 수준으로 이동할 때 의미가 변할 수 있다. 예를 들어, 아랍 문자와 단순 조형 자극에 대한 반응시간 과제에서 이란의 학생들은 독일 학생들보다 아랍 문자에 대해서는 반응이 빠르고, 단순 조형 자극에 대해서는 느리게 반응했다(Sonke,

Poortinga & De Kuijer, 1999). 저자들은 이러한 점수 차이를 자극에 대한 친숙성 차이로 설명할 수 있다고 주장했다. 이와 같이 개인 수준에서는 두 과제 모두 시각적 자극에 대한 반응의 속도를 측정하는 것이었지만, 표본 수준에서는 이러한 반응시간의 평균이 자극에의 친숙성을 측정하게 된다. 점수를 집합하거나(현재의 예시에서처럼) 또는 합산할 때 의미의 변화가 일어날 수 있으며, 두 수준은 서로 다른 구조로 간주된다.

비동형성(non-isomorphism)의 결과로서 의미가 바뀌는 것과 관련된 오류는 Van de Vijver, Van Hemert, Poortinga(2008a)에 의해 체계적으로 기술되었다. 문헌에서 잘 알려진 한 가지 사례는 그가 정의한 네 가지 가치 차원(제4장 '가치' 참조)이 개인 수준이 아니라 국가 수준에서 유지되었다는 Hofstede(1980, 2001)의 경고다. 그의 입장에서 이 차원들의 국가 간 차이로부터 개인의 차이를 추론하는 것은 '생태적 오류'에 해당한다. 이 선례를 따라, Schwartz(1992, 1994a, b)는 SVS(Schwartz Value Scale)로 수집된 데이터에 대해 개인적 수준과 문화적 수준의 (분리된) 분석을 실시하였다. 그는 개인 수준에서 두 가지 차원을, 국가 수준에서의 세 가지 차원을 확인했다. SVS에 대해 두 가지 수준에서의 분석을 동시에 실시한 최근의 다층적 분석은 두 가지 수준 모두에서 2개의 요인 구조를 발견하였고, 수준 간에 높은 상관관계가 있는 것을 발견했다(Fischer, Vanclair, Fountaine & Schwartz, 2010). 이는 가치 영역에 있어 문화적 수준과 개인적 수준 사이의 동형성을 암시한다.

다층적 분석은 비교문화심리학에서만 드물게 사용된 기술이기 때문에, 이러한 발견이 다른 영역에서도 반복될 수 있을지에 대해서는 알 수 없다(Van de Vijver, Van Hemert & Poortinga, 2008b). 현재에는 다양한 통계 프로그램이 이용 가능하기 때문에, 다층적 분석이 더 광범위하게 적용될 수 있을 것으로 기대된다(Smith, 2004). 결국, 개인 행동과 그들이 중첩되어 있는 문화적 맥락 간의 관계는 비교문화심리학의 핵심이다.

비교문화적 차이의 심리학적 구성

제1장에서 제기했던 세 번째 주제는 문화 간의 차이가 어떻게 상호 관련되어 있는지에 대한 것이다. 우리는 매우 포괄적인 것에서부터 매우 제한적인 것에 이르기까지 해석의 범주를 언급했다. 가장 포괄적인 범주는 문화를 체계로서 묘사하는 해석이다. 연속적으로 덜 포괄적인 해석은 개인주의, 양식, 행동 영역과 특정 전통이나 관습과 같은 폭넓은 차원을 의미한다.

체계로서의 문화는 문화적 상대주의에서 중요한 개념이다. 상호 관계는 깔끔한 규칙적 패턴을 형성하지는 않지만 강한 일관성이 암시된다. Geertz(Shwerder, 1984)는 문화가 거미

줄처럼 깔끔하게 정돈되어 있지는 않지만, 적절한 은유로 문어를 사용할 수 있다고 생각했다. 이것이 이상한 모양의 유기체일 수도 있지만, 그럼에도 불구하고 이는 모든 부분이 완전히 상호 연결되어 있는, 전적으로 일관된 실체라는 점에 주목해야 한다. 만약 그렇다면 신뢰할 수 있는 조직도 또는 문화의 조직도를 준비할 수 있어야 한다. 같은 집단에 대한 민족지학적 분석의 반복이 악명 높은 모순된 보고로 이어지면서(Kloos, 1998), 시스템 접근법이 이 분야를 발전시키는 데 별로 도움이 되지 않는다는 것을 드러냈다.

물론, 인간의 행동 레퍼토리는 개인이 물리적으로 일관된 개체이기 때문에 일관된다. 그러나 이는 심리적 기능에 있어 문화적 개체군 간의 차이점이 일관된 방식으로 조직된다는 것을 의미하지는 않는다. 예를 들어, GNP와 관련하여 심리적으로 의미 있는 문화 변인들이 많이 있다. 결과적으로 이러한 변인들은 모두 통계적으로 상호 관련되어 있다. 이것은 근본적인 심리학적 과정이 상호 연결되어 있는 것으로 보아야 한다는 의미인가? 많은 변인들에서 이것은 결정하기 어렵다. 우리는 많은 상관관계에서 두 가지 변인을 인과관계를 내포하고 있는 것으로 받아들여서는 안 된다는 것을 알고 있다. 이전에 논의했듯이, 비교문화 연구는 종종 상호 관계 분석에 기반하고(다변량 분석을 포함하여), 대안적인 설명이 배제되기 어려운 준실험적 설계에 기반한다.

문화적 행동 레퍼토리가 많은 수의 문화적 관습이나 관행으로 간주되는 경우에 비교문화적 차이를 보는 또 다른 시각이 등장하였다. 제1장에서 관습이라는 용어는 사회적 상호작용이나 예술과 같은 활동 분야에서 적절한 것이 무엇인지에 관한 구성원들의 명시적 또는 묵시적인 합의를 언급하기 위해 사용되었다(Van de Koppel & Schoots, 1986). 관습은 사소한 것이 아니다. 관습은 특정한 상황을 매우 '강력'하게 만들 수 있으며(Mischel, 1973), 그에 따라 문화의 (거의) 모든 구성원들이 같은 반응을 보이도록 만들 수 있다. 그리고 다른 문화권에서는 또 다른 반응이 똑같이 일반적일 수 있다. 그러나 관습이라는 것은 외부인의 시각에서는 제멋대로인 측면이 있다. 그것은 명백한 행동에만 국한되는 것이 아니라, 문제를 다루는 방법(예 : 목재 가옥이 아니라 석조 가옥을 짓는 것)이나 규칙에 대한 설명(대화할 때 정직과 개방성을 보여주기 위해 타인을 보는 것 대 존중의 의미로 타인의 눈을 쳐다보지 않는 것)(Girndt & Poortinga, 1997)을 포함한다.

관습은 그 많은 수 때문에 사전에 있는 단어와 동일시될 수 있다. 이 유사점은 다른 의미로 관련이 있다. 사전을 기준으로 용어를 번역할 때, 미묘한 의미가 잘못될 가능성이 있으며, 비슷한 방식으로 한 문화의 레퍼토리에서 다른 문화의 레퍼토리로 불일치가 발생한다고 할 수 있다. 그 예로 이문화 간 의사소통 또는 설문지의 번역을 들 수 있다. 우리가 사회의 특정 규칙을 알고 있다고 하더라도, 그것을 적절하게 적용하는 데 있어서는 잘못을 저지를 가능성이 있다. 우리가 모국어에 가장 자신 있다고 느끼는 것과 마찬가지로, 우리는 자신 스스로의 문화적 레퍼토리를 가장 편하게 느끼며, 규범을 위반하거나 우리의 행동을 우습게 만드는 오류를 덜 저지른다.

여기에서 설명한 것과 마찬가지로, 관습에는 많은 수가 있기 때문에, 전체 행동의 레퍼토리에 강한 영향을 미친다. 어떤 관습들은 일관성과 커다란 비교문화적 차이를 암시하기도 한다. 사회는 특정한 상황에서 어떻게 행동해야 하는지, 그리고 무엇이 적절한지에 대한 관습이 필요하다. 규칙 없이 사회적 상호작용은 완전한 혼돈 상태가 될 것이다. 동시에, 특정한 관습이 어떤 사회에서는 발생하지만 다른 사회에서는 그렇지 않은 점에 대해서 종종 심리학적인 이유가 없다. 관습이 자의적인 측면을 가지고 있는 한, 비교문화적 차이에 대해 심리적으로 의미 있는 변수, 또는 문화체계적 속성으로 해석하는 것이 제한된다. 멀리 있는 나라로 여행할 때 우리가 그곳에 '있는' 사람들이 다르다고 생각하는 것은 그들이 '하는' 행동이 다르게 보이는 것에 기반한다. 연상의 법칙에 대한 연구에 따라, 어떤 장소나 시간에 사건이 함께 일어날 때 우리는 쉽게 그것에 대한 인과관계를 추론하며, 이러한 인식이 틀렸다는 것을 안다고 하더라도 사실상 이를 피하기는 어렵다(Michotte, 1954).

분명히 관습은 비교문화적 차이에서 포괄적인 심리학적 집단화가 타당성을 가질 가능성을 배제하지 않는다. 더 높은 수준의 일반화에 대한 설명은 더 광범위하며 더 간결하다. 과학에서 간결성의 원칙은 덜 포괄적인 설명보다 더 포괄적인 설명이 선호된다는 것을 의미한다. 범위와 정확성 간에 균형이 유지되는 경향이 있으며, 후자의 측면도 무시될 수 없다. 비교문화적 차이에 대한 제한적인 일반화는 몇몇 학자들에 의해 인정되었다. Hong 등(2000)은 문화적 레퍼토리 간의 변화가 상황의 수준에 따라 발생한다는 것을 알아차렸다. Bruner(1990)는 문화 지식이 특정 구조로 이루어져 있다고 주장했다. Cole(1996)은 문화적 차이를 활동 영역의 수준이 조직된 것으로 보았다.

우리는 비교문화적 차이에 있어 문화를 체계로 보는 측면에서는 가장 포괄적인 **추론의 수준**(levels of inference)으로, 관습의 측면에서는 최소한의 포괄로 제한했다.

전망

이 절에서, 우리는 미래에 비교문화심리학이 어떻게 될지에 대해 질문을 제기하고, 현재의 사고와 발견을 넘어서기 위해 노력할 것이다. 그러나 동시에 이웃하는 학문에서와 마찬가지로 우리 자신의 분야 내에서의 전통과 구분에 대해 신뢰한다. 10여 년 전 우리가 이 책의 2판을 출판하였을 때(Berry et al., 2002), 이 절에는 '현재의 한계를 넘어서?'라는 제목이 붙었다. 여기에서는 문화 및 비교문화적 접근법이 공존할 수 있는 방식에 대해 주로 다

루었다. 우리가 핵심 주제로 다루었던 내적 맥락과 외적 맥락으로서의 문화 간 격차, 상대
주의와 보편주의 간 격차는 좁아지고 있는 것처럼 보인다. 많은 연구자들이 실제로 자신
의 입장을 포기하지는 않았지만, 논쟁이 패러다임의 문제에서 벗어나 경험적 실용주의로
나아가는 추세가 있는 것으로 보인다. 가장 큰 변화는 문화심리학자들이 엄격한 상대주의
에서 벗어나(Shweder, 1990), 비교문화적 연구를 수용한 것이다(Kitayama & Cohen, 2007).
이는 인간 행동의 일반적인(보편적인) 특징과 어떤 형태의 데이터의 등가성을 가정하는 것
이다. 우리는 이러한 변화가 토착심리학에서도 이루어짐에 주목했다. 공통 심리학에 대한
기여가 더 커졌고, 지역 심리학의 구성이 덜 두드러지게 되었다. 양적 및 질적 연구 전략
및 데이터를 포함하여, 혼합된 방법을 광범위하게 수용하는 것은 이러한 '통섭'에 들어맞
는다(Van de Vijver & Leung, 출판 중).

　이것은 앞에서 언급한 격차들이 10년 전보다 원칙적인 해결책에 더 가까워졌다고 제안
하는 것은 아니다. 밝히고자 하는 문화특수적인 현상과 주제들이 서구의 연구 집단에서는
이유를 설명하기 어렵기 때문에 스스로를 서구의 연구로부터 거리를 두고자 하는 토착심
리학자들을 포함하여 상대주의적인 접근을 계속 주장하고 있는 수많은 학자들이 남아 있
다. 이는 또한 비교문화심리학 분야에서 큰 문제가 없다는 것을 의미하지는 않는다. 성취
들에 대한 비판적인 검토에서, 현대의 비교문화심리학(CCP)의 선조 중 하나인 Jahoda(출
판 중)는 "그 목표의 애매모호함으로 인해 CCP는 야심찬(아마도 너무 야심찬) 포부와 관
행에서 매우 제한적인 것에까지 세대를 넘어 서서히 변화할 수 있었다. 흥미로운 새로운
분야가 등장했을 때 CCP에 의해 받아들임으로써, 그 범위와 과학적 지위를 크게 향상시
킬 수 있었다."라고 주장했다. Jahoda는 이론 중심의 실험적 연구와 함께 문자를 사용하지
않는 사회의 표본을 포함시키고, 널리 사용되는 설문지보다 피험자와 직접적인 접촉이 요
구되는 방법을 적용함으로써 비교문화심리학의 미래가 더 유망해질 것이라고 개관한다.

　여기에서 우리는 세 가지를 강조하는 비교문화심리학의 미래 전망을 개괄한다. 첫 번
째는 문화를 집단 간의 차이라기보다 인간의 특징을 공유하는 것으로 보고, 생물학적 사
고를 통합할 필요에 대한 것이다. 역사적으로 이 분야는 문화인류학의 문화에 대한 개념
과 심리학의 방법 및 주제들의 혼인으로 정의할 수 있다. 최근에서야 생물학을 똑같이 중
요한 원천이 되는 학문으로 인정하는 경향이 있다(제11장 참조). 두 번째는 문화적 맥락을
제약의 집합체로서 구별하고, 구성원들에게 특정 양식의 행동을 가능하게 하거나 촉진할
수 있는 기회 또는 지원을 제공하는 것이다. 세 번째는 상대주의적 관점과 보편주의적 관
점, 양적 및 질적 연구의 관련 방식에 대해 명백하게 인식하는 것이다. 이러한 강조는 이
책의 일반적인 관점과 일치할 수 있으며, 그 예로 생태문화적 틀(글상자 1.1)에서 생물학
적인 특징과 문화적 특징을 모두 포함시키는 것과 비교문화심리학의 영역에 대한 광범위

표 12.1 원위와 근위에 따라 다양한 제약과 지원의 수준

		제약		지원
		내적	외적	
원위	**유전적 전이(종)** 적응		생태학적 위치 생태학적 맥락	다면발현과 '공복'
	문화적 전이(집단) 후성규칙		사회정치적 맥락	합법화된 조건에 대한 기술 (전통)
	유전적 전이(개인) 소진		문화적 위치에 잘 들어맞지 않음	역량
	문화적 전이(개인) 문화적응(기술, 신념 등)		우세한 조건에 대한 사회화	합법화된 전통 (기술, 신념 등)
근위	상황 '의미'		실제 상황	지각된 선택

출처 : Poortinga와 Soudijn(2002)에서 개작.

한 정의를 들 수 있다.

언급된 세 가지 사항을 설명할 수 있는 한 가지 방법은 다음과 같다(Poortinga, 1997 ; Poortinga & Soudijn, 2002 참조). 출발점은 주어진 상황에서 사람의 행동에 대해 상상할 수 있는 범위가 실제로 관찰된 범위보다 훨씬 크다는 사실이다. 이를 '제약'의 개념에서 비롯한 것이라고 보는 한 가지 방법은 겉보기에 실제로 가능한 대안적 행동을 제한한다. 다른 한편, 대부분의 상황에서 사람들에게 열려 있는 대안적 행동의 코스가 남아 있다. 이것은 지원 또는 기회로 볼 수 있다. 제약은 먼 수준에서부터 가까운 수준까지 다양하게 정의할 수 있으며, 외부(환경에 의해 부과된)뿐만 아니라 사람 내부에도 존재할 수 있다. 지원은 제약에 의해 남겨진 대안적 공간으로 정의될 수 있다. 따라서 지원은 제약에 보완적이다. 몇 가지 수준에서 유사한 구분이 이루어질 수 있다. 표 12.1에 원위(행동하는 사람과 거리가 멀다)에서부터 근위(행동하는 사람과 거리가 가깝다)까지 정렬되어 있다.

표 12.1의 제일 위쪽 행에 제시되어 있는 가장 일반적인 수준에서, 인간 행동의 범위는 우리 종의 계통발생학적 역사에 의해 제약을 받는다. 종으로서 기능하는 인간의 환경, 또는 생태학적 위치(niche)가 적응적 결과에 대한 제약을 부과한다. 그러나 제11장에서 살펴보았던 적응에 대해 논의할 때, Gould(1991)와 같은 일부 생물학자들에 따르면, 현재의 특징들은 선택중심적 유전적 전달 과정의 직접적인 결과는 아닐 수 있다. 이들은 선택적 진

화와 공복[1]의 결과일 수 있다. Gould는 복잡한 두뇌는 다양한 종교의 출현, 예술과 기술에서의 문화적 전통과 같이 많은 것을 생산해 낸 인간이라는 생물체의 특징이며, 이것이 원래부터 발달했다고 보기는 어렵다고 말한다. 제11장에서 언급했듯이, 이러한 견해는 논쟁의 여지가 있지만(Buss, Haselton, Shackelford, Bleske & Wakefield, 1998), 생물학자들 사이에서도 인간 마음이 형성되는 데 있어서 문화의 중요성이 간과되었을지도 모른다는 논의가 계속되고 있다(Bolhuis & Wynne, 2009; Penn, Holyak & Povinelli,, 2008; De Waal, 2009 참조).

유전자와 환경 사이의 상호작용의 결과로서 문화적 다양성이 나타나기도 하지만, 유전자의 영향은 어느 정도 비결정적이기 때문에 결과적으로 다양한 선택이 가능하다는 것을 고려해야 한다.

집단 수준(표 12.1의 두 번째 행)에서의 문화 전파는 후성규칙(epigenetic rules)(Lumsden & Wilson, 1981; 제11장 '문화 전파의 모델' 참조)과 같은 개념의 도움을 통한 유전자와 환경 사이의 상호작용의 과정을 의미하는 유전적 전달과 구별될 수 있다. 많은 유전자의 발현이 환경적 요인의 영향을 받고 있다는 사실에 대한 인식이 증가하고 있다(Gottlieb, 1998; Oyama, 2000a, b). 어떤 문화적 양식이 발전할지는 주어진 자연환경에서 이용할 수 있는 자원에 크게 좌우된다. 생태문화적 또는 사회정치적 조건이 악화되면서, 발전할 가능성이 없는 양식도 있다. 이러한 의미에서 환경은 일련의 제약 조건으로 작동한다. 동시에, 자연환경은 여러 문화 인구에 의해 다양한 방법으로 개발되고, 그 결과 사회적 환경을 포함한 환경을 다루는 다양한 기술과 관습을 갖게 됨으로써 지원이 되기도 한다.

표 12.1의 두 번째 행은 개인적 수준 현상으로서 전송을 다룬다. 유전적 구성은 신체적 차원뿐만 아니라 정신적 차원에서도 무엇이 달성될 수 있는지에 제약을 부과한다. 똑같은 환경은 발달에 있어 최적의 기회를 제공하지는 않기 때문에(예 : 최적의 영양보다 더 적은) 외적 제약이 될 수 있다. 다른 한편으로, 개인의 능력을 제한적 효과의 측면에서만 살펴볼 필요는 없다. 개인의 능력은 또한 원하는 것을 달성하기 위해 사용할 수 있는 역량이나 기술 개발을 위한 기반을 형성하기도 한다. 이런 의미에서 역량은 지원으로 간주될 수 있다.

표에서 구별되는 전이의 최종 형태는 개인 수준에서 일어나는 문화 전이로서, 경제적 조건과 사회문화적 맥락에 대해 문화적응과 사회화의 형태로 이루어진다. 문화적응이란 일반적으로 모방을 포함한 모든 형태의 문화 학습을 의미한다(Segall et al., 1999 참조). 개인이 경험을 통해서만 불완전하게 이를 달성할 수 있는 한 이는 제한 조건이다. 주어진 맥

---

[1] '공복'(스팬드럴, spandrel)은 건축물에서 아치의 양쪽과 위쪽에 생기는 삼각형 모양의 공간을 말하며, 굴드는 이 개념을 진화생물학에 도입하였다. 자연 선택과 상관없이 생물학적 제약 등의 요인으로 부수적으로 형성된 특징이 오히려 중요한 기능으로 나타나는 경우도 있다고 보았다.(역자주)

락에서 사용 가능한 제한된 범위의 경험과, 널리 퍼진 사회화 관습에 의한 외적 제약이 추가된다. Child(1954)는 사회화를 제한적인 과정으로 생각했고, 개인은 사회화를 통해 갖고 태어난 잠재력보다 훨씬 좁은 범위의 행동을 발전시키게 된다고 주장했다.

표의 마지막 행은 개인들이 실제로 겪게 되는 구체적인 상황이나 자극을 나타낸다. 상황이 특정 행동을 요구하고 다른 행동을 부적절하게 만드는 한(예 : 물리적인 위험이 있는 상황에서 회피하는 행동), 외부의 제약이 있는 것이다. 내부적인 제약은 개인이 어떤 상황에 특정한 의미를 부여하는 만큼 존재한다. 동시에, 대부분의 상황에서 행동자는 지원으로 개념화될 수 있는 행동들을 대안적인 행동 과정으로 인식할 수 있다.

심리학에서는 개인 수준의 설명이 강조된다. 비교문화심리학에서는 개인과 문화적 맥락의 상호작용에 초점을 둔다. 제약은 문화를 정의하는 특징으로 볼 수 있다. 즉, "문화는 특정 집단의 구성원에게 다른 집단의 개인과 차이가 있는 방식으로 사용 가능한 행동 레퍼토리를 제한하는 공유된 제약 속에서 명백해진다"(Poortinga, 1992, p.10).

물론, 이 표는 단지 개략적인 것이다. 이것은 검증 가능한 가설을 직접적으로 파생시킬 수 있는 이론이 아니라 그 뼈대일 뿐이다. 제한과 지원은 종종 같은 동전의 양면이며, 관점의 문제다. 또한 제약과 지원은 표의 다양한 수준과 행 내에서 상호작용한다. Super와 Harkness(1997)의 다층적 발달 위치(제2장 참조)에 대한 아이디어는 예시를 제공한다. 여기서 중요한 것은 이 장에서 다룬 논의 주제에 대한 함의다. 공유된 제약이 대안적 행동의 범위를 제한하는 한, 이는 관측, 실험, 심리측정(양적 연구)에 의한 분석에 개방된 개인 간의 규칙으로 이어져야 한다. 제약이 알려진 정도까지는 행동을 예측할 수 있어야 한다. 예를 들어, 생태학적 제한은 특정한 기술의 발달의 가능성을 아주 낮게 만든다. 예를 들어, 북극 지역에서는 어떤 방식의 농업도 상상하기 어렵다.

제약에서 자유롭다고 한다면, 미래의 사건은 예측이 불가능하다. 오직 회고적인 방법으로만 우리가 특정한 상황에서 내린 선택들을 이해할 수 있다. 과학적인 분석을 벗어난 예측 불가능한 사건을 선언할 수도 있고, 설명이나 해석과 같은 질적인 분석 방식을 포함시키도록 방법의 범위를 확장할 수도 있다. 따라서 제약과 지원 간 구분은 보편주의와 상대주의의 관점 사이의 상호보완을 의미한다. 선행 조건의 세트로서의 문화는 (준)실험적 방법에 의해 가장 적절하게 분석된다. 제한 조건이 없는 범위 내에서는, 특정 그룹에서 발생하는 규칙이나 관습은 그들 스스로 기술과 해석적 분석을 할 수는 있지만 '정당한' 설명에서는 벗어날 수 있다.

여기에서 문화와 비교문화심리학에서의 생물학적 지향에 대한 개방적인 태도를 논의하였다고 하더라도, 비교문화심리학이 유전자 또는 유전적 표현과 행동 간의 관계에 대한 분석으로 바뀌어야 한다는 것을 의미하지는 않는다. 유전학과 단백질 유전정보학이 큰 발전을 이루었음에도 불구하고, 이 분야에서의 방법론은 예측 가능한 미래의 복잡한 인간 행동에 대한 연구에 사용될 수 없으며, 비교문화 연구자들에게 전문성에 대한 중요한 틈새를 남겨둔다.

결론

이전 장에서 살펴보았듯이, 비교문화심리학에는 공통된 접근법이 없다. 그러나 문화와 인간 행동 사이의 관계에 대해 공통된 관심을 갖는다. 이 장에서 우리는 20세기 중반 들어 인식 가능한 하위 분야가 된 비교문화심리학에서 형성된 행동-문화의 관계에 대한 주요 관점을 살펴보았다. Jahoda(1990)와 Jahoda, Krewer(1997)가 보여주듯이, 주요 논쟁은 역사적으로 거슬러 올라간다.

처음 세 절은 제1장에서 소개한 세 가지 주제에 대해 자세히 설명하였다. 우리는 외적 맥락과 내적 맥락으로서의 문화에 대한 관점, 상대주의 대 보편주의, 일반화 수준에 대해 논의하였다. 각각의 절에서 우리는 이론뿐만 아니라 방법론적 문제에 대해서도 살펴보았다. 우리는 다양한 견해를 제시했지만, 무엇이 비교문화 연구를 실행하는 데 제한점이 되는지도 다루었다. 우리는 심리학의 형태에서 객관적인 지식을 추구하는 것을 잘못된 것으로 생각하는 상대주의의 형태에 반대한다고 주장했다. 우리는 또한 비교문화심리학 연구가 문화에 기반을 두어야 한다는 점에 대해서 명백하지 않은 보편주의의 형태에 대해서도 반대한다고 주장했다. 3개의 절을 통해 우리는 이론적 문제와 방법론적 문제가 어떻게 상호 연관되어 있는지를 나타내기 위해 노력했다.

마지막 절에서 우리는 비교문화 연구에서 문화가 인간 존재의 생물학적 특징을 반영한다는 점을 분명하게 인정하는 것으로 방향을 전환할 수 있다는 것을 제안했다. 그리고 문화적 변인뿐만 아니라 문화적 불변성 역시 비교문화심리학에서 중요한 측면을 형성한다. 우리는 온건한 형태의 보편주의와 상대주의가 상호보완적으로 여겨질 수 있다는 것에 대한 몇 가지 방법을 제시했다.

주요 용어

패러다임 • 타당성 • 수렴 타당도 • 변별 타당도 • 통합된 방법 • (검사의) 전이 • 보편성 • 추론의 수준

추천 문헌

Berry, J. W., Poortinga, Y. H., Pandey, J., Dasen, P.R., Saraswathi, T. S., Segall, M. H.,

Kağitçibaşi, C.(eds.) (1997). *Handbook of cross-cultural psychology* (2nd edn., Vols. I-III). Boston : Allyn & Bacon .

이 세 권의 핸드북은 1990년대 최신 비교문화심리학의 전반적인 개요를 제공한다. 본문 전체는 인터넷에서 무료로 사용할 수 있다.

Cole, M. (1996). *Cultural psychology: A once and future discipline*. Cambridge, Mass. : Belknap .

문화심리학에 대한 방대한 논의. 특히 Cole이 주장한 사회문화적 전통.

Kitayama, S., and Cohen, D. (eds.) (2007). *Handbook of cultural psychology*. New York : Guildford Press .

우리는 이미 제1장의 추천 문헌에서 문화심리학의 전통 연구에 대한 자료로서 이 책을 언급했다.

Shadish, W. R., Cook, T. D., and Campbell, D. T. (2002). *Experimental and quasiexperimental designs for generalized causal inference*. Boston : Houghton Miffl in .

이것은 비교문화에 대한 내용은 아니지만, 심리학 연구의 위험에 대해 이해하고자 하는 사람에게 권장된다.

Van de Vijver, F. J. R., and Leung, K. (1997). *Methods and data analysis for crosscultural research*. Newbury Park, Calif. : Sage .

이 책은 문화비교 연구의 방법론과 분석의 핵심사항에 대한 상당히 완전한 설명을 제공한다.

제3부 문화 연구 결과 응용

비교문화심리학의 지속적이고 근본적인 관심은 이 분야의 연구 결과를 생활환경과 삶의 질을 향상시키는 데 적용하는 것이었다. 제3부에서는 인간 행동의 새로운 주제를 소개하면서, 제1부와 제2부에서 개괄한 결과들을 정립해서 적용한다. 문화 인구 간 상호 연결이 증가하는 세상에서, 문화변용과 문화 간 관계 및 문화 간 소통이라는 세 가지 관련된 현상은 이 분야의 실질적인 부분이다. 이들 영역에서 비롯된 연구 응용의 목적은 전 세계적인 접촉에 따른 개인적 공동체적 결과를 향상시키고 빈번하게 발생하는 갈등을 피하는 것이다. 심리학은 문화 내에서 일과 건강이라는 두 가지 기본제도에 오랫동안 이바지했다. 비교문화의 공헌은 문화다양성과 기본적인 공통점을 정립하고, 국제 조직들이 각 분야에서 활동하는 사람들을 더 잘 이해하고 돕는 것이었다. 마지막 장에서는 문화적인 적절한 훈련으로서 심리학을 장려하는 방법을 탐색하며, 개념, 방법, 발견과 응용을 통해 다양한 문화적 맥락과 의미를 설명한다. 비교문화심리학에서 현재 유용한 모든 자료(그리고 이 책에서 표본으로 사용된 자료)를 인용하고 심리학자들의 과학적이고 전문적 훈련과 그들이 수행하는 일상작업에 포함하도록 장려하는 것이 이 책의 목적이다.

13 문화변용

생태문화적 틀(그림 1.1)에서는 행동의 발달과 표현에 미치는 영향의 주요 근원으로 생태적 및 사회정치적 근원을 상정하였다. 후자에 포함되는 다른 문화와의 접촉이 **문화변용**(acculturation) 과정을 작동시킨다. 이 장에서는 이러한 과정의 몇 가지 핵심적 측면과 결과를 검토한다. 문화변용 심리학과 관련된 분야로 문화 간 심리학이 있다. 두 심리학 분파는 이따금 함께 검토되는데, 두 분야 모두 문화 간 접촉을 포함하기 때문이다. 그러나 두 분야는 명백히 구분된다. 문화변용에서는 상이한 문화적 배경을 지닌 사람들과 이웃하여 살아가기 위해 개인이 어떻게 바뀌는가에 초점을 맞춘다. 문화 간 작업에서는 쌍방이 서로 어떻게 관련이 있는가에 초점을 맞춘다. 이들 문제를 별도의 장에서 다룬다. 제14장에서는 문화 간 관계를 검토하고, 다음 장은 문화변용 심리학과 문화 간 심리학 두 분야에서 중요한 측면, 즉 문화 간 소통에 할애한다.

이 장에서는 우선 문화변용의 개념에 대해 논의하고 문화변용을 경험하는 다양한 종류의 사람들에 대해 논의할 것이다. 문화변용을 이해하고 연구하기 위한 틀도 제시한다. 다음으로 문화변용 연구에 사용된 주된 이론적 관점들을 다루고, 문화변용의 과정, 차원과 결과에 대해 다룬다. 이 장의 끝부분에서 문화변용 연구에서의 몇 가지 방법론적 문제를 간략히 살펴본다.

정의와 틀

문화변용에 대해 가장 광범위하게 사용되어 온 정의는 다음과 같다.

> 다양한 문화를 지닌 개인의 집단이 직접적인 접촉을 지속적으로 할 때 초래되는 현상으로, 어느 한 집단 혹은 양 집단에 원래의 문화양식에 변화가 일어나고 … 이 정의에서 문화변용은 문화적 변화 그리고 동화와 구분된다. 문화적 변화에서는 문화변용이 한 측면이고 동화는 이따금 문화변용의 한 모습이다(Redfield, Linton, Herskovits, 1936, pp. 149–152).

이 정의에서 동화는 문화변용의 한 모습으로 식별되고 있지만, 두 용어는 이따금 동의어로 사용된다. 실상 미국 사회학 문헌에서 문화변용은 동화의 한 모습으로 간주된다(Gordon, 1964 참조). 최근 몇 년 동안 전 세계적 이주가 증가하면서 이중문화주의, 다문화주의, 통합, 지구화 같은 새로운 용어도 늘어났다. 이들 용어가 문화변용의 대체 개념으로 쓰이거나 상호 호환 가능한 것으로 사용되었다. 여기서는 이들 용어를 명확히 하려는 시도는 하지 않았지만(이 논의에 대해서는 Sam & Berry, 2006 참조), 이 영역에서 가장 폭넓게 사용되어 온 두 용어 — 동화와 문화변용 — 가운데 문화변용이라는 용어를 선호한다는 것을 강조하고자 한다.

동화보다 문화변용이라는 용어를 선호하는 이유는 문화집단들이 서로 접촉하는 동안 서로에게 미치는 영향의 상호주의를 이 용어가 인정하기 때문이다. 두 번째 이유는 문화변용이 다양한 과정과 결과를 수반하기 때문이다. 집단과 집단 내 개인은 다양한 방법을 택해 문화변용을 경험하며, 다양한 방법이 다양한 결과를 초래할 수도 있다. 상황적 요인이 문화변용의 경험과 과정을 변질시킬 수 있기 때문에, 사람들이 변화된 경험에 대한 대응으로 다양한 결과를 낳는다. 문화변용이라는 용어를 선호하는 세 번째 이유는, 동화와 달리 문화변용이 변화를 쌍방향으로, 또 양차원으로 보기 때문이다. 동화 이론가들이 지지하는 관점에서는 개인은 제2의 문화와 유사한 새 문화를 획득함으로써 원래 문화와 정체성을 잃는다고 가정한다. 이 가정에서는 개인이 새 문화를 더 많이 획득할수록 원래 문화는 덜 유지하게 된다고 본다(LaFromboise, Coleman, Gerton, 1993). 나아가 접촉한 두 문화가 상호배타적이며 두 문화를 유지하는 것이 심리적으로 문제가 된다고 가정한다(Johnston, 1976; Sung, 1985).

쌍방향과 양차원의 관점에서는 사람들이 지배적 문화를 얻는 방향으로만 움직일 필요는 없으며, 또한 독립적으로 새 문화와 동일시하거나 새 문화를 획득하면서도 원래의 문화를 반드시 잃어버리는 것은 아니라고 제안한다(Berry, 1980). 변화는 독립적인 두 차원에서 일어날 수 있다. 즉, 하나의 차원에서는 원 문화를 유지하거나 상실하고, 다른 차원에서는 새로운 문화의 측면들에 참여하거나 선택할 수 있다. 따라서 개인은 문제의 두 문화를 다소간 보유할 가능성이 있다. 최종적으로는 접촉한 두(혹은 둘 이상) 문화에 포함되는 상대적 정도의 결과에 달려 있다. 이 문제는 다음의 인지적 관점과 문화변용의 차원에서 더 논의를 이어간다.

개념으로서 문화변용은 원래 인류학자에 의해 집단 수준 현상으로 제안되었지만(Linton, 1949; Redfield et al., 1936), 이 개념을 둘러싼 초기 논의에서는 개인 수준 현상으로도 인식하였다(Devereux & Loeb, 1943; Thurnwald, 1932 참조). 심리학이 개인에게 큰 관심을 가지면서 심리적 문화변용(psychological acculturation)이 공식 용어로 사용(Graves, 1967)되었고, 문화변용으로 일어나는 개인 차원의 변화와 집단 차원의 변화를 구분하였다. 개인의 인간 행동은 그것이 일어나는 생태적 및 문화적 맥락에서 상호작용한다는 연구 입장에서, 집단 수준과 개인 수준을 구분할 필요가 있다. 이 구분은 기본적인데, 두 수준(개인과 집단)에서 일어나는 변화의 종류가 종종 다르기 때문이다(Berry, 1990). 문화변용이 일어나는 동안 모든 집단이나 개인은 집단의 다른 구성원과 같은 방식으로 집단에 들어가거나 참여하지는 않으며, 또는 같은 식으로 변하는 것은 아니다. 심리적 문화변용에서는 문화적 기원이 같고 동일한 문화변용의 장에서 사는 개인들 사이에서조차 상당한 차이가 존재한다(Nauck, 2008).

문화변용을 하는 집단

다문화 사회(전 세계에서 빠르게 규범이 되어가고 있는)에서 사는 사람은 누구나 어떤 형태든 문화변용을 겪는다고 말할 수 있다. 하지만 연구는 대개 일부 특정 집단의 사람들, 난민, 난민 신청자, 일시 체류자, 이민자, 국외 거주자, 토착민과 민족문화적 집단을 포함해 문화변용을 겪을 수밖에 없는 사람들에 초점을 맞춰 이뤄졌다. 다문화에서 함께 사는 이들 집단은 여러 가지 이유로(역사적 및 현대적 이유 모두에서) 차이가 있다. 첫 번째 이유는 자발성이다. 집단은 자신들이 함께 있다고 느낄 수 있다. 그러한 배치를 자발적으로 찾거나 대안적으로 그렇게 하지 않을 수 없었기 때문이다. 두 번째 이유는 이주다. 일부 집단은 본토에 남지만, 다른 집단은 선조의 땅에서 멀리 떨어져 정착하였다(정주 대 이주). 세 번째는 영속성이다. 일부 사람은 다문화 사회에 영속적으로 정착하는 반면, 다른 사람들은 일시적으로 체류한다.

세 차원이 문화변용 연구자에게 연구 대상이 되어 6개의 집단을 제공하였지만, 이 구분은 현대사회에서는 수십 년 전만큼 그렇게 명확히 정의되지는 않는다. 예를 들어, 일부 일시 체류자(예 : 국제학생)는 임시적 지위를 영속적 이주자 지위로 바꿀 수 있다. 그러나 논의의 목적을 위해 구분을 유지할 것이다. 다양한 집단에 대한 누적된 연구가 방대하며, 여기서 다 검토하려는 것은 아니다. 이들 집단에 대한 논의는 Sam과 Berry(2006)를 참조할 수 있다. 먼저 토착민은 그 뿌리가 오래되었다는 의미에서 '늘 거기에 있던' 사람들이다. 유럽의 Basque인과 Bretagne인, 북극의 Innuit족과 Sami인 같은 집단의 기본특성은 대개 비자발적 정주민이라는 것이다. 토착민의 문화변용에 대한 논의는 Kvernmo(2006)를 참조하면 된다.

한 사회에서 긴 역사를 지닌 또 다른 사람은 초기 이민자 물결의 후손이다. 이들은 잘 알려진 집단으로 정착했고, 종종 고유한 문화유산(공통 언어, 정체성 등)을 가지고 있으며, 민족문화적 집단이라고 부른다. 민족집단은 전 세계에 걸쳐 볼 수 있다. 예를 들어, 신세계의 프랑스인 출신과 스페인인 출신 공동체, 계약직 노동자의 후손 집단(카리브해 지역의 중국인과 인도인 공동체), 노예의 후손 집단(아프리카계 아메리카인), 남아프리카, 오스트레일리아, 뉴질랜드의 네덜란드인과 영국인 집단이다.

두 정주적 문화변용 집단과 대조적으로, 또 다른 곳에서 발달하여 다른 문화로 사회화된 집단이 있다. 이들은 이주하여 또 다른 사회에 거주한다(영속적 또는 일시적으로). 이들 집단 가운데 이민자들(Van Oudenhoven, 2006 참조)은 보통 더 나은 삶을 위해 다른 곳으로 이주하는 사람들이다. 대부분은 '유입요인'(새로운 사회에 끌어들이는 요인)이 '유출요인'(떠나도록 압박하는 요인)보다 강하다. 이런 이유로, 이민자는 일반적으로 다문화 사회의 '자발적' 구성원으로 여긴다. 이민자는 상대적으로 영속적으로 새로운 사회에 참가하는 사람들이며, 일시 체류자로 알려진 집단은 정해진 목적을 위해(예 : 국제학생, 외교관, 사업 경영인, 국제 구호원, 이주노동자) 일시적으로 체류한다. 이들의 경우에 종국에는 떠나서 본국으로 돌아가거나 또 다른 나라로 간다는 것을 본인들이 알고 있어서, 다문화 사회에 포함되는 과정이 복잡하다. 따라서 완전히 포함되고 밀접한 관계를 맺거나 새로운 사회에서 정체성을 찾기 시작하는 데 주저할 수 있다. 불확실한 위치에도 불구하고 일부 사회에서 일시 체류자들은 거주 인구의 실질적 요소이며(예 : 페르시아만 연안 국가들, 독일, 벨기에) 실질적 힘을 보유하거나 상대적으로 힘이 없을 수 있다. 일시 체류자의 문화변용에 대한 논의는 Bochner(2006)를 보면 된다.

비자발적 이민자 가운데 난민과 난민 신청자(이따금 집단적으로 '강요된 이민자'로 불린다)(Ager, 1999)는 가장 큰 장애에 직면한다. 이들은 흔히 본국을 떠나고 싶어 하지 않으며, 떠나고자 할 경우, 새로운 사회에 머물거나 정착할 권리가 늘 주어지는 것도 아니다. '제네바 난민협약'에 서명한 국가의 국경에 도착한 사람들에게는 그들이 내세우는 주장에 판결이 내려질 때까지 수용되어 피난처를 제공받을 권리가 있다(망명 신청자로서). 망명자로서 영구 입국이 허락되면, 도주하며 이들의 삶을 둘러싸고 있던 많은 불확실성이 줄어든다. 그러나 대부분은 '유출요인'('유입요인'보다는)으로, 본국을 떠나 새로운 사회에 정착하게 되었다고 알고 살아간다. 그리고 그들은 대부분 외상적 사건들을 겪고 물질적 재산을 잃었다. Allen, Vaage, Hauff(2006)는 정착사회의 난민과 난민 신청자들에 대한 보고서를 내놓았고, Donà와 Ackermann(2006)은 난민 수용소에 사는 망명집단에 대해 보고하였다.

여섯 종류의 집단(토착민, 민족문화적 집단, 이민자, 일시 체류자, 난민, 난민 신청자)을 단순 목록이 아닌 세 가지 구성인자(자발적-비자발적, 정주적-이주적, 그리고 영속적-일시적)에 따라 소개한 데는 두 가지 중요한 이유가 있다. 첫 번째로, 집단으로서 서로 다른 크기, 힘, 권리와 자원을 가지고 있기 때문이다. 이 요인들은 이들이 문화변용 과정에 어떻게 참여하느냐(집단으로서 또는 개인으로서)에 중요한 영향을 미친다. 두 번째 이유는 태도, 동기, 가치와 능력(이들 집단에서 개개인의 모든 심리적 특성)에서 매우 다를 수 있기 때문이다. 이 요인들은 문화변용과 문화 간 관계가 어떻게 일어날 것인지, 얼마나 잘 적응할지에 영향을 미친다. 민족적 소수집단에 관한 문헌에 관심이 있는 독자라면 여기서 이 용어의 사용을 의도적으로 자제하고 있음을 알아차릴 것이다. 민족적 소수집단이 문화면에서는 소수집단이 아니기 때문이다. 소수집단은 문화를 가지고 있고 이 문화는 다른 모든 문화집단에서와 마찬가지로 종종 활발하고 생동감이 있으며, 따라서 소규모이고(수적으로) 이따금 힘이 약하다는 이유만으로 소수집단 지위를 부여해 이들을 왜곡시켜서는 안 된다. 이른바 민족적 소수집단은 흔히 이민자, 난민, 토착민 집단이며, 이들을 다른 지위로 언급하고자 한다.

문화변용을 하는 다양한 집단과 개인이 서로 다른 문화변용을 경험할 수 있음을 증명하기 위해, Berry, Kim, Minde, Mok(1987)은 캐나다에서 이민자, 난민, 난민 신청자, 토착민, 그리고 민족적 집단 사이에 스트레스 수준을 측정하였다. 표본은 1,000명 이상의 개인으로 구성되었다. 연구 결과, 집단 사이에는 스트레스 수준에서 의미 있는 차이가 발견되었다[불안과 심신상관적 증후군을 반영하는 Cawte(1972)의 코넬메디컬인덱스를 각색한 척도로 측정]. 스트레스 수준의 차이는 문화변용 집단의 자발적–비자발적, 이주적–정주적, 일시적–영속적 지위와 관련이 있을 수 있다.

문화변용의 틀

문화적 · 심리적 문화변용의 개요를 설명하고 연결하며 접촉하는 두 (혹은 둘 이상의) 집단을 식별하는 틀이 그림 13.1에 제시되어 있다. 이 틀은 문화변용 연구에서 개념화하고 측정해야 하는 현상의 지도로 쓰인다(Berry, 2003). 문화적 수준에서(왼쪽) 2개의 원 문화집단(A와 B)이 주된 접촉을 하기에 앞서 이들의 주요 특징을 이해하고, 접촉관계의 특성, 그리고 문화변용 과정에서 민족문화적 집단 형성에 나타나는 두 집단의 결과적인 문화 변화를 이해해야 한다. 여기에는 광범위한 민족지적인, 공동체 수준의 작업이 요구된다. 변화는 미미할 수도 있고 실질적일 수도 있으며, 그 범위는 쉽게 성사되는 것에서부터 주된 문화적 붕괴의 기원이 되는 것까지 넓어질 수 있다.

개인적 수준에서(오른쪽) 모든 집단의 개인이 겪는 심리적 변화와 새로운 상황에 대한 궁극적 적응(adaptation)을 생각할 필요가 있다. 여기에는 문화변용 과정에 다양하게 참여하는 개인의 표본화와 연구가 요구된다. 이러한 변화는 쉽게 이루어지는 일련의 행동적 변화일 수도 있고[말하는 방식, 옷 입는 방식, 먹는 방식, 한 사람의 문화적 정체성(cultural

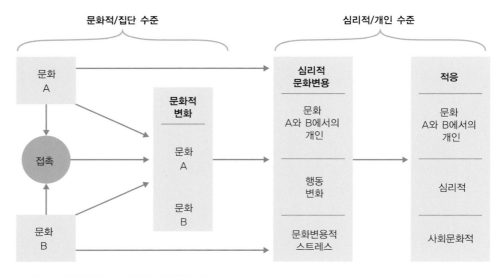

그림 13.1 문화변용의 개념화 및 연구 틀

identity)], 더 심각하게는 문화변용적 '스트레스'를 발생시킬 수도 있다(불확실성, 불안, 우울, 정신병리학)(Al-Issa & Tousignant, 1997). 적응은 일차적으로 내부적이거나 심리적일 수 있고(웰빙 감각, 자존감) 사회문화적으로는 새로운 사회에 개인과 타인을 연결시키는 것일 수 있다(일상문화 간 생활활동 능력)(Searle과 Ward, 1990). 이러한 과정과 구체적 특성에 대한 일반적 개요는 문헌에서 찾아볼 수 있다(Berry, 2006a, 2007; Sam & Berry, 2010; Ward, 2001).

본질적으로 문화변용 연구의 주된 과제는 문화적 정보와 심리적 정보 간 연결, 이들 정보 간 관계를 이해하는 것이다. 문화적 개념과 심리적 개념이 구분되지 않고 독립적으로 평가되지 않을 경우, 문화변용 과정의 진행과 결과에 대해 명확한 그림을 얻기가 힘들다.

원칙적으로 각 문화는 다른 문화에 동등하게 영향을 줄 수 있지만, 실제로는 하나의 문화가 다른 문화를 지배하는 경향이 있고, 지배집단과 비지배집단 간에 구분이 생긴다. 완벽한 그림을 위해서는, 상호 영향을 연구해야 한다. 하지만 이번 장에서는 더 크게 영향을 받는(비지배적) 문화에 초점을 맞춘다. 그렇다고 지배적 문화에 흥미가 없다거나 중요하지 않다는 말은 아니다. 다음에서 (그리고 제14장 주요 개념에서) 보게 되겠지만, 문화변용은 종종 사회에 인구 확장과 더 큰 문화적 다양성을 가져오고, 태도적 반응(편견과 차별)과 정책개발(예 : 다문화주의 영역에서)을 낳는다.

문화변용 과정에서 핵심적 특성은 문화집단이 몇몇 방식으로 변형되어 문화적 특성이 처음 접촉할 당시 원 집단이 가지고 있던 것과는 동일하지 않다는 것이다. 대개 시간이 흐르면 새로운 민족문화적 집단이 부상한다. 병행하는 현상으로는 집단의 개개인이 심리적 변화를 겪고(변화하는 자신의 집단과 지배적 집단에서 비롯된 영향의 결과로), 지속적인 접촉으로 더 많은 심리적 변화가 일어날 수도 있다. 이러한 변화는 매우 다양하며, 많은 환경(예 : 차별)과 지배집단 및 비지배집단의 특성에 좌우된다. 양 집단에서는 접촉의 목적, 시간, 영속성, 그리고 추구해야 할 정책을 아는 것이 중요하다.

집단 수준에서 문화변용적 변화에는 정치적, 경제적, 인구적 및 문화적 변화가 포함되며, 양 집단의 삶의 방식에서 상대적으로 미미한 변화에서부터 실질적 변화에 이르기까지 다양할 수 있다. 인구 수준의 변화가 개인적 변화의 장을 마련해 주기는 하지만 한 사람이 문화변용 과정에서 수반하는 심리적 특성에는 흔히 개인차가 있을 수 있으며, 모든 사람이 이 과정에서 반드시 같은 범위로 참여하는 것은 아님을 앞서 주목한 바 있다. 종합하자면 문화변용 현상을 일반적으로 특징화하는 것에서 벗어나 초점을 문화변용을 겪고 있는 집단 내 개인의 다양성에 대한 관심으로 이동시켜야 한다.

이론적 모델과 관점

Redfield와 동료들(1936)이 제안한 정의에서는 문화변용을 모든 형태의 변화를 아우르는 것으로 동일시하였다. Berry(1980)는 집단 수준의 변화가 생물학적, 신체적, 경제적, 사회적일 수 있다고 하였다. 이 장의 주요 초점인 심리학적 문화변용과 관련하여 Ward(2001; Ward, Bochner, Furnham, 2001)는 문화변용 중에 일어나는 주요한 개인적 변화 영역을 세 가지로 식별하고, 이를 '문화변용의 기초'라고 하였다. 각각 문화변용의 정서적, 행동적, 인지적 측면과 관련이 있다. 이 기초가 이 분야에서 사용된 다양한 이론적 관점, 즉 스트레스와 극복의 이론적 틀과 문화적 학습 접근법과 문화변용으로의 사회적 정체성 지향에 연결된다. 최근 몇 년간, 문화변용 이론에서 (개체발생적) 발달에 대한 제한된 관심에 대해 우려들이 제기되었다(Sam, 2006a). Motti-Stefanidi, Berry, Chryssocoou, Sam, Phinney의 최근 작업을 제외하고는, 이러한 우려 가운데 많은 것이 명확한 이론적 관점을 내놓지 못하였다. 그럼에도 여기서 별도의 이론적 입장으로서 문화변용의 발달적 측면에 관해 몇몇 문제를 제시한다. 이에 더해 하위 섹션에서는, 명확한 이론적 관점을 구성하지는 않지만, 문화변용에 내포된 인성과 개별적 요인에 대하여 간략하게 살펴보겠다.

정서적 관점

Berry의 문화변용 스트레스(acculturative stress)에 대한 작업은 정서적 측면에 중점을 둔다(Berry, 2006a). 이 관점에서는 문화변용의 정서적 측면을 강조하며 심리적 웰빙과 삶의 만족으로서의 이 문제에 초점을 맞춘다. 이 접근법은 그림 13.1의 문화변용적 스트레스 구성 요소에 해당한다. 이 작업에서는 문화변용이 개인에게 도전이 되는 주요한 삶의 사건들에 연결될 수 있다고 가정한다. 삶의 사건들이 특히 적절한 대응전략과 사회적 지원이 없을 경우 스트레스 요인이 될 수 있으며 개인에게 스트레스 반응을 초래할 수 있다. Lazarus와 Folkman의 스트레스 모델(1984)에 의지하여, Berry(2006a; Berry et al., 1987)는 문화변용적 스트레스 모델을 제시하였다. 여기서 핵심적인 생각은 문화변용 과정에서 심각한 도전을 경험할 때, 그리고 도전들이 개인이 단순히 자신의 행동을 바꿔 적응함으로써 쉽게 처리할 수 있는 것이 아니어서 문제가 된다고 평가될 때(다음 절 참조), 문화변용적 스트레스가 나타난다는 것이다. 본질적으로 문화변용적 스트레스는 문화변용 경험에 뿌리를 둔 삶의 사건에 대응하는 스트레스 반응이다. Lazarus와 Folkman의 스트레스 모델에서처럼 모든 문화변용 변화가 문화변용적 스트레스를 가져오는 것은 아니다. 나이, 젠더, 개인적 자원(교육과 같은)과 사회적 지원을 포함한 개인적 특성 같은 많은 조절 및 중개요인(문화변용 전과 도중 모두에서)이 문화변용 경험을 지각하고 해석하는 데 영향을 줄 수 있기 때문이다(이에 대한 상세한 논의는 Berry, 1997, 2006a 참조).

행동적 관점

사회심리학에서 유래한 문화적 학습 접근법은 사회적 기술과 개인 간 행동에 대한 Argyle 의 작업(1969)에서 주로 영향을 받았다. 여기서 가설은 문화적 이행을 하는 동안 사람들이 새로운 문화에 참여하는 데 필요한 기술을 가지고 있지 않을 수도 있다는 것이다(Masgoret & Ward, 2006). 이는 일상의 사회적 만남을 관리하는 데 어려움을 가져올 수도 있다. 이 난점을 극복하기 위해 개인에게는 새로운 문화적 환경을 협상하는 데 필요한 특정한 문화적 행동기술(언어와 같은)을 학습하거나 획득할 것이 기대된다(Bochner, 1972). 특히 문화적 학습 접근법에서는 문화 간 소통유형을 이해하는 법을 습득해야 한다. 여기에는 언어적 및 비언어적 구성요소, 규칙, 관례, 규범, 그리고 이것들이 문화 간 효과에 미치는 영향이 포함된다. 이 접근법은 그림 13.1에 있는 '행동적 변화' 구성요소에 해당한다. 사회문화적 적응을 예상하려고 노력하는 과정에서, 문화적 학습 접근법은 두 방향으로 발전하였다. 즉, 소통유형과 소통 능력에 초점을 맞춘 문화 간 만남의 사회심리학적 측면에 대한 연구(Gallois, Franklyn-Stokes, Giles, Coupland, 1988 참조)와 소통유형, 규범과 가치에서의 문화적 차이에 대한 연구(Searle & Ward, 1990; Ward & Kennedy, 1999 참조)가 있다. Masgoret과 Ward(2006)는 제2 언어의 숙달과 소통 능력이 모든 문화적 학습 접근법과 궁극적으로는 사회문화적 적응의 핵심이라고 지적한다. 언어기술은 새로운 문화사회에서의 일상적 업무수행과 사회의 개인 간 관계 설정 모두와 관련이 있다. 문화적 학습 접근법에서는 언어의 유창함과 사회문화적 적응 사이에 직접적 관계가 있다고 가정한다. 능숙한 언어 능력은 새로운 문화의 구성원과의 상호작용이 늘어나고, 사회문화적 부적응이 줄어드는 것과 연관이 있다(Ward & Kennedy, 1999).

문화적 학습 접근법은 사회적 기술과 사회적 상호작용을 강조한다는 점에서 이론적이기보다는 응용적이다(Masgoret & Ward, 2006; Ward et al., 2001). 제15장에서 지적했듯이, 문화적 학습 접근법에서는 문화 간 훈련의 기본을 세우고, 교차 문화적 이행을 위한 훈련과 준비의 기초를 제공한다. 응용 영역으로서 소통(언어적 및 비언어적 모두에서), 규칙, 관례, 규범과 실행에서 문화 간 오해를 낳는 교차 문화적 차이를 식별하는 데서 출발한다. 그런 다음에는 혼란스럽고 불만족을 가져오는 만남을 최소화할 수 있는 방법을 제안한다 (제15장 참조).

문화적 학습 접근법에서는 언어 학습에 영향을 줄 수 있고 결과적으로는 사회문화적 적응에 영향을 줄 수 있는 많은 요인을 확인하였다. 이들 요인에는 외국어를 배우는 개인적 동기화와 태도, 인성 구성인자와 상황요인이 포함된다. 제2 언어 습득 태도와 관련하여, Gardner와 동료들은 캐나다의 연구 시리즈에서 '통합성'을 확인하였다. 이는 제2 언어 습득에 중요한 것으로, 한 개인이 갖는 다른 언어 공동체에 대한 태도, 일반적으로 다른 문화집단에 대한 개방성, 다른 언어 공동체의 구성원과 사회적 상호작용에 참여하려는 의지 및 관심과 관련이 있다(Gardner, 1985, 2000; Gardner & Clément, 1990; Masgoret & Gardner, 2003).

인지적 관점

문화변용에 대한 정서적 및 행동적 접근법이 스트레스와 정서적 감정과 관련이 있고 일상적 만남과 행동적 변화의 처리기술과 연관된다면, 인지적 입장(사회적 인지에서 유래)(제4장 참조)은 사람들이 문화 간 만남에 직면하여 자신과 타인에 대해 어떻게 지각하고 생각하는가와 관련된다. 인지적 측면은 문화변용 스트레스 논의 중 평가 과정에서 나타난다. 그러나 인지적 측면은 대개 사람들이 자기 집단(내부 집단)과 다른 집단(외부 집단)에 대하여 정보를 어떻게 처리하느냐와 관련이 있으며, 서로를 어떻게 범주화하고 이러한 범주를 어떻게 식별하는가가 포함된다.

개인과 집단이 문화변용 상황에 들어가면, "나는 누구인가?"와 "나는 어떤 집단에 속하는가?"라는 질문에 직면한다(Berry, 2007b). 두 질문은 인지적 접근법의 중요한 이론적 입장 가운데 기본인 사회적 정체성 이론(Tajfel, 1978, 1982; Tajfel & Turner, 1986)을 이룬다. 이 이론은 대개 개인이 자신을 사회적 집단과 동일시하고 집단의 일부로서 행동하는 이유와 방법과 관련이 있다(Jasinskaja-Lahti, Liebkind, Solheim, 2009; Liebkind, 2006; Liebkind & Jasinskaja-Lahti 출판 중; Verkuyten, 2005b 출판 중). Tajfel과 Turner(1986)는 확고한 웰빙 감각을 확보하기 위해서는 개인이 집단에 속할 필요가 있다고 주장하였다. 인간은 타인과 자기 자신을 범주화하는 경향이 있고, 이는 어떤 집단과는 연결(즉, 동일시)되고 다른 집단과는 연결되지 않도록 하는 데 도움을 준다. 게다가 자신이 속한 집단에 대해 긍정적으로 평가하는 경향이 있고, 이것이 자신의 자아상을 고양시킨다.

문화변용의 맥락 안에서, 사회적 정체성 이론은 한편으로는 집단과 개인이 자신의 정체성을 자신의 민족적 집단 구성원과의 관계에서 어떻게 정의하느냐(즉, 민족적 정체성)와 관련이 있고, 다른 한편으로는 문화변용을 하는 더 큰 사회(larger society)와의 관계에서 어떻게 정의하느냐(즉, 국민적 정체성)(Phinney, 1990)와 관련이 있다. Phinney(1993)는 민족적 및 국민적 정체성이 어떻게 발전하는가에 관한 포괄적(발달적) 이론, 개인이 겪는 각 단계(Phinney, 1989), 민족적 및 국민적 정체성을 평가하는 척도를 발전시켰다(Phinney, 1993; Phinney & Ong, 2007). Phinney와 동료들(Phinney, Lochner, Murphy, 1990)은 또한 민족적 및 국민적 정체성이 어떻게 심리적 적응에 연결될 수 있는가를 조사하였다.

초기 연구에서는 민족적 정체성과 국민적 정체성을 연속체의 양극단으로 개념화하여 한쪽(예 : 민족적 정체성)이 강화되면 결과적으로 다른 쪽(즉, 국민적 정체성)이 약화된다고 보았다. 다시 말하면 민족적 정체성과 국민적 정체성이 동시에 강할 수는 없다는 것이다. 현재 연구에서는 민족적 정체성과 국민적 정체성을 두 독립적 차원으로 간주하여, 두 차원 모두 강한(이중문화적 정체성 또는 통합된 정체성) 혹은 모두 약한(주변적) 정체성 형성이 가능하다고 본다(Phinney, 1990). 그렇지 않으면 민족적으로는 강하고 국민적으로는 약한(분리된 혹은 민족적으로 내장된) 혹은 역으로 국민적으로는 강하고 민족적으로는 약한(동화된) 정체성을 식별할 수 있다. 이러한 개념화는 앞에서 주목한 문화변용의 양차원적 접근법의 개념화와 유사하다('문화변용의 차원' 참조).

이러한 이론적 관점의 한 연구노선이 Benet-Martínez가 진두지휘한 이중문화적 정체성 통합(Bicultural Identity Integration, BII)이다. BII는 이중문화적 정체성 조직에서 개인차를 조사하는 틀로, 여기서 초점은 이중의 문화적 정체성이 얼마나 교차하는지 또는 중복되는지에 대한 이중문화 속 개인의 주관적 지각에 맞춰져 있다. BII의 목적은 이중문화 속 개인이 주된 민족문화적 정체성을 어느 정도까지 양립 가능하고 통합된 것으로 지각하느냐 대 대립적이고 통합하기 어려운 것으로 지각하느냐를 포착하는 것이다(Benet-Martínez, Leu, Lee, Morris, 2002). Benet-Martínez와 Haritatos는 "BII가 높은 개개인은 스스로를 '하이픈으로 연결된 문화'의 일부로(또는 조합된 '제3의' 부상하는 문화의 일부로) 보는 경향이 있고 일상의 삶에서 두 문화의 통합이 쉽다고 본다."라고 하였다(2005, p.1019). 여기 기술된 두 형태의 이중문화주의는 대체적 이중문화주의와 혼합적 이중문화주의로 간주되었다(LaFromboise et al., 1993; Phinney & Devich-Navarro, 1997). Benet-Martínez와 동료들은 이중문화 속 개인이 자신의 정체성을 경험하는 두 가지 방법이 개별 인성 및 맥락적 요인과 관련이 있음을 발견하였다(Benet-Martínez, Lee, Leu, 2006). 자신의 두 정체성을 분리된 것으로 보는 개인은 문화적 고립 같은 기질적 요인에 이끌리며 개방성이 낮다. 이와 대조적으로 두 정체성을 혼합할 줄 아는 개인은 신경증적 특성이 낮게 나올 수 있다(Benet-Martínez & Haritatos, 2005).

이 연구 노선과 인성을 연결시켜서, Benet-Martínez와 동료들은 이중언어 사용자가 2개의 인성을 가지고 있는지를 조사하였다. 연구 시리즈물에서 Ramirez-Esparza, Gosling, Benet-Martínez, Potter, Pennebaker(2004)는 단일 언어를 사용하는 미국인과 단일 언어를 사용하는 멕시코인 간에 개인차를 발견하였다. 이 개인차를 멕시코와 미국에 있는 영어-스페인어 이중언어 사용자를 대상으로 조사하였다. 연구를 통해 스페인어보다 영어에서 이중언어 사용자가 더 외향적이고 호감적이며 성실했고, 이러한 차이는 각 문화에 나타난 인성과 일관된 것으로 나타났다.

발달적 관점

몇 가지 드문 예외가 있지만(예 : Motti-Stefanidi et al., 출판 중) 지금까지 많은 발달적 관점에는 명확한 이론적 입장이 빠져 있으며, 문화변용에서 발달적 문제를 포함하는 중요성을 강조하는 관념들을 연결하고 있을 뿐이다. 이민자 가정의 자녀와 청소년은 주된 발달적 변화를 겪는 동시에 문화변용을 겪으며, 따라서 문화변용과 발달적 변화가 서로 뒤섞여 두 종류의 변화를 각각 구분하기가 어려워진다(Oppedal, 2006; Phinney, 2006).

이러한 어려움에도 Huntsinger와 Jose(2006)는 60명의 유럽계 미국인과 60명의 2세대 중국계 미국인 청소년을 대상으로 종단 연구를 하면서 발달 과정을 통한 문화변용의 구분을 시도하였다. 이들은 인성 변수를 중간 아동기(12세)와 청소년기(17세), 두 시점으로 해서 조사했다. 시간 1(첫 번째 시기), 즉 12세일 때 인성에서 두 집단 간에 실질적으로 차이가 있었던 반면에, 17세가 될 때, 즉 시간 2에서는 거의 차이가 없었다. 이러한 변화가 심리적 적응과 학업성취와 어떻게 관련이 있는지를 보여주었다. 예를 들어 불안감은 시간 1에서 유일한 인성요인이며, 시간 2에서는 두 집단 모두의 유일 변수로 예견되었다. 시간 1에서 외향성 같은 인성요인은 두 집단 사이에 우울증, 자존감 및 학업성취에서 다양한 예견을 보여주었다. 이렇게 찾아낸 결과는 문화변용과 발달의 관계가 얼마나 복잡할 수 있는지를 나타낸다.

문화변용의 영향과 발달적 변화를 구분하는 데 도움이 되는 영역은 다양한 문화변용 맥락과 모든 문화변용 집단에서 문화적 이행을 검토(제2장 '문화적응과 사회화' 참조)하는 것이다. 이러한 연구는 Phalet과 Schönpflug(2001), Vedder와 동료들(Vedder, Berry, Sabatier, Sam, 2009)에 의해 보고되었다. 어떤 연구도 문화변용과 발달 변화를 구분할 의도로 고안되지는 않았음을 강조해야겠다. 여기서 이들 연구를 언급하는 의도는 가능한 연구방향을 설명하기 위해서다.

문화변용과 발달의 구분이 어렵기 때문에(Motti-Stefanidi et al., 출판 중; Sam, 2006a) 지금까지 연구자들은 문화적 정체성(Phinney, 1990), 자아 발달(Kağıtçıbaşı, 2007; Kwak, 2003), 가족관계(Fuligni, Yip, Tseong, 2002; Stuart, Ward, Jose, Narayanan, 출판 중), 또래 관계(Fandrem, Strohmeier, Roland, 2009)처럼 정상적인 발달 변화 동안 문화변용 경험을 통해 복잡해질 수도 있는 것을 발달 문제로 인식하였다. 이러한 경향에서 한 가지 예외라면 Phinney의 작업(1990)인데, 그는 이민자 배경을 가진 청소년들이 문화변용의 일부로서 민족적 및 국민적 정체성을 어떻게 발달시키느냐 하는 발달 이론을 제안하였다.

최근에 몇몇 연구자(García Coll, Lamberty, Jenkins, McAdoo, Crnic, Wasik, Vázquez Garcia, 1996; Oppedal, 2006; Motti-Stefanidi et al., 출판 중; Sam, 2006a)가 이러한 다양한

측면을 다양한 발달 이론, 가령 체계 이론(Lerner, 2006), 생태학적 모델(Bronfenbrenner & Morris, 2006) 같은 데서 영감을 받은 통합적 모델에 연결시키고자 노력하였다.

　문화변용의 발달 연구에서 반복되는 질문은 이민자 자녀와 청소년을 어떻게 보아야 하는가, 즉 이들의 발달 과제를 어떻게 처리할 것인가에서 이들의 민족적 또래(national peers)와 유사한 보통 아이로 보아야 하느냐, 아니면 문화변용 경험이 발달 과제를 어떻게 해결하느냐에 영향을 줄 수도 있다는 점에서 이들을 특수하게 보아야 하느냐의 여부다. 오스트레일리아, 캐나다, 독일, 핀란드, 미국을 포함하여 13개 서구 나라의 약 8,000명에 이르는 민족문화적 청소년에 대한 비교연구에 기초하여, Phinney와 Vedder(2006)는 가족 가치에서 세대 간 불일치의 보편성을 조사하였다. 이 연구를 통한 한 가지 결론은 세대 간의 가족 불일치는 이민자 가정과 국민적 가정 모두에서 정상적인 발달 과정일 수 있다는 것이다. 그러나 이 연구에서는 가족관계 가치와 관련하여(가령 의무사항들) 이민자 가정에서 더 큰 불일치가 있음을 발견하였다. 문화변용 과정이 이러한 불일치에 기여할 수도 있다고 본 것이다.

인성과 개인적 요인

심리적 문화변용 이면에 있는 여러 개념 가운데 한 가지는 개인이 문화변용 과정에 어느 정도까지 참여하느냐 하는 범위에서 각각 다르다는 인식이다. 그럼에도 개별적인 개인적 요인(폭넓게 인성으로 정의된)과 문화변용 사이의 연계를 강조하는 연구 결과가 혼합되었다(Kosic, 2006). 여기에 묘사된 개인적 특성은 문화변용 스트레스 모델에 기술된 문화변용 동안 일어나는 몇몇 조절요인, 즉 정서적 관점이다. 문화변용과 인성의 연구에서는 일반적으로 단일한 혹은 몇몇 인성 특징이나 능력을 조사하여 그것들이 적응 과정에서 스트레스 감소에 미치는 영향을 살핀다. 유사하게 연구에서는 (행동적 관점 접근법에서) 문화적 학습을 고양시키거나 방해하는 개인적 특징이 있느냐 여부에 초점을 맞추었다. 이러한 연구 노선은 제15장 '문화 간 인성'을 참조할 수 있다.

　비교문화적 적응에서 인성 특징의 역할을 성공적으로 입증한 연구는 상대적으로 거의 없으며(Ward, 1996), 입증한 연구에서도 일반적으로 인성 변수로 설명되는 차이가 적은 것으로 기록하고 있다. 비교문화적 적응에서 인성 역할을 명백히 지원하지 않는 한 가지 이유는 '적응(adaptation)'과 '조정(adjustment)'을 측정하고 예견하는 데서 생기는 문제 때문이다. 비교문화적 조정은 가령 우울증, 국민적 사회의 구성원과의 문화 간 관계(예 : 우정 양식), 수용 감정, 학업 성취와 활기 있는 직업 수행 같은 건강 지표로부터 다양한 방법으로 조사되었는데, 이는 인성의 예상 설정을 어렵게 하며(Ward & Chang, 1997), 메타분석 조사를 필요로 하는 상황이다(Mol, Born, Willemsen, Van der Molen, 2005 참조). 또 다른 문제는 인성 특성을 구성하는 것이 정확히 무엇이냐 하는 것이다. 교차 문화적 적응에서 인성의 기여를 설정하는 데 문제가 되는 것은 일반적으로 '개인-상황'의 상호작용에 대한 연구가 없다는 것이다. 이러한 상황 때문에 Searle과 Ward(1990)는 문화적 맞춤 가설을 제안하였다. 이들은 개인-상황의 상호작용의 중요성을 강조하고, 새로운 문화적 배경에서 개인적 특성과 규범 사이에 '맞춤'이 인성 자체보다 이민자의 적응을 더 잘 예견해 주는 척도라고 주장하였다. Ward와 Chang(1997)은 싱가포르에 사는 미국인이 싱가포르인보다 더 외향적이고 지역민과 사회적 관계를 먼저 시작하거나 유지하기 위한 지속적인 시도에 대해 결과적으로 좌절하고 거부당했던 경험을 보여주었을 때 '문화적 맞춤 가설'에 대한 지지를 발견하였다.

문화변용 과정

앞에서 문화변용의 기본을 조사함으로써 문화변용 중 어떤 변화가 일어나는지에 대해 살펴보았다. 이에 더해 문화변용에 포함된 일부 (개체발생적인) 발달 문제와 개인적 요인에 대해서도 살펴보았다. 여기서는 변화가 어떻게 일어나는지를 살펴볼 것이다. 이 영역의 많은 연구가 Berry(1974, 2006a)의 작업인 문화변용 전략 모델에서 나왔다.

문화변용 전략

여기서는 개인이 문화변용을 하는 방법에 차이가 있는지 하는 문제에 주목한다. Berry(1974)는 개인이 문화변용을 하는 방법은 두 가지 근본적 문제를 동시에 처리하는 방법에 달려 있다는 가정에서 문화변용 전략의 모델을 제안하였다. 두 문제 가운데 첫 번째는 문화변용을 하는 개인이 문화유산의 유지를 어느 정도로 중시하느냐(즉, 문화적 유지) 여부이다. 두 번째 문제는 개인이 다른 문화집단 구성원과의 접촉 및 새로운 사회의 참여를 어느 정도로 중시하느냐(즉, 접촉과 참여) 여부와 관련된다. 두 문제의 방향이 교차할 때, Berry(1974)는 동화(assimilation), 통합(integration), 분리(separation), 주변화(marginalization)라는 용어로 4개의 문화변용 전략(acculturation strategies)을 제안하였다. 이들 전략이 그림 13.2의 왼쪽 부분에 기술되어 있다.

　동화는 개인이 유산문화의 정체성을 유지하고 싶지 않고, 다른 문화와 밀접한 상호작용을 모색하며, 새로운 사회의 문화적 가치, 규범, 전통을 채택할 때 취하는 전략이다. 개인이 원래 문화를 유지하는 것에 높은 가치를 두고, 동시에 새로운 사회의 구성원과의 상호작용을 피할 때 분리 전략을 취한다. 원 문화를 유지하는 데 관심이 있고, 다른 집단과 일

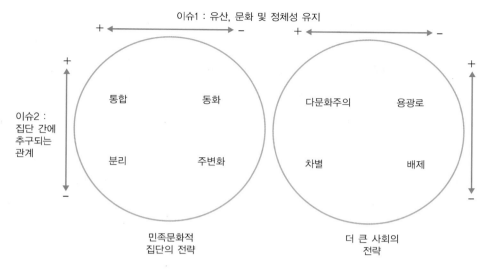

그림 13.2 민족문화적 집단과 더 큰 사회의 문화변용 전략(Berry, 2001a)

상적 상호작용을 가질 때를 통합이라 한다. 주변화 전략은 문화적 유지의 가능성이 거의 없거나 관심이 없을 때(종종 강제된 문화 상실로 인해), 다른 사람과의 관계 맺기에 관심이 별로 없을 때(종종 배제 혹은 차별로 인해) 발생한다.

네 전략은 그 자체로 정태적이지도 않고 최종 결과도 아니며, 상황적 요인에 따라(예 : 미국에서 9 · 11 공격에 이어 무슬림은 자신의 정체성을 재조정해야 했다. 이에 대해서는 Sirin & Fine, 2007 참조) 변할 수 있다. 그림 13.2의 오른쪽 부분에 더 큰 사회에서 대중적 태도와 정책을 기술할 때 종종 사용되는 병행 개념이 설명되어 있다. 이 부분에 대해서는 제14장에서 논의한다.

집락 분석을 사용하여, Berry와 동료들(Berry, Phinney, Sam, Vedder, 2006)은 4개의 문화변용 프로파일(acculturation profiles)을 발견하였다. 이는 청소년이 다섯 가지 문화 간 문제, 즉 문화변용 전략, 문화적 정체성, 언어 사용과 숙달, 또래관계, 가족관계 가치 등을 파악하는 다양한 방법을 반영한다. 이 분석을 위한 표본으로 13개국의 이민자 청소년 4,000명과 30개가 넘는 민족집단이 포함되었다. 프로파일은 원래의 네 문화변용 전략을 지지한다. 국민적, 민족적, 통합, 분산 프로파일은 대체로 동화, 분리, 통합, 주변화 전략에 일치한다. 그러나 태도, 정체성, 언어, 사회적 행동과 가치를 포함한다는 점에서 프로파일은 전략의 범위를 넘어선다.

다양한 문화변용 전략의 선호도(Van Oudenhoven, Prins, Buunk, 1998)와 문화변용 전략이 적응 결과에 어떻게 영향을 줄 수 있는지에 대해(Castro, 2003) 많은 연구가 이루어졌다. 문화변용 전략의 선호도와 관련해서는 여러 나라와 다양한 문화변용 집단에서 많은 연구가 이루어졌다. 일부 예외가 있기는 하지만 통합이 가장 선호되는 전략이고 주변화가 가장 덜 선호되었다(Berry, 2003). 동화와 분리의 선호도는 민족적 집단과 정착사회에 따라, 또한 상황적 분야에 따라 달라지는 것 같다. Berry 등(2006)의 연구에서, 모든 이민자 조합에서 통합이 가장 선호되는 전략임을 발견하였다. 그러나 터키인 조합 표본(N=714)에서는 분리가 가장 선호되는 전략으로 나타났다(40.3%). 이와 대조적으로 베트남인(N=718)은 동화(25.6%)를 통합(33.1%)만큼 선호하는 듯했고, 이러한 선호도는 베트남인들이 '정착사회'(오스트레일리아, 캐나다, 혹은 미국과 같이 오랜 정착민 역사를 지닌 사회)에 거주하느냐 최근 이주사회(핀란드와 노르웨이)에 거주하느냐 여부와 관련이 있었다.

앞에 제시된 문화변용 전략에서는 문화변용을 하는 개인과 집단이 문화 간 관계에 참여하는 방법에 대해 자유롭게 선택한다고 가정한다. 물론 늘 그런 것은 아니다(Berry, 1974). 더 큰 사회 구성원이 이민자에 대해 어떤 종류의 태도를 갖느냐, 또는 더 큰 사회가 문화변용을 하는 집단에 대해 어떤 정착정책을 펼치느냐가 적응전략에 영향을 줄 수 있다. 한 집단이 문화변용을 어떻게 해야 하는가에 대해 더 큰 사회가 갖는 기대(즉, 문화변용 기대)가 Bourhis와 동료들의 상호작용적 문화변용 모델(Interactive Acculuration Model, IAM)(Bourhis, Moise, Perreault, Senecal, 1997) 같은 이론적 모델의 기본이 되었다. IAM 모델은 일본인-미국인 노동자 관계의 문화변용 선호도를 성공적으로 예견하는 데 유용했다(Komisarof, 2009).

IAM을 확대한 Navas와 동료들은, 이민자나 문화변용 집단이 채택한 문화변용 전략 수행(실제 차원)과 선호 전략(관념 차원) 간에는 차이가 존재한다고 주장하면서 상대적 문화변용 확장 모델(The Relative Acculuration Expanded Model, RAEM)을 개발하였다(Navas, García, Sánchez, Rojas, Pumares, Fernández, 2005). 이는 태도와 행동 간의 불일치와 같은 맥락에서 생각한 것이다(Fishbein & Ajzen, 2010 참조). 이들은 선호 전략(즉, 관념 차원)과 채택한 실제 전략(실제 차원)이 삶의 영역(가족, 종교적 신념)에 대해 다양하다는 사실을 지적한다. RAEM에 더 큰 사회 구성원의 문화변용 기대를 합하여(Bourhis et al., 1997 참조), 스페인에서 마그레브인과 스페인인의 문화변용에서 동의와 거부의 영역에 어떤 것이 있는지를 예상할 수 있었다(Navas, Rojas, García, Pumares, 2007).

문화변용의 차원

1970년대까지 문화변용의 방법에 관한 많은 연구에서, 한 사람의 문화변용 수준은 단일 차원을 사용하여(일차원적 관점) 이해될 수 있다고 가정하였다. 즉, 자신의 유산 문화의 구성원으로 온전히 남아 있기를 선호하는 것에서부터 지배적 사회의 온전한 구성원이 되기까지 다양하다고 보았다. Berry(1974, 1980)가 제안한 두 독립적 차원이 많은 연구를 통해 확인되었다(예 : Ryder, Alden, Paulhus, 2000).

두 차원이 존재한다는 것은 지지하지만, 두 기저 차원(즉, 자신의 유산 문화와 정체성을 유지하고자 하는 정도와 더 큰 사회에서 다른 사람과 함께 하는 정도)의 조작화와 관련해서는 계속 논쟁이 이어졌다. 일부 연구자(Liebkind, 2001; Snauwaert, Soenens, Vanbeselaere, Boen, 2003)는 두 번째 차원이 다양한 방법으로 조작되었음을 지적하였다. 여기에는 더 큰 사회와 동일시(Hutnik, 1986, 1991), 국민적 문화의 채택(Donà와 Berry, 1994; Nguyen, Messe, Stollak, 1999; Sayegh & Lasry, 1993), 더 큰 사회로의 적응(Arends-Tóth & Van de Vijver, 2006)이 포함된다.

많은 연구가 두 번째 문제를 하나의 지정된 방식으로 운영했던 반면, 일부 연구에서는 다양한 결과를 내는 여러 운영을 비교하였다(Arends-Tóth & Van de Vijver, 2007; Playford & Safdar, 2007). 예를 들어 벨기에에 있는 모로코계와 터키계 두 이민자 집단을 대상으로 한 두 편의 별도 연구에서, Snauwaert 등(2003)은 두 번째 문제를 접촉, 채택, 동일화 등 3개의 다른 방법으로 운영하였다. 이 가정에서 문화변용 전략(통합, 동화, 분리, 주변화)과 관련하여 이들 개념화는 실제로 참여자의 분배에 다른 결과를 가져왔다. 접촉 개념화에 따르면 통합이 가장 대중적인 전략인 반면, 두 번째 문제를 채택과 동일시로 개념화했을 때는 분리가 가장 대중적인 전략이었다.

이러한 불일치의 연구 결과를 다룬 Berry 등(2006)의 연구에서는 청소년이 다섯 가지 문화 간 문제, 즉 문화변용 전략, 문화적 정체성, 언어 사용과 숙달, 또래관계, 가족관계의 가치를 파악하는 방법을 조사했다. 앞서 지적했듯이, 연구자들은 분석을 통해 네 가지 문화변용 프로파일을 확인하였고, 태도 변수를 넘어 조작화를 문화변용 변수로 확장시킬 때 통합 프로파일이 여전히 가장 일반적인 문화변용 방식이라고 결론을 내렸다. 4개의 문화변용 프로파일에 대한 요약은 인터넷을 참고하기 바란다.

문화변용의 결과

문화변용 연구의 핵심적인 질문은 문화변용의 결과가 무엇인가 하는 것이다. 인간 행동에 대한 한 가지 관점은 문화변용이 생태적이고 문화적인 맥락에의 적응을 수반한다는 것이다. 그렇다면 개인이 문화적 맥락에서 태어나 자라(사회화되어) 또 다른 문화적 맥락으로 옮겨갈 때 문화변용에 이어 행동적 문제가 발생할 수 있다. 이 문제는 사람들이 문화변용 요구에 어떻게 잘 적응하는가 하는 것이기도 하다. 이와 밀접하게 관련된 질문은 사람들이 어떻게 문화변용을 하며, 어떻게 잘 적응하는가 사이에 관련성이 있는가 여부이다.

문화변용을 하는 동안 사람들이 어떻게 잘 적응하는가를 논의할 때, 관심은 문화변용의 장기적 결과에 있다(Berry et al., 1989). 적응은 문화변용과 동의어가 아니지만 변화를 통해 일어난다. 문화변용 맥락에서 적응은 다양하게 정의되었으며, 여기에는 건강 상태, 소통 능력, 자의식, 스트레스 감소, 수용감각 및 문화적 기술 행동이 포함된다(Mendenhall & Oddou, 1985; Ward, 1996 참조). 심리적 및 사회문화적 적응을 구분하는 것으로 이 논의를 시작한다.

심리적 및 사회문화적 적응

Ward와 동료들(Searle & Ward, 1990; Ward, 1996, 2001)이 제안한 심리적 적응과 사회문화적 적응의 구분은 문화변용 연구에 지배적인 두 가지 형태의 적응을 제공한다. 간단히 말해서 두 가지 적응형태는 '기분 좋음'과 '잘함'과 관련이 있다(Van de Vijver & Phalet, 2004). 이 경우에 심리적 적응은 개인의 만족과 전반적인 정서적 혹은 심리적 웰빙과 관련이 있다. 심리적 적응에 관심이 있는 연구에서는 종종 우울과 불안(의 결여) 같은 정신적 건강 결과에 초점을 맞추고, 문화변용에 대한 정서적 접근법에 기초를 둔다(Berry, 2006a). 사회문화적 적응은 개인이 새로운 사회문화적 환경에서 실질적으로 살아가는 데 적절한 문화적 기술을 어떻게 성공적으로 획득하느냐와 관련이 있다. 사회문화적 적응 연구에서는 행동 문제의 부재, 학업성취와 사회적 능력에 초점을 맞추었다. 이들 연구에서 흔히 사용하는 것이 문화변용에 대한 B(행동) 접근법이다. 두 적응형태 사이에는 상관관계가 있다. 즉, 문제를 성공적으로 처리하고 더 큰 국민적 사회문화 구성원과 긍정적인 상호작용을 하는 것이 개인의 웰빙과 만족감을 향상시킨다. 이와 유사하게 기분 좋고 수용된다고 느낄 때 과제를 완수하고 긍정적 관계를 갖기가 더욱 용이하다.

67개의 독립적 표본을 포함한 메타분석(N=참가자 1만 286명)을 통해, Wilson(2009)은 사회문화적 적응에 대한 예측변수를 서로 다른 세 그룹으로 나누어 영향의 크기를 조사하였다. 사회문화적 적응과의 상관관계의 영향 크기는 인구학적 요인(예 : 이전의 해외 경험과 체류기간)과 개인 간 변수(예 : 기대, 언어, 인성에서의 불일치)와 관련해서는 소규모에서 중간 규모까지이며, 문화 간 변수(예 : 문화적 공감과 차별 지각)에서 범위는 소규모에서 중간-대규모 영향까지이다.

문화변용을 하는 사람들 집단에 따라, 두 형태의 적응, 특히 사회문화적 적응은 확대될 수 있다. 즉, 학교에 적응해 성공해야 하는 청소년의 경우에는 학교적응이 포함되고, 일에 적응하고 익숙하지 않은 직업적 도전에 적응해야 하는 성인의 경우에는 직업적응이 포함된다. 청소년의 경우, Motti-Stefanidi와 동료들은 사회문화적 적응 가운데 많은 부분이 현실적으로 청소년이 직면하는 발달적 과제를 처리하는 것과 관련이 있다고 주장하였다.

문화변용을 하는 집단은 준거집단만큼 잘 적응할까, 더 잘 적응할까, 아니면 적응을 더 못할까? 문화변용을 겪는 사람들의 적응을 논할 때는 무엇을 기초로 비교할 것인가가 중요하다. 문화변용을 하는 사람들을 (1) 문화변용을 하고 있지 않은 그들의 민족적 집단과 비교해야 하는가, (2) 새로운 사회의 다른 문화변용을 하는 집단과 비교해야 하는가, (3) 새로운 더 큰 사회의 구성원과 비교해야 하는가? 혹은 정신 측정학상으로 표준화된 도구측정 적응에 반하여 평가해야 하는가? 비교와 표준도구로서의 세 참조집단은 관념적으로는 동시에 사용되어야 한다. 그러나 흔히 비교가 되는 참조집단에 대한 정보를 접할 수도 없고, 표준도구가 편견 없는 척도를 제공하지도 않는다. 비교로 쓰일 수 있는 집단이 다양할 수 있음을 고려하면, 문화변용을 하는 집단이 얼마나 잘 적응하는가와 관련한 연구 결과가 혼재된 것이 놀랄 일만은 아니다. 일부 연구에서는 문화변용을 하는 몇몇 집단이 거주사회의 국가적 또래보다 더 잘하거나 그들만큼 잘한다는 좋은 적응 결과(심리적 및 사회문화적으로)가 나왔다(Ali, 2002; Berry et al., 2006; Escobar, Nervi, Gara, 2000; Motti-Stefanidi, Pavlopoulos, Obradovic, Masten, 2008). 그러나 다른 연구에서는 나쁜 적응 결과가 나왔다(Alegría et al., 2008; Frisbie, Cho, Hummer, 2001).

이주민 집단의 적응을 비교할 때 사용되는 다양한 준거집단 이외에도, 여러 연구 결과 역시 문화변용 자체의 운영화와 관심을 끄는 적응 결과에서 차이가 있다(개관을 위해서는 Koneru, Weisman de Mamani, Flynn, Betancourt, 2007 참조). 예를 들어 삶의 만족(Neto, 2001), 자존감(Nesdale & Mak, 2003), 반사회적 행동(Murad, Joung, van Lenthe, Bengi-Arslan, Crijnen, 2003), 학교적응(Suárez-Orozco, Suárez-Orozco, Todorova, 2008) 등을 연구 초점으로 삼았다. 게다가 적응은 몇몇 조절요인에 따라 달라지는데, 여기에는 이주정책과 정착사회의 문화변용 기대가 포함된다.

심리적 및 사회문화적 적응에 많은 관심이 쏠려 있지만, 일부 연구는 문화변용과 신체적 건강 사이에 연관을 찾아냈는데(Schulpen, 1996), 가령 다양한 형태의 암(Abraído-Lanza, Chao, Gates, 2008; Hyman, 2001)과 심혈관 질병(Kliewer, 1992; Maskarinec & Noh, 2004)에 관한 연구가 있다. 그러나 많은 연구에서 주장하듯, 이민자들은 문화변용의 결과로 신체 건강이 나빠졌다기보다 떠나온 사회의 비이주 또래들에 비해 오히려 더 건강했다(Kliewer, 1992 참조). 문화변용이 늘어남에 따라, 건강 상태는 국가적 규준 쪽으로 '이동'하는 것처럼 보인다. '수렴 가설'(Sam, 2006b)로 언급되어 온 것이다. 이러한 관찰과 밀접하게 관련이 있는 이민자 패러독스(immigrant paradox)(García Coll et al., 출판 중)로 알려진 것이 있다. 이것의 가장 중요한 측면은 이민자들이 국가적 또래보다 더 나은 적응 결과를 보인다는 반직관적 사실이다. 게다가 1세대 이민자는 2세대 또래보다 더 잘 적응하는 것으로 보고되었다(Sam, Vedder, Liebkind, Neto, Virta, 2008 ; Sam, Vedder, Ward, Horenczyk, 2006).

학교적응

학교와 다른 교육적 환경은 이민자 자녀들과 청소년들에게는 주요한 문화변용 맥락을 구성한다. 교육환경은 정착사회의 축소판으로 보일 수 있다. 학교는 이민자 자녀에게 새로운 문화를 재현하고 소개한다. 학교적응은 문화적 이행 과정의 일차적 과제이며 매우 중요한 결과로 보일 수 있다. 따라서 학교적응은 이민자 자녀들과 청소년들에게는 주요한 문화변용 결과로 보인다. 이민자 자녀는 부모와 마찬가지로 민족성, 국민성, 이민 역사와 관련하여 이질적 집단이다. 유사하게 이들은 다양한 배경을 지닌다[빈약한 사회경제적 지위(SES), 편견 및 차별 같은 약화요인부터 높은 부모 열망 및 가족결속 같은 두드러진 장점에 이르기까지]. 그러므로 학교적응에서는 앞서 언급된 요인들을 일반화하기가 어렵다.

많은 이민자 공동체에서는 학교적응의 중요성이 특히 높다(Horenczyk & Tatar, 출판 중 ; Vedder & Horenczyk, 2006). 그러나 많은 이민자 자녀는 낮은 성적과 높은 퇴학률에서 알 수 있듯(Nusche, 2009), 더 큰 사회인 학교제도에서 학업성취에 어려움을 겪는 것이 분명하다(Suárez-Orozco, Pimentel, Martin, 2009). 이는 그들이 일반적으로 학교에 긍정적 태도를 가지고 있고(Berry et al., 2006 ; Suárez-Orozco & Suárez-Orozco, 1995), 고등학교 진학에 대한 열망을 가지고 있으며(Fuligni, 1997, 1998), 학업적 미래에 낙관하고 있다는(Phalet & Andriessen, 2003) 연구와 반대된다. Andriessen, Phalet, Lens의 연구(2006)에서, 연구자들은 학업성취가 단지 고등학교의 열망을 가지는 문제일 뿐만 아니라 학교 공부와 미래 경력이 중요함을 지각하는 것일 수 있다고 하였다. 구체적으로 Andriessen과 동료들은 네덜란드 고등학교에서 네덜란드, 모로코, 터키계 청소년들 사이에서 지각된 도구성(미래의 성공적 삶을 위해 학교 공부의 중요성을 지각하는 것으로 정의된)의 동기적 혜택과 내적으로 규제된 미래 목표에 대해 조사하였다. 표본이 된 세 집단 모두에서 미래 목표를 위해 긍정적으로 지각된 도구성이 과제 동기화를 증가시키고 간접적으로는 적응학습을 높인다는 것을 알아냈다. 또 다른 주석에서 미국의 경우, 거주기간과 저조한 학업 수행 및 학업 열망이 상관적일 수 있는 것으로 나타났다(이민자 패러독스)(예 : Fuligni, 1997, 1998 참조). 이민자 청소년 사이의 저조한 학업성취는 학교 내(예 : 학교폭력의 지각) 그리고 가정에서의(예 : 가족 갈등과 부모의 교육적 배경) 많은 약화요인과 연결되었다(Suárez-Orozco, Pimentel, Martin, 2009). 요약하면 이민자 청소년의 학교적응 및 학업성취는 개인적 열망과 학교환경보다 더 복잡한 현상이다.

직업적응

직업적응이란 능력 있는 수행과 성공적인 직업의 목표 성취 그리고 지역에 바치는 조직적 헌신을 말한다(Aycan, 1997). 이민자 및 다른 문화변용을 하는 개인에게, 직업 적응은 일터에서 일 잘하고 조직적 목표를 성공적으로 이루는 것에 국한되지 않는다. 여기에는 개인이 교육과 훈련을 받은 직업 분야에 고용되는 것도 포함되지만 실직이라는 불행한 사건도 포함된다. 문화변용을 하는 개인이 직업에서 하향 이동을 경험하는 일은 흔하다(Hayfron, 2006). 이는 사전교육 및 훈련을 알지 못해 문화적으로 적절한 직업기술을 갖추지 못하고 다양한 형태의 문화적 장벽과 차별로 인해 일어난다. 게다가 같은 자격과 경험을 가졌어도 문화변용을 하는 개인은 새로운 사회의 노동력에서 수년간 일한 이후에도 임금에서 차별을 받을 수 있다(Laryea & Hayfron, 2005). 이민자들에게 직업의 하향 이동과 상실은 전체적 적응을 위태롭게 할 수 있다(Aycan & Berry, 1996). 실제로 연구들은 더 잘 적응한 문화변용을 하는 개인이 고용조건에 더 만족한다고 보고하였다(국외 거주자의 직업적응에 관한 더 자세한 논의는 제15장 '일시 체류자' '및 일시 체류자 효과' 참조).

최근 독일 이주자들의 문화변용 전략과 민족적 및 국민적 동일시, 노동 성취 사이의 관계에 대한 연구들이 이뤄졌다(Constant & Zimmermann, 2008; Zimmermann, Zimmermann & Constant, 2007 참조). Constant와 Zimmermann(2008)은 민족적 정체성이 인적 자본과 민족적 고유 특성을 벗어나 현지에 대한 애착과 노동시장에서 이주자들의 수행에 영향을 미칠 수 있다고 주장하였다. 독일 이주자들에 대한 평가는 민족적 정체성이 직업 결정에 중요하며 남녀의 노동력 참여에 의미심장하고 차별적으로 영향을 미친다는 것을 보여주었다. 통합적 정체성을 가진 여성이 동화적 여성보다 일하는 경향이 더 많은 반면, 이 패턴이 이주 남성에게는 맞지 않았다.

사람들이 문화변용을 어떻게 하는가와 사람들이 어떻게 잘 적응하는가 사이에 관계가 있는지에 대한 질문에 답하기 위해 민족문화적 청소년에 대한 13개국 비교연구를 다시 참조한다. 이 연구에서 Berry 등(2006)은 정착사회와 무관하게, 통합 프로파일을 지닌 사람들이 심리적 및 사회문화적으로 가장 잘 적응하고, 분산 프로파일을 지닌 사람들이 가장 적응을 못하였다는 결과를 내놓았다. 그 중간에, 민족적 프로파일을 지닌 사람들은 보통 심리적 적응은 잘하지만 사회문화적 적응은 못하였고, 반면에 국민적 프로파일을 지닌 사람들은 심리적 적응을 잘하지 못하였고 사회문화적 적응은 약간 부정적이었다. 일부 민족적 집단의 경우, 가령 터키인은 전반적으로 통합 프로파일이 문화변용을 하는 최상의 방법으로 보였음에도, 비정착사회(독일과 노르웨이)에서 민족적 프로파일은 심리적인 것이었지 사회문화적인 것은 아니었다. Phinney와 동료들이 발견한 것도 유산 사회와 국민적 사회 모두에의 동일시(통합을 포함하는 문화변용)가 더 높은 자존감을 예상할 수 있게 한다는 것이었다(Phinney, Cantu, Kurtz, 1997; Phinney & Chavira, 1992). 이에 더하여 Chen, Benet-Martínez, Bond(2008)는 양문화적 통합이 높은 중국인 이민자들이 심리적 웰빙 수준도 최고임을 발견하였다. 요약하면 사람들이 문화변용 선택을 어떻게 하고 어떻게 잘 적응하는가 사이에는 연관이 있어 보인다.

방법론적 문제

문화변용 연구는 최근 몇 년간 일부 비판을 받아왔고(예 : Chirkov, 2009; Rudmin, 2003), 대부분 구성체를 어떻게 개념화하고 운영화하는가 하는 방법론적 근간을 비판하였다. 일부 비판가(Chirkov, 2009)는 문화와 문화변용은 더 많은 사회적 구성 접근법과 질적 방법을 사용하여 이해되어야 한다는 견해를 내놓았다. 여기서 관련된 두 가지 방법론적 문제에 집중하여, 문화변용의 평가로 시작하여 문화변용 연구의 고안에 대해 다룬다.

문화변용의 평가

출발점으로 그림 13.1의 모델을 사용하여, 모델의 모든 요소가 모든 문화변용 연구에서 평가될 필요성이 있다(Berry, 2006b). 모든 요소란 접촉 중인 두 집단의 (1) 문화적 (집단) 특징과 (2) 심리적 (개인적) 특징, (3) 접촉 전 특징, (4) 접촉 후 특징을 말한다. 문화변용에 대한 집단 수준의 연구에서는 각각의 원 문화가 접촉환경에 끌어들이는 핵심적 문화현상의 일부, 그리고 접촉 후 변화를 이끄는 문화적 특징들을 조사하는 것에서부터 시작해야 한다. 이 조사에서는 민족지학적 방법을 사용할 필요가 있다(제10장 '민족지학' 참조). 여기에는 정치적(예 : 정착 관련 정책들), 경제적 및 인구학적, 문화적 변화(예 : 새로운 언어와 전통)가 포함될 수 있다. 두 원문화집단이 문화변용 환경에 가져오는 특성에 더하여, 이들의 상호작용 특성을 결정하는 요인들, 가령 문화적 거리(Ward et al., 2001)를 고려하는 것이 중요하다. 이는 두 집단이 언어, 종교, 가치 같은 문화적 차원에서 얼마나 유사한지혹은 다른지와 관련이 있다. 여기서 조사되어야 할 집단 수준의 현상이 본래 광범위하게 문화적이며, 따라서 민족지학적 방법의 사용이 적절한 접근법임을 강조하는 것이 중요하다. 불행하게도 이러한 문화변용 측면을 평가하는 연구는 드물고, 문화변용 결과에서 문화의 역할과 문화적 차이에 대해 추론하는 데 문제가 있다.

개인 차원의 문화변용에서는, 접촉 이전에 있었던 인성적 특성 및 능력 같은 구성인자, 그리고 접촉에 이어 이루어진 변화들이 평가에 포함되어야 하며, 여기에는 양 집단에서의 태도, 행동, 정체성의 변화가 포함된다. 양 집단에서 문화변용 전략과 심리적 및 사회문화적 적응 수준의 평가도 중요하다.

Arends-Tóth와 Van de Vijver(2006, pp.147-154)는 문화변용 연구자들이 연구를 고안할 때 처리해야 할 여섯 가지 문제를 확인하였다. 그러나 이들 문제는 문화변용 연구에만 해당하는 것은 아니다. 이들은 다음과 같이 권고한다.

1. 연구의 목적, 문화변용 척도를 포함시키는 이유, 문화변용 변수의 선택을 명백하게 밝힐 것. 거주기간, 세대적 지위 같은 대용물을 사용하기보다는 문화변용의 척도가 분명히 있는 것이 중요하다.

2. 연구해야 할 문화변용의 양상(지식, 행동, 가치, 태도)을 분명히 인식할 것. 이러한 여러 영역은 균일하게 변화하지 않으며 결과적으로 척도의 신뢰성을 낮춘다.

3. 선별된 연구방법론, 가령 설문조사, 사례연구, 관찰 또는 실험적 접근법의 이유를 제공할 것. 삼각측량 방법 또는 혼합적 방법들이 이상적일 수 있다. 많은 문화변용 연구가 설문조사 방법을 사용했는데, 이는 인과관계를 설정하는 데 어렵다. 실험적 연구는 크게 부족하다.

4. 문화변용 전략을 평가하기 위해 선택된 이론적 모델과 측정방법에 대해 말할 것(1개, 2개, 혹은 4개의 진술 도구의 사용, 점화 또는 설문조사 접근법의 사용).

5. 항목에서 다루는 생활 분야와 상황 선택에 대해 해명할 것. 이것은 사회적 관계와 친연관계, 일상의 활동, 문화적 전통이 될 수 있다. 언어의 사용과 숙달은 문화변용의 지표로 종종 사용된다. 그러나 이것은 (사회문화적) 결과로 간주하는 것이 가장 좋다.

6. 항목의 자구와 언어 선택에 대해 해명할 것. 문화변용을 겪는 사람들은 국민적 언어에 그리 유창하지 않을 수도 있다. 따라서 구어적 표현 없이 짧고 직접적인 문장이 더 낫다. 도구를 국민적, 민족적, 또는 국제적 언어로 제시해야 할지, 아니면 참가자에게 다른 언어를 선택하게 할지를 결정해야 한다. 언어는 문화변용 결과의 지표이므로, 통계분석을 위해서는 언어를 통제할 필요가 있다.

문화변용 전략 측정

이 장의 앞에서, 문화변용 전략의 두 가지 기본 문제를 어떻게 운영하느냐에 따라 결과에 차이가 있음을 언급하였다. 많은 연구에서 태도(문화변용 방법에 대한 선호도)와 행동(언어 지식과 사용, 우정 선택), 그리고 문화적 정체성을 평가하였다. '전략'이라는 용어를 사용한 의도는 태도에 대해서만이 아니라 하나의 패턴을 언급하기 위해서다. 앞에서 언급하였듯이, 문화변용의 여러 심리적 측면이 일부 연구에서 하나의 패턴(프로파일)을 이룬다.

Rudmin(2003, 2009; Rudmin & Ahmadzadeh, 2001)은 동화, 통합, 분리, 주변화 등 4개의 전략이 어떻게 평가되었는지 비판하였고, 이에 대해 대답이 이루어졌다(Berry, 2009; Berry & Sam, 2003). Arends-Tóth와 Van de Vijver (2006)는 주요한 세 가지 접근법을 확인하고, 이를 통한 문화변용 전략을 평가하여 한 가지, 두 가지, 네 가지 진술방법으로 언급하였다. 요약하면 '한 가지 진술방법'은 전형적으로 일차원적인 양극 척도로, 한 끝에서는 유산 문화를 보존하고 다른 끝에서는 국민적 문화를 채택하는 식의 범위를 포함한다. '두 가지 진술방법'은 2개의 별도 척도를 사용하는 문화변용 전략평가를 수반하는데, 하나는 주류문화 지향을 나타내고 다른 하나는 유산 문화 지향을 나타낸다. '네 가지 진술방법'도 문화변용의 이차원적 모델에 토대를 두고 있다. 여기서 네 가지 문화변용 전략 각각의 지향은 별도의 항목으로 논의한다.

문화변용 연구의 디자인

문화변용 연구방법은 관찰과 사례연구에서 자기보고에까지 다양하다. 선택된 방법은 문화변용의 어떤 측면(문화변용 조건, 지향 또는 전략, 문화변용 결과)이 조사되느냐에 어느 정도 달려 있다. 앞에서 문화변용을 연구할 때 염두에 두어야 할 문제를 비롯해 문화변용의 어떤 측면을 연구해야 하는지, 특히 문화변용 전략을 어떻게 측정할지에 대해 살펴보았다. 이 하위 부문에서 몇 가지 특정한 문화변용 연구 고안에 대해 살펴본다.

횡단적 디자인과 종단적 디자인

문화변용은 시간을 두고 일어나는 과정이며, 문화와 개인 모두에게 변화를 가져온다. 과정으로서 변화는 종단적 디자인을 사용할 때 가장 잘 이해될 수 있다. 그렇다고 횡단적 디자인이 쓸모없다고 주장하려는 것은 아니다. 오늘날 문화변용에 대해 알고 있는 많은 부분이 횡단적 연구에서 온 것이다. 하지만 종단적 연구가 아주 많이 필요하다.

　문화 변화와 개인적 변화는 모두 집단과 개인을 시간을 두고 비교할 때만 주목할 수 있고 평가할 수 있다. 이것이 이상적이긴 하나, 실제에서는 이러한 비교가 대부분의 문화변용 연구환경에서는 실행 가능하지 않다. 대신에, 더 흔하게 실행되는 것으로 문화적 특성의 많은 부분을 다른 정보들(예 : 이전의 민족지학적 설명)을 통해 확인하고, 일부는 문화변용의 경험이 덜한 공동체의 연장자들이 보고한 정보들로 재구축한다. 유사하게 사망이나 인구 유출을 통해 '조사 대상 죽음'이라는 문제들로 종종 골머리를 앓긴 해도, 개인적 변화도 이상적으로는 종단적 연구로 평가되어야 한다(Berry, 2006b).

　종단적 연구의 흔한 대체물은 시간 관련 변수(거주기간, 세대적 지위, 새로운 사회에서 보낸 시간 비율)를 사용한 횡단적 연구다. 이들 변수가 문화변용 대용물로 사용된다. 여기서 전제는 문화변용이 시간에 따른 축적 과정이라는 것이다. 그러나 이 전제가 늘 유효한 것은 아니다. 그럼에도 일부 연구(예 : Berry et al., 2006)에서 이주자가 새로운 사회에서 거주한 기간에 따라 문화변용 전략에서 체계적이고 해석 가능한 차이가 있음을 발견하였다. 새로운 사회에서 더 오래 산 집단에서 통합의 선호도가 더 높았고 주변화는 더 낮았다.

실험적 연구

많은 문화변용 연구가 변화에 영향을 주거나 변화를 가져오거나 결과를 설명해 줄 수 있는 요인과 조건을 이해하는 데 관심을 기울인다. 결과를 설명할 수 있으려면 분석에서 주제와 무관한, 혼란한 요인들은 배제되거나 통제되어야 한다. 이를 실행하기 위해서는 실험적 연구가 가장 이상적이다(제12장 '내적 맥락과 외적 맥락' 참조). 몇 가지 실험적 연구 형태가 있지만 문화변용 연구에서 매우 필요한 한 가지 형태가 점화이다. 이 유형의 연구에는 참가자들의 사고방식을 실험적으로 조작하여 결과적으로 행동에서의 변화를 측정하는 것이 포함된다(Matsumoto & Yoo, 2006). 점화 연구를 통해, Hong과 동료들은 속성 오류를 조사하기 위해 미국과 중국의 아이콘 이미지(예 : 미국의 국회의사당과 중국의 만리장성)를 사용하여 이중문화적인 중국계 미국인들에게 미국식과 중국식 사고방식을 자극하였다(Hong, Morris, Chiu, Benet-Martínez, 2000). Maddux와 동료들(Leung & Chiu, 출판중; Leung, Maddux, Galinsky, Chiu, 2008; Maddux & Galinsky, 2009)도 문화 간 경험(해외 거주시간)과 창조적 사고 사이의 연계를 증명하기 위해 점화방법을 사용하였다. 한 연구에서, 연구자들은 외국에서 산 경험을 점화하는 것이 전에 외국에서 살았던 참가자들의 창조적 경향을 일시적으로 고양시킨다는 것을 보여주었다. 또 다른 연구에서는 해외에 사는 개인이 다른 문화를 받아들이는 정도가 해외에서 사는 경험과 창조성 사이의 연계에 영향을 준다는 것을 보여주었다.

비교연구

문화변용 경험과 문화변용 결과를 연결시키는 일반적 원칙을 찾아내는 것이 중요하기는 하지만, 많은 문화변용 연구가 한 사회에 정착하며 문화변용을 하는 한 집단을 조사한다. 이러한 연구에서 나온 결과는 연구가 진행된 집단(들)과 사회를 넘어 일반화시킬 수 없다. 게다가 대부분의 문화변용 연구가 몇몇 서구 사회에서 진행되었고(오스트레일리아, 캐나다, 유럽, 미국), 반면에 대부분의 문화변용은 세계의 다른 곳(중국, 인도, 아프리카와 남미 사회)에서 일어나고 있다. 한 사회의 한 집단에서 일어나는 문화변용 현상에 대해 아는 것이 중요하지만, 제한된 연구 결과를 결과가 나온 환경 너머로 일반화할 위험이 있다(Berry, 2006b). 문화변용에 대한 비교연구가 오랫동안 지지되어 왔지만(Berry et al., 1987), 현재까지 완성된 것은 별로 없다. 야심 찬 비교연구로 Berry와 그의 동료들이 13개국을 분석한 것이 있다(Berry et al., 2006). 이 연구를 통해 문화변용의 몇몇 보편적 특성 확인에 좀 더 다가가게 되었다. 예를 들어, 이 연구에서는 개인이 머무는 사회의 종류(정착사회 대 비정착사회)가 개인이 선택하는 문화변용 방법과 잘 적응하는 방법에 영향을 미친다는 것을 보여주었다. 그러나 더 중요하게는 개인이 거주하는 사회와 무관하게 가장 성공적인 문화변용 전략은 통합인 것으로 밝혀졌다.

결론

문화변용 심리학은 폭넓은 비교문화심리학 분야에서 신생 영역이다. 그럼에도 저널에 발표된 논문들에서 변화가 증명하듯이 가장 빠르게 성장하는 분야이다(Brouwers, Van Hemert, Breugelmans, Van de Vijver, 2004; Lonner, 2004). 문화변용 심리학에 대한 관심과 성장은 의심의 여지없이 유례없는 전 세계적 이주와 지구화의 증가에 대한 반응이다(Sam & Berry, 2006). 성장 분야로서 해결하고 강조해야 할 문제들은 아직 산재해 있다. 이 장을 맺으면서 이 분야의 미래 향방에 영향을 줄 수 있는 네 가지 문제, 즉 영역, 맥락, 과정, 그리고 일반화를 강조하고자 한다.

문화변용은 원래 접촉하는 문화적 집단과 개인(또는 모두)에서 일어나는 것으로 정의되었다(Redfield et al., 1936). 문화변용 연구에서 현재 한 가지 문제는 문화변용적 변화를 비지배적 집단 가운데서만 조사해야 하는지 아니면 모든 사회집단에서 조사해야 하는지 하는 것이다. 지배집단이 가지는 문화변용의 기대에 대한 몇몇 연구(예 : Arends-Tóth & Van de Vijver, 2007)에서는 문화 유지 및 변화의 공적 영역과 사적 영역을 분명하게 구분한다. 이민자와 민족문화적 집단은 자신들의 문화를 보유할 수 있지만, 가족과 유산 공동체 맥락에서 그렇게 하기를 기대하는 것이다. 그러나 일부 사회에서(오스트레일리아, 캐나다와 유럽공동체), 공공정책은 문화변용이 모든 집단에서 변화의 과정임을 분명하게 명시하고 있다. 예를 들어, EU(2005) '통합에 관한 공통된 기본원칙' 정책에서는 이렇게 기술하고 있다. "통합은 구성원 국가들의 모든 이주자와 주민들에 의한 역동적인, 두 방향의 상호 문화변용 과정이다. 통합은 역동적이고 장기적이며 지속적인 두 방향의 상호 문화변용 과정이며, 정태적 결과가 아니다. 이것은 이주자와 그 후손들의 참여뿐만 아니라 모든 거주자의 참여를 요구한다." 상호 과정으로서의 이러한 문화변용과 적응의 비전은 본래의 정의와 잘 맞는다. 그러나 수용하는 더 큰 사회에서는 많은 사람들이 이러한 비전을 받아들이지 않는 것 같다(제14장 '다문화주의' 참조). 이는 당연히 미래 연구에서 문화변용 연구자들이 모니터해야 할 가장 중요한 문제다.

맥락의 문제에서는 문화변용을 하는 조건, 다시 말해 어떤 조건에서 문화변용이 일어나는가를 다룬다. 이는 문화변용을 하는 집단과 그 집단에 속한 개인에 대해 상세히 이해할 것을 요구한다. 문화변용에는 적어도 두 집단과 각 집단의 개인 구성원이 포함되기는 하지만, 연구는 거의가 비지배집단에 초점을 맞추는 것 같다. 더구나 문화변용 연구에서는 또한 비지배집단의 문화변용 이전 조건에 대해서도 무시했다. 맥락의 중요성은 명확히 입증되었다(Birman, Trickett, Buchanan, 2005; Nguyen, Messe, Stollak, 1999). 그럼에도 과정을 적절히 이해하는 데 필요한 맥락적 정보는 심리적 문화변용 연구에서만 간략하게 관심을 기울였고, 중요한 정보를 접할 수 있는 경우에도, 그 정보는 종종 부록에 있고 문화변용의 과정이나 결과 변수와는 잘 연계되지 않았다.

문화변용은 변화 과정을 수반하며, 이를 위해서는 종단 연구가 매우 중요하다. 그러나 종단 연구는 비용과 시간 때문에 상대적으로 부족하였다. 종단 연구의 필요는 무엇보다도 발달과 문화변용의 얽힘을 풀어주는 데 도움이 될 것이다.

비교문화심리학의 한 가지 목표는 어느 정도 일반화를 이루는 것이다. 다시 말해 심리적 과정과 결과에서 문화특수적인 것과 문화일반적인 것을 인식하고자 한다. 비교연구가 부재하는 상황에서는 일반화하는 것이 매우 제한적이고, 문화변용의 보편적 특징을 인식하는 것은 더구나 제한적이다. 지금까지 대부분 문화변용의 비교연구에는 기껏해야 2~3개 국가가 포함되었고 민족문화적 집단의 수도 거의 2~3개였다. 더 광범위한 비교연구가 필요하다.

세계가 지구화를 겪고 우리의 삶이 점점 멀리 있는 사람들과 경제에 얽이면서, 문화변용과 관련한 두 가지 문제가 있다. 첫 번째는 지구화가 '용광로'로 이끄는 동화 과정에서 문화적 및 심리적 동질화를 가져올 것인가, 아니면 그 결과에 대한 저항을 키울 것인가 하는 문제이다. 두 번째 질문은 개인이 다른 문화집단과 물리적으로 이웃하여 살지 않더라도 지구적 정체성을 발전시킬 것인가, 아니면 또 다른 나라에 의해 물리적으로 병합되거나 식민화될 것인가 하는 것이다. 첫 번째 문제와 관련한 주장은(Berry, 2008), 네 가지 문화변용 전략 모두가 전 세계적 접촉에 대한 대응으로 명백하다는 것이다. 동질화와 동화는 불가피한 것이 아니다. 두 번째 문제와 관련해, 이러한 지구적 정체성이 정확히 어떻게 발전하고 심리적 적응에 어떻게 영향을 미치는가에 대한 이해가 부족하며(Chen et al., 2008) 이는 연구에서 많은 관심을 끌 것이 분명하다. 이에 더해 최근의 경제 침체는 일부 노동 및 경제 이주자들을 본국으로 돌아가게 하는 결과를 가져올 수도 있으며, 이러한 변화는 또 다른 계열의 연구를 자극할 것이다(Tartakovsky, 2008; Yijälä와 Jasinskaja-Lahti, 2010). 현대 사회에서 문화들의 만남은 가상 형태를 포함하여 다양한 형태를 취했다. 이러한 새로운 현실이 문화변용에 어떻게 영향을 미치는가는 연구에서 부족한 영역이다.

주요 용어

문화변용 • 심리적 문화변용 • 적응 • 문화적 정체성 • 문화변용 스트레스 • 더 큰 사회 • 동화 • 통합 • 분리 • 주변화 • 문화변용 전략 • 문화변용 프로파일 • 이민자 패러독스

추천 문헌

Berry, J. W., Phinney, J. S., Sam, D. L., and Vedder, P. (eds.) (2006). *Immigrant youth in cultural transition: Acculturation, identity and adaptation across national contexts*. Mahwah, N.Y.: Erlbaum.

이 책은 13개국에서 이민자 청소년, 그들의 국민적 또래, 그들 부모의 문화변용에 대한 비교 연구의 경험적 보고서다. 이 책은 이민자 청소년이 어떻게 문화변용을 하는지, 이들이 어떻게 잘 적응하는지에 대한 경험적 증거와, 문화변용과 적응 사이의 연계를 제공한다. 이에 더해, 이 책은 정책 입안의 기본을 제공한다. 이 책에 대한 요약은 *Applied Psychology: An International Review*, 2006, pp.303-332 참조.

Jasinskaja-Lahti, I., and Mähönen, T. A. (2009). *Identities, intergroup relations and acculturation: The cornerstones of intercultural encounters*. Helsinki: Helsinki University Press.

15개 장으로 구성된 이 책에서는 정체성, 집단 간 관계와 역동적 과정으로서의 문화변용에 초점을 맞춘다. 이 책에서는 또한 과정으로서의 문화변용을 포착하기 위한 방법론적 해법을 제시한다.

Sam, D. L., and Berry, J. W. (eds). (2006). *The Cambridge handbook of acculturation psychology*. Cambridge: Cambridge University Press.

31개 장으로 구성된 이 책에서는 문화변용의 다양한 측면에 대해 확장된 개요를 제공하며, 여기에는 이론적, 경험적 및 맥락적 구성인자들이 포함된다.

Ward, C., Bochner, S., and Furnham, A. (2001). *The psychology of culture shock*. Hove: Routledge.

이 책은 문화변용을 하는 여러 집단의 문화변용에 대해 Bochner, S.와 Furnham, A.가 처음 출판한 책의 두 번째 판이다. 이 책이 거의 10년 전 책이고, 개정판이 현재 진행 중이지만(첫 번째 저자에 의해), 여전히 매우 최신적이며, 개개인이 새로운 문화를 어떻게 처리하는가 하는 여러 측면에 대해 훌륭한 혜안을 제공한다.

14 | 문화 간 관계

이 장에서는 문화 간 관계 분야에서 비교 연구와 응용에 대해 기술하고자 한다. 제13장에서 소개한 문화 변용 전략의 개념과 유사한 **문화 간 전략**(intercultural strategies) 개념을 검토하면서 시작한다. 이들 전략 가운데 하나(다문화주의)에 대해 이론적으로 이의를 제기하고 동시에 경험적으로 검토한다. 다음에 이에 대한 몇 가지 관념과 발견을 제시한다. 이어 몇몇 핵심적 이론과 개념들을 제시하고, 문화들을 통해 선별된 연구 및 응용들을 가지고 설명한다.

　　문화 간 관계에 대한 연구는 비교문화심리학의 핵심 부분이라고 볼 수 있다. 이 연구는 문화적 집단 및 개별 구성원들 간 접촉의 결과인 심리적 현상에 대해 문화변용 하위 분야와 초점을 공유한다. 또한 문화변용과 유사하게 문화 간 관계 연구에서는 다문화사회에서 사람들이 함께 살아가는 방식을 조사한다(Brewer, 2007; Sam & Berry, 2006; Ward, 2008). 다문화사회에서 사회적 공간을 공유하는 다양한 집단에 대해서는 제13장에서 기술하였다(이민자, 난민, 민족문화적 집단, 일시 체류자, 토착민 포함). 하지만 문화변용과는 달리 문화 간 관계 현상은 직접적인 접촉 없이도 일어날 수 있다. 이 현상은 이전의 역사적 접촉 혹은 현대적 텔레커뮤니케이션으로부터 오는 의식에 뿌리를 내릴 수 있다. 따라서 다른 사람과 직접적인 접촉이 없는 사람들 사이에서 고정관념, 태도, 편견 같은 기본적인 문화 간 과정을 조사할 수 있다. 개인적 신념과 태도가 직접 접촉에서보다는 그 사람의 문화적 공동체의 집단적 현상에서 파생될 수 있기 때문이다. 따라서 비교문화심리학 전 영역에서, 개별적인 심리현상을 이해하기 위해서는 이러한 배경의 문화적 맥락을 고려해야 한다.

제13장에서 논의하였듯, 문화변용에는 두 가지 기본적 문제, 즉 사람들의 문화 및 행동의 지속성이나 상실, 그리고 문화적 집단 간 접촉의 성격이 포함된다. 이 장에서는 두 가지 문제 가운데 후자에, 그리고 그에 따른 관계성에 초점을 맞춘다. 검토의 범위는 국제적으로 사회들 간에 일어나는 관계성보다 다문화사회에서 문화집단 간에 일어나는 관계성으로 제한한다.

문화 간 전략

앞서 언급하였듯이, 문화 간 전략(Berry, 1997)이라는 개념은 제13장에서 제시한 문화변용 전략 개념과 유사하다. 이들 전략은 매일 문화 간 만남에서 드러나는 태도와 행동(선호도와 실제 실행)이라는 두 가지 구성요소로 이루어진다. 이러한 문화 간 전략들을 고려할 때 특히 중요한 것은 이들 전략의 쌍방 혹은 상호적 특성이다. 문화변용 전략에서도 그렇지만(이들 전략이 지배적 및 비지배적 문화집단 모두에 존재하는), 문화 간 전략에서 중요한 현상은 관계성이며 접촉 중인 모든 집단에서 이를 검토해야 한다. 따라서 어떠한 문화 간 연구와 응용에서든, 그림 13.2의 왼쪽과 오른쪽 모두에 똑같이 관심을 기울여야 한다. 이미 보았듯, 민족문화적 집단(ethnocultural groups)의 통합전략은 다문화주의(multiculturalism)의 국가적 정책에 해당한다. 지배적 집단의 이데올로기와 정책, 그리고 비지배적 사람들의 선호도 모두가 다문화사회에서 문화 간 관계의 과정과 결과를 이해하는 데 핵심적인 특성이다(Berry, 2004; Bourhis et al., 1997; Navas et al., 2007 참조). 이 틀을 사용하면 개인과 집단 사이의, 그리고 비지배적 사람들과 더 큰 사회 사이의 문화 간 전략들을 비교할 수 있다. 모든 비교문화 연구에서 그렇듯이, 이들 정책과 개별적 선호도는 역사적, 경제적, 지정학적 맥락에서 이해해야 한다.

지배적 및 비지배적 민족문화적 집단 모두의 문화 간 전략들은 국가적, 제도적, 그리고 개별적 수준 등 세 가지 수준에서 검토할 수 있다. 그림 14.1은 문화 간 관계와 관련된 각 측면의 세 가지 수준을 나타낸다. 오른쪽은 다양한 비지배적 문화집단이 취하는 관점이다. 왼쪽은 지배적인 더 큰 사회가 취하는 관점이다. 세 가지 수준에서 맨 위의 것이 가장 포괄적이고(국가적 사회 혹은 문화적 집단), 맨 아래가 가장 덜 포괄적이며(개인), 그 사이에 다양한 사회적 집단화가 있는데(제도라고 불림), 여기에 정부기관, 교육, 의료체계, 일터를 포함시킬 수 있다.

첫 번째 수준에서(왼쪽), 더 큰 다원사회(plural society)에 의해 각 부분으로 나누어지는

수준	지배적 더 큰 주류 사회	비지배적 소수집단 문화집단
국가적	국가적 정책	집단 목표
제도적	단일 또는 다원적	다양성과 공평성
개인적	다문화적 이데올로기	문화변용 전략

그림 14.1 다원사회 내 지배적 및 비지배적 집단의 문화 간 전략의 응용 수준

국가적 정책들을 검토한다. 예를 들어 캐나다와 오스트레일리아의 다문화주의 국가적 정책은 유산 문화의 유지와 더 큰 사회로 모든 집단의 전적이고 공정한 참여를 높인다(Berry, 1984; Watts & Smolicz, 1997). 유사하게 유럽연합(2005)은 'EU 내 이주자 통합정책의 공통적 기본원칙'을 채택하였다. 거기서는 "통합은 회원국의 이민자 및 거주자 모두에 의한 역동적인 양방향 과정의 상호적 적응이다."라고 기술하고 있다. 즉, 지배적 집단과 비지배적 집단 모두 변화 과정에 참여할 필요가 있다. 이민자나 다른 비지배적 문화집단에서 모든 변화가 이뤄지기를 기대하는 것이 아니다. 중국과 인도에서도 공공정책은 문화 공동체들이 자신들의 유산을 유지할 권리와 더 큰 사회에 참여할 권리를 지원하려고 모색한다. 이들 정책 가운데 일부 요소에 대해 다음의 다문화주의 부분에서 더 상세히 제시할 것이다(Westin, Bastos, Dahinden, Góis, 2009 참조).

첫 번째 수준에서(그림 14.1의 오른쪽), 많은 민족문화적 집단은 선호도를 공식적으로 표현한다. 일부에서는 더 큰 사회로의 통합을 모색하는 반면(예 : 뉴질랜드의 Maori족), 또 다른 곳에서는 분리를 모색한다(예 : 스코틀랜드 국민당이나 캐나다의 퀘벡당은 국가적 집단으로서 독립을 모색한다).

맨 아래(개인) 수준에서, 다문화적 이데올로기 개념을 사용하여 더 큰 사회의 개인이 네 문화 간 전략에 대해 취하는 태도를 평가할 수 있다. 게다가 다양한 비지배적 문화집단 구성원들의 경우, 개별적 문화변용 전략에서 중요한 변이들이 있음을 이미 살펴보았다(제13장).

중간(제도적) 수준에서, 대안적 문화 간 전략에 뿌리내린 경쟁적 전망들이 일상적으로 서로 대치하고 심지어 충돌한다. 지배적인 더 큰 사회에서는 교육, 건강, 정의, 방어 같은 핵심 제도에서 단일 프로그램과 표준(자신들의 문화적 관점에 기초한)을 택할 수 있다(프랑스와 독일에서처럼; 인종차별주의와 외국인혐오주의에 대한 유럽감시센터, 2008). 이와 대조적으로 비지배적 문화집단은 종종 다양성과 공평성이 합쳐진 목표를 모색한다. 여기에는 우선 집단의 문화적 고유성과 특정 필요가 포함되고, 두 번째로 이들 집단의 필요

가 지배적 집단의 필요와 같은 수준으로 이해, 수용, 지원되는 것이 포함된다. 다양성과 공평성의 목표는 통합과 다문화주의 전략에 매우 근접(문화적 유지와 포용적 참여를 결합)한 반면, 획일성 추구는 동화 및 용광로 접근법에 가깝다(Berry, 1997 참조).

다문화주의

제13장에서 주목하였듯, 현대사회는 문화적으로 모두 다원적이다. 하지만 그림 13.2에서 사용하였듯이, 이 개념은 '다문화적'이라는 용어와 구분해야 한다. 모든 사회가 문화적으로는 다원적인 데 반해, 일부 사회만이 이런 방식을 선호한다는 데서 구분이 된다. 후자의 사회가 (1) 자신들의 다양성을 (축소하거나 제거하려 하기보다) 유지하고 향상시키고자 하고, (2) 더 큰 사회의 일상적 삶과 제도에 (참여를 막기보다) 전적으로, 그리고 공평하게 참여하도록 격려한다는 의미에서 다문화적이다. 다원사회에서 현재 이러한 문화적 다양성을 이해하고 관리할 방법보다 더 논쟁적인 문제는 없어 보인다(Adams, 2007; Kymlicka, 2007; Moghaddam, 2008).

전 세계 많은 곳에서 통합과 다문화주의 개념에 대한 의미가 진화하는 중이다(에스토니아 통합재단, 2007; Glazer, 1997; Van de Vijver, Breugelmans, Schalk-Soekar, 2008). 다문화주의의 의미 가운데 하나는 그림 13.2에서 이미 살펴본 통합 지향에 해당한다. 이것이 이 장에서 사용된 개념들의 의미이다. 그러나 일부 사람에게 다문화주의란 주로 많은 참여나 공유 없이 기본적으로 사회 안에 많은 문화가 포함되어 있다는 것을 뜻한다. 이런 의미에서 볼 때, 다문화주의는 통합보다 분리에 더 가깝다. "문화적 차이를 강조할 위험이 있고… '우리-그들' 식의 사유를 더욱 강화하기"(Kağitçıbaşi, 1997, p.44) 때문이다. 유사하게 Brewer는 이러한 의미의 다문화주의가 집단을 구분해 결국 '갈등과 분리주의의 단층선'(1997, p.208)으로 된다고 보았다. 또 다른 사람들에게 다문화주의와 통합은 동화로 가는 도정의 임시 정류소로 인식된다(Hamberger, 2009).

물론 '다문화주의'라는 용어에는 다양한 의미가 있을 수 있다. 하지만 대부분의 현대 다원사회에서 이 말은 함께 살아가기 위한 공유된 틀에서의 균형이라는 의미를 담고 있다. Watts와 Smolicz(1997, p.52)는 "다문화주의에 전제되는 것은 다민족 상태에서 중핵으로 활동하는 포괄적이며 공유적 가치 틀, 즉 국가를 구성하는 다양한 문화와 민족적 집단들에 유연하게 반응하는 틀의 존재이다."라고 말했다. 이러한 포괄적 틀이 그림 13.2에서 더 큰 사회라는 말로 표현되었다.

다문화주의 정책

그림 13.2에서 다문화주의는 모든 문화적 집단이 문화적 특성과 정체성을 유지하고 동시에 더 큰 다원사회에서 집단 간 공평한 접촉과 집단 모두의 참여를 받아들이는 지향으로 인식되었다. 캐나다 다문화주의 정책을 이해하고 평가하는 데 심리적 기초를 제공하는 방법으로서 이 용어를 문화변용에 내포된 2개의 문제와 연계시켜 이해할 것이 제안되었다 (Berry, 1984). 이민자를 받아들이는 대부분의 나라에서처럼, 캐나다에서 초기 정책은 용광로를 추구하는 것이어서 이민자의 동화를 선호하였다. 그러나 이것이 점차 변해 동화가 전 세계 어디서나 작동하는 것은 아니며 일반정책으로 실행할 수는 없다는 관점을 이끌어 냈다. 1971년에 캐나다 연방정부에서 국가적 다문화주의 정책을 발표하였다. "이것의 의도는 차별적 태도와 문화적 시기심을 허물기 위해서다. 국가적 통일성은 아주 개인적인 의미에서 어떤 것을 의미하고자 한다면, 자기 자신의 개별적 정체성을 신뢰하는 것에 기반을 두어야 한다. 이 기반에서 다른 사람의 정체성을 존중하고, 관념, 태도 및 추정을 공유하려는 의지가 자랄 수 있다"(캐나다 정부, 1971, p.3).

이 정책의 근본 목표는 문화 간 관계를 향상시키고 모든 민족문화적 집단 간에 상호 수용을 높이는 것이다. 이러한 목표에 접근하려면 세 가지 프로그램의 구성요소를 통해야 한다. 하나는 정책의 문화적 구성요소로, 모든 문화적 집단 사이에 문화적 유지와 개발을 지원하고 격려함으로써 이루어진다. 이 구성요소는 전략 틀에서 볼 때, 문화유산과 정체성의 유지를 다루는 첫 번째 문제와 유사하다. 두 번째는 사회적 구성요소로, 집단 간 접촉의 기회를 제공함으로써 문화적 표현의 공유를 증진시키고 더 큰 사회로의 전적인 참여를 방해하는 장벽 제거를 증대시킨다. 이 구성요소는 전략 틀에서 볼 때, 다른 민족문화적 집단과의 접촉을 다루는 두 번째 문제와 유사하다. 마지막 프로그램—문화 간 소통 구성요소—은 더 큰 캐나다 사회의 이중언어적 현실을 나타내며, 모든 민족문화적 집단이 상호 활동하고 국가적 삶에 참여할 수 있게 하는 수단으로서 공식 언어(영어와 프랑스어) 중 하나 혹은 둘 모두를 배우도록 증진시킨다.

유럽연합(2005) 통합정책이 여기서 사용된 의미의 다문화주의에 해당한다. 모든 문화집단의 문화 유지와 전적인 참여의 권리 모두를 증진시킨다는 점에서 다문화주의다. 한 조항에서는 문화적 유지의 권리 수용을 이렇게 기술하고 있다. "다양한 문화와 종교의 수행은 다른 위반될 수 없는 유럽인의 권리 및 국가법과 충돌하지 않는 한, 기본권 헌장 아래 보장되고 보호되어야 한다." 전적인 참여를 증진시킨 또 다른 원칙은 "이민자와 회원국 시민 간 빈번한 상호작용이 통합의 근본 메커니즘이다."라고 기술되어 있다. 따라서 EU 정책의 두 원칙은 근본 방식에서 캐나다 정책과 유사하며, 이 장에서 사용된 통합과 다문화주의 개념의 용례와 일치한다. 핵심적 관념은 문화유산 및 정체성의 유지와 더 큰 사회의 삶으로 모든 문화집단의 전적이고 공평한 참여라는 대등하게 중요한 두 가지 강조점으로 나타난다. 후자 없이 전자를 추구하면 분리로 가지만, 전자 없이 후자를 강조하면 용광로로 간다. 함께 서로 균형을 맞출 때, 다문화주의를 이룰 수 있고 배제를 피할 수 있다. 그러나 (앞에서 언급하였듯이) 일부 사회에서는 종종 다문화주의가 한 사회에서 많은 독립적 문화 공동체만 있을 뿐, 균등한 참여와 결합은 없음을 의미하는 것으로 흔히 잘못 이해되고 있다(Joppke, 1996 참조).

개념 및 정책으로서 다문화주의의 지각, 의미 및 대중적 수용에 대한 연구는 캐나다에서 Berry, Kalin, Taylor의 작업(1977)으로 시작되었고, 수많은 국가에서 연구가 계속되고 있다[(네덜란드에서 Breugelmans & Van de Vijver, 2004; Van de Vijver, Breugelmans, Schalk-Soekar, 2008; (뉴질랜드)에서 Ward & Masgoret, 2009]. 다문화주의의 심리적 검토와 관련해 다문화적 이데올로기(multicultural ideology)와 다문화주의 가설(multiculturalism hypothesis)이라는 두 가지 핵심 개념이 있다.

다문화적 이데올로기

다문화적 이데올로기 개념은 다원사회에서 함께 살아가는 다문화적 방법을 일반적으로 수용하는 것과 관련이 있다(Berry et al., 1977, pp.131-134). 초기 연구(Berry et al., 1977; Berry & Kalin, 1995)에서는, 캐나다의 전국적 표본을 사용하여 다문화주의 정책 및 프로그램의 의미, 이에 대한 태도의 지각을 조사하였다. 다문화 이데올로기에는 세 가지 요소가 있다. 전략 틀과 관련하여 이미 언급한 두 요소(문화적 유지 및 전 집단의 공평한 참여)에 더해, 세 번째 특성은 상호 적응을 위해 변화해야 할 지배적 집단에 의한 수용이다.

이들 연구에서, 세 가지 구성요소가 결합해 어떻게 개인 및 집단이 더 큰 사회에서 서로 적응해야 한다고 믿는가 하는 폭넓은 이데올로기적 지향이 되었다. 이러한 관점을 평가하는 항목들이 긍정과 부정 둘 다의 문장으로 개발되었다. 긍정적 항목에는 "민족적 집단들이 자신들의 생활방식을 지킬 때 캐나다는 더 좋은 곳이 될 것이다"(문화적 유지), "이민자들과 우호적 관계를 맺을 때 캐나다인들은 얻을 수 있는 것이 많다"(접촉)가 포함된다. 부정적 항목에는 "민족적 집단 구성원들이 자신들의 문화를 지키고자 한다면, 자기들끼리 지키고 나머지 우리들을 괴롭혀서는 안 된다"(접촉과 관련하여 분리와 부정성을 표현)가 있다. 항목들에서는 또한 문화적 다양성이 자원이며 사회가 가치를 두어야 할 것이라는 기본 관념도 표현되었다.

결과는 전반적으로 다문화적 이데올로기 척도가 구성적으로 유효함을 지지하였다(Berry et al., 1977; Berry & Kalin, 1995). 척도의 내적 일관성이 높고(α.80), 개념적으로 유사한 다른 척도들과 함께 복잡한 관계를 일부 구성한다(민족중심주의에는 부정적이며, 민족적 관용(tolerance) 및 이주에 대한 태도에는 긍정적이다). 그러나 다문화적 이데올로기가 개념적으로 분명히 더 관련된 것은, 다양성이 한 사회의 자원이라는 관념과 문화적으로 다양한 집단들 사이에 문화 간 조화로운 관계가 있으려면 지배집단을 포함하여 모든 집단이 서로에게 적응해야 한다는 관념이다.

결과는 또한 집단들이 서로 관계 맺는 방식으로서 대다수 캐나다인이 다문화적 이데올로기를 지지함을 보여주었다. 첫 번째 전국적 조사에서 응답자의 63.9%가 척도에서 긍정적이었고, 두 번째 조사에서는 69.3%로 증가하였다. 전체적으로 캐나다인이 더불어 사는 방식을 큰 폭으로 지지한다고 말할 수 있다. 또한 다행스럽게도 여론이 공공정책과 일치한다는 것이다(Adams, 2007). Breugelmans, Van de Vijver, Schalk-Soekar(2009)는 네덜란드에서 다문화주의 지지의 종언과 관련한 일부 대중적 요구가 있었음에도, 다문화주의 지지가 최근 몇 년간 여전히 안정된 수준에 있었다는 점을 발견하였다. 하지만 네덜란드에서는 첫 번째 구성요소(문화적 유지 및 표현, 특히 공공영역에서의 표현)보다는 두 번째 구성요소(참여 장벽 제거와 차별 줄이기)에 대한 지지가 더 높다. 따라서 전반적으로 대중적 태도뿐 아니라 다문화주의 정책의 구성요소에 관련해서도 모니터할 필요가 있다.

분석들은 지배적 집단에서는 뚜렷한 네 문화 간 전략이 존재한다기보다는 단일 차원의 구성으로 척도화된 항목들이 존재한다는 것을 보여주었다. 이 척도에서 차원의 한쪽 끝에는 다문화주의 선호들이 있고 반대쪽 끝에는 나머지 세 지향의 항목들이 있다. 이러한 다문화적 태도의 구조는 다른 사람들에 의해 확인되었다(Arends-Tóth & Van de Vijver, 2003; Breugelmans & Van de Vijver, 2004; Breugelmans, Van de Vijver, Schalk-Soekar, 2009). 이 단일 차원의 구성은 다문화주의 항목들에 대한 높은 지지율과 대안에 대한 낮은 지지율에 기인하는 듯하다. 문화 간 관계성을 보는 하나의 방식에 높은 긍정적인 태도를 보이고 나머지 3개 방식을 공통적으로 거부할 때, 단선 구조가 나오기 쉽기 때문이다.

다문화주의에 대한 최근 조사가 네덜란드에서 수행되었다(Van de Vijver, Breugelmans, Schalk-Soekar, 2008). 연구자들은 다문화주의 개념을 '주류자와 이민자 집단 사이에서 사회의 복수 성격을 수용하고 지지하기'(2008, p.93)로 정의하였다. (이전의 다문화적 이데올로기 척도에 기반한) 다문화적 태도 평가척도를 사용하여, 다문화주의가 '양호한 비교문화적 등가를 이루는 다면적이고 단일요인적 태도'(2008, p.93)임을 발견하였다. 많은 사회적 태도 연구에서처럼, 개인의 교육 수준이 다문화주의 지지와 긍정적인 관계에 있었다. 이 연구는 네덜란드에서 시간이 지나도 이러한 태도가 고정적이었다는 증거를 제공하였다. 이는 캐나다의 경우 조사 이래 수년에 걸쳐 점진적으로 지지가 증가한 것(Adams, 2007; Kymlicka, 2007)과는 대조적이다.

네덜란드 연구 결과에서 한 가지 특징적인 것은 개인이나 문화적 공동체가 자신들의 문화적 유지를 표현할 수 있는 공적 및 사적 생활 영역 간에 차이가 있다는 점이다. 이 연구의 많은 부분에서 가족과 공동체에서는 자신의 유산문화를 표현하는 것이 수용되는 반면, 가령 교육제도나 직업제도 같은 공적 영역에서는 이를 표현해서는 안 되는 것으로 나타났다. 이러한 관점은 유럽연합이 서술한 기본원칙, 즉 과정을 하나의 상호적응 과정으로 식별하는 원칙과 반대된다.

다문화주의에 대한 국제적 태도 비교(Leong & Ward, 2006)에서는 15개국 유로바로미터 (2000) 조사의 정보를 사용하였다. 척도로 7개의 태도를 평가하였는데, 여기에는 '소수집단 비난하기', '다문화적 낙관주의', '문화적 동화'가 포함된다. 이 척도의 평균점수가 사용되었고, 이를 여러 다른 변수(사회경제적 지표, Hofstede와 Schwartz의 가치를 포함; 제4장 '가치' 참조)와 연관지었다. 사회경제적 수준이 높아질수록 다문화주의를 더 많이 지지하였고, 일부 가치(예 : Schwartz의 인도주의/평등주의) 또한 긍정적 관계에 있었다. 다른 대조적 가치(예 : Schwartz의 보수주의, Hofstede의 집단주의)에서는 다문화주의의 수용과 부정적 관계에 있었다.

다문화주의 가설

Berry 등(1977, p.192)은 캐나다 정책에 따라 다문화주의 가설을 제안하였다. 이 가설은 정책 표명에서 신념으로 나타나 있는데, 즉 자기정체성에 대한 신뢰가 다른 사람과의 공유, 존중, 차별적 태도의 감소로 이어진다는 믿음이다. 캐나다 정책(Heritage Canada,, 1999, p.2)은 다음과 같이 간결하게 주장하고 있다. "다문화주의는 모든 시민이 자신의 정체성을 지킬 수 있고, 조상에 대해 자부심을 갖고 소속감을 가질 수 있도록 보장한다. 포용은 캐나다인에게 안전감과 자신감을 주며 다양한 문화에 개방적이고 이를 수용하게 한다."

Moghaddam(2008)은 다문화주의 가설의 변이를 세 가지로 구분하였다. 지금 논의하고 있듯, 첫 번째 변이는 내부집단의 신뢰/안전성이 타 집단의 수용과 맺는 관계성과 관련이 있다. 두 번째 변이는 내부집단 소속이 외부집단 거부와 맺는 관계성과 연관된다. 여기서는 내부집단의 유대와 외부집단의 거부 간에 반드시 관계성이 있는 것은 아니라고 가정한다. Brewer가 지적하듯, "내부집단의 사랑이 외부집단에 대한 증오의 전조는 아니다"(1999, p.430). 다문화주의 가설의 세 번째 변이는 지배적 민족문화집단과 비지배적 민족문화집단이 다문화주의를 지지하는 차이와 관련이 있다. 예를 들어 "소수집단이 다문화주의보다 동화를 지지할 때, 스스로 '녹아들기'를 지지하는 것이다. 다수집단이 동화를 지지할 때, 자신들의 생존을 더 지지하기 쉽다"(Moghaddam, 2008, p.153). 따라서 다문화주의 가설에서는 지배적 집단의 관점과 비지배적 집단의 관점을 구분할 필요가 있다.

다문화주의 가설은 여러 국가에서 많은 연구를 통해 경험적으로 모색되었다(Berry, 2006c; Berry et al., 1977; Phinney, Jacoby, Silva, 2007; Verkuyten, 2005a). Berry 등(1977)은 캐나다에서 신뢰에 **안전**(security)감이 포함된다고 생각했다. 거꾸로 신뢰는 자기 문화집단에 대한 **위협**(threat)감으로 나타난다. 다문화주의 가설에서는 자기 정체성에 대한 안전감이 문화적으로 다른 사람들을 수용하는 심리적 전제조건이라고 본다. 반대로 자기 정체성이 위협을 받을 때, 사람들은 다른 민족문화집단의 구성원이건 그 사회 이민자건 타인을 거부하는 경향이 있다.

캐나다에서 두 차례에 걸쳐 이뤄진 전국적 조사에서(Berry & Kalin, 2000; Berry et al., 1977; 검토를 위해서는 Berry, 2006c 참조), 현존하는 다양성과 지속적인 이민 흐름과 관련하여 문화적 안전성 및 경제적 안전성 척도가 만들어졌다. 최근 캐나다 연구에서(Berry, 2006c), 3개의 안전성 척도(문화적, 경제적, 개인적)가 상호관계가 있고, 다문화주의, 이민자, 많은 특정한 민족문화적 이민자 집단을 수용하는 것과 긍정적 관계에 있음을 발견하였다. 따라서 다문화주의 가설이 캐나다 연구를 통해 지지를 얻었다는 결론을 내리게 된다.

Phinney 등(2007)은 미국에서 다양한 민족문화집단 출신의 광범위한 대학생 표본을 통해 민족적 정체성과 문화집단에 대한 태도 사이의 관계성을 조사하는 연구를 두 차례 수행하였다. 첫 번째 연구에서는 '성취된'(즉, 안전한) 정체성을 가진 아시아계 및 라틴계 미국인들이 '분산된'(즉, 안전하지 않은) 문화적 정체성을 가진 사람들보다 훨씬 더 긍정적인 내부집단 태도를 보이는 것으로 나타났다. 두 번째 연구에서는 질적 방법을 사용하여 5개의 민족집단 청소년들에게 민족적 정체성과 태도를 평가하였다. 그 결과 "분산된 청소년들에 비하여 민족적 정체성이 성취된 청소년들이 내부집단 관계를 더 많이 인식하고 이해하는 반응을 보였다. 전체적으로 결과는 안전한 민족적 정체성이 긍정적인 내부집단 태도 및 성숙한 문화 간 사고와 연관이 있다는 증거를 제공한다"(Phinney et al., 2007, p.478).

Ward와 Masgoret의 뉴질랜드 연구(2009)에서는 광범위한 전국적 표본을 사용하여, 정체성 안전성, 다문화적 이데올로기와 이민자에 대한 태도 간 관계성을 조사하였다. 획득된 모델은 이들 변수 간에 상당한 관계성이 있음을 보여주었다. "강력한 다문화적 이데올로기, 높은 수준의 접촉, 낮은 수준의 내부집단 위협이 직접적으로 이민자에 대한 태도와 긍정적인 관계에 있고, 이러한 태도가 이번에는 이민자의 수 및 근원과 관련한 이민정책을 지지하는 것과 강한 관련이 있다"(2009, p.234).

Verkuyten이 행한 네덜란드 연구(2005a) 또한 다문화주의 가설을 조사하는 것이었다. 일련의 연구에서, Verkuyten은 터키-네덜란드와 네덜란드 청소년 및 대학생 표본을 사용하여, 다문화주의에 대한 지지, 문화적 정체성, 내부집단과 외부집단에 대한 평가를 측정하였다. 그는 터키-네덜란드 참가자들이 네덜란드인 표본보다 다문화주의를 더 많이 지지한다는 점을 발견하였다(이것은 캐나다의 비지배적 집단 및 지배적 집단에 대한 조사 결과와 일관된다)(Berry & Kalin, 2000). 문화적 정체성과 관련하여 Verkuyten은 네덜란드 참가자들의 경우에, 다문화주의 수용은 내부집단 동일화가 더 낮고 외부집단 평가가 더 높은 것과 관련이 있다는 점을 발견하였다. 하지만 터키-네덜란드 참가자들의 경우에, 다문화주의 수용은 외부집단 동일화가 더 높고 내부집단 평가가 더 긍정적인 것과 더 많은 관련이 있었다.

다문화주의 가설을 평가하면서, Verkuyten은 정체성 안전성에 대해서는 측정하지 않았다. 대신에 내부집단 정체성의 힘과 자기집단 평가를 측정하였다. 이는 개인이 내부집단과 얼마나 동일시하는가, 그리고 그것을 얼마나 긍정적으로 평가하는가 하는 척도를 통해 평가되었다. Berry(1984)는 정체성 안전성과 정체성의 힘(그리고 긍정적인 내부집단 평가) 사이의 혼동을 해결하였는데, 이것들은 전혀 같은 개념이 아니라고 주장하였다. **자민족중심주의**(ethnocentrism) 이론에서는 강한 민족적 정체성과 긍정적 내부집단 평가가 외부집단 배척과 관련이 있는 것으로 알려졌다. 그러나 다문화주의 가설에서는 높은 수준의 정체성 안전성이 외부집단 수용과 관련이 있다고 제시하였다. Berry는 다음과 같이 주장하였다(1984, pp.363-364).

> 두 가지 형태의 '신뢰'를 구분할 필요가 있다. 단지 '자기 집단 찬양' 또는 '매우 긍정적인 내부집단 태도'를 의미한다면, 이때 자민족중심주의 이론 … 에서는 상반관계가 예측된다. 실제로, Berry 등이 수행한 전국적 조사(1977)에서, 자기 집단에 대한 긍정적 비율이 많을수록, 모든 다른 집단에 대한 부정적 비율이 많았다. … 그러나 다문화주의 정책은 자기 집단 찬양을 통해 신뢰를 개발하려는 것이 아니다. 신뢰라는 개념을 '안전감'으로 여긴다면 … 이때 민족적 관용과의 관계는 분명 긍정적으로 된다.

안전성과 외부집단 수용 간 관계에 대한 유사연구가 통합된 위협 가설을 사용하여 수행되었다(Riek, Mania, Gaertner, 2006; Stephan, Renfro, Esses, Stephan, Martin, 2005 참조). 이 가설에서는 정체성에 대한 위협감(안전한 문화적 정체성의 반대)이 위협의 원천이 된 집단을 거부하도록 하고, 어떤 경우에는 민족적 정체성(반응적 정체성으로 불리는)을 강화한다고 주장하였다. 위협에 대한 연구의 많은 부분이 Riek 등(2006)에 의해 메타분석으로 조사되었다. 여기서 다양한 형태의 위협이 연구되었는데, 실질적 위협(예 : 자원을 둘러싼 실제 집단 간 갈등으로 인한), 상징적 위협(예 : 가치 및 신념에 대한 갈등) 그리고 내부집단 불안(예 : 외부집단과 어떻게 관계를 맺을 것인가에 대한 불확실성) 등을 포함한다. 발표된 95개 연구의 표본을 사용하여, 위협과 외부집단 태도 간에 유의미한 상관관계 (다양한 형태의 위협에 대한 범위는 +.42에서 +.46까지다)를 발견하였다. 또한 집단의 지위가 이러한 관계를 조정한다는 것을 알아냈다. 즉, 낮은 지위의 외부집단의 경우(예 : 민족적 소수집단) 상대적으로 높은 지위의 외부집단보다 불안이 외부집단에 대한 부정적 태도와 더 강한 관계를 가졌다. 전체적으로 "메타분석 결과, 내부집단 위협이 외부집단 태도와 중요한 관계를 갖는 것으로 나타난다. 사람들이 더 많은 내부집단 경쟁, 더 많은 가치 위반, 더 높은 수준의 내부집단 불안을 지각할수록, 집단은 위협을 더 느끼고, 외부집단 증가에 더 부정적인 고정관념, 부정적인 태도를 지지한다"(Riek et al., 2006, p.345)고 결론 지었다.

결론으로 다문화주의 가설은 처음 도입된 이후 폭넓게 지지되었다. 안전성과 위협에 대한 다양한 느낌이 다문화주의 수용에 대한 심리적 기초의 일부를 이루는 것 같다. 긍정적 용어로든(안전성은 타인을 용인하고 다양성을 수용하는 전제조건이다), 부정적 용어로든 (문화적 정체성과 문화적 권리에 대한 위협이나 불안이 편견을 뒷받침한다), 타인에게 받아들여지는 것과 타인을 받아들이는 것 사이에 내적 연계가 있음은 의심의 여지가 거의 없다. 하지만 정체성 안전성이나 신뢰보다 다른 감정들(가령 긍정적 내부집단 평가나 민족적 정체성의 힘)을 사용하여 가설을 조사할 때는 반대(민족중심적) 관계가 나타난다.

중심 이론

접촉 이론

다원사회에서 민족문화적 집단들 간 접촉이 문화 간 관계를 더 긍정적으로 이끌 수 있다는 주장(Allport, 1954)이 오래전부터 있었다. 기본 관념은 집단 사이의 접촉과 공유가 상호 수용을 증진시킨다는 것이다. 그러나 이 가설에는 접촉환경에 몇몇 조건, 이를테면 집단 간 동등한 지위, 몇몇 공통 목표의 공유, 어느 정도의 협력, 그리고 관계 당국, 법, 규범에 의한 지지 등이 제시될 필요가 있다는 점이 요구된다.

원래의 공식화(Allport, 1954, p.278)에 따르면 "편견은 … 공통 목표를 추구하는 과정에서 주류집단과 소수집단 간에 동등한 지위 접촉을 함으로써 줄어들 수 있다. 이 접촉이 제도적 지원(법, 관습, 지역 분위기)을 통해 이뤄질 때, 그리고 두 집단 구성원들 사이에 공통 관심과 공통의 인본주의 인식을 갖고 행해지는 접촉일 때 결과는 대단히 강화된다." 이러한 가설을 검토한 많은 연구(Pettigrew, 2008; Pettigrew & Tropp, 2006a, 2008; Pettigrew, Christ, Wagner, Stellmacher, 2007)를 통해, 접촉과 태도 간 관계성에 복잡한 양식이 드러났다. 예를 들어 Pettigrew와 Tropp(2006, 2008)은 많은 나라와 다양한 환경(학교, 직장, 실험)에서 생산된 수많은 **접촉 가설**(contact hypothesis) 연구에 대해 메타분석을 하였다. 이 발견으로 접촉 가설이 전반적으로 지지되었다. 집단 간 접촉이 일반적으로 지배적 집단 표본과 비지배적 집단 표본 모두에서 편견과 부정적으로 관련이 있었다. "전체적으로 메타분석 결과, 더 높은 수준의 집단 간 접촉이 전형적으로 더 낮은 수준의 편견과 연관이 있었다"(Pettigrew & Tropp, 2006a, p.267). Allport가 요약한 네 조건이 제시되지 않았을 때보다 이 조건들을 결합한 구조화된 프로그램이 있을 때, 결과는 더 강하게 나타났다. 두 번째 조사에서, Pettigrew와 Tropp(2006a, p.271)은 가설의 작동에 이들 조건이 필수적인 것은 아닐 수도 있다고 지적하였다. "집단 간 접촉은, 집단 간 우정이 보고되지 않은 경우라도, 그리고 Allport가 제안한 조건들이 없는 경우라도 전형적으로 긍정적 결과를 이끈다."

가장 최근의 메타분석(Pettigrew & Tropp, 2008)에서는 접촉과 편견 감소의 관계에서 세 가지 매개변인, 즉 외부집단에 대한 지식의 향상, 집단 간 접촉에 대한 불안의 감소, 그리고 공감 및 관점 수용의 증가의 역할을 조사하였다. 세 가지 매개인자가 모두 효과가 있었다. 그러나 지식의 증가라는 매개적 가치는 불안의 감소 및 공감보다는 덜 강했다.

한 가지 중요한 문제는 직접 접촉이 접촉 이론을 지지하는 데 전제조건인가 여부이다. 이 문제를 해결하기 위해, Pettigrew, Christ, Wagner, Stellmacher(2007)는 독일에서 진행한 편견 연구에서 광범위한 성인 표본을 가져왔다. 직접 접촉은 응답자에게 독일에 있는 외국인 친구가 몇 명인지를 질문함으로써 평가되었다. 간접 접촉은 응답자 친구에게 외국인 친구가 몇 명인지를 질문하여 평가되었다. 편견은 두 가지 척도로 측정되었다. 하나는 일반적으로 외국인에 대한 질문이고, 다른 하나는 특별히 무슬림에 대한 질문이었다. 또 개인적으로 그리고 집단적으로 지각된 위협의 역할을 평가하는 척도가 사용되었다. 외국인 친구가 있는 것과 외국인 친구가 있는 친구가 있는 것 사이에 상관관계(+.62)가 발견되었다. 직접 및 간접 접촉 측정 모두에서 편견 측정과 부정적 상관관계(범위는 -.30에서 -.34)가 있었다. 더구나 두 가지 접촉형태는 서로를 강화시키는 것 같다. 두 가지 접촉형태를 가진 응답자들이 하나나 전무한 이들보다 더 긍정적 태도를 가지고 있었다. 지각된 위협의 역할을 조사하기 위한 구조화 등식 모델에서, 외국인 친구가 있는 경우에 개인적 및 집단적 위협 모두에서 줄었다. 그러나 외국인 친구가 있는 독일인 친구를 통한 간접 접촉은 주로 집단적 위협을 감소시키는 효과를 낸 반면, 개인적 위협에 대해서는 아주 작은 효과만을 보였다. 간접 접촉이 외국인에 대한 편견을 감소시키는 데 효과적이라는 결론을 내렸다. 연구자들은 전체 결과를 규범적 틀 내에서 해석하였는데, 다시 말해 외국인을 친구로 받아들이는 개인 집단에는 외국인에 대한 관용의 규범이 있기 때문으로 생각한 것이다.

일반적으로 많은 학자(Crisp & Abrams, 2008; Kenworthy, Turner, Hewstone, Voci, 2006; Ward, 2004)가 접촉 이론을 광범위하게 지지하고 있으며, 문화 간 접촉이 증가하면 긍정적 결과가 있었다.

자민족중심주의 이론

Sumner(1906)는 다원사회에 있는 집단을 대략 세 종류로 구분하였다. 그것은 **내부집단**(ingroups)(개인이 속해 있고 그곳의 규범을 받아들이는 집단), **외부집단**(outgroups)(개인이 속해 있지 않으며 그곳의 규범을 거부하는 집단), **긍정적 준거집단**(positive reference groups)(개인이 속해 있지는 않지만 그곳의 규범을 받아들이는 집단)이다. 다원사회에서는 단순히 내부집단과 외부집단 간 관계성을 고려하기보다는 세 번째 집단유형을 인식하는 것이 중요하다. 일부 비지배적 집단의 경우에는 지배적 집단이 외부집단으로 될 수도 있고 긍정적 준거집단으로 될 수도 있기 때문이다. 지배적 사회는 통합 내지 동화를 추구하는 이들에게는 긍정적 준거집단으로 보일 수 있고, 반면에 분리나 주변화를 추구하는 이들에게는 외부집단으로 보일 수도 있다. 이에 대한 일부 증거가 Berry 등(1977)에서 발견되었는데, 대부분의 민족문화적 집단은 두 지배적 문화집단(영국인과 프랑스인)을 긍정적으로 평가하였고, 흔히 자신들의 내부집단 평가가 약간 더 긍정적이었다.

세 종류 집단 간에 태도유형은 자민족중심주의 이론을 통해 해결되었다(Sumner, 1906). LeVine과 Campbell(1972)은 자민족중심주의가 사회적 및 심리적으로 보편적이라고 주장하였다. 두 사람은 연구 검토를 통해 모든 문화적 집단이 자신들을 외부집단보다 더 긍정적 용어로 평가한다는 결론을 내렸다. 앞에서 지적하였듯이, 자민족중심주의에 대해 생각할 수 있는 한 가지 방식은 다문화주의 가설과 반대된다. 즉, 자민족중심주의에서는 사람들이 자신의 내부집단을 더 긍정적으로 평가할수록 외부집단에 대해서는 더 부정적으로 평가한다. 그러나 Brewer(2007)는 내부집단 편향에 대해 조사하고, 내부집단 우호주의가 반드시 외부집단 폄하와 연결되는 것은 아니라고 주장하였다.

이 입장을 취한 Berry 등(1977)도 캐나다에서 자민족중심주의의 증거를 발견하였다. 다원사회에서, 자민족중심주의는 민족문화적 집단의 상호적 태도를 사용하여 조사할 수 있다. 첫 번째 전국적 조사에서(Berry & Kalin, 1979; Berry et al., 1977), 8개의 가치평가 형용사(예 : '중요한', '깨끗한', '흥미로운')에 대한 8개 집단(영국계, 프랑스계, 중국계 캐나다인, '일반 이민자')의 순위를 얻어, 각 집단에 대한 전체 평가를 만들었다. 두 번째 전국적 조사에서(Berry & Kalin, 1995; Kalin & Berry, 1996), 14개 민족문화적 집단의 구성원에 둘러싸여 있을 때의 '편안한 수준'을 평가하였다(첫 번째 조사와 같은 집단에 아랍인, 시크교도 등이 추가됨). 두 조사에서 각 집단이 여타 집단보다 자신들 집단을 더 긍정적으로 평가한다는 증거는 분명했다. 이러한 발견에 기초하여 자민족중심주의가 모든 민족문화적 집단에 존재한다고 결론을 내렸다. 하지만 일부 집단의 경우 다른 집단보다 더 민족중심적으로 보인다는 것을 발견하였다. 보편주의 개념에 따르자면 이 결과는 자민족중심주의를 심리적으로 보편적인 것으로 받아들이도록 하는 데 기여한다. 즉, 자민족중심주의는 폭넓게 공유되는 현상이며, 민족문화적 집단마다 그 표현은 다양하다.

주요 개념

여기서는 많은 문화 간 연구 및 응용에 기본으로 사용된 몇 가지 주된 개념과 과정들을 살펴본다(Berry, 2004). 심리학에서 인지, 평가, 행동을 구분하는 관례에 따라(Ward, 2004 참조), 문화 간 관계 연구에서는 (폭넓게 인지적인) **고정관념**(stereotype) 과정들, (주로 평가적인) **태도**(attitudes)와 **편견**(prejudice), 그리고 (행동에 참여하는) **차별**(discrimination)을 구분한다. 그림 14.2에서 이러한 구분의 개요를 제공하고, 구분 내 몇 가지 일련의 과정을 식별하였다. 모든 비교문화심리학이 그렇듯, 묘사된 심리적 과정 기저에 있는 문화적 맥락(역사적, 경제적, 정치적 맥락을 포함하여)을 조사할 필요가 있다. 그림에서는 화살표가 배경 맥락에서 심리적 현상 방향을 나타내지만, 개인 입장에서는 몇 가지 행동(가령 편견과 차별에 대한 반응)이 문화 간 맥락에서 변화할 수 있다.

이들 맥락이 모든 문화 간 심리 과정 및 행동의 기본적인 토대이다. 영향력 있는 사회심리학자 집단(Allport, Allport, Brown, Cantril, Doob, English, 1939)에서 일찍이 다음과 같은 연계적 관점을 주장하였다. 즉, 심리학적 개념 및 원칙들로는 충분하지 않으며, 편견은 또한 '경제적, 정치적 및 역사적 배경과 관련하여'(Allport et al., p.169) 이해할 필요가 있다. Pettigrew(2006)는 문화 간 관계 조사에서 뚜렷이 구분되는 두 가지 전통을 확인하였는데, 하나는 기본적으로 심리적이고 개인적 및 집단 간 과정에 초점을 맞추고(미시적), 다른 하나는 문화적이고 구조적이며 사회적 수준의 구성인자들, 가령 이전의 관계성 역사에 초점을 맞추었다(거시적). 그는 또한 두 연구 수준을 결합할 필요성이 있음을 주장하며, 이를 갈등이 아니라 보완으로 보아야 한다고 주장한다.

고정관념

고정관념을 단순히 다양성을 가져오는 데 필요한 인지적 범주로 간주한다면(Hamilton, 1981; Jost & Hamilton, 2005), 이때 고정관념은 다원사회에서 이용할 수 있는 유용한 심리적 도구가 될 수 있다. 이 주장은 주변의 수많은 집단을 계속 파악하기 위해 사람들은 이러

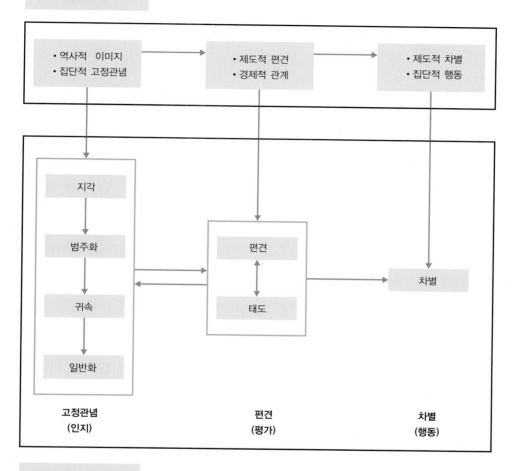

그림 14.2　집단 및 개인 수준에서 문화 간 관계의 중심 개념

한 일반화를 규범적 심리 과정으로 발달시키고 공유한다는 것이다. 전에는 고정관념이 그 자체로 문제적인 것으로 여겨졌지만, 이들 범주화 행동은 본래 온건하다. 문제는 과잉 일반화에 있으며 종종 범주의 구성원들을 부정적으로 평가(태도 및 차별)하는 데 있다. 따라서 부정확하거나 부정적 평가를 수반하는 고정관념이 문제긴 하나, 고정관념은 일상적인 다문화적 상호작용이 있을 때 유용한 중요한 정보로 의식하고 즉시 사용할 수 있다. 이 주장은 Taylo가 더 정교하게 다듬었다. 그는 다원사회에서 '사회적으로 바람직한' 고정관념의 양상들 가운데 일부를 조사하였다. 이들 양상은 '각 집단의 구성원이 고정관념을 통해 자신의 민족적 구분성을 유지할지라도, 집단 간 고정관념이 상호적 이끌림을 반영하는 상황 속에'(Taylor, 1981, p.164) 존재한다. 긍정적 관계에 대한 바람과 집단 구분성이 둘 다 존재하는 상황은, 앞서 다원사회에서 문화 간 관계의 통합과 다문화적 양식으로 확인하였다.

그림 14.2에서 보듯, 고정관념화는 한 집단에 대한 역사적 이미지와 집단적인 사회적 재현에 뿌리를 두고 있다. 심리적 수준에서, 고정관념화는 일련의 대상 사이에 유사성과 차이점을 지각하는 것에서부터 시작한다. 다양한 관찰은 범주화되고, 반면에 자극의 복잡성은 더 축소된다(Kosic & Phalet, 2006). 관찰된 유사성은 범주의 구성원들의 속성이 되며, 관찰된 차이점은 범주들을 구분하는 기초가 된다. 마지막으로 일반화가 이루어지고, 범주의 모든 구성원은 집단의 기본 속성을 동일하게 공유한다고 여기고, 결과적으로 개별성은 없어진다. 기본적으로 고정관념은 특정한 사회적 범주의 공유적 특성에 대한 합의된 관점이다.

핵심적 문제는 고정관념이 현실을 반영하는가 여부이다. 고정관념이 과도하게 일반화되고 개별성을 부인하기 때문에, 집단 내 개인을 재현하는 데는 매우 부정확하다. 그러나 구성원에게 할당된 일부 특성이 몇몇 현실을 반영한다는 어떤 증거가 있을까. 이 문제에 대한 한 가지 접근법으로 Campbell(1967)은 '진실의 핵심' 문제에 대답하였다. 그는 두 집단의 사람들 사이에 실제 문화적 차이가 클수록, 상호 고정관념에서 차이가 더 많이 나타난다고 주장하였다. 30개 문화적 집단에서 1,500명이 참가한 동아프리카 연구(Brewer & Campbell, 1976)에서, '거울 이미지' 현상에 대한 몇 가지 증거를 발견하였다. 이를테면 두 집단이 갈등 속에 있을 때, 서로 자신들이 '평화적'이고 상대방이 '호전적'이라고 여겼다. 이러한 고정관념은 상호 대응적이며, 따라서 집단 간 관계에서 고정관념이 유효한 것으로 수렴되는 증거이다. 그러나 이는 고정관념의 유용성이 과잉 일반화의 문제보다 더 큰 경우다.

고정관념 내용 모델을 사용한 많은 작업이 최근에 수행되었다(Fiske, Cuddy, Glick, Xu, 2002). 이 모델에서는 고정관념을 능력과 온기의 두 차원으로 구분한다. 두 차원을 교차시킬 때, 집단 고정관념의 내용에 네 변이가 나타난다. 즉, 높은 능력과 높은 온기는 '존경'과 연결되며, 높은 능력과 낮은 온기는 '선망'에 이어지고, 낮은 능력과 낮은 온기는 '경멸'과 연결되고, 낮은 능력과 높은 온기는 '온정주의'와 연결된다. 미국계 미국인 대학생들이 이민자 및 다른 종류의 집단을 어떻게 지각하는가에 적용할 때(Lee & Fiske, 2006), 이차원적 공간에 4개의 클러스터 집단이 나타난다. 낮은 능력과 낮은 온기는 노숙자 및 가난한 사람들, 그리고 서류 미비 이민자에 해당되고, 높은 능력과 낮은 온기는 부자들, 전문직 종사자들, 그리고 동아시아에서 온 이민자들에, 높은 능력과 높은 온기는 대학생, 3세대 이민자, 그리고 유럽 및 캐나다에서 온 이민자들에, 중간 능력과 높은 온기는 주부, 노인, 그리고 이탈리아와 아일랜드에서 온 이민자에 해당된다. 이 연구에서 다양한 집단이 지닌 고정관념을 구분하는 데 적어도 두 차원이 요구된다는 것이 분명해졌다.

편견

문화 간 관계에서 집단에 대한 평가에는 뚜렷이 구분되지만 서로 관련된 개념으로, 일반적인 민족적 편견과 특정 집단에 대한 민족적 태도, 두 가지가 있다. 고정관념의 경우, 고정관념적 평가의 역사적이고 문화적인 뿌리를 이해할 필요가 있다. 종종 경제적 요인이 작동하여, 착취하고자 하는 이들을 폄하할 수도 있다. 또한 갈등을 겪고 있는 이들을 종종 부정적으로 바라볼 수도 있고, 심지어 몇 세대가 지나 갈등이 종식된 경우에도 부정적 시각을 가질 수 있다(Liu & Hilton, 2005).

  문화 간 관계에서 중심 개념은 민족적 편견이다. Allport의 고전적 책(1954) 출간 50주년에 맞춰 편견에 대한 포괄적 조사(Dovidio, Glick, Rudman, 2005)가 발표되었다. 민족적 편견에 대한 연구는 지난 50년 동안 급성장하였지만, 많은 것이 모든 문화에 걸쳐 이루어지지 못하고 단일 사회에서 수행되었다. 몇 가지 예외가 있다면, 1997년과 2000년 유로바로미터 조사를 사용한 범유럽 편견 연구(Jackson, Brown, Brown, Marks, 2001; Leong & Ward, 2006)와 2003년 유럽 사회 조사자료를 사용한 Green(2007)의 연구다.

  Jackson 등(2001)에서는 15개 서유럽국의 약 1만 5,000명 응답자에게서 이민자에 대한 편견의 예측변수의 증거를 모색하였다. 스스로 지배적 집단에 속한다고 한 890명 응답자의 표본을 사용하여, 자기 및 집단 이익, 인종차별주의, 지각된 위협 등을 평가하여 다문화주의 가설에 대한 조사를 한층 더 진행할 수 있었다. 이민자에 대한 태도에는 이민자들을 원래의 나라로 되돌려 보내야 한다는 관점이 포함되었다. 자기 이익은 가족 수입을 포함하여 여러 척도로 평가되었다. 지각된 위협은 가령 "소수집단 사람들의 존재가 불안전성의 원인이다." 같은 항목을 척도로 조사되었다. 회귀분석에서 지각된 위협은 이민자에 대한 부정적 태도에서 가장 큰 비율로 편차를 보였다.

  유로바로미터의 자료를 사용한 두 번째 연구(Leong & Ward, 2006)에서는 (Hofstede와 Schwartz의 전국적 수준 가치를 사용하여) 국가적 가치의 역할을 조사하였다. 여기서는 일부 사회경제적 변수(GNP와 실직)를 태도의 예측변수로 사용하였다. 태도의 평가척도로는 비난("비유럽인 이민자들은 사회복지제도를 남용하는 경향이 있다"), 정책(다양한 출신의 사람들을 한데 모으는 기구 설립 수용), 방해(개인적으로 다른 국적의 사람이 일상생활에서 방해가 된다고 느낌), 다문화주의("인종, 종교, 문화와 관련한 이 나라의 다양성이 국가의 힘을 더한다"), 동화("이 나라의 구성원으로 전적으로 수용되기 위해서는 비유럽 출신 사람들이 자기 고유의 문화를 포기해야 한다")가 있었다. 숙달, 남성성, 권력 거리, 불확실성 회피, 집단주의 같은 국가적 가치가 다문화주의와 이민자들에 대한 국민적 태도와 부정적으로 관련이 있음을 발견하였다. 경제적 지표 또한 이러한 태도들을 예측하였다. 즉, 더 풍요로운 국가가 문화 간 접촉을 촉진시키는 정책을 더 많이 지원하는 경향이 있었다. 하지만 기타 경제적 요인은 관련성이 별로 없었다. 전체적으로 Leong과 Ward(2006)는 가치가 다문화주의와 이민자, 이민에 대한 지원 수준에 실질적인 역할을 한다고 결론을 내렸다.

2003년 유럽 사회 조사자료를 분석하면서, Green(2007)은 세 가지로 구분되는 집단을 발견하였는데, 유럽에서의 이민자들에 대한 태도에 따라 차이가 있었다. 항목들은 범주적 가입 기준(피부색과 종교)과 개인적 배제 기준(범죄 이력, 실직)에 대해 질문하였다. 한 집단은 관대한 게이트키퍼(표본의 23%)로 나타났고, 모든 기준에 반대하였다. 두 번째 집단은 엄격한 게이트키퍼(36%)로, 모든 기준에 찬성하였다. 세 번째 집단은 개별주의적 게이트키퍼(41%)로, 개인적 기준에는 찬성하였지만 범주적 기준에는 반대하였다. 세 유형의 게이트키퍼 집단의 개별 구성원은 교육 수준, 나이, 이민자와의 접촉, 또 다른 유형의 편견(동성애 혐오증)에 따라 예상되었다. 집단별 구성원에서 국가 또한 차이가 있었다. 즉, 스웨덴, 노르웨이, 덴마크는 관대한 게이트키퍼에 속하고, 폴란드, 포르투갈, 그리스, 헝가리는 엄격한 게이트키퍼에 속했다. 스위스, 독일, 네덜란드는 개별주의적 게이트키퍼였다. Green은 이 구분에 지리적 분포가 보임에 주목하고(각각 북유럽, 동/남유럽, 서유럽 국가), 노동 필요 정책의 역사와 자원으로 국가 차이를 설명할 수도 있다고 하였다.

가장 잘된 편견에 대한 연구형태는 이민자(Leong, 2008)와 '인종'에 관해서였다. 최근의 많은 연구에서 구식 인종차별주의와 새로운(또는 현대적) 인종차별주의로 구분하였다(Vala, 2009). 이 구분은, 오늘날 많은 개인이 인종차별주의적 태도를 공개적으로 표현하기를 꺼리고, 이를 간접적으로 표현하고자 한다는 발견에 뿌리를 두고 있다. 이러한 변화는 집단 구분이 생물학적 기초에서 문화적 기초로, 심지어 열등성 및 우월성의 비구체적 표현으로(예 : 사회적 지배 지향에 관한 연구)(Sidanius와 Pratto, 1999) 초점이 이동한 데 따른 것이었다. 이러한 연구에서 일반화된 편견을 끌어내기 위해 비특정 집단 항목들(예 : "일부 사람은 그저 다른 사람보다 열등하다")이 사용된다.

미국에서, 인종차별주의에 대한 연구는 아프리카 사람(African origin)에 대한 편견 조사가 지배적이었다(Pettigrew, 2009). 유럽에서 이뤄진 연구에서는 외국인 혐오증(xenophobia) 개념을 사용하는 경향이 있었고 무슬림 또는 아랍 사람(Arab origin)에 초점을 맞춘다(Westin, Bastos, Dahinden, Góis, 2009). 이러한 관심의 예로 네덜란드에서 Gonzalez,

Verkuyten, Weesie, Poppe(2008)가 한 연구가 있다. 이들은 광범위한 네덜란드 청소년 표본을 통해, 실제적 및 상징적 위협, 접촉, 고정관념 및 내부집단 동일시를 평가한 예측변수를 사용하여, 무슬림(그리고 다문화주의 수용)에 대한 편견을 조사하였다. 응답자의 절반이 무슬림에 대해 부정적 감정을 가지고 있고, 상징적 위협(실제적 위협이 아님)과 고정관념으로 부정적 태도를 예측하였다. 복합분석에서 내부집단 동일시와 편견 간 관련성은 상징적 위협에 의해 조정되었고, 접촉과 다문화주의 수용으로 편견을 예측하였다. 연구자들은 다음과 같이 결론을 내렸다.

> 이러한 발견은 네덜란드에서 한 이전의 연구(Verkuyten, 2005a)와 Berry(2006c)의 주장, 즉 다원사회에서 사는 사람들에게는 다문화주의가 신뢰, 믿음, 안전성을 제공할 수 있다는 주장과 같은 선에 있다. … 다문화주의는 문화적 다양성이 중요하다는 것에 전반적인 이데올로기적 관점을 제공하며 이것은 집단 위협의 느낌을 줄이고 사람들을 집단의 정체성 안에서 인식하고 그 속에 가치를 두어야 하며, 사회적 평등과 동등한 기회가 있어야 함을 강조한다(Gonzalez et al., 2008, p.680).

　다원사회의 근본적 특징은 내부집단 구성원과 외부집단 구성원 간에 복합적인 민족 간 태도 양식이 존재하기 쉽다는 것이다. 기본적인 주장은 다원사회에서 상호 활동을 하는 모든 집단 간에는, 지배적 집단이 생각하는 것에만 초점을 맞추거나 지배적 집단이 다양한 비지배적 집단을 어떻게 평가하는가에 초점을 맞추기보다는, 상호적 태도(두 집단 경우에) 혹은 민족적 태도의 매트릭스에 대한 고려가 있어야 한다는 것이다. 앞에서 살폈듯이, 이 접근법을 취한 첫 번째 연구는 Brewer와 Campbell(1976)이 한 동아프리카의 50개 문화집단의 상호적 고정관념에 관한 연구였다. 이들은 상호적 태도 또한 연구하였다. 이어서 Berry와 Kalin(1979)이 전국적 조사(Berry et al., 1977)에서 자료를 가져와 표본에서 가장 많은 5개 민족집단에 대한 태도를 추출하였다. 5×5 매트릭스 데이터에는 대각선에 각 집단의 자기 집단순위가 있고, 2개의 반 매트릭스에는 특정 쌍의 내부집단 순위가 포함되어 있다. 이 매트릭스에 대해 세 가지 질문을 할 수 있다. 첫째로, 자기 집단순위를 상대적으로 높게 매기는 자민족중심주의 경향이 모든 집단에 있는가? 둘째로, 다른 모든 집단을 일관된 서열로 순위를 매기는 경향이 있는가? 셋째로, 한 쌍의 집단이 지닌 상호적 태도 가운데 균형된 관계성(Heider, 1958)이 있는가? 이 질문들에 대한 대답은 모두 긍정적이다.

차별

다양한 인지적 및 평가적 과정의 구체적 결과는 다원사회에서 발견되는 차별의 수준을 보여준다. 문화변용 전략(Berry et al., 2006)과 적응(Jasinskaja-Lahti, Liebkind, Jaakkola, Reuter, 2006)을 포함하는 다양한 심리적 현상 속에는 중요하게 차별의 역할을 지지하는 실질적 증거가 있다. 다문화주의를 일반 정책으로 삼는 것을 비판하는 이들은, 종종 다문화주의의 실제 동기로서 다문화정책에는 사람들을 다르다고 인식하고 사회에서 더 낮은 가치로 인식함으로써 '사람들을 그 자리에 고정'시키려는 바람이 있다고 주장하였다. 문화 간 전략 틀의 토대에 깔린 두 가지 문제와 관련하여, 더 큰 사회가 문화적으로 구분되는 사람들을 격려하여 사회의 경제적, 정치적, 교육적 생활에 일상적으로 참여하지 못하도록 그들의 차이점을 계속 유지시키는 일이 실제로 가능하다. 많은 다문화주의 관찰자가 이러한 위험을 인식하였는데, Jayasuriya(1990)는 이를 오스트레일리아 사회에서 한 사람의 '생활방식'이 그 사람의 '생의 기회'를 제한할 수 있다고 하였다.

특기할 것은, 차별이 여기서는 (분리와 배제 같은) 강제된 배제행위뿐만 아니라 (용광로로의 동화 같은) 강제된 포함을 언급하는 데도 사용되었다는 점이다. 오직 문화 간 관계를 조직하는 다문화적 방식에서 한 사회가 개인이나 집단의 바람에 개방적이고 포용적일 때, 그리고 개인이 선호하는 문화적 유지의 정도와 더 큰 사회의 참여를 자유롭게 선택하는 곳에서만, 차별이 없다고 생각한다.

결론

문화 간 관계 영역은 본래 문화와 사회적 행동 모두와 관련이 있다. 하지만 최근에 와서 이 분야는 이들 관계성이 다문화 환경에서 조사된다는 의미에서 비로소 비교문화적으로 되었다. 문화변용 연구에서 대부분의 연구가 '단발'(즉, 하나의 사회에서 문화변용 중인 하나의 집단에 대한 조사)인 것과 마찬가지로, 문화 간 관계 연구도 종종 유사하게 '단발'(하나의 사회에서 관계들을 조사)이었다. 게다가 문화변용 연구에서처럼 대부분의 문화 간 관계 연구는 전 지구적으로 수행되지 않고, 문화 간 관계가 가장 문제적으로 나타나는 사회(중국, 인도, 러시아)에서 수행되지도 않는다. 이 장에서 개요를 설명한 이론과 원리들을 어느 정도 전반적으로 이해하기 위해서는 분명 비교연구가 필요하다. 이 책이 온건한 보편주의적 입장을 채택하고 있기에, 이러한 비교연구를 통해 몇몇 일반 원칙이 부상할 것으로 믿는다. 자민족중심주의와 접촉 이론은 이미 심리학적 보편성으로 설정된 듯 보인다. 여기서 검토한 개념에 대한 유사조사가 필요하며, 여기에는 다문화주의 가설이 포함된다. 이것이 폭넓게 지지될 때, 동등한 지위 접촉과 상호 안전성을 통한 국제적 적응과 평화라는 목표를 추구할 토대가 마련될 것이다.

주요 용어

문화 간 전략 • 민족문화적 집단 • 다문화주의 • 다원 사회　다문화적 이데올로기 • 다문화주의 가설 • 관용 • 안전 • 위협 • 자민족중심주의 • 접촉 가설 • 내부집단 • 외부집단 • 긍정적 준거 집단 • 고정관념 • 태도 • 편견 • 차별 • 외국인 혐오증

추천 문헌

Dovidio, P., Glick, A., and Rudman, A. (eds.) (2005). *On the nature of prejudice: Fifty years after Allport*. Oxford: Blackwell.

문화 간 관계에서 가장 영향력 있는 한 이론의 연구에 대한 기본적 검토.

Pettigrew, T. (2008). Future directions for intergroup contact theory and research. *International Journal of Intercultural Relations*, 32, pp.187–189.

접촉 이론이 문화 간 관계 증진에 공헌할 수 있는 곳에 대한 사려 깊은 전망.

Smith; P., Bond, M. H., and Kağitçıbaşi, C. (2006). *Understanding social psychology across cultures: Living and working in a changing world*. London: Sage.

많은 사회적 행동 분야에 대한 포괄적인 개요로, 문화 간 관계에 대한 혜안이 포함되어 있다.

Ward, C. (2004). Psychological theories of culture contact and their implications for intercultural training and interventions. In D. Landis, J. M. Bennett and M. J. Bennett (eds.), *Handbook of intercultural training* (pp.185–216). Thousand Oaks, Calif.: Sage.

문화 간 접촉 연구의 심리학적 측면에 대한 개요 및 평가.

Ward, C., and Leong, C.-H. (2006). Intercultural relations in plural societies. In D. Sam and J. W. Berry (eds.), *The Cambridge handbook of acculturation psychology* (pp.484–503). Cambridge: Cambridge University Press.

다원사회에서 문화 간 관계의 주요 특성 제시.

15 문화 간 소통과 훈련

이주가 증가하고 지구화와 국제화가 진전됨에 따라, 문화 간 소통을 이해할 필요성이 커지고 문화 간 문제를 처리하는 능력을 갖출 수 있도록 훈련시키는 데도 이러한 정보가 사용된다. 광범위한 여러 과학 및 응용학과에서 발표한 출판물과 함께, 이 분야는 매우 다양하다. 예를 들어 언어학(특히 사회언어학), 사회학, 문화인류학 및 비교문화심리학에서 연구들이 이뤄지고 있다. 이 분야의 다양한 연구에 대해서는 Landis, Bennett, Bennett(2004)이 편집한 입문서에서 찾아볼 수 있다. 이 장에서는 주로 문화 간 소통과 훈련의 심리학적 측면에 초점을 맞추고, 중요 문제와 연구들을 심리학적 관점에서 살펴보고자 한다.

이 장은 3개의 주요 부문으로 나뉘며, 각 부문은 문화 간 소통과 훈련에서 두드러지는 영역들이다. 첫 번째 문화 간 소통에서는 문화 간 만남의 과정에서 어떤 소통 요소들이 소통 문제의 원천인지를 기술하는 연구자들의 시도를 다룬다. 이 부문은 나머지 두 부문보다 이론적이다. 지식의 적용보다는 문화 간 소통의 특성에 주로 질문의 초점이 맞추어져 있기 때문이다. 두 번째 부문은 일시 체류자, 주로 일이나 학업(국제학생)을 목적으로 다른 문화에 머무는 사람들을 다룬다. 이들은 제13장에서 논의한 특정 문화변용 집단이다. 제13장에서 기술한 일반적인 문화변용 문제에 더해, 여기서 기술하는 일시 체류자의 문화변용에는 많은 구체적인 양상이 있다. 마지막 부문은 문화 간 능력과 훈련에 관한 것이다. 문화 간 접촉 수가 증가하고 접촉에 수반되는 실패와 문제 건수도 증가함에 따라, 연구자들은 사람들의 문화 간 효과를 증가시키기 위한 훈련 프로그램 개발에 박차를 가했다. 이러한 효과를 위해 접할 수 있는, 그리고 입증된 다양한 훈련유형을 개략적으로 제시한다.

이 장은 문화 간 소통을 다루는 다른 많은 논의와는 좀 달리 다른 나라에 임시로 체류하고 방문하는 사람들을 주로 다룬다. 좀 더 영속적인 형태의 내부집단 접촉과 문화변용에 대해서는 제13장과 제14장에서 다루었다. 게다가 많은 문화 간 소통 문헌에서는 개인적 발달과 성장을 위한 문화 간 접촉의 의미를 강조한다(특히 서구 사회에서 온 일시 체류자)(Jandt, 2007; Ting-Toomey, 2005a). 중요한 주제이긴 하지만 흔히 비교문화심리학의 부분을 이룬다고는 여겨지지 않기에 여기서는 세부적으로 논의하지 않는다.

문화 간 소통

문화 간 소통 문제

제1부에서 사회적, 언어적, 인지적 기능화의 방식과 기저에 있는 과정이 모든 문화에 걸쳐 대부분 공유된다고 주장하였다. 이러한 유사성으로 인해, 다른 문화적 및 언어적 배경 출신이라도, 적어도 원칙적으로는 서로 소통할 수 있다. 하지만 과정, 능력 및 수행성 사이를 구분할 때(제1장 '일반화' 참조), 기저에 있는 과정들이 유사하다고 해서 사람들이 실제 소통에서 표출하는 것도 같다는 뜻은 아니다. 표출되는 것이 다르기 때문에 많은 소통이 실패할 수 있다. 더구나 명백한 소통 실패와 눈에 띄지 않고 넘어가는 더 미묘한 실수 사이를 구분하는 것이 중요하다.

언어적 및 비언어적 소통형태는 둘 다 **문화 간 소통**(intercultural communication)에서 역할을 한다. 가장 중요한 것이 언어다. 언어는 매우 문화특수적인 매체이다. 두 사람이 공통의 언어를 사용하지 않는다면, 상호작용은 심각하게 제한된다. 공통 언어에 대한 지시가 완벽하지 않을 때 소통의 어려움은 명백하다. 영어 발음과 사용에서의 변이는 항공교통관제에서 한동안 우려되는 점이었다(Ruffell Smith, 1975).

강조(어조의 높낮이, 큰 어조)와 억양을 포함하여, 언어의 운율적 측면 또한 종종 오해를 부를 수 있다. 고전적인 예는 Gumperz(1982)의 작업에서 볼 수 있다. 영국에서 카페테리아 직원으로 일하는 인도 여성과 파키스탄 여성은 무례하고 비협조적으로 보였다. Gumperz는 이들의 말이 부정적으로 해석될 수 있음을 알아차렸다. 음식을 내놓을 때 영국인 점원은 올라가는 억양으로 "그레이비 소스?"라고 말한다. 인도 여성과 파키스탄 여성은 같은 단어를 사용하더라도 내려가는 억양으로 발음한다. 소스를 손님들에게 내놓으며 말하는 상황에서 그 말은 군더더기로 들리거나 때로는 거칠게 말하는 것으로 들렸다. 녹음된 자신들의 말을 듣고 이주 여성들은 처음에는 아무 차이도 알아채지 못했다. 훈련을 거친 후에야 이들은 요점을 인식하기 시작하였다. 훈련을 받으면서 이들은 자신들을 대하는 사람들의 태도가 왜 그렇게 종종 부정적이었는지를 분명하게 인식했고, 자신들의 학습 능력을 믿게 되었다.

실용적 언어 측면에서는 모든 문화에 걸쳐 대화할 때 돌아가면서 말하고, 칭찬, 공손, 간접 대 직접 유형의 소통을 주고받는 것 같은 공통점이 있다(Blum-Kulka, House, Kasper, 1988 참조). 동시에 비교문화적 차이의 증거도 있다. 이를테면 언어적 및 비언어적 단서들을 고려할 때, Ambady, Koo, Lee, Rosenthal(1996)은 공손함은 미국계 미국인들 사이에서보다 한국인들 사이에서 관계적 단서에 의해 더 영향을 받는 것을 발견했다. 또한 Barnlund와 Araki(1985)는 일본인들이 미국계 미국인들보다 칭찬을 덜 직접적으로 하고 말로 표현하는 칭찬은 더 조심한다는 것을 발견했다.

제7장에서는 말의 내포적 의미와 외연적 의미에 대한 연구를 논의하였다. 모든 언어에 걸쳐 내포적 의미에 유사성이 있다는 실질적 증거가 있지만, 몇몇 차이의 증거도 있다. 이것이 쉽게 오해를 불러올 수 있다. 같은 장에서, 면전에서나 목소리 톤으로 감정을 표현하는 비언어적 소통에 대한 연구도 논의하였다. 전반적으로 감정이 어느 문화에서나 유사해도, 어떤 감정을, 어떤 상황에서 보이는가 하는 규칙(드러냄 규칙)은 문화마다 다를 수 있다.

비언어적이거나 몸으로 하는 소통의 또 다른 측면은 몸짓을 사용하는 것이다. 기초적이긴 하나 보편적 소통형태로서 몸짓 개념은 대중적이었다(예 : Kendon, 1984). 하지만 언어적 발화와 마찬가지로, 몸짓의 구체적 의미는 문화마다 매우 다를 수 있다. 예를 들어 Morris, Collett, Marsh, O'Shaughnessy(1979)는 일상적인 잘 정의된 몸짓들이 유럽의 여러 지역에서 다양한 의미를 지닐 수 있고, 심지어 한 나라 안에서도 늘 같은 의미로 사용되지 않는다는 것을 발견하였다. Ekman과 동료들(Ekman, 1982; Ekman & Friesen, 1969)은 다양한 몸짓 범주를 구분하였다. 접속인자(또는 몸 조작인자), 조절인자, 설명인자, 상징 등이다. 접속인자는, 코를 긁는 것처럼 신체적 필요와 연결된 움직임이나 개인 간 접촉에서 발달한 것이다. 발달 과정에서 이것들은 분절화되어 제 기능을 잃을 수 있다. 생각에 깊이 잠겨 있을 때 코를 긁는 것은 코를 후비는 행위의 잔재일 수 있다. 아동 훈련에는 접속인자, 특히 다른 사람 앞에서 하면 부적절한 것으로 간주되는 접속인자의 변경이 포함된다. 조절인자는 2명 이상의 사람들이 대화할 때 듣고 말하는 순서를 지키는 데 역할을 하는 머리와 팔의 몸짓이나 몸의 자세를 말한다. 조절인자는 종종 분명한 의식 없이 이루어지며, 따라서 서로 다른 문화 출신의 사람들 간에 오해를 낳을 수도 있다. 설명인자는 말하기와 직접 연결된다. 말하는 것을 강조하거나 묘사하는 데 쓰이며 언어의 특성과 관련이 있다.

상징에는 흔히 문화의 구성원들에게는 친숙하고 그 자체로 인지적인 의미가 있다. 상징은 의미를 서로 소통하려는 것이며, 보통은 언어적인 등가물이 있다. Morris 등(1979)은 상징에 기초한 것을 연구하였다. 상징은 의미에서 가장 비교문화적 차이를 보이기 쉬운데,

구체적인 개념에 강하게 연결되어 있기 때문이다. 하지만 일부 상징은 이를 지각하는 사람이 이를 보낸 사람의 문화를 전혀 알지 못할 때라도 여전히 이해할 수 있다. "이리 와." 라는 팔의 몸짓은 전 세계 어디서나 이해되기 쉽지만, 손가락을 하나 편 채 주먹으로 총을 나타내는 것은 총에 대해 사전 지식이 없는 사람에게는 어떠한 인식의 실마리도 제공하지 않는다. Ekman과 Friesen(1969)은 몸짓의 형태와 준거자 간 거리가 좁은 준거적 상징과 차이가 크고 사전에 문화적 지식에 의존하는 관례적 상징을 구분하였다. Poortinga, Schoots, Van de Koppel(1993)은 네덜란드 학생들이 중국인과 쿠르디스탄인이 만들어낸 준거적 상징에 의미를 부여할 수 있고 이들 몸짓 대부분이 자신들의 문화에도 있다는 네덜란드 학생의 보고를 발견하였다. 이것은 적어도 광범위하게는 문화들에 공통된 준거적 상징 목록이 있음을 암시한다. 하지만 인습적 상징에 대한 인식의 비율은 저마다 다르다. 숫자를 나타내는 중국 문자 상징 같은 일부 상징은 다중선택 테스트에서 정확히 일정 기대 수준 이하로 해석되었다. 대부분의 보고서는 차이에 초점을 맞춘다. 예를 들어 Pika, Nikolada, Marentette(2009)는 세 서구 집단(영어권 및 프랑스어권 캐나다인과 독일인)에서 손가락으로 숫자 표시를 어떻게 하는지를 분석하였다. 관찰된 가장 중요한 차이는 숫자 1을 표시하는 데 독일인 응답자들은 엄지를 사용하고 캐나다인들은 검지를 사용했다.

몸짓은 몸의 위치와 개인적 공간과 관련된다. 이에 대한 대부분의 연구가 최근의 것이 아니며 Altman과 Chemers(1980)가 기존 연구들을 요약하였다. 개인적 공간 개념은 모든 사람의 주위에는 사적 영역이 있다는 관념에 기초한다. 어떤 사람이 다가와 너무 가까이 서 있을 때 이를 침입으로 경험한다. 인류학자 Hall(1966)은 최초로 개인적 공간에 대한 비교문화적 차이에 관심을 두었다. 그는 아랍인, 남유럽인, 라틴아메리카인들이 말할 때 서로 가깝게 서 있는 것에 주목하였다. 이들은 서로 접촉하는 경향이 있고 심지어 상대방 면전에서 숨을 내쉬었다. 반면 북유럽 후손들은 신체적으로 훨씬 더 거리를 유지한다. Hall은 접촉이 많은 문화에서 접촉이 적은 문화까지 범위의 차원을 하나 가정하였다. Sussman과 Rosenfeld(1982)는 자신의 언어로 이야기할 때 미국에 있는 일본인 학생들이 베네수엘라 출신 학생들보다 더 멀리 떨어져 앉는다는 것을 발견하였다. 영어로 이야기할 때는 이러한 차이가 사라졌다. 일본 출신 학생들과 베네수엘라 출신 학생들은 미국 학생들에게 관찰된 것과 비슷하게 거리를 두고 앉았다. 이는 비교문화적 차이가 상황특수적인 경향이 있음을 암시한다.

문화 간 소통 문제의 원천에 관한 문헌에서는 대부분의 문제가 관습과 의미에서 구체적 상황의 차이에서 생긴다는 것을 암시한다(제12장의 비교문화적 차이의 심리학적 조직 부분에 있는 문화적 관례에 관한 논의 참조). 제4장에 나오는 가치처럼 심리적 선호성에 대한 연구와 달리, 비교문화적 차이에서는 기본적인 차원이 없는 듯 보인다. 문화 간 만남이 언어의 운율적이고 실용적인 측면에 대한 불충분한 이해로, 또는 비언어적 소통의 실수로 얼마나 자주, 얼마나 심각하게 방해를 받는지에 대해서는 알려지지 않았다. 이방인의 무지와 서투름에는 사회적 규칙과 관습에 익숙하지 않음이 분명 더해진다. 대부분 명백한 오해는 이방인이 잘못 해석하거나 의식하지 못하는 일상의 사회적 상황의 구체적 관례에서 비롯되는 경향이 있다. Triandis(1975)는 누군가를 저녁식사에 초대하면서 '아무 때나' 환영한다고 말하는 그리스인 시골 사람의 예를 이야기하고 있다. 미국계 미국인에게 이는 초대하지 않는다는 의미이다. 막연한 시간은 언질을 주지 않는 것과 같기 때문이다. 하지만 그리스인 시골 사람은 손님이 아무 때나 와도 환영한다는 말 그대로 전한 것이다.

문화 간 소통 이론

문화 간 소통 문제의 원천에 관한 연구는 대부분 소통의 구체적 상황이나 양식에서 구체적 문제들에 초점을 맞추는 경향이 있다. 이 책에서는 여러 문제가 별다른 공통점이 없다고 주장하였다. 그것들을 조직하기 위하여 어떠한 이론적 차원이나 모델을 가정하지도 않았다. 하지만 그러한 조직을 제공하고자 시도하는 문화 간 소통에 대한 여러 이론적 접근법이 개발되었다. 이에 대해 다음에서 논의한다.

문화 간 소통 이론에서는 소통의 어려움을 광범위한 사회문화적 구성인자와 관련지어 설명하고자 한다(Gudykunst, 2005a; Gudykunst & Mody, 2002). Gudykunst, Lee, Nishida, Ogawa(2005)에 따르면, 소통 이론에 문화를 포함시킬 수 있는 세 가지 방법이 있다. 첫째, 문화를 명백히 이론으로 통합시킬 수 있다. 둘째, 소통에서의 문화적 변이들을 이론으로 설명해 볼 수 있다. 셋째, 개개인이 상호작용을 할 때 서로 다른 문화 출신의 개인들 간 소통양식을 이론으로 설명해 볼 수 있다.

첫 번째 종류의 이론은 코드 이론(Philipsen, 1997; Philipsen, Coutu, Covarrubias, 2005)으로, 일련의 제안들을 중심으로 이루어진다. 한 가지 가정은 각 문화가 뚜렷이 구분된 말하기 코드라는 특징을 가지고 있다는 것이다. 즉, "말하기 코드는 사회적으로 구성된 상징과 의미들의 전제, 소통행동과 관련된 규칙의 체계이다"(Philipsen, 1997, p.126). 이 공식화는 이 이론에 상호 주관주의적(제10장 참조)이고 사회구성주의적인(제12장 참조) 학습이 있음을 나타내며, 저마다 다른 문화를 포함하는 소통행위로서의 의미를 강조한다. 이는 말하기 코드에 문화적으로 뚜렷이 구분되는 심리학과 수사학이 존재한다는 또 다른 제안에서 더욱 강조된다. 따라서 말하기는 개인적이고 사회적인 행동을 포함한 모든 것을 설명할 수 있는 중심적 특성이다. Philipsen 등(2005)은 대부분의 이론 제안을 직접 시험할 수 없다는 것은 인정하지만, 이 이론에 일치하는 간접적인 실증적 증거들은 축적되어 있다고 주장한다.

두 번째 유형의 이론은 문화적 변이를 설명하는 데 사용하는 개인주의-집단주의 같은 가치 차원과 종종 관련이 있다(Gudykunst et al., 2005). 가치 차원이 원래 소통 이론으로서 공식화된 것은 아니었지만, 소통에서의 비교문화적 차이를 이해하는 틀로 볼 수 있다. 예를 들어 더 평등한 소통유형 대 사회적으로 더 지배적인 소통유형은 Hofstede의 권력 거리 차원과 관련이 있다(Hofstede, 1980).

또 다른 차원은 낮은 맥락 문화와 높은 맥락 문화 간 변이와 관련이 있다(Hall, 1976). 이를테면 Ting-Toomey의 얼굴 협상 이론(Ting-Toomey, 1985, 2005b)에서는 '얼굴'(정체감 및 타인과의 관계에서 자아 가치감 반영)과 갈등 처리에 초점을 맞춘다. 갈등 상황은 감정적이고 위협적인 얼굴로 보인다. 나라마다 차이가 존재하는 것과 관련해서는 낮은 맥락 문화와 높은 맥락 문화 사이의 구분은 저접촉 문화와 고접촉 문화의 구분과 다소 유사하다. 높은 맥락 문화에서는 소통 과정에서 정보 중 많은 것이 메시지를 보낸 사람과 받는 사람 사이에 서로 공유되거나 맥락 내에 존재한다. 낮은 맥락 문화에서는, 정보 가운데 많은 것이 전송된 메시지 속에 명시된다. 대부분의 서구 국가는 낮은 맥락 문화로 특징지어질 수 있는 반면, 일본, 한국, 베트남은 높은 맥락 문화이다. 최근 글에서는 개인주의-집단주의, 상호의존적 자기구성과 독립적 자기구성 사이의 구분이 문화를 범주화하는 주된 매개 변수가 되었다(Ting-Toomey, 2005b). 이 구분의 일부가 실증 연구들에서 지지되었다(예 : Oetzel & Ting-Toomey, 2003).

세 번째 종류의 이론으로 Gudykunst 등(2005)은 Gudykunst의(1993, 2005b, 2005c) 불안/불확실성 관리(Anxiety/Uncertainty/Management, AUM) 이론을 언급하였다. 여기서는 효과적인 소통이 가능하도록 불안과 불확실성이 관리되고 동시에 일정 수준으로(너무 높지도 너무 낮지도 않게) 관리될 필요가 있다고 생각한다. 이러한 관리 과정에 비교문화적 변이가 있는데, 주로 개인주의-집단주의 차원의 선에 따라 다르다. 전체 AUM 이론화의 일부로 일시 체류자의 문화 간 적응이 다루어진다. 일시 체류자들은 방문하는 문화에서는 이방인으로 보인다. 이들을 규정하는 특징으로는 지역민과의 상호작용을 '일련의 위기로서' 지각하는 경향이 있다는 것이다(Gudykunst, 2005b, p.421). 현지 사회에서 사람들과 상황을 다루는 불확실성 관리와 불안 관리는 문화 간 적응에 선행하는 것으로 보인다. 자아개념이나 자존감, 주류문화 구성원들과의 상호작용 동기화 및 반응은 Gudykunst의 저작(2005a, b)을 언급하면서 다룬 정교한 이론적 공리에 세부적으로 개념화되어 있다.

앞에서 기술한 문화 간 소통 문제에 대한 근원적 연구와 여기에서 다루는 문화 간 소통 이론 사이에는 현격한 차이가 있다. 많은 실증 연구에서 소통 문제는 구체적 상황이라고 지적하고, 반면에 대부분의 이론에서는 소통 차이를 기술할 때 폭넓은 문화적 차원을 근거로 드는 경향이 있다. 중심 질문은 문화 간 소통 문제에서 어떤 유형의 설명 ―구체적 상황 설명이냐 일반적 차원의 설명이냐—이 가장 잘 맞는가 하는 것이다. 상급자와 상호작용을 할 때 시선을 내리는 문제를 예로 들자면, 일부 나라에서는 이를 찾아볼 수 있지만 다른 나라에서는 시선을 맞춘다. 이 차이는 매우 상황의존적인(어떤 상황에서도 시선을 내리지 않는다) 지역적 인습의 표현으로 보일 수도 있지만, 또한 권력 거리 차원의 예(Hofstede, 1980, 2001)로 보일 수도 있다. 후자의 설명은 분명 비교문화적 차이의 특성에 대해 관례나 관습과 관련하여 설명하기보다는 일반적인 가정을 포함한다.

일시 체류자

제13장에서 이미 문화변용 과정을 처리해야 하는 특수집단 사람들로서 **일시 체류자**(sojourners)나 국외 거주자의 지위에 대해 논의하였다(Bochner, 2006; Ward, Bochner, Furnham, 2001 참조). 앞에서 살폈듯, 일시 체류자에 대해서는 많은 연구가 문화 간 소통과 훈련의 관점에 밀접하게 연결된다. 일시 체류자는 일반적으로 자신들이 다른 나라나 문화에 제한된 기간에만(계약기간이나 학업기간) 머문다고 예상하고, 고용주나 대학으로부터 제도적 지원을 받는 경향이 있으며, 심지어 본국 조직과는 인터넷을 통해 정기적으로 '스카이프' 미팅을 갖기도 한다. 따라서 이들에게 문화변용 문제는 더 영구적인 이주자들에게 있는 문제와 무게가 다르다. 일정 종류의 문화변용은 늘 필요하지만 종국에 본래 문화로 돌아갈 것을 안다는 것은 사회문화적 기술 습득에 강조점을 두고 정체성의 변경이나 다른 행동 문제에는 덜 강조하게 한다(Berry, 출판 중 b). 게다가 대부분 일시 체류자에게 다른 나라의 방문은 사전에 계획된 것이므로, 문화 간 효과를 용이하게 하기 위한 선별, 준비, 훈련을 강조한다. 이 장 뒷부분에서 보게 되겠지만, 준비는 종종 문화적 숙달보다는 언어적 숙달에 더 초점이 맞춰진다.

일시 체류자 적응

'문화 충격'이라는 용어는 본래 인류학자 Oberg(1960)가 만든 말로, 친숙하지 않은 환경에 노출됨으로써 발생하는 어려움을 지시하기 위해 사용하였다. Oberg는 새로 적응해야 하는 압박, 상실감, 자신의 역할에 대한 혼란과 불안감에 대하여 언급하였다. Gudykunst의 AUM 이론에서(2005a, b) 낯선 사람과의 상호작용이 일련의 위기로 언급되었다. Guthrie(1966)는 미묘한 문화적 차이로 인한 좌절이 사회적 상호작용에 장애가 된다고 하였다. 11개국에서 수학하는 139개국 출신 외국인 학생들을 대상으로 한 대규모 프로젝트에서, 1/4이 우울함을 갖고 있는 것으로 나타났다(Klineberg & Hull, 1979). 어느 정도 어려움을 경험하는가는 일시 체류자라고 다 같지 않다. 주요 변수에 포함되는 것으로는 본국 문화와 현지 문화 사이의 거리, 관여의 유형, 접촉기간, 현지에서 방문자의 지위(하급자, 매니저, 학생)(Bochner, 1982, 2006 참조)가 있다.

　일시 체류자가 시간이 경과함에 따라 새로운 문화에 어떻게 적응하는가에 대한 논쟁이 있었다(Ward et al., 2001). 문화적응은 이따금 U형 곡선을 따른다고 한다. 일시 체류자들은 처음엔 거의 문제가 없고 열정적이고 새로운 경험에 매료된다. 시간이 좀 지나면서 좌절감, 외로움, 불안감이 든다. 더 지나면 도전하는 법을 배우고 웰빙이 다시 증가한다. 이들이 본국으로 돌아간 후에 적응기간을 포함하면 U 곡선은 이중 U 곡선이나 W 곡선으로 확장된다(Brein & David, 1971 참조). 처음에는 익숙한 환경으로 돌아가 가족과 친구를 만난다는 흥분이 있다. 다음에는 실망이 일어나는데, 해외생활의 긍정적인 측면들 가운데 일부를 잃어버리기 때문이다. 결과적으로 어느 정도 시간이 지난 후에 재적응이 이어진다.

　직관적인 유혹이긴 하나 U 곡선과 W 곡선은 실증적 조사에서는 그리 유효하지 않았다. Ward 등(2001, 2004)에서 한 연구 개요를 통해 일부는 이러한 양식을 따르지만, 많은 다른 사람들은 그렇지 않은 것으로 나타났다. 많은 일시 체류자가 경험하는 문화변용 스트레스는 시간에 따라 증가하기보다는 감소할 수 있다(Ward & Kennedy, 1994). U 곡선과 W 곡선의 유용성에 문제를 제기할 수 있는데, 정확한 형태와 관련해서는 많은 불확실성이 있고 기간과 관련해서는 비선형적인 변화가 일어나기 때문이다(Furnham & Bochner, 1986 참조). 일상 수준에서는 다른 문화에 새로 온 사람은 의심의 여지없이 문제들을 겪게 마련인데, 보편적 규칙, 사회적 규범, 기타 문화적 관례에 친숙하지(종종 편치) 않기 때문이다. 일시 체류자들은 사회적 만남을 능숙하게 처리하는 데 필요한 지식과 기술을 점차 획득한다. 이를 분명히 보여주는 한 연구가 Ward, Okura, Kennedy, Kojima(1999)에 의해 보고되었다. 이들은 뉴질랜드에 있는 일본인 학생들에 대한 종적 연구를 통해, 학생들에게 한 해 동안 여러 번에 걸쳐 심리적 및 사회문화적 적응을 평가하는 설문지를 실시하였다. Ward, Okura 등은 적응 문제는 처음에 가장 컸고 시간이 감에 따라 감소한다는 것을 보여주었다.

문화 간 인성

문화변용 과정에 참여하는 정도는 개인마다 다를 수 있다고 인식하고 있음에도, 인성과 문화변용에 대한 분명한 결과는 아직까지 얻지 못하였다(Kosic, 2006). 이 연구에서는 개인의 다양한 개인적 특성(넓게 인성으로 정의되는)의 측면에 대해, 그리고 이 특성들이 어떤 식으로 적응을 고양시키거나 방해할 수 있는지를 광범위하게 조사하였다. 이 노선의 연구는 개인의 몇몇 특성(예 : 민족중심적 경향)이 적응에 어떻게 영향을 주는가에 초점을 맞춤으로써 새로운 문화적 환경에 바로 적응할 수 있는 '해외 유형'을 알아보는 것을 목표로 삼았다(검토를 위해 Church, 1982 참조). 문화변용과 인성에 대한 연구에서는 늘 하나 이상의 인성 특성이나 인지 능력을 조사하여 이것이 적응 과정에서 스트레스 감소에 미치는 영향을 살펴보았다.

많은 연구 가운데 비교문화적 적응에서 인성 특성의 역할을 설득력 있게 증명하는 데 성공한 연구는 별로 없었다(Bakker, Van Oudenhoven, Van der Zee, 2004; Valentine, 2001; Ward, Chang, Lopez-Nerney, 1999; Ward, Leong, Low, 2004). 해외에서 일하는 캐나다인들에 대한 초기 연구에서, Kealey(1989)는 다양한 14개 결과변수 가운데 인성 특성이 예측변수로는 미약함을 발견하였다. 표준 인성 특성을 사용할 때(예 : '5요인', EPQ; 제5장 '다른 전통적 특질' 참조), 더 지정적인 기술 이상으로 문화 간 적응을 예측하는 것 같지는 않다(Matsumoto, LeRoux, Bernhard, Gray, 2004). 결과가 꽤 미미하긴 했지만, 몇몇 연구에서는 인성 특성이 예측 역할을 한다는 일부 지지를 발견하였다(예 : Mak & Tran, 2001). 국외 거주자 직업 수행성과 예측에 대한 30개 실증적 연구를 메타분석한 결과, 일시 체류자들의 경우에 5요인의 예측 타당도가 국내 피고용인들의 경우에 보고된 것과 유사했다(Mol, Born, Willemsen, Van der Molen, 2005). 외향성, 감정적 안정성, 호감성, 그리고 의식이 국외 거주자 직업 수행성에서 예측되었는데, 개방성은 아니었다. 일반적인 인성 특성은 또한 간접적으로 영향을 줄 수가 있다. 구체적 기술들, 가령 감정조절이나 비판적 사고의 발달을 용이하게 하거나 방해하고, 이런 기술들이 이어 문화 간 적응을 예측한다는 의미에서 영향을 준다(Matsumoto, LeRoux, Robles, Campos, 2007).

비교문화적 적응에서 인성의 역할에 대한 연구에서 반복되는 문제는 '적응'이 정의가 잘 안 되는 구성체라는 점이다. 제13장에서 비교문화적 적응이 다양한 방법으로 검토되어 왔음을 이미 언급하였다(예 : 정신건강 지표, 국민적 사회 구성원들과의 상호작용, 수용, 학업성취, 직업 수행성 및 삶의 만족도). 이로 인해 인성에 대한 예측력 설정이 어렵다는 것도 지적하였다(Ward & Chang, 1997). Mol, Born, Van der Molen(2005)은 적응을 기껏해야 예측변수와 국외 거주자 효과 사이의 매개변수로 보아야 한다고 주장하였다. 기술, 조건, 인성유형의 예측력을 시험하기 위해 국외 거주자 직업 수행성과에 대한 더 적절한 표본화를 개발할 것을 제안하기도 하였다.

일시 체류자의 인성 연구에서 진전된 한 가지 방법은 '개인-상황'의 상호작용을 포함하는 것이다. 개인적 특성과 새로운 문화적 환경의 규범 사이에서 '맞춤'은 인성 자체보다는 더 나은 이민자 적응 예측변수가 될 수 있다(즉, 문화적 맞춤 가설)(Searle & Ward, 1990). Ward와 Chang(1997)은 싱가포르에 사는 미국계 미국인이 싱가포르인보다 외향적이고 결과적으로 지역민과의 사회적 관계를 먼저 시작하고 이를 유지하려는 시도에 대한 반응으로 좌절이나 거절을 경험했음을 보여주었다. 외향성이 심리적 웰빙과 직접적인 관련은 없었으나, 일시 체류자들은 현지 사회규범을 자신들의 규범과 덜 모순된 것으로 지각하여 심리적 고충과 우울의 수준이 더 낮았다. 하지만 Ward, Leong, Low(2004)는 오스트레일리아와 싱가포르 출신의 학생 및 국외 거주자에 대한 연구를 보고했는데, 거기서 문화적 맞춤 가설은 지지되지 않았다. 신경증과 외향성은 양쪽 일시 체류자 표본 모두에서 심리적 및 사회문화적 적응과 관련이 있었다.

진전된 또 하나의 방법은 일시 체류자 수행성과와 가장 관련이 있는 인성 측면만 평가하도록 맞춘 더 구체적인 도구 개발이다. 한 가지 예가 문화 간 적응 잠재적 척도(문화 간 적응을 예측하도록 특별히 맞춰진 도구)(Matsumoto et al., 2001)이다. 이 척도는 가령 5요인같이 일반적인 특징보다는 감정조절, 개방성, 유연성, 창조적 사고와 같이 문화 간 능력과 더 관련이 있는 특징을 측정한다. Matsumoto 등(2007)은 미국에 있는 국제학생 표본에서 전통적인 인성 척도 이상으로 ICAPS가 문화 간 적응을 예견한 것으로 보고하였다. 또 다른 도구의 예인 다문화적 인성 질문지는 국제적 및 다문화적 환경에서 일하는 사람들과 관련이 있는 특징을 측정하기 위해 특별히 개발되었다(Vander Zee & Van Oudenhoven, 2000, 2001). 여기서는 문화적 공감, 개방적 마음, 사회적 주도, 감정적 안정성, 유연성을 측정하는데 많은 특징이 5요인과 관련이 있지만 문화 간 효과를 예측하는 것에 특별히 더 맞춰져 있다. 이러한 척도로 측정된 특징이 외국 상황에서 심리적 및 사회적 웰빙과 관련이 있음을 나타내는 몇몇 결과가 있다(Van Oudenhoven & Van der Zee, 2002).

대체로 일시 체류자의 성공에서 개인적 요인이 중요하다는 증거는 상대적으로 거의 없다. 많은 전문가들의 견해로는 특징–유사 차원보다는 조건과 기술에 초점을 맞추는 것이 일시 체류자의 성공과 웰빙의 원인을 이해하는 데 더 많은 결과가 있다는 것이다. 기술과 조건에는, 다음에 논의될 문화 간 능력 훈련 같은 개입을 통하여 이것들을 더 잘 목표화할 수 있다는 이점이 추가된다. 하지만 일시 체류자 성공을 예측할 수 있는 개인적 자질을 찾으려는 유혹은 여전히 강하다. 이러한 전통에 가장 최근에 추가된 것 가운데 하나인 '문화적 지능'은 글상자 15.1에서 볼 수 있다.

문화 간 능력

지금까지 이 장에서는 주로 문화 간 소통 문제의 근원과 일시 체류자의 적응 및 웰빙에 선제되는 것에 초점을 맞추었다. 부분적으로 겹치기는 하지만, 더 직접적으로 문화 간 능력에 초점을 맞춘 또 다른 연구 분야가 있다(Deardorff, 2009). **문화 간 능력**(intercultural competence)에 대한 이론 개발은 문화 간 소통 분야의 이론 개발(이 장의 앞에서 논의한)

을 떠올리게 한다. 두 분야 모두 최상위의 포괄적 개념들을 결합시키는 개념적 구도에 특징적이다. 문화 간 능력 구도에 대해서는 Spitzberg와 Chagnon(2009)이 개괄적으로 설명하였다.

좀 더 응용적인 질문은 일시 체류자의 문화 간 소통과 작업 수행성과를 개입을 통해 어떻게 고양시킬 수 있는가 하는 것이다. 문화 간 능력을 위한 훈련 모듈은 많으며, 대부분은 사업 맥락에서 응용하기 위해 개발된 것이다. 문화 간 능력 훈련 분야의 한 가지 특성은 실용적 요구에 의해 작동되었다는 것이다. 문화 간 능력에 관한 실증적 연구는 1960년대 미국의 평화봉사단 사이에서 시작하였으며, 당시에는 문화 간 접촉과 소통에서 일어나는 문제들을 처리할 필요성이 증가하였다.

이러한 실질적 지향의 결과인 듯, 훈련효과에 대한 실증적 시험은 새로운 훈련의 개발 뒤를 느리게 따라가는 경향이 있었다(Van de Vijver & Breugelmans, 2008; Van de Vijver & Leung, 2009). 여기서는 일시 체류자 효과에 대한 연구와 접할 수 있는 훈련유형, 유형들의 효과와 관련하여 수집된 증거에 주로 초점을 맞춘다.

일시 체류자 효과

일시 체류자의 효과와 능력에 대한 연구는 주로 외적 조건, 기술, 인성 등 세 가지 유형의 변수에 초점을 맞추었다(Van de Vijver & Breugelmans, 2008). 첫 번째 2개 변수는 개입 연구에서 더 중요(대외 조건은 조정이 가능하고 기술은 훈련이 가능하다)하며, 세 번째 변수는 선별(어떤 유형의 일시 체류자가 더 성공하기 쉬운가)에서 중요하다. Kealey, Protheroe, MacDonald, Vulpe(2005)는 성공적인 해외 일시 체류와 관련하여 환경과 개인적 자질을 둘 다 고려해야 한다고 강조하였다. 개인 간 기술과 문화적 지식, 프로젝트의 조직과 환경적 맥락(주관 국가의 규제들, 경제적 구성인자들) 모두가 중요하다고 결론을 내렸다.

대외 조건의 중요성을 나타내는 예로 800명의 스웨덴인 국외 거주자에 대한 Torbiörn (1982)의 역사적인 연구가 있다. 그는 우편조사를 통해 26개국에서 30여 명의 사람들(사업가 커플)로부터 데이터를 얻었다. 응답자의 8%만이 불행하다고 보고하여 낮은 백분율을 보였다. 더 큰 백분율에 대해서는 특히 Tung(1981)이 첫 조사에서 미국 매니저 가운데 30%에 육박하는 사람들이 성공하지 못한 것을 발견하였다(Tung, 1998; Harzing, 1995). 추후 조사에서는 이 숫자가 훨씬 낮아지긴 하였다.

Torbiörn은 근로자보다 배우자가 더 자주 불행하였다는 어떤 증거도 발견하지 못하였다. 하지만 가족이 불행하면 일시 체류에 성공할 수 없다는 사실을 강력하게 확인하였다. Torbiörn의 연구에서 가장 눈에 띄는 결과는, 동료 국외 거주자들하고만 접촉을 유지하는 것보다 현지 국가 구성원들과 친구관계를 가지는 것이 만족의 중요한 결정인자였다는 것

글상자 15.1 문화적 지능

Earley와 Ang(2003, p.59)에 따르면, 문화적 지능(CQ)이란 '한 사람이 새로운 문화적 맥락에 효과적으로 적응할 수 있는 능력'을 말한다. 두 사람은 종종 사람의 환경 적응력으로 기술되는, 기존의 일반 지능 정의와 비교하였다. 문화적으로 지능적인 사람은 요구를 맞추기 위해 필요한 새로운 행동을 획득한다. Earley와 Ang은 4개의 측면, 즉 일반적 또는 메타인지적 측면, 인지적 측면, 동기부여적 측면, 행동적 측면으로 구분한다. 각각의 측면은 다양한 요소들로 나누어지며, 문화적 지능을 다면적 개념으로 기술한다. CQ는 불과 몇 년 사이에 대중적인 개념이 되었다.

 *Handbook of cultural intelligence*에서 Ang과 Van Dyne(2008)은 CQ에 대한 개념적 분석과 실증적 자료를 모두 모았다. 요약의 장에서, Gelfand, Imai, Fehr(2008, p.376)는 CQ를 '문화적 능력 문헌에 혁명을 일으키고 변형을 가져온다는' 전제를 제공하는 것으로 기술하였다. 이 개념은 다음과 같은 여섯 가지를 제공해 준다. (1) 절약(소수의 측면에 초점을 맞추고 있기 때문), (2) 이론적 종합과 일관성(네 가지 측면이 하나로 합쳐져서 단일한 구성체로 되기 때문), (3) 이론적 명확성, (4) 이제까지 주목을 덜 받은 누락된 문화적 능력의 인식, (5) 학제 간 경계를 넘어 연구 간 연결, (6) 문화적 능력과 지능 관련 문헌의 연계.

 이러한 강력한 주장을 지키게 만드는 것은 무엇인가? CQ는 큰 항목 풀에서 20개 항목을 선별하여 구성한 도구(CQS)로 평가된다(Van Dyne, Ang, Koh, 2008). 이 척도에는 앞서 언급한 4개 측면을 나타내는 4개의 하위 척도가 있으며, 각 측면마다 4~6개까지 항목이 있다. 항목은 7점 응답 척도로 자기보고 순위를 질문한다. 하위 척도의 항목도 유사한 공식으로 구성된다. 이를테면 인지적 척도에 속한 여섯 항목은 모두 "나는 안다"로 시작한다(예 : "다른 문화들에서 비언어적 행동을 표현하는 규칙들을 나는 안다"). 다른 측면의 항목은 주로 "나는 변한다"(행동적 측면), 또는 "나는 즐긴다"(동기부여적 측면)로 시작한다. 4개 측면은 싱가포르와 미국의 표본들을 통해 결국 4개 요인구조로 알려졌고, 그 결과는 다른 연구들을 통해서도 반복되었다(Shannon & Begley, 2008). Van Dyne 등(2008)은 미국 MBA 학생들의 자기평가와 학급 동료들의 순위를 비교함으로써 방법 변이를 조사하였다. 두 세트의 순위는 4개 측면 척도가 .37에서 .54까지 상관관계가 있음을 보여주었다.

 Ang과 Van Dyne(2008)에서 이론적 분석은 주로 CQ를 다른 개념들과 병합시킨다. 예를 들어 Sternberg(2008)는 원(indigenous) 기술에 대한 연구와 '문화적 배경에 유연하게 적용된 실천적 지능'(2008, p.314)으로서의 CQ를 비교한다. Leung과 Li(2008)는, 사회적 공리(제4장 '가치' 참조)가 먼 원인인 반면 CQ는 문화 간 효과에 가까운 원인일 수 있다는 것을 암시하였다. Berry와 Ward(2006)는, CQ는 비교문화심리학에서 이미 자리를 굳힌 기존의 두 심리적 영역인 일반 지능과 문화변용과 매우 가깝다고 주장하였다. 제6장에서 보았듯, 일반 지능을 비교문화적으로 사용함으로써 많은 개념적 및 실증적 문제가 뒤따랐다. Berry와 Ward는 이러한 어려움으로 인해 개념과 측정도 고려하게 되었다고 주장한다. 두 사람은 문화변용 분야(제13장에서 논의)와 관련해서는, 기존 문화변용 문헌에서 이미 접할 수 있는 개념과 조사 결과를 넘어 CQ로 인해 추가되는 가치는 거의 없다고 하였다.

 Ang과 Van Dyne(2008)이 보고한 실증적 연구는 주로 두 종류, 즉 CQS를 관리한 연구와 다른 증거들을 CQ 개념이나 그것의 측면에 연계시키는 연구이다. 후자 유형의 연구가 Janssens와 Cappellen(2008)에 의해 행해졌다. 이들은 매니저들과의 인터뷰에서 발견한 논평을 회고적으로 CQ의 구분과 비슷한 것으로 해석하였다. CQS에 대한 점수는 Shannon과 Begley(2008)의 장(chapter)에 기반을 두고 있다. 아일랜드에서 경영을 공부하는 국제학생 표본에서 전체 CQ 점수와 또래 평가 질문 간에 $r = .16$을 넘지 않는 상관관계를 발견하였다. "이 사람은 다문화적 맥락에서 효과적으로 일을 처리할 수 있습니까?" 이러한 상관관계를 설명해 주는 변이의 비율이 낮은데도, 저자들이 긍정적 결과로 보는 것은 놀라움으로 다가온다(통계적 의미 때문에). 하지만 Ward와 Fischer(2008)가 동기부여적 CQ를 포함한 모델을 시험한 경우처럼 긍정적 증거를 발견하는 데 실패하였음을 보고한 장들도 얼마 안 된다.

가장 강하게 긍정적인 결과는 Tarique와 Takeuchi(2008)에 의한 보고일 것이다. 뉴욕에 온 여러 나라 출신의 212명 학생 표본에서 메타인지적 CQ가 '국제적 비직업 경험의 수'와 $r = .61$의 상관관계가 있음을 발견하였다. 다시 말해 더 많은 국가를 방문한 학생이 더 높은 CQS 점수를 보이는 경향이 있었다.

최근에 Van de Vijver와 Breugelmans(2008, p.119)는 "절차들의 효과가 명백하게 증명된 경우가 거의 없고 대부분의 훈련 절차에서 유효성 데이터가 눈에 띄게 없다."고 불만스러워하였다. Ang과 Van Dyne(2008)이 보고한 연구에서는, 직업 수행성과 기준의 예측 타당도 연구가 아직 부족함에도, CQS에서 이러한 부족을 극복하고자 한다. 남은 두 가지 질문은 이 조사 결과가 CQS의 적용을 보장하는 데 충분한지 여부와 CQS가 다른 척도보다 더 나은 문화 간 효과에 대한 예측변수인지 여부이다. 다른 척도가 보통 훨씬 더 많은 항목과 더 제한된 이론적 범위를 가지고 있으므로, 가령 다문화적 인성 질문지(Van der Zee & Van Oudenhoven, 2000, 2001)나 문화 간 발달 목록(Hammer & Bennett, 2002; Hammer, Bennett, Wiseman, 2003)과 같은 것이다.

요약하면 이 글상자를 읽는 방법은 다양한 것 같다. 한 극단에서 대대적인 개념적 광고와 제한된 실증적 유효성 증거 사이에 있는 상당한 불일치에 깜짝 놀랄 수 있다. 또 다른 극단에서 몇몇 연구자가 대단히 기대하는 문화 간 소통 분야에서 CQ를 혁명적인 개념화로 보거나 CQS를 창조적인 작동화로 볼 수도 있다. 달리 말해 다음과 같은 질문에 대답해야 한다. 이 새로운 임금님은 옷을 단단히 걸치고 있는가, 아니면 (여전히) 기본적으로는 벗고 있는가?

이다. 처음에는 국외 거주자들하고만 섞이는 사람들이 더 긍정적인 경험을 하겠지만, 장기적으로는 현지 국가 구성원들과의 개인적 우정이 일시 체류자에게는 매우 중요하다. 이것은 다른 국외 거주자 집단들에게서도 일관된 결과로 나타나며, 학생(Klineberg & Hull, 1979)과 기술고문(Kealey, 1989)이 여기에 포함된다.

모든 연구에서 대외 구성인자가 모두 동일하게 중요하다는 결과가 나온 것은 아니다. Sinangil과 Ones(1997)는 터키에서 일하는 220명의 국외 거주자들과 그들과 함께 일하는 국민들로부터 자료를 수집하였다. 요인 분석을 통해 5개의 요인이 나타났는데, 그 가운데 직업 지식과 동기화가 현지 국가 국민의 눈에는 성공적인 임무에 있어 가장 중요하였고, 그다음이 관계 기술이었다. 가족 상황은 다섯 번째 요인이었다. Torbiörn의 조사 결과에 비추어볼 때, 이 결과는 현지 국가 국민들에 의해 평가절하되기 쉽다. 하지만 이 순위는 국외 거주자의 적응과 체류 의도와 상관관계가 있고, 문화와는 별개로 기술과 동기화의 요인이 직업 수행성과에 중요함을 보여준다.

　문화 간 기술은 개입과 훈련 절차의 목표가 될 수 있다(Bhawuk, Landis, Lo, 2006). 다음에 보게 되겠지만, 일시 체류자의 문화 간 소통과 적응 기술을 증가시키기 위한 많은 훈련 모듈이 고안되었다. 이 주제에 관한 문헌은 꽤 많지만 훈련 프로그램의 실제 효과에 관한 연구는 아직 거의 없다. 문화 간 효과에서 자주 언급되는 기술 가운데는 다른 문화 출신 사람들에 대한 공감 능력(이따금 민감성으로 언급된다), 감정적 안정성, 문화 간 만남에서 오는 스트레스 처리의 유연성, 언어 능력이 있다(Arthur & Bennett, 1995; Gudykunst, 1998; Hammer, Gudykunst, Wiseman, 1978). Kealey(1995)는 기술 목록을 세 범주로 나누었다. 첫째, 적응 기술에는 유연성과 스트레스 내성, 그리고 안정된 결혼생활 같은 조건이 포함된다. 둘째, 비교문화적 기술에는 문화 현실주의 및 참여가 포함된다. 셋째, 파트너십 기술은 타자에 대한 개방성과 주도성을 포함한다. 이 기술 가운데 많은 것이 몇몇 인성 특성과 유사하다. 일시 체류자에게 효과적인 것으로 제안되었던 것이다(앞 절 참조). 연구자들이 이것들을 기술이나 더 정확하게는 인성 특성으로 보는 주된 이유는 문화 간 훈련이 어느 정도 목표로 할 수 있는 범위 때문인 것 같다.

　중국에서 일하는 미국인 비즈니스 종사자 70명에 대해 문화 간 효과와 삶의 만족도를 주관적으로 측정한 광범위한 분석에서, Cui와 Van den Berg(1991)는 소통 능력, 문화적 공감과 문화 간 효과적 소통행위 측면 간에 차이가 있다는 증거를 발견하였다. Van der Zee와 Van Oudenhoven(2000, 2001)은 다섯 가지 기술, 즉 문화적 공감, 개방성, 사회적 주도성, 감정적 안정성, 유연성으로 구분하였다. 하지만 이 기술들의 증진을 목표로 한 훈련 프로그램이 어느 정도까지 일시 체류자의 적응, 효과, 웰빙을 함께 증진시키는지에 대해서는 여전히 그리 분명하지 않다(Van de Vijver와 Breugelmans, 2008).

　최근 일시 체류자 적응의 예측변수로서 문화적 거리가 전면에 등장하였다. 더 넓게 지각된 문화적 거리는 일시 체류자의 심리적 및 사회문화적 적응과 부정적 관계에 있다(Ward & Searle, 1991). Redmond(2000)는 미국 대학의 국제학생 644명을 연구하였는데, 출신 국가와 미국 간 차이로서 문화 간 거리를 Hofstede의 4개 차원(Hoftede, 1980)을 기반으로 하였다. 물론 이러한 조작에는 학생들이 자기 나라의 문화적 특성을 Hofstede 질문지 응답자들과 유사한 방식으로 일치시킨다는 것이 포함된다. Redmond는 문화 간 기술(적응, 소통효과 및 사회적 탈중심화)과 스트레스 경험 및 처리 간 관계에서 미국과 멀리 떨어진 문화에서 온 학생들과 미국과 그리 멀지 않은 문화에서 온 학생들 간에 차이가 있음을 발견하였다. 유사하게 Galchenko와 Van de Vijver(2007)는 러시아의 국제학생들 사이에서 문화변용 양식과 인성보다 응답자가 지각한 것으로 보고한 인지된 문화적 거리가 더 강력한 문화변용 결과의 예측변수임을 발견하였다. 문화 간 거리가 모든 연구에서 예측적인 것으로 나타난 것은 아니다. 예를 들어 Berry 등(2006)은 젊은이들 사이에서 문화적 거리(Hofstede의 네 가지 가치 차원에서 차이를 사용)와 차별 경험 내지 정착사회 지향 간에 관계가 있다는 어떠한 증거도 발견하지 못하였다. 이는 이 연구가 일시 체류자에 관한 것이라기보다 여러 국가에 정착한 민족적 젊은이들에 관한 것이라는 사실과 관련이 있을 수 있다.

문화 간 훈련

일시 체류자가 현지 문화에서 어떻게 기능할 것인지를 배워야 한다면, 당연히 미리 준비해야 한다. 이것이 문화 간 훈련(intercultural training)에 담긴 기본 추론이다(Bhawuk, Landis, Lo, 2006). Berry(2004)의 문화변용 틀과 Landis와 Bhawuk(2004)의 문화 간 훈련 틀의 측면들을 문화 간 훈련 모델에 통합시키고자 한다. 이 모델은 이전의 훈련 연구 및 응용에서 가져온 많은 주요 배경변수로, 목표 중심성, 과거의 문화 간 경험, 지각된 문화적 차이, 문화 간 민감성, 문화변용 전략을 포함하고 있다. 그 결과로 나온 것이 일련의 변수들인데, 행동 의도, 지배적 문화로부터 강화(공공 및 기관 정책, 실천과 같은), 행동적 예행연습 및 학습, 궁극적으로 문화 간 행동이 있다. 한 가지 주요한 주장은 문화적 양측이 문화변용 전략 간에 일치를 이룰 필요가 있으며, 그다음에는 문화 간 훈련 접근법과 일치를 이룰 필요가 있다는 것이다.

북미와 서유럽에 존재하는 대부분의 훈련 프로그램은, 이따금 국외 거주자가 서구 국가에 적응하도록 해왔지만(Herfst, Van Oudenhoven, Timmerman, 2008), 국외 거주 예정자들이 다른 문화에서 살고 일하도록 준비시키기 위해 마련된다. 몇몇 프로그램은 수주 내지 심지어 수개월 지속된다. 어떤 프로그램은 몇 시간인 것도 있다. 긴 프로그램은 보통 현지 국가 언어 집중 과정을 포함한다. 언어 외 프로그램 내용 중에서는 문화 간 소통 문헌에서 생각과 지식의 영감을 얻은 것들이 많다. 다양한 기법에 대한 서술은 Brislin과 Yoshida(1994)에서 찾아볼 수 있다.

접할 수 있는 다양한 기법을 정리하려는 다양한 시도가 있었다. 정교한 도식이 제안되었고(Fowler & Blohm, 2004), 편리하고 간단한 계획이 Gudykunst와 Hammer(1983; Gudykunst, Guzley, Hammer, 1996)에 의해 발표되었다. 두 가지 주된 특성으로 된 분류법을 제안하였는데, 즉 설명적 대 경험적, 그리고 문화일반적 대 문화특수적 구분이다. 도식은 사분면이 있는 그림으로 나타낼 수 있다(그림 15.1 참조).

첫 번째 사분면에서 훈련방법은 피훈련자로 하여금 고정관념과 태도가 자신의 행동에

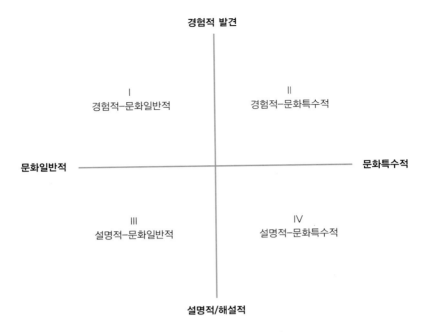

그림 15.1 **훈련 기법의 분류법 도식**(Gudykunst & Hammer, 1983)

어떻게 영향을 주는지를 인식하는 데 도움이 되도록 개인적 경험을 중시한다. 이 방법은 어느 문화에서건 소통 능력을 증진시킨다고 가정된다. 다양한 문화 출신의 사람들과의 직접 경험을 강조하는 기법이 첫 사분면에 속한다. 이것은 다양한 문화적 배경을 가진 참가자들과 문화 간 워크숍을 통해 현실화한다. 여기서 사람들은 자신의 문화적 배경과 가치가 다른 사람에 대한 지각 및 상호작용에 영향을 주는 방법을 더 잘 의식하는 법을 배운다. 두 번째 종류의 프로그램은 민감성 훈련과 T집단 세션이 수반된다. 1960년대와 1970년대에 널리 실행된 훈련으로, 자기의식과 개인적 성장을 증가시키는 것이 목표이다. 자기인식을 가진 사람은 다른 사람이 가진 문화와는 별개로 타인을 이해할 수 있다고 가정된다.

세 번째 종류의 기법은 문화일반적 시뮬레이션 게임이다. 이 게임은 수가 많은데, 대부분 유사한 원칙에 기반을 두고 있다. 대조적 가치들이 있는 상상의 '문화'가 간략한 기술과 함께 지정된다. 피훈련자 집단은 문화별로 나뉜다. 하위 집단은 이 기술 가운데 하나를 받아 익숙해져야 한다. 다음에 일종의 상호작용이 따른다(예 : 거래를 위해 흥정하거나 조약 맺기). 이 게임은 상호작용이 문제적이고 실패하기 쉽도록 만들어진다. 시뮬레이션이 끝나면 보고 시간이 있고, 어려움이 있었던 이유들에 대해 논의한다. 많은 게임을 훈련기관들이 자체 사용을 위해 개발하였으나 발표하지는 않았다. 고전적인 예로는 BAFA-

만, 경험적 지지는 오히려 혼합되어 있었다. 많은 유망한 요인들이 확인되었지만(예 : 현지인과의 접촉, 문화적 거리), 또한 어떤 구성인자가 가장 큰 원인이 되는가 하는 관념을 시험하기 위하여 '적응'에 대한 분명한 개념을 개발할 필요성 같은 많은 도전이 있었다.

마지막으로 제기된 첫 번째 질문은 일시 체류자의 개인적 인성, 기대되는 현지 문화에 대한 지식, 그리고 다양한 문화에 대한 사전 경험이 일시 체류에 어느 정도로 성공적인 원인이 되는가 하는 것이었다. 두 번째 하위 부문에서는 문화 간 일시 체류자들이 더 나은 수행성과를 이룰 수 있도록 개입과 훈련 프로그램을 개발하려는 시도에 대하여 논의하였다. 훈련 프로그램은 설명적 대 경험적 접근법과 문화일반적 대 문화특수적 접근법이라는 2개 차원에서 구별되었다. 다양한 유망한 훈련 프로그램이 논의되었다(예 : 문화 동화인자).

이 장에서, 연구자들이 비교문화적 차이를 약간 광범위한 문화적 차원과 관련지어 설명하는 이론들을 선호하는 경향이 있음을 보았다. 특히, 개인주의-집단주의는 많은 저자들이 광범위한 차이를 설명하는 데 사용한다. 하지만 우리는 발견된 대부분의 차이가 매우 상황특수적 또는 영역특수적인 경향이 있음을 또한 보았다. 이론과 경험적 증거 간의 이러한 불일치가 아마도 문화 간 소통 및 훈련에서 일부 영역이 견고한 경험적 토대를 결여하고 있는 이유 가운데 하나일 것이다. 또 다른 도전들도 있는데, 가령 일시 체류자 효과를 분명히 정의할 필요가 있다는 것, 그리고 표본에 대한 많은 연구와 관찰들이 상대적으로 몇 안 되는 문화에서 이루어지고 있고, 판별의 타당성을 찾는 비판적 연구는 어떤 것도 거의 없다는 것이다(제12장, p.273 참조).

그럼에도 문화 간 소통과 훈련에 대한 연구는 분명 비교문화심리학에서 매우 중요한 응용 영역이다. 이 분야의 지식과 개입에 대한 수요가 점점 증가하고 있다. 우리는 문화 간 소통 문제에 대한 세부적인 분석, 일시 체류자 수행성과, 그리고 사람들을 다른 문화적 맥락에서 기능하도록 준비시킬 가능성이 비교문화심리학의 주요한 공헌 가운데 하나가 될 수 있다고 느낀다. 하지만 우리가 또한 느끼는 것은 이를 성취하기 위해서는 관념들에 대한 더 비판적인 테스트를 개발해야 하고 이를 널리 일반화하는 것을 삼가야 한다는 점이다.

주요 용어

문화 간 소통 • 일시 체류자 • 문화 간 능력 • 문화 간 훈련 • 문화 동화인자

추천 문헌

Brislin, R., and Horvath, A.-M. (1997). *Cross-cultural training and multicultural education*. In

J. W. Berry, M. H. Segall and C. Kağitçibaşi(eds.), *Handbook of cross-cultural psychology, Vol. III, Social and behavioral applications* (2nd edn., pp.327–369). Boston: Allyn et Bacon.

일시 체류자를 위한 더 전통적인 훈련 분야뿐만 아니라 학생 교육에 대해서도 다룬 점검의 장

Carr, S. (ed.) (2010). *The psychology of mobility in a global era*. New York: Springer.

증가하고 있는 국가 간 이동성과 전 지구적인 사회적 및 심리적 변화 사이의 관계들에 대한 에세이 세트

Landis, D., Bennett, M., and Bennett, J. M. (2004). *Handbook of intercultural training* (3rd edn.). Thousand Oaks, Calif.: Sage.

문화 간 훈련의 다양한 문제들을 다룬 집중적인 장들의 수집

Ward, C., Bochner, S., and Furnham, A. (2001). *The psychology of culture shock* (2nd edn.). Hove: Routledge.

다른 문화에서 살아가기 위해 일시 체류자들이 채택하는 방식에 대한 철저하고 통합적인 연구 개요.

16 일과 조직

일과 조직에서의 문화비교 연구는 광범위하고 활발한 분야로서 그 범위와 깊이를 한 장에 다 다룰 수 없다. 우리는 명확한 비교문화 연구의 역사가 있는 쟁점을 선택하였다. 몇 가지 다른 주제가 더 포함될 수 있을 것이다(예 : Bhagat & Steers, 2009; Gelfand, Erez & Aycan, 2007; Smith, Peterson & Thomas, 2008). 이 장에서는 일과 조직에 대한 비교문화 연구의 주요 주제에 대한 개요를 제공할 것이다.

이 장은 국가로부터 조직을 거쳐 개인 수준의 변인에 이르기까지 위계적 형태로 구조화하였다. 첫 번째 부분에서는 여러 사회에서 발견되는 조직의 구조적 특성을 논의한다. 두 번째 부분에서는 조직 문화를 다루는데, 직무 조직은 하나의 문화로 여길 수 있다는, 즉 소규모이지만 사회문화와 유사한 의미라는 가정에 기반을 둔다. 다음으로 조직 문화에 좀 더 심리적인 개념인 조직 풍토에 대해 언급한다. 세 번째 부분은 비교문화적 조직 연구뿐 아니라 비즈니스와 관리 문헌에도 널리 연구된 주제인 가치관에 대해 다룬다. 가치는 원래 개인의 심리적 특성이지만 많은 연구들은 또한 가치관을 국가 수준과 직무 조직의 수준에서 다루기도 한다(제4장 참조). 네 번째 부분은 직무 조직에서 중심적인 기능을 하는 경영자에 초점을 둔다. 관리 기능에서 두 가지 흔히 연구된 관점인 리더십과 의사결정을 개괄한다. 마지막 부분은 고용인의 동기와 직무 만족의 두 주제를 광범위하게 다룬다.

조직 구조

복잡한 조직의 중요한 특성은 과제의 분배이다. 모든 고용인이 동일한 책임을 갖지 않으며 동일한 종류의 직무를 갖지 않는다. 수행돼야 할 직무 전체는 조직 구조(organizational structure)를 형성하는 상이한 부서와 하위 부서에 할당된다. 가장 자주 제기되는 질문은 상이한 국가의 조직이 비슷한 구조를 지니는지, 어느 정도 그런지에 관한 것이다. 이는 주로 조직사회학 및 조직과학에서 기관 수준의 관점으로부터 연구되어 왔다. 그러나 구조는 직원의 개별적 기능에도 의미를 지닌다.

1970년대와 1980년대 초에는 정치적 요인의 중요성이 강조되었다. 예를 들어 국제적 연구집단인 유럽의 산업민주주의(Industrial Democracy in Europe, IDE, 1981)에서는 국가규정과 법규가 조직 구조와 행동, 특히 근로자의 참여와 관련 있는가를 연구하였다. 연구는 11개의 (주로 서구의) 유럽 국가와 이스라엘에서 이루어졌다. 참여, 특히 노동조합을 통한 집합적인 수준의 참여는 실제로 참여에 대한 규정이 법에 어느 정도 입지를 굳히고 있는가에 영향을 받는 것으로 나타났다. IDE 그룹에 따르면 산업민주주의는 기술적 혹은 구조적 특성보다는 더욱 사회정치적 요인에 영향을 받는다는 결과를 보여준다.

정치적 요인은 흔히 가치, 신념, 습관과 같은 다른 문화적 요인과 혼재된다. 이 혼재는 조직에서의 문화 요인의 역할, 즉 수반성의 접근방식에 대한 논의 방향에서 강조되었다. 조직 이론에서 조직 구조에는 크기(직원 수), 기술, 자원, 조직의 역사 등과 같은 변인이 수반된다고 간주한다. 넓은 의미의 수반 요인은 정부 형태나 노동력의 교육 수준과 같은 조직이 작용하는 환경을 포함하고 있다.

제12장에 개관한 엄격한 보편적 관점을 연상하는 수반 이론(contingency theory)의 한 형태는 '문화 배제 가설'이다. 이 가설에 따르면 상황적 요청은 조직 변화의 유일한 결정요인이다. 따라서 조직에 관한 이론은 조직이 작동하고 있는 문화와 상관없이 타당성을 지닌다. 문화 요인의 효과가 있더라도 이는 더 강력한 기술의 효과에 의해 억제된다. 결국 구조적 혹은 상황적 변인들의 관계는 문화에 따라 변하지 않아야 한다(예 : Miller, 1987). 거의 동일한 수준의 산업 발달이 이루어진 국가의 조직들은 강한 유사성을 보여야 한다. 기술의 발달이 조직을 유사하게 만드는 효과를 가질 것이라는 아이디어는 '수렴 가설'로 알려져 있다(Ronen, 1986). 이 가설은 영국에서 활동하는 Aston 연구집단에 의해 지지되었다(Pugh & Hinings, 1976). 이들은 직원 수는 조직 구조에 영향을 주지만 기술의 변화는 거의 영향이 없다는 것을 발견하였다(Pheysey, 1993).

하지만 동일 산업 분야의 비슷한 크기인 회사를 대상으로 한 국제적 비교연구에서는 주요 차이가 보고되었다. Maurice(1979)는 좀 더 상대주의적 입장에서 수렴적 접근에서의 국가 간 비교는 단일 국가 내 연구의 확장 그 이상은 아니라고 주장하였다. Maurice의 시각에서는 수렴 접근은 객관적 시각(etic)의 도입에 근거한다고 말할 수 있을 것이다(글상자 1.2 참조). 그는 한 사회의 문화는 조직 본질의 한 부분이지만 그것이 자리 잡고 있는 문화의 참조틀 없이는 이해할 수 없다고 주장한다. 좀 더 현실적인 수준에서 세계적으로 단일 조직 구조를 구현하고자 하는 다국가적 기업은 심각한 도전에 직면하고 있다(Bartlett & Ghoshal, 1998).

수렴에 대한 논의는 최근 분석에도 영향력을 지속하고 있다. Galán & Sánchez-Bueno(2009)는 사유화, 국내 시장 개방, 유럽 공동체 합류 등의 정치적, 경제적 사건이 스페인 기업의 전략에 변화를 주었는지 조사하였다. 스페인의 가장 큰 100개 기업을 대상으로 한 조사에서 다른 유럽 경제와의 구조 수렴이 발견되었다(다양화 및 부서 활용). 그들은 이 결과를 공통 형태로의 발달에 대한 보편적 예측과 일치한다고 해석하였다. 수단의 30개 산업체의 연구에서는 Aston 그룹의 아이디어를 더욱 지지하였다(Mohamed, 2007). 기업의 크기(직원 수)는 표준화와 공식화의 주요 요인이다. 반면 기술(자동화와 대량 생산으로 평가)은 미약한 효과만을 보였다.

다른 한편 Steers, Nardon과 Sanchez-Runde(2009)는 8개국(중국, 일본, 프랑스, 독일, 말레이시아, 멕시코, 나이지리아, 미국)의 '전형적인' 조직을 비교하였고, 국가 내의 상당한 차이가 존재하는 반면 국가 간 경향성을 찾을 수 있다는 결론을 내렸다. 그들은 충분한 정확성으로 이루어진 문화 비교는 왜 전 세계 회사들이 상이한 원칙으로 조직화되는지에 대해 정보를 제공한다고 하였다. 그들의 분석에서 기업이 통제하는 위계구조뿐 아니라 재정적, 법적 서비스, 노동조합, 수요과 공급 사슬과 같은 독립기관의 측면을 언급하고 있다.

Steers 등(2009)은 다양한 국가에서의 전형적인 기업과 주변 기관들의 도표를 제시하였다. 이 도표는 외관적으로 상당히 상이하다. 미국 회사들은 하향 의사결정, 외부 서비스업체에 대한 의존, 노동력의 유연성(직원은 손쉽게 해고된다) 등의 특징이 있다. 독일 회사들은 일반적으로 경영진의 활동을 감독하는 슈퍼바이저가 공통적이다(즉, 최고경영자가 회사의 전략과 운영을 책임진다). 독일에서는 직원과 노동조합을 대표하는 직원협의회가 또 다른 요소이다. 이러한 협의회는 법으로 보호되고 회사의 감독위원회에 대표권을 갖는다. 중국의 전형적인 가족 소유의 회사는 공식 구조를 거의 갖지 않고 연장자가 중요한 결정을 한다. 경영 스타일은 가부장적이다. 구성원들과의 관계는 확장된 가족과 같으며 공급자와 유통업자는 *guanxi*와 *mientzu*와 같은 전통적인 중국의 문화 개념을 반영한다. *guanxi*는 상호신뢰와 호혜적 교환을 근간으로 한 강한 개인적 관계와 좋은 연결성을 의미한다. *mientzu* 혹은 '체면'은 누군가가 명령하고 받을 만한 자격이 주어지는 존엄성 및 명성과 관계 있다.

Steers 등(2009)의 분류는 조직 구조와 가치에 관한 문헌과 집중적인 전문적 경험에 기초한다. 그들은 양적이기보다는 질적 지향의 서술적 설명을 제공한다. Galán과 Sánchez-Bueno의 연구(2009)와 Mohamed(2007)의 연구를 Steers 등(2009)의 연구와 비교한다면 서술적이고 질적인 연구가 좀 더 강한 문화 대조를 보이기 때문에, 분석방법의 선택은 보고 결과와 관련 있다는 생각에서 벗어나기 어렵다.

조직 구조, 기술의 수준에서 수렴이 일어나지만(매크로 수준의 변인), 개인의 태도와 가치관(마이크로 수준의 변인)이 문화적 차이를 만든다는 가능성은 배제하지 않는다. Drenth와 동료들(Drenth & Den Hartog, 1999; Drenth & Groenendijk, 1997)은 구조적 특성에 문화적 영향이 강하다는 것을 주장할 이유가 없다고 본다. 문화 변인은 조직이 어떻게 구조화되는지와 상관없지만 어떻게 기능하는가와 관련 있을 것이라 본다. 이런 시각에서 공식화(즉, 공식적 규칙이나 절차의 존재)와 같은 구조적 변인은 문화 규칙에 별로 중요하지 않지만, 직원이 규칙을 준수하는 정도는 문화 간 차이가 날 수 있다. 마찬가지로 의사결정의 중앙화를 살펴보면 구조적으로 전략적 의사결정 권력이 도처에서 거의 최고경영자의 손에 달려 있음에도 불구하고, 낮은 계층의 실제적인 영향력은 문화마다 매우 차이가 날 수 있다.

문화가 조직 구조에 영향을 주는지 그렇지 않은지에 대해 우리는 몇 가지 아이디어가 있지만, 경험적 증거는 혼합적이라고 결론내릴 수 있다. 두 주요 차원에 따라 의견이 다르다. 첫째는 문화의 역할인데, 두 가지 대비되는 시각이 존재한다(제12장에 서술한 보편주의와 상대주의에 부합하는). 두 번째는 기관 수준과 개인 수준의 대조이다. 조직 구조는 일차적으로 조직사회학의 개념이며 기관 수준에서 정의를 내리는 경향이 있다. 심리학자들(예 : Drenth & Groenendijk, 1997)은 조직 과정과 개인적 행동의 중요성을 강조하는 경향이 있다. 문화의 영향은 전자 수준보다는 후자의 수준에 더 강할 것이다.

조직 문화

문화는 전통적으로 사회적 수준에서 정의되고 이는 삶의 많은 영역을 에워싸고 있다. **조직 문화**(organizational culture)는 조직 수준에서 정의된다. 기본 가정은 조직은 생산 기술, 마케팅, 직원의 태도에서만 차이가 나는 것이 아니라 깊이 뿌리한 신념, 의미와 가치관에서도 다르다. Deal과 Kennedy(1982)는 한 조직의 '내적 가치', '의식', '영웅'은 성공의 결정요인이라 하였다. 영웅은 조직의 설립자나 다른 영향력이 큰 고위경영자와 같은 현저한 인물이다. 조직 문화의 개념은 몇몇 나라의 조직은 다른 곳보다 좀 더 나은 성과를 기록한다는 관찰에 기반을 둔다. 특히 일본의 산업은 1950년대부터 1980년대를 통해 신속한 성장을 보여주었다. 이러한 성공은 주로 장시간 근무보다는 일본 문화의 사회정책과 경영방법에 기인한 것이다(예 : Ouchi, 1981).

질적 연구방법은 조직 문화의 본질을 찾아내기 위해 권장되었다. 초기 민속지 연구와의 유추는 Geertz(1973)가 지지한 심층 묘사(thick description)를 포함하여 이미 제시되었다(예 : Allaire & Firsirotu, 1984; Frost, Moore, Louis, Lundberg & Martin, 1985). 심리학적 배경을 지닌 영향력 있는 저자는 Schein(1985, 2004)인데 그는 조직 문화를 세 수준으로 구분하였다. (1) 관찰 가능한 행동과 인공물, (2) 가치, (3) 환경과 실제적 특성과의 관계에 대한 무의식적 기본 가정이다. Schein에 따르면 "아마도 문화의 가장 흥미로운 면은 문화는 강력한 영향이 있지만 보이지 않고 상당한 정도로 무의식적인 표면 밑의 현상으로 이끄는 일일 것이다"(2004, p.8). Schein은 조직의 '느낌'을 언급하고, 인터뷰나 임시적 관찰(표준화 계획이 없는), 집단 토의와 같은 덜 객관적 방법의 사용을 추천한다. 질적 연구는 조직 문화와 관련될 수 있는 수많은 조직 변인을 제공한다(예 : Ashkanasy, Wilderom & Peterson, 2000a).

양적 방법에 기초한 경험적 연구의 분량은 작지만 더 광범위하다. 덴마크와 네덜란드의 20개 조직의 획기적 조사는 Hofstede, Neuijen, Ohayv, Sanders(1990)에 의해 이루어졌다. 첫째, 인터뷰 자료(체크리스트에 의한)는 주요 정보원으로부터 수집하였다. 그리고 각 조직의 층화추출된 표본에 대해 광범위한 설문이 실행되었다. 마지막으로 결과물은 피드백 논의에서 점검되었다. 직원의 가치관은 어느 조직의 구성원인가보다는 인구통계학적 변인(국적, 연령, 교육과 같은)에 따라 상이하다는 결과가 나왔다. 조직 간의 주요 차이는 직원들이 지각하는 일상 업무에 있었다. 조직 문화의 핵심은 공유된 가치관보다는 공유된 업무에 더 있는 것으로 보인다. Hofstede 등은 문화적 가치는 생애 초기에 습득이 되고 차후에 변경이 어렵다고 논한다. 반면 조직의 업무는 생애에서 늦게 직장에서 학습된다. 제12장에서는 문화 차이의 가능한 해석 범위를 알려주는 문화 차이의 심리적 조직에 관한 부분을 포함하였다. Hofstede 등 (1990)의 연구에서 조직 문화는 규칙과 관행의 집합인 것으로 나타났다. Hofstede와 동료들은 양 수준에 동일 용어를 사용하는 것은 오해의 소지가 있을 수 있음을 지적하였다. 하지만 조직 문화라는 용어를 포기하지 않았다.

조직 문화의 포괄적 개념은 양적 연구에서도 사용되고 있다(Ashkanasy et al., 2000a). 예를 들어 Van Muijen, Koopman과 De Witte(1996)는 조직 문화의 두 수준을 구분하였다. 첫 수준은 가시화되고 실재적인 표시이며(건물, 규칙, 기술 등), 두 번째 수준은 행동의 근간을 이루는 가치와 규범이다. Hofstede 등(1990)의 연구와 Van Muijen 등(1996)의 연구는 설문과 조사연구와 같은 전형적 양적 연구방법을 사용하였다. 측정도구에 관한 개괄은 Ashkanasy, Broadfoot, Falkus(2000)에서 볼 수 있다. 가장 많이 다루는 차원은 리더십, 혁신,

계획과 의사소통 등이며 이는 다음 연구의 목표가 되고 있다.

흔히 조직 풍토와 조직 문화를 구분한다. James 등(2008)은 조직 풍토를 직원의 작업환경이 개인의 복지에 주는 영향에 대한 직원의 인식을 집계한 측정이라 하였다. 직원들이 작업환경의 영향에 동의하면 이러한 공유된 의견은 조직 풍토를 말해주는 것이다. James 등은 풍토가 개인 직원의 속성을 유지하는 반면 규범적 신념과 가치를 포괄하는 조직 문화는 시스템으로서의 조직 특성과 관련이 있다고 강조하였다. 개인과 시스템의 구분은 풍토와 문화를 따로 설정하는 핵심적 열쇠로 본다. 다른 저자들은 풍토와 문화는 명확히 구분되지 않는다고 보는데(예 : Ashkanasy, Wilderom & Peterson, 2000b; Schneider, 2000), 이는 풍토와 문화를 평가하는 척도가 유사하게 보인다는 점에서 이해할 수 있다(Ashkanasy, Broadfoot et al., 2000). 핵심 쟁점은 개인 수준과 문화 수준의 분석이다. 개인에게 수집된 조사연구 자료를 종합하여 문화 수준의 특성으로 간주한다면 이는 개인의 (통합되지 않은) 심리적 특성과 같은 것인가? 조직 연구자들은 이 질문을 제기하기 시작하였고, 이에 대해 제12장의 '문화 수준과 개인 수준의 구별' 절에서 논의하였다(Fischer, 2008; Smith & Fischer, 2008).

국민 또는 민족의 특성으로서의 문화와 조직 직원의 특성으로서의 문화를 비교하는 데는 주의가 필요하다. 개인과 기관 수준 구분의 어려움 외에도 산발적인 결과는 문화 내 조직 차이 정도와 함의점이 무엇인가에 대해 일관성 있는 그림을 얻기 힘들게 하는 문제점이 있다. 추가적인 어려움은 조직 문화가 실제로는 제1장에서 언급한 문화를 구별하는 두 기준, 즉 차별화와 영속성에 도달하지 못한다는 것이다. 직원이 고용주들 사이를 수월하고 성공적으로 전환할 수 있고 기업조직은 국가보다 혁신을 수용하고 타조직과 병합하는 일에 더욱 역동적인 한 이 기준은 약화된다. 요약하면 조직 문화는 그 광범위한 사용에도 불구하고 몇 가지 혼란스러운 개념으로 남아 있다.

일의 가치

Hofstede의 IBM 국제 계열사에서의 **노동 관련 가치**(work-related values) 연구(1980)는 비교문화심리학의 연구에 중요한 전통의 시작으로 주목할 만하다. 1990년대 이 연구는 심리학뿐 아니라 문화인류학, 문화 간 의사소통에 관련한 비교문화 문헌에서 가장 흔히 인용되는 출처가 되었다. 더 나아가 Hofstede의 차원은 조직 및 경영 연구에서 가장 널리 활용되고 있다. 개인과 국가 수준에서의 연구가 확산되었으나 결과의 통합은 미약하다(예 : Kirkman, Lowe & Gibson, 2006; Tsui, Nifadkar & Ou, 2007). 따라서 제4장에서 다룬 것에 추가적으로 Hofstede 연구에 대한 기타의 논평을 추가할 것이다.

자료는 1968년과 1972년에 두 단계로 수집되었다. 경영자로부터 행정직원에 이르기까지 7개의 서로 다른 직업 수준이 구분되었고 전부 20개 언어로 11만 6,000명의 응답자가 참여하였다. 조사연구의 도구는 약 160개의 문항이 포함되고 그중 63개는 가치관의 문화 비교 분석에 사용될 가치 관련 문항이다. 이 연구의 사회심리학과의 관련성 때문에 제4장 '가치' 부분에서 논의하였다. Hofstede는 4개의 차원을 발견하였는데 이는 권력 거리, 불확실성 회피, 개인주의–집단주의, 그리고 남성성–여성성이다. 이 장에서는 이 차원들이 국가적 표본의 개인 항목 점수의 집약을 통해 얻어진 국가 수준의 점수에서 유도된 것임을 생각해 보아야 한다. 불확실성 회피와 권력 거리 지표는 각 3개 문항으로 '절충적인 분석'에서 얻어진 것이다(Hofstede, 1980, pp.76-77). 개인주의와 남성성의 지표는 다양한 직무 목표의 중요성을 탐색하는 22개 문항(후에는 24개)의 요인분석 결과이다. 국가 간 의미 있는 구별은 유일하게 국가들의 직무목표의 데이터 행렬 요인분석에서 얻을 수 있었다. 32개 문항은 약간의 재조정을 거친 후 국가 수준 변량의 49%를 설명하는 3개 요인을 제공했다. 첫째 요인은 개인주의와 권력 거리의 조합이다(역부호), 두 번째 요인은 남성성을 대변하고 세 번째 요인은 불확실성 회피에 부합한다. 개념적 추론을 위해 Hofstede는 첫 요인을 함께 구성하는 개인주의와 권력 거리의 두 차원을 구분하였다. 그는 이를 두 차원의 상관이($r=-.67$) 국부(national wealth)에 기인한 변량을 통제하면 사실상 소멸한다는 논지로 정당화하였다.[1]

수렴의 증거에 대한 광범위한 탐색은 각 차원을 지지하는 많은 논지로 이끌었다 (Hofstede, 1980). 예를 들어 권력 거리가 낮은 국가의 부하직원은 엄격한 감독을 부정적으로 평가하고 자문적인 의사결정을 선호한다. 40개국의 권력 거리 지표 중 가장 강력한 예측변인은 지리학적 위도이다. Hofstede는 이 관계를 추운 국가들에서 인간 생존의 개선을 위한 기술에의 강한 욕구에서 비롯된 것으로 설명한다. 그는 환경 기온과 권력 거리 지표 간의 직접적인 인과관계를 추론하지는 않지만 기후요인을 긴 적응 과정을 거쳐 사회구조의 문화 간 차이로 이끄는 인과적 사슬의 시작점으로 본다. 다른 예는 개인주의와 경제적 복지(개인당 GNP) 간의 높은 상관($r=.82$)이다. 개인주의가 낮은 국가에서는 유사성을 좋아하고 자율성은 덜 중요한 것으로 평가하며, 높은 개인주의 국가에서는 다양성을 모색하고 안전은 덜 중요한 것으로 본다.

제4장에서는 이와 같은 Hofestede(1980)의 차원에서 야기되는 몇 가지 우려가 제기되

---

[1] 적어도 남은 변량의 일부가 오류를 표시한다는 것을 고려했다면 두 개별적인 차원의 형태로 설명될 변량은 많지 않게 된다.

었다. 조직 연구에서 가장 심각한 문제는 Hofstede의 분석적 기초에서 기대하는 패턴이나 상관이 발견되지 않는 수많은 연구가 있다는 것이다(예 : Ellis, 1988; Fernandez, Carlson, Stepina & Nicholson, 1997; Fijneman et al., 1996). 이러한 연구가 부적절성에 기인하는 것은 언제나 가능하지만 이것이 명백한 복제 연구의 시도였는지 말하기 어렵다. Hofstede의 4개 요인을 17개국의 경영인에게 재연하고자 한 Hoppe(1990)의 시도(Smith & Schwartz, 1997 참조)는 성공적이지 못했다. 요인 중 2개(불확실성 회피와 남성성)의 미약한 재연 결과는 Merritt(2000)과 Spector, Cooper, Sparks 등(2001)에서도 보고되었다.

Merritt의 결과는 매우 큰 프로젝트에 기반을 두었기 때문에 더욱 주의를 끌었다. 그는 Hofstede의 원래 노동가치 조사연구의 대부분 항목을 포함시켜 82개 문항의 설문조사를 19개국의 9,000명이 넘는 항공기 조종사에게 실시하였다. Hofstede(1980)가 보고한 네 가지 지표와 조종사들의 국가 점수 간의 상관은 $r = .74$(권력 거리), $r = .16$(남성성), $r = .48$(개인주의) 그리고 $r = .25$(불확실성 회피)이다. 이와 같이 권력 거리와 개인주의는 대체적으로 재연되었지만 다른 두 차원은 Merritt이 재구성하려 시도하였음에도 재연에 실패하였다.

가치 차원은 매력적이다. 가치 차원은 경영자나 연구자에게 모호한 개념으로서의 '문화'를 넘어서고 '세계 국가의 지도 작성'을 해준다(Smith & Schwartz, 1997; Nardon & Steers, 2009). 이러한 지도를 만드는 한 가지 방법은 Hofstede(1980)가 사용한 군락분석(cluster analysis)이다. 결과를 약간 수정한 후(역사학 논쟁의 기초에서), 8개의 군락이 남았다. 더 발달한 라틴, 덜 발달한 라틴, 더 발달한 아시아, 덜 발달한 아시아, 근동, 게르만, 앵글로와 노르딕이며, 일본은 자체로 추가 문화 영역으로 형성된다. 이 군락과 마찬가지로 동기나 태도 변인의 연구에서 발견된 결과도 지리적으로 근접한 국가의 집단인 경향이 있다(Ronen, 1986).

가치 차원의 다른 활용은 상관요소의 탐색이다. 조직에 관련하여 차원을 구분하는 주요 목적은 일 관련 현상에 대한 다른 시각에 대한 잠재적 설명을 제공하는 것이다. 문헌에 나오는 수백 가지 연구로부터 우리는 한 가지를 언급한다. Smith, Peterson, Schwartz와 동료들(2002; Smith, Bond & Kağıtçıbaşı, 2006)은 47개 국가의 자료 연구에서 경영자들이 의존하는 지침의 원천을 조사하였다. 경영자들은 일의 환경에서 일어나는 수많은 사건에 대처하도록 요구되는데, 문제는 사건을 해결하기 위해 어디에서 지침을 찾는가이다. 8개의 사건(예 : 공백 메꾸기, 부하직원이 일을 못함)에 대한 여덟 가지 지침의 원천(예 : 공식 규칙과 절차, 부하직원, 상관)이 특정되었다. Smith 등은 표본에서 얻은 지침 점수의 상관요인을 찾기 위해 가치 설문의 국가 점수를 사용하였다. Hofstede의 권력 거리 국가 점수와 관련한 가치 차원은 상관과 공식 규칙에 의존하는 국가 간 차이에 상당한 부분을 설명한다. 그러나 가치 차원은 직원의 차이는 거의 설명하지 못하며, 문화 간 차이의 설명으로서의 가치에 너무 많은 의미를 두는 것을 경고하고 있다.

　　많은 연구들이 개인주의와 집단주의 사회의 구분, 그리고 다른 차원들의 차이도 당연시한다(예 : Kirkman et al., 2006; Klassen, 2004). Lonner(출판 중)에 따르면 문화인류학자와 생물학자를 포함하여 문화 및 행동 전공의 학생들은 보편적 용어로 생각하고 보편적 차원을 생각하는 경향이 있다. 가치는 문헌에서 문화 차이를 표현하는 가장 중요한 방식이 되었고 비교문화적 조직심리에서 이 위치를 당분간 잃지 않을 것이다. 하지만 Hofstede(1980, 2001)의 차원 이후에 제4장에서 언급한 바와 같은 다른 일련의 차원(Inglehart, 1997; Inglehart & Baker, 2000; Schwartz, 1992, 1994b, 2006 참조)이 조직 문헌에서 더욱 주목을 받을 수 있을 것이다.

관리 행동

이 부분에서 우리는 조직 내 개인의 행동으로 옮겨 가본다. 조직 경영과 행정은 경영자의 과제인 제도적 활동으로 볼 수 있다. 우리는 리더십 유형과 의사결정의 두 주제를 선택하였다. 다른 관점의 참조는 예를 들어 Aditya, House, Kerr(2000)와 Smith 등(2008)에서 찾을 수 있다.

리더십 유형

좋은 리더는 직원에게 조직의 목표를 추구하도록 영향을 주지만 이는 상이한 방식으로 이루어지고 경영자는 리더십 유형(leadership styles)에 차이가 있다. 초기 미국 문헌에서는 전형적인 효과적 리더의 두 행동 범주를 보여주었는데 배려(consideration)와 구조주도(initiating structure)이다(Wexley & Yukl, 1984 참조). 배려는 부하직원에 대한 리더의 관심과 지원을 말한다. 구조주도는 리더가 자신과 다른 직원에 의해 수행되는 다양한 역할과 과제를 정의하고 구조화하는 것을 말한다. Blake와 Mouton(1964)은 이 차원을 '사람에 대한 관심'과 '생산성 관심'이라고 표현하였다. Likert(1967)는 '착취적'(또는 권위적)과 '참여적' 행동을 구분하였다. 이 범주의 문화 간 차이는 J. B. P. Sinha(1980, 2008)가 인도에 대해, 그리고 Misumi(1985)가 일본에 대해 설명하였다.

　　Misumi의 PM 리더십 이론은 집단의 두 기능을 구분한다. 하나는 집단의 목표 달성과 문제해결에 기여하는 것이고[성과(Performance) 또는 P], 다른 하나는 집단의 자기보호와 집단 과정의 강화[유지(Maintenance) 또는 M]이다. P와 M 두 기능 모두 리더십 과정에 역할을 한다. Misumi의 이론은 네 가지 기초 유형의 분류로 이끈다. PM, Pm, pM, 그리고

pm 리더십이다(대문자는 차원의 높은 수치, 소문자는 낮은 수치를 나타낸다). Misumi는 자신의 분류체계를 성과와 유지를 두 독립적 차원으로 강조하는 (전통적) 서구 이론의 확장이라 보았다. Misumi에 의하면 두 차원은 서로 보완할 수 있다. 그는 리더십의 형태와 역학이 어느 곳에서든 일본과 유사할 것이므로 PM 이론의 보편적 타당성을 기대하였다. Smith와 Peterson(1988)은 이러한 예측을 지지하는 연구들을 요약하였다. 영국, 홍콩, 미국과 일본의 자료는 부하직원의 직무상황 평정과 상관의 P와 M에 대한 평정 간 긍정적 상관을 보였다.

J. B. P. Sinha(1980, 1984)는 인도의 '양육적 과제 리더(nurturant-task leader)'의 개념을 정의하였다. 이 관리자 유형은 두 요소를 지니는데 과제에 대한 관심과 부하직원에 대한 양육적 지향이다. 양육적 과제 지도자는 목적성의 분위기를 만들고 높은 수준의 생산성을 유지한다. 그러나 또한 부하직원의 복지를 위한 보살핌과 애정을 보이며 그들의 전문성 성장에 개입한다. 양육적 과제 리더십 유형은 유연하고 부하직원이 감독과 지도를 덜 필요로 하면 점차 참여적 유형으로 변화해야 한다. Sinha는 권위적(흔히 미국 문헌에서 과제 지향적 리더십 유형과 관련된)에서 참여적인 리더십으로 이르는 연속성을 제안하였는데, 양육적 과제 리더십은 중간에 위치한다. 참여적 관리는 이상적이라 여겨지지만 인도에서는 (아직) 존재하지 않는 특정 사회조건에서만 실행 가능한 것이다.

좀 더 최근에 Sinha(2008)는 '양육적 과제-참여적(NT-P)' 리더십을 언급하며 양육적 과제 리더십의 참여적 특성을 강조하였다. 이는 리더의 우월성을 인정하는 의존적 부하직원에 적합한 유형이다. 인도의 부하직원들이 더욱 독립성과 자신의 과업에 대한 자신감으로 성장하고 있지만 그들은 상관을 존중하고 영감과 멘토십을 찾기를 지속한다.

양육적 과제 리더십은 상관이 아버지처럼 행동하고 부하직원을 지도하고 보호하지만 역으로 충성심과 복종을 기대하는 가부장주의를 연상시킨다. Aycan, Kanungo, Mendonca, Deller, Stahl, Kurshid(2000)는 10개국에서 4차원(가부장주의, 권력 거리, 공동체 충성, 운명주의)을 측정하고, 이 네 가지 중 가부장주의가 대부분의 변량을 설명한다는 결과를 보였다. 가부장주의 점수가 가장 높은 국가는 인도, 터키, 중국이고 가장 낮은 국가는 독일과 이스라엘이다. Cheng, Chou, Wu, Huang, Farh(2004)는 중국에서는 가부장주의가 만연한 리더십 유형이며 서구의 변혁적 리더십과 비교하여 부하직원의 반응에 가장 중요하고 독특한 효과를 보인다고 하였다. 이는 일반적인 서구의 리더십 차원이 다른 차원으로 보충될 필요를 암시한다.

그 사이에 서구의 사고도 교환관계가 강조되던(거래적 리더십) 모형에서 변혁적 리더십 또는 카리스마 리더십으로의 변화가 있어왔고 더 일반적으로 조직행동에 영향을 주는 광범위한 역할로 변화하였다(Barsade, Brief & Spataro, 2003). 카리스마적 리더는 역동적이고 영감을 주며 부하직원의 발달(변혁)을 지지하는 것으로 여겨진다. 그들은 또한 추종자들에게 정서적으로 호소하고 권력을 갖는 것으로 유명하다. 카리스마 리더십은 보편적으로 효과적 유형인 것으로 알려져 있으며(Bass, 1997), 최근의 리더십 유형의 비교문화 연구인 GLOBE에서 가장 중요한 차원이다.

GLOBE(Global Leadership and Organizational Behavioral Effectiveness) 연구 프로그램은 House에 의해 시도되어 62개국에 위치한 951개 조직의 1만 7,000명 경영자의 가치관과 경영방식에 관한 자료를 수집하였다(House, Hanges, Javidan, Dorfman & Gupta, 2004). 이 프로젝트는 Hofstede(1980, 2001)의 이전 연구 위에 확장하였다. GLOBE 팀은 기존 문헌에 근거하여 문항 및 척도를 개발하였으며, 여러 국가의 공동 연구자들은 문항의 구성과 중요성에 대해 자문하였다. 112개 리더십 문항이 21개 하위 척도를 커버하고, 요인분석을 통해 6개의 세계적 차원을 도출하였다. 카리스마 리더십(예지력과 영감이 있는), 팀 지향적 리더십(협조적, 팀 형성), 참여적 리더십(타인을 포괄하는), 인간 지향적 리더십(지지적이고 타인을 배려하는), 주체적 리더십(독립적으로 행위하고 부하직원과 많은 거리를 두는), 그리고 자기방어적 리더십(자기중심적, 관료적, 엘리트주의)이다.

문화의 9개 차원을 구별하고 78개 문항으로 조사하였다. 이 프로젝트의 장점은 단일 평정이 아닌 상이한, 즉 '있는 그대로'(실행)와 '그들이 해야 하는'(가치)을 평정하는 세트가 포함된 것이다. 응답자는 자기 국가의 얼마나 많은 다른 사람들이 그렇게 반응할 것인지(전형성 평정) 답해야 했다. 문화의 9개 차원은 미래 지향, 성적 평등, 자기주장, 인간 지향, 내집단 집단주의, 조직적 집단주의, 성과 지향, 권력 집중(Hofstede의 권력 거리에 부합), 그리고 불확실성 회피이다. 이러한 대다수 특성의 대략적인 의미는 명확히 그의 이름에서 나왔다(조직적 집단주의는 자원과 보상의 집합적 분배를 의미. 내집단 집단주의는 자신의 조직이나 가족에 대한 긍지, 충성심과 응집력을 반영. 인간 지향은 공평성, 이타주의, 타인에 대한 관대함과 친절을 의미).

GLOBE 연구에서 가장 흥미로운 질문은 좋은 리더는 문화에 걸쳐 불변하는가와 어디에 중요한 차이가 있는가이다. 두 리더십 유형—카리스마 리더십과 팀 지향적 리더십—은 세계 모든 지역에서 강하게 지지된다. 다른 유형은 문화에 따라 다름이 발견되었다. 예를 들어 참여적 리더십은 게르만 계열의 유럽에서 높은 점수를 보이지만 중동에서는 점수가 낮고, 자기방어적 리더십은 남아시아에서 북쪽 국가보다 상당히 높았다.

GLOBE 프로젝트에 대한 다른 질문은 사회의 특성과 리더십 유형과 행동 사이의 관계에 관한 것이다. 일반적으로 문화적 가치가 실행보다 리더십 차원과 더 관계 있다는 것이 발견되었다. House 등(2004)에 따르면 둘 다 모두 선호하는 최종 상태를 대변하기 때문이라고 한다. 마찬가지로 조직 문화는 그 조직이 위치한 사회와 유사하다. 9개 차원 모두 국가 수준의 실행은 조직 수준 실행의 유의한 예측변인이고 이는 변량의 21~47%를 설명한다(Brodbeck et al., 2004).

GLOBE 프로젝트의 가장 기대치 않았던 결과는 대부분의 차원에서 '있는 그대로'에 관한(실행) 설문 점수와 '해야만 하는'(가치)의 문항이 강한 부적 상관을 보이는 것이다. Hofstede(2006)에게 있어서는 이는 가치의 조작과 GLOBE 프로젝트에서 사용한 문항에 도전해야 하는 주요 이유이다. Javidan, House, Dorfman, Hanges, Sully de Luque(2006; Smith, 2006도 참조)는 사람들은 특정 견해를 가지기 때문에 특정 방식으로 행동하지 않을수 있다고 답하였다. 오히려 무엇이 일어났다고 보는가에 기초하여 무엇을 해야 하는가의견해를 가질 것이라 보았다. 만일 한 사회의 실행이 대부분 가치와 일치한다면 실행에 낮은 점수를 보이는 사회보다 실행 욕구가 적을 것이다. Van Maseland와 Van Hoorn(2009)도유사하게 조사연구의 도구가 가치의 중요성과 그 가치가 어느 정도 주어진 상황에 의해 충족되는가의 질문을 충분히 구별하지 않는다고 하였다. 이 논의는 가치 차원의 핵심 의미에 충돌하고, 실행과 가치의 관계에 대한 더 많은 연구를 요구한다.

이와 어느 정도 관련된 동향은 지역 자료와 외적(서구의) 이론과의 부합성을 찾기보다는 지역 이론과 자료를 구하는 것이다. 이러한 맥락에서 Dickson, Den Hartog & Castaño(2009)는 J. B. P. Sinha(2008)의 인도 연구를 긍정적으로 평했다. 이처럼 가치 차원과 리더십이 그 어느 때보다 동시에 강화되고, 조직 연구자들은 문화 차이의 이해에 어떻게 기여할지를 고민하는 것으로 보인다.

의사결정

관리자의 일차적 과제 중 하나는 자신들이 책임을 가지는 영역에서 제기되는 쟁점에 결정을 내리는 일이다. 의사결정(decision making)에 관한 많은 비교문화 연구는 특별히 조직 장면에 집중하지 않았지만 관리자의 기능에 중요하므로 여기서 다루고자 한다. 연구는 기술적 계량부터 가상의 내기 결과의 확률을 조작하는 모형에 이르기까지 다양하다.

이전의 의사결정의 비교문화 연구의 많은 부분은 Wright(1985)에 의해 정리되었다. 그는 조직 장면에서, 그리고 실험적 연구를 토대로 논하였다. 사람의 인상이나 임상 형식의인터뷰에 기초한 기술적 연구에서는(예 : Abegglen, 1958) 문화 요인으로 설명할 수 있는차이가 나타났다. 좀 더 체계적으로 자료 수집을 한 연구에서는(예 : Pascale, 1978) 현저한유사성의 경향을 보였다. Wright는 이 사안이 확실치 않다고 결론지었다. 그 시기에 조직문헌에서 가장 널리 연구되었던 주제는 미국인을 능가하는 일본인의 조직 효율성에 관한것이다. 이는 좀 더 협의를 하고 참여적인 의사결정 유형에 바탕을 두는 *ringi* 과정으로 표현하는데, 조직의 낮은 수준에서 계획이 세워지고 직원은 계획에 대해 자신의 생각을 발전시키도록 격려된다. 초안 계획은 관련한 부서들 간에 순환되고, 이 과정에서 반복적으로 변경될 수 있다. 그것은 승인이 나올 수 있도록 점차적으로 지휘계통으로 이동한다. 이런 방식으로 여러 직원의 지식과 경험이 사용되며 합의에 이를 수 있다. *ringi* 시스템은 의사결정의 상향 과정이며 직원들의 더 많은 조직에의 참여로 이어지게 된다. 또한 계획의 성공에 몰입하도록 하는데 이것은 누구나가 책임감을 공유하기 때문이다. 하지만 또한 단점도 있는데 계획이 관료체계를 통과하는 데 오랜 시간이 걸리고 그 결과로서 많은 양의 서류가 초래될 수 있다(Misumi, 1984).

　Steers 등(2009)은 일본의 방식이 자문형식의 의사결정이라 보았다. 이들은 다른 유형을 가정하였는데, '앵글로' 국가(미국, 호주 등)의 특성인 중앙화된 의사결정이다. 여기서는 경영이란 문제를 분석하는 것이고 외부 전문가에게 조언을 듣고, 해결을 제시하는 것이다. 직원은 합리적으로 보이지 않는 것은 위험한 결정으로 경험하는 경향이 있기 때문에 결정의 구현이 방해된다. 세번째 유형은 독일에서의 전형적인 협력적 의사결정인데 문제 분석과 의사결정이 경영자, 노동위원회의 대표, 노동조합의 논의에 의해 이루어지는 것이다. 노동자 대표가 권리를 가지는 한 결정의 구현은 촉진된다.

　Wright(1985; Wright and Phillips, 1980; Wright, Phillips & Wisudha, 1983)는 서구(주로 영국)와 말레이시아, 인도네시아, 중국을 포함한 동남아시아 표본 간에 확률적 사고에 항구적인 차이가 있다고 보고한다. Wright와 동료들은 연구에서 질문에 답하도록 부탁하였고, 스스로의 의견이 얼마나 정확하다고 믿는지 알려달라고 하였다. 응답자들은 대개 자신만만하였는데, 아시아인들은 더욱 그러하였다. 그러나 일본인은 비확률론적 사고자일 것이라는 Wright의 추측은 Yates 등(1989)에 의해 지지되지 않았다. 후에 Yates, Lee, Shinotsuka, Patalano, Sieck(1998)은 결정의 기초가 되는 정보가 응답자에게 제공되는 경우 근본적인 판단 정확성의 차이가 일본인, 중국인, 미국인 응답자 간에 나타난다고 결론지었다. 의사결정자가 특정 출처로부터 정보를 적극적으로 획득해야 하는 경우 이 차이는 거의 사라지는 결과를 보여준다.

　Weber와 Hsee(2000; Hsee & Weber, 1999)는 개관에서 위험한 기술과 같은 일상생활의 위험성 판단에 관한 몇 가지 요인분석적 연구를 소개하였는데 마찬가지로 두 요인을 보여주었다. 즉, 공포(치명적인 잠재력과 제어의 부족)와 모르는 것에 대한 위험성(관찰 불가능하며 잠재적인 장기적 상해)이다. 중국인 응답자와 서구인(주로 미국인)을 비교한 연구에서 중국인은 위험한 투자선택을 하려는 더 큰 각오를 보여주었다. 이는 치명적인 결과의 경우에도 중국의 사회 네트워크의 완충효과가 있다는 데 기인한다. Weber와 Hsee(2000)는 이론적 연구의 개관에서 영역에 따라 차이를 둘 것과 다중 방법을 요청하였다. 그들의 권고는 제12장의 차이에 대한 심리적 조직화 부분에서 논의한 문화 간 차이의 제한적인 일반화 가능성의 주장과 상당히 유사하다.

문화비교 연구의 다른 영역에서와 같이 차이가 보고되는 정도는 어느 정도 연구방법에 의존적이라 보인다. 사례분석이나 문헌 해석에 기초한 증거(효과의 크기가 기본 항목인 메타분석보다는) 주요 차이점을 지적하는 경향이 있다. Sagie와 Aycan(2003)은 개념적 구분을 제공한 한 논문에서 의사결정에의 참여가 문화에 따라 다른 의미가 있다는 것을 주장했다. 그들은 문화마다 참여가 두 차원에서 다르다고 하였다. 개인주의-집단주의와 권력 거리이다. 그들은 Hofstede(1980)가 발견한 높은 상관을 무시하고 이들 차원에서의 낮고 높은 위치에 기초하여 의사결정 참여의 2×2의 유형을 설명하였다. 낮은 개인주의와 높은 권력 거리는 고참 사원이 원칙적으로는 모든 주제에 참여하지만 실제로는 거의 어떤 주제에도 참여를 안 하는 가부장적 유형으로 이끈다. 이런 형태는 흔히 인도, 한국, 터키, 멕시코와 같은 산업화 국가에서 발견된다. 다른 유형은 높은 개인주의와 낮은 권력 거리로, 상관이 부하직원과 자신의 전문지식과 경험에 기초하여 면대면 참여를 하는 것과 관련된다. 참여는 최상위 수준에서 결정하는 전략적 문제라기보다는 일과 관련한 전술적 문제이다. 면대면 유형은 서구의 산업화된 국가에서 발견되는 자기관리식 팀과 연관된다. Sagie와 Aycan에 따르면 모든 국가가 2×2의 체계에 부합하지는 않는다고 한다. 예를 들어, 서구 국가에서 전형적인 권한과 참여의 충돌은 일본에서는 발견되지 않는데 이는 노동자와 경영진의 연대감 때문이라는 것이다.

의사결정에서의 비교문화 문헌을 개괄한 후 Yates 등(2002)은 한 집단의 판단이 다른 집단보다 체계적으로 더 나은 의사결정에 이르게 하는 곳에서 차이의 의미는 무엇인가라는 흥미로운 질문을 던졌다. 그들은 자신과 타인의 경험에 의한 일련의 관례가 확률적 사고의 결과인 전략으로 이끌 가능성을 고려하였으며 따라서 여기에서 언급한 차이란 중요하지 않게 된다. 즉, 실제적 의사결정은 다수의 요인에 의한 것이지 확률 평가에만 의존하는 것은 아니다. 하지만 국제적 상호작용에서(예 : 국제 팀) 의사결정 관습의 차이에 대한 주의부족은 쉽게 장애가 될 수 있다. Yate 등은 차이의 이유에 대한 주의와 이해는 이러한 부정적 효과를 면할 수 있게 도와준다고 지적하였다.

일의 맥락에서의 심리적 요인

문화적 상황에서 연구된 개인적 조직행동에는 직무 태도, 조직 몰입과 신뢰 등 다양한 시각이 있다(예 : Bhagat & Steers, 2009; Gelfand et al., 2007). 여기에서는 직무 동기와 직무 만족 두 가지에 초점을 둔다. 글상자 16.1은 직업심리학의 전형적인 주제인 인사선발을 논

글상자 16.1 문화적으로 다양한 지원자의 선발과 배치

검사의 사용은 심리학자의 어떤 다른 활동에 비해 더 많은 사람들의 삶에 영향을 준다. 미래 직업 성과에 대한 예측요인으로 적절히 표준화된 검사의 장점은 분명하다. 인사선발의 메타분석은 강력한 예측 타당도와 효용성의 증거를 보여준다. 회사는 적절한 직원을 고용하면 생산성을 향상시킬 수 있고, 지능(또는 일반 정신능력)검사와 작업표본(work sample) 검사는 가장 타당한 예측요인이 되고 있다(예 : Schmidt & Hunter, 1998).

흔히 직원은 문화적으로 다양한 지원자 풀에서 채용해야 한다고 한다. 이는 문화적으로 이질적인 모집단(이민이나 민족적 상이성으로 인한)의 경우이다. 한 직무의 지원자가 다양한 국가에 사는 것은 점차 흔해지고 있다. 문화적 상이성은 선발 공정성의 문제를 제기한다. 여러 장에서 우리는 지능검사를 비롯한 심리측정의 점수 분포가 문화마다 다르다는 것을 다루었다. 낮은 점수의 집단은 말할 필요도 없이 고용될 가능성이 낮다. 공정성은 여러 의미를 지닌다(예 : AERA, 1999; Camilli, 2006). 이들 중 일부는 평가도구와 평가 과정에 초점을 둔다. 모든 지원자의 관리 조건에 공평한 대우를 요구하거나 지원자 스스로 과제에 익숙해질 기회와 같은 것이 실시될 것이다(검사 훈련). 공정성은 또한 지원자의 지각과 관련될 수 있다. 예를 들어 목수의 선발에 한 나라의 지배적 언어로 읽기 검사를 하는 것은 목적이 매뉴얼과 서면 지시를 다루는 능력을 검토하는 것일지라도, 이는 이민자에 대한 차별로 볼 수 있다. 공정하게 공통된 의미는 공정성을 동등한 집단 결과와 동일시한다. 이런 의미에서 공정성의 조건은 합격점수의 비율이 다른 집단에서도 동일해야 한다(예 : 민족집단, 남녀). 이 조건에 맞지 않는 검사나 절차는 낮은 점수 집단에 '불리효과'가 일어났다고 말한다. 어림법으로 한 검사가(또는 선발 과정이) 집단 간 합격점(또는 채용)의 비율이 4 : 5보다 낮다면 불리효과를 보이는 것이다.

계량심리학자들 사이에서는 측정도구의 공정성이란 대개 예측 편향의 부재를 의미한다. 동일 검사-준거 회귀 기능을 상이한 집단에 적용해야 한다. 이는 까다로운 요구사항이다. 집단 간 점수 분포에 차이가 있다면, 상이한 회귀 기능을 적용하고, 점수 범위에 걸쳐 상이한 집단 구성원에 대한 예측 편향이 완벽히 부재하는 곳에서는 결정 규칙을 공식화할 수 없다는 것은 잘 알려져 있다(Petersen & Novick, 1976). 하지만 점수 분포와 타당도 지수가 비슷하여 제한적인 불리효과가 있다면, 결정 규칙은 이상적인 것에서 거의 벗어나지 않는다. 공정성의 더 민감한 주제는 도구와 선발전략이다.

공정성을 향상시키기 위해 도구의 동등성을 최적화해야 한다. 검사 문항이나 점수 수준에서 검사의 문화적 편향(동등성의 부족을 입증)을 찾는 방식에 대한 연구는 상당히 많다. 제1장과 제12장에서 문항 편향을 포함하여 동등성의 분석을 언급하였다. 검사의 문화적 적응에 대한 중요한 지침은 국제테스트협회에 의해 마련되었다(International Test Commission, www.intestcom.org/guidelines, Bartram, 2008; Gregoire & Hambleton, 2009 참조).

선발 전략은 불리효과를 감소시키기 위한 것이다. 모든 차이가 검사 편향의 결과인 것은 아니라는 점을 아는 것은 중요하다. 평가는 직무 성과 면에서, 예를 들어 교육의 질이나 주요 언어 구사력에 기인한 집단 간의 타당한 (실제적) 차이를 반영할 수 있다. 주어진 공정성 문제를 어떻게 처리해야 하는가의 질문에 한 가지 답이 있는 것은 아니다. 이 문제를 명확히 하는 방법 중 하나는 선발 결정의 세 가지 주요 이해 관계자를 구별하는 것이다.

1. **지원자 개인** : 지원자의 잠재력을 극대화할 수 있는 직무를 부여하는 것은 모든 개인 지원자의 관심사이다. 이는 '배치' 결정에 이르게 하는데, 즉 각 지원자를 채용하고 그에게 가장 적절한 자리를 주는 것이다. 이는 (이상적으로) 모든 학생들이 자신의 역량에 가장 잘 맞는 학교에 배치되는 교육체계에서 일어나는 일이다.
2. **고용주** : 지원자가 자리보다 더 많은 고용시장에서는 전형적으로 고용주의 관심사/효용성이 극대화된다. 가장 유망한 지원자, 즉 가장 높은 점수를 받은 사람이 고용되는 경향을 보인다. 이 글상자의 첫 번째 단락의 효용성에 대한 주장이 옳다면 이 선발전략은 고용주가 경제적 이득을 극대화하는 데 의미가 있다.
3. **사회 전체** : 여기서 효용성 고려는 사회정치적 요인(특별히 소수집단의 통합)과 경제적 요인(생산성)을 포함한다.

인사선발과 승진을 담당하는 심리학자와 인적자원 관리자의 전문적 책임감은 두 번째 문제에 제한되지 않고 사회적 관심사도 포함한다(Messick, 1995 참조). 폭넓은 사회적 책임이 인정되는 경우 공정성 공식의 변수는 지정된 집단의 실업률, 추정된 조직선발의 이득(Schmidt & Hunter, 1998), 자격이 부족한 직원을 채용하여 일어나는 생산성 손실의 비용, 그리고 교육에서의 개인/집단의 불리함에 대한 보상과 같은 요인들을 포함시켜야 한다.

이러한 접근방식은 어렵고 복잡하고 이해당사자 간의 협상을 필요로 한다(노동자의 이익을 대변하는 노동조합과 고용주의 대표자, 소수집단과 정부). 이상적인 상호작용은 상이한 관심사의 균형을 잡는, 예를 들어 쿼터제 선발 형태(지정 집단으로부터 최소 비율을 선발)의 선발전략의 합의로 이끈다.

문화적으로 상이한 맥락 속에서 선발의 복잡함은 고용평등법에서 불공정한 선발을 금지하고 있는 남아프리카공화국의 예에서 볼 수 있다(Theron, 2007). 여기엔 아파르트헤이트(Apartheid) 시절의 광범위한 취약 집단의 유산이 있고, 공식적으로 11개 언어를 인정한다. 지원자가 선발 과정 동안 자신의 모국어를 사용하는 것은 공정하다고 간주된다. 하지만 모든 언어집단에 표준화된 단일 심리측정도구가 존재하지 않는다(Meiring, Van de Vijver, Rothmann & Barrick, 2005). 정치 권력과 일부 경제 권력은 소수의 흑인 엘리트 손에 있고, 기업 및 상업의 대부분의 수석 직무는 지속적으로 흰색 소수의 회원들에 의해 점유되고, 선발 과정은 이러한 불균형의 영속화에 기여하고 있다. 동시에 현재 관행의 급격한 붕괴는 큰 경제적 비용이 발생할 수 있다. 이전의 부정을 보상하기 위해 백인 소유자에게 농지를 빼앗은 이후 농업생산이 붕괴하였고 1995년과 2010년 사이에 경기 침체를 가져온 짐바브웨의 예에서 이를 볼 수 있다.

의하고 있지만 조직의 비교문화 문헌은 이것을 상대적으로 드물게 다룬다.

동기

비교문화 연구가들에 영감을 준 동기(욕구) 이론 중 McClelland(1961)와 Maslow(1954)의 이론은 가장 유명하다. McClelland의 주요 논지는 경제적 발달은 사회적, 심리적 변인을 참작하지 않고는 설명할 수 없다는 것이다. 그는 성취동기(더 나아가고자 하는 동기)가 국가 발전의 과정에 주는 분명한 역할에 감명을 받았다. 그는 그 시기의 다른 연구자들처럼 생태문화적 상황이 개인의 발달에 주는 기회와 교육의 역할에 주목하였다. 이 주제는 좀 더 최근의 분석에서만 강조되었다(예 : Sen, 2000).

Maslow(1954)는 사람들이 충족시키기 원하는 6개 수준의 위계적 욕구를 제안하였다. 하위 수준의 욕구는 상위 수준에 이르기 위해서 충족되어야만 한다. Maslow의 구분은 Haire, Ghiselli와 Porter(1966)에 의해 실시된 최초의 주요 국제적 직무 동기(work motivation) 조사 연구의 기초가 되었다. 그들은 Maslow의 도식을 약간 변형하여 안전, 사회적, 존중, 자율성과 자기실현의 욕구들을 조사하였다. Haire와 동료들은 14개국(유럽 9개국, 미국, 아르헨티나, 칠레, 인도, 일본)의 적어도 200명에 달하는 특수 표본인 경영인들의 자료를 수집하였다. 다양한 욕구 중 자기실현은 모든 국가에서 가장 중요한 것으로 평가되었고, 자율성의 욕구가 뒤를 이었다(이는 독립적으로 사고하고 행동할 기회를 의미한다). Maslow의 위계에서 욕구의 상대적 중요성에 있어 국가 간 차이는 작았다. 하지만 욕구가 충족되는 정도는 상대적으로 큰 차이를 보였다. 모든 국가에서 가장 중요하게 평가된 두 욕구는 가장 적게 충족되었다. 가장 만족하는 경영인은 (모든 욕구를 종합하여) 일본인과 북유럽 국가의 집락이었다. 이 연구에서 따로 집락을 이루는 개발국과 라틴계 유럽 국가의 경영인은 가장 불만족하였다.

일로 인해 충족되는 일반 욕구와 동기에 대한 연구뿐 아니라 작업활동과 작업 결과에 대한 연구도 있다. 일의 의미에 대한 분석은 사회철학과 좀 더 최근의 사회과학에서 오랜 역사를 가지고 있다.

가장 유명한 것은 Weber(1905/1976)의 프로테스탄트 종교 교리와 노동 윤리의 결과로서의 자본주의의 도래에 관한 논문이다. 이 널리 승인된 이론은 서구 유럽의 산업발전을 이끈 선행요인으로 프로테스탄트 종교가 높은 성취동기와 연관되어 있음을 가정한다. Munroe와 Munroe(1986a)는 매우 드문 초기 경험조사에서 케냐 서부의 Abaluyia의 두 표본의 성취동기를 비교하였다. 한 표본은 가족이 몇 세대 이전에 개신교로 개종한 중고등학교 학생으로 구성되었고, 다른 표본은 전통적인 종교(애니미즘)를 고수하는 응답자들이다. 성취동기와 관련한 여러 변인 중 어떤 것은 Weber의 가설과 합치하였다. 저자들은 이 효과가 작고, 각 가설을 지지하는 결과에는 여러 지지하지 않는 결과가 있다는 것을 지적하였다. 직무의 의미에 대한 가장 탐색적인 연구는 Weber의 이론을 지지하지 않는다. 이 연구는 직무의미 국제연구팀(Meaning of Working International Research team, MOW, 1987)에 의해 보고되었고, 글상자 16.2에 기술되었다. 아마도 Weber의 주장에 대한 가장 설득력 있는 비판은 독일의 역사적 자료의 분석인데, 개신교의 높은 교육 수준이

글상자 16.2 노동의 의미

여기에서 우리는 흥미롭고 의미 있는 문화적 차이에 관한 결과를 보고한다. 이 프로젝트의 주요 개념은 직무중심성이다. 이것은 '개인의 삶에서의 노동의 가치에 관한 일반적 신념'이라 정의내린다(MOW, 1987, p.17). 이 개념을 평가하기 위해 응답자들에게 노동이 그들에게 얼마나 중요한지 직접적으로 질문하였고, 또한 노동이 다른 삶의 역할(여가시간, 공동체 생활, 종교와 가족)에 상대적으로 얼마나 중요한지 물었다. 노동의 중요성은 두 결과로 가장 잘 나타낼 수 있다. 모든 참가자의 86%는 남은 생애를 안락하게 보낼 충분한 돈이 있더라도 일을 계속하겠다고 하였다. 두 번째 결과는 5개 생애 역할 중 가족이 더 높게 평가되고, 일은 두 번째로 중요하였다.

MOW 연구는 직무중심성이 핵심인 복합적인 모형에 기초한다. 사회적 규범은 중간이고, 평가된 노동의 결과와 선호하는 노동의 목표는 주변 층을 형성한다. 이 모형에는 더 나아가 직무중심성의 선행조건과 결과가 추가되었다. 사회규범은(문화적 차이를 보일 수 있는) 일에 대한 규범적 평가의 기초로 보인다. 자격(의미 있고 흥미로운 일에 대한 권리)과 의무(일을 통해 사회에 공헌할 의무)는 구분하였다.

이 연구는 8개국의 응답자를 포괄하고 있고, 일이 중요하다고 여기는 순서대로 일본, 이전 유고슬라비아, 이스라엘, 미국, 벨기에, 네덜란드, 서독과 영국이다. 각국에서 두 종류의 표본을 표집하였는데 국가를 대표하는 국가적 표본(450명 이상)과 다양한 표적집단(약 90명)이다. 표적집단은 인구학적으로나 연령, 직업 등 일과 관련한 특성이 동일한 표본이다. 유고슬라비아에는 국가 표본이 없고, 표적집단의 결과로부터 추정하였다.

일의 중요성은 직업에 따라 상이하다. 전문직이 가장 높은 점수를, 그리고 임시 직원이 가장 낮은 점수를 보였다. 숙련도가 높은 노동자와 비고용인은 일의 중심성에서 중간 점수를 보였다. 벨기에와 미국을 제외하고 여성은 유의하게 남성보다 낮은 점수를 보였고, 가장 성차가 나는 곳은 일본이었다. 국가별 차이는 직업군별 차이의 1.5배에 달했다. 일본인이 가장 높은 점수를 보인 것은 MOW 팀이 예측했던 결과이다. 영국의 점수는 가장 낮았다. 두 번째로 낮은 위치가 독일이고, 두 번째로 높은 위치가 유고슬라비아인 것은 의외이다. 이 패턴에 대한 MOW 팀의 임시적 설명은 일의 중심성은 산업화가 지속된 기간과 비선형의 관계라는 것이다. 영국을 선도로 서유럽 국가는 이런 면에서 가장 오랜 역사를 지닌다. 일본과 유고슬라비아는 최근에야 산업화되었다.

중요한 차이가 사회규범의 측면에서 권리와 의무 둘 다에서 발견된다. 권리 측면에서 미국은 낮은 점수를 보이고 네덜란드, 벨기에, 독일은 높은 점수를 보인다. 네덜란드는 의무에서 낮고, 유고슬라비아와 이스라엘은 높다. 이 두 변수, 즉 일할 권리와 그렇게 할 의무 사이의 균형은 특별한 관심사이다. 일본, 영국, 유고슬라비아와 이스라엘은 이 두 변수가 거의 균형을 갖추고 있다. 미국에는 권리보다 의무에 더 많은 지지를 보낸다. 남은 세 국가, 네덜란드, 독일, 벨기에는 권리가 의무보다 더 강조된다. MOW 팀은 직관적 이유로 권리와 의무의 균형을 문제의 가장 바람직한 상태라고 믿고 있다. 한 걸음 더 나가서 권리에 대한 지나친 강조는 그것이 낮은 일중심성과 결합되면 (네덜란드에서처럼) 장기적으로 국가의 경제활동 수준에 악영향을 끼칠 수 있다.

Weber가 종교에 기원을 두었던 경제적 번영의 차이를 설명하는 것으로 나타났다(Becker & Woessmann, 2009).

후에 Maslow의 욕구 위계에 대해, 그리고 언급한 결과가 얼마나 낮은 임금의 직원에게도 적용될 수 있을지에 관한 질문이 제기되었다. Sanchez-Runde, Lee와 Steers(2009)는 산업화가 덜 일어난 국가와 낮은 임금의 노동자의 연구는 거의 없었다는 사실을 지적하였다. 하지만 대다수의 노동자 계층에게는 직무 안전에 관한 욕구가 자기실현의 욕구보다 더 중요하다는 징표가 존재한다. 어쨌든 직무 동기의 연구 결과는 실제적인 직무 조건이 문화 간 차이에 대한 설명에 도움이 된다는 것을 시사하며, 이는 우리가 이제 다룰 직무 만족의 연구에 의해 지지되는 관점이다.

직무 만족

수십 년 동안 연령과 직위는 여러 나라의 개별 직원의 **직무 만족**(job satisfaction)과 상관 있음이 지속적으로 발견되었다(Berry, Poortinga, Segall & Dasen, 1992). 더 큰 표본과 더 많은 국가를 대상으로 한 최근의 연구에서 이러한 발견이 대부분 재연되었지만 다수준 분석을 통해 식별될 수 있는 추가적 항목들이 발견되었다(제1장, 제12장의 분석 부분 참조). Hui, Au와 Fock(2004)는 세계가치관조사(World Values Survey, WVS)의 자료를 33개국의 큰 표본으로 재분석하였다. 연령, 수입, 삶의 자유(예 : 삶이 어떻게 전개될지에 대한 통제), 직무의 자율성(예 : 직무에서 결정을 내릴 자유)는 개인 수준에서 직무 만족의 유의한 예측변인이다. WVS의 개인 수준의 자료는 국가 수준의 권력 거리 지표(Hofstede, 1980)와 국부(national wealth)를 결합시켰다. 이 수준에서 권력 거리는 직무 만족의 유의한 예측변인이다. 추가적으로 Hui 등은 교차 수준의 상호작용을 발견하였다. 권력 거리는 직무 자율성과 직무 만족의 관계를 조절한다. 높은 권력 거리의 국가에서는 직무 자율성의 효과는 본질적으로 멀고 따라서 이 변인은 직무 만족에 긍정적인 효과를 갖지 못한다.

41개 국가의 단일 국제적 기업의 12만 9,000명의 직원, 51%의 블루칼라와 49%의 화이트칼라 직원을 포함시킨 다른 연구에서 Huang과 Van de Vliert(2004)는 재차로 개인 수준에서 직무 만족은 조직의 위계적 직위와 강한 상관이 있는 것을 보여주었다. 그들은 다층 수준의 모형을 사용하였는데 개인 수준에서는 직무 직위(또는 직무 수준)를 직무 만족의 예측변인으로 선정하였다. 저자들은 이 관계가 국가 수준의 개인주의 특성에 의해 조절된다고 예상하였다. 다층 수준 분석은 개인주의 수치가 높은 국가에서는 직무 수준이 직무 만족과 정적으로 상관을 보이지만, 낮은 개인주의 수치의 국가에서는 그렇지 않음을 확인하였다. 이 분석에서는 개인주의의 차이에서 국민소득을 통제하였으므로 부유함이 결과를 설명해 줄 수 없다. Huang과 Van de Vliert 역시 개인의 기술을 사용할 기회가 직무 만족과 관련됨을 발견하였다. 개인의 능력을 사용할 기회가 제한된 곳에서는 개인주의 수치가 낮은 국가의 경우처럼 화이트칼라 노동자가 블루칼라 노동자보다 직무에 덜 만족하는 것을 발견하였다.

관련 연구에서 Huang과 Van de Vliert(2003)는 유사한 다차원 모형을 사용하였으나 내적 직무특성(도전, 재인, 자율성)과 외적 직무특성(임금, 직무 안전, 작업조건)을 만족의 예측 변인으로 삼았다. 여기에 4개의 국가 수준의 지표인 개인주의, 권력 거리, 국부와 사회안전의 효과를 조사하였다. 가장 의미 있는 발견은 내적 직무특성과 직무 만족의 관련성이 부유하고 좀 더 개인주의적 국가에서, 그리고 우수한 정부 사회보장 프로그램과 낮은 권력 거리가 있는 국가에서 더 강하다는 것이다. 또한 우수한 사회보장과 낮은 권력 거리의 국가에서는 내적 직무특성이 만족과 관련 있는 반면 이러한 조건을 갖추지 못한 국가에서는 이 관련성이 부재하였다.

Hui 등(2004)과 Huang, Van der Vliert(2003, 2004)의 연구는 직무 만족은 국가 차원과 개인 차원을 명확히 구분하면 좀 더 상세한 결과가 나온다는 것을 보여주었다. 그들은 문화비교 연구의 새로운 트렌드를 가져왔다. 다차원 분석은 조직 연구에 점차 인기를 끌고 있으며 수준들 간의 상이한 상호작용이 이미 보고되고 있다(예 : Smith & Fischer, 2008). 수준(국가, 조직, 분과, 작업 팀) 간의 구분에 관한 다른 연구들이 기대되고 있다(Fisher, 2008).

이 절에서는 직무 만족에 집중하였다. 우리는 관련 주제, 즉 '조직 몰입'과 '조직 시민행동'의 존재에 주의를 기울이고 싶다(Wasti, 2008 ; Farh, Hackett & Chen, 2008). 부분적으로 이 주제는 동아시아 조직의 직원은 높은 수준의 몰입을 보이고 적극적이란 지각에서부터 영감을 받아 지향성의 변화를 반영한다. 이러한 개념의 확장은 또한 리더십 유형에 관하여 언급하였다. 그것은 문화심리학에서 다양한 문화지역으로부터 토착적인 통찰을 통합하는 것의 중요성을 강조한다.

결론

Bhagat와 McQuaid(1982)는 문화비교 연구와 조직심리학의 연구 상태는 미흡한 점이 많다는 의견을 가진다. 후에 Bhagat, Kedia, Crawford, Kaplan(1990)은 좀 더 긍정적이 되었다. 이론적, 방법적인 엄격성의 부재를 지적하였으나, 서구의 결과를 다른 곳에 적용하는 것에 의문을 던지고, 연구 결과를 설명하기 위해 이론을 도입하는 점을 들어 진척을 확인하였다. Bhagat(2009)는 이 영역에 긍정적인 관점을 지지해 주고, 문화, 조직, 노동에 대한 이론적, 방법론적으로 좀 더 엄격한 연구를 지향하는 트렌드를 지목하였다. 이러한 긍정적 시각은 비교문화 조직심리학의 많은 연구자들이 공유하고 있다. 여기에는 지식의 진보가 있고 적용 범위는 특히 지속적인 글로벌화 덕분에 엄청나다. 아마도 최근의 가장 중요한 질문은 일상 직무환경에서의 구체적인 문제점을 다루기 위한 이용 가능한 지식의 중요성에 관한 것이다.

주제의 논의에서 이 장의 모든 절에서의 일반적 방향은 광범위한 문화 변인에서부터 좀 더 특수한 개인적 변인으로 옮겨 갔다. 첫 절에서 조직 구조의 조성에 국가적 문화의 역할을 논의하고, 문화 변인이 조직이 구조화되는 데는 적은 역할을 하고, 직원이 기능하는 방식에는 더 큰 역할을 하는지를 논의하였다. 그리고 조직 문화를 다루었는데 이는 조직 연구가와 자문들 간에는 큰 인기를 얻고 있는 개념이다. 이 책에서 사용한 문화 개념이 조직 문화의 개념과는 다르기 때문에 우리는 여기에 대해 의구심을 가진다. 더 나아가 질적 방법으로만 접근할 수 있는 문화 조직의 더욱 주관적인 관점은 타당도의 문제를 계속 일으킨다.

세 번째 절에서 다룬 가치 차원은 수준을 연결한다. 문화적이고(국가적 문화의 의미에서) 또한 개인적 특성 둘 다인 것으로 볼 수 있다. 이는 특히 풍부한 연구의 영역인데, 실시된 연구의 수도 그렇고, 가치관의 차이가 조직과 직무 변인에서의 국제적인 차이를 설명해 줄 수 있다는 널리 공유된 의견이 있기 때문이다.

경영 행동의 분야에서 가장 중점적인 연구 주제는 리더십이다. 우리는 일본과 인도의 리더십 유형의 연구를 다루었고 이는 이들 국가 외에서도 적용할 수 있으리라는 점을 언급하였다. 또한 지금까지 가장 광범위하게 연구된 리더십 유형과 가치관에 대한 문화비교 연구인 GLOBE 프로젝트를 살펴보았고, 아마도 가장 두드러진 결과는 카리스마 리더십이 산업화되었거나 또는 산업화 과정 중의 국가들에 광범위하게 작용한다는 것이다. 의사결정에 대한 짧은 개요는 여러 장에 걸쳐 제기되는 주제, 즉 상당한 문화 차이와 그 일반화에 관한 문제에 주목하고 있다.

마지막 절에서 우리는 직무 동기와 직무 만족에 대한 비교문화 연구를 다루고, 결과를 정리하기 위해 다수준 분석을 사용했던 이전 연구와 최근의 연구를 다루었다. 더 광범위한 연구와 더 나은 설계의 도입으로 좀 더 일관된 결과를 기대할 수 있을 것이며 이는 비교문화적 조직심리학을 활발한 연구 영역으로 정당화하게 할 것이다. 이를 위해 문화적 배경의 다양성을 이해하는 것은 세계화 시대에 조직의 성공을 위해 중요한 조건임을 인식해야 할 것이다.

주요 용어

조직 구조 • 수반 이론 • 조직 문화 • 노동 관련 가치 • 리더십 유형 • 의사결정 • 직무 동기 • 직무 만족

추천 문헌

Bhagat, R. S., and Steers, R. M. (eds.)(2009). *The Cambridge handbook of culture, organizations, and work*. Cambridge : Cambridge University Press.

이 책은 일과 조직 심리 분야의 최신 연구에 대한 전반적인 개요를 제공한다.

Gelfand, M. J., Erez, M., and Aycan, Z.(2007). Cross-cultural organizational behavior. *Annual Review of Psychology*, 58, 479 – 514.

이 문헌은 조직 행동의 다양한 요인을 간략하게 검토한다.

Hofstede, G.(2001). *Culture's consequences: International differences in work related values* (2nd edn.). Beverly Hills : Sage.

Hofstede의 가치 차원의 기원을 설명하고 문헌에 대한 풍부한 개관을 포함한 '고전적' 저서 (오리지널 판은 1980년에 출판됨).

House, R. J., Hanges, P. J., Javidan, M., Dorfman, P. W., and Gupta, V.(eds.)(2004). *Culture, leadership and organizations: The GLOBE study of 62 societies*. Thousand Oaks, Calif.: Sage.

이 책은 가치와 리더십 유형(지각)의 측정과 함께 현재까지 가장 광범위한 비교문화 리더십 연구를 보고한다.

Smith, P. B., Peterson, M. F., and Thomas, D. C.(eds.)(2008). *The handbook of crosscultural management research*. Los Angeles : Sage.

이 편람은 비교문화 경영관리 연구의 많은 주제를 다루고 있다. 광범위한 참고 문헌으로 풍부한 출처가 된다.

17 건강

이 장은 문화적 맥락에서의 건강에 대해 논의하고자 한다. 시작은 중요한 용어의 정의를 포함한 개념적인 내용들에 대한 소개와 어떻게 건강 문제들이 비교될 수 있는지, 그리고 어떻게 문화와 건강이 관련되어 있는지에 대한 간단한 개요를 제고할 것이다. 이 장에서는 또한 문화와 정신 질환(정신병리)들과의 관계, 그리고 어떻게 서로 다른 사회에서 정신건강 문제와 이에 따른 고통을 완화시키기 위한 노력들(심리치료)에 대해 논의할 것이다. 그리고 이 장에서는 긍정적인 정신건강, UN의 밀레니엄 발전 목표의 시각으로 바라본 건강 행동과 인구와 생태학이 어떻게 관련되어 있는지에 대해 살펴볼 것이다.

세계보건기구(WHO)의 정의에 의하면 **건강**(health)은 "질병 또는 병약한 상태에 있지 않다는 의미가 아니라 신체적, 정신적, 그리고 사회적 웰빙이 완전한 상태이다"(WHO, 1948). 그러나 연구에 의하면 문화에 따라 건강에 대한 개념은 매우 다르다(Helman, 2008). 서양의 관점에서 보면, 건강은 종종 생체의학적 모델로 개념화되는데 이는 건강을 질병의 관점에서 바라보는 것이다. 질병은 신체의 외부 또는 내부적으로 확인할 수 있고 특정지어질 수 있는 원인에 의한 것이라고 본다. 다른 문화, 예를 들어 중국 의학의 경우 건강을 음과 양의 조화로 보았고 인도의 아유르베다 의학에 의하면 음식에서 비롯된 쓰레기(vayu, pitta, & kaph)나 기본적인 성분(bhuta)에 의한 것이라고 보았다. 비슷하게 갈레노스-이슬람 의학은 체액 이론을 바탕으로 체액이 너무 많거나 적은 경우 병이 발생한다고 생각했다(Tseng, 2001). 건강 모델들은 예외 없이 건강이 무엇이고 치료를 어떻게 할지에 대한 결정들을 차용한다.

지난 몇십 년 동안 건강에 대한 사람들의 생각은 변화되어 왔다. 만장일치로 받아들였던 '2000년에는 모두에게 건강을'이라는 알마아타 선언(WHO, 1978)과 '건강 증진을 위한 오타와 헌장'(WHO, 1986)에서 질병 발생 후 치료를 하는 것에서 질병을 예방하는(1차 진료로서의 공중 보건을 통해) 방면으로 변화했고 더욱 기본적으로는 건강을 증진하는(적절한 음식 섭취와 운동, 그리고 건강을 저해하는 물질을 멀리하기) 방안으로 바뀌었다. 이러한 변화로 건강은 국가의 발전 정책의 중심에 있게 되었으며(Brundtland, 2005), 정부는 국민들의 건강에 대해 책임을 지게 되었다(Kickbusch, 2003). 건강 정책의 중심에는 정부가 국민들에게 사회적, 경제적으로 생산적인 삶을 영위할 수 있는 환경을 제공할 의무가 있기 때문이다. 21세기가 시작되면서 사회적인 목표의 일환으로 질병 예방에서 '건강을 위한 역량 증진'과 같은 좀 더 급진적인 변화가 일어나게 되었다.

질병 예방과 관련하여 중요한 노력 중 하나는 위험을 감소시키는 것이다. 세계보건기구는 체중부족/과체중, 안전하지 않은 성관계, 고혈압, 담배 및 알코올 섭취, 안전하지 않은 물, 위생 시설과 위생, 철분 부족, 실내에서의 고체 연료의 연기, 높은 콜레스테롤, 비만을 위험 요인으로 지목하였다. 이러한 위험 요인들은 세계의 모든 사망의 1/3 이상에 대한 원인이 된다(WHO, 2002). 많은 개발도상국의 경우 모든 사망의 최소 30%는 5개 이하의 위험 요인에서 비롯되었다. 개인의 생활방식이나 행동을 변화시키면 대부분의 위험 요인들은 감소시키거나 제거할 수 있다.

심리학은 확립된 기법들과 행동 변화 프로그램을 사용하는 것과 같이 기본적인 역할들을 할 수 있다. 이러한 건강에 대한 목표의 변화로, 접근방법도 변화했는데, 오로지 첨단기술을 바탕으로 한 생물학이 중심이 된 전략에서 벗어나 건강에서의 사회행동과학의 잠재적인 역할을 인식하고 있다(MacLachlan, 2006). 그러나 사회행동과학의 역할의 시작은 정신건강에만 국한된 것이 아니었다. 심리학과 비교문화심리학적 접근은 신체적, 사회적 건강 문제와 관련되어 있다. 이러한 입장은 세계보건기구(1982, p.4)도 인정하는 것으로 "**심리사회적 요인**(psychosocial factor)들이 건강과 사회생활의 중요한 성공 요인으로 점차 인정받고 있다. 만약 질병을 예방하고 건강과 웰빙을 증진시키는 노력이 효과적이기 위해서는 문화, 전통, 믿음과 가족 간의 상호작용 패턴을 잘 이해해야 한다."고 명백하게 제시하였다.

비교문화심리학이 이러한 이해를 증진시키는 데 특정한 역할을 할 수 있다면 이는 한 문화집단의 공유되고 있는 관습적인 건강 활동에 대한 연구를 통해서 가능하며 건강에 대한 믿음(건강이란 무엇인가), 태도와 가치(건강에 대한 중요성)와 개인의 실제 건강 관련 행동을 연구하는 것이다. 이러한 건강에 대한 두 수준의 접근은 인류학과 심리학적 기법들을 사용하여 두 수준을 연결하는 문화와 개인 수준의 연구가 가치 있다고 여긴다. 건강과 문화적 맥락 간 연결을 이해하기 위해 Berry와 Sam(2007)을 참조하라.

정의와 개념들

인류 의학과 사회 의학에서 질병에 대한 구분을 하는 데 있어 인간의 질병을 의학적, 개인적, 그리고 사회적 측면에서 설명하였다(Caplan, McCartney & Sisti, 2004; Hofmann, 2002). **질병**(disease)은 건강의 문제로 생리적인 기능 부전이 있으며 결과적으로 실제 또는 잠재적으로 신체적 역량 그리고/또는 기대 수명의 감소를 초래한다(Twaddle, 1994). 이는 표면적으로 드러나며 임상적으로 신체적 기능 부전 또는 감염을 초래한다. **아픔**(illness)은 인간의 경험이며 기능 부전에 대한 인식이다. 이는 원치 않는 건강 상태로 주관적으로 해석되며 신체 기능의 부적절한 상태를 주관적으로 느끼는 것을 말한다. 개인이 어떻게 질병을 인식하고 경험하며 대처하는가는 질환에 대한 우리의 설명을 바탕으로 한다. **질환**(sickness)은 사회가 개인의 기능 부전(아픔)과 근본적인 병리(질병)를 인식하는지에 대한 이해 방법이다(Kleinman, Eisenberg & Good, 2006). 간단하게 말하면, 질환은 아픔과 질병을 합친 것이다.

질병, 아픔, 질환의 구분은 질병 없이(객관적으로, 예를 들면 병리적인 조건이 없는 것) 아픔을 느낄 수 있다(주관적으로)는 점을 알려준다. 또한 동일하게 질병은 있을 수 있지만 (예 : 병리적인 조건을 보임) 아픔을 느끼지 않을 수 있다. 이러한 두 가지의 상황은 건강과 개인의 건강 행동과 치료에 잘 따르는 것과 같은 건강 도움 추구 행동의 비교문화적 차이를 설명하는 데 도움을 줄 수 있다.

질병과 아픔의 차이는 치료(curing)와 치유(healing)의 차이와 동일하다. 치료는 몸에서 질병을 제거하는 것이며 치유는 주관적으로 기분이 좋다고 인식할 수 있도록 만드는 행위 또는 아픈 몸이 좋아지는 것을 말한다. 결과적으로, 질병이 치료될 수는 있지만 개인적으로 치유되었다고 느끼지 않을 수 있거나 그 반대로 치유되었다고 느끼지만 질병이 치료되지 않았을 수도 있다. 이러한 차이는 현재 HIV/AIDS의 상태를 설명할 수 있다. 현재 인간 면역결핍바이러스(HIV) 감염이 치료될 수는 없지만 치유되었다고 느낄 수 있을 것이다.

비교문화심리학은 개인의 건강에만 초점을 맞추지 않고 개인이 속한 문화적 집단에도 관심이 있는데 이는 인구 수준 요인은 언제나 개인에 영향을 미치기 때문이다. 인구 수준에서는 아동 사망률이나 기대 수명과 같은 건강 지표들은 그 당시 사회의 건강 지표가 되기 때문이다(Lindstrand, Bergström, Rosling et al., 2006). 이러한 지표들은 한 사회 내에서의 개인의 건강을 설명해 줄 수 있다. 1990년대 WHO와 세계은행은 하버드 공중보건대학과 함께 **세계 질병 부담**(Global Burden of Disease, GBD)의 개념을 소개하였다(Lopez, Mathers, Ezzati, Jamison & Murray, 2006). 세계 질병 부담은 107개의 질병과 상해, 그리고 10개의 위험 요인들로 인한 사망률과 장애에 대한 종합적인, 지역적이고 세계적인 평가를 말한다. 1990년대 처음 세계 질병 부담을 평가하기 위해 사용했던 질병, 상해, 그리고 위험 요인들의 숫자는 증가하였다. 구체적으로 질병 부담이라는 용어는 현재의 건강 상태와 나이가 들어서도[1] 질병이나 장애가 없이 모두가 살아가는 이상적인 상황 간의 차이를 말한다. 조기 사망, 장애와 질병에 일조하는 특정한 위험 요인에 노출되는 것들이 이러한 차이를 만든다. 질병 부담이라는 개념의 중심에는 **장애보정손실연수**(Disability Adjusted Life Years, DALY)가 존재하고 이는 종합적인 질병 부담을 측정하는 단위이다. 세부적으로는 총 손실 연수(Year of Life Lost, YLL)(조기 사망으로 인한 손실)과 개인이 장애를 입고 살아가는 연수(Years one Lives with Disability, YLD)의 합계로 나타낸다(DALY = YLL + YLD). 장애보정손실 1년은 건강한 삶 1년의 손실과 같지만, 세계 질병 부담은 장애보정손실연수의 비율로 표현한다. 세계 질병 부담은 다양한 건강 문제(지역적, 세계적으로)의 규모와 얼마나 이 문제들이 세계적 또는 지역적인 건강 문제에 일조하는지 비교하는 것을 가능케 했다.

세계 질병 부담의 약 14%는 우울증, 조현병(정신분열증), 다른 일반적인 정신 장애, 알코올 사용 및 약물 사용 장애와 같은 정신 장애에 의한 것이다. 세계 질병 부담의 나머지 86%는 심장 질환, HIV/AIDS나 말라리아와 같은 전염병, 그리고 전염되지 않는 질병인 암과 같은 신체적 건강과 관련되어 있다. 질병 부담은 나이, 성별, 문화와 지역에 따라 다르며 시간에 따라 달라진다. 이 장의 후반부에 특정 질병을 다룰 때, 얼마만큼의 질병 부담이 발생하는지 논의할 것이다.

문화들 간의 정신병리학

20세기를 시작하면서 독일의 현대 정신의학의 아버지라고 불리는 Emil Kraepelin은 아시아와 북미에서 순회 강연을 하면서 만난 몇몇의 환자들을 관찰해 보니 독일이나 북유럽 환자들이 표현했던 일반적인 특유한 증상들과 다르다는 것을 알게 되었다. 그는 정신의학의 하위 분야로 **비교정신의학**을 만들어 정신병리학의 문화적 차이를 연구하고자 했다. Kraepelin이 이를 제안한 그때부터 정신병리학 분야는 더디지만 발전했는데 민족정신의학, 문화정신의학, 다문화 정신의학, 문화와 정신병리학, 그리고 문화임상심리학 등 다양한 명칭들로 불렸다. 이 분야는 대부분 이상 행동에 관심이 있다. 그러나 그 내용이 매우 전문적이며 많은 경우 정신 질환은 객관적으로 확인하는 것이 어렵기 때문에 이 분야는 이해하기 어려운 분야이다. 사람들의 느낌이나 생각은 개인적이며 주관적이기 때문이며

---

[1] 일본의 기대 수명이 규준으로 사용되었는데 일반적으로 기대 수명이 길기 때문이다.

(Angel & Williams, 2000) 질병이나 아픔에 의해 이러한 생각이나 정서가 왜곡되면 더욱 복잡해진다.

심리학자들과 정신의학자들이 말하는 '이상 행동과 상태'는 개인의 행동 또는 경험을 '아픈 것' 또는 '장애'('별난' 정도가 아닌)라고 분류하였다. 매일 상호작용하는 사람들에 의해 이 사람들은 이상하고 특이하다고 여겨진다. 또한 이들은 문화마다 다르기는 하지만 스트레스 상황에 대해 보통 이상으로 어려움을 호소한다(Sewell, 2008). 이 장에서 '정신 장애'라는 용어는 '정신 질환', '이상 행동', 그리고 **정신병리**(psychopathology)'와 동의어로 사용된다. 정신의학 문헌에서는 좀 더 형식적인 정의가 제시되지만, 이상하고 특이한 행동에 대한 일상적인 정의는 우리 입장에서 관심 있는 영역을 정할 수 있다. 2007년 질병 및 관련 건강 문제의 국제 통계 분류 10차 개정판, ICD−10(International Statistical Classification of Diseases and Related Health Problems 10th Revision Version for 2007, ICD-10)(WHO, 2007c)을 글상자 17.1에 제시하였다. 각 범주에 대한 좀 더 자세한 설명은 이상심리학 교과서에 자세하게 제공되어 있다(예 : Commer, 2009; Kring, Davision, Deale & Johnson, 2006).

글상자 17.1 정신 장애의 분류

정신과적 장애를 국제적으로 보고하는 것을 가능하게 하기 위해 세계보건기구(1997c)는 질병 및 관련 건강 문제의 국제 통계 분류 10차 개정판을 개발하였다.[2]
다음에 중요한 범주들과 코드가 제시되어 있다.

1. [F00−F09] 신체에 증상이 나타나는 정신 장애 : 예를 들면, 알츠하이머병과 치매(헌팅턴병과 파킨슨병 같은 신체적 요인으로 인한)
2. [F10−F19] 향정신성 물질 사용으로 인한 정신적·행동적 장애 : 예를 들면, 알코올, 담배, 대마초, 진정제, 코카인과 환각제들
3. [F20−F29] 조현병, 분열형 장애와 망상 장애 : 예를 들면, 편집증, 긴장성 조현병과 망상 장애
4. [F30−F39] 기분 장애 : 예를 들면, 양극성 장애
5. [F40−F49] 신경성, 스트레스 관련 장애 그리고 신체형 장애 : 예를 들면, 공포증, 불안, 강박, 기억 상실, 신경쇠약증
6. [F50−F59] 생리적 장애와 신체적 요인들과 관련된 행동 증후군 : 예를 들면, 식이 장애, 비만, 불면증, 몽유병과 성기능 장애

---

[2] http://apps.who.int/classifications/icd10/browse/2016/en#/V 참조. 2016년에 ICD-10이 개정되었으며 그 내용을 토대로 범주들과 코드를 제시했다.(역자주)

7. [F60-F69] 성인 성격 및 행동 장애 : 예를 들면, 충동 장애, 의존적 성격, 성 정체성 문제, 병적 도박, 방화 및 절도 또한 성선호 장애(페티시즘, 노출증, 관음증, 소아성애, 그러나 동성애는 포함하지 않음)

8. [F70-F79] 정신 지체 : 예를 들면, 지체된 지능 발달

9. [F80-F89] 심리발달적 장애 : 예를 들면, 실어증, 읽기 문제, 자폐증, 운동과다증

10. [F90-F98] 아동기와 청소년기에 발생하는 행동 및 정서 장애 : 예를 들면, 틱장애, 야뇨증, 말더듬

11. [F99] 명시되지 않은 정신 장애들

DSM-V의 정신 장애 범주는 ICD-10의 범주와는 다르다. 예를 들면, 신경성 장애 [F40-48]은 DSM-V에는 불안 장애와 신체형 장애로 구분되어 있다.

ICD-10 외에도 정신 장애 진단 및 통계 편람 5차 개정판(Diagnostic and Statistical Manual of Mental Disorder, 5th edition, DSM-V)(American Psychiatric Association, 2013)이 있으며 중국 정신 장애 분류 3차 개정판(Chinese Classification of Mental Disorder, 3rd Edition, CCMD-3)(Chinese Society of Psychiatry, 2001)도 존재한다. 이러한 분류 기준들에는 병명, 범주, 그리고 특정 진단을 위한 기준에 크고 작은 차이가 존재한다. 예를 들면, 신경쇠약은 중국에서 가장 흔한 장애이지만 DSM-V에는 존재하지 않고 ICD-10에는 존재하지만 ICD 이전 판에는 포함되지 않았다. DSM-V의 경우 조현병(정신분열증) 진단의 경우 증상이 최소 6개월 지속되어야 하지만, ICD-10의 경우는 지속기간을 12개월로 제안하고 있다.

정신 장애 분류체계에서의 편견

정신병리학의 가장 큰 문제는 정신 장애를 여러 방법으로 범주화할 수 있다는 것인데 한 방법이 다른 방법보다 더 낫거나 타당하지만은 않기 때문이다(Thakker, Ward & Strongman, 1999). 앞에서 언급했지만, 정신 장애의 경험 자체는 매우 주관적이며(Angel & Williams, 2000), 이를 이해하기 위해서는 한 개인이 어떻게 자신의 감정과 생각을 분명히 표현하느냐와 그 사회에서 행동이 받아들여지느냐 받아들여지지 않느냐에 따라 달라진다. 동시에 문제가 되는 것은 믿을 만한 분류체계를 개발하는 것인데 특정한 기간에는 정신 장애가 많이 발생하기도 하고 어느 때는 소실되기도 하기 때문에 문제가 된다. 한 예로, 동성애의 경우 대부분의 서구에서는 정상적인 행동으로 여겨지는데 그 이유는 1973년 이후 미국정신의학회(APA)가 정신 장애 분류 목록에서 삭제했기 때문이다. 그동안 우

간다와 같은 다른 국가에서는 동성애는 비정상적인 행동일 뿐만 아니라 형사범으로 간주된다(Candia, 2009). 의학과 심리과학이 발전하고 전문적인 지식이 늘어남에 따라 분류체계 자체가 영향을 받는다. 예를 들면, 인터넷 중독은 현재 장애로 분류되지 않지만 미국정신의학회의 진단 분류 매뉴얼의 다음 판에는 포함시킬 계획이다. 전문적인 지식에 수반되는 정치적 이데올로기, 임상 실무의 패턴과 같은 사회적 요인들, 그리고 건강보험에 입각한 법적 · 의학적 체계 모두 분류체계에 영향을 미칠 수 있다. 이러한 배경에 맞서 세계적인 분류체계를 만든다는 것은 어려운 일이다.

그러나 DSM-V는 다양한 문화적 요인들을 포함해야 한다는 권고를 지키지 못했음에도 불구하고(Lopez & Guarnaccia, 2000; Mezzich, Kleinman, Fabrega & Parron, 1996) 전체를 만족시키는 것처럼 보이고자 한다(Draguns & Tanaka-Matsumi, 2003; Widiger & Clark, 2000). DSM-V에 내포된 가정은 진단 범주들이 세계적으로 통용되는 장애를 대표하고 있다는 것이다(Thakker & Ward, 1998). 이는 대부분 생체의학적 모델에 기반한 정신 장애를 대표하는 서구의 질병 관점을 포함하고 있다. Thakker와 Ward가 간단 명료하게 표현했듯, 생체의학적 모델에 기반한 정신 장애는 "근본적으로 생물학에 기초하고 있고 세계적으로 호모 사피엔스는 공통적인 생리학에 기반을 두고 있기 때문에 사람에 따라 나타나는 피상적인 모습에만 차이가 있을 뿐이지 정신병리학은 기본적으로 동일하다"(1998, p.502). 우리는 이러한 의견을 '극단적인 보편화'라고 부른다. 그러나 CCMD-3는 질병분류학의 발달에 중국 문화의 영향을 받았음을 인정했다[예 : 기공(생활에너지 운동. 몰입을 바탕으로 한 중국의 치유체계)]. 문화를 감안하지 않고 CCMD-2-R과 CCMD-3를 ICD-10과 맞춰 동일하게 만들려는 모든 노력을 기울였음에도 불구하고 말이다(Chen, 2002). 극단적 보편화 입장에서 보면 DSM-V와 같은 분류 매뉴얼은 매뉴얼에 포함되지 않은 정신 장애들에 대해 편견적인 입장을 취하고 있다고 볼 수 있다. 이는 신경쇠약(CCMD-3와 ICD-10에는 포함되어 있는)과 같은 문화권 증후군(culture-bound syndrome)을 포함한다(DSM-V의 부록에는 수록되어 있지만 ICD-10에는 포함되지 않았다).

매뉴얼의 차이와 편견을 무시하고서라도 매뉴얼에 포함된 다양한 장애들은 상당한 개인적 · 사회적 · 경제적인 손실을 입힌다. 그러나 더 중요한 것은 신경정신의학적 문제가 전체 사망률의 1.4%와 1.1%의 사망자(1990년)를 포함(WHO, 2005)하여, 장애를 가지고 살아가는 사람 전체의 1/3을 차지(31.7%의 장애를 가지고 산 연수)하는 것으로 나타났다는 것이다. Prince와 그의 동료들은 정신 장애의 세계적인 문제점은 매우 과소평가되어 있다고 주장하였는데 그 이유는 정신 장애와 다른 건강 문제와의 관계를 감안하지 않았기 때문이다(Prince, Patel, Saxena, Maj, Maselko, Phillips & Rahman, 2007). 예를 들면, 세계보건기구(2005)는 "정신건강이 없이는 건강은 없다."고 설명하며 정신 장애는 전염과 비전염 질병의 가능성을 증가시키기 때문이며 그 반대의 경우도 마찬가지라고 했다. 또한 정신 장애와 관련된 낙인은 사람들이 의학적 도움을 받는 것을 어렵게 만든다(Thornicroft, 2008).

비교문화적으로 정신병리에 대한 중요한 이론적 문제들 중 하나는 이러한 현상들이 (1) 근원과 표출에서 문화적으로 차이가 있는가 없는가(예 : 극단적 보편화), 아니면 (2) 모든 문화에 걸쳐 나타나기는 하지만 발병이나 표출되는 양상과 같은 요인들이 문화에 영향을 받는가 안 받는가, 아니면 (3) 특정 문화에만 나타나는 특이한 현상이며 문화적으로 이해할 수 있는 것인가 아닌가(문화적으로 상대적)이다. 세 번째 의견은 민족정신의학의 본질이며 이는 이상 행동의 '토착심리학'을 이해하려는 움직임 중 하나다. 이 장 후반부에서는 정신병리학에서 논의되고 있는 특정한 정신 장애에 대해 논의할 것이다. 그 전에 일반적인 정신 장애의 유병률을 알아볼 것이며 문화와 정신병리학의 관계에 대해 논의할 것이다.

몇 가지 정신건강 장애들에 대한 국가별 유병률

정신병리가 보편적인 것인지 문화적으로 관련되어 있는 것인지를 결정할 수 있는 방법 중 하나는 문화적 배경에 따른 유병률을 알아보는 것이다. 국가별로 그리고 문화적으로도 비슷한 유병률을 보인다면 정신병리는 보편적이라고 할 수 있다. 유병률의 차이는 정신병리가 상대적이거나 어느 정도는 보편적이라고 할 수 있다(예 : 문화가 어느 정도는 관련되어 있음을 시사한다). 정신병리가 어느 정도는 보편적이라고 할 수 있는 첫 근거는 터키의 앙카라, 독일의 베를린, 이탈리아의 베로나를 포함한 14개 지역에서 이루어진 WHO 연구에서 찾을 수 있다(Goldberg & Lecrubier, 1995; Üstün & Sartorious, 1995). 이 연구는 1차 진료 기관에 찾아온 환자들에게 간단한 선별 검사, 자세한 구조화된 면담, 그리고 의사에 의한 임상적 진단의 세 가지 방법을 사용하여 진단을 내렸다. 몇 가지 정신 장애에 대한 유병률은 세계건강보고서 2001(WHO, 2001)의 22페이지에서 찾을 수 있는데 이 연구에서는 다양한 지역에 따라 서로 다른 유병률을 보였다. 예를 들면, 칠레 산티아고의 경우 우울증 유병률은 29.5%였지만 일본 나가사키의 경우 2.3%였고 터키 앙카라의 경우는 11.6%였다. 범불안장애의 경우 앙카라의 경우 0.9%였지만 리오 데 자네이루는 22.6%였다.

최소한 진단에 기초한 국가마다 차이가 나는 정신병리 유병률은 모든 사회에 걸쳐 나타나는 현상으로 어느 정도의 정신병리의 보편성을 지니고 있다고 해석할 수 있다. 유병률에 큰 차이가 나는 것은 정신병리에 해당하는 것이 무엇인가와 어떻게 표출되는가가 사회마다 다르기 때문인 것으로 보이며, 이는 어느 정도의 보편성을 의미하는 것이다. 예를 들면, 앙카라의 비교적 낮은 범불안 장애 유병률은 비교적 높은 우울증 유병률로 '보완'된다. 다양한 증거를 통해 정신 장애들 간의 높은 중복률을 보이고 있으며 높은 정신 장애 공존률이 존재한다는 것을 보여주었다(Lowe, Spitzer, Williams, Mussell, Shelberg & Kroemge, 2008). 다른 가능성은 1차 진료소에서 판단한 진단의 범주들에 정신병리에 대한 특정한 외적 문화적 측면(예 : 강요된 문화보편주의)만이 반영됐을 수 있다. 마지막 의견은 정신 장애의 분류가 편향적이라는 비판에서 비롯되었다(Widiget & Clark, 2000). 이는 서구의 질병분류학이 다른 문화집단에도 광범위하게 퍼져 있기 때문이다. 이러한 현상은 Kleinman(1977)의 '범주의 오류'에 해당되는데 그는 정신의학적 범주들과 실습이 전문적인 정신의학적 이론과 실습의 문화적 맥락에서 해석해야 한다고 주장하였다. 이 오류는 연구자와 임상가들이 자신들의 병리 범주를 다른 문화에 적용하려고 할 때 나타날 수 있다(강요된 문화보편주의). 중국의 신경쇠약은 서구에서는 우울증으로 분류되며 일본의 Tajin Kyofuaho는 사회공포증에 해당된다는 것을 예로 들 수 있다.

문화와 정신병리의 관계

Tseng(2007)은 문화가 정신병리에 여섯 가지 방법으로 영향을 미칠 수 있다고 주장하였고 이것들은 서로 다른 문화권 증후군들과 관련되어 있다. 여섯 가지의 방법은 '병원성' 영향(예 : 문화적인 믿음이 스트레스와 불안을 유도하여 병리로 발전시키는 조건), '선택적 병원성' 영향(예 : 문화가 병리적이지만 스트레스에 대응하는 패턴을 선택하는 조건), '병원성 촉진' 영향(예 : 문화가 발현을 변경하는 경우), '병원성 정교화'(예 : 문화가 병리를 정교화시켜 독특하게 만들어내는 경우), '병원성 촉진'(예 : 문화가 병리의 빈도를 촉진시키는 경우), 그리고 '병원성 반응'(예 : 문화가 임상적 조건에 대한 반응을 형성하는 경우)이다. 문헌 조사를 통해 Kirmayer와 Sartorius(2007)는 문화 설명 모델(cultural explanatory models)을 통해 개인이 인과 귀인을 통해 신체에 영향을 미치고 이는 공황장애, 건강 염려와 의학적으로 설명할 수 없는 증상들과 같은 특정 문화 관련 다양한 병리들을 초래한다고 설명하였다.

　문화와 정신병리 간의 관계를 설명하고 정신병리의 표현이 문화마다 차이가 없는지를 알아보기 위해 문화권 증후군들과 함께 세 가지의 세부적인 정신병리학적 조건들(예 : 기질성 장애, 조현병과 우울증)에 대해 살펴보고자 한다.

기질적 정신 장애

이 장애는 병리학이나 병인학으로 설명할 수 있는 장애들이거나 의학적인 장애(예 : 질병)에 의해 직접적으로 발생하는 장애들을 말한다. 이러한 장애들은 기능적 장애라고 불리는 다른 모든 정신 장애와 대비된다. 1970년 이전에는 정신과에서는 기질적 장애와 기능적 장애를 구분하였는데 암묵적으로 전자는 뇌에 장애가 있는 것이고 후자는 생물학적으로 장애가 있는 것으로 추정하였다(Walker & Tessner, 2008). 그러나 이러한 구분은 모든 정신 장애가 생물학적, 환경적(예 : 사회 · 문화적), 그리고 심리에 기반한 것이라는 이유로 비판을 받았다. 그럼에도 불구하고 기질적 장애는 분명하게 확인할 수 있는 생물학적 문제에 기인한다는 입장을 고수하고 있다. 두 가지의 주요 기질적 장애는 '치매'와 '섬망'이다. 다른 기질적 장애는 매독으로 인해 발생할 수 있는 신경매독과 같이 확인 가능한 의학적 문제가 원인이 되는 정신 장애다. 현재 DSM-IV부터는 치매와 섬망, 그리고 '일반적인 의학적 상태에 기인한 정신 장애'를 구분한다. 이전 판(DSM-III)을 포함하여 ICD-10과 CCMD-3의 경우에도 이러한 정신 장애들은 기질적 장애로 분류되었다. DSM-III(1980) 대비 DSM-IV의 이러한 변화는 이전에 언급한 것처럼 이념에 의한 변화의 다른 예시로 볼 수 있다.

기질적 장애는 강력한 생물학적 기저로 인해 대부분의 경우 극단적인 보편주의적 입장을 지지한다. 기질적 장애의 정의에는 병원균과 문화의 병원성 촉진 효과를 논의할 수 있는 여유가 없지만, 이 입장은 논리적인 가능성에 기인한다. 그러나 이를 입증할 수 있는 연구는 매우 한정되어 있으며 이 연구들은 집단 구성원들 간에 나누고 있는 독특한 집단적 삶의 방식과 같은 문화적 요인들이 발병, 발병률, 표출방식에 간접적인 영향을 미치는 것으로 나타났다(Tseng, 2001).

조현병

조현병(schizophrenia)은 일반적으로 하나의 장애가 아닌 여러 다른 종류들로 이루어진 장애군이지만(Jenkins & Barrett, 2004), 이 장에서는 조현병이라는 단일 질환으로 구분하고자 한다. 이 병의 증상으로는 와해된 생각과 언어, 환각, 망상, 그리고 신체적 움직임이 둔화되는 긴장증적 행동을 보이며 정서적 표현이 무뎌지거나 둔화된다(Jenkins & Barratt, 2004). 발병률이 낮고(10만 명당 15.2건의 새로운 사례)(McGarth et al., 2004) 평생 유병률도 일관적으로 낮음(1,000명당 4.0명) (Saha et al, 2006)에도 불구하고, 세계적으로 조현병은 심신을 가장 약화시키는 정신 장애로(Stompe & Friedman, 2007), 전체 장애보정손실연수(DALY)의 1.1%, 장애로 인한 총 손실연수의 2.8%에 해당한다.

일관된 낮은 유병률은 조현병이 생물학적인 기반을 두고 있으며 유전의 가능성이 있다는 주장의 이유가 되었다(Cannon, 2005 ; Siegert, 2001). 약물 치료를 받은 환자들의 증상이 호전된다(Adams et al., 2000)는 것 또한 이 장애가 생물학적인 기반을 두고 있을 가능성을 시사한다. 이러한 결과는 극단적인 보편주의 입장을 지지하게 하였다(Jarskog, Miyamoto & Lieberman, 2007 ; Miyamoto et al., 2005). 그러나 정확한 생물학적 지표를 확인하는 것이 어렵고 약물 치료가 어떻게 작용하는지 아직 명확하지 않다. 대규모 설문조사 연구들에 의해 다양한 잠재적인 유전적 변이(대립형질)들이 가능성 있는 요인들로 확인되었지만 명확한 패턴은 나타나지 않은 실정이다(Ross & Margolis, 2009). 더욱 복잡한 것은 조현병의 진단 자체에 불확실성의 여지가 존재한다.

　20세기 초반부터 다양한 지표들을 통해 조현병은 여러 사회에서 확인되고 있다(Draguns & Tanaka-Matsumi, 2003). 이러한 연구들은 장애에 대한 문화적 요인들의 역할을 암시하고 있는데 특정한 문화적 경험들이 발병을 촉발시키고 예후에 영향을 미치는 것으로 나타났다(Kulhara & Chakrabarti, 2001). 문화적 관습(장애의 정의와 진단적 선호도에서)은 유병률에 영향을 미칠 수 있으며 문화마다 유병률에서의 작은 차이를 만들어낼 수 있다. 이러한 다양한 사회에서의 조현병의 '실제' 유병률과 진단적 절차의 차이 간의 미묘한 상호작용은 1960년대에 다양한 모집단에서의 조현병 및 다른 정신병에 대한 연속적인 비교 연구가 시작되게 만들었다. 30년 동안 세계보건기구는 콜롬비아, 체코, 덴마크, 인도, 나이지리아, 타이완, 영국과 미국을 포함한 17개국의 20개의 연구센터에서 조현병의 발달과 결과에 대한 3개의 주요 연구들을 실시하였다(Leff, Sartorious, Jablensky, Korten & Ernberg, 1992; WHO, 1973, 1979a 참조). 연구들은 동시적 사례 발견 및 데이터 수집, 표준화된 도구 사용, 훈련된 프로젝트 정신과 의사, 다양한 후속 평가를 포함하였다. 연구들은 2,000건이 넘는 조현병 사례들과 관련된 장애들을 바탕으로 풍부한 정보를 얻을 수 있었다.

　세계보건기구의 연구들이 사회적, 정서적 둔마, 망상과 정동의 둔마, 연구센터별로 양상에 상당한 차이를 포함하는 '주요 공동 증상'을 제안하였다. 예를 들면, 미국의 조현병 환자들은 덴마크나 나이지리아 환자들과 달랐는데 통찰력이 부족하고 청각적 환청이 적었지만 다른 두 집단에 비해 나이지리아 환자들은 '다른 환청들'(예 : 시각적, 촉각적)을 더 많이 겪는 것으로 나타났다. 다른 연구들에 의하면 망상의 내용에 차이가 나타났는데 마을 공동체 표본에서는 과대망상은 거의 나타나지 않았다(Stompe et al., 1999). 비슷하게 종교적 망상과 망상적 죄의식은 기독교적 전통 사회에서 많이 발생하며 이슬람, 힌두교 또는 불교적 사회에서는 거의 나타나지 않았다(Stompe et al., 1999, 2006). 나이지리아를 예외로(분열정동장애 진단율이 가장 높았음) 세계보건기구 연구들에 포함된 모든 국가에서 조현병의 하위 유형인 편집형이 가장 두드러지는 형태였지만 긴장형의 경우 모든 국가에서 비슷한 발병률을 보였다. 그러나 Murphy(1982)가 진행한 한 연구에 의하면 긴장형 하위 유형은 유럽-미국인들 사이에서는 드물게 나타난다. Murphy의 연구와 세계보건기구의 연구 결과 간의 차이점은 세계보건기구 연구에서 포함된 사례에 대한 기준에 의한 것일 수 있다(Stompe et al., 1999). '공동 증상'(그리고 공통의 도구를 사용하는 경우 차이가 어느 정도 감소함)과 같이 세계보건기구에서 원래 진행한 연구자들과 검토자들에 의해 조현병은 어느 정도 보편화된 질병으로 이해되고 모든 문화에서 발생하지만 문화적 경험에 따라 발병률과 표현되는 양식이 달라진다고 이해된다.

세계보건기구 연구들의 중요한 결과는 조현병의 예후에 대한 후속 평가가 진행되었다는 점인데 이는 그 병을 앓고 있는 환자의 퍼센트로 정의되었다. 연구 결과 개발도상국의 환자들은 선진국에 비해 예후가 더 좋은 것으로 나타났다(Jablensky, 2007). 다른 여러 연구들도 조현병의 예후는 개발도상국이 더 좋은 것으로 나타났지만(예 : Hopper & Wanderling, 2000; Thara, 2004), 개발도상국의 정확한 사회문화적 요인들이 이러한 차이를 나타내는지는 알 수 없었다.

어느 정도 보편화된 질병이라는 결론을 완전하게 받아들이기 전에 주의해야 할 점들이 있다. 첫째, 연구들에 사용된 도구, 개념 및 연구자들이 대부분 서구중심적이라는 점, 둘째, 환자 모집단은 세계 문화적 차이를 대변할 수 있는 표본이 될 수 없다는 점(그리고 그들조차 서구적 삶에 적응되어 있다)이다. Kleinman은 세계보건기구 연구에 포함 또는 비포함되는 기준에 대해 '유사점은 방법론의 유물'(1988, p.19)이라고 주장하며 비판하였다. 예후의 차이에 대해서도 논란이 있는데 개발도상국의 조현병 환자들이 실제 조현병이 아닌 반응성 정신병 삽화(reactive psychotic episode)를 앓고 있을 가능성을 제기하였다(Kleinman, 1988). 아프리카에서는 일반적인 트리파노소마증과 같은 기생충에 의한 감염이나 다른 감염증도 조현병과 비슷한 증세를 보일 수 있다. 세계보건기구 데이터를 최근에 분석한 경우 개발도상국의 환자들이 다른 질병을 앓고 있다는 주장이 제기되었는데(Jablensky, 2007), 비서구권 모집단의 조현병은 급성 일과성 정신 장애(acute transient psychosis)와 구분할 수 있다고 결론지었다. 결론적으로 조현병은 보편적인 질병으로 모든 사회에서 찾아볼 수 있지만 하위 유형, 망상과 환각의 내용, 그리고 질병의 예후는 문화마다 다르게 나타날 수 있다.

세계보건기구의 조현병에 대한 연구의 다른 목적은 조현병 삽화가 시작되기 2주 전의 스트레스성 생활 사건의 역할에 대해 조사를 진행하는 것이었다(Day et al., 1987). 선진국의 연구센터에서 개인, 가족/가정의 생계와 관련된 몇 가지의 스트레스성 사건을 확인하였지만 개발도상국에서는 찾을 수 없었다. Tanaka-Matsumi와 Draguns(1997)는 각 사회마다 무엇이 스트레스 요인이라고 생각하는지에 대한 문화적 차이에 기인한 것이라고 생각하였다. 다른 연구에서는 스트레스와 조현병의 발병과 재발 간의 관련성을 찾았다(Cocoran, Walker, Huot, Mittal, Tessner, Kestler & Malaspina, 2003). 1년 후에 이루어진 후속 연구 분석에 의하면 스트레스성 생활 사건이 시간이 지남에 따라 재발에 가중적으로 기여를 하는 것으로 나타났다(Hirsch, et al., 1996). 또한 조현병과 일상적인 번거로운 상황들과 같이 좀 더 미묘한 일상적인 요인들 간에 관련이 있다는 점이 밝혀졌다(Norman & Malla, 1993). 번거로운 일상적 상황의 하나인 정서 표현(expressed emotion, EE), 즉 가족 구성원들이 환자에게 부정적인 정서 반응을 하는 것이 조현병 재발에 스트레스 요인으로 작용할 수 있다. 조현병 환자가 높은 비판과 정서적으로 부정적인 표현을 많이 하는 가족에게 돌아가는 경우 재발률이 50%지만 낮은 정서 표현 가족에게 돌아가는 경우에는 재발률이 15%인 것으로 나타났다(Butzlaff & Hooley, 1998; Corcoran et al., 2003; Vaughn & Leff, 1976). 스트레스와 조현병 간의 관계에 대한 문제로 인과관계와 방향성을 들 수 있다. 몇몇 연구자들에 의해 환자–가족 간의 양방향적 상호작용이 제안되었다(Barrowclough & Parle, 1997).

우울증

서구에서 이전에는 **우울증**(depression)이 비서구권에는 존재하지 않는 개념이라고 여겨졌지만(Bebbington & Copper, 2007), 이 장애는 현재 모든 사회에 존재하며 모든 문화권 구성원들과 민족집단에 영향을 미치는 것으로 이해되고 있다[(사회마다 이 장애가 표현되고 관리되는 방식은 다르다(Kleinman, 2004)]. 더불어 우울증에 대한 약물 치료를 통해 신경전달물질의 결핍, 즉 생물학적인 원인인 것으로 인과관계가 밝혀졌다. 뇌영상 기술을 사용하여 생물지표와 내적 표현형들(endophenotypes)을 확인함으로써 우울장애와 뇌의 어떠한 부분이 관련되어 있는지 확인하려는 노력들이 이루어졌다(Peterson et al., 2009). 이러한 노력에도 불구하고 우울장애의 발달에 특정한 경로를 정확히 찾아내고자 하는 노력은 아직까지는 어려운 것으로 나타났다. 반대로 서로 다른 사회마다 유병률과 발병률 간에 큰 차이가 나타나 어느 정도의 문화적 영향은 있는 것으로 나타났다.

조현병보다는 덜 심각하지만 우울증은 세계적으로 가장 흔하게 나타나는 정신건강 문제이다. 이 장애는 비교적 높은 평생 유병률(약 2~15%)과 더불어 상당히 장애와 관련되어 있다. 2000년에 우울증은 질병에 대한 부담이 네 번째로 높은 것으로 나타났으며 전체 장애보정손실연수(DALY)는 4.4%에 이른다. 이 장애는 치명적이지 않은 건강 결과에 가장 높은 비율을 차지하고 있는데 이는 세계적으로 총 장애연수의 약 12%에 달한다(Moussavi, Chatterji, Verdes, Tandon, Patel & Üstün, 2007). 우울증은 총 질병 부담에서 두 번째 높은 자리까지 증가하고 약 5.7%의 장애보정손실연수에 해당할 것으로 전망되고 있다(Murray & Lopez, 1997).

약 15만 4,000명의 표본(조사당 1,300명에서 3만 6,000명)에 대한 총 24번에 걸쳐 이루어진 세계정신건강조사(2010)에 의하면, 12개월 간의 우울증 유병률은 1%(나이지리아)에서 10.3%(미국)에 이르는 것으로 나타났다(Kessler & Üstün, 2008 참조). 우울증은 또한 남성에 비해 여성의 비율이 1.5에서 3배 정도 더 높은 것으로 나타났다(Gorman, 2006). 우울증의 비율에 차이가 나타나는 이유로는 표본 선정(예 : 제1차 진료소를 찾은 사람들이 대상)과 같은 연구의 산물 그리고 정신과 의사들의 진단의 차이에 기인한 것으로 예상하고 있다. Bebbington과 Copper(2007)는 이러한 비율의 차이는 병원을 찾는 경로의 차이, 국가마다 다른 의료보험제도와 의사에 대한 인식의 차이로 보았다.

각 문화마다 정신과 의사들에 의한 우울증 진단의 차이를 분석한 결과 진단의 차이는 '없다'는 의견이 있다(Draguns & Tanaka-Matsumi, 2003). 그러나 지역 문화적으로 '우울하다'는 의미는 환자의 언어에 따라 다를 수 있으며 언어의 정서적 용어에 차이가 많을 수 있다(Kleinman & Kleinman, 2007; Okello & Musisi, 2006). 미국 인디언들이나 몇몇의 남아시아 국가와 같이 다른 언어에는 영어에서의 '우울하다'와 동일한 단어는 존재하지 않는다(Manson, 1995). 나이지리아의 Yoruba족의 경우 우울증의 유병률은 매우 낮다(평생 2.3%, 12개월간의 유병률은 1.0%)(Gureje et al., 2006). 이러한 낮은 유병률은 Yoruba족의 언어에서는 우울, 불안, 분노를 표현하는 단어가 하나이기 때문일 수 있다(Abusah, 1993). 이는 Yoruba족 사람들이 서구에서 말하는 우울을 경험하지 않는다는 의미가 아니라, 서구 연구자들이 이들의 이러한 장애를 파악하는 게 어려울 수 있다는 것이다(Thakker & Ward, 1998). 세부적으로 살펴보면 경험이 많지 않은 의사가 Yoruba족 사람이 겪는 우울을 불안으로 잘못 진단할 수 있다.

세계보건기구(1983)는 조현병 연구와 비슷하게 캐나다, 이란, 일본 및 스위스 4개국을 대상으로 우울증에 대한 진단 및 분류에 대해 비교문화적 연구를 진행하였다. 연구의 목적은 표준화된 도구인 우울장애 표준평가 계획(Schedule for Standardized Assessment of Depressive Disorder, SADD)을 사용하여 정신과 의사가 적절하게 진단을 내릴 수 있는지를 조사하는 것이었다. 표본은 573명이었고 SADD는 개방형 질문을 사용하여 우울증의 39개 증상들을 조사하였다. 몇 가지의 주요 증상들이 파악되었는데(예 : 증상들은 환자의 76%에서 발견되었다), 슬픈 기분, 정력 및 흥미가 없고 즐거움이 없음을 포함한다. 이러한 증상들은 종종 정서적인 변화(예 : 죄책감, 분노 및 불안), 신체적 변화(예 : 수면장애, 피곤함 및 식욕 부진, 몸무게 및 기력 저하), 행동적 변화(예 : 울기, 불안, 기능 저하), 그리고 자신에 대한 평가의 변화(예 : 부정적 사고, 무가치감, 절망감, 낮은 자아존중감)를 동반한다. 심각한 우울증은 자살 시도를 동반하기도 한다. 이러한 증상들은 주요 증상들로 여겨지는데 연구가 진행된 국가에서 대부분 찾아볼 수 있었다. 신체적 불편감이나 죄책감의 경우 몇 국가에서는 비율이 낮았지만 다른 국가에서는 비율이 높았다. 우울감과 같은 심리적인 증상보다 두통과 같은 신체적 증상의 경험(Lai & Surood, 2008)은 우울증의 보편성에 대한 큰 논란을 불러일으켰다. 이러한 신체적 증상의 경험들은 근본적인 심리적 장애와 관련되어 있다고 생각되었다. 이러한 증상들은 비서구권 사회에서보다 서구 사회에서 덜 일반적인 것으로 나타났다(Mukherji, 1995). 신체화 증상의 존재나 부재를 우울증 표현에 있어서

서구와 비서구권 사람들을 구분하는 하나의 방법으로 생각하는 것에 대해 이의제기가 있어왔다(Gray-Little, 2009). Al-Issa(1995)와 Chen(1995)은 비서구권에서 신체화 증상이 높은 비율로 나타나는 이유를 부정적인 정서를 강하게 표현하는 것에 대한 거부감의 결과일 수 있다고 주장하였다. 이러한 국가들에서는 어떠한 방식으로든 정서를 표현하는 것이 사회적으로 용인되지 않는다. 그러므로 정서적인 느낌을 신체적 불편감으로 표현하는 것이 좀 더 적합할 수 있다(Mukherji, 1995).

　좀 더 중요하게 생각해야 하는 질문은 신체화 증상(DSM-V에서는 좀 더 넓은 의미로 '신체형 장애'로 구분한다)이 특정 문화집단이 우울장애를 표현하는 방법이냐 아니면 다른 형태의 장애냐이다.

　Kleinman의 관찰에 의하면 중국에서 신체적 쇠약, 피로, 지침, 두통 및 어지러움증으로 나타나는 장애인 신경쇠약(중국어로 shenjing shuairuo라고 한다)으로 진단을 받은 93%의 대부분의 환자들은 우울장애로 분류될 수 있다. 신경쇠약은 크게 보면 신체형 장애로도 볼 수 있다(Kleinman & Kleinman, 2007). Tanaka-Matsumi와 Draguns(1997)는 신체적 불편감에 대한 '즉흥적'인 표현과 불쾌감과 같이 증상에 의해 '유발된' 표현은 구분해야 한다고 제안하였다. 이러한 구분에 의하면, 비서구권 사람들의 경우 건강 전문가들을 만나게 되면 즉흥적으로 신체적 불편감을 호소하지만 자세히 물어보면, 이들은 정서적인 문제들을 말하기 위해 유발된 것일 수 있다. Tseng(2001) 또한 비서구권 사람들이 즉흥적으로 신체적 불편감을 호소하는 것은 근본적으로 정서적인 문제를 논의하기 위한 시작일 뿐이라고 하였다.

　차이점들에도 불구하고 대부분의 연구자들은(예 : Draguns & Tanaka-Matsumi, 2003) 조현병과 마찬가지로, 모든 문화권에서 우울증을 인식할 수 있는 '일반적인 주요' 증상이 존재한다고 생각한다. 우울증은 온건적인 보편성을 띠고 있지만, 현재 다른 모든 보편성과 동일하게, 연구적 접근과 연구의 모집단에 대한 서구의 편견이 이 장애에 대한 개념화와 설명에 영향을 미쳤을 가능성이 있다.

문화권 증후군

문화권 증후군은 비정상 또는 정신병리학적이라고 생각되지만 특정한 문화집단에서만 찾아볼 수 있는 행동 패턴이다. 문화권 증후군은 문화와 정신 질환 간의 관계를 논의하면 심리적 문제로 인지되지만 일반적인 정신의학, 임상 및 이상심리학 교과서에는 최소한의 내용만 다뤄지고 있다. 이러한 증후군은 한 귀퉁이로 치워놓아 관련이 없다고 치부되어 잊히거나 심각하게 다룰 만한 가치가 없는 것으로 생각된다. DSM-III-R(1987)과 ICD-9(WHO, 1997b)에는 문화권 증후군에 대한 언급이 없었다. DSM-IV에는 문화적 증후군에 대한 부분이 존재하지만 부록에 수록되어 있고 DSM-IV에서 일반적으로 사용되는 범주를 사용하지 않는다. 문화권 증후군은 서구권의 정신의학이나 임상심리학 교과서에서 일반적으로 다루지 않는 모든 정신 장애를 다루고 있는 것으로 보인다.

정신병리학에서의 문화 관련 연구는 풍부하게 존재하는데 이 분야에서 다르게 '미쳐 있다'는 것을 찾아낼 수 있는 것은 매우 흥미로운 일이기 때문이다. '문화권 증후군'에 대한 풍부한 보고들은 극단적인 상대주의 입장을 부채질했고 특정 문화 외부로는 알려지지 않은 독특한 그 지역만의 정신 질환이 존재한다는 주장들이 나타났다.

문화권 증후군은 심인성 정신 질환(psychogenic psychoses), 민족 정신 질환(ethnic psychosis), 민족 신경증(ethnic neurosis), 히스테리성 정신 질환(Hysteric psychoses), 이국적 정신 질환(exotic psychoses), 문화 반응적 증후군과 문화 관련 특정 증후군과 같이 다양한 명칭으로 불렸다(Simons & Hughes, 1993). 각각의 문화권 증후군들은 특정한 심리사회적인 특징을 이유로 몇몇의 문화에만 제한되어 나타나는 증상들과 증후들의 집합으로 이루어져 있다. 그러나 이러한 증후군들이 이미 분류되고 알려진 다른 보편적으로 나타나는 장애가 지역을 기반으로 표현된 것인지 아니면 문화적으로 특별한 장애인지에 대한 의문이 제기되고 있다(Bhugra, Sumathipala & Siribaddana, 2007). 이 문제는 다트 증후군(Dhat syndrome)으로 설명할 수 있다.

앞에서 언급했던 것처럼, 어느 정도는 문화가 모든 종류의 정신병리에 영향을 미치지만 대부분 이러한 영향이 생물적인 것인지 심리적인 것인지에 대해 논의하였다. 그러므로 왜 어떠한 장애들은 문화권 증후군으로 분류되고 다른 장애들은 분류되지 않는지에 대한 질문을 할 수 있다. 문화의 영향이 매우 크지 않은 한 문화권 증후군으로 분류되지 않는다. Tseng(2007)은 문화가 정신병리에 어떠한 방식으로 영향을 미치는지에 따라 문화권 증후군들을 분류하는 근거가 될 수 있다고 주장하였다. Tseng에 의하면, 문화적 증후군을 정의하기 위해서는 질병의 영향력이 필수적이며 충분조건에 해당한다고 보았다. 비슷하게 질병의 선택적 효과 또한 필수적이며 충분조건에 해당한다. 질병 형성(pathoplastic), 질병의 복잡성(pathoelaboration), 질병의 촉진(pathofacilitating)도 정신병리의 발달에 일조할 수 있지만, 그 자체로 문화권 증후군의 발달에 충분조건이 되지는 않는다. 질병 반응성(pathoreactive)도 문화권 증후군에 대한 충분조건에 해당하지 않는데 이는 이차적인 효과이며 낙인의 형태로 나타난다. 여섯 가지 문화적 효과는 문화적으로 배타적이지 않으며 다양한 형태로 영향을 미친다.

정신병리의 보편성에 대해서는 어떤 말을 할 수 있을까? Aboud(1998)는 이 일반적인 질문에 답변하기 위해 다양한 요인들로 구분하였다. 첫째, 모든 문화에서 정상과 비정상적 행동에 대한 분리된 범주가 존재한다. 둘째, 일반적인 증상들은 문화를 막론하고 비슷하지만 표현이 달라질 수 있는데 종종 문화권 증후군의 형태를 띤다. 셋째, ICD-10과 DSM -IV와 같이 세계적인 분류체계가 사용되고 있음에도 불구하고 이러한 증후군들이 분류되는 방식은 다양하다. 마지막으로, 정신 장애의 경로와 결과는 문화적으로 차이가 날 수 있지만 가끔은 문화적으로 특별한 특성을 포함한다. 대부분의 이러한 증거들이 온건적인 보편적 입장의 방향을 지지하고 있다는 점은 명확하다. 반대로, 이러한 장애들의 중요한 문화적 패턴들은 생물학적인 근원을 두고 있는 것으로 보인다(극단적인 보편주의적 입장을 지지할 수 없게 만든다). 한편으로 문화마다 주요 정신 장애들에 대한 '일반적인 주요' 증상들을 확인하고 문화권 증후군들에 대한 근본적인 분류 원칙들을 찾아내려는 노력들은 조금은 성공적이었다. 그러나 이러한 결론은 잠정적인 것이며 다양한 시각과 한 문화권(서구)에 치우친 표본이 아닌 집단을 대상으로 앞으로의 연구들이 진행되어야 할 것이다.

심리치료

문화적 요인이 정신병리의 발달 및 표출과 관련되어 있는 것처럼, 심리치료라는 과정을 통해 이러한 장애를 치료하기 위한 문화적 요인이 관련되어 있다(Tseng, 2004). **심리치료**(psychotherapy)는 환자와 치료자 간의 개인적인 관계에서 심리적인 문제 또는 장애를 완화시키기 위한 목적으로 실행되는 모든 과정을 말한다. 이 정의는 그러나 문화를 고려하지 않는다. Draguns는 심리치료의 정의를 문화적인 시각에서 제시하였는데 '한쪽 끝에는 사회문화적 과정이 존재하고 상호작용을 통해 2명 또는 그 이상의 사람들이 폭넓지만 눈에 덜 띄는, 그러나 실제 문화적 맥락에서의 공유된 사회적 학습, 풍부한 의미 및 상징과 생활 환경의 본질에 대한 암시적인 전제를 나누는 과정'이라고 하였다(1975, p.273). 우리는 Draguns의 입장에 동의하며 심리치료는 지정된 치료자와 확인된 환자 간의 특별한 과정으로 환자가 겪는 고통 또는 환자의 정신건강을 증진시키기 위한 특정한 목적을 가지고 진행된다. 이러한 노력은 다양한 형태로 진행되며 초자연적, 자연적, 생체의학적, 사회철학적 또는 심리학적인 기본 방향을 취할 수 있다(Tseng, 2001). 또한 심리치료는 환자, 치료자와 사회 간의 삼각관계로 볼 수 있다. 대부분 사회에서 널리 퍼져 있는 문화적 믿음과 행위들은 심리치료적인 과정에 속하는데 치료자와 환자의 정의의 한 부분이기도 하고, 환자의 문제를 이해하는 데 필요하기 때문이다.

　치료 환경 내에서는 토착적 심리치료와 비교문화적 심리치료를 구분한다. 세계화와 이주의 시대인 오늘날의 사회에서는 다문화 심리치료를 포함해야 한다. 토착적 심리치료 및 다른 건강적 개입에는 세 가지 요소(예 : 환자, 치료자, 사회)는 동일한 문화적 배경을 공유하고 있는데 두 문화 간의 충돌 상황이 없기 때문이다. 그러므로 토착적 심리치료는 세 가지 요소가 문화적 체계에 내장되어 발달되었기 때문에 다른 문화적 환경으로 옮겨지는 것은 어렵다. 비교문화적(예 : 국제적인 국경을 넘는)(Tantam, 2007) 심리치료의 경우와 타문화 간 상담(예 : 한 국가 내에서 서로 다른 민족문화적인 집단)(Cuellar & Paniagua, 2000)은 심각한 오해를 불러일으킬 수 있다. 이는 서구에 바탕을 둔 이론과 방법론들이 다른 문화의 사람들을 돕고 평가하기 위해 자주 사용되기 때문이다. 다문화 심리치료의 경우에는 일반적인 비교문화적 심리치료보다 한 걸음 더 나아가는데 치료자와 환자의 민족적 배경과 문화, 그리고 타문화에 동화적인 맥락을 고려하여 문화적으로 민감하고 문화적으로 적절한 심리치료 방법을 사용하기 때문이다(Tanaka-Matsumi, 2008). 다문화 치료의 중심은 실증적으로 지지된 심리치료의 문화적인 조정이 이루어지는 것이다. 이는 '문화와 관련되고 문화적으로 민감성을 띤 정보를 통합하여 다양한 환자들에게 치료적 접근이 이루어지는 것'을 말한다(Tanaka-Matsumi, 2008, p.178).

토착적 심리치료

토착적 심리치료는 모든 사회에서 찾아볼 수 있다. 종종 서구의 정신의학과 함께 사용되기도 하고 독립적으로 사용되기도 한다. 이러한 심리치료들은 문제를 해결하기 위한 치료적 방법으로 사용되지만 치료자, 환자도 정서적인 장애에 대한 심리치료라고 생각하지 않을 수 있다. 반대로 종교적인 의식 또는 초자연적 또는 자연적인 힘에 의한 치료적 방법이라고 생각할 수 있다(Castillo, 2001; Mpofu, Peltzer & Bojuwoye, 출판 중). 정신건강적 입장에서 보면, 토착적 치료방법은 심리치료적 효과를 만들어내고 '민속적 심리치료'라고 생각하기도 한다(Tseng, 2001). 이 치료방법은 앞에서 논의했던 문화적 삼각관계에 내재된 부분이므로 종종 효과적이다. 하지만 환자의 믿음과 일치하기 때문에 효과적인 것만은 아니다(Simwaka, Peltzer & Banda, 2007). Jilek(1993)은 토착적 치료자들은 도움이 필요한 사람들이 가까이 하기 쉽고 환자가 당면한 문제들을 받아주는 경향이 있으며 높은 이해심과 카리스마를 보여주며 신뢰를 바탕으로 좀 더 효과적인 치료 관계를 맺을 수 있기 때문이라고 언급했다.

　서구의 산업화 사회에서는 심리치료는 심리학의 다양한 이론적 입장에 따라 다른 형태를 따른다(예 : 학습 이론, 게슈탈트 이론, 인본주의적 이론). 현재 많은 서구권 국가에서는 인지행동치료가 가장 많이 사용되고 있다(Hays, 2006). 서구의 경우 이러한 치료를 토착적 치료라고 생각할 수 있고 비교문화적 심리치료에 가장 많이 사용되지만 이에 대해 생각해 보지는 않겠다. 그 대신, 비서구권 문화에서 발달되어 온 토착적 치료들에 대해 논의하고자 한다.

토착적 또는 민속적 치료방법들은 다양한 치료법을 포함하고 있다. 만약 치료방법이 종교와 밀착되어 있는 경우라면 '종교적 치료방법' 또는 '치료적 의식'이라고 부를 수 있다. 만약 영혼을 매개하는 방법이 사용된다면, 이는 '무속신앙/샤머니즘' 또는 '점술' 또는 '운세'라고 부를 수 있다. 이러한 방법들 내에서도 다른 형태의 치료들이 확인되었다(논의를 위해 Winkelman, 1992 참조).

다양한 토착적 심리치료들 중에는 일본의 문화에 뿌리를 두고 있는 방법들이 존재하는데 이를 Morita 치료(Morita, 1998)와 Naikan 치료(Tanaka-Matsumi, 1979)라고 한다. Murase(1982, p.317)는 두 치료방법 모두 "부흥적이며, 일본 사회의 주요 가치를 재발견하는 것에 중점을 두었다"고 설명한다. 주요 가치는 amae와 sunao이며 Morita와 Naikan 치료와 관련되어 있지만 두 가치 모두 두 치료의 시작과 관련된다.

Morita 치료는 오스트리아의 Freud가 정신분석을 발전시켰던 동시대인 1920년대에 정신신경증적 문제를 치료하기 위해 정신의학자인 Morita(1874~1938년)에 의해 개발되었다. 이 치료방법은 언어적인 상호작용이 아닌 격리와 휴식에 기반한다. 폭넓게는 행동 구조적 프로그램과 관련되어 있으며 삶의 외적인 부분을 바라보고 사회적 기능을 증가시키는 것이 목적이다(He & Li, 2007).

Naikan 치료는 부부와 가족 간의 불화, 인간관계 문제, 우울과 불안, 자아존중감 문제, 행동 장애 및 중독 행동의 치료를 위해 짧은 기간 동안 이루어지는 구조화된 치료로 일본 불교도인 Ishin Yoshimoto(1916~1988년)에 의해 개발되었다(Sheikh & Sheikh, 1989). 이 치료의 궁극적인 목적은 환자가 자신에 대해 좀 더 인식하고, 판단을 버리고 자신을 받아들이는 데 있다(Maeshiro, 2009). Naikan이라는 용어는 일본의 Nai('안')과 Kan('보다')의 합성어이며 시적으로 표현하면 "마음의 눈으로 자신을 바라보다."이다. 이 치료는 자신을 잘 이해하고 관계를 이해하며, 인간의 존재에 대한 본질을 이해할 수 있도록 도움을 주는 자기반영의 구조화된 방법이다.

부두(Voodoo)는 아프리카, 로만 가톨릭과 지역 신앙이 종합되어 민족적 종교가 되었고 아이티 사람들에게 특유한 정체성을 심어주었다. 부두교의 목적은 치료여서 결과적으로 종교와 의술이 관련된 세계적으로도 일반적으로 찾아볼 수 있는 형태를 띠고 있다. 부두교의 놀랄 만한 특징 중 하나로 가수면 상태에 빠지는 빙의 의식이 있는데 이것은 로아(loa)라고 불리는 성인이 부두교를 믿는 사람, 즉 환자나 치료를 받으려는 사람 또는 치료를 하려는 사제/의사에게 빙의되는 것이다.

Tseng(2001)과 Winkelman(1992)은 이미 죽은 나쁜 영혼에 빙의된 환자, 보호해 주는 영혼에 빙의된 환자, 그리고 환자를 진단하고 치료하기 위해 영혼에 빙의된 사제 등 다양한 빙의를 확인했다. 그러므로 부두 치료는 환자와 치료자뿐만 아니라 환자-믿는 자, 치료자

-사제, 그리고 좋고 나쁜 영혼들 간의 친밀한 관계가 존재하며 이는 모두 복잡한 의료-신앙적 체계 안에서 이루어진다. 이러한 체계는 다시 문화적 접촉(문화적응) 상황에 뿌리를 두고 있고 그 집단의 구성원들에게 광범위하게 받아들여지도록 여건을 마련해 준다.

비서구권의 토착적 심리치료를 어떻게 받아들여야 할까? 이러한 기법은 지역적 미신으로 가치가 없다고 해야 하는가 아니면 미신을 믿는 사람들에게만 작동하는 것일까? 또는 이러한 치료가 서구의 Freud의 정신분석과 유사하다고 볼 수 있을까? 비판자들은 이러한 치료들은 어느 정도는 활용 가능한데 그 이유는 사람들이 치료의 효과를 믿기 때문이다(플라시보 효과). 회의론자들에게는 '과학적 기반' 또는 '증거'가 없이는 쉽게 묵살될 것이다. 그러나 Lo와 Fung(2003)은 대부분의 토착적 심리치료는 서구의 심리치료만큼 효과가 있다고 주장한다. 예를 들면, Kitanish, Fujimoto, Toyohara(1992)와 He, Li(2007)에 의하면 Morita 치료를 받은 환자들이 좋은 예후를 보였다. 비슷하게 Qie와 Xue(2003)에 의하면 Naikan 치료를 받은 환자들이 좋은 예후를 보였다. 그러므로 이러한 토착적 치료들이 효과가 없다며 무시할 수는 없다. 또한 다양한 비서구권의 토착적 심리치료들(또는 그 아류들)은 최근에 서구의 의학에서도 받아들여지고 있는데 다른 심리치료적 방법들의 보충역할을 한다(Jilek, 1988). 아마도 이러한 모든 치료방법들은 효과적일 것인데 이는 환자들이 효과가 있을 것이라고 믿고 있고 환자의 모든 것을 아우르는 문화적 믿음 체계의 한 부분으로 받아들여지기 때문이다. 이러한 믿음은 '내부 자원의 동원'을 가능케 하며(Prince, 1980, p.297), 가족과 지역사회 또한 함께 환자를 치료한다. 환자가 받아들이기만 하면 어떠한 믿음과 자원인지는 별로 중요하지 않은 것 같다(Gielen, Draguns & Fish, 2008; Gielen, Fish & Draguns, 2004).

비교문화적 심리치료

앞에 기술한 결론으로 떠오르는 질문은 비교문화적 심리치료는 어느 정도 효과가 있는가이다. 한 문화의 의료에 대한 생각이나 실제가 다른 문화의 치료 과정에도 효과가 있는가라는 뜻이다. 이러한 질문에 답을 하기 위해서는 극단적인 보편주의, 온건적 보편주의, 그리고 상대주의적 입장을 고려할 필요가 있다. 토착적 심리치료 부분에서, 문화적으로 독특한 생각과 행동은 더 크고 복잡한 문화적 생각과 가치의 일부이며 문헌에서도 토착적 심리치료는 지역사회에서도 긍정적인 영향을 미친다고 하였다. 이러한 모든 접근방법들, 즉 개인이 믿고 있는 의료-종교적 행위들을 통한 개인의 내부 자원의 동원에 대한 공통적인 관점은 가장 중요한 주제일 것 같다. 그러므로 잠정적이지만 합리적인 결론은 어느 정도는 치료 과정에 보편성이 존재한다는 것이다. 심리치료적 행위에는 공통적으로 중요한 부분들이 존재하지만, 역사적이고 문화적인 근원이 다르고 문화적으로 표현되는 방식이 매우 다양하다. 이 문제에 대해 극단적인 보편주의적 입장에서 접근해 보자면, Freud의 정신분석적 이론과 치료를 비서구권 문화에 적용해 보는 것이다. 정신분석적 공식은 인간의 발달 및 정신병리에 문화일반적인 원칙에 적용되는가? 정신분석학자들은 가능하다고 주장하지만(Fenichel, 1955), 서구의 교육받은 엘리트들을 넘어서는 기술로 인해 확인이 불가능하다(Prince, 1980). 만약 이러한 주장이 맞다면, 심리치료에 대한 극단적인 보편주의적 입장에서 비교문화적으로 정신분석 이론을 사용한다는 내용은 없던 것으로 해야 하고 사용되는 지역에서만 토착적 치료라고 할 수 있다. 누군가는 다양한 심리치료를 문화적으로 맞춤화해서 사용할 수 있는데 이러한 노력은 극단적인 보편주의적 입장에서 최소한 온건적인 보편주의적 입장이 되는 것이다(Christopher, 2001; Lo & Fung, 2003 참조).

문화적으로 맞춤화된 심리치료의 효과를 편단하기 위한 노력으로, Griner와 Smith(2006)는 76개 연구의 2만 5,000명이 넘는 참가자에 대해 메타분석을 실시하였다. 모든 연구들에는 문화적으로 맞춤화된 심리적인 개입에서부터 '전통적'인 개입을 비교하였다. 그 결과 "문화적으로 맞춤화된 정신건강 개입은 종합적으로 긍정적인 효과가 있었다. 전체 76개 연구들의 무선 효과의 가중 평균 효과 크기는 d=.45이며 실험 및 준실험 설계를 사용한 62개 연구들의 경우는 d=.40이었다. 다양한 잠재적인 조절 변인들의 평균적인 효과 크기는… 일반적으로 d=.30에서 d=.60 사이였다"(Griner & Smith, 2006, p.541). 이러한 결과는 문화적으로 맞춤화된 심리치료들의 효과는 온건적 보편화 수준이라는 것을 보여준다.

다문화적 심리치료

앞에서 논의한 것처럼, 다문화적 심리치료의 중심은 과학적으로 효과가 입증된 심리치료 방법에 대한 문화적 맞춤화이다. 다문화적 문헌에서 논의되고 있는 질문들은 특정한 치료를 어떻게 문화적으로 맞춤화할 것인지에 대한 것이다(다양한 과정들에 대한 논의를 위해 Tanaka-Matsumi, 2008 참조). 치료자와 상담자는 자신들의 민족적 의견과 편견에 대해 인지하고 이것이 어떻게 환자의 치료적 과정에 방해가 될 수 있을지에 대해 생각해 보는 것은 중요한 과정이다. 이러한 노력은 ADDRESSING(Hays, 2001)이라는 약자로 대변되는데 이것은 치료자들이 환자의 믿음, 가치, 정서적 표현, 건강에 대한 믿음 체계와 증상에 대한 표현과 관련된 가설을 세우는 데 사용할 수 있다. ADDRESSING은 나이(Age), 발달적·후천적 장애(Developmental & acquired Disability), 종교(Religion), 인종(Ethnicity), 사회경제적 지위(Socioeconomic status), 성적 취향(Sexual orientation), 토착 민족(Indigenous heritage), 출신 국가(National origin), 그리고 성별(Gender) 정보로, 치료자가 각각의 내용을 파악할 수 있도록 해준다. 더불어 인지행동적 치료의 기능적 분석을 통해 다양한 민족적 배경에 있는 사람들의 요구에 알맞은 치료를 맞춤화할 수 있다. 기능적 분석은 선행 사건(A), 행위(B)와 결과들(C)로 구성되어 있다. 기능적 분석의 목적은 '환자 개인의 특정 목표 행동들에 적용할 수 있는, 중요하고 통제 가능하며 인과적인 기능 관계를 확인하는 것'에 있다 (Haynes & O'Brien, 1990, p.654). 목표 행동이 확인되면, 환자의 사회적 환경에서의 타인의 반응을 포함하여 '목표 행동의 발생, 선행 사건과 상황, 그리고 목표 행동의 결과를 관찰하는 것이 과제'가 된다(Tanaka-Matsumi, 2008, p.187).

긍정적 정신건강

이 장의 마지막 두 부분에서는 정신건강적 문제와 어떻게 사회가 이러한 문제들을 완화시키려고 하는지에 대해 살펴보고자 한다. 이 부분에서는 현재 세계보건기구(Kok, 2007; Seligman, 2008)의 건강에 대한 입장과 일치하는 정신건강의 긍정적인 측면을 조명할 것이다. 세계적으로 건강 증진을 목표로 하는 세계보건기구는 장기적인 **삶의 질**(quality of life) 프로젝트를 시작하였다(Skevington, Lotfy & O'Connell, 2004; WHOQOL, 1995). 이 프로젝트의 목표는 국제적으로 비교문화적으로 비교 가능한 삶의 질 평가 도구를 개발하는 것이다. 이 도구는 개인의 문화, 가치체계와 개인의 목표, 기준 및 우려의 맥락에서의 인식을 측정한다. 이 프로젝트의 주요 질문은 "무엇이 좋고 만족할 만한 삶을 만드는가?"이다. 삶의 질은 경제, 생태학, 법, 정치학, 사회복지, 그리고 건강심리학을 포함하여 다양한 분야에서 사용되는 개념이다. 개념은 공유되지만 연구 결과는 항상 상관이 있는 것은 아니다. 예를 들면, 소득의 증가는 주관적(심리적) 웰빙(Diener & Seligman, 2009; Kahneman & Krueger, 2006), 또는 좀 더 일반적으로 건강(Diener & Biswas-Diener, 2002)과는 관계가 없다는 결과를 찾아볼 수 있는데 이러한 현상은 경제학에서 Easterlin의 역설로 알려져 있다. 이 역설은 "한 사회에서의 경제적 발달 수준과 구성원들의 종합적인 행복감과는 관련이 없다"는 것을 말한다(Stevenson & Wolfers, 2008, p.1).

삶의 질의 개념은 다차원적인데 다양한 분야에서 사용하기 때문이다. 그러나 2개의 기본적인 차원이 생성되었는데 하나는 문화적 환경에서의 객관적인 요인이며 다른 하나는 이에 대한 주관적인 평가 및 반응이다. 이러한 두 가지 요인들을 Fernandez-Ballesteros 등(2001)은 '사회환경적' 그리고 '개인적'이라는 용어로 명명하였다. 첫 번째 요인에는 환경적 질, 경제적 상황, 사회적 지지, 그리고 두 번째 요인에는 삶의 만족도, 건강, 기능적 능력과 여가 활동이 있다. 이러한 구분은 비교문화심리학 분야와 비슷한데 맥락적 변인들과 심리적인 변인들을 연관지어 보고자 한다. 종합적으로, 삶의 질은 '개인 삶의 외부적 조건과 이러한 조건들에 대한 내부적인 인식에 대한 역학적 상호작용'의 산물이라고 정의되어 왔다(Browne et al., 1994, p.235). 심리학에서는 삶의 질에 대한 측정은 주관적인 측면에 집중되었지만 다른 분야에서는 좀 더 객관적인 환경을 측정하는 데 집중하였다.

삶의 질에서 개인적인 측면의 중심에는 **주관적 웰빙**(Subjective Well-Being, SWB)이라는 개념이 존재하는데 개인의 삶에 대한 인지적이고 정서적인 평가로 정의된다(Diener, Lucus & Oishi, 2002). 좀 더 세부적으로, 개인의 삶에 대한 삶의 만족도와 긍정적이고 부정적인 정서 간의 균형을 의미한다. 주관적 웰빙에 대한 비교문화적 연구들이 반세기 동안 이루어져 왔는데 몇 군데의 국가에서는 연구에 의하면, 대부분의 사람들은 매우 행복한 것으로 나타났지만 무엇이 이들을 행복하게 만드는지에 대해서는 비교문화적 차이가 존재하는 것으로 나타났다(Biswas-Diener, Vitterso & Diener, 2005; Eid & Larsen, 2008). 전반적으로 연구에 의하면 세계의 대부분의 사람들은 부정적인 정서보다 긍정적인 정서를 두드러지게 많이 경험한다(Dolan, Peasgood & White, 2008). 이러한 연구들에 의하면 개인의 행복과 국가적인 행복은 어느 정도 일정한 수준을 유지하는 것 같다. 초기의 연구들에 의하면, 행복감은 번영하든 불행하든 변화하지 않는다. '쾌락의 쳇바퀴' 기간 이후에 사람들은 행복의 기준선으로 돌아온다(Biswas-Diener, 2008; Inglehart, Foa, Peterson & Welzel, 2008).

1981년부터 2007년까지 이루어진 연속적인 세계적 설문조사인 세계가치조사에 의하면, 행복감은 비교적 안정적이라는 주장과는 반대로, 연구에 참여한 대부분의 국가의 종합적인 행복감 수준으로 보면 사람들은 좀 더 행복해진 것으로 나타났다(Ingelhart et al., 2008). 이러한 행복감의 증가는 경제적 발전, 민주화, 사회적 관용의 증가와 관련되어 있는데 이를 통해 사람들은 선택의 자유에 대한 인식을 제공했기 때문이다. 더불어 이러한 연구들은 가장 풍요롭거나 가장 경제적으로 발전된 국가의 국민들이 가장 행복한 것이 아니라는 것을 보여주었다. 덴마크의 경우 현재 가장 행복한 국가이지만, 푸에르토리코와 콜롬비아가 2위와 3위를 차지하고 있고 아르메니아와 짐바브웨는 가장 낮은 위치에 있다. 가장 부유한 국가 중 하나인 미국의 경우는 16위에 위치한다.

부와 주관적인 웰빙 간의 관계에 대해서 Diener와 Biswas-Diener(2002, p.119)는 다음과 같이 설명하였다.

1. 국가의 부와 사람들이 보고한 주관적인 웰빙의 평균 간에는 높은 상관관계가 존재한다. 2. 국가 내에서는 소득과 주관적인 웰빙 간에는 대부분 낮은 상관관계가 존재하지만 이러한 상관관계는 빈곤 국가에서는 좀 더 높게 나타나며 빈곤한 사람들이 불행할 가능성이 더 높다. 3. 대부분의 경제적인 선진국 사회에서 지난 10년간의 경제적 발전으로 주관적인 웰빙은 약간 상승하였으며, 개인의 소득 증가는 다양한 결과를 가져왔다. 4. 부유하지 않은 한 다른 가치보다 물질적 목표를 더 중요하게 생각하는 사람들은 상당히

행복감이 떨어지는 것으로 나타났다.

　Diener(1996)는 각 국가들마다 주관적인 웰빙은 부(구매력)와 양적 상관관계를 이루고 있지만(+.62), 소득 수준이 아닌 최근의 소득 증가로 국가의 주관적인 웰빙을 예측할 수 있는 것으로 나타났다. 이는 개인들이 자신의 경제적 상황을 받아들이며 장기적인 경제적 상황보다는 변화에 더 많이 반응한다는 것을 보여준다. 문화마다 한 가지 요인이 일정하기보다는 다른 요인들이 각기 다른 문화에서 주관적인 웰빙과 관련되어 있는 것으로 보인다.

　정신건강을 증진시키는 데 효과적인 방법에서 시작하여, 심리학에서는 최근 어떻게, 왜, 그리고 어떠한 조건하에서 긍정적인 정서, 긍정적인 성격과 단체들이 번영하는지에 대해 좀 더 이해하려는 노력들이 진행 중이다(Gable & Haidt, 2005; Seligman, 2002; Seligman, Steen, Park & Peterson, 2005). 이러한 새로운 흥밋거리는 심리학이 인간의 고통과 장애에 지나치게 중점을 두고 있었던 것에서 인간을 이해하고 웰빙을 이해하고자 좀 더 균형잡힌 방향으로 변화하는 것과 관계가 있다. 긍정심리학적 움직임에서 노력하는 점은 인간에 대한 긍정적인 부분을 찾는 것이며 어떻게 이러한 부분들이 삶의 만족도와 관련되어 있는지를 찾는 것이다. Peterson과 그의 동료들(Park, Peterson & Seligman, 2004; Peterson & Seligman, 2004; Peterson, Park & Seligman, 2005a, b)은 50개에 달하는 다른 국가들의 성인들이 찬성하는 24개의 성격적 강점을 확인하였다. 이러한 강점들은 친절함, 공정함, 진정성, 감사함과 개방성을 포함한다. 이러한 강점들과 국가들 간의 상관관계는 강한 것으로 나타났는데 대부분 .80 정도로 나타났다. 연구자들은 보편적인 인간의 특성 그리고/또는 사회의 생존을 위해서 필요한 최소한의 성격적 필요조건들이 어느 정도는 존재한다고 주장하였다. 더불어, 이러한 강점들은 삶의 만족도와 관련되어 있는 것으로 나타났는데 앞의 성격적 강점의 순위가 높을수록 개인이 보고한 삶의 만족도가 높은 것으로 나타났다(Park, Petersona & Seligman, 2004).

건강 관련 행동

이 장의 도입 부분에서 문화적 요인들(다양한 행동적, 사회적, 환경적 요인들)이 정신건강뿐만 아니라 일반적인 건강에 중요한 역할을 한다고 하였다. 여기에서는 분명하게 이러한 관계에 대해 좀 더 살펴볼 것이며 건강 증진과 질병의 예방, 그리고 치료적 관점에 중점을 둘 것이다. 더 논의하기에 앞서 건강 증진(health promotion)과 질병 예방(prevention)을 구분하고자 한다. 이 두 용어는 같이 사용되며 동의어처럼 사용되기도 한다. 질병 예방은 첫째로 만성 질병과 감염에 의한 질병의 발달을 예방하는 것을 최우선으로 하여 이러한 질병들의 부담을 덜어주는 것이 가장 큰 목적이다. 이는 위험 요인들을 제거하거나 감소시키는 것을 말하거나 질병이 심각해지기 전에 초기의 예방을 하는 것을 말한다(Heggenhougen, 2008). 건강 증진은 사회적 수준과 개인적 부분에서의 정책을 통해 개인의 선택이 어떻게 건강을 증진시킬 수 있으며 건강한 삶을 제공하고 지속시킬 수 있는가를 더 중요하게 생각한다.

건강 증진과 질병 예방에 대한 초점은 사회 및 행동 과학자들에게 공공 건강 프로그램의 발전과 시행을 할 수 있도록 역할을 부여하였다. 예를 들면, 물질 남용과 음주운전 근절에 대한 캠페인, 그리고 저지방 다이어트와 운동에 대한 지지는 사회심리학자들의 전문 분야인 태도 변화, 임상심리학자들의 전문 분야인 행동 수정에 중요한 역할을 할 수 있다(Selingman, Steen, Park & Peterson, 2005). 사회과학자들이 질병 예방과 건강 증진 프로그램에서도 잠재적으로 중요한 역할을 할 수 있음에도 불구하고 특정 프로그램을 시행하려는 현재의 노력들은 더디게 진행되고 있다(Mittlemark, 2009). 이 부분의 나머지는 특정한 건강 증진 방안인 UN(2001)의 새천년개발목표(Millennium Development Goal, MDG)에 대해 논의하고자 한다(제18장 '국가 발전' 참조). MDG는 현재 발전이 필요한 과제이며 2015년 달성을 목표로 189개국에 의해 도입되고 UN에 의해 비준된 여덟 가지 발전 목표이다. 이 목표는 세 가지로 구성되어 있는데 극도의 가난과 배고픔 근절, 아동 사망률 감소, HIV/AIDS, 말라리아와 다른 질병들의 퇴치이다. 이러한 세 가지 목적들은 다른 다섯 가지의 개발 목적과 관련되어 있는데 하나의 목적을 달성하기 위해서 다른 목적에 중요한 영향을 미치기 때문이다. 목적들 간의 밀접한 관계로 인해 빈곤, 기아와 영양실조, 유아 및 아동의 생존, HIV/AIDS, 그리고 말라리아라는 부제들을 사용한다.

빈곤, 기아와 영양실조

빈곤은 부적절한 음식, 기아는 빈곤의 극단적인 형태로, 개인들이 기본적인 음식에 대한 필요성을 충족시키지 못하는 것을 말한다(Bread for the World Institute, 2010). 기근을 제외하고 세계의 인구에 영향을 미치고 있으며 굶주린 사람들은 만성적인 영양실조와 미량의 영양소 부족[숨어 있는 기아(영양 불균형으로 인해 인지하지 못하는 사이에 발생하는 영양 부족)라고도 한다. 예 : 비타민 A, 철분, 요오드와 아연)]과 싸워야만 하는데 발달 저해, 부실한 인지적 발달 등 부정적인 영향으로 인한 학교에서의 실패, 질병과 전염병에 대한 취약함을 가져온다(Dalmiya & Schultnik, 2003; Grantham-McGregor, Cheung, Gueto, Glewwe, Richter, Strupp et al., 2007). 이러한 문제점들은 특히 소득 수준이 낮은 국가에서 많이 발생한다. 빈곤의 다른 부분으로 영양 전이 과정이라는 것이 있는데 소득 수준이 낮거나 중간 정도인 국가에서 찾아볼 수 있다. 이는 노동 집약적인 일상생활과 함께 탄수화물이 많고 저지방, 식이섬유가 풍부한 음식물을 섭취하는 것에서 사무직 생활방식과 함께 높은 지방과 설탕을 포함한 음식으로의 변화를 말한다(Lindstr& et al., 2006). 이러한 변화는 굶주림에서 비만을 조장한다. 세계 인구의 약 40%는 굶주림 또는 비만에 시달리고 있는데 그 비율은 비슷한 것으로 나타났다. 이는 영양 부족과 영양 과다로 인해 '질병에 대한 이중부담'을 만들어냈다.

생물학적으로 인간의 신체는 부족한 음식으로 짧은 기간은 잘 버틸 수 있지만 풍부한 음식 없이는 긴 시간을 버틸 수 없다. 인간의 신체는 생리적으로 과잉소비에 익숙하지 않다. 이는 풍부한 음식으로부터 음식의 과잉소비를 줄이기 위한 새로운 행동을 만들어냈는데 특히 지방과 설탕이 많은 음식을 줄이기 위해 노력한다. 비만으로 인한 심리적인 발달에 대한 연구는 거의 이루어지지 않았다. 그러나 비만은 당뇨병과 심혈관 질환과 같은 다른 심각한 건강 문제들과 관련되어 있다. 영양 과다 및 영양 부족으로 인한 장애보정손실연수(DALY)를 예측하는 것은 어려운 일인데 왜냐하면 이러한 상황에 있는 것만으로는 질병이라고 볼 수 없지만 질병의 원인이 되기는 한다. 이 절의 마지막 부분에서 **영양실조**(malnutrition)와의 관련성에 대해 영양 과다보다는 영양 부족을 살펴볼 것인데, 영양 부족은 경제적으로 불리한 사람들에게 영향을 미치고 의학적 도움이 한정되어 있기 때문이다. 이러한 영역은 삶의 방식의 변화를 통해 문제에 대처할 수 있는 분야이다.

영양실조와 건강 행동에 대한 연구의 목적은 인간 발달의 생물학과 심리학적인 부분 간의 관계를 좀 더 잘 이해하고자 하는 데 있다(Aboud, 1998; Dasen, Inhelder, Lavallee & Retschitzky, 1978). 이러한 영역에 대한 이론들은 매우 짧은 시간에 변화했는데 1970년대의 경우 우세한 가설로는 낮은 음식물 섭취가 뇌세포 수에 영향을 미친다는 간단한 것이었지만 현재는 다양한 상호작용으로 인해 매우 복잡한 모델이 논의되고 있다(Grantham-McGregor et al., 2007). 이러한 연구의 궁극적인 목적은 영양실조라는 원인이 음식을 못 먹는 것뿐만 아니라 설사로 인한 질병(Black, et al., 2008), 그리고 심리적인 발달에 미치는 기제들을 좀 더 이해하여 부정적인 영향을 최소화하거나 영양실조 자체를 예방하는 것이다. 영양실조는 복잡한 생태적·경제적·사회적·문화적인 체계에서 발생하며 해결책은 좀 더 많은 음식을 제공하는 것과 같이 간단하지만은 않다(Gibson, 2006). 장기적 또는 횡단적 연구들에 의하면 임산부의 음식의 질을 높이는 것으로 아기와 유아의 발육 저하를 예방할 수 있다(Engle et al., 2007). 비슷하게 유아의 2년째와 3년째에 음식을 보충하는 것만으로 아동기의 인지발달이 개선되는 것으로 나타났다(Li, Barnhart, Stein & Martorell, 2001).

유아 · 아동의 생존

빈곤과 영양실조로 인한 문제들 중에 심리적 발달 문제와 밀접한 관계가 있는 것은 유아의 사망률이다. 2002년에는 세계적인 유아 사망률은 1,000명의 정상 출산당 56명인 것으로 집계됐다. 이 비율은 1,000명당 3명에서 165명으로 다양한데 가장 높은 곳은 사하라 사막 이남의 아프리카 지역이다. 세계적으로 매년 750만 명의 유아가 태어난 지 1년 이내에 사망하는 것으로 추정되고 있다. 유아 사망률은 '신생아'(즉, 탄생에서 첫 달까지), '신생아이후'(즉, 탄생 후 첫 달에서부터 생후 1년까지)의 사망률로 구분한다. '아동' 사망률은 첫 5년 동안의 사망률을 말한다. 아동 사망률은 1,000명당 82명으로 추정된다. 2001년에는 1,040만 명의 아동들이 5세가 되기 전에 사망하는 것으로 나타났다(Linstr& et al., 2006). 가장 높은 사망률은 1,000명당 175명인 사하라 사막 이남 아프리카 지역인 것으로 나타났다.

Harkness, Wyon & Super(1988)는 '아동 생존률'('아동 사망률'보다는 긍정적)을 행동과학자들이 질병에 대한 부담을 감소시키는 데 긍정적인 영향을 미칠 수 있는 분야라고 생각했다. 생존률을 증가시키기 위한 세계적인 노력 중 하나로 유니세프의 'GOBI(Growth monitoring, Oral rehydration therapy, Brestfeeding promotion, Immunization) 전략'이 있다. GOBI는 네 가지의 기법에 집중 한다(Gatrell, 2002).

1. 초기의 발달 문제와 영양실조를 확인하기 위한 발달을 모니터한다.
2. 심각한 설사를 앓고 있는 유아와 아동을 위한 구강 수분 충전 치료를 제공하여 수분 감소로 인한 높은 사망률을 감소시킨다.
3. 직접적으로 영양소를 제공하고 면역적 혜택을 누리는 것뿐만 아니라 비위생적인 젖병 사용으로 인한 감염을 감소시키기 위해 모유 수유를 촉진한다.
4. 아동의 접종을 통해 주요 전염병을 예방한다.

초기의 결과는 놀란 만한 것이었지만, 부정적인 결과도 있었는데 이러한 문제점들에 대한 사회행동적 분석은 유익한 것이었다. 예를 들면, 설사와 같은 아동의 건강 문제에 대한 본질과 원인을 알고 있는 것만으로는 문제를 해결하는 데 충분하지 않다. 좀 더 고등교육을 받은 여성의 경우 이러한 증상이 음식으로 인한 감염일 수 있다는 것을 이해할 수 있는 좀 더 좋은 위치에 있다. 그러므로 아동의 생존에 어머니 교육의 중요성을 피력한 Caldwell(1979)의 중요한 논문이 출판되고 나서, 1980년대에는 아동의 생존에 관한 어머니 교육의 역할이 상세하게 논의되었다. 다양한 방법들에 대해 논의가 되기보다는 원래의

GOBI 프로젝트는 GOBI−FFF로 확장되었고 이는 여성에 대한 교육, 가족의 공간, 그리고 음식 보충의 세 가지를 포함하는 것이다(Cash, Keusch & Lamstein, 1987). 연구 결과 어머니 교육은 출산을 더 늦게 하고 좀 더 적은 수의 아이를 낳게 하며(부분적으로는 출산 시작을 늦게 하기 때문에), 산모 사망률도 낮추는 것으로 나타나 결과적으로 아이가 고아로 남지 않게 된다. 추가적으로 교육을 받은 여성은 자신의 삶을 통제하여 자신감을 갖거나 피임을 사용하여 출산 사이의 간격을 통제하는 것으로 나타났다.

성적 접촉으로 인한 질병과 HIV/AIDS

HIV/AIDS의 유행에 대한 국제적인 관심은 성·생식력의 건강(Wellings et al., 2006)과 건강 교육(Pick, Givaudan & Poortinga, 2003; Pick, Poortinga & Givaudan, 2003)에 대한 비교문화심리학자들의 연구를 촉진시켰다. 2007년에는 약 3,300만 명의 사람들이 HIV/AIDS 보유자였고 이 바이러스에 270만 명이 새롭게 전염된 것으로 나타났다. 이 질병이 알려지고 난 1980년대 이후 이 질병으로 인해 2,500만 명이 사망한 것으로 나타났다. HIV에 감염되거나 AIDS로 사망하는 경우는 지역적으로 차이가 나타난다. 어떠한 국가에서는 질병이 감소하였지만 다른 곳에서는 증가하고 있다. 약 90% 이상의 HIV 보유자들은 개발도상국에 살고 있다(UNAIDS, 2008).

이 바이러스는 세 가지 방법으로 전염되는데 콘돔을 사용하지 않은 이성 간 성적 접촉(전염의 약 70%를 차지함), 남성의 동성애적 관계(여성은 해당 없음, 약 10%), 그리고 혈액(감염된 주삿바늘 사용이나 수혈, 약 5~10%)과 임신, 출산 또는 모유 수유를 통한 엄마−아기 간의 전염(모든 사례의 약 10%, 그러나 모든 아동 사례의 90%를 차지함)도 포함된다. **성적 접촉으로 전염되는 병**(sexually transmitted disease)들은 1980년대 중반 이후로 감소하였지만 1995년 이후에는 서서히 전체적으로 57%가량 상승한 것으로 나타났는데(Hedge, 2007, p.875), 첫 헤르페스 감염은 15% 증가, 임질은 139% 증가, 성병의 일종인 클라마디아는 196% 증가, 매독의 경우 1,058% 증가했다(Hedge, 2007). 성적 접촉으로 전염되는 다른 병들은 DALY의 1% 정도 되지만, 이는 HIV/AIDS가 DALY의 6%를 차지하고 있기 때문에 크게 드러나지 않는다. 더구나 여러 가지 효과적인 의학적 치료가 가능한 다른 종류의 성적 접촉으로 전염되는 병들과는 달리, 현재 HIV 감염을 치료하거나 예방할 수 있는 약물은 존재하지 않지만 그럼에도 불구하고 고소득 국가에서는 항레트로바이러스 치료를 통해 10년 정도까지는 HIV 감염자들의 수명을 연장시킬 수 있다. 결과적으로 예방을 위한 많은 노력들이 진행되고 있으며 이는 왜 이 분야에 행동 및 사회과학이 중요한지 보여주고 있다(Piot, Bartos, Larson, Zewdie & Man, 2008).

예방을 위해서 ABC가 중요하게 여겨지는데 금욕(Abstinence), 연인을 진실로 대하기(Be

true to your lover), 그리고 콘돔(Condom) 사용하기이다. 그러나 이러한 예방 프로그램에는 남녀의 역할, 성적 행동에 대한 규준, 콘돔 사용에 대한 태도, 미디어와 성적인 관계에 대한 솔직한 논의에 대한 기준을 포함한 심리적이고 문화적인 문제들이 존재한다. 대부분의 HIV 예방 프로그램은 KAP, 즉 지식(Knowledge), 태도 (Attitude), 실제(Practice)(Toovey, Jamieson & Holloway, 2004) 접근을 통해 사람들이 건강 문제에 어떻게 대처하는지 이해하고자 한다. 예를 들면, (K)의 경우 "AIDS는 어떻게 걸리는가?", (A)의 경우 "당신이 HIV에 걸릴 것이라고 생각하는가?", (P)의 경우 "마지막으로 성관계를 가졌을 때 콘돔을 사용했는가?"라고 질문할 수 있다. 이러한 초기의 예방 프로그램을 바탕으로 지식, 태도, 또는 실제를 강조할 수 있다. 예를 들면, 만약 지식이 많고 태도도 적절한 경우에는 예방 프로그램은 직접적으로 행동을 변화시키는 방향으로 적용할 수 있다. 그러나 만약 필요한 지식 또는 태도가 없다면, 프로그램은 초기의 KAP 순서를 시작하면 된다. 이러한 프로그램은 설문조사 결과를 바탕으로 청소년, 결혼한 커플 또는 성매매업 종사자 및 이들의 고객, 또는 의료인과 같은 특정한 집단을 목표로 할 수 있다(Pick, Givuadan, Sirkin & Orgeta, 2007).

말라리아

세계 90개국 이상, 세계 인구의 절반 가까이는 말라리아의 위험을 안고 살아간다(Carter, 2007). 대부분은 개발도상국에서 발생하며 매년 30억에서 50억 명이 말라리아에 걸리고 있으며 1,300만 명이 목숨을 잃는다(WHO, 2002). 이러한 추정은 실제 사례의 일부분일 수밖에 없는데 종종 보고되지 않거나 축소되기 때문이다. 그럼에도 불구하고 말라리아는 DALY의 3%를 차지하고 있다(WHO, 2008). 말라리아는 기생 동물인 말라리아 원충에 의해 감염되는데 총 네 종류가 존재한다. 병의 심각성은 어떠한 원충에 감염되었느냐에 따라 달라진다. 이 기생 동물인 원충은 모기를 숙주로 삼고 모기는 번식을 위해서 고여 있는 물이 필요하다. 그러므로 모기를 박멸하거나 모기에 물리는 것을 예방하는 것이 예방의 목적이 된다. 더불어 예방약 복용을 통해 감염되어 완전한 말라리아로 발전되지 않게 하는 것도 방법이다. 일단 말라리아로 진단을 받으면, 의학적 치료가 필요할 수 있다. 다른 성인에 비해 임산부는 말라리아로 인해 고통받을 확률이 더 높은데 임신이 여성의 면역력을 감소시키기 때문이다. 또한 아동에게 더 큰 재앙이 될 수 있다. 특정 지역에서 태어날 때부터 말라리아에 노출되어 살고 있는 성인의 경우 심각한 말라리아를 앓고 나면 어느 정도의 면역력을 얻게 된다. 반대로 그 특정 지역을 여행하는 여행자의 경우에는 매우 취약할 수 있다(Carter, 2007). 이전에는 심각한 말라리아를 앓고 회복된 아동의 경우 완전하게 회복되었다고 생각했지만 새로운 증거들에 의하면 심각한 말라리아를 앓고 생존한 경우에는 지속적인 신경학적, 인지적 장애와 관련되어 있다고 한다(Carter, Ross, Neville, Obiero, Katana, Mung'ala-Odera, Lees & Newton, 2005).

개인의 경우 퀴닌[3] 또는 다른 약물인 클로로퀸이 말라리아 치료에 가장 보편적으로 사용되었지만 모기장 사용과 같은 다른 '예방'책도 널리 사용되었다. 새롭고 좀 더 효과적인 치료제와 모기 살충제 개발로 1950년대 이후 말라리아를 근절하기 위한 세계적인 캠페인들이 가능했다. 살충제가 효과적임에도 불구하고 다른 문제들이 발생하였는데 살충제가 인간과 환경에 해롭다는 점이 알려지게 된 것이다. 기생 동물들도 많은 약물에 저항이 생겨 그 효과가 떨어지게 되었다. 말라리아 퇴치를 위한 이전의 노력들이 실패하면서 Gates 재단과 같은 NGO 단체와 건강 장려자들은 말라리아를 완벽하게 퇴치하는 방법들에 대해 논의하기 시작했다(Roberts & Enserink, 2007). 즉각적인 목표는 '말라리아 밀어내기(Roll back malaria)' 행동을 통해 2010년 안에 말라리아 감염을 반으로 줄이는 것이다(Editorial, 2001).

어떤 지역의 경우 말라리아로부터 자유롭게 되었지만 화학적인 대책이었던 살충제나 약물 치료와 같은 치료방법에 대한 모기 및 기생 생물의 저항력 증가로 말라리아의 대규모 유행이 있어왔다(Bray, Martin, Tilley, Ward, Kirk & Fidock, 2005; Gregson & Plowe, 2006). 말라리아 통제를 위한 대안으로 사회 및 행동 기법을 적용하는 것이다(Panter-Brick, Clarke, Lomas, Pinder & Lindsey, 2006). Panter-Brick 등(2006)의 연구에 의하면 감비아의 시골 마을에서 사회생태학 모델을 적용하였다. 예를 들면, 연구자들은 프로젝트 초기에 시골 마을 사람들이 모기장을 많이 사용하고 있었지만 가난과 새 모기장의 가격으로 인해 모기장은 낡고 구멍이 나 있었다. 결국 예방 프로그램은 사람들에게 구멍이 있는 모기장을 낮은 가격에 수리할 것을 권유하였고 이는 문화적으로도 매력적인 노래와 적절한 곳에 설치한 포스터를 통해 사람들에게 모기장의 수리가 가져오는 효과에 대한 노래의 내용을 기억하게 만들었다.

생태학, 인구와 건강

이 책에서 지속적으로 다룬 주제는 생태학, 문화와 행동은 밀접하며 지속적으로 연결되어 있다는 것이다. 제1장과 제10장에서 문화는 적응적이며 생태계를 바꾸는 것이라고 정의하였다. 행동은 문화에 의해 영향을 받기도 하고 문화에 영향을 미치기도 한다. 그리고 생태

---

[3] 나무껍질에서 얻은 약물로 과거에는 말라리아 약으로 쓰였음.(역자주)

계는 개인의 행동에 영향을 미치기도 하고 영향을 받기도 한다(그림 1.1 참조). 과거 몇십년 동안 이러한 관계들에 대한 관심이 높아지고 있는데 사회적 건강과 개인적 건강에 영향을 미치기 때문이다(McMichael, 2002 ; Pimentel et al., 2007). 이러한 관계의 중요한 열쇠는 인구 증가(Erhlich & Erhlich, 1997 ; Townsend, 2003)와 사회 불평등(예 : Farmer, 2005)으로 두 가지 모두 건강 자원의 수준과 분배, 그리고 개발의 가능성에 영향을 미치기 때문이다 (McMichael, 2002). 이 장의 마지막은 생식 행위와 건강의 결과라는 두 가지 문제에 대해 논의할 것이다.

출산 행위

세계적인 인구 증가에 대한 관심은 1950년대 초반부터 있어왔는데(Lindstr and et al., 2006), 다른 내용 중에서도 특히 세계 인구는 2150년에 108억 명에서 270억 명 사이가 될 것이며 대부분의 인구 증가는 개발도상국에서 이루어질 것으로 추정하고 있다. 1960년대 후반 Ehrlich(1968)가 인구 폭발이라는 책에서 지금의 비율로 인구가 증가하면 식량과 원료 결핍을 경험하게 될 것이라고 주장하였다. 그러나 세계에 대한 이러한 비관적인 평가는 틀린 것으로 나타났는데 인간은 새로운 기술을 바탕으로 충분한 식량을 만들어낼 수 있으며 세계 인구의 증가를 억제할 수 있었다. 현재 68억 명으로 추산하고 있고 2012년까지 70억 명에 도달할 것이라고 추산하고 있다. 세계적인 인구의 추산은 별로 극적이지 않아 UN의 새천년개발목표(MDG) 보고서에 포함될 것이라는 보장도 없다.

　다시금 인구 변화에 대한 관심이 있어왔는데(APA, 2003 ; Trommsdorff, Kim & Nauck, 2005, 이 주제를 다룬 저널 특별호 참조) 인구가 증가하면서 환경에 영향을 미치고 빈곤 퇴치를 위한 노력들도 필요하기 때문이다. 세계적으로 인구 증가 비율은 1960년대 2.0%에서 2000년대 초반에 1.5%로 감소하였다. 총 출산율은 1960년 여성 1인당 아동 6명에서 2002년 2.8명으로 감소하였다. 현재 세계 특정 지역의 경우, 특히 사하라 사막 이남의 아프리카(예 : 말리와 나이지리아)의 경우 '인구 대체 수준의 생식률'이 2.1보다 높은 7.3에 이르지만 몇몇 유럽 및 아시아 국가(예 : 이탈리아 1.3, 일본 1.2)의 경우 인구 대체 수준을 감안하지 않더라도 출산율은 세계 평균에 미치지 못한다(Nation Master, 2008). 현재 관심의 가장 중요한 부분으로는 서구 국가의 출산율이 현저히 낮다는 점과 인구의 노령화인데 이러한 국가들은 경제를 지탱하는 문제와 점차 늘어나는 사회 복지 프로그램의 문제를 안고 있다(Caldwell, Caldwell & McDonad, 2002). 동시에 개발도상국의 인구 증가는 결과적으로 빈곤으로 이어지는데 식량 부족과 생태계 변화 문제가 두드러진다(Townsend, 2003). 이러한 세계 인구 증가의 불균형은 타 국가로의 이주를 부추기는 요인으로 작용하여 문화 적응과 문화 간 관계 문제 등에도 영향을 미친다(제13장과 제14장 참조).

이러한 극적인 추세를 설명할 수 있는 사회적·행동적 요인이 있다면, 이러한 요인들을 사용해 인구 증가를 통제하는 데 도움이 될 수 있지 않을까? 일단 다른 요인들의 역할에 대해 이해하고 있어야 하는데 의료 체계의 발전으로 치료와 예방, 그리고 영양적으로도 나아졌기 때문에 유아 생존과 장수의 패턴이 바뀌게 되었다. 질병의 감소는 생체의학과 행동과학적 개입을 통해 이루어졌다. 출산율의 감소는 이러한 과학 발전의 산물인데 이는 의료과학의 발전으로 생식 통제 기술이 제공되고 행동과학은 이러한 기술을 사용하고 촉진시키는 방안에 대한 연구에 중요한 역할을 하였다(예 : 앞에서 논의한 KAP 프로그램의 사용). 이 부분에서는 다른 사회적·심리적 요인들에 대해 논의하겠다.

Fawcett의 초기 연구(1973)에서는 부모가 느끼는 아이들의 가치, 결혼의 형태를 포함한 가족의 형태, 피임 기술에 대한 지식과 사용 여부, 낙태에 대한 가치 및 생각, 미래를 설계할 수 있는 능력 등 다양한 요인들이 거론되었다. 이러한 요인들은 (다른 심리적·사회적 변인들을 포함하여) 인구사회학적·정치적·사회적·문화적·심리적 변인들과 상호작용을 통해 인구 증가에 영향을 미치기 때문에 큰 시스템의 한 부분으로 인식되고 있다.

이러한 연구들에서 심리적인 변인으로 성인들이 아이를 갖는 이유가 있다. 2개의 국제적인 공동 연구인 '아이들의 가치 연구'를 통해 왜 사람들이 아이를 낳고자 하는지에 대한 질문에 집중하였다. 1960년대 후반에 첫 연구(Kağitçibaşi, 1984 참조)는 독일, 인도네시아, 한국, 필리핀, 싱가폴, 타이완, 태국, 터키와 미국의 9개국을 포함시켰다. 두 번째 연구는 첫 연구의 재연구로서 30년이 지난 후에나 이루어졌지만(Nauck & Claus, 2007; Trommsdorff, Kim & Nauch, 2005), 세대 간의 관계도 포함하여 연구가 이루어졌다. 두 번째 연구는 청소년, 이들의 어머니와 할머니를 포함하여 여성 3세대를 포함시켰다. 또한 첫 연구에 포함된 국가 외에도 가나와 남아프리카 공화국을 포함시켰다.

이 연구에서 취했던 기본적인 입장은 '아동에게 귀속한 가치들은 기존의 배경과 사회심리학적 변인들을 개입하고 결과적으로 출생과 관련된 결과에 영향을 미치는 것이라고 개념화'하였다(Kağitçibaşi, 1984; Kağitçibaşi, 1996 참조). 2개의 문제들에 관심을 두었는데 하나는 아이를 원하는 이유, 그리고 다른 하나는 자신의 자녀들에게서 보고 싶은 특성이 무엇인지였다. 이러한 연구들을 통해 왜 사람들이 아이를 갖고 싶어 하는지에 대해 세 가지 이유를 찾아내었는데(Kağitçibaşi, 2007) 이는 자녀들의 경제적/실용적 가치, 심리적/정서적 가치, 그리고 사회적/규범적 가치였다. 경제적/실용적 가치는 자녀들로 인한 물질적 혜택을 의미하는데 자녀들이 어렸을 때와 어른이 되었을 때를 모두 포함한다. 후자의 경우는 부모들에게 노후 보장의 형태를 띠고 있으며 전자의 경우는 자녀들이 가족 경제와 가사에 보탬이 되기 때문이다. 자녀에 대한 심리적 가치는 정서적으로 기쁨, 재미, 동료애, 자부심과 자녀를 가짐으로 해서 얻게 되는 성취감 등을 말한다. 마지막으로 사회적/규범적 가치는 자녀가 있음으로 해서 얻는 사회적 수용을 말하는데 이는 남성 또는 여성에게 아버지 또는 어머니로서의 신분을 부여해 주기 때문이다. 이전 연구 결과가 재연구를 통해 동일한 결과를 얻을 수 있었지만(Kağitçibaşi & Ataca, 2005), 다른 부분에 있어서는 의문이 제기되었는데 이 세 가지 가치들이 연구가 진행된 모든 사회에서 동일하게 나타나는 가치인지 여부이다(Sam, Amponsah & Hetland, 2008; Sam, Peltzer & Mayer, 2005). 그럼에도 불구하고, 출산율이 아직 높은 곳에서 출산율을 감소시키는 데 이러한 지식을 사용할 수 있다.

건강의 결과

인구의 증가는 자원과 사회 자원의 분배에 대한 문제를 가져왔다. 이러한 사실에 대한 인식은 국가적인 정책적 개혁을 통해 수명 연장과 출생 감소 간의 기간을 축소시키는 노력으로 이루어졌다('인구학적 변화', 즉 출생률과 사망률의 주된 변화를 말한다). 예를 들면, 중국의 '가족당 1명의 아이'라는 계획(Jiang & Zhang, 1998)은 모든 생태학적 사고에서 하나의 변화는 결국 다른 여러 변화와 관련되어 있다는 것을 알게 해주었다. 즉, 경제적 성장은 어리고 활발하게 활동할 인구를 필요로 하지만, 너무 많은 아이들은 1인당 소득을 감소시키는 역할을 한다. 한 가구당 1명의 아이(특히 여자아이인 경우)는 전통적인 중국 가족 형태에는 그렇지 않지만 한 가구당 소득에는 이득이 된다.

건강의 결과는 이러한 생태적 시스템의 한 일부분으로 한 세기를 넘어 역학 분야를 통해 입증되어 왔다. 인구의 증가는 대부분 산업화를 이끌어내고 결과적으로 공해, 스트레스, 고혈압과 다양한 질병들(폐 문제, 심장 문제, 암)을 만들어냈다. 이러한 '인과관계'는 여러 질병들에게서도 찾아볼 수 있다(Kawachi & Subramanian, 2005). 동시에 인구 증가와 산업화는 가구당 소득을 증가시키며 결과적으로 의학적 연구는 활발해지고 의료 서비스는 더 나아진다. 그러나 이러한 관계에 가장 놀랄 만한 부분은 평균 (가구당) 소득이 아니고 부의 공평한 분배(그리고 관련된 건강 관련 서비스)가 일반적인 건강 수준과 장수 여부를 예측할 수 있다는 점이다(Farmer, 2005; Marmot & Wilkinson, 2005). 이러한 결과는 UN의 인간 발달 지수에서 가장 부유한 국가가 아니라 중간 정도의 부를 가지고 있지만 부를 좀 더 평등한 시스템 내에서 분배하는 국가에서 나타나는 현상이기 때문이다(UNDP, 2009 참조). 이러한 건강 자원의 불평등은 사회 계급 간에만 존재하는 것이 아니라 국가 내부의 지역 간에서도 발생하지만 국가 간 불평등이 더 심하다. 건강을 지원하기 위한 국제적인 노력은 매우 다양하지만 이러한 지원이 가장 필요한 사람들에게는 가장 적게 지원된다(Farmer, 2005).

매우 다양한 변인들 간의 관계는 사회인구학적 수준과 건강 간의 관계에 기저를 이루고 있는 것이 무엇인지에 대해서는 알려주지 못한다. Chamberlain(1997)은 왜 빈곤과 건강이 관련되어 있는지에 대해 알고 싶다면 개인과 가족들의 경험에 대해 연구하는 것이 매우 중요하다고 주장하였다. 그의 연구에 의하면 건강 전문가와의 접촉, 건강의 의미와 가치, 그리고 다양한 건강 관련 행동들(다이어트, 운동 및 물질 사용)을 포함한 다양한 요인들이 이 관계와 뒤섞여 있다는 것을 밝혀내었다.

결론

이 장은 건강 관련 문제들에 대해 문화의 역할에 초점을 두었는데 건강의 부정적인 부분(예 : 정신병리)부터 긍정적인 부분(삶의 질), 그리고 더 나은 건강을 위한 예방 및 증진(예 : HIV/AIDS와 기아)을 포함하였다. 이 장을 여기에 언급한 이유는 어떻게 문화적 지식이 개인의 건강을 발전시키며 공공의 건강을 향상시킬 수 있는지를 보여주기 위해서이다. 이러한 접근은 사회 및 행동 과학이 건강 증진과 예방 전략에 기여한 부분도 설명하였다. 새천년개발목표(MDG)의 중심에는 경제적인 발전뿐만 아니라 개인의 나은 건강과 공공의 건강 문제 감소를 목적으로 하고 있다.

비교문화심리학을 건강 증진에 적용하는 것은 물론 조심스럽게 이루어져야 하며, 각 문화적 환경에 적합한지 여부를 생각해야 한다. 중요한 성공도 이루어냈다(예 : Pick & Sirkin, 2010, 성교육이 빈곤을 퇴치하기 위한 도구로 사용되었음). 그러나 많은 사회에서 건강에 대한 믿음, 태도와 행동들은 그들이 속해 있는 문화에 깊이 뿌리내리고 있어 이해하는 것이 어려울 수 있으며 비교문화적 변화에 적합한 프로그램에 대한 민감성이 떨어질 수 있다. 예를 들면, 문화적으로 적응적인 정신치료 방법 또는 문화적으로 설득력 있는 방법은 건강 문제와 싸우는 데 큰 도움이 될 것이다.

주요 용어

건강 • 심리사회적 요인 • 질병 • 아픔 • 질환 • 세계 질병 부담 • 장애보정손실연수 • 정신병리 • 문화권 증후군 • 조현병 • 우울증 • 심리치료 • 삶의 질 • 주관적 웰빙 • 건강 증진 • 예방 • 영양실조 • 성적 접촉으로 전염되는 병

추천 문헌

Ayers, S., Baum, A., McManus, C., Newman, S., Wallston, K., Weinman, J., and West, R. (eds.)(2007). *The Cambridge handbook of psychology, health and medicine.* Cambridge : Cambridge University Press.

이 핸드북은 약 250개의 짧은 장들로 이루어져 있으며 건강, 의학, 심리학 분야의 대부분의

주제를 다룬다. 대부분의 주제는 문화적 관점에서 다루어지지 않고, 특정 건강 문제에 대한 현재 지식 중 하나에서 다루어진다. 이 책은 다양한 건강 관련 문제에 대한 학계, 여러 건강 관리 전문가(간호사, 심리학자를 포함)를 위한 참고서로 여겨진다.

Bhugra, B., and Bhui, K.(eds.)(2007). *Textbook of cultural psychiatry*. Cambridge : Cambridge University Press.
　이 교재는 다문화/다민족 사회와 세계 경제에서 정신건강의 서비스를 제공하기 위한 기본 틀을 제공한다. 이 책은 다양한 사회의 문화 정신의학을 기술하며 실제 사례와 사례 연구를 포함하고 있다.

Helman, C. (ed.) (2008). *Medical anthropology*. Surrey : Ashgate.
　이 책은 의료 인류학 분야의 역사, 개념, 연구 결과, 논쟁과 건강, 질병, 의료 서비스에 대한 비교문화 연구에 대해 요약한 핵심 논문이 포함되어 있다. 횡문화정신의학, 음식과 영양, 전통 치료사, 출산과 사망, (HIV/AIDS 전염병, 말라리아 예방, 가족과 같은) 국제 건강 문제에 대한 의료인류학의 적용에 대한 것들을 다룬다.

MacLachlan, M. (2006). *Culture and health: A critical perspective towards global health*. Chichester : Wiley.
　이 책은 문화가 건강, 질병, 재활과 상호작용하는 방식과 지식이 건강 증진을 위해 사용되는 방법에 대한 유용하고 통합된 논의를 제공한다.

Tseng, W.-S.(2001). *Handbook of cultural psychiatry*. San Diego : Academic Press.
　50개의 장으로 이루어진 이 핸드북은 (비교)문화적 관점에서 정신 질환의 다양한 측면에 대한 포괄적인 리뷰를 제공한다. 이 책은 문화 정신의학 분야의 역사, 주요 개념, 문화 관련 특정 증후군과 같이 진단 매뉴얼에 포함되지 않은 것을 비롯하여, 현재 진단 매뉴얼에 있는 대부분의 장애에 대한 이론, 진단, 표현, 치료, 예후에 대한 문화특수주의·문화보편주의 관점에 초점을 맞춘다.

18 문화적으로 민감하고 적합한 심리학

이 장에서 우리는 서양 세계에서 발전해 온 심리학의 과학과 실제, 그리고 전 세계 사람들을 위한 문화적으로 민감하고 적합한 심리학에 대한 필요성 간의 관계를 살펴볼 것이다. 서양의 심리학적 지식[앞으로 **서양 심리학**(western psychology)이라 칭하겠다]은 종종 대다수의 세계와는 관련성이 낮다(예를 들면, Kağitçibaşi 2007에서 '개발도상국' 또는 '제3세계'보다 이 용어를 선호했다). 우리는 모든 문화 사람들에게 가치 있고 유용한 글로벌 심리학의 발전을 진전시키려는 목표를 수용하고 박수를 보낸다. 이 목표를 이룰 수 있는 방법들은 몇 가지가 있는데, 다른 사회에서의 서양 심리학이 미친 영향을 살펴보고 다양하고 분명하게 다른 사회에서의 토착심리학의 발달을 살펴보고 세계적인 시야를 가지고 이러한 모든 심리학들을 합쳐 보편적인 심리학으로 만드는 것이다.

이 국제적인 관점을 향한 움직임은 심리학의 역사(Brock, 2006), 심리학의 가르침(Karandashew & McCarthy, 2006) 그리고 심리학의 실제(Stevens & Gielen, 2007)를 포함하여 최근 몇 년 사이에 증가하고 있다. 실질적으로 글로벌 심리학 달성의 가능성에 대한 이론적인 기초는 이 책에서 옹호하는 온건적인 보편주의의 입장에 기초한다. 만약 기본적인 심리적 과정들이 모든 사람들에 의해 공유되는 경우라면, 다른 문화에서의 개념들과 연구 결과물들을 한데 모을 수 있는 기회가 된다.

우리는 이 지식과 직업에 대한 가능성, 수요 및 흐름을 고려하여 다른 세계에서의 서양 심리학의 영향에 대해 우선 알아볼 것이다. 그리고 다양한 세계의 토착심리학의 개념과 발전에 대해 논의할 것이다. 끝으로 이렇게 얻은 심리학적 지식을 사회와 국가들에 적용할 수 있는 심리학적 지식의 유용성을 고려해보고자 한다.

문화적으로 민감한 심리학

우리가 이 책을 통해 봐왔듯이, 비교문화심리학은 발전되어 왔고 현재 드러나는 문화적 맥락과 긴밀하게 관련되어 있는 인간 행동을 이해하기 위한 것이다. 이 장에서는 국제적으로 널리 알려져 있지만 문화적으로 민감하지 못한 심리학을 이해하고 각국의 문화적 전통에 뿌리를 두고 있는 심리학에 대해 알아보고자 한다.

서양 심리학의 영향

국제적으로 심리학과 관련되어 있는 사람들 모두 서양의 산업화된 사회에 심리학의 영역과 전문성의 뿌리를 두고 있다는 것은 잘 알려져 있다(Pawlik & Rosenzweig, 2000). 서양을 제외한 다른 세계에 대해서는 '소비자' 또는 '대상자'의 역할을 상정하였는데 심리학은 종종 다른 사람들에게 '파는 것'이거나 '시험하는 것'이었다. 이에 대한 증거는 Adair, Coehlo & Luna(2002), Adair & Kağitçibaşi(1995), Allwood & Berry(2006), Cole(2006)에 의해 제시되었다. 예를 들어, Cole(2006 p.905)은 국제심리과학연합에 의하면 국제적 심리학의 리더십은 "유럽-미국의 손에 있으며, 이 연합에 약 100여 개국의 심리학자들이 참여함에도 불구하고 서구권 국가들이 참여와 관리를 지배하고 있다"(Rosenzweig, Holtzman, Sabourin & Belanger, 2000).

이러한 불균형은 서양 심리학에서 어떤 것들이 이용 가능한가와 제3세계에 무엇이 필요한가 사이에 불균형이 있을 수 있기 때문에 이러한 불균형은 제3세계에 문제가 될 수 있다(Maghaddam, Erneling, Montero & Lee, 2007). 서양 심리학은 다양한 토착심리학 중 하나(Allwood, 1998)임에도 불구하고, 심리학을 대표하는 역할과 위상을 맡아왔기 때문이다. 서양 심리학의 지배하에서 '토착심리학'이라는 용어는 제3세계의 전통과 믿음 그리고 이데올로기들을 반영하기 위해 (부적절하게) 사용되어 왔다. 만약 글로벌 또는 국제적 심리학을 향하는 움직임이 단순히 제3세계가 주류인 서양 심리학의 국제적 분배와 수용에 있다면, 그 변화는 우리의 이해를 향상시키는 것이 아닐 것이다.

불균형과 지배 문제에 대한 부분적인 해결책은 모든 사회에서 문화적 차이에 민감하고 글로벌한 시각을 갖출 수 있는 심리학의 발전이다. 그래서 비교문화심리학의 출현이 올바른 방향으로의 중요한 움직임이라고 생각한다. 이것은 어느 정도 사실이지만, 비교문화심리학이 대부분의 세계를 일종의 자연스러운 실험실로 사용한다는 점에서 자유로울 수 없고, 다양한 방법으로 인적 자원들을 착취했다고 알려져 있다(Drenth, 2004; Warwick, 1980). 제10장 문화인류학에서 언급했듯이, 초기의 현장연구는 간단하게 문화집단에서 정보를 뽑아내는 '추출'(Gasche, 1992)이었다. Warwick은 "주제 선택에서 출판, 그리고 연구 결과를 알리는 것까지 비교문화 연구는 정치와 밀접하게 관련되어 있다"(1980, p.323)고 말한다. 비교문화 연구는 목표의 차이, 힘의 차이, 그리고 연구 결과에 대한 사용 의도(잘 못된 사용도 포함하여)의 차이와 관련 있다. 이러한 문제점들을 해결하기 위해 Watkins와 Shulman(2008)은 제3세계에 속해 있는 심리학자들이 연구와 전문적인 계획들을 책임지는 '해방의 심리학'을 지지했다.

심리학의 수출과 수입은 다른 국가에서의 지역적 환경이나 필요성, 그리고 일반적인 절 차인 세계화(globalization)에 대한 고려 없이 이루어졌다. 하지만 Berry(2008)는 동화는 세 계화의 산물일 뿐만 아니라 세계가 비슷하게 변화되어 서구화된다고 주장했다. 문화 간 전략 틀(그림 13.1 참조)에 맞춰 이러한 외부의 영향을 거부 또는 이에 대해 반응하는 것에 대한 대안 방안들은 일반적이며 다문화적 영향과 함께 살아가는 혁신적 또는 새로운 방법 들이 존재한다. 세계화와 관련된 학술지의 특별호에서 이러한 현상들에 대한 다양한 대안 적 방법들에 대해 살펴보았다(Kim & Bhawuk, 2008).

이러한 윤리적 문제들을 다루기 위한 하나의 시도로 Gautheir(2008)는 '심리학자들을 위 한 세계 윤리 원칙'을 만들었다. 이 선언의 주된 목적과 원칙의 내용은 글상자 18.1에 제시 되어 있다.

이러한 문제를 다루기 위해 비교문화심리학에서 몇 가지를 구분해 왔다. 우리는 심리학 이 '있는 그대로'(서양 문화들이 다른 나라들로) 수출되고 수입될 수 있다는 것에 대한 관 찰을 시작했다. 이는 '과학적 동화'의 한 종류이며 심리학이 특정 문화에 어떻게 적용되는 지를 알려준다(Berry, 1978) 두 번째로, 지역적으로 토착심리학을 발전시키거나 수입된 심 리학을 적응시켜 토착화시키는 것은 유사한 과정을 거치게 되는데 이를 특정한 문화의 심 리학이라고 부른다. 셋째로, 존재하는 모든 심리학들을 보편적인 심리학으로 통합시키는 시도들이 있었다.

초기에, Lagmay(1984, p.31)는 서양(주로 미국) 심리학의 등장은 '문화적 보급'이며 이는 언어, 교육, 법체계 그리고 미디어를 포함한 좀 더 일반적인 문화 요소들이 공급되는 것이 라고 주장했다. 이렇게 50년 동안 미국 식민지화의 종합적인 영향은 "서양의 과학과 문화 적 개념들은 학교를 통해 교육받은 모두의 언어와 생각의 한 부분이 되어간다. … 필리핀 의 사회과학 연구의 언어, 해석과 구성은 분명히 미국화와 서양화가 되어가고 있다"(1984, p.32). 서양 심리학의 수출과 수입은 개발도상국들에게 '적합한 심리학'이라고 여겨지 지 않을 것이다(Moghaddam & Taylor, 1986). 더욱 최근에는 필리핀의 Pe-Pua(2006), 멕 시코의 Diaz-Loving과 동료들(2008), 라틴아메리카의 Diaz-Loving(2005), 아프리카의 Nsamenang(2008) 그리고 Super와 Harkness(2008)가 다양한 방면에서 얼마나 서양 심리학

글상자 18.1 심리학자들을 위한 보편적 윤리 원칙 선언문

심리학자들을 위한 보편적 윤리 원칙 선언문(UDEPP)은 "전 세계의 심리학자들에게 일반적인 도덕적 틀을 제공해 주는 원칙과 가치들을 제시하고 다양한 문화적 맥락에 적합한 다른 기준들을 발전시키기 위한 도덕적 정당성과 가이드로 사용할 수 있다"(International Union of Psychological Science, 2008). 이 프로젝트는 국제심리과학연합, 국제적용심리학회, 그리고 국제비교문화심리학회의 지원으로 이루어졌다. 위원회의 위원들은 거주 지역을 대표하였고 캐나다의 Janel Gauthier가 위원장이었다. UDEPP는 다양한 국가들의 규정들을 조사하고 윤리에 대한 역사적이고 현대의 시각을 바탕으로 만들어졌다. 비교가 이루어졌고 공통적인 부분은 선택되었다.

UDEPP는 심리학자들을 위한 윤리적이고 도덕적 가이드로서 다양한 사회에서 윤리 규정을 개발하기 위한 틀로 사용하기 위한 것이다. 그 내용은 다음과 같다.

> 선언문은 공유되고 있는 인간에 대한 가치관에 기초한 윤리적인 원칙들을 설명한다. 평화, 자유, 책임, 정의, 인간성 등이 존재하는 더 나은 세계를 만드는 데 도움이 되기 위한 심리학 공동체의 약속을 재확인한다. 이는 원칙과 관련 가치들이 구체적이고 지시적이기보다는 일반적이고 열망을 표현한 것이다. 특정한 행동에 대한 기준의 개발에 적용되는 원칙들과 가치들은 문화마다 다양하며 그 지역의 문화, 관습, 믿음 및 법과의 연관성을 확실히 하기 위해 그 지역에 맞추어야 한다.

그 원칙들의 일부는 다음과 같다.

1. 인간의 존엄에 대한 존중
   "사회적 지위, 민족의 유래, 성별, 능력 또는 다른 특징들에 대해 지각되는 차이든 실제적인 차이든 관계없이 존엄에 대한 존중은 모든 인간에 내재하는 가치를 인식한다. 이 내재하는 가치는 모든 인간이 동등한 도덕적 가치를 지닌다는 것을 의미한다."
2. 인간의 웰빙을 위한 적절한 배려
   "인간의 웰빙을 위한 적절한 배려는 그들의 이익을 위해 일하는 것과 해를 가하지 않는 것을 말한다. 이는 이익을 극대화하고 잠재적인 불이익을 최소화하고, 불이익을 상쇄 또는 수정하는 것을 포함한다."
3. 진실성
   "진실성은 과학적 지식의 진보와 심리학 영역에 대한 대중의 신뢰를 유지하는 데 필수적이다. 진실성은 정직, 그리고 진실하고 열려 있는 정확한 소통에 기초한다. 이는 잠재적 편견들, 다수의 관계, 그리고 인간에 대한 불이익과 착취를 야기할 수 있는 다른 이해상충에 대한 인지, 감독, 관리를 포함한다."
4. 사회에 대한 전문성과 과학적 책임
   "과학과 직업으로서 사회에 책임을 가지고 있다. 이러한 책임감은 인간 행동에 대한 지식, 그리고 인간 스스로와 타인에 대한 이해에 기여하며 이러한 지식을 개인, 가족, 단체, 공동체, 사회의 상황을 향상시키는 데 사용한다."

UDEPP에서의 보편성 개념은 이 책에서 사용되는 개념과 일치한다. 모든 인간의 상호작용에 기본적인 원칙을 수용하는 것으로 문화적 경험의 차이는 이러한 원칙의 발전에 차이를 만들어낸다. 그리고 관련된 환경에서 이러한 원칙들이 표현되는 데 있어서 문화적으로 정의 내려진 심리학자들의 전문성과 연구자의 역할은 차이가 나타날 것이다. 결과적으로 이 선언문은 세계적으로 심리학이 과잉처방 또는 강요(극단적 보편주의), 또는 차이를 무시하는(상대주의) 두 가지 문제를 방지할 수 있다.

이 그들 사회의 측면들을 변화시켜 왔는지에 대해 모두 분석했다.

아랍어권에서 서양 심리학을 채택한 경험적 실험에 대한 분석에서 Zebian, Alamuddin, Maalouf 그리고 Chatila(2007)는 지난 50년 동안 아랍어 사용 국가에서 영어로 출판된 연구의 내용 분석을 실시하였다. 그들은 "지역 연구에 대한 인용은 … 연구자들의 인식의 정도, 지역 연구에 대한 언급, 그리고 인간 발전의 필요성으로 … 문화적으로 중요한 과정들과 구조의 인식과 … 존재하는 방법들, 개념들과 이론들에 대한 적용 가능성과 전이 가능성에 대한 비판적인 인식을 보여주고 연구는 지역적 맥락에서 개인 기능을 더 이해하는 데 기여한다"(Zebian et al., 2007, pp.91-92). 그들은 "연구자들은 문화적으로 민감한 연구를 수행하지 않고, 이러한 단계들은 상당한 시간 동안 변하지 않았다"(2007, p.112)라고 결론지었다. 문제의 대부분은 서양 심리학으로부터 온 개념, 측정 그리고 방법들의 채택과 연관이 있으며 번역과 특정 단어를 대체하는 일이 대부분이었다.

사하라 사막 이남의 아프리카(Nsamenang, 1995, 2008)는 그 문제를 간단히 확인했다. "심리학은 자민족중심적인 과학으로 개발도상국에서 주로 틀을 닦았고 사하라 사막 이남의 아프리카로 수출되었다"(1995, p.729). 상당한 증거들이 이 결론을 지지하고 있지만(예 : Carr & MacLachlan, 1998) 수입의 의지가 없는 상황에서 어떻게 수출이 있을 수 있는가라는 질문이 떠오른다. 즉, 이 흐름의 '공급 측면'에 대응하는 '수요 측면'이 있어야만 한다는 것이다(Berry, 2001b). 반면 원칙적으로, 제3세계가 서양의 심리학에 등을 돌리는 것이 가능하지만(세계화를 통해 현재 다양한 생산품과 서비스가 제공되는 것을 지지하지만)(Laird, 2009 참조), 양측의 관련된 힘(정치적, 경제적)에는 명백하게 불균형이 존재한다.

이 상황에서 제3세계 심리학자들은 사람들의 행동들을 설명 또는 해석하도록 부탁받을 때 딜레마에 직면한다. 여론조사, 교육적 평가 및 직업 선택평가, 그리고 임상장면에서 심리학자들은 종종 일반 대중과 정부 및 다른 기관들의 결정권자들에게 영향력을 행사할 수 있는 위치에 있다. 만약 이들의 훈련, 가치와 기술들이 서양 심리과학에 뿌리를 두고 있고 지역의 문화나 심리학적 지식에 대해 최소한의 정보만 주어진다면, 이러한 영향력이 문화적으로 적합할 가능성은 얼마나 되는가라고 질문할 수 있다. 이러한 가능성이 상당하지 않다면, 개발도상국의 심리학자들은 의도치 않게 문화적으로 동화된 역할을 해야 하는 상황이 올 수 있다. 이러한 훈련은 너무 특화(지역에서의 서구적 주제)되어 심리학자들이 복잡한 지역 문화적 맥락에서 좀 더 넓은 문제에 대해 잘 대처하지 못하는 경우에는 적합하지 않다(Moghaddam, 1989). 수입된 심리학을 사용하는 것에 대한 대안으로 지역 심리학을 발전시키려는 시도를 꼽을 수 있다.

이 대안들은 논의되어 왔는데 Carr와 MacLachlan(1998)에 따르면 지배적인 서양 심리학에 직면했을 때, "주류에 동화되기 위해 … 개발도상국들에서는 서양의 연구들을 재실험한다". 그러나 둘째로, 서양 심리학과 관련이 없을 때 몇몇 심리학자들은 '문화적 속성들의 긍정적인 면'을 찾으려 했다. 셋째로, 그것은 "1단계의 순응과 2단계의 반순응을 모두 초월하고 다른 문화들과의 비교에 대한 '필요성'과 독립적으로 사회적 현실을 평가하는 접근"으로 대체되었다. 이 문제에 대처하기 위해 토착심리학 분야가 급성장했다(Adair & Diaz-Loving, 1999; Allwood & Berry, 2006; Kim & Berry, 1993; Kim, Yang & Hwang, 2006; D. Sinha, 1997). 이러한 '대안적 심리학'과 이를 실행할 전략들은 Moghaddam과 그의 동료들(2007)에 의해 제시되어 왔다. 이런 대안들의 대부분은 서양 심리학이 거부되고 인간의 행동을 조사하고 해석하는 데 있어 문화적으로 더 적합한 방식들로 대체된 토착심리학적 방식을 취해왔다.

우리는 제3세계 사람들의 삶에 서양 심리학이 미치는 영향을 어떻게 평가해야 할까? 한편으로는, 심리학은 서구의 사고방식의 일부분일 뿐이고, 기능 문화나 개별적인 구성원들에게 직접적이고 광범위한 영향은 없을 수 있다. 반면, 심리학은 거의 대부분의 사람들이 발달하며 거쳐야 하는 핵심 제도들(교육, 직장, 종교)에 폭넓은 문화적응적 영향의 한 부분일 수 있다. 상당한 문화적 적응은 일어날 수 있지만 다양한 형식을 취할 수 있으며 이 과정에서 심리학의 특정한 기여를 명확하게 밝히는 게 어려울 수도 있다.

토착심리학

토착심리학은 "문화적 맥락에서 인간의 행동을 이해하기 위해 발전되어 왔고 현재 드러나고 있는 접근 방법이다. 또한 이는 인간과 그 제도들의 역사적이고 현대적인 부분으로 철학적, 이론적, 과학적인 생각들을 포함하여 문화에 고유한 개념적 체계에 대한 심리학적 연구에 뿌리를 두려는 노력"(Allwood & Berry, 2006, p.243)을 의미한다. 이 개념은 민족심리학(ethnopsychology, 제10장의 인지인류학에서의 민족과학에 대한 논의 참고)과 일반 상식 또는 일상 심리학(naive psychology, Heider, 1958에 의해 제안됨)을 포함하는 다른 개념들과 관련되어 있다. 토착심리학의 뿌리는 *Naturwissenschaften*(자연적 과학)보다는 오히려 *Geisteswissenschaften*(문화적 과학)의 지적인 전통 위에 놓여 있다(Kim & Berry, 1993).

　문화적 과학과 자연적 과학의 접근법 사이의 이 차이는 Kim과 Park(2006)에 의해 강조됐다. 이들은 심리학적 연구에서 '교류적 접근'이 필요하다고 주장하였는데 인간은 자신의 행동을 결정할 수 있는 주체이며 개인보다는 교류(개인 간의 관계에 존재)를 이해하는 데 중요한 행동 구성단위이기 때문이다. 좀 더 일반적으로 Kim 등(2006)은 토착심리학과 문화심리학의 경계를 없애려고 하였는데 이 두 접근은 비교문화심리학과는 반대편에 자리 잡고 있으며 오로지 자연과학적 접근과 맥락을 같이 한다고 생각했다. 이러한 견해는 Boski(2006)에 의해서도 지지되고 있다. 토착심리학과 문화심리학과의 유사점, 그리고 비교문화적 접근과의 관계는 제1장과 제12장에서 논의했던 것처럼 심리학과 문화를 연결하려는 세 학문의 연구를 잘 이해할 필요가 있다는 것을 일깨워준다. 이러한 관계는 Asian journal of Social Psychology(Hwang & Yang, 2000)의 특별호의 주제였다. 제1장에서 언급했던 우리의 관점은 모든 세 가지 접근법들이 비교문화심리학이라는 더 큰 범위에 포함될 수 있다는 것이다(Berry, 2000 참조).

　토착심리학의 현재를 조사하는 국제적인 프로젝트는 Allwood와 Berry에 의해 수행되었다. 그들은 12개에 이르는 사회에서 15명의 유명 토착심리학자들에게 (1) 전 세계적인 토착심리학의 역사 (2) 그들 사회 내에서의 토착심리학의 역사 (3) 세계적으로 토착심리학의 중요한 특징들 (4) 그들 사회 내에서의 토착심리학의 중요한 특징들에 대한 네 가지 질문을 제시했다. 답변에 대한 분석을 통해 몇 가지 공통적인 특징들을 파악할 수 있었다. 첫 번째는 적합한 토착심리학에 다다르기 위해서는 문화에서 역사적이고 철학적인 개념이 중요하다는 폭넓은 인식과 현재 그들 사회의 특징과 같이 긍정적인 부분이었다. 또한 그 관점은 토착심리학이 심리학 분야를 두 가지 방식으로 발전시킬 수 있다는 것으로 현지의 심리학이 좀 더 타당하고 유용할 수 있으며 현재의 '비교토착적' 방법을 사용하여 세계적인 심리학을 추구하는 데 기여할 수 있다고 보았다. 두 번째는 세 가지의 부정적인 내용으로 토착심리학은 서양 심리학의 개념, 방법 그리고 결과로부터 독립한 후에 이루어진 결과물로 여겨졌으며 수입된 심리학이 그들 사회의 발전에는 적용되기 어렵다는 인식, 그리고 토착심리학적 연구들은 그들의 커리어를 잠식시킬 수 있다는 주장에 대해 지역 및 국제적인 학자들의 연구를 통한 반응이었다. 토착심리학에 대한 몇 가지 차이들도 논의되었다. 몇몇은 미국적 심리학의 지배가 큰 문제라고 생각했지만 몇몇은 유럽의 심리학이 문제라고 생각했다. 응답자들에게서 토착심리학을 이해하기 위한 종교의 중요성에 대한 의견은 다양하게 나타났다.

　가장 중요한 차이점으로는 '토착화 대 현지화'로 설명될 수 있는 대조적인 관점이다. 발전하는 토착심리학의 시작점은 그들의 역사, 사회, 문화에만 국한되어 있는가? 아니면 서양 심리학이 변경된 이후에 수입된 것인가? 이러한 문제는 과정들이 상호보완적인 것으로 생각한 D. Sinha(1997)에 의해 제기되었다. 현지화 과정은 현지 문화의 주제들에 대한 검증 또는 서양 심리학에 의지하는 방법이었다. 결과물은 토착심리학의 성과였고 결과적으로 전 세계적인 심리학의 성취였다.

이전에 Sinha는 서양 심리학이 인도에 전이되는 것을 '현대화 과정의 일반적인 부분(1986, p.10)'으로 설명하며 이는 '인도의 전통에서 완전히 고립되었고 현지의 지적인 토대와는 매우 다른 것'(1986, p.11)이며 '끊임없이 외국의 연구들을 반복하는 것'(1986, p.33)으로 보았다. 이러한 서양 심리학의 수입은 '양키의 음악' 또는 서양 심리학과 놀아나는 것으로 여겨졌다(1986, p.33). 역사적으로, Sinha는 인도 심리학을 네 단계로 나누었는데 독립 이전의 단계를 "서양의 앞치마 끈에 묶인 채 전혀 성숙이 이루어지지 못했다."고 설명했다(1986, p.36). 그 후에는 독립 이후 확장기로 많은 연구들이 이루어졌지만 학문적으로 정책이나 행동으로 이어지지는 않았다. 세 번째 단계는 의존(dependency)에서 벗어나기 위한 문제 중심의 연구와 좀 더 적용적인 연구들이 주를 이루었다. 마지막으로 현지화(indigenization) 단계로 수입된 서양 심리학이 문화적 변신 과정을 거쳐 인도의 사회와 문화적 전통과 경제적·정치적 필요성에 더 민감해졌다.

Sinha(1997)는 제3세계에서 이러한 체계적인 과정들이 나타나는 것을 보여주었다. 그의 주요 입장은 2개의 상호보완적인 주장으로 구성된다. 첫 번째는 특정한 문화 맥락에서 모든 심리학이 내장되어야 할 필요성이다. 두 번째는 경험적 기초와 심리학의 원칙에 보편성을 확립해야 할 필요성이다. 그의 관점에서 '현지화는 전 세계적인 심리학으로 향하는 필수적인 단계'로 간주되며(D. Sinha, 1997, p.131; Berry & Kim, 1993; Yang, 2000) 이 책의 보편적인 접근과 일맥상통한다. 앞에서 언급했듯이, 그의 두 번째 입장은 결과물(토착심리학)과 현지화 과정 사이의 구별을 주장한다. 전자는 다음과 같은 네 가지 속성으로 심리학을 설명한다. (1) 토착심리학은 외부적이거나 수입된 것이 아닌 심리학적 지식이다. (2) 토착심리학은 사람들의 일상적인 활동들(실험이나 검사가 아닌)에 의해 증명된다. (3) 지역적 틀의 관점에서 이해되는 행동이다. (4) 토착심리학은 문화집단의 삶에 연관된 지식으로 구성되어 있다. 반면, 현지화는 문화집단의 요구에 더 잘 맞추기 위해 차용·이식되거나 또는 강요된 심리학을 변화시키는 과정이다.

하지만 Adair와 같은 몇몇 연구자들은 '토착심리학의 목표는 … 수입된 분야를 국가와 문화의 필요성을 다루기 위해 성숙되고 자립 가능한 과학적 분야로 변화시키는 것'(2004, p.115)이라고 주장한다. 이는 대학에서와 전문가의 활동과 같은 심리학적 기관들의 발전이 요구된다. 이는 서양 심리학의 수입을 시작으로 토착심리학의 달성을 위해 현지화되는 과정이다. Adair는 이 과정을 수입, 이식, 현지화, 토착화의 네 단계로 설명했다(2004,

글상자 18.2　인도 심리학 핸드북

인도는 세계에서 가장 오래된 종교-철학 체계를 구축한 곳 중 하나다(중국과 그리스-로마 지역과 함께). 인도 심리학의 내용에는 의식, 명상, 요가, 영성 그리고 건강과 같은 주제들을 포함하고, 불교, 힌두교 그리고 자이나교에서의 인간의 행동에 대한 접근 방법이다. 이러한 주제들은 인도와 세계에서 교육받고 수행한 높은 수준의 학자들에 의해 설명된다.

인도 심리학 핸드북(Rao, Paranjpe and Dalal, 2008)의 편집차장인 Rao의 관점에서, 인도 심리학의 분야는 앞서 언급된 주제들을 넘어 확장될 수 있다. 그는 "인도 심리학은 복잡한 분야로 난해하고 영적이고, 철학적이며 추측에 근거하고, 실용적이고 절차적이며, 물론 우리는 인간 본성에 대한 체계적이고 과학적인 이해를 증진시킨다. 이러한 설명은 모두 옳다." Rao는 어떤 인도 심리학이 되어야 하는지 그리고 될 수 있는지의 비전을 제시했다. 그는 현대의 '인도의 심리학'은 단지 서양의 개념에 대한 서양 연구들로 복제될 뿐이라는 비평으로 시작했다. 그는 또한 인도 심리학이 '인도인들의 심리학'과 비슷한 무언가가 되어 인도 사람이 어떤지 알아보는 것으로 전락할 수 있음을 걱정했다. 그에게는 "인도 심리학은 토착적 생각 체계에서 나온 토착적인 심리학이므로 인도의 특정한 심리학적 문제들과 주제를 다루는 데 가장 적합하다"고 설명했다(2008, p.3).

그러나 토착심리학을 연구하는 많은 학자들처럼 문화특수적인 노력들을 폭넓은 세계화의 심리학에 기여한다고 생각했다. 인도 심리학은 "고전적인 인도의 사상에서 비롯되었지만 범인간적인 관심을 가지고 의미 있는 심리학적 모델과 이론을 제공하기 때문에 토착심리학 그 이상이다"(2008, p.3). 그는 이러한 보편적인 관점에 대한 이유로 "인도의 심리학은 현재 심리학에서 연구하는 그 어떤 것도 배척하지 않고 더 많은 것을 다룬다."라고 주장했다. 만약 우리가 서양 심리학에 대해 동일한 포괄성과 관심의 범위를 가지고 있다고 주장할 수 있다면!

인도 심리학의 특성과 범위에 대해 다루었던 Rao의 책의 서론 이후에는 '체계와 학파', '주제와 화제' 그리고 '적용과 영향'의 일반적인 부분들로 구성됐다. 첫 번째 부분의 많은 내용이 인도 심리학에 폭넓은 문화적·이론적 영향이 미쳤다는 것이다. 그러나 이슬람의 기여에 대한 부분이 누락되어 있다. 두 번째 부분은 서양 심리학적 접근의 일반적인 내용들로 동기, 성격, 인지, 감정 그리고 의식으로 모두 인도의 문화적 관점 내에서 다룰 수 있는 내용들이다. 세 번째 부분에서는 저자들이 인도 심리학의 이러한 영역들로부터 명상, 건강 그리고 조직의 효능과 같이 특정한 지식을 적용하고자 했다.

이 책은 매우 풍부한 내용들을 담고 있다. 만약 비슷한 책들이 현대 세계에서 동아시아, 이슬람, 사하라 사막 이남의 아프리카와 태평양, 호주, 미국의 토착민들과 같이 다른 문화적 관점을 발전시킬 수 있다면 진정으로 보편적인 심리학을 달성할 수 있을 것이다.

p.118). 수입은 서양 심리학을 교육 과정과 연구 활동에 받아들이는 것에서 시작한다. 이는 지역 학자들이 외국에서 훈련을 받고 자국으로 돌아가거나 외국의 교과서를 사용하는 것일 수 있다. 이식은 수입된 심리학이 심리학과나 병원에서 수행되는 것처럼 일반적으로 폭넓게 받아들여질 때를 말한다. 현지화는 서양 심리학이 사회의 필요성과 관련하여 부족하다는 비판이나 도전을 받기 시작할 때에 발생한다. 원주민화는 많은 학자들이 지역의

문화적 주제나 필요성과 관련된 연구나 교재를 써야 한다는 점을 받아들일 때 발생한다. 이 변화 과정은 토착심리학을 발전하게 할 수도 있고 하지 못할 수도 있다. 서양 심리학에 일찍 노출되어 지속적으로 영향을 받고 '국제적인 커리어 게임'을 지속하는 것은 지역사회와 문화에 근본적으로 뿌리를 둔 토착심리학의 발전을 저해한다.

많은 책들이 특정 사회 내에서의 심리학 연구들의 개괄적으로 제공하여 토착심리학의 목적을 획득하는 데 도움이 됐다. 이 중에서 인도는 Rao, Paranjpe, Dalal(2008), 멕시코는 Diaz-Loving과 동료들(2008), 러시아는 Zinchenko와 Petrenko(2008), 아랍어권 문화에는 Ahmed와 Gielen(1998)이 존재한다. 인도의 핸드북은 토착적인 주제들과 서양 심리학적 개념들의 확장, 그리고 인도 맥락에서의 실증적인 연구를 아우르는 엄청난 것을 다루고 있다.

우리는 여기서 멕시코, 필리핀 그리고 대만에 문화적 기초를 둔 토착심리학의 발전에 대한 세 가지 예시들을 제시하고자 한다. 첫 번째는 Diaz-Guerrero(1975, 1982, 1993)의 연구이다. Diaz-Guerrero는 '역사−사회문화적인 전제'에 뿌리를 둔 멕시코의 심리학을 발전시켰다. 그는 이것을 '문화 내의 대다수의 사람들이 가지고 있는 문화적으로 중요한 진술'이라고 정의했다(1975, p.xx). 멕시코에서 이러한 주제들은 친화적 복종, 남자다움, 존경, 여성 보호와 순결을 포함한다. 특히 중요한 것은 자제(Diaz-Guerrero, 2000)로, 더 힘이 센 다른 사람보다 먼저 자기가 희생하거나 스스로를 낮추는 경향을 말한다. 이는 자기과시와 반대되는 개념이다. 그의 연구에서, Diaz-Guerrero는 자제의 세 가지 요소를 찾았다. 이는 가족을 위한 자기희생, 사회적 온순함, 그리고 다른 사람을 즐겁게 하기 위한 소원이다. 이러한 특징들은 멕시코의 긴 식민의 역사로부터 시작되었을 수도 있고, 현대의 지배적인 이웃과의 관계로 지속될지도 모른다. Diaz-Guerrero(2000, p.83)에게 "멕시코의 문화는 하나의 사랑이고 미국의 문화는 힘의 문화이다". 그는 심지어 그러한 기질은 '모든 전통적인 사회들에서 발견될 것(2000, p.85)'이라고 상정한다. 그러한 식민지화되고 식민지가 되는 사회 사이에서는 자제는 그저 기능적일 것이다.

두 번째 예는 Enriquez(1981, 1993)에 의해 작성된 글로 구성된다. 그의 작품은 Pe-Pua(2006)와 Protacio-De Castro(2006)에 의해 지속되었다. Enriquez는 필리핀의 지적 생활에 대한 서양의 영향에 대해 지속적으로 비판해 왔다. 그의 대안은 지역적인 문화와 역사에 뿌리를 두는 Sikolohiyang pilipino를 발전시키는 것이다. 이는 네 분야를 강조했다.

(1) 정체성과 국민 의식, 자세하게는 사회과학을 사람과 *diwa*(의식과 의미)의 연구로 바라보거나 사회심리학적 연구의 초점이 되는 토착적 개념과 정신의 정의, (2) 사회 문제의 객관적인 분석에 따른 사회적 인식과 참여, (3) 국가적이고 민족적인 문화 그리고 언

어들은 *kinagisnang sikolohiya*라고 불리는 초기 전통적인 심리학의 연구를 포함한다, (4) 건강 수칙, 농업, 미술, 매스미디어, 종교 등에서의 토착심리학의 기초와 적용, 그러나 서양 심리학에서 입증되고 필리핀 환경에 적용될 수 있는 행동과 인간 능력의 심리학을 포함한다(Enriquez, 1989, p.21).

토착심리학의 움직임은 저항에 대한 세 가지 주요 분야가 존재한다. 필리핀 사람들의 마음에 식민지적 지위를 영속시키는 심리학에 반대한다. 산업화된 국가들에서 발전하고 적합한 심리학을 제3세계에 적용하는 것을 반대한다. 그리고 대중을 착취하기 위해 사용하는 심리학을 반대한다.

Enriquez에게 필리핀인들의 심리학적 지식을 반영하는 Sikolohiyang pilipino는 토착적 개념의 확인과 재발견을 위한 도구로 부상했고 필리핀의 실제적 묘사와 표현을 위한 적합한 매체로서 지역 언어의 사용을 통해 필리핀 사람들의 심리를 담은 과학적 연구의 발전을 가져왔다(Enriquez, 1989, p.21). 그의 가장 포괄적인 설명에서, Enriquez(1993)는 차별과 저항의 긴 역사의 결과물로 Sikolohiyang pilipino를 묘사했다. 그는 두 가지 대립되는 과정들을 제안했는데 첫 번째는 서구 세계에 의해 자극되는 것이고('수출'), 두 번째는 필리핀 문화 내의 기본적인 흥미에 의해 자극되는 것이다('수입'되는 것을 거절). Enriquez는 토착의 개념을 설명하는 것을 넘어서 토착적 방법으로 '물어보고 다닌 것,' '자연적 주거지'에서 사람들과 상호작용하고 공감을 확립하고 유지하는 것이 문화적으로 적합한 필리핀의 심리학을 연구하는 세 가지 방법이 존재한다. 필리핀인이 아닌 사람들에게는 문화적 의미들을 이해하는 것이 어렵겠지만, 필리핀의 심리학을 위한 이러한 관점들의 근본적인 정서와 장기간의 영향들을 이해하는 것은 상대적으로 쉽다.

연구의 세 번째는 중국의 토착심리학을 추구하기 위해 대만에서 Yang과 그의 동료들(Yang, 1999, 2000, 2006; Hwang, 2005)이 한 연구이다. Yang의 그 연구는 중국의 문화와 가장 관련되어 있는 심리학적인 삶의 세 가지 영역들에 초점을 맞추었다. 그 영역들은 중국의 가족주의, 중국의 전통주의와 근대화, 그리고 중국 문화에서의 자기이다. 첫 번째 영역에서 그는 인지, 정서, 그리고 중국 가족 내 개인 간의 격렬한 상호 소통의 의도적인 특징에 대한 개념과 측정을 발전시켰다. 인지적인 특징은 조화, 연대, 부와 명성을 포함한다. 정서적인 요소들은 가족의 화합에 대한 정서들, 소유물, 사랑, 책임감 그리고 안전을 포함한다. 의도의 요소들은 상호 의존, 관용, 겸손, 순응, 연장자를 존경하기 그리고 내집단 편애가 포함된다. 그는 가족주의의 이 개념이 관습적인 가족들의 외적인 삶과 관련 있다는 것을 알게 되었고 일과 다른 외부 환경으로 확장시켰다.

두 번째 영역에서 그는 중국의 전통주의와 근대화주의를 2개의 독립적인 측면들로 개념화하고 평가했지만 그들이 공존한다는 것을 발견했다(심리적인 갈등의 원인이 되기보다는). 전통주의는 권위에 대한 항복, 효심, 조상 숭배, 인내, 운명 그리고 남성우월주의를 포함한다. 중국의 근대화는 평등주의, 열린 마음, 자기의존, 자기주장, 쾌락주의 그리고 성평등을 포함한다. 세 번째 영역에서 그는 개인과 사회라는 두 방향에 대해 전통적인 중국의 구분 방법을 사용하였다. 개인 지향적인 자아는 강한 자율성과 약한 동위로 구성된다. 사회 지향적 자아는 약한 자율성과 강한 동위로 이루어진다. 사회 지향적 자아는 수평적, 수직적, 가족과 함께, 타인과 함께라는 네 종류의 관계들로 더욱 구분된다. 이러한 다양한 중국인의 자아에 관해서는 중국의 학생과 성인들을 대상으로 요인 분석적 연구가 실시되었다. 이 개념적이고 실증적인 연구는 중국의 토착심리학을 위한 견고한 기반을 구축했다.

이 프로그램은 Gabrenya, Kung과 Chen(2006)에 의해 조사되고 분석되었는데 이를 서구 심리학의 일반적인 영역을 넘어서는 중국 문화의 심리적학적인 현상을 이해하기 위한 것이라고 하였다. 그들은 주제의 문화적 관련성, 방법론적인 적합성, 이데올로기적 연관성 그리고 연구의 언어(영어 또는 중국어)와 같은 다양한 문제적 관점에서 이 움직임의 발전을 조사했다. 100명이 넘는 대만 심리학자들을 표본으로 추출하고(4개의 소그룹으로 나누었다), 그들에게 이러한 문제들의 중요성에 대해 물었고 이러한 움직임에 대한 지지 수준은 차이가 났다. 해외에서 대학원을 졸업한 사람들은 실험 심리학자들처럼 덜 협조적이었고 국내에서 훈련받은 사람들과 사회 및 임상 분야는 더 협조적이었다. 이러한 차이는 사회과학에서의 내부자와 외부자 간의 토론과 관련되어 있는 것으로 나타났다.

토착화의 일반적인 비판은 심리학의 확산이 있을 것이라는 점이다. 만약 모든 인구가 각자의 심리학을 가지고 있다면 개인의 심리학으로 무한한 회귀가 가능하다(1명의 모집단). 만약 그렇지 않다면 주, 도시 또는 마을 심리학으로의 회귀가 예상된다. 확산의 문제에 추가해서, Poortinga(1999)는 심리학의 토착화는 문화마다 서로 다른 행동에 너무 많이 집중한다고 주장했다. 이 분야는 심리적인 유사점을 발견하는 것에 대해서는 관심을 보이지 않았는데 특히 행동 차이에 깔려 있는 공통적인 과정들과 기능들에 주의를 기울이지 못했다. 그의 관점에서 "행동에 대한 문화주의자적 해석을 주장하는 사람들은 문화적 집단마다 얼마나 행동이 다른지 보여주는 것뿐만 아니라 그것이 얼마나 같은지도 보여줘야 하는 의무가 있다"(Poortinga, 1999, p.430)고 했다. Poortinga(2004)는 또한 문화 내부자들이 외부자들보다 심리학적 현상에 대해 더 잘 알고 있다는 가정에 대해 우려를 표했다. 여기서 우리는 Pike(1967)의 문화내부적-문화보편적 접근 두 가지를 쌍안경에 비유한 것을 기억해야 한다. 내부적 · 외부적 관점 둘 모두 현상에 대한 관점을 제공한다(글상자 1.2 참조).

우리의 생각은 균형을 찾아야 한다는 것이다(Berry, 2000; Dasen & Mishra, 2000; Poortinga, 1997). 반면에 서양 심리학의 성과들을 무시하는 것은 말이 안 되는 것이고 각각의 문화 안에서 새로 보여주어야 하는 것이다. 반면에 서양 심리학의 자민족중심주의는 인간 행동에 대한 다른 관점을 받아들일 필요성을 제기한다. 비교문화심리학의 목표 중 하나는 모든 토착심리학(서양 심리학을 포함하여)을 포함하는 보편적인 심리학의 궁극적인 발전에 있다. 우리는 모든 다양한 자료와 문화적 관점들이 최종적인 보편적 심리학에 포함될지 아닐지에 대해 전혀 알 수 없지만, 모든 사용 가능한 관련 정보들을 수집하기 위해 최소한 우리의 망을 가능한 한 넓게 펼쳐놓아야 한다.

문화적으로 적합한 심리학

서양 심리학의 지배 문제와 토착심리학들의 출현에서부터 인류의 발전을 위해 우리의 개념과 지식을 실제 적용하는 입장으로 어떻게 심리학이 변화할 수 있었을까? 이런 방향으로 변화하기 위해 '발전'의 의미에 대한 합의는 어느 정도 이루어져야 한다.

UN은 2001년에 'UN 밀레니엄 프로젝트'라는 이름의 **국가 발전**(national development)의 목표를 설명하고자 했다. 그들은 여덟 가지 목표를 제안했는데 1) 극도의 가난과 배고픔을 뿌리 뽑는 것, 2) 보편적인 기초 교육을 달성하는 것, 3) 성평등과 여권 신장을 촉진하는 것, 4) 아동 사망률을 감소시키는 것, 5) 모성보건 향상, 6) HIV/AIDS, 말라리아, 다른 질병들과의 전쟁, 7) 환경의 지속성을 보장하는 것, 8) 발전을 위해 세계적인 협력을 발전시켜 나가는 것 등이다.

항목들의 대부분이 현시대의 문제들이다. 항목 모두가 태도와 가치 변화에 참여해야 할 필요성을 포함해 심리적인 차원들은 분명히 존재한다. 몇 가지 심리학적 토대는 다양한 국가에서의 비교문화심리학자들을 포함하여 제3세계 연구자들뿐만 아니라 '소수'의 연구자들에 의해 다뤄지고 있다.

국가 발전

제13장에서 우리는 집단과 개인적인 관점 모두에서 문화적응과 변화의 문제를 다뤘다. 우리는 접촉한 두 문화의 특징들을 구분하고 이것이 어떻게 문화적 · 심리적인 변화에 얼마나 기여하는가를 다뤘다. 이 틀 안에서, 우리는 국가 발전을 변화로서 인구적인 수준(경제적, 정치적 그리고 사회적 요소들을 사용)과 개인적 수준(능력, 태도, 가치, 동기)으로 구분할 수 있다. 이러한 변화가 발전으로 여겨지려면, 관련된 과정에 포함된 집단 또는 개인

에 의해 설명될 수 있는 가치 수준의 방향에 존재해야 한다(글상자 18.3 참조). 발전에 대한 정의는 1970년대 이후의 심리학적 연구에서 표현되어 오던 관점과 잘 맞는다(D. Sinha, 1997).

하지만 이 정의에 대한 비판도 존재한다. 예를 들어 Rist와 Sabelli(1986)는 발전이라는 그 개념에 대해, 특히 발전의 보편성에 대해 의문을 제기했다. 발전을 서양 세계가 좋아하

글상자 18.3 심리학과 발전

사회과학자들에 의해 제기된 비판에도 불구하고, 국가 발전 영역에서의 연구와 적용에 대한 심리학의 기여 가능성은 크다. 만약 우리가 발전을 개인과 집단이 현재의 상태에서 좀 더 나은 상태로 이동하는 과정으로 정의한다면, 심리학은 다음과 같은 방법들로 기여할 수 있을 것이다.

1. **현재 상태를 이해하기.** 이것은 명백하게 발전을 위한 출발점이고, 많은 심리학적 구성들은 다음과 관련 있다. 기술(인지적, 기술적, 사회적 등), 변화에 대한 **태도**, 변화를 돕거나 방해할지도 모르는 성격적 특징, 과거(또는 현재)의 상황을 유지하기 위한 **가치**, 그리고 다양한 대안에 대한 **흥미**가 그것이다. 즉, '심리학적 프로필'을 구성하는 것이나 한 집단에서 심리학적 특징들의 분포를 연구하는 것은 발전할 수 있는 인적 자원에 대한 이해를 제공한다(Allen et al., 2007). 물론, 반드시 현재의 상황을 설명하기 위해서는 정치적인 요소(사회조직과 이러한 자원들의 분배)와 경제적인 요소(자연 자원)들이 포함되어야 하지만 심리학은 현재 상황의 전반적인 이해를 돕는 데 기여할 수 있다.

2. **최종 상태를 이해하기.** UN의 국제적 목표에 더해서, 심리학적 연구는 개념의 지역적 또는 토착의 의미들을 끄집어낼 수 있다. 이 접근은 심리학이 국가적 발전 연구에 기여할 수 있는 한 부분이다. 다양한 사회에서 '발전'은 어떤 의미가 있는가? 그것은 항상 증가하는 도시화, 산업화, 조직화와 관련되어 있는가 아니면 평화, 만족과 조화, 인간의 고통을 감소시키는 것과 같은 중요한 문화적 차이와 관련되어 있는가? 간단히 말해, '사람들이 삶에서 무엇을 원하는가?'는 심리학이 답을 줄 수 있는 질문이다.

3. **변화의 과정을 이해하기.** 사람들은 현재 상황으로부터 원하는 최종 상태까지 어떻게 도달하는가? 앞에서 언급한 인적 · 물적 자원들에 추가적으로, 사람들은 수용 능력과 동기, 욕구와 같은 다른 능력들(Sen, 2005)과 심리학적 자원들을 가지고 있고 이는 심리학에서 중요하게 다루는 내용들이다. 집단 내에서 조직의 수준과 효과성을 증가시킬 수 있는 가능성을 포함한 이러한 역동적인 요인들을 검토하는 것으로 심리학이 국가 발전에 잠재적으로 이바지할 수 있다.

4. **디자인, 실행 그리고 발전 프로그램의 평가.** 심리학자들은 보통 인간 행동을 연구하는 방법으로 연구방법론 훈련을 즐긴다. 행동에서의 문화적 차이는 보통 무시되어 왔다. 이러한 문화적 요인을 무시한 결과 많은 발전 프로그램들은 실패로 끝났다. 심리학 배경은 특정 발전 프로그램이 의도한 효과가 있는지 이해하기 위해 발전 팀에 큰 도움이 될 수 있다. 관찰, 인터뷰, 표본 추출, 통제집단 사용과 시간이 지남에 따른 통계적인 평가(종단적, 횡단적 방법의 선택)와 같은 양적 · 질적 방법들과 같은 영역에서 심리학은 중요한 기여를 할 수 있다.

는 신화로 연관 지음으로써, 서구의 발전가들에 의해 받아들여지는 발전에 대한 대부분의 진실은 체계적으로 공격을 당했다. 이들은 모든 문화가 '발전'이라는 개념을 가지고 있는 것은 아니라고 주장하며, 만약 그렇다고 하더라도 발전가의 프로그램과 같지 않을 것이라고 했다. 하지만 만약 글상자 18.3에 서술된 절차를 따른다면, 발전 프로그램의 개시 전에 발전에 대한 오해를 발견할 수 있을 것이다. 발전의 의미에 대한 존재와 차이는 심리학적 연구에 의해 초기에 밝혀질 것이고 이를 바탕으로 적절한 판단이 이루어질 수 있다.

최근 발전의 개념과 발전을 위한 지원의 결과들은 심리학자들(예 : MacLachlan, McAuliffe & Carr, 2010)뿐만 아니라 경제학자들과 다른 사회과학자들(예 : Maathai, 2009; Moyo, 2009; Sen, 2005)에 의해서 연구되고 도전받아 왔다. MacLachlan 등(2010)은 국가 발전의 향상을 목표로 하는 국제적 지원 프로그램들에 대한 매우 통렬한 비평을 발표했다. 네 가지의 핵심적인 심리학적 원칙들(사회적 지배, 정의에 대한 인식, 문화적 정체성과 배움)을 바탕으로, 그들은 국제적 지원 프로그램들 내의 형평성의 결여, 실행에서의 불의에 대한 인식, 토착 문화적 정체성에 대한 도전, 그리고 과거의 실패에서 배운 것이 없는 것 등이 국제적 지원을 비효율적이게 하고 심지어는 해가 된다고 주장한다.

Maathai(2009)는 아프리카 국가들과 사람들이 발전 지원에 익숙하게 되었고 그들의 문화적 정체성, 동기 그리고 공동의 목적의식을 잃어가고 있으며 이는 수동적인 타성과 사기 저하로 대체되고 있다. 그 결과는 고질적인 가난, 부패 그리고 내전으로 나타난다. 이러한 문제들의 출구는 서구 사회들로부터의 더 많은 원조를 받는 것이 아니라 새로운 리더십이 아프리카의 사회 내부에서 나오는 것이다. 즉, 아프리카는 이러한 국제적인 발전 계획의 결과에 대처하기 위해 토착적인 노력이 필요하다. 비슷하게, Moyo(2009)는 외국의 원조가 아프리카를 해친다고 주장한다. 아프리카 정부에 대한 원조는 의존과 부패를 부추기고 나쁜 통치와 가난을 조장한다고 생각했다. 외국의 원조가 가난의 순환을 영구화했고 경제적 발전을 저해했기 때문에, 그것은 폐지되어야 한다. 아프리카의 발전 지원의 효과에 대한 이러한 설명은 멕시코의 Diaz-Guerrero(2000)에 의해 확인된 자제와 비슷하다.

Sen(2005)은 개인의 능력, 선택하고 행동할 자유로서의 '능력'의 개념을 정의했다. 능력들은 단순히 사람들이 무엇을 할 수 있는가가 아니라 그들이 하고 싶은 것을 할 수 있는 자유를 말한다. Sen은 능력(자원)과 기능(웰빙으로 이끄는 활동)을 구별했다. 능력은 사람들이 살아가는 사회적 · 정치적 상황들의 특징인 반면, 기능은 개인 특성들에 의존한다. Pick과 Sirkin(2010; 이 책의 제17장 결론 참조)은 멕시코와 다른 라틴아메리카 국가들의 중재 프로그램을 설명하고 증가하는 에이전시와 권력, 그리고 몇 가지의 Sen의 생각들을 설명하고 있다.

이러한 모든 비판들로 인해 세계에 분명한 심리학적 토대가 존재하고 개인이 직면하는 문제들이 존재한다. 제3세계에 대한 현재의 상황을 설명해 줄 수 있는 연결고리는 비교문화 심리학자들에 의한 실험이 이루어질 수 있다. 그러나 이러한 관계가 심리학자들에 의한 체계적인 연구는 아직 찾아보기 어렵다.

그러나 심리학의 협력적 역할은 Zaman과 Zaman(1994)에 의해 제안되었다. 그들은 심리학이 어떠한 역할을 수행하고 있다고 주장하지만(다른 영역도 마찬가지), 적용되는 심리학은 문화적으로 적합해야 한다고 주장한다. 그들은 발전의 목적을 위해 파키스탄에서 유용할지도 모르는 세 가지 개념들을 제안했다. 세 가지 모두 개인적이고 사회문화적인 맥락에 집중한다. 그것들에 따라오는 명백한 관련 구성개념이 있는데 첫 번째는 개인과 효능에 대한 정서적인 감정들이고 두 번째는 무력함이라는 감정에 좀 더 집중하는 것이며, 세 번째는 발전 프로그램에서 인간을 기본적 요소로 고려하는 것이다.

이러한 한계들에도 불구하고, 심리학의 역할은 Moghaddam, Branchi, Daniels, Apter 그리고 Harre(1999)에 의해 설명되었다. 이들은 문화적 차이를 인식하지만 서구와 제3세계 간의 세력의 차이도 인지하는 적합한 심리학(appropriate psychology)의 필요성을 설명했다. 심리학이 부적절하고 세력이 큰 차이가 날 때, 발전 프로그램의 저항이나 실패가 있을 수도 있다.

심리학 해방 움직임(Waktins & Shulman, 2008)은 이러한 비판들을 이어오고 있으며, 비판을 제3세계와 관련되어 있는 많은 영역으로 확장하였다. 그들의 서양 심리학에 대한 비판에서, Watkins와 Shulman(2008)은 그들의 목적을 '혼잡한 세계화의 시대 속에서 심리학의 목적과 실제를 다시 생각하는 것'이라고 언급했다. 발전 개념에 도전한 Esteva(1992)에 따르면, '발전'이라는 용어는 '그들이 무엇이 아닌지를 상기시켜 주고', 자신의 꿈을 쫓기보다는 사람들로 하여금 '다른 사람들의 꿈에 노예가 되는 것'이라고 주장했다. 그들이 제안한 하나의 대안은 '모든 사람들에게 인간 이하에서 좀 더 인간적인 상황으로 변화를 가져오는 것'으로 진정한 발전을 도모하는 것이다. 또 다른 대안은 무한한 진전에 대한 생각을 반대하여 '반발전'에 관여하고 이를 겸손과 금욕으로 대체하는 것이다. 서구 중심적인 발전 기관에 의해 지지되는 발전에 대한 비전을 받아들이기보다는 Berry(2008)가 제시한 세계화와 문화 적응 간의 관계는 거부당했고 분리 전략을 닮은 토착적 방법으로 돌아가야 한다. 이러한 대안들은 Diaz-Guerrero(1993)가 정의한 자제와 비슷하다.

이 논의에 대해서는 Kağitçibaşi가 중요한 기여를 했다. 그녀의 관점에서 인류 발전은 개인적이고 문화적인 수준에서 이론적이고 실증적인 작업을 요구한다(Kağitçibaşi, 2007; Kağitçibaşi & Poortinga, 2000). 이는 심리학자들과 다른 분야의 전문가들 간의 연구와 적용에서의 협력이 필요하다. 특히 발전의 두 가지 의미(개체 발생적과 사회적)를 연결했는데 최적의 인류(개체 발생적) 발전을 위해 프로그램을 없애자고 주장하면서, 인류(사회 또는 국가) 발전에 아주 작은 희망이 있을 수 있다고 주장했다. 초기 그 분야(특히 '현대화'의 개념을 사용한 사람들 또는 개인주의적인 자세)에 참여하려는 시도를 했던 심리학자들에게 비판적이었지만, 그녀는 조기 교육, 건강, 가족의 역할(특히 어머니들의 권한 부여과 교육) 그리고 좀 더 일반적으로 사회 · 문화 · 경제적 삶의 질을 포함하는 폭넓은 발전 문제에 대한 심리학의 연관성에 대해 지지했다.

Poortinga(2009)는 문화마다 문화적으로 민감한 중재 프로그램으로의 변환을 지지하였다. 그는 채택과 적응과 조립(문화마다 심리적 검사의 변환을 의미하는 개념으로 발전됨)을 구분했다. 글상자 1.2에 소개된 용어에서 채택은 원래의 프로그램과 가까운 프로그램(강요된 문화보편적 접근)을 사용하는 것을 말한다. 적응은 성공적이지 않았던 프로그램에 변화를 주는 것을 말한다. 조립은 이전의 과정을 토대로 완전히 새로운 프로그램을 발전시키는 것을 말한다(파생된 문화보편적 접근).

국가적 발전을 연구하고 진행하는 심리학의 역할은 특히 *Psychology and Developing Society*라는 제목의 학술지가 편집된 인도에서 지지를 받아왔다. 이 학술지는 리더십, 지역적으로 적합한 평가와 실제를 포함하는 국가적 발전과 관련된 문제들을 다루는 내용만을 출판하였다. 이 장의 초기에 언급된 D. Sinha(1990)는 제외하고, J.B.P. Sinha(1970, 1980, 1984)는 국가 발전 연구에 헌신했다. 그의 접근은 통합적이었는데 다른 분야와 함께 심리학이 '발전에서의 동반자'로 보았는데 이는 개발도상국과 선진국에서의 심리학자들 사이에도 그랬다. 그는 서서히 진화하는 '발전'의 의미를 추적해 왔고, 이러한 변화에 따라 심리학자들의 역할도 진화하였다. 1950년대의 국가적 발전은 일반적으로 "경제학자들의 영역이었던 경제적 발전과 동의어로 받아들여졌다. … 하지만 새롭게 독립한 국가들의 경제적 발전은 전통사회의 사회문화적 특징들을 간섭하는 효과들 때문에 저축, 투자 그리고 성장의 이성적 공식에 따르지 않았다"(J.B.P. Sinha, 1984, p.169). J.B.P. Sinha의 기여(Pandey, Sinha & Sinha, 2010)를 연구한 학술지는 국가적 발전의 연구에 대한 그의 기여를 강조한다. 이러한 연구에서, 우리는 비교문화심리학의 중요한 기여를 볼 수 있다. 다른 문화에서 얻은 관점과 지식은 필요한 관점을 제공하고, 서양의 심리학적 연구와 적용을 위한 대안을 제공할 수 있다. 가장 가치 있는 것은, 비교문화심리학이 국가적 발전에 대한 논의에서 전형적인 예가 되는 양방향 도로가 되어야 한다는 것이다.

결론

다양한 문화에서 문제해결을 위한 비교문화심리학의 적용은 제3부의 중심 주제이다. 원칙적으로, 이 영역은 다른 영역(문화적응, 집단 간 관계, 기업 조직, 의사소통과 건강)에서 사용될 준비가 되어 있다. 하지만 이 장에서 우리는 몇 개의 개념적이고 실질적인 특징과 한계들을 제시했다. 특히, 과학과 문제들이 일치하는 것을 확실히 할 필요가 있다는 것이 가장 중요하다. 이 책의 제1부에서 기초 지식으로 무장하고, 제2부에서 방법론적이고 이론적인 도구들을 바탕으로 우리는 일치가 가능하다고 믿는다. 하지만 이를 성취하기 위해 파트너십과 심리학적 지식의 교환은 필요하다.

주요 용어

서양 심리학 • 세계화 • 민족심리학 • 의존 • 현지화 • 국가 발전 • 적합한 심리학

추천 문헌

Allwood, C. M., and Berry, J. W.(eds.)(2006). Origins and development of indigenous psychologies: An international analysis. Special issue, *International Journal of Psychology*, 41, no. 4.

주제를 설명하기 위한 몇몇 경험적 논문과 함께, 토착심리학자들의 관점에 대해 분석한다.

Cole, M.(2006). Internationalism in psychology: We need it now more than ever. *American Psychologist*, 61, 904-917.

이 분야에서 균형을 유지하는 방법과 국제심리학에 대한 개인적인 경험을 제공한다.

Hwang, K. K., and Yang, C. F.(eds.)(2000). Indigenous, cultural and cross-cultural psychologies. Special Issue, *Asian Journal of Social Psychology*, 3.

문화와 행동 간의 관계를 이해하기 위한 세 가지 접근법에 대한 비교를 제공한다.

Kağitçibaşi, C.(2007). *Family, self and human development across cultures* (2nd edn.). Mahwah, N.J. : Lawrence Erlbaum Associates .

이 책은 제3장의 추천 문헌에서 제시되었지만, 제3세계에서 심리학의 역할에 대한 저자의 관점을 제공한다.

Kim, U., and Berry, J. W.(eds.)(1993). *Indigenous psychologies: Research and experience in cultural context*. Newbury Park, Calif .: Sage.

여러 국가의 저자들이 그들의 문화에서 고유한 심리학에 대한 생각과 연구 결과를 다루고 있다.

Kim, U., Yang, K.-S., and Hwang, K.-K.(eds.)(2006). *Indigenous and cultural psychology: Understanding people in context*. New York : Springer.

전 세계의 토착심리학에 대한 관점과 경험적 연구에 관한 최근 논문의 개요서이다.

Kim, Y. Y., and Bhawuk, D.(eds.)(2008). Globalization and diversity. Special issue, International Journal of Intercultural Relations, 33.

세계화의 다양한 측면, 특히 심리적 과정과 영향에 대해 조사한 논문들이다.

Nsamenang, B.(ed.)(2008). Culture and human development. *Special issue, International Journal of Psychology*, 43, no. 2.
다양한 사회에서 발달적 문제를 다루는 논문집이다.

Stevens, M., and Gielen, U.(eds.)(2007). *Toward a global psychology: Theory, research and pedagogy*. Mahwah, N.J.: Lawrence Erlbaum Associates.
심리학 원리를 국제화하기 위한 움직임에 관한 개관이다.

에필로그

독자는 이 책이 다양한 분야 중에서 선택된 설명을 제공한다는 것을 깨닫게 될 것이다. 그러다 보니 불가피하게 많은 중요한 견해와 경험적 연구 및 응용 프로그램을 미처 언급하지 못했고 실질적인 해결책에도 신경 쓰지 못했다. 그럼에도 관심이 무작위적이지 않았고 행동과 문화의 관계를 둘러싼 주요 주제와 논쟁으로 이뤄졌다.

또한 심리학적 과정이 공유되는, 종 전체의 특징인 입장을 취했다. 이러한 공통적인 심리적 특성은 양성되고, 문화화와 사회화에 의해 형성되며 때로는 문화변용에 의해 영향을 받아 궁극적으로 인간 행동으로 분명하게 표현된다. 비교적 일찍이 이러한 전이 과정에 의해 진행되면서, 행동은 생태적·문화적·사회정치적 요인에 의한 직접적인 영향을 받아 말년의 삶에도 계속 이어진다. 간단히 말해서, 가장 넓은 의미에서 문화가 근본적인 주제에 변화를 가져오는 다양한 인간 행동의 주요 원천이라고 생각했다. 그것은 비교가 가능한 공통 특성이자 비교를 흥미롭게 만드는 변수다.

이 과업은 몇 가지 명확히 정의된 목표가 있다. 일반적으로 비교문화심리학 분야와 특히 이 책이 그 목표들을 충족시켰는지 묻는 것이 합리적이다. 이 책의 견해로는 제1장에서 표현된 목표 중 하나가 달성되지 않았다. 즉, 비교심리 연구 결과를 포괄적으로 통합한 보편적 심리학과는 거리가 멀다. 그러나 문화 전반에 걸쳐 인간의 심리적 기능이 어떻게 유사한지, 행동 목록의 중요한 차이가 어떻게 나타나는지를 입증하고 있다는 점에서 이 목표를 향한 몇 개의 중요한 단계를 밟았다. 제2장~제9장은 다양한 비교문화심리학 분야에서의 경험적 연구를 검토하고, 범인간의 심리적 특성과 문화 다양성에 대한 이러한 특성의 발달과 명백한 차이에 대한 충분한 증거를 보여준다.

이 책의 제2부에서는 비교문화심리학이 크게 작동한 지형을 정의하는 세 가지 사고 영역과 연구 영역, 즉 문화, 생물학, 방법과 이론을 고려했다. 이 부분은 본질적으로 비슷한 학문 분야와 비교과학의 근본적인 문제에 연결하여 이전에 검토한 자료에 대한 해석의 틀을 제공한다. 그렇게 함으로써 가능한 (그리고 대안적인) 해석 수준 이상으로 제1부 전체를 부상시켰다. 이것의 핵심은 다양한 형태의 상대주의와 보편주의가 심리적 유사성과 문화 간 차이에 대한 미묘하고 복잡한 상호작용에 대한 사고방식으로 구분된다는 점이다. 적당한 보편주의적 입장을 선택했지만, 생물학 및 인문과학의 미래 발전은 적어도 모든 행동 범주의 일부분에 대해 강력한 보편주의 또는 상대주의에 대한 충성을 강화할 가능성이 있다.

비교문화심리학의 연구 결과는 학문적, 방법론적 및 이론적 기준뿐만 아니라 오늘날 세계 문제의 실용적인 기준에 대해서도 평가할 수 있다. 제3부에서는 다시 선택적으로, 세계의 많은 지역에서 많은 사람들이 쏟고 있는 현실적인 관심 분야를 고려했다. 비교문화심리학의 기본 연구에서 얻은 결과물, 도구 및 아이디어를 사용하여 비교문화적 접근방식이 어떻게 차이를 만들기 시작할 수 있는지 탐구했다. 빠르게 변화하고 점점 더 상호 연결되고 세계화하는 세계에서, 문화변용과 문화 간 관계에 대한 관심을 비롯하여 직업, 의사소통, 건강 및 국가 발전에 대한 관심 모두가 전면에 나와 많은 사람들이 이러한 문제를 연구하도록 자극했다. 해답은 불완전하고 해야 할 것이 많이 남아 있지만, 모은 증거는 세계가 직면한 주요 문제를 다루는 데 도움이 되는 비교문화심리학의 핵심적이고 중요한 역할에 있다고 믿는다.

과학적 분석은 진공상태에서는 존재하지 않는다. 궁극적으로는 인간 복지에 대한 알려진 기여도, 또는 미래 기여도에 대한 전망의 관점에서 정당화되어야 한다. 이것은 어려운 일이며 '인간 복지'의 정의가 정교한 토론의 주제가 될 수 있음을 알고 있다. 그러나 비교문화심리학은 자기 문화의 경계 너머를 바라보는 경향이 있으며, 세계적인 관점에서 볼 때 사회 간의 복지 차이는 너무도 커서 미세한 점에 대한 논쟁은 곧 위선적이 되고 만다. 세계화(생산수단과 유통수단을 통제하는 사람들에게 주로 이익이 되어왔다)에도 불구하고 심각한 세계의 빈부격차는 여전히 존재하며 무시할 수 없다. 이것은 상황을 개선하기 위해 비교문화심리학자에게 요구되는 특정 전문지식은 무엇인지에 대한 질문을 제기한다. 심리학의 역사를 살펴보면 이론적 기반이 그리 탄탄하지 않다는 것이 분명하다. Freud, Piaget, Vygotsky와 같은 거물의 성공한 이론조차도 오래가지 않았고, 그들의 아이디어 중 많은 부분이 이후 비판적 분석에 맞지 않았다.

비교문화심리학에서 상황, 특히 세상의 가난한 사람들의 상황을 개선하기 위해 사용할 준비가 된 지식의 기금이 있다고 주장할 수 있을까? 과학적 제한(잘 검증된 지식만 사용하는 것)과 위험 수용 사이의 균형을 찾을 준비가 되어 있다면, 기존의 필요성이 지금 여기서 다루어져야 하기 때문에 이것이 사실이라고 생각한다. 많은 응용 분야에서 잘 정립된 지식만 사용하는 것과 중요하고 긴급한 요구를 해결하기 위해 결정적으로 행동해야 하는 필요성 간에 최적의 균형을 이루는 방법에 대한 질문이 항상 존재할 것이다.

물론 비교문화 연구자는 그저 지식을 추구하는 사람이 아니다. 그들은 필연적으로 정보를 얻는 것 외에 여러 가지 요소가 중요한 역할을 하는 상호 문화 과정의 일부이기 때문이다. 몇몇 장에서 일반적으로 존재하는 정치적 · 윤리적 문제에 대해 다루었다. 연구가 왜 수행되고, 누구의 관심사가 제공되며 누구와 정보를 공유할 것인가? 이전에는 채취적이던 비교문화 연구자들이 지금은 조사 대상자의 관심이 자신들의 책임의 일부임을 인식하기 시작했다. 단순히 집단 연구 대신, 중요성을 고려하는 문제를 분석할 때 그들과 동참해야 한다. 이것은 중재가 관련되는 한 확실히 유지된다. 실제로 개입 프로그램은 대상자의 필요를 충족시키고 프로그램 및 목표에 의해 다루어져야 할 필요성이 있는 집단에 대한 명시적인 입력으로 구성되어야 한다.

또한 협력이 '문화 동반자'를 포함할 뿐만 아니라 '학문 동반자'까지도 확대되어야 함을 보여주었다. 비교문화심리학은 본질적으로 심리학뿐만 아니라 다른 사회학, 생물학 및 생태학을 도출하는 '간학제적'이다. 이것은 인간의 문제들(따라서 인간 복지를 달성할 수 있는 가능성)이 분명 유일하게 심리적인 것이 아니기 때문에 점령할 중요한 과학적 틈새다. 현대의 많은 문제는 (탈)식민지화와 세계화(때로는 신식민지화) 같은 사회적·정치적 변화로 인해 발생했다. 이것은 이주자와 난민 이동을 비롯해 경제 및 정치적 불평등, 심리적, 사회적 및 신체적 문제(인종차별, 민족 분쟁 및 전쟁, HIV/에이즈 확산 등)의 전염병에까지 미친다. 이 모든 문제들은 분명한 심리적·문화적 차원을 지닌다. 그러나 행동의 문화적 차이에 대한 중심 관심사를 다뤄야 한다. 그러한 강조는 비교문화심리학에서 일찌감치 있었고, 때로는 편견과 문화 간 적대감에 빠지기도 했다. 그러므로 이 책에서 문화적 유사점과 진행 중인 문화적 변화 모두의 존재를 강조했다.

약속을 지키기 위해 비교문화심리학 분야에는 세 가지 주요 변화가 필요하다. 즉, 특정 주제에 대한 지속적인 공동작업 개발하기, 이 과업에 모든 사회의 심리학자들을 편입시키기, 문화가 실제로 인간 행동에 가장 중요한 공헌자 중 하나라는 관점을 받아들이기 위해 학생들과 동료들을 설득하기다. 이 책이 이러한 변화를 자극한다면, 그것으로 보상을 받았다고 생각한다.

용어해설

가치(values) 바람직한 것의 개념으로 목적과 수단의 선택에 영향을 준다.

감각 자극(sensory stimuli) 감각기관(눈, 귀 등)에서의 처리가 요구되지만 지각이나 인지 같은 다른 심리적 기능은 거의 포함되지 않는 것으로 여겨지는 자극

개인주의와 집단주의(individualism and collectivism) 자기 자신, 혹은 자신이 속한 집단을 주로 고려하는 경향의 구분

개체발생적 발달(ontogenetic development) 전 생애에 걸친 개인 행동의 체계적 변화

건강(health) 단순히 질병이나 병약함의 부재가 아니라 완전한 신체적 · 정신적 · 사회적 안녕 상태

견고한–느슨한(tight-loose) 긴밀하게 구조화되고 구성원들로부터 동조를 기대하는 사회와 느슨하게 짜이고 개인의 다양성을 허용하는 사회를 대조하는 차원

고정관념(민족적)[stereotypes (ethnic)] 한 문화 혹은 민족문화집단 구성원의 전형이라 생각되는 특성에 관한 공유된 신념

공간적 지향(spatial orientation) 대상과 자신을 공간에 위치시키는 방식. 특히 방향 표시를 위해 자신의 위치를 사용하는지(자기참조 방향) 아니면 절대 혹은 지구중심적 공간 좌표를 사용하는지의 문제

관례(또한 문화적 관행, 문화적 규칙) [convention (cultural practice, cultural rule)] 사회적 상호작용이나 어떤 활동 분야에서 무엇이 적절한 것인지에 대한 집단 구성원들 사이의 명시적 또는 암묵적 동의

관용(tolerance) 개인 혹은 문화집단의 수용. 편견의 반대

국가 발전(national development) 사회의 목표를 달성하도록 이끄는 심리적 · 사회적 · 경제적 · 정치적 특성들의 변화 과정

국민성(national character) 한 국가에서 현저하거나 자주 발생하는 일련의 성격 특성

국민총생산(Gross National Product, GNP) 한 국가의 거주자에 의해 1년간 공급된 노동과 재산으로 인해 생산된 모든 재화 및 용역의 시장 가치

그림의 깊이 단서(depth cues in pictures) 관찰자의 깊이 지각을 일으키는 그림의 양상(묘사된 사물의 중첩, 다양한 사물이 표현되는 크기, 사물의 위치 등을 포함)

긍정적 준거집단(positive reference group) 개인이 소속되지 않았고, 그 규범이 수용되거나 존

중되는 집단

기본 색 용어(basic color terms) 일부 저자에 따르면 모든 언어가 발달시킨 주요 색에 관한 일련의 단어

기본 정서(basic emotions) 얼굴 근육 조직의 특징적인 패턴을 참조하여 보편적으로 식별할 수 있는 정서 상태

내부집단(ingroup) 민족문화집단이나 사회집단과 같이 개인이 소속된 집단

내재된 동기(implicit motivation) 초기 발달 경험(특히 언어기 이전)을 토대로 형성되고 후에 사람들의 상상에 반영되는 친애, 성취, 권력 욕구를 포함한 동기

내적 문화(internal culture) 문화(culture)에서 내적 문화, 외적 문화 참조

노년기(senescence) 성숙기 이후 유기체의 생물학적 변화

노동 관련 가치(work-related values) 주로 가치 차원으로 제시되는(예 : 개인주의－집단주의, 권력 거리) 조직의 비교문화 연구에서 파생된 원하는 상태와 결과(가치 참조)

다문화적 이데올로기(multicultural ideology) 민족문화집단의 수용과 더 큰 사회에의 참여를 포함하여 다원사회의 문화적 다양성에 대한 개인의 긍정적인 지향

다문화주의(multiculturalism) 큰 사회에서 함께 사는 많은 민족문화집단의 존재와 그 존재를 뒷받침하는 정책을 모두 지칭하는 용어. 이 정책은 다양한 민족문화집단의 유지와 더 큰 사회에서의 동등한 참여를 지원한다.

다문화주의 가설(multiculturalism hypothesis) 개인이나 문화집단이 자신의 문화 정체성 내에서 안전할 때, 자신과 다른 사람들을 더 잘 수용할 수 있고, 반면에 위협을 받으면 다른 사람들을 거부할 것이라는 가설

다수 세계(majority world) 세계 인구의 대다수가 살고 있는 국가. 이 용어는 경제적 빈곤과 낮은 교육 기회와 관련이 있다.

다수준 분석(multilevel analysis) 한 수준의 요소가 다른 수준에 내포되는 연구. 수준 간 상호작용은 명시적으로 분석에 고려된다.

다원사회(plural society) 많은 민족문화적 집단이 공유된 정치적 · 경제적 틀 내에서 함께 살아가는 사회

다형질 발현(pleiotropy) 1개의 유전자가 유기체 발달에 미치는 다양한 효과

대립유전자(allele) 단일 유전자의 변이. 대립형질은 한 종 내 개체 간 차이의 중요한 기초를 형성한다.

더 큰 사회(larger society) 정부와 경제적 · 교육적 · 법적 제도를 포함하여 문화적으로 다양한 사회에서 전반적 사회 구성과 배열을 지칭하는 단어. 주로 지배적인 사회를 의미하는 '주류'의 개념과는 다름

독립적 자기와 상호의존적 자기(independent self and interdependent self) 스스로를 보는 두 가

지 방법. 타인으로부터 독립을 추구하는 분리되고 자율적인 개인, 또는 타인과 본질적으로 연결된 개인(분리된 자아와 관계적 자아의 구분과 유사)

동기(일 관련)[motivation (work-related)] 사람들로 하여금 직무 수행을 하게끔 만드는 동기와 욕구의 복합체

동족성(analogy) 서로 독립적으로 진화하였지만 비슷한 환경적 조건으로 인한 종 간 특질의 유사성(상동관계 참조)

동화(assimilation) 사람들이 고유 문화를 유지하기를 원하지 않고 더 큰 사회에 참여하고자 하는 문화변용 전략

등가성(equivalence) 다른 문화권에서 얻은 심리적 자료를 동일 방식으로 해석하기 위한 조건. 자료는 구조적 등가성(비교문화적으로 동일 특성을 측정하는 것), 계량 등가성(동일 계량법의 척도로 동일 특성을 측정하는 것), 전체 점수 등가성(동일 척도로 동일 특성을 측정하는 것)을 지닐 수 있음

리더십 유형(leadership styles) 리더(특히 산업체의 관리자)가 부하의 성과에 영향을 미치는 상이한 방법들. 하나의 차원은 종종 직원에 대한 관심과 최종점으로서의 생산성에 대한 관심으로 구분한다.

마음 이론(theory of mind) 마음 상태의 탓을 자신 혹은 타인에게로 돌리는 경향. 마음 이론은 자신과 타인의 행동과 마음 상태를 이해하는 데 사용된다.

맥락화된 인지(contextualized cognition) 특정 문화적 맥락 및 관행과 관련한 인지 과정의 발달과 사용을 강조하는 인지 활동 개념

문화(culture) 인공물(예 : 사회제도, 기술, 즉 외적 문화)과 상징(예 : 의사소통, 신화, 즉 내적 문화)을 포함한, 일련의 사람들이 공유하는 삶의 방식

문화 간 능력(intercultural competence) 다른 문화적 배경을 가진 타인과 적절히 상호작용할 수 있는 역량. 특정 기술이나 지식뿐 아니라 더 일반적 성격 특성으로 구성되는 것으로 간주됨

문화 간 소통(intercultural communication) 다른 문화 인구의 구성원 간 언어적 혹은 비언어적 정보 교환

문화 간 소통 훈련(intercultural communication training) 해외 발령을 대비한, 다양한 훈련 프로그램을 통한 잠재적 체류자의 준비

문화 간 전략(intercultural strategies) 다원사회의 구성원들이 문화 간 관계에 관여하는 데 사용되는 전략 모음. 이는 용광로, 다문화주의, 분리 및 배제를 포함한다. (문화변용 전략 참조)

문화권 증후군(culture-bound syndromes) 특정 문화권에서만 발생하며 비정상적이거나 정신병리적으로 간주되는 행동 패턴

문화내부적 접근(emic approach) 문화특수적 측면을 강조하는 한 문화 내 행동에 대한 연구

문화단위(cultunit) 한 문화집단에 속한 사람들. 연구 목적을 위해 문화는 제한된 변인(예 : 특정 언어 사용, 특정 조직의 고용, 청소년 동아리 소속)을 기초하여 정의될 수 있음

문화 동화인자(culture assimilator) 서로 다른 문화에 속한 사람들 간의 상호작용에서의 사건을 기술하는 일련의 짧은 에피소드. 문화 간 소통 교습을 목적으로 한다.

문화변용(acculturation) 타 문화집단과의 접촉으로 인한 개인 혹은 문화집단의 변화(심리적 문화변용 참조)

문화변용 스트레스(acculturative stress) 문화변용 경험에 대한 부정적 심리반응. 주로 불안, 우울증과 다양한 정신 · 신체적 증상이 나타남

문화변용 전략(acculturation strategies) 개인과 민족문화집단이 문화변용 과정을 거치는 방식. 동화, 통합, 분리 및 소외화의 네 가지 전략이 있음

문화변용 프로파일(acculturation profiles) 서로 다른 문화변용 전략을 지닌 개인들의 집단. 유사한 문화변용 태도, 문화 정체성, 언어 사용 및 능숙도, 동료 관계 및 가족 관계의 가치를 공유하는 경향을 지닌 개인을 하나의 집단으로 묶는 군집 분석을 사용하여 만들어짐

문화보편성(cultural universals) 언어, 가족 및 기술과 같은 형태로 모든 사회에 존재하는 문화 특성

문화보편적 접근(etic approach) 행동의 심리학적 토대의 보편성을 가정하는 문화 간 행동 비교 연구

문화비교(culture-comparative) 여러 문화에 걸쳐 행동의 유사성과 차이를 연구하는 연구 전통

문화심리학(cultural psychology) 문화와 행동을 본질적으로 분리할 수 없는 것으로 보는 이론적 접근법. 문화적 상대주의와 심리인류학과 밀접하게 관련되어 있음

문화적응(enculturation) 적절한 본보기로 발달 중인 성원들을 에워쌈으로써 한 사회가 그 구성원에게 문화와 행동을 전달하는 문화 전달 형태

문화적 정체성(cultural identity) 개인이 관련되어 있는 문화집단 또는 민족문화집단에 대해 어떻게 사고하고 느끼는지에 대한 것

문화적 진화(cultural evolution) 문화가 생태계 및 다른 영향 요인에 적응하면서 시간에 따라 변해왔다는 관점

문화적 편견(cultural bias) 도구(또는 다른 방법)에 의해 측정된 특성이나 개념과 관련이 없으며, 이 차이의 해석을 왜곡하는 경향이 있는 문화 간 차이

문화 전달(cultural transmission) 한 인구의 문화적 특징이 개별 구성원에게 전파되는 과정

문화특수적 정서 개념(culture-specific emotion concepts) 단일 문화 혹은 단일 언어 사회에서만 발견되는 정서 개념

민감한 시기(sensitive period) 발달의 '중요' 시기에 발생하는 특정 기술의 신속한 학습을 의미

한다. 이 시기 전후의 학습은 훨씬 느려지는 경향을 보인다.

민속학(ethnology)　사회 구조, 언어, 기술을 포함한 전반적인 문화의 기본 특성의 이해를 추구하는 문화인류학의 분야. 특정 문화를 이해하고자 하는 민족지학(ethnography)과는 구별된다.

민족과학(ethnoscience)　특정 문화에 존재하는 학문 지식의 다양한 분야(예 : 민족생물학, 민족약학)

민족문화집단(ethnocultural group)　전통 문화집단에서 파생되었지만 더 큰 사회로의 문화화로 인해 변화된 다원사회에 사는 집단

민족 비교 효과(얼굴 재인에서의)[cross-ethnicity effect (in face recognition)]　자신의 집단과 다른 얼굴 형태를 지닌 집단 사람들은 더 비슷하게 보이는 경향성

민족심리학(ethnopsychology)　인간 행동은 특정 문화의 세계관에 기반을 둔다고 보는 관점(토착심리학 참조)

민족지학(ethnography)　특정 문화집단의 특성을 이해하고 기술하는 문화인류학의 분야

민족지학 아카이브(ethnographic archives)　비교 연구에 사용될 수 있는 형태로 통합된 다양한 문화의 민속지 보고의 집합(인간관계지역 파일 참조)

발달 둥지(developmental niche)　물리적 환경, 육아의 사회문화적 관습, 부모의 심리적 구상(신념 등)이 발달 중인 아동과 상호작용하는 체계

변별 타당도(discriminant validity)　변인과 이론적 기대 간의 관계가 부재하다는 결과에서 유추된 타당성 증거

보편성(universality)　사람의 행동 묘사가 어떤 문화권에서도 적합하다고 여겨지면 보편적이라고 보는 심리적 개념 또는 개념 간의 관계

보편주의(universalism)　기본적인 정신 과정을 모든 사람들이 공유하는 특징이라고 간주하며, 문화가 사람들의 발달과 표현에 영향을 준다고 보는 이론적 입장

부모–자식 갈등(parent-offspring conflict)　자손에 대한 부모 투자에 관련된 이해관계 갈등

부모의 양육 이론(부모의 신념, 내포된 발달 이론)(parental ethnotheories)　아이를 키우는 적절한 방법에 대한 부모의 문화적인 신념과 관행(아동 훈련 참조)

부모 투자(parental investment)　부모　다른 자손에 투자하는 능력을 감소시키는, 개인의 후손에 대한 투자

분리(disaggregation)　다수준 설계에서 고수준(예 : 국가)의 점수는 저수준 요소(예 : 개인)와 동등한 지표로 사용됨

분리(separation)　사람들의 문화적 계승을 유지하고 더 큰 사회에의 참여를 피하려는 문화변용 전략

불이익 원칙(handicap principle)　겉보기에 쓸모없고 해로운 특성들(예 : 공작 수컷의 꼬리깃)

이 진화하는 이유는 그것이 가치를 상징하고, 따라서 이 특성 소지자의 높은 적합성을 나타
내기 때문이라는 것

비교문화심리학(정의)[cross-cultural psychology (definition)]   비교문화심리학은 다양한 문화
및 민족문화집단에서 개별적 심리 기능의 유사점 및 차이점, 심리적 변인과 사회문화적 ·
생태학적 · 생물학적 변인의 관계, 그리고 이러한 변인들의 진행 중인 변화를 연구한다.

비교행동학(ethology)   생물학자들의, 자연환경 속의 동물 행동 연구

사회생물학(sociobiology)   진화생물학의 관점으로 인류의 사회적 행동을 설명하는 방식

사회적 공리(social axioms)   세상이 어떻게 작동하는지에 대한 일반적 신념

사회적 표상(social representations)   한 집단의 사람들에 의해 공유되는 가치, 아이디어, 신념
의 체계. 집단 구성원 간 사회적 세계와 의사소통을 조직화하기 위해 사용된다.

사회화(socialization)   사회가 계획적으로 지시를 통해 발달 중인 구성원의 행동을 조형하는
문화적 전파의 한 형태

삶의 질(quality of life, QOL)   개인 삶의 긍정적 측면을 강조하며 특히 삶의 만족 측면에 일조
하는 개념

상대주의(relativism)   인간 행동은 강력한 문화의 영향을 받으며, 문화를 고려해야만 연구될
수 있다는 이론적 입장

상동관계(homology)   상동적 특성은 공통 조상으로부터 물려받은 유기체의 특성이다. 상동성
은 인간을 공통 조상의 배열에 있는 다른 영장류로 통합시킨다(동족성 참조).

색깔의 분류(color categorization)   가시 스펙트럼의 색상이 색상 이름으로 분류되는 방식

생물학적 전파(biological transmission)   유전적 전파 참조

생식성(generativity)   요구된 욕구. 자신을 넘어 가족, 친구, 사회와 같이 더 큰 집단을 이롭게
하는 헌신을 포함한다.

생태문화적 틀(eco-cultural framework)   문화 간 인간 행동의 유사성과 차이를 생태적 · 사회정
치적 환경에 대한 개인 및 집단의 적응 측면에서 이해하는 개념적 접근

서양 심리학(western psychology)   서구(유럽−북미) 문화 지역에 기반한 학문적 지식과 실행의
큰 부분

성격 특질(personality traits)   시간과 상황에 걸쳐 일관되고 다른 사람과 구별되는 개인의 특성

성적 접촉으로 전염되는 병(sexually transmitted disease)   성관계로 감염되는 모든 질병

세계 질병 부담(Global burden of disease, GBD)   현재의 건강 상태와 모든 사람이 노년까지 사
는 이상적인 상황 사이의 격차

세계화(globalization)   개인, 문화집단 혹은 국가 사이에 증가하는 (정치적 · 경제적) 연결성을
야기하는 변화의 과정

수렴 타당도(convergent validity)   변인과 이론적 기대의 관계가 존재한다는 발견에서 유추하

는 타당성에 대한 증거

수반 이론(조직 관련)[contingency theory (with respect to organizations)]　조직 구조가 결과적으로 어떻게 얼마나 다양한 상황 변인(문화적, 정치적, 기술적 등)에 달려 있는가에 대한 일련의 이론들

시스템으로서의 문화(culture-as-a-system)　('시스템'을 형성하기 위해) 모든 측면이 상호 연관된 것으로 간주되는 문화 개념

신경증적 성질(또는 정서성)[neuroticism (or emotionality)]　불안정성(예 : '침울한', '과민한')에서 안정성('침착한')에 이르는 성격 차원

심리사회적 요인(건강)[psychosocial factors (health)]　건강 증진(혹은 손실)에 기여하는 (생물물리학 이외의) 생태적 · 사회정치적 환경의 특징

심리인류학(psychological anthropology)　문화집단의 이해를 위해 심리학적 개념과 방법을 사용 및 적용하고자 하는 인류학의 하위 분야

심리적 문화변용(이전에 문화와 성격으로 알려짐)(psychological acculturation)　다른 문화집단과의 접촉으로 인한 개인적 심리 특징의 변화

심리치료(psychotherapy)　환자의 고통을 덜어주는 것을 목표로 개인적 관계에 환자와 치료자가 참여하는 실천 방법

아동 훈련(child training)　문화 전파를 위해 부모 및 타인이 사용하는 관행

아마에(amae)　일본에서 유래된 개념으로, 어머니와 유아의 관계에서 비롯된 수동적 사랑 혹은 의존성의 형태를 의미한다.

안전감(security)　개인 혹은 문화집단이 한 사회 내에서 그들의 문화적 혹은 경제적 위치가 안전하고 타인에게 위협받지 않는다는 느낌(위협 참조)

애착(attachment)　삶의 첫 한 해 동안 어머니와 어린아이 사이의 유대감으로, 많은 발달심리학자는 전 생애에 영향을 미칠 것이라고 봄

양적 접근(quantitative approaches)　검사되는 현상의 측정(수치, 양, 빈도의 형태)이 강조되는 연구 방법론

언어 상대성(또한 Whorf의 가설)[linguistic relativity (also Whorf's hypothesis)]　언어 특징과 그 언어 사용자의 사고방식 사이에 중요한 관계가 있다는 견해

언어의 보편성(universals in language)　모든 인간 언어에서 볼 수 있다고 생각되는 특성

영양실조(malnutrition)　불충분한 음식 섭취로 인한 상태이며 연령에 비해 낮은 몸무게와 키로 나타난다.

예방(건강)[prevention (health)]　공공 교육이나 공중 보건 프로그램을 통해 건강 문제가 나타나기 전에 피하도록 조치를 취하는 것

외국인 혐오증(xenophobia)　낯선 혹은 외국의 것에 대한 두려움이나 반감으로, 종종 편견의

동의어로 사용된다.

외부집단(outgroup) 개인이 소속되지 않고 그의 규범이 거부되는 집단

외적 문화(external culture) 문화(culture)에서 내적 문화, 외적 문화 참조

외향성(extraversion) '사교적이고 외향적인(외향적)'부터 '조용하고 소극적인(내향적)'에 이르는 성격 차원

요인적 접근(componential approach) 정서의 지표로 단일 지표 대신 여러 정서 요소(예 : 감정, 생리 현상, 행동 경향)를 사용하는 접근방식

우분투(Ubuntu) 남아프리카인의 특징으로 간주되는 개인의 기능 방식

우울증(depression) 슬픔, 에너지 및 삶의 흥미와 즐거움 결여가 특징적인 심리적 질병

위협(threat) 개인 혹은 문화집단이 특히 다른 문화집단에 의해 자신의 사회 내 문화적 혹은 경제적 위치가 위협받는다고 느끼는 감각(안전감 참조)

유전자(gene) 특정 위치와 기능으로 인식될 수 있는 DNA 조각. 유전자는 유전 형질의 기능 단위이다.

유전적 전파(생물학적 전파)[genetic transmission (biological transmission)] 부모에게서 자식으로의 유전 정보 전달. 개인은 인구 내 존재하는 유전정보 풀로부터 특정 유전 속성의 선택을 나타내는 것으로 볼 수 있음

의사결정(경영자의)[decision making (by managers)] 리더십 유형과 위험 평가와 관련된 문화 요인에 의해 영향을 받는 직무 조직에서의 의사결정과 과정

의존(dependency) 개인이나 집단이 습관적으로 타인에 의존하는 상태. 일반적으로 장기간 국제 원조를 받은 개인이나 국가에 적용됨

이민자 패러독스(immigrant paradox) 이민자들은 종종 더 낮은 사회경제적 지위에도 불구하고 모국의 동년배보다 더 나은 적응 결과를 나타내는 경향이 있다는 반직관적인 발견. 이 용어는 또한 이민 1세대가 2세대 혹은 이후 세대 사람들보다 더 나은 적응을 보인다는 연구 결과를 일컬을 때도 사용됨

이중 상속 모델(dual inheritance model) 문화 상속 시스템이 유전적 상속 시스템으로 축소될 수 없고 사회학습을 기반으로 한다고 가정하는 모형

인간관계지역 파일(Human Relations Area Files, HRAF) 문화와 관련된 주제로 정리된 세계의 많은 사회들에 대한 정보의 민족지 아카이브

인류학(anthropology) 모든 인류 사회의 다양성과 다양한 영역(문화적, 사회적, 생물학적, 심리적)을 이해하고자 하는 학문 분야

인지유형(cognitive styles) 인지 능력의 발달 수준보다는 인지 과정이 조직되고 사용되는 방식을 강조하는 인지 활동의 개념

인지인류학(cognitive anthropology) 집단의 문화와 인지적 삶의 관계를 이해하고자 하는 인류

학의 하위 분야

일반 지능(general intelligence)   광범위한 인지검사 점수들(특히 지능검사 배터리) 사이에서 발견되는 정적 상관으로부터 추론된 개인의 인지 기능 수준에 대한 통일된 견해(g 참조)

일반화(generalization)   자료가 수집된 곳보다 더 넓은 환경이나 영역으로 해석과 추론을 확장하는 것

일상의 인지(everyday cognition)   개인이 일상생활에서 인지 활동에 행하는 방식을 이해하고자 하는 인지 연구 접근

일시 체류자(sojourners)   몇 주에서 몇 년에 이르는 기간 동안 외국에 살면서 직무나 학업 목적으로 그 지역 주민과 빈번한 상호작용을 하는 사람

읽기 쓰기 능력(literacy)   읽기 및 쓰기에 있어서의 언어 지식 및 사용

자기참조 지향(ego-referenced orientation)   자신의 위치나 방향에 의존적인 참조 틀과의 수평적 공간 지향

자민족중심주의(ethnocentrism)   자기 집단 기준을 최고로 여기고, 다른 모든 집단을 그 기준에 관련하여 판단하는 시각

자연선택(natural selection)   번식, 변화, 선택의 세 단계를 거치는 자연선택의 진화 과정

장애보정손실연수(Disability Adjusted Life Years, DALY)   전 세계적 질병 부담의 측정 단위. 구체적으로는 (조기 사망에 따른) 손실수명연수(Years of Life Lost, YLL)에 장애생활연수(Years one Lives with Disability, YLD)를 합해서 산출(DALY = YLL + YLD)한다. 장애보정손실연수 1년은 건강한 삶의 1년 손실과 동등하다.

적응(문화변용)[adaptation (to acculturation)]   문화변용을 경험하는 과정. 심리적 적응(개인의 복지와 자부심의 느낌)과 사회문화적 적응(더 큰 사회에서의 삶을 다루는 능력)으로 구별됨

적응(사회적 적응)[adaptation (social)]   생태적 또는 사회적 환경의 요구에 반응하여 개인이나 집단의 행동 목록이 변화하는 것

적응(생물학적)[fitness (biological)]   유기체의 생존과 번식의 확률

적응(생물학적 적응)[adaptation (biological)]   환경적 요구에 대한 반응의 자연선택을 통해 인구의 유전적 구성이 변화하는 것

적합한 심리학(appropriate psychology)   한 사회 또는 문화집단의 요구에 개념적으로, 실질적으로 맞춰진 심리학

전 문화적 접근(holocultural approach)   단일 비교 연구에서 많은 사회를 포함하는 민족지 아카이브에 기반한 연구 방법

전 생애 발달(life span development)   출생에서 성숙기뿐 아니라 궁극적인 종말까지 지속되는 기간을 포함한다.

전이(검사의)(transfer of tests)   검사를 원래 설계한 목표 대상 인구와는 다른 문화 인구에게 사

용하는 것

절대 방향(absolute orientation)　절대적인, 즉 개인의 위치와 방향에서 독립적인 참조 틀을 지니는 수평 공간적 방위

절대주의(absolutism)　인간 행동을 본질적으로 문화 영향을 받지 않는 것으로 간주하고, 문화에 대한 고려 없이 행동을 연구하는 이론적 입장

점화(priming)　나중 정보의 처리에 해석 틀로 작용되는 정신적 표상의 활성화. 비교문화 연구에서 이는 종종 가치 또는 자기구성과 같은 문화 특성의 활성화를 포함한다.

접촉 가설(contact hypothesis)　문화집단, 민족문화집단과 그 구성원 간의 접촉이 더욱 긍정적인 문화 간 태도로 이어질 것이라는 제안

정서 요소(emotion components)　표정, 평가, 유발 상황을 포함하여 한 정서 상태가 다른 정서와 구분되는 다양한 측면들

정서의 선행조건(antecedents of emotions)　특정 정서를 이끌어내는 상황

정서적 의미(affective meaning)　단어의 외연적 또는 지시적 의미 외에 부가적으로 지니는 함축적 또는 감정적 의미

정신병리(psychopathology)　공동체나 전문가에 의해 고려되는, 이상하거나 기이한 행동으로 반영되는 정신적 질병

조직 구조(organizational structure)　조직 내 업무 분담. 수행할 전체 직무는 상이한 부서 및 하위 부서에 배정되며 궁극적으로 상이한 과업을 하는 개인이나 집단에 배정된다.

조직 문화(organizational culture)　한 조직 구성원들이 다른 조직과 구분되게 공유하는 뿌리 깊은 신념, 의미, 가치. 종종 조직 내 널리 퍼져 있는 관행이나 직원의 생산 기술과 태도와 같은 변인('조직 풍토'는 특히 후자의 의미로 사용됨)에 중점을 둔다.

조현병(schizophrenia)　통찰력 결여, 환각, 둔감한 정동으로 특징되는 정신적 질병

주관적 웰빙(subjective well-being)　한 개인의 자신의 삶에 대한 인지적, 정서적 평가

주관적인 문화(subjective culture)　한 문화 구성원이 스스로를 바라보며 삶의 방식을 평가하는 방법

주변화(marginalization)　자신의 문화 계승을 유지하지 않으며 또한 더 큰 사회에 참여하지 않는 문화변용 전략

준실험(quasi-experiment)　연구자가 실험 조건에 완전한 통제를 가하지 못하는 실험 연구

증진(건강)[promotion (health)]　공공 교육 및 공중 보건 프로그램을 통해 건강을 증진 및 지지하는 것

직무 만족(job satisfaction)　직원이 일에 대해 기뻐하는(또는 불쾌한) 정도

진화심리학(evolutionary psychology)　동물행동학과 사회생물학의 진화론적 사고에 기초하는 심리학 학파

질병(disease)　건강과 관련하여 신체적 기능장애 혹은 신체 감염의 외적 임상적 징후

질병(illness)　건강 기능 장애에 대한 경험과 지각. 주관적으로 해석된 바람직하지 못한 건강 상태

질적 접근(qualitative approaches)　과정과 의미의 이해에 중점을 두는 연구 방법론. 종종 수치나 양의 형태로 실험적 또는 심리계량적인 검사나 측정이 불가능할 수 있다.

질환(sickness)　한 사회가 가진 개인의 기능 장애(병)에 대한 인식, 근본적인 병리(질병)를 이해하고 대처하는 방식. 병은 질병과 질환을 합한 것을 말한다.

집계(aggregation)　다수준 설계에서, 더 낮은 수준(예 : 개인 수준)에서 얻은 점수를 더 높은 수준(예 : 문화적 수준)의 지표로 사용하기 위해서 합하는 것

차별(discrimination)　한 문화 또는 민족문화적 집단 소속이라는 이유로 사람을 달리 대우하는 행위

착시(visual illusions)　객관적 실재가 지각자에게 제시되었을 때 발생하는 시각적 인지의 체계적 왜곡(왜곡을 일으키는 것으로 알려진 Müller-Lyer와 같은 간단한 도형으로 연구됨)

초경(menarche)　첫 생리기간

추론(inference)　자료가 관련된다고 생각되는 행동이나 특성 영역에 대한 자료 해석(추론의 수준 참조)

추론의 수준(또는 일반화)[levels of inference (or generalization)]　자료 해석에 관한 행동 영역의 폭 또는 포괄성과 심리적 특성들과 관련되는 수준

친족 선택(kin selection)　이 개념에 따르면, 개인의 사회적 행동은 집단 구성원 간 유전적 관련성 정도에 따라 다르다.

타당성(validity)　결과 및 해석이 학자들의 이전 신념과는 별개로 현실에서 가정한 상태에 가깝게 추정되는 정도

태도(민족적 태도) [attitudes (ethnic)]　문화집단 또는 민족문화집단 소속으로 야기되는 개인(또는 집단)에 대한 긍정적 또는 부정적 평가

토착 성격 개념(indigenous personality concepts)　비서구 문화에서 유래하였으며 인간 기능의 현지 관점에 기반한 개념(대부분 개념은 서구의 토착 관점에서 기인함)

토착심리학(indigenous psychologies)　다양한 문화 내 심리학의 지역적 발전과 적용을 강조하는 일련의 이론과 경험적 연구

토착적 구상화(지능의)[indigenous conceptualizations (of intelligence)]　개인이 자신의 고유한 문화적 조건에서 인지 생활을 해석하고 행동하는 방식을 이해하고자 하는 문화집단 내 인지 연구의 접근 방식

통제 소재(locus of control)　자신에게 일어난 일을 자신의 행동(내부 통제)의 결과로 또는 자신의 통제를 넘어서는 타인이나 힘의 여부에 달린 것으로 여기는(외적 통제) 경향

통합(integration) 사람들이 자신의 문화유산을 유지하기 원하면서 더 큰 사회의 참여를 추구하는 문화변용 전략

통합된 방법(mixed methods) 질적 방법과 양적 방법이 혼합된 연구 방법

패러다임(paradigm) 학문에서 연구되는 현상의 본질 및 연구 방법에 대한 메타이론적이고 철학적인 입장

편견(민족적)[prejudice (ethnic)] 자신과 다른 문화집단 혹은 민족문화적 집단에 대한 일반적인 부정적 지향(자민족중심주의 참조)

포괄 적응도(inclusive fitness) 자신의 생식, 그리고 개인적 유전자를 공유한 친족들의 생식으로 인한 개인 적합도 결과의 총합(Darwin의 적응)(친족 선택 참조)

표현 규칙(display rules) 다양한 상황에서 감정을 제어하고 표현하는 것과 관련된 문화 규범

할머니 가설(grandmother hypothesis) 인간 외의 다른 종들에게는 거의 찾아볼 수 없는 폐경기가 노년의 여성으로 하여금 자신의 새 아이 대신 손자 양육 투자를 가능케 하는 하나의 적응이라는 가정

현지화(indigenization) 외국에서 들어온 심리학이 더 문화적으로 적절한 심리학이 되는 변형

호혜적 이타주의(reciprocal altruism) 유전적으로 무관한 개인 간 이타 행위의 교류를 통한 협조의 진화

5요인 차원(big five dimensions of personality) 생물학적으로 고정되어 있을 가능성이 있고 지속적인 성향으로 간주되는 다섯 가지 차원은 성격의 개인차를 망라한다.

Flynn 효과(Flynn effect) 시간에 따라 문화집단이나 국가의 일반 지능 평균 점수가 높아지는 현상

g 지능 검사 수행 분석에 자주 제시되는 일반 요인에 기초한 일반 지능을 나타낼 때 사용되는 상징

Whorf's의 가설(Whorf's hypothesis) 언어 상대성 참조

Abegglen, J. C. (1958). *The Japanese factory*. Glencoe, Ill.: The Free Press.

Aberle, D. F., Cohen, A. K., Davis, A., Levy, M., and Sutton, F. X .(1950). Functional prerequisites of society. Ethics, 60, 100-111.

Aboud, F. (1998). *Health psychology in global perspective*. Thousand Oaks, Calif.: Sage.

Aboud, F., and Alemu, T. (1995). Nutritional status, maternal responsiveness and mental development of Ethiopian children. *Social Science and Medicine*, 41, 725-732.

Abraído-Lanza, A. F., Chao, M. T., and Gates, C. Y. (2008). Acculturation and cancer screening among Latinas: Results from the National Health Interview Survey. *Annals of Behavioural Medicine*, 29, 22-28.

Abu-Lughod, L. (1991). Writing against culture. In R. Fox (ed.), *Recapturing anthropology* (pp. 137-162). Santa Fe, N.Mex.: School of American Research. Abusah, P. (1993). Multi-cultural infl uences in case management: Transcultural psychiatry. *Mental Health in Australia*, 5, 67-75.

Adair, J. (2004). On the indigenization and authochthonization of the discipline of psychology. In B. Setiadi, A. Supratiknya, W. J. Lonner and Y. H. Poortinga (eds.), *Ongoing themes in psychology and culture* (pp. 115-129). Yogakarta : International Asociation for Cross-

찾아보기

그림출처

그림 2.1 수직적, 수평적, 사선 형태의 문화 전파와 문화화

출처 : Modified from Berry, J. W., and Cavalli-Sforza, L. L. (1986) *Cultural and genetic influence on Inuit art*. Unpublished report to Social Science and Humanities Research Council of Canada.

그림 4.1 권력 거리와 개인주의 등급에서 40개국의 위치

출처 : Hofstede, G. (1980) *Culture's consequences: International differences in work-related values*, copyright ⓒ Geert Hofstede, reproduced with permission from the author and copyright holder

그림 4.2 10개 국가적 유형의 가치 관계구조

출처 : Schwartz, S., and Sagiv, L. (1995) "Identifying culture specifics in the content and structure of values," *Journal of Cross-Cultural Psychology*, 26, 92 – 116, by permission of the authors and Sage Publications Inc.

그림 6.1 Cree족 인지 능력의 두 차원

출처 : Berry, J. W., and Bennett, J. A. (1992) "Cree conceptions of cognitive competence," *International Journal of Psychology*, 24, 429 – 450, by permission of Taylor and Francis Group, New York.

그림 8.1 각 20개 언어의 중심을 나타내는(참가자들의 평균) 점의 무리. 각 무리의 숫자들은 관련 색깔에 대한 기본 용어를 가지고 있는 언어의 개수를 나타낸다(가장자리의 숫자들은 Munsell의 색 시스템을 나타낸다).

출처 : Berlin, B., and Kay, P. (1969) *Basic color terms: Their universality and evolution*, by permission of the authors

그림 8.2 언어의 역사에서 중심 색에 대한 용어가 등장하는 순서

출처 : Berlin, B., and Kay, P. (1969) *Basic color terms: Their universality and evolution*, by permission of the authors

그림 9.4 Hudson(1960)이 사용한 두 종류의 그림

출처 : Hudson, W. (1960) "Pictorial depth perception in sub-cultural groups in Africa," *Journal of Social Psychology*, 52, 183 – 208. Reprinted with permission of the Helen Dwight Reid Educational Foundation. Published by Heldref Publications, 1319 Eighteenth St., NW, Washington DC 20036 – 1802 Copyright ⓒ 1960

그림 9.5 캘리퍼 과제

출처 : Deregowski and Bentley (1986)

그림 13.2 민족문화적 집단과 더 큰 사회의 문화변용 전략

출처 : Berry (2001a)

그림 15.1 훈련 기법의 분류법 도식

출처 : Gudykunst, W. B., and Hammer, M. R. (1983) "Basic training design: Approaches to intercultural training," in Landis, D., and Brislin, R. W. (eds.), *Handbook of intercultural training*, 1, 118 – 154, with permission from Pergamon Press PLC